미디어와 정치

정치 엘리트, 매체, 공중

이화학술총서

미디어와 정치

정치 엘리트, 매체, 공중

이건호 지음

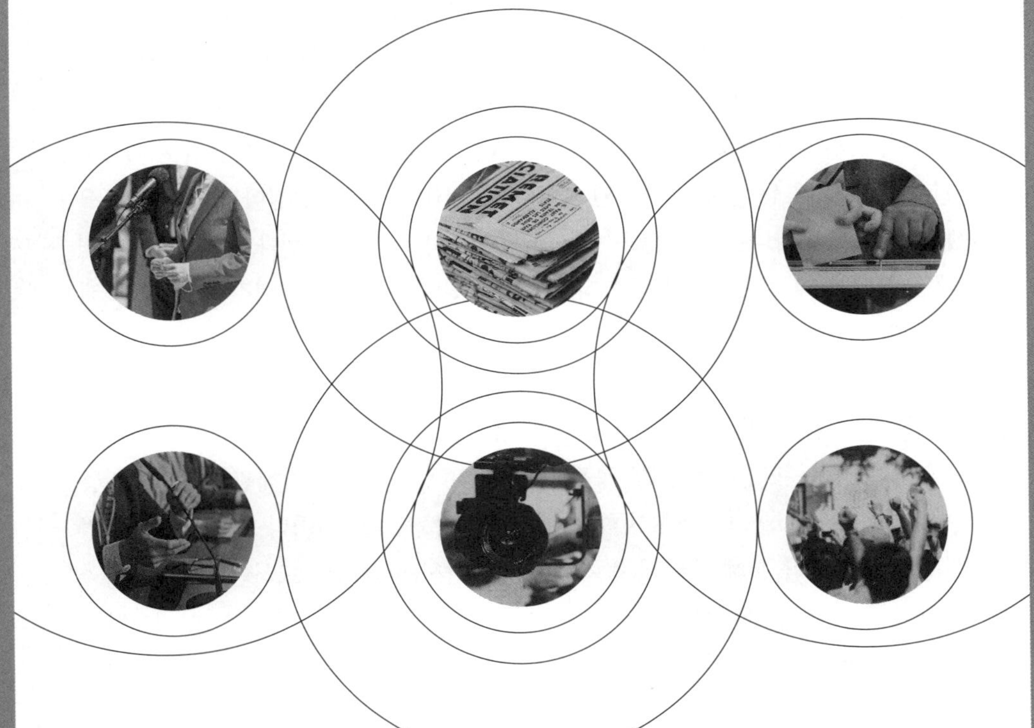

Media and Politics

이화여자대학교출판문화원

머리말

2000년을 전후해 정치 커뮤니케이션이라는 영역을 처음 학문적으로 접했다. 책과 논문들을 읽으며 한국과 미국의 취재 현장 등에서 마주쳤던 정치인들을 떠올렸다. 일부는 한국의 대통령을 역임했고, 누군가는 지금도 정치인으로 활동한다. 직접 또는 간접적으로 목격한 정치 현상들의 기억도 불러왔다. 격동적인 흐름 속에 어느 장면은 축소됐고, 어떤 상황은 분화하며 확장해간다. 연구를 통해 논문과 책을 쓰면서는 취재와 보도, 광고, 뉴미디어 등 정치와 연관된 커뮤니케이션의 학술적 접점마다 관련 내용을 복기했고, 새롭게 나타나는 현상들을 학자의 시각에서 집적(集積)했다. 현장 경험과 연구 결과는 학부와 대학원 강의에서 학생들과 공유됐다. 이제 20여 년간 진행된 그 과정을 조금 더 넓혀보고자 이 책을 쓴다.

사실 정치나 커뮤니케이션은 각각 그 자체로 여러 정의를 갖는다. 또 그 의미의 조합마다 다양한 개념이 나타나기도 한다. 하지만 이들을 묶어 관통하는 정치 커뮤니케이션의 핵심은 '공동체의 공적(公的) 목적 달성을 위해 구성원의 이해관계를 조정·통제하는 방식으로 권력을 획득·유지하는 행위로서의 의사소통'이다. 이 모습은 특정 시간과 공간의 성격을 통해 특화된 정치 커뮤니케이션 상황으로 드러난다. 개별 정치인이나 그들 소속 정당 내외부의 협의, 유권자나 정치 후보자의 소통과 이를 매개하는 언론의 보도, 시민사회집단의 담론 투쟁 등이 우리가 마주하는 정치 커뮤니케이션의 사례들이다.

이 책은 이런 현상 중에서도 매체를 중심으로 한 정치 커뮤니케이션에 주목한다. 특히 현대 민주주의 가치 구현을 위한 매체 현상 조망에 집중한다. 정보 범람에 따른 혼돈의 시대, 믿을 만한 정치 정보의 자격을 고민하고 이를 바탕으로 건강한 정치적 판단 기준이 무엇일지를 함께 논의해보자는 취지이다. 이 고찰의 방식으로 매체 중심의 정치 소통을 검토하는 이유는 수백 년간 구축된 언론 매개 정치 정보의 신뢰도 때문이다. 더 정확하게는 공동체 구성원이 정치 현상을 파악할 때 자신의 판단 근거로 삼았던 그 정보 신뢰도가 새로운 커뮤니케이션 환경에서 흔들리는 배경 등을 점검하고, 공동체와 개인의 생존 및 발전에 필요한 정보의 성격이 무엇인지를 확인하는 토대로 그간의 경험을 살펴보자는 것이다.

계속 발전하는 정보통신 기술은 최근 전통 매체의 정치 정보 신뢰도에 점점 더 많은 의문을 던지게 한다. 다양해진 소통 채널이 전달하는 정치 정보의 일부 민낯은 시민의 개별적 경험 스펙트럼을 통과하며 그만큼 다채로운 해석을 일궈내고, 기성 언론의 정치 정보와 마찰을 빚는 시각을 통해 대중매체에 대한 불신을 키운다. 그러나 많은 경우 조각 정보와 개인 편견에 연계한 이들 해석을 믿는다는 것도 불안하다. 그 사이 무엇이 정확한 뉴스인지를 가리지 못한 공동체 구성원은 길을 잃고 있다. '분별 있는 시민(informed citizen)'의 몰락이 우려된다. 민주주의 발전은 고사하고 그 유지조차 어렵게 만드는 파국이 그려진다. 이를 피하려면 정보에 대한 신뢰 확보, 더 근본적으로는 믿을 수 있는 정보의 유통이 시급하다.

이런 상황은 노출된 정보의 성격을 파악해볼 필요를 역설한다. 이 책은 그 검토의 출발점으로 그간 우리가 신뢰를 보내온 매체 정보의 특성을 살펴볼 것을 제안한다. 전통 언론이 그동안 어떻게 신뢰를 쌓았고, 어떤 문제점으로 인해 그런 믿음이 줄어들게 됐는지, 그 과정을 고찰함으로써 우리가 유지해야 할 것은 무엇이고, 바로잡아야 할 부분은 어떤 것인지 파악할 수 있다고 여기기 때문이다. 이런 작업 속에 우리가 용인하고 활용할 수 있는 정보의 자격을 판단하게 되리라 본다. 특히 복잡하기 이를 데 없고 사람들이 평소에 접근하기 힘들어 언론에 의존했던 정치 뉴스의 생성 메커니즘을 확인하는 것은 공동체 유지와 발전을 위한 우리 신뢰의 근거를 돌아보게 만드는 바탕이 될 것이다. 그것이 이 책이 매체를 중심으로 한 정치 소통에 주목하는 이유이다. 이를 통해 우리가 소속된 공동체의 공적 목적은 무엇인지, 이를 이루기 위해 우리의 이해관계는 어떤 협의의 과정을 거치는 것이 좋은지, 이 과정에서 나타나는 조정과 통제를 우리가 함께 받아들일 수 있는지, 여기에 연관된 권력 주체의 정치 행위와 이를 견제하는 언론 또는 소통 채널의 역할을 어떻게 해석해야 하는지 등의 논의가 발전하기를 바란다.

이 목적을 위해 저술된 이 책에는 이론적인 부분과 실천적인 현상이 함께 등장한다. 이론 부분을 여는 첫 장에서는 정치와 커뮤니케이션, 이들을 종합한 정치 커뮤니케이션의 개념과 의미를 살펴본다. 두 번째 장에서는 이들 정의(定義)를 저널리즘 기능과 커뮤니케이션 효과 이론에 잇는다. 구체적으로는 전통적인 커뮤니케이션 과정에 포함된 저널리즘 수행기관, 즉 대중매체의 역할을 정치 관련 정보에 연결해 설명하고,

다양한 분야에서 검증되어온 각종 대중매체효과론을 역시 정치 영역에 적용해 정비한다.

실천적 현상은 세 번째 장에서 대중매체가 실행하는 취재와 보도 행태를 중심으로 조망한다. 관행적으로 정치의 영역이라 알려진 입법과 통치 분야에 대한 뉴스를 협의(狹義)의 정치 커뮤니케이션 개념에 연결해 검토하고, 이어 행정과 사법뿐 아니라 유권자의 정치 행위가 실체화한 시민사회단체 활동을 광의(廣義)의 정치로 분류해 관련 보도 내용을 점검한다. 여기서 실제 한국의 신문사나 방송사 정치부 시스템이 협의의 정치 영역을 취재하는 방식을 소개하고, 이들 편집국과 보도국의 여타 부서가 광의의 정치 이슈를 뉴스에 담을 때 어떤 협조 체제를 이루는지 설명한다.

이어지는 세 개의 장은 이들 이론이 기초하고, 실천이 구현되는 현실 상황을 복합적으로 살펴본다. 우선 네 번째 장은 정치 커뮤니케이션이 가장 역동적으로 전개되는 선거를 중심으로 언론의 보도 현상을 짚어본다. 특히 대통령 선거를 대중매체가 다루는 방식에 집중한다. 여기서는 전통적인 보도 외에 TV 토론과 정치 광고의 내용도 소개된다. 다섯 번째 장에서는 선거를 통해 당선된 대통령의 임기 중 보도 내용을 둘러본다. 네 번째와 다섯 번째 장은 대통령제 중심의 정치 커뮤니케이션 연구가 활발한 미국의 역사와 경험을 참고해 정리했다. 우리나라 대통령과 매체의 관계를 근대전(近代前), 근대(近代), 근대후(近代後)로 나눠 정비했고, 이를 미국과 비교·검토하며 우리만의 특성도 확인해봤다. 마지막 여섯 번째 장은 정치 커뮤니케이션 과정에서 오랫동안 소외됐다고 평가받는 수용자의 참여 현상을 뉴미디어의 도래에 접목해 살펴본다.

이상의 내용은 필자가 박사학위를 위해 유학하던 시절, 정치 커뮤니케이션을 학문적으로 정리하는 과정에서 큰 도움을 받았던 과목의 자료들, 또 현재 몸담은 이화여자대학교 학부와 대학원 교육을 위해 활용한 교재 등의 틀을 빌리고, 최근까지 이뤄진 국내외 정치 커뮤니케이션 관련 논문, 정치 현상과 그에 따른 보도 내용 등을 추가해 마련했다. 이 책에 날줄과 씨줄로 얽혀 그 흐름의 축을 잡기 위해 사용한 대표적 저술은 *Political Communication: Politics, press, and public in America*(Perloff, 1998), 『현대 정치 커뮤니케이션 연구』(오택섭·권혁남·김성태 외, 2006), 『커뮤니케이션과 사회』(이건호·최윤정·안순태·차희원·임소혜, 2013) 등 세 권의 책이다. 1998년 출간된 첫 번째 책은 대통령제가 발달한 미국의 현상을 정치 커뮤니케이션 시각에서 정리한 것으로, 유사한 제도를 가진 한국 정치와 미디어 관계를 소개하는 데 비교의 근거를 제시했다. 저널리즘과 광고, 뉴미디어 등 다양한 커뮤니케이션 분야와 연계해 국내 정치 현상을 소개한 두 번째 책은 한국의 정치 커뮤니케이션 학자들이 힘을 모아 2005

년 전후까지의 상황을 학술적으로 정비한 것으로, 이 책이 당시의 모습과 그 이후를 연결하는 데 종합적인 방향타가 돼줬다. 마지막 저술은 커뮤니케이션 분야 전반에 대한 대학생과 일반인의 이해를 돕기 위해 필자가 같은 대학의 동료들과 2013년 집필한 것으로, 커뮤니케이션 학문의 기본적인 틀을 정치 분야에 연결해 깊게 파고드는 기초 자료로 활용했다. 결과적으로 7~8년마다 소개된 내용을 다시 그만큼의 시간이 지난 뒤 정리해 펴내게 된 셈이다.

참고한 저술의 내용은 이 책이 지향하는 미디어와 정치의 관계를 설명하기 위해 재구성했다. 특히 저자들이 소개했던 현상들을 해당 도서 출간 당시보다 나중에 발생한 사안들에 이으면서 그 의미가 깊어질 수 있도록 했다. 과거의 경향성은 이 책이 정의한 바에 따라 정비했고, 선행 저술에 등장한 내용을 이 책이 서술되는 시점의 사례 등에 연결할 때는 원래 문헌과 자료들을 일일이 확인하며 정치와 커뮤니케이션, 정치 정보에 대한 대중매체 및 새로운 채널들의 전달 방식과 성격을 설명하고자 했다. 여기에 필자가 직접 경험한 국내외 신문사의 보도 환경을 붙였고, 새로 나타난 현상들은 취재 현장에서 기자로 활동 중인 후배와 제자들의 확인 과정을 거쳐 포함했다.

이 책은 두 부류의 독자들을 염두에 두고 저술됐다. 우선 학부생이나 정치 커뮤니케이션에 관심이 있는 일반 독자들이 정치와 커뮤니케이션의 개념, 이들을 연계한 정치 커뮤니케이션의 의미를 확인할 수 있도록 하고자 했다. 독자들은 이 안에서 치열하게 소통하는 정치인이나 정치 관계자로 구성된 정치 엘리트, 1인 매체나 대중매체 등 메시지 전달 채널, 그리고 대중, 수용자, 유권자 등으로 불리는 공중(公衆) 등 미디어를 중심으로 본 정치 커뮤니케이션 3대 요체(정치 엘리트, 매체, 공중)의 역할을 검토할 수 있을 것이다. 전체적으로는 현대 민주주의 사회가 이뤄지는 과정에서 이들이 어떻게 활동해왔는지 흐름을 보고, 개별적인 시간과 공간 속에서 드러나는 특징들을 만나게 되길 기대한다.

두 번째 독자 부류로 상정한 대상은 현재 연구자이거나 대학원에서 학문을 익혀가는 예비 학자들이다. 특히 이 책이 독자들의 참신한 연구 아이디어로 이어지길 바라며 저술을 진행했다. 전반적으로 정치 커뮤니케이션의 흐름과 특징을 기술하면서 지금까지 이뤄진 연구 방향을 제시하고, 앞으로 연구가 가능할 만하다고 여겨지는 부분을 소개했다. 예를 들어 아직 우리나라에서 실험적으로, 그래서 산발적으로 진행되는 대통령 후보 경선과 이에 대한 보도를 설명하는 과정에서 미국 등의 연구 사례들을 엮어 우리의 미래 연구에 참고가 될 만한 점을 나타내려 했다. 우리에게는 새로운 이 현상을 다른 공간에서 먼저 진행된 내용과 비교·검토하면서 우리 특성에 맞는 연구로 발현하고, 거기서 보편적인 지혜를 얻는 발전이 이뤄지길 기대한다. 저술 과정에 일부 구체적인 연구 주제를 제시하기도 했지만, 연구자들의 창발적 아이디어 발굴을 위해 필자의 생각을 적극적으로 드러내는 것은 자제하며 행간에 탐구 가능성을 심고자 했다.

이 책은 국내외 선후배 동료 학자들의 연구 결과 등 각종 자료를 활용했다. 하지만 인용의 방식이 일관적이지 않아 혼란을 주지 않을까 하는 두려움이 남는다. 우선 활용한 자료의 내용은 필자가 직접 시행한 검증 결과 등에 기초하지 않았기에 단정적인 술어들을 배제하려 노력했다. 이 과정에서 해당 연구를 진행한 학자들의 핵심 의중이 반영되지 않았을 가능성도 있다. 어떤 부분에서는 책이나 논문 등에서 종합적으로 내린 결론을 인용했지만, 다른 곳에서는 그들 저술에 나타난 일부 배경 등을 제시했기 때문이다. 언론 보도를 활용할 때도 제목으로 대표되는 이슈를 전달하거나 뉴스 안에 세밀하게 정리한 내용을 소개하는 방식이 혼용됐다.

이렇게 한 이유는 전체 저술의 흐름을 유지하기 위해서였다. 세밀하게 적는 데 천착하면 전달하려는 정치 커뮤니케이션의 큰 구도를 잡기 어렵고, 너무 광범위하게만 쓰면 그 안에서 구동하는 메커니즘을 놓칠 우려가 있어, 이들을 융합하는 과정에서 정치 커뮤니케이션의 개념과 정의, 그리고 그 의미를 적절하게 전하고자 했다. 학부생이나 일반 독자가 기본적인 호기심을 해소하는 데는 인용 원본을 세세히 확인하는 것보다 저술 내용을 흐름에 따라 읽어내려가는 것이 좋을 것이고, 구체적인 연구 문제를 확보하고자 하는 연구자라면 소개된 참고문헌을 직접 검토하는 것이 이 책을 효율적으로 활용하는 방법이겠다. 그 안에서 정치 커뮤니케이션의 윤곽을 찾거나 창의적인 연구 아이디어를 발굴하는 개별 독자의 독서 목적이 실현되길 바란다.

큰 흐름을 제시하려는 저술 과정에서 의도치 않은 오류도 있고, 또 놓친 부분도 적지 않을 것이다. 그리고 생물과 같은 정치, 그 영역을 견제하며 보도하는 언론의 형태 역시 각종 비판과 지적을 통해 꿈틀거리며 변화해간다. 이 책이 빠뜨리고 실수한 부분은 변해가는 현상을 고찰하며 더 나은 분석을 제시할 동료와 후학들이 고치고 보완해줄 수 있을 것이라 기대한다. 그렇게 빚진 마음으로 책을 낸다. 또 이런 우려와 기대 속에서 필자가 세상에 내놓는 이 저술이 독자들의 요구와 의도를 만나 발전적 논의로 이뤄지길 바란다. 저술의 부족한 내용은 그런 과정을 통해 그다음 단계로 발전해갈 것이라 본다.

머리말을 정리하면서 이 책이 나올 때까지 여러 가지 지원을 아끼지 않은 이화여자대학교출판문화원의 이승아 원장님과 이혜지 주간님, 깔끔한 교열과 편집을 담당해준이지예 선생님께 감사의 말씀을 드린다. 또 저술 과정에서 많은 격려와 조언을 해주신 이화여자대학교 커뮤니케이션·미디어학부 교수님들, 새로운 상황 등을 직접 확인해준 취재 현장의 후배와 제자들에게도 고마운 마음을 전하고 싶다. 강의실에서 열띤 토론과 발표로 정치와 미디어 관계를 학습하며 성장한 학부와 대학원 학생들의 모습은 미욱한 선생의 저술에 큰 자극제가 됐다. 마지막으로 연구실 안팎에서 학문과 세상을 함께 고민하며 의견을 교환해준 박사과정의 전가영, 송은지, 안서현 등 대학원 제자들에게도 사랑의 마음을 전한다.

2020년 초겨울
이화여자대학교 포스코관에서
저자 이건호

차례

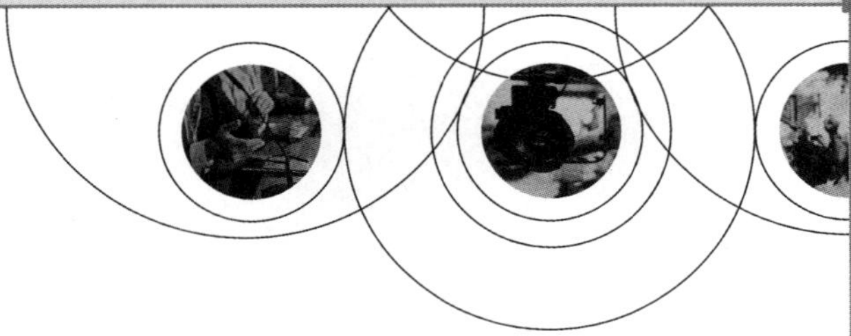

Media and Politics

1장

정치 커뮤니케이션

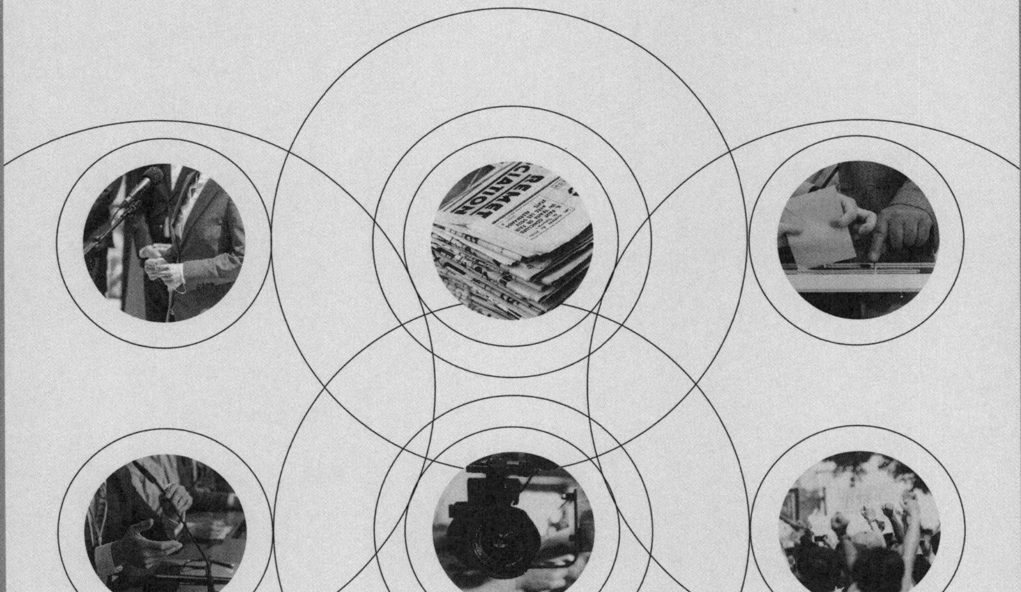

의사소통을 중심으로 한 연구 분야에서 정치와 커뮤니케이션의 관계를 다룬 기간은 길지 않다. 커뮤니케이션 자체가 인류 역사와 함께했고 사회적 동물인 인간이 공동체 안팎에서 크고 작은 정치적 행위를 지속한 것을 생각하면 둘 사이를 연계한 지성이 축적될 만도 한데, 커뮤니케이션이라는 학문적 차원에서는 그렇지 못하다는 평가를 받는다. 비록 정치학 영역에서 의미의 전달이나 수용 등 소통과 관련된 논의를 수천 년 동안 전개했지만(김용민, 2008; 이상철, 2003; Graber, 2005), 커뮤니케이션은 권력 획득이나 유지 등 정치학 핵심 주제 주변의 부차적 도구로만 설명됐을 뿐 그 자체가 중심이 돼 탐구되지는 못했기 때문이다.

공자나 맹자, 아리스토텔레스나 플라톤 등 수십 세기 전 학자들이 논의를 시작한 정치학에 비해 학문으로서의 커뮤니케이션 역사가 100년 남짓에 불과한 것(이건호·최윤정·안순태·차희원·임소혜, 2013)이 정치에 대한 소통 중심의 지식 체계가 갖춰지지 못한 이유일 수 있다. 더욱이 정치와 커뮤니케이션의 역동적 관계를 설명하는 '정치 커뮤니케이션' 분야가 '공식화'한 것은 50여 년 전으로, 100년이라는 커뮤니케이션 '학문' 역사 자체에 비해서도 짧다. 초기 커뮤니케이션 연구가 소통으로서의 본질 및 개념을 확인하는 내용에 집중하면서, 특정 분야로서 '정치'에 연동한 소통 현상으로 눈을 돌리는 데에는 시간이 걸렸다. 커뮤니케이션이 학문 분야로 성립되기 시작한 1920년대 또는 그 이전에도 커뮤니케이션 입장에서 정치와 관련된 접근은 적지 않았으나, 정치 커뮤니케이션이 학문적 정체성을 확보한 시점은 국제 커뮤니케이션 학회(International Communication Association: ICA)가 '정치 커뮤니케이션 분과(Political Communication Division)'를 설립한 1973년으로 소개된다(Kaid, 2004). 이후 이 영역은 인류사에 수천 년간 녹아 있던 소통과 정치의 저력을 바탕으로 급속한 발전을 이룬다. ICA의 정치 커뮤니케이션 분과 설립에 즈음해서 미국의 전국 커뮤니케이션 학회(National Communication Association: NCA) 역시 정치 커뮤니케이션 분과를 발족하고, 이후 이들은 모두 미국정치학회(American Political Science Association: APSA) 등 정치학 분야와 연대하며 학문 외연은 물론 내실까지도 튼튼히 다져왔다(Lin & Kaid, 2000; NCA Web site, 2010).[1] 이 과정에서 학자들은 1990년부터 *Political Communication*

이라는 국제 학술지를 창간해 이 영역을 특화해오고 있다(최선열, 2009).

국내에서는 1989년 한국언론학회가 '정치 언론학 연구회'를 만들면서 정치 커뮤니케이션 영역의 독자적인 학문 체제가 출범했다고 볼 수 있다. 한국언론학회의 지붕 아래서 11개의 다른 연구회와 함께 탄생한 '정치 언론학 연구회'는 한국신문학회[2]가 1974년 조직한 '매스컴 이론 및 방법' 등 5개의 기초 연구분과위원회에서 성장한 결과물이다(정진석, 2009). 이후 한국언론학회, 한국방송학회, 한국언론정보학회 등 국내 여러 커뮤니케이션 학술단체 분과나 연구회에서 활동하던 관련 학자들은 2004년 '한국 정치 커뮤니케이션 학회'를 발족시키며 더욱 강화된 정체성을 확보했다.[3] 또 같은 해 발간을 시작한 학술지 『정치 커뮤니케이션 연구』가 2016년 한국연구재단 등재학술지로 발전하면서 국내에서도 이 영역의 학문적 깊이가 계속 심화하는 중이다.[4]

결과적으로 공식화 또는 체계화된 정치 커뮤니케이션의 학문적 역사는 해외 50여 년, 국내 30년가량이라고 볼 수 있다. 이 짧은 시간 동안 정치 커뮤니케이션 영역이 독립 또는 독자적으로 성장한 것이다. 하지만 학문이 고립의 길을 택하지는 않았다. 오히려 여러 영역과 연계하면서 심오하고 복잡한 연구들이 진행됐다. 소통 자체가 인간 사회의 모든 분야를 연결하는 것인 만큼, 정치 역시 그 연결의 고리마다 존재하는 개념이기 때문일 것이다. 정치 커뮤니케이션 영역은 철학이나 사학 등 인문학뿐 아니라 심리학, 사회학, 경제학 등 여타 사회과학과 연동하는 것은 물론, 심지어 자연과학 분야에까지 그 범주를 넓혀 정치와 소통의 의미를 확인해오고 있다. 하지만 이 가운데 정치 커뮤니케이션의 본질적 정의가 무엇인가에 대한 고민이 다시 깊어지는 상황도 종종 벌어졌다. 다변화하는 환경 속에서 여러 영역과 연계하다 보니 그 근본에서 멀어지는 것이 아닌가 하는 우려도 학술대회 소모임 등을 통해 표출됐다.

정치 커뮤니케이션 영역 내연의 심화 또는 외연의 확장, 그리고 그를 둘러싼 희망과 우려가 함께하는 환경 속에서, 이 장은 정치 커뮤니케이션의 기본 가치를 개념적 차원에서 확인해보는 것으로 출발한다. 궁극적으로는 현대 커뮤니케이션 학문의 큰 영역을 차지하고 있는 '매체와 정치의 관계'를 고찰해보는 것이 목적이다. 하지만 그 역시 이 책의 배경인 정치 커뮤니케이션이라는 큰 틀 안에서 존재하는 것이기에, 그 논의의

---

1 http://www.ncapcd.org/

2 1959년 한국 최초의 커뮤니케이션 분야 학술단체로 창립한 한국신문학회는 1985년 한국언론학회로 개칭했다.

3 http://www.politicalcommunication.or.kr/html/sub01_02.asp

4 https://www.kci.go.kr/kciportal/po/search/poCitaView.kci?sereId=002092&from=sereDetail

시발점이 되는 '정치'와 '커뮤니케이션'의 의미를 점검하고자 한다. 그 뒤 매체, 그중에서도 대중매체를 둘러싼 논의를 이어 현대사회 미디어와 정치의 의미 및 역할, 그리고 그사이의 관계에 집중해 현상을 살펴보겠다.

1. 정치 커뮤니케이션의 의미

정치 커뮤니케이션은 포괄적으로 '정치 현상을 드러내는 커뮤니케이션' 또는 '정치 현상과 연관된 커뮤니케이션'으로 정의될 수 있다. '만약 커뮤니케이션이 정치 참여자의 메시지 교환에 연관됐다면 이를 정치적이라 할 수 있을 것'(Schultz, 2015)이라는 설명은 '정치 현상을 드러내는 주체'를 강조하는 방식으로 정치 커뮤니케이션을 간략하게 소개하는 표현이다. 메시지 교환이라는 '커뮤니케이션 과정'을 조금 더 구체화하면, 정치 커뮤니케이션을 '정치에 중대한 영향을 직간접적으로 주는 메시지의 구성, 송신, 수신, 진행'(Graber, 2005)이라고 소개할 수 있겠다. '정치 행위'를 강조하면서 소통을 이으면 '권력의 분배와 종합적 의사결정 형성, 사회 내 가치의 권위 있는 배치 등에 관련한 소통 과정'(Reinemann, 2014)이라는 식으로도 정치 커뮤니케이션이 정의된다. 강조점에 따라 학자마다 약간씩 차이가 있지만, 이들에게서 나타나는 공통점을 보면 정치 커뮤니케이션이 정치를 둘러싼 여러 현상, 특히 커뮤니케이션과 연관된 내용을 탐구하고, 이를 이론화하는 과정에서 성장한 학문 분야라는 것을 알 수 있다.

포괄적이거나 간략하게 또는 상세하게 정치 커뮤니케이션이 소개되는 배경에 이런 공통점이 녹아 있는 이유를 살펴보는 것은 정치 커뮤니케이션을 이해하는 데 도움이 될 것이다. 그리고 정치와 커뮤니케이션의 개념에 대한 각각의 검토는 이런 이해를 심화하기 위한 출발점으로 삼을 수 있겠다. 이 장에서는 이들에 대한 사전적 개념을 우선 알아본 뒤 학문적인 정의들을 연결해볼 것이다. 매체와 정치의 관계를 살펴보는 것에 방점을 둔 저술의 목적에 따라, 앞으로 커뮤니케이션 과정에서 나타나는 대중매체의 일반적 역할과 그에 연동하는 정치 현상을 소개할 때 이런 기초적 개념이 연계될 것이다.

1) 정치의 개념

사전적 의미

문화체육관광부 산하 국립국어원의 표준국어대사전에 따르면 정치(政治)는 '나라를 다스리는 일'이다. 이 사전은 정치를 '국가의 권력을 획득하고 유지하며 행사하는 활동'이라 부연하는데, 이는 한국민족문화대백과사전이 정의한 정치의 개념이기도 하다. 표준국어대사전은 다시 정치 행위를 '국민이 인간다운 삶을 영위하게 하고 상호 간의 이해를 조정하며, 사회질서를 바로잡는 따위의 역할'이라고 설명을 이어간다. 다양한 사전적 정의를 소개하는 국내 대형 포털 온라인 사전들의 정치 개념도 유사하다. 포털 '네이버(NAVER)' 사전은 아예 우리말 표준국어대사전과 똑같은 개념으로 정치를 설명하고,[1] 2016년 국립국어원이 개통한 국민참여형 국어사전인 '우리말샘'에서 '기본 의미'로 '통치자나 정치가가 사회 구성원들의 다양한 이해관계를 조정하거나 통제하고 국가의 정책과 목적을 실현시키는 일'이라고 정리한 정치 개념은 그대로 포털 '다음(Daum)' 사전의 정치 정의로 등장한다.[2] 우리말샘은 이 '기본 의미'에 이어 정치를 '개인이나 집단이 이익과 권력을 얻거나 늘이기 위하여 사회적으로 교섭하고 정략적으로 활동하는 일'이라고 소개했다.

해외 사전에 나타난 정치(politics) 개념도 큰 틀에서 별반 다르지 않다. '메리엄 웹스터(Merriam Webster)'는 정치의 기본 개념으로 '거버먼트(government) 행위', '거버먼트 정책을 이끌거나 영향을 미치는 것과 연관된 행위', '거버먼트를 획득하거나 거버먼트에 대한 통제권을 유지하는 것과 연관된 행위' 등을 제시한다.[3] 이 '거버먼트'는 간단하게 국문으로 정부(政府) 또는 행정부(行政府, administrative body) 등의 '조직'으로 소개되기도 하지만, 여기에는 통치(統治, governing) 또는 통치의 틀을 제시하는 정권(政權) 등의 사전적 의미가 들어 있어, 거버먼트를 행정부로 한정하는 것은 대단히 협소한 시각이다. 일반적으로 국내에서 언론 등이 정부를 행정부의 약칭으로 부르기도 한다. 그러나 정부는 정치 제도 측면에서 정권과 분리하기 어렵고, 입법부나 사법부 등 다양한 정치 주체가 행사하는 권력의 행태 요소로서 통치와도 밀접한 관계를 맺기에 거버먼트를 행정부로 제한하기는 쉽지 않다. 이런 복잡함을 반영해 메리엄 웹스터가 제시하는 정치의 기본 개념을 풀어보면, '통치 행위', '정부 정책을 이끌거나 영향을 미치는 것과 연관된 행위', '정권을 획득하거나 이에 대한 통제권을 유지하는 것과 연관된 행위'가 된다. 영미권 대표 사전 중 하나인 메리엄 웹스터의 정치 개념도 결국 큰 틀에서 '국가의 권력을 획득하고 유지하며 행사하는 활동'이라는 우리말 사전들의 정의와 맥을 같이 하는 것이라고 봐도 무방하겠다는 뜻이다.

단 이 책에서 나중에 전개될 매체와의 관계를 통한 '정치'의 성격을 더 잘 이해하기 위해서는 '거버먼트'의 의미를 조금 더 살펴볼 필요가 있다. 특히 거버먼트가 인간 생활에 등장하는 여러 종류의 '이해관계의 조정'을 통칭하는 사전적 개념이기도 하다는 점을 간과하지 않는 게 중요하다. '이해관계의 조정'이라는 차원에서의 거버먼트는

1 https://ko.dict.naver.com/#/entry/koko/050d7dc4ea734e3aaf290d8e2597456e
2 https://dic.daum.net/word/view.do?wordid=kkw000229221&supid=kku000291877
3 https://www.merriam-webster.com/dictionary/politics

앞서 언급한 것처럼 통념적인 사회구조에 등장하는 통치나 정부, 정권 등에 한정할 수도 있다. 국내 상황을 반영했을 때, 아주 일반적으로는 청와대나 대통령 등이 연계한 정당의 입법 활동에 국한될 수 있고, 사전적 의미로 소개되는 정부의 행정 행위까지 아우르기도 하며, 이들 입법 및 행정과 함께 3부(府)의 또 다른 축을 담당하는 사법의 영역으로 그 범위를 확대할 수도 있다. 하지만 이를 더 확장하면 '이해관계의 조정'은 일반인들의 개인사에도 나타난다. 즉 거버먼트는 다양한 관계를 맺고 있는 개인이나 조직 모두의 갈등을 해소하려는 노력이고, 이는 다시 '상호 간의 이해 조정'이라는 국내 사전의 '정치' 개념의 성격에 이어진다. 이해 조정의 대상이 되는 그 갈등이 통념적인 사회구조상 권력 3부에 위치하느냐 아니면 장삼이사(張三李四)의 생활에 등장하느냐의 문제일 뿐, 거버먼트 또는 정치는 모든 단위나 단계 내부, 또는 그 단위나 단계 사이에서 존재할 수 있다는 점을 우리가 이해할 필요가 있다는 것이다. 그리고 이는 갈등의 성격과 규모에 따라 마찰 해소에 참여하는 주체가 정치적 엘리트나 일반 시민 등 사회를 구성하는 모두가 될 수 있다는 점을 뜻한다. 매체도 사회 구성원의 일부로 그 자체의 '가치'를 소유하며, 다른 구성 단위와 마찰을 빚고 해소하는 주체가 된다. 또 그 기능적 특성상 매체는 그런 이해관계의 마찰과 해소가 소통되는 통로의 역할을 한다.

현대사회에서 조직적, 체계적 또는 자율적으로 복잡하게 진행되는 이해 조정 또는 이를 위한 상호작용 논리의 배경은 사실 통치의 범위와 역할에 등장하는 거버먼트의 다양성에 연결된다. 여기에 피력된 사전적 의미의 정치는 거버먼트를 여러 갈래로 해석한 학문적 설명이 가미돼야 조금 더 깊이 이해할 수 있다. 사전에 등장하는 거버먼트의 기초적 의미인 '통치'는 이와 같은 뜻으로도 해석되는 '거버넌스(governance)'와 동격으로 봐야 한다는 시각, 이런 거버넌스를 국가 중앙의 통제로 볼 것이냐 아니면 합의에 따라 그 중앙에 주권 또는 권력을 준 공동체 구성원 전체의 이해관계 조정으로 볼 것이냐의 논란, 또는 개별 국민 주권의 자율성 차원에서 거버먼트, 거버넌스, 통치를 모두 '통치 행위(act of governing)'나 '통치성(governmentality)' 등 또 다른 용어와 구분해야 한다는 주장 등 다양한 입장으로 구분되기도 한다(김구, 2005; 이문수, 2009; Peters & Pierre, 1998; Rhodes, 1996; Rosenau, Czempiel, & Smith, 1992).

이렇게 다채로운 해석이 가능한 이유는 앞서 언급한 바와 같이 정부, 정권, 권력 등 정치와 거버먼트에 함께 녹아 있는 현상이 시민의 사회계약에 뿌리를 두며, 이때 시민은 자율적 개인과 집합적 조직의 형태를 모두 띠기 때문이다(Altschull, 1990). 즉 거버먼트를 품은 정치의 의미는 지배층으로 인식되는 권력뿐 아니라 피지배층인 시민이 조직적 또는 개별적 참여를 통해 이해관계를 조정하려는 행위를 모두 포함하게 된다는 뜻이다. 다만 시민들의 개별적 참여가 산개하지 않고 의미 있는 힘으로 작용하려면 이들의 조직화가 필요하다는 점, 그리고 현대사회로 오면서 점점 분산되는 커뮤니케이션 환경은 이 조직화의 뿌리로서 자유와 자율의 힘을 더욱 강조하고 있다는 점을 염두에 둘 필요가 있다(김종길, 2005; 이효성, 2008; Bettridge & Whiteley, 2016; Cogburn & Espinoza-Vasquez, 2011; Etzioni, 2017). 즉 통제 또는 이에 저항하는 방식으로 구현하는 커뮤니케이션 과정에서 정치가 다양한 이해관계를 효과적으로 조정하는 행위가 되려면 조정의 대상이 되는 이해관계는 공동체 안에서 곧장 소통의 메시지로 구체화해야 하고, 효율적인 소통을 위해 관련 메시지가 공론장에 온전하게 노출되게 하려면 이에 연계한 권력이나 시민 모두에게 자율성에 기초한 조직적 힘이 주어져야 한다는 것이다.

이 때문에 여러 백과사전의 설명에서 정치를 '통치와 지배, 이에 대한 복종·협력·저항 등의 사회적 활동의 총칭'(두산백과사전) 또는 '국가권력을 획득·유지·조정·행사하는 기능·과정 및 제도'(포털 Daum 백과사전) 등으로 소개할 때, 그 안에는 통제뿐 아니라 저항이 들어 있으며, 여기에는 권력을 가진 자뿐 아니라 권력 행사의 대상 또는 권력을 양도한 자로 표현되는 국민도 정치에 참여한다는 내용이 포함된다. 국가라는 공동체 차원에서 부연하자면 정치는 보편적으로 입법·사법·행정 등 권력의 입장에서만이 아니라 일반 국가 구성원의 참여라는 시각에서도 이해될 필요가 있으며, 권력과 일반 국가 구성원의 정치적 힘은, 경직된 모습이건 유연한 형태이건, 궁극적으로는 조직화한 모습으로 발현된다는 의미이다.

학술적 의미

앞서 정리한 정치의 사전적 개념은 일상적 삶에 대한 관찰에서 비롯된 것이기도 하지만, 많은 학자의 학문적 사유(思惟)를 집대성한 결과물이라 볼 수 있다. 사전적 개념들이 전문가의 식견을 모아 효율적으로 추상화한 내용을 담고 있기 때문이다. 시각에 따라 차이를 보이는 다양한 학자들의 견해 중 공통점을 추려낸 것이 사전적 정의라는 뜻이다. 그렇다면 전문 학자들의 입장을 일견하는 것도 정치의 내면을 이해하는 데 도움이 될 것이다.

동서양을 막론하고 정치에 대한 고민은 철학자들의 국가관에 닿아 있다. 서구 플라톤의 이상적 전체주의 관점이 반영된 철인(哲人)의 국가 통치, 아리스토텔레스의 현실적 도시국가(polis)에 스며든 공공선 지향 등(Strauss & Cropsey, 1987)은 물론, 동양의 유가나 도가, 법가가 설파한 예(禮), 무위(無爲), 법(法) 등에 의한 국가 경영(김충렬, 1992)은 국가의 목적을 관습이나 도덕, 윤리 또는 그를 근거로 한 규율에 기초해 '옳은 다스림'에 두고 있다. 이들 고대 이론가들이 현대적 의미로 정비된 '정치'의 개념을 정확하게 규정하고 있지는 않으나, '통치' 행위라는 것을 기본으로 한다는 점에 대해서는 이견이 없다고 할 수 있겠다. 그리고 이들의 입장은 서구에서 사회과학이 체계화하는 현대로 넘어오면서 구체적인 정의로 이어진다.

'사회를 위한 가치의 권위적 배분(authoritative allocation of values for a society)'이라는 정치(政治, politics)의 정의(Easton, 1965)는 여러 학자가 제시한 개념 중 대표적인 것으로 소개된다(Isaak, 1985). 20세기 중반 등장한 이 정치 개념은 짧게 표현됐지만 수천 년을 이어온 선대 이론가들의 지혜가 담겼다. 이를 조금 더 세밀하게 들여다볼 수 있는 배경은, 흥미롭게도 이 책의 중심이 되는 커뮤니케이션 분야 연구자 라스웰(Lasswell, 1936/1990)의 정치 개념에서 찾을 수 있다. 라스웰은 정치를 '권력'에 기초한 사회 내 '가치' 패턴의 분배로 봤다. 이 '가치'는 개인이나 조직이 지향하는 '목적'으로, '권력'은 의사결정에 참여할 수 있는 '능력'으로 설명되는데, 그의 권력 역학 분석에 따르면 결국 정치는 자신이나 자신이 속한 조직이 의도한, 또는 목적으로 삼는 영향력을 타인에게 미치는 능력으로 나타난다. 정치와 관련해 고대 이론가로부터 시작돼 라스웰의 설명에 이어지는 핵심 내용을 대표적 정치 개념으로 소개되는 이스턴의 정의에 이으면, 정치는 결국 사회의 공적 목적을 위해 개개인의 능력을 분배하는 것으로 정리된다.

이는 다시 앞서 소개한 사전적 의미의 정치 개념에 등장하는 '국가의 정책과 목적'을 위해 '통치자나 정치가'가 '구성원들의 이해관계를 조정하거나 통제'하는 것으로 연결된다. '권력'과 '가치'를 설명한 라스웰의 견해는 그가 저술한 책(Lasswell, 1936/1990)에 녹아 있으며, 후대 학자들은 이 책의 제목 자체, 즉 '정치: 누가 무엇을 언제 어떻게 획득하는가(Politics: Who gets what, when, how)'를 그대로 정치의 개념으로 소개하기도 한다(김홍우, 2007). 사실 여기서 등장하는 '어떻게(how)'는 나중에 '왜(why)'라는 형태로 바뀌어 정치 행위와 목적을 설명하는 변주로 이어지며, 이는 다시 정치에서 소통의 중요성을 강조하면서 커뮤니케이션과 정치를 연결하는 변수가 되기도 한다(Perloff, 1998).

이와 같은 생각은 국내 정치학계에도 반영됐다. 대표적으로 1970년대에 출간된 『정치학 대사전』(한국정치학회, 1975)에서 '권력의 획득과 유지를 둘러싼 항쟁 및 권력을 행사하는 활동'이라고 정치를 정의한 것이 사례이다. 국립국어원 표준국어대사전이 부연한 정치(政治)의 개념('국가의 권력을 획득하고 유지하며 행사하는 활동')에 거의 그대로 투영된 이 정의에는 이스턴과 라스웰이 제기한 '권력 가치의 분배'를 설명하는 권력의 획득, 유지, 행사 등이 등장한다. 이는 다시 조금 더 역동적인 행위의 문제로 이어져 설명되기도 한다. 예를 들어 '일상생활 곳곳에 정치가 영향을 미쳐 정치가 인간과 사회의 운명을 좌우하게 되는 현상'으로서 '정치화'를 규정(이극찬, 1991)하거나, 정치를 운동으로 보고 그 성격 중 하나로 권력의 확장을 제시(서울대학교 정치학과, 2002)하기도 한다. 또 정치 행정학자가 바라본 커뮤니케이션의 입장에서, 도시화, 문자 해독률과 매체 보급 확대를 정치에 대한 의식과 참여를 고양하는 배경으로 소개하며 정치의 역동성을 강조하는 시각도 있다(김호진, 1995). 이상의 내용을 종합하면, 결론적으로 정치는 정적이건 동적이건, '개인이나 그 개인이 속한 조직이 추구하는 공적 목적을 달성하기 위해 전체 공동체 구성원들의 다양한 이해관계를 조정하거나 통제하는 방식으로 그 개인 또는 조직이 권력을 획득하거나 유지하는 행위'로 소개할 수 있겠다.

2) 커뮤니케이션의 개념

사전적 의미

국립국어원 표준국어대사전에 등장하는 '커뮤니케이션(communication)'의 정의는 '사람들끼리 서로 생각, 느낌 따위의 정보를 주고받는 일'이다. 이 사전은 커뮤니케이션이 '말이나 글, 그 밖의 소리, 표정, 몸짓 따위로 이루어진다'고 설명한다. 국립국어원의 우리말샘은 이를 다시 '신호를 전송하여 의미를 전하는 일'이라 소개하고, 커뮤니케이션이 이미 표준어인 외래어로 정비된 단어라 정리한다. 이 단어가 건너온 영미권의 사전 메리엄 웹스터는 커뮤니케이션의 기본 정의로 '상징, 신호 또는 행동 등의 공통적 체계를 통해 개인들 사이에 정보가 교환되는 과정'을 제시하고, 간단하게는 '정보 교환'이라고 부연한다.[4] 한국과 미국 사전의 기본적인 커뮤니케이션 개념 사이에는 별 차이가 없음을 알 수 있다.

'신호를 전송하여 의미를 전하는 일'이라고 소개하는 우리말샘의 커뮤니케이션 의미는 그대로 같은 사전에서 '전달'의 뜻으로 풀이된다. 메리엄 웹스터의 커뮤니케이션도 전달, 전송, 연결 또는 그러한 행위 등으로 그려진다. 우리말샘에 따르면 과거에는

4 https://www.merriam-webster.com/dictionary/communication

커뮤니케이션을 '통신'이라 부를 수 있었다고 하는데, 국내의 많은 통신 관련 기업들이 회사 이름에 '커뮤니케이션'을 붙이는 이유가 될 수 있겠다. 유사한 차원에서 메리엄 웹스터도 '정보를 전달하거나 교환하는 전화나 컴퓨터 등의 체계'라는 설명을 붙이고 있는데, 다만 이는 커뮤니케이션을 복수형으로 사용할 때 그러하다고 본다. 복수형은 다시 이런 과정을 담당하는 '인물'들을 지칭하기도 한다.

위 설명에 등장하는 '신호'는 표준국어대사전의 커뮤니케이션 설명에 등장하는 '말이나 글, 소리, 표정, 몸짓' 등으로 표현되는 '기호'의 모습을 띤다. 이 기호는 의미를 담는 틀이다. 이때 의미는 '메시지'를 뜻한다. 메리엄 웹스터는 아예 커뮤니케이션의 두 번째 정의로 '전달 또는 전송되는 정보' 혹은 '구두나 기록 메시지'를 소개하고 있다. 즉 우리는 '과정' 또는 '일'이라는 차원에서 커뮤니케이션의 사전적 의미를 규정하고, 그 과정에서 전달되는 내용을 '메시지'로 구분하는데, 영미권에서는 '메시지' 자체를 커뮤니케이션이라고 소개하고 있는 것이 다르다. 흥미로운 것은 메리엄 웹스터가 커뮤니케이션을 정보 전달 기술 또는 의미 표현 기법이라고 하면서도 거기에 '효과적으로'라는 묘사를 덧붙이고 있다는 점이다. 즉 정보 교환 등의 과정이 효과적이지 않다면 커뮤니케이션이라 볼 수 없다는 의미가 숨어 있다고 할 수 있다.

앞의 내용을 정리하면 한국의 사전들은 커뮤니케이션을 포괄적인 정보 교환의 '과정'으로 정비하는 반면, 미국의 사전은 과정뿐 아니라 '과정에 등장하는 인물이나 메시지'와 '과정에 따른 효과'까지도 그 개념 안에 포함한다고 볼 수 있겠다. 커뮤니케이션을 '통신'이라 부를 수 있다고 본 국내 사전 및 '정보 전달 또는 교환 체계'로 소개하는 미국 사전의 설명이 한국과 미국의 통신 관련 기업들 이름에 커뮤니케이션이라는 단어가 공통으로 들어간 유사 배경이 될 수 있겠으나, 그 체계를 '루트(route)'라고까지 구체화한 미국 사전은 그 과정이 발생하는 '통로'를 적시하고 있다는 점에서 차이를 보인다. 사전에서 '인물', '메시지', '통로', '효과'를 커뮤니케이션 과정에 등장하는 요인으로만 보지 않고, 이를 커뮤니케이션 자체로 소개하는 것은 메리엄 웹스터가 미국의 전통적 커뮤니케이션 학문 연구 내용을 조금 더 깊게 반영한 결과로 보인다. 이들은 정보 전송자와 수신자, 메시지, 채널, 그리고 메시지 교환의 이유와 방법을 탐구한 연구들의 표현이기 때문이다.

사실 풀어보자면 우리 사전에도 이런 학문적 의미를 '내포'한 정의가 등장한다. 하지만 메리엄 웹스터처럼 '인물', '메시지', '통로', '효과' 등이 드러나게 설명된 것이 아니라, 유추할 수 있는 배경만 전달하는 수준에 그친다. 지속적인 편집 과정을 통해 의미가 조금씩 조정되는 우리말샘에서는 과거 커뮤니케이션을 '의사소통'으로 순화할 수 있다고 설명했다(이건호 외, 2013). 여기서 '의사(意思)'는 표준국어대사전의 커뮤니케이션 정의 중 '정보'를 뜻한다. '말이나 글, 소리, 표정, 몸짓' 등 기호의 모습으로 표현되는 이 정보는 '메시지'이다. 이 메시지는 '소통(疏通)'의 한쪽 끝에 있는 정보 전달자로부터 다른 끝에 있는 정보 수신자에게로 전달된다. 그리고 이 소통은 '정보를 주고받는 일'이라는 설명에서 알 수 있듯이 정보 전달자로부터 수신자에게 일방적으로 이뤄지는 것이 아니라, 이들 간의 상호작용이라는 것을 확인할 수 있다. 이 상호작용이 이뤄지는 곳이 바로 소통의 통로가 된다. 하지만 이 설명은 '의사소통'이라는 우리말로 순화될 수 있다고 본 커뮤니케이션의 사전적 의미를 학자가 굳이 풀어 드러낸 것일 뿐, 국내 사전에는 정보 전송자와 수신자, 메시지, 채널 등이 커뮤니케이션 자체의 성격으로 별도로 소개되지 않는다. 그렇다고 미국 사전이 학문적 내용을 완벽히 선연하게 담고 있는 것도 아니다. 역시 현상을 최대치로 추상화한 설명을 간결히 전개하는 수준에 그치고 있다. 이렇게 정의된 배경은 학술적 고찰에서 살펴볼 수 있다.

학술적 의미

커뮤니케이션은 다양한 학문적 정의를 통해 간단히 '의미의 주고받음' 또는 '메시지의 전달과 수용' 등으로 수렴(McQuail, 2000)된다. 하지만 발화자(發話者, source 또는 sender: S)가 정보(情報, message: M)를 통로(通路, channel: C)를 거쳐 수신자(受信者, receiver: R)에게 전달하는 이 일련의 과정을 'SMCR'이라는 약칭으로 소개(Berlo, 1960)하는 것이 커뮤니케이션의 일반적인 학문적 개념으로 알려져 있다. 바로 앞서 살펴봤듯이 서구 대표 어학사전 중 하나인 메리엄 웹스터는 여기에 등장하는 '발화자와 수신자', '정보', '통로'를 커뮤니케이션 자체로 소개하고 있다. 이 네 가지 요소들은 우리말샘에서 소개하는 커뮤니케이션의 순화된 표현인 '의사소통'의 정의에 내포돼 있다. 결국 커뮤니케이션의 사전적 정의도 커뮤니케이션의 학문적 풀이에서 비롯됐다는 점이 확인된다.

정치학과 비교해 학문의 역사가 그리 오래되지 않은 커뮤니케이션 분야를 사전적으로 설명하는 것은 그 짧은 역사만큼 깊이도 얕다. 아직 학문적으로 추상화할 대상이 더 많이 남았다는 의미일 수 있겠다. 그렇지만 소통의 역사가 인류의 출현과 함께할 정도로 오래된 만큼, 지난 100여 년간 이어진 학계의 노력은 역동적으로 커뮤니케이션에 대한 이해의 폭을 넓히는 중이다. 여기서는 앞서 설명한, 사전적 의미의 배경을 그간 제시된 커뮤니케이션의 모델들을 통해 살펴보겠다. 특히 '커뮤니케이션의 효과'에 대한 개념이 도입되면서 '메시지 교환의 목적과 이유, 방법' 등에 대한 설명력이 강화되었는데, 이는 현대 커뮤니케이션을 이해하는 핵심 기제가 된다.

SMCR로 대표되는 커뮤니케이션 과정이 1960년대에 정비되기 전 이미 유사한 개념이 모델로 소개된 바 있다. 앞서 '권력에 기초한 사회 내 가치 패턴의 분배'로 정치를 정의한 라스웰의 설명(Lasswell, 1948)인데, 여기에는 SMCR을 이미 구체화한 'who(누가) says what(무엇을) in which channel(어떤 채널을 통해) to whom(누구에게)'이라는 표현 외에도 커뮤니케이션의 '영향력[with what effects(어떤 영향력을 갖고)]'이라는 요소가 추가된다. 이 효과(effects: E) 인자를 추가해 커뮤니케이션을 'SMCRE'라고도 소개하는 이 모델은 사람들이 왜 그리고 어떤 방식으로 소통을 시도하는지를 설명하는 도구가 됐다. 이 부분은 특히 '상호 간의 이해 조정'을 핵심으로 하는 정치 영역에서의 소통 이유와 방법을 탐구하고 이해하는 틀로 작동한다. 추후 부연하겠지만, 이는 다시 '설득'이라는 커뮤니케이션 본연의 성격, 그리고 이 설득이 정치에서 구현되는 방법 등을 논하는 길로 안내한다. 서양의 어학사전이 커뮤니케이션의 개념을 소개할 때 '효과적'이라는 설명을 하게 되는 배경이라고 볼 수 있다.

이 설득의 구현 방법은 전화기 개발에 뛰어든 섀넌과 위버(Shannon & Weaver, 1949)의 커뮤니케이션 모델에서 정보의 정수(entropy)를 확보하기 위해 반복(redundancy)을 줄이려는 노력으로 나타나기도 한다. 하지만 그들의 커뮤니케이션 모델에는 정작 '메시지' 인자가 등장하지 않는다. 그들의 모델에서는 베를로(Berlo, 1960)의 전달자 개념이 인간 정보원(information source)과 기계적인 송신기(transmitter)로 묶여 등장하고, 기계적인 수신기(receiver)와 정보의 최종 목적지(destination)가 합해져 베를로의 수신자 개념이 되며, 그 사이를 채널(channel)이 잇는다. 메시지는 전화가 사용될 때 저절로 존재하는 개념이라 굳이 커뮤니케이션 인자로 넣지 않았다. 이 상황에서 이들은 전화를 통한 효과적인 메시지 송수신을 완성하려 노력했다. 당시 불량했던 채널 때문에, 즉 전화선의 연결 상태가 완벽하지 못했기 때문에 송신자의 메시지가 단번에 제대로 전달되지 못하는 경우가 잦았다. 송신자의 '정확한 메시지(entropy)'를 수신자에게 전달하기 위해서는 결국 송신자가 계속 같은 내용을 반복하는 수고를 해야 했다. 섀넌과 위버는 이 메시지 반복의 고통을 줄이는 것에 효율적 소통의 초점을 맞췄다. 그리고 소통 저해 요인의 감소를 위해 노력했다. 그래서 이들의 커뮤니케이션 모델에서는 반복 설명을 줄여 정보의 핵심이 수신자에게 정확하게 전달되게 한다는 목적이 강조된다. 이때 이들은 불량 채널이 소음(noise)을 발생시키는 원인이 되기에, 이 통로를 얼마나 깨끗하게 유지하느냐의 방법이 좋은 소통의 관건이 된다고 봤다. 이후 미디어 사회학 등을 통해 정교화한 이 채널의 성격은 공동체 안에서 불편부당한 정보를 전달하는 뉴스 통로의 의무 등으로 발전하고, 미디어심리학 등에서는 정확한 메시지 전달의 구현을 위해 사용해야 할 커뮤니케이션의 방법, 그리고 설득의 요인으로 진화한다(이건호 외, 2013). 정보의 정확성을 강조하는 이 모델을 메리엄 웹스터가 커뮤니케이션을 '채널' 또는 '메시지' 자체로 규정하는 이유로 볼 수 있다.

미국의 대표적인 어학사전이 커뮤니케이션의 정의로 정보를 전달하는 '인물'을 강조하는 배경은 오스굿(Osgood, 1954)과 슈램(Schramm, 1954)의 커뮤니케이션 환류(還流, feedback) 기능에서 찾을 수 있다. 오스굿의 커뮤니케이션 단위(communication unit)와 슈램의 개별 인간 커뮤니케이션(individual human communication) 개념은 메시지를 주고받는 쌍방향 소통 과정에서 정보를 스스로 해석하고 교환하는 주체를 뜻한다. 이들은 소통에 수반되는 환류가 이 개별 주체의 해석과 교환을 의미하고, 이 능력에 따라 커뮤니케이션의 질이 결정된다고 봤다. 이는 소통의 효과를 규정하는 요인으로 정보 전달자나 수신자인 커뮤니케이션 담당 인물의 자질이 중요함을 강조하는 것이다. 여기서 '해석'은 또 정보를 받아들이는 사람의 '스키마(schema)'에 영향을 받는다는 주장(Axelrod, 1973; Graber, 1984)에 연결되며, 다시 한번 커뮤니케이션에서 개별 인물의 역할이 두드러지게 된다. 현상에 대한 인식 과정을 통해 개인 내부에 축적된 체계적 인지(認知) 구조물인 스키마는 기억과 경험, 지식이 사람마다 차이를 보이고, 이 차이가 세상에 대한 개인들의 해석을 구분하게 만드는데, 이 다양한 해석으로 환류의 폭과 넓이가 결정된다고 보는 개념이다. 다시 말해 개인의 능력과 성향이 소통의 성격을 결정하는 중요한 요소가 되며, 이것이 커뮤니케이션을 메시지 소통 주체인 '인물'로 설명하는 이유가 되는 것이다.

이상에서 전개한 내용은 커뮤니케이션이 간단하게 의사소통으로 불리며, 그 과정은 그 안에 등장하는 전달자, 메시지, 채널, 수신자 등의 네 가지 기본 인자와 함께 그 소통으로 인한 효과를 아우르고, 동시에 이들 다섯 가지 인자가 각각 커뮤니케이션 자체가 된다는 점을 설명한다. 비록 이런 개념이 어학사전을 통해 간결하게 정리돼 있으나, 그 배경을 위와 같이 짚어봄으로써 추상화된 내용의 근본을 확인할 수 있다.

3) 정치 커뮤니케이션의 개념

위 내용을 종합하면, 커뮤니케이션과 정치를 학문적으로 간단하게 소개한 대표적인 개념들은 각각 '메시지의 전달과 수용'(McQuail, 2000)과 '사회를 위한 가치의 권위적 배분(Easton, 1965)'으로 정리될 수 있다. 이 두 단어를 연결해 '사회 내 가치의 권위적 배분을 위한 메시지의 전달과 수용'이라는 정치 커뮤니케이션의 정의를 도출할 수 있겠다. 간략하지만 우리는 앞선 서술을 통해 이 정의가 대단히 깊은 내용을 담고 있는 것을 확인했다. 정치와 관련해 '통치', '지배', '협력', '저항', '국가', '권력' 담론이 숨어 있고, 커뮤니케이션 요소로는 '발화', '메시지', '채널', '수신', '효과' 등의 내용이 '해석'의 문제와 얽혀 등장한다. 이 개념들은 아주 포괄적인 사전적 의미인 '정치 현상을 드러내는 커뮤니케이션'에서부터 '국가나 정치적 기구가 진행하는 일에 실제적인 효과를 미치는 커뮤니케이션'(Blake & Haroldson, 1975), '정치에 중대한 영향을 직간접적으로 주는 메시지의 구성, 송신, 수신, 진행'(Graber, 2005), '권력의 분배와 종합적 의사결정 형성, 사회 내 가치의 권위 있는 배치 등에 관련한 소통 과정'(Reinemann, 2014) 등 조금 더 복잡한 형태의 정의들에 이르기까지 다양한 정치 커뮤니케이션의 의미에 스며든다.

앞서 소개한 거버먼트 개념을 '정치'와 '커뮤니케이션'을 잇는 고리로 삼아 이 책이 집중하고자 하는 정치 커뮤니케이션의 정의를 조금 더 들여다보자. 어학사전에서 거버먼트를 통칭하는 '이해관계의 조정'은 현대사회 다방향 커뮤니케이션의 복잡다단한 해석 기능, 권력 집단과 장삼이사가 모두 벌이는 정치의 상호작용을 전부 포함하고 있다. 앞서 거론한 바와 같이, 복합적 의미의 '정권(정치 요소)'과 이를 획득 또는 유지하려는 행위 중 하나인 '소통(커뮤니케이션 요소)'은 거버먼트가 담고 있는 또 다른 의미, 즉 '조직'의 형태로 진행된다. 결국 정치와 커뮤니케이션, 조직의 의미를 포괄하는 거버먼트 개념을 정치 커뮤니케이션 정의에 녹이는 것은 입법·사법·행정 등 기존 권력 3부(府)뿐 아니라 필부필부(匹夫匹婦)의 목소리를 전하기 위해 유연하게 연대한 소규모 자생 그룹 또는 체계적으로 집단화한 시민사회단체, 그리고 이들의 메시지를 매개하는 미디어 등이 사회 내 가치의 권위적 배분을 지향하는 소통 행위를 하고자 조직적 형태를 띠게 된다는 점을 이해하는 데 도움이 된다. 거기다가 '조직'의 의미로 표상되는 거버먼트 안에 이해 조정을 향한 모든 사회 구성원의 자율적 합의 등이 녹아 있는 거버넌스의 다양한 성격이 함께한다는 점도 상기할 필요가 있다. 특히 공통적인 사회적 대의를 마련해가는 과정에 참여하는 동력으로 정치 엘리트나 공중과 더불어 여러 종류의 매체들이 미디어 거버넌스 차원에서 포함될 수 있다는 시각(윤석민, 2020)은 정치 분야에서 더욱 역동적인 소통을 기대하게 한다.

사실 이 현상을 반영한, '국가의 리더십과 매체, 시민 대중이 공공 정책과 관련된 메시지의 내용을 교환하는 행위'라는 정치 커뮤니케이션 개념(Perloff, 1998)이 이미 소개돼 있기도 하다. 이 설명이 내포하는 것과 마찬가지로 미디어와 정치의 관계를 조망하는 것에 집중하는 이 책은 기존에 등장한 설명들을 아울러 '정치'는 '개인이나 그 개인이 속한 조직이 추구하는 공적 목적을 달성하기 위해 전체 공동체 구성원들의 다양한 이해관계를 조정하거나 통제하는 방식으로 그 개인 또는 조직이 권력을 획득하거나 유지하는 행위'로, '커뮤니케이션'은 '메시지의 교환과 해석이나 의사소통'으로 보겠다. 그리고 이 둘을 합친 '정치 커뮤니케이션'을 '메시지의 교환과 해석 또는 의사소통을 통해, 개인이나 그 개인이 속한 조직이 추구하는 공적 목적을 달성하기 위해 전체 공동체 구성원들의 다양한 이해관계를 조정하거나 통제하는 방식으로 그 개인 또는 조직이 권력을 획득하거나 유지하는 행위' 혹은 '개인이나 그 개인이 속한 조직이 추구하는 공적 목적 달성을 목표로, 그 개인 또는 조직이 권력을 획득하거나 유지하기 위해, 전체 공동체 구성원들의 다양한 이해관계를 조정하거나 통제하는 데 사용하는 메시지의 교환과 해석 또는 의사소통'이라고 정의하겠다.

2. 대중매체와 관련한 정치 커뮤니케이션

여기서 정비한 정치 커뮤니케이션의 정의는 관련 연구의 범위 또는 그 종류를 확인하는 과정에서 더 선명해질 수 있다. 학문 차원에서는 커뮤니케이션의 연구 기간이 그리 길지 않지만, 커뮤니케이션 자체가 인류의 기원부터 존재한 만큼 기존의 다른 학문 영역은 각자의 분야에서 커뮤니케이션을 다뤄왔다. 또 복잡다단한 인간 역사에 날줄과 씨줄처럼 엮여 오랜 시간 함께한 정치 역시 커뮤니케이션의 역할을 주시해왔다. 정치 커뮤니케이션에 대한 학문적 고찰은 그것이 심리학과 사회학, 철학과 사학 등의 영역과 융합하고, 이들이 다시 커뮤니케이션을 학문적으로 구분하는 개인 내부(intrapersonal), 개인 간(interpersonal), 그룹(group), 조직(organizational), 대중(mass) 커뮤니케이션(McQuail, 2000)과 연결돼, 그 내용을 개인적(individual), 기구적·제도적(institutional), 사회적·체계적(systemic) 수준에서 정비하게 한다(Perloff, 1998). 사실 커뮤니케이션의 학문적 구분은 건강 커뮤니케이션, 환경 커뮤니케이션 등 정치 이외의 다른 분야를 나누는 데도 활용될 수 있으나, 이 책에서는 우선 정치와 관련된 내용을 다루며 개인과 기구·제도, 사회·체계 구분에 따라 정치 커뮤니케이션 연구가 어떻게 진행될 수 있는지 살펴보겠다. 특히 이 책이 관심을 가지는 매체와 관련된 정치 문제를 커뮤니케이션 차원에서 들여다본다.

1) 대중매체와 연계한 정치 커뮤니케이션 연구의 종류

개인적 수준

우선 개인적 수준(individual level)의 연구는 매체가 정치적 영향력이 있는 인물을 어떻게 다루고, 이런 보도가 개인의 인식에 어떤 영향을 끼치는지 등을 탐구한다. 협의로 보자면 정치적 영향력을 가진 사람들은 주로 대통령, 국회나 지방의회 의원들을 일컫지만, 광의로는 이외에도 사법이나 행정 등 제도적 권력 영역과 이익단체 등 시민사회적 권력 영역에서 활동하는 사람들을 포괄한다. 매체가 이들을 다루는 방식은 프레이밍 이론(Andsager, 2000; Entman, 1993; Maher, 2001; McCombs & Ghanem, 2001; Reese, 2001; 1999)과 연계돼 언론이 권력자들을 기록하고 묘사하는 틀을 탐구하는 것으로 이어진다. 또 의제 설정 이론(Guo, 2012; Kiousis, Bantimarodius, & Ban, 1999; Kosicki, 1993; Lang & Lang, 1981; McCombs & Shaw, 1972; McCombs, & Estrada, 1997; Sampedro, 2000)이나 점화 효과 이론(Lee, 2010; Miller & Krosnick, 1997; Roskos-Ewoldsen, Roskos-Ewoldsen, & Carpentier, 1994) 등은 이런 보도가 사람들의 인식과 행태에 미치는 영향의 방법과 크기 등을 논한다. 대통령이나 입법 의원 등 일반적 의미의 정치인을 예로 들자면, 이들 개인에 대한 보도 방식이 연구되고, 그런 보도 방식이 유권자들의 인식과 의견, 투표 행동에 어떤 영향력을 행사하는지도 주요 탐구 대상이 된다는 것이다. 거꾸로 수용자들의 선택적인 매체 정보 활용이 이와 같은 영향력의 크기를 어떻게 조절하는지를 확인하는 이용과 충족 이론(Ettema & Whitney, 1994; Palmgreen, Wenner, & Rosengren, 1985; Power, Kubey, & Kiousis, 2002; Ruggiero, 2000; Tsao & Sibley, 2004) 역시 개인적 수준 연구의 한 축을 이룬다.

이런 내용은 대중매체를 중심으로 탐구가 진행된다는 점에서 당연히 대중(mass) 커뮤니케이션 영역에 포함된다. 하지만 다른 차원의 연구로 해석되고 진행될 수도 있다. 예를 들어 대중에 대한 매체의 영향력이 발생하는 과정에서, 유권자들은 기존에 가지고 있던 편견이나 고정관념 등에 의해 스스로 입장을 정비하게 되는데, 매체 정보는 어떤 방향에서건 이들의 개인 내부 커뮤니케이션을 촉발한다. 자기가 가지고 있던 입장을 새로운 정보와 비교하며 원래 생각을 강화하거나, 새로운 의견을 만드는 과정을 거칠 수 있기 때문이다. 또 매체 정보를 두고 주변인과 나누는 대화 등도 그런 영향의 방향이나 크기를 정하는 변인이 되는데, 이는 개인 간 커뮤니케이션 관점에서 다룰 수 있다. 대화를 나누는 주변인이 가족 등 1차 집단 구성원이라면 그룹 커뮤니케이션, 회사 동료 등 2차 집단에 속한 사람이라면 조직 커뮤니케이션의 문제로 범위를 넓혀간다.

기구적·제도적 수준

기구적 · 제도적 수준(institutional level)은 매체나 정치 정당, 정책 관료, 사법 당국 사이에 발생하는 커뮤니케이션을 기구나 단체 또는 조직의 입장에서 다룬다. 즉 특정 정당이나 정부 기구, 법원, 시민사회단체라는 기구 내부 또는 그 사이의 커뮤니케이션을 연구하기도 하고, 언론을 하나의 집단이나 기구로 보면서 매체가 한 사회 내에서 견지하는 정치적 정향 등이 특정 정당이나 정부 기구, 법원, 시민사회단체 등과의 소통에서 어떻게 드러나는지 등도 탐구한다는 뜻이다. 미디어를 중심으로 보자면, 매체의 취재 및 보도 규범 등이 다른 집단의 조직적 행태와 상호작용하는 것이 주요 연구 대상이다. 이때 각각의 조직이 가지고 있는 특성들이 커뮤니케이션 형태에 영향을 미치는데, 정치 커뮤니케이션을 통해서는 구체적으로 정치 조직들의 공중 관계(public relations: PR) 전략과 이들을 통해 전달되는 정보를 취사선택하는 매체의 기능 등이 탐구된다.

각 기구의 특징들이 그 조직을 구성하고 있는 인물들에 연결되면 앞서의 '개인적 수준'에서 거론한 개인 내부 또는 개인 간 커뮤니케이션 연구도 복합적으로 가능하다. 예를 들어 특정 매체 조직 구성원의 개인적 경험은 해당 조직의 커뮤니케이션 내용과 상호작용하며, 그 조직이 만들어내는 메시지가 구성원 개인의 인식과 행태를 변화시키기도 하고, 조직 내 영향력 있는 인물의 추진력은 동료의 커뮤니케이션 내용이나 조직 자체의 메시지를 변화시켜 다른 기구와의 커뮤니케이션에 영향을 끼치기도 한다(Breed, 1955). 언론의 게이트키핑(Roberts, 2005; Shoemaker, 1991; Shoemaker, Eichholtz, Kim, & Brenda, 2002; White, 1950)이나 매체 조직의 뉴스 가치 연구(Gitlin, 1985; Shoemaker & Reese, 1996) 등이 여기에 이어진다. 하지만 조직적 수준의 커뮤니케이션 연구는 매체를 구성하는 조직원들의 성향을 반영하기보다는 그 기구가 가지고 있는 사회적 역할과 연결되는 것에 초점을 둔다. 이런 학문적 접근은 당연히 조직 커뮤니케이션의 성격을 띠게 되고, 영역을 넓혀가면 조금 더 확대된 차원의 연구, 즉 사회적 · 체계적 수준의 탐구로 이어진다.

사회적·체계적 수준

사회적 · 체계적 수준(systemic level)은 단순히 체계적 수준이라고도 하며, 매체가 거대 사회나 문화에 어떤 영향을 미치고 또 이들 사회와 문화가 매체에 어떻게 영향력을 행사하는지에 대한 연구를 진행한다. 앞서 거론한 것처럼 매체 안에 속해 있는 구성원의 개인 내부 커뮤니케이션, 개인 간 커뮤니케이션 또는 그들이 속한 매체가 다른 단체와의 사이에서 벌이는 그룹 커뮤니케이션이나 조직 커뮤니케이션 차원에서 이를 조망할 수도 있지만, 이 영역은 주로 사회나 국가의 이데올로기, 그리고 그런 사상이 커뮤니케이션을 통해 매체가 소속된 전체 공동체의 성격을 어떻게 규정하는지 등을 탐구한다. 보통 매체 정보가 개인에게 영향을 미치는 상황을 양적(量的) 또는 통계적으로 검토하는 미국식 지배적 패러다임(dominant paradigm)의 연구들은 이런 접근법에서 멀리 떨어져 있는 것으로 인식되기도 하나, 이를 활용한 사회적 · 체계적 수준의 연구도 얼마든 가능하다. 예를 들어 공동체에 소속된 개인의 행태 형성에 초점을 두는 문화 계발 이론 연구는 매체에 노출되는 수용자가 권력에 복속(acquiescence to power)되는 현상(Ball-Rokeach, 2001; Gerbner & Gross, 1976; Griffin, 2004)을 다루는 과정에서, 사람들이 언론 보도에 투영된 의견 기상도(opinion climate), 즉 자신이 대다수의 의견이라고 믿는 외부의 분위기를 추론해 자신의 발화(發話) 의지를 꺾고 입을 다무는 원인을 찾는 침묵의 나선 이론은 매체 사이의 공명(共鳴, consonance) 현상(Noelle-Neumann, 1974; Salmon & Moh, 1994; Scheufele & Moy, 2000)을 활용해 사회적 · 체계적 수준의 권력 구조를 탐구할 수 있다. 또 3자 효과 이론은 사회의 검열 이슈나 준거집단의 역할 등을 유사한 틀로 접근할 수 있다(Davison, 1983; Lasorsa, 1994; Paul, Salwen, & Dupagne, 2000). 하지만 이 영역은 전통적으로 정치적 환경이 구성된 역사적 배경 등을 좇는 의미가 커, 오랜 관찰 등을 통한 질적(質的) 탐구 방법론(Lindlof, 1995; Potter, 1996)을 활용하는 독일의 비판 이론이나 영국의 문화 연구 등 유럽식 커뮤니케이션 현상 접근(Ang, 1991; Calhoun, 1993; Ginsberg, 1986; Habermas, 1962/1989; Hall, 1980; Horkheimer & Adorno, 1944/1972; Lippmann, 1925; Marcuse, 1964; Morley, 1992, 1997)이 강세를 보였다.

이상의 수준별 연구들은 결국 공동체 구성원이나 사회집단이 커뮤니케이션을 통해 다른 사람이나 조직 또는 사회 전체가 특정 이슈 및 대상을 바라보는 인식, 판단 기준, 행동 양식에 영향을 끼치는 것을 탐구하는 것으로, 정치 커뮤니케이션 연구의 큰 축도 이런 영향력을 연구하는 것과 맞물려 있다. <그림 1-1>은 이들 세 종류의 연구 수준을 큰 틀에서 도식화한 것이다.

<그림 1-1> 대중매체와 연계한 정치 커뮤니케이션 연구의 종류

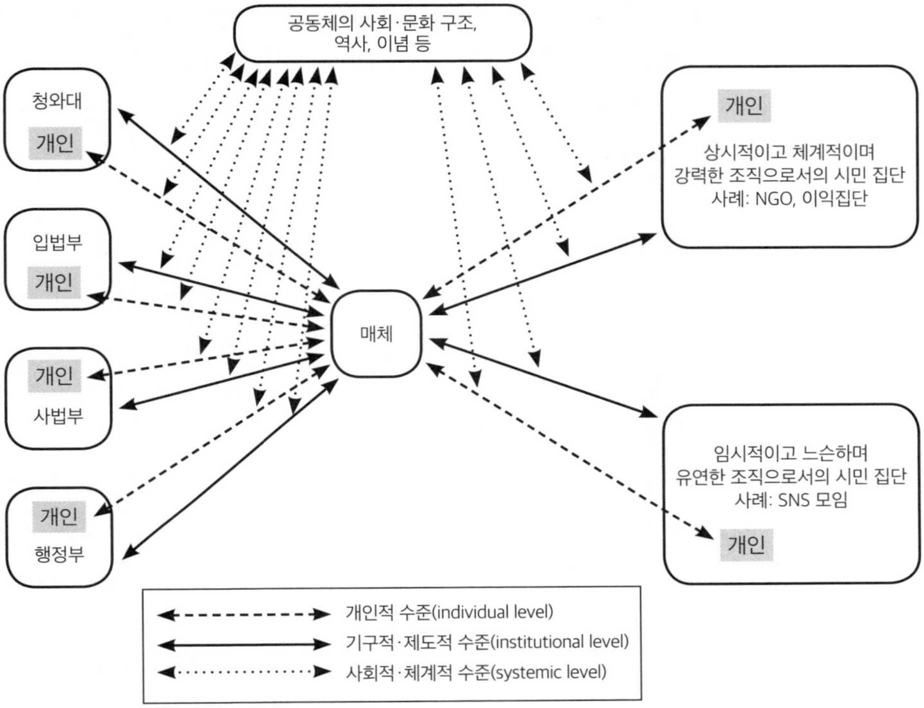

2) 대중매체를 매개로 하는 정치 커뮤니케이션의 성격

앞서의 정의와 연구 범위 등은 대중매체를 중심으로 한 정치 커뮤니케이션의 성격을 설명할 수 있게 한다. 미디어와 정치의 관계를 조망하는 것에 초점을 맞추는 이 책은 대중매체의 뉴스 보도를 축으로 정치 커뮤니케이션 현상을 정리한 저술(Perloff, 1998)에 근거해, 그 성격을 정치적 지도자, 대중매체, 공중이라는 3대 역할 요체, 이들이 다루는 정치적 메시지, 그 메시지를 두고 이들 요체가 벌이는 교환과 해석, 마지막으로 그 교환 및 해석의 복잡다단한 과정 등 네 가지로 구분해 소개한다. 특히 앞서 정비한 연구 종류 가운데 일단 '기구적·제도적 수준'을 대입해 이들 성격을 살펴보면 정치 커뮤니케이션의 전체 구도를 이해하는 데 도움이 될 것이다. 우선 이 책이 내린 정치 커뮤니케이션 정의('메시지의 교환과 해석 또는 의사소통을 통해, 개인이나 그 개인이 속한 조직이 추구하는 공적 목적을 달성하기 위해 전체 공동체 구성원들의 다양한 이해관계를 조정하거나 통제하는 방식으로 그 개인 또는 조직이 권력을 획득하거나 유지하는 행위' 또는 '개인이나 그 개인이 속한 조직이 추구하는 공적 목적 달성을 목표로, 그 개인 또는 조직이 권력을 획득하거나 유지하기 위해, 전체 공동체 구성원들의 다양한 이해관계를 조정하거나 통제하는 데 사용하는 메시지의 교환과 해석 또는 의사소통') 중 '개인이나 그 개인이 속한 조직'을 정치적 지도자, 대중매체, 공중이라는 3대 요체 각각의 집단으로 치환해 살펴보는 것으로 조망을 시작해보겠다.

정치 커뮤니케이션 3대 역할 요체: 정치적 지도자, 매체, 공중

의사소통은 메시지의 환류를 기초로 한다. 환류는 교환, 즉 주고받는 것을 의미한다. 따라서 이 교환의 주체는 결국 화자도 되고 청자도 된다. 이 책이 주목하는 대중매체와 정치의 관계를 고려하면, 정치 커뮤니케이션의 메시지 교환 주체는 크게 정치적 지도자, 매체, 대중 또는 공중 등 3개이다.

정치적 엘리트(political elite)로 표현될 수 있는 정치 지도자(leaders)는 제도권 정치에서 일반적으로 정치적 의견을 선도하거나 관련 정책을 결정·집행·판단하는 인물 또는 그 인물이 속한 조직을 통칭한다. 일단은 중요한 정치 정보를 직접 생산한다는 점에서 메시지를 전달하는 화자로 표현될 수 있는 집단이다. 대표적으로는 대통령, 대의정치를 구현하는 국회 또는 지방의회 의원, 또 그들이 속한 정당 등을 예로 들 수 있겠다. 이들 입법 관련 인물 및 조직이 내리는 결정 과정에 참여하거나 합의된 결정 사항을 집행하는 공무원, 집행 과정 등에서 나타나는 문제점을 확인하고 위법적인 사안을 단죄하거나 법률 해석의 마찰 여부 및 그 원인을 판단하는 법조인, 또 그들이 속한 정부 부처나 사법부 등도 이 지도자 그룹에 포함될 수 있다. 입법·사법·행정 등 3부에 의견을 전하고 그들의 업무 방향에 압박을 가하는 시민사회단체는 다른 방향에서 커뮤니케이션의 역할을 담당한다. 이들은 정치 엘리트가 될 수도 있고, 바로 다음에서 설명하는 대중이나 공중을 대표하는 집단이 될 수도 있다.

대중 또는 공중 안에 포함된 일반 개인들은 주로 수동적 청자의 역할을 하는 것으로 이해되지만, 대중이나 공중의 개별 존재들은 투표나 선거 등을 통해 자신의 의견을 제도권 정치 지도자들에게 전달할 수도 있다. 또 이들이 모여 집합적 의견을 내는 압력 단체가 된다면 이들의 목소리는 집단적 형태의 정치 화법으로 표현되고, 그 영향력은 무시할 수 없다. 직전에 소개한 시민사회단체가 그런 모습을 띤다. 투표 등의 방법을 통해 의견을 표명하든지 아니면 조직화한 화법을 쓰든지, 대중은 모두 화자가 되며, 이 경우 보편적으로 정치 지도자라 알려진 3부 또는 소속 인물들이 청자가 된다. 게다가 민주주의에서 모든 사람은 검증된 매체 비평가들(Schudson, 1995)이라는 평가는 대중이나 공중이 정치 지도자들에게만 목소리를 전하는 것이 아니라, 공공 정보의 통로가 되는 대중매체에도 적극적인 의견을 개진함으로써 전달 정보의 내용과 형식에 영향을 끼치기도 한다는 것을 의미한다. 이런 과정 등을 통해 대중과 공중은 메시지의 환류에 참여한다.

매체는 일단 의사가 전달되거나 교환되는 통로로 여겨진다. 이 통로가 정보를 전달하려면 우선 정치 지도자와 공중의 목소리를 들어야 한다. 청자의 역할을 한다는 뜻이다. 그러나 이 내용을 전달하는 과정에서 이들은 다시 화자가 된다. 특히 사실과 의견을 전하는 대중매체는 정보의 매개자 역할을 할 뿐만 아니라, 받은 정보 중 일부를 선택하고 나머지는 버리는 과정을 거치며 스스로 목소리를 낸다(이건호 외, 2013). 즉 불편부당한 메시지 전달자가 아니라 정보를 취사선택하며 적극적인 소통의 주체가 된다는 것이다. 이들 3대 요체 모두는 결국 정치 정보를 주고받는 소통 과정에서 화자와 청자의 역할을 동시에 한다.

정치 커뮤니케이션 3대 역할 요체가 다루는 정치적 메시지

앞서 전개한 정치 개념을 적용하면, 정치 커뮤니케이션에서 다루는 메시지는 개인이나 그 개인이 속한 조직이 추구하는 공적 목적을 달성하기 위해 전달하는 정보가 된다. 일단 '공적'이라는 부분을 보면 그 메시지는 공중이 관심을 가질 만한 정보, 즉 공공 사안(public affairs)에 관련된 내용이다. 이는 일반 대중에게 공통으로 적용되는 내용으로, 사회 안전이나 국가 안보, 가계와 집단의 경제적 이익, 공동체 구성원의 권리와 의무 등을 포함한다. 구체적으로 보자면 환경, 노동, 국방, 교육, 산업, 외교 등이다. 우리나라에 국한하면 통일과 북한 문제를 빼놓을 수 없다. 행정부가 다루는 내용 전반이라 볼 수도 있으며, 이들은 국회와 법원 등의 업무와도 연결된다.

정치 개념 중 '추구하는 목적'에 방점을 찍으면 정치적 메시지는 전통적인 의미의 정치 목표, 즉 지배권에 이어진다(김충렬, 1992; Strauss & Cropsey, 1987). 개인이나 조직이 이념에 기초한 통치 논리를 이행하고 이를 통해 공공의 안녕 등을 이루기 위한 업무를 수행하려면 이 과정을 수월하게 만드는 시스템을 확보해야 하는데, 이는 결국 권력을 획득하는 문제와 연결된다는 것이다. 정치 커뮤니케이션이 다루는 정보는 결과적으로 이런 통치권 등을 확보하기 위한 3대 요체의 전략적 메시지가 된다. 입법부에 귀속하는 정당이라면 권력 획득에 필요한 지지를 호소하기 위해 스스로 추구하는 이념 및 정책을 직접 또는 간접적으로 전달해 대중을 설득하려 할 것이다. 행정부나 사법부도 현대 민주주의 체제 안에서 엽관제(獵官制)가 적용되는 정도에 따라 메시지의 색깔과 농도를 조율하게 될 텐데, 거버먼트 차원에서 보면 이 역시 입법부에 연계한 정당의 메시지와 연동한다고 볼 수 있다. 일반 시민이나 이들이 속한 시민사회단체도 제도권 정치인이나 조직의 메시지에 찬성하거나 반대하는 형식, 또는 제3의 목소리를 내는 방법 등으로 자신들의 입장을 관철하려 할 것이다. 이때 전달되는 내용도 정치적 메시지가 된다. 크게 구분해 진보와 보수로 나뉘는 대중매체는 자신들이 추구하는 정파성에 따라 정보를 조율할 것이고, 이 정보 또한 정치 메시지의 모습을 띤다. 특히 대중매체는 많은 독자나 시청자가 필요로 하는 공적 정보를 다루기 때문에, 미디어 정보는 앞서 전달한 공공 이슈를 둘러싸고 전개된다. 결론적으로 정치적 메시지는 공공 사안을 중심으로 각 요체가 사회적 지배권을 다투기 위해 상호 설득에 활용하는 정보를 담는다.

정치적 메시지에 대한 교환과 해석

정치적 메시지는 그 메시지를 전달하는 주체가 정책 결정의 과정에서, 또는 이미 결정된 정책과 관련해 야기한 정치적 행위나 사고에 대해 이뤄진 집단 의견, 즉 '공중 의견' 또는 '여론(public opinion)'을 확보할 수 있는 도구가 된다. 긍정적으로 보자면 전체 또는 대다수 공동체 구성원들의 다양한 이해관계를 조정함으로써 발현되는 것이 여론이지만, 현실적으로 여론은 다양한 정치 주체들 사이의 경쟁을 통해 확보 또는 쟁취된다. 이 경쟁은 결국 커뮤니케이션이 추구하는 설득의 과정이고, 여론은 누가 그 설득을 잘하는가에 따라 결정된다고 볼 수 있다. 3대 요체는 각각 이 설득의 전선에 뛰어든다. 그리고 이 설득은 이들 사이에서 메시지가 단순 교환되는 것뿐만 아니라 이들 메시지를 어떻게 해석하고, 이를 다시 전달하느냐의 과제로 이어진다.

단순한 메시지 교환에서도 각 요체는 정보 조정을 통해 자신들의 입장을 설득하려 든다. 정치적 리더는 자신들의 이념과 소신에 맞는 정보를 부각하고 스스로에 불리한 내용은 숨기려는 전략을 쓰게 된다(Dalton, 2013). 이들에게 압력을 넣어 추구하는 목적을 달성하려는 시민사회단체, 거기에 소속된 일반인들도 마찬가지이다(Kollman, 1998). 대중매체는 아예 자신들의 입맛에 맞는 취재원을 활용해 그들이 주장하는 정보 위주로 기사를 작성하기도 한다(고흥석 · 이건호, 2010). 즉 적극적인 해석 없이 정보의 선택과 배제만을 통해서도 설득을 시도한다는 것이다.

여기에 해석까지 들어가면 메시지 내용은 더 복잡해진다. 3대 요체는 각각 다른 그룹에 전하는 정보를 자신이 원하는 목적에 따라 풀이하는 방식으로 활용한다. 공공 사안은 대다수 구성원의 삶과 연결된 만큼 그 이해관계가 복잡하다. 각 요체는 전문가를 동원하거나 여론조사 등을 사용해 전달된 정보를 확대 또는 축소하는 방식으로 해석하고, 다시 이를 교환하며 사회에 대한 지배적 여론을 확보하려 한다. 국회의원들이 소속 정당의 이념에 맞춘 해석을 시도하거나 일반 대중이 공개된 정보 등을 자신의 편견에 따라 받아들이고 전파하는 것도 같은 이유이다. 여기에 많은 사람이 공통으로 노출되는 대중매체가 끼어들어 단순 사실 보도 이외에 칼럼과 사설 등을 통해 의견을 전달하기 시작하면 그 복잡성은 더욱 증가한다. 사람들은 자신이 가깝게 있는 상황 밖의 거의 모든 정보를 대중매체를 통해 접하게 되는데, 이런 대중매체가 단순 정보에 분석과 해석을 가미할 때 이 채널은 단순한 메시지 통로의 수준을 넘어선다. 지도자와 대중의 인식 및 행태에 영향을 미치고 이들의 커뮤니케이션 내용에도 변형을 가하며 생물과도 같은 정치의 역동성을 더 크게 만들어갈 수 있게 되기 때문이다.

메시지 교환 및 해석의 복잡다단한 과정

각 요체는 그 안에 구성원을 둔다. 앞에서는 정치 커뮤니케이션 연구 방식 중 기구적·제도적 수준을 대입해 조직 또는 집단으로서 3대 요체들 사이의 소통만을 우선 소개했지만, 정치가 개인이나 그 개인이 속한 조직을 통해 이뤄지는 활동이라는 점을 보면 정치 커뮤니케이션은 각 요체 안에서 벌어지는 소통도 포함할 필요가 있다. 앞서 제시된 정보 교환과 해석의 다양성이 이들 구성원을 고려한 커뮤니케이션 종류에 접목되면 그 복잡함은 끝을 모르게 된다.

우선 개인 내부 커뮤니케이션 차원에서 보자. 정치 지도자 그룹, 예를 들어 정당에 소속된 정당인들은 각자 성장해온 배경에 따라 개별적 가치관을 가진다. 이들은 당론(黨論)이라 하더라도 자신의 이익에 부합하는지를 따지게 될 것이고, 자신만의 편견 등에 따라 그 정보를 해석하게 될 수 있다. 개인들의 독특한 스키마가 천편일률적인 해석을 거부하게 만든다는 뜻이다. 이런 사람들이 개인 간 커뮤니케이션을 하게 되면 각자 정치적으로 추구하는 목적과 연계해·공통된 생각을 가졌는지 여부에 따라 이합집산할 것이고, 이는 그 정당 안에서 분파를 만드는 결과를 낳을 것이다. 친소(親疏) 관계는 그룹 또는 조직 커뮤니케이션의 모습으로 이어지며 그 복잡성의 깊이를 더해 간다(Katz, 1996). 대중매체도 사정은 다르지 않다. 개별 기자의 배경은 취재원의 정보를 각각 달리 해석해 기사의 방향을 자신만의 시각으로 결정하게 만들 수 있다. 또 조직 내 위치에 따라, 예를 들면 현장 취재 기자인지, 기사를 손보는 데스크인지, 기사뿐만 아니라 후배들을 관리하는 위치에 있는 부장인지 국장인지, 이들을 총괄하는 경영진인지의 입장은 기사에 대한 시각과 판단을 달리하게 만든다. 이런 사정은 개인 내부에만 머물지 않고 그 사람의 개인 간 커뮤니케이션, 그리고 그룹 또는 조직 커뮤니케이션의 형태를 결정하는 시발점이 된다(Shoemaker & Reese, 1996). 더 많은 수로 구성된 일반 대중의 상황에 대한 해석과 그에 따른 분화는 말할 것도 없다(Calhoun, 1993). 그리고 이런 상황은 다시 3개 요체 사이의 커뮤니케이션을 더더욱 복잡하게 만들 것이다.

커뮤니케이션 산업이나 기술의 최근 변화는 이렇게 불같은 다양성에 기름을 부었다(황용석, 2006; Boyd & Ellison, 2007). 수천 년 동안 돌, 양피지, 종이 등으로 변화한 정보 기록 방식과, 같은 기간 발전을 거듭한 교통수단은 인쇄물 위주의 정기간행물(periodical)을 탄생시켰고, 지난 100여 년 사이 대중에게 다가온 전자 매체는 라디오와 텔레비전의 전성시대를 불러왔다. 게다가 20세기 말 인터넷을 필두로 등장한 새로운 형태의 소통 수단은 이전과 비교할 수 없을 정도의 획기적 전환기를 열었다. 우선 그전까지 주로 일방적인 소통 흐름을 보였던 대중매체 중심의 커뮤니케이션이 본격적인 쌍방향 또는 다방향 형태를 띠기 시작했다. 대중매체는 과거 정치 지도자와 대중 사이의 채널 역할에 집중하면서도 단순 정보 전달뿐 아니라 해석을 가하며 복잡한 정치 커뮤니케이션 현상을 창출했는데, 새로운 소통 환경은 대중매체를 거치지 않고 정치 지도자와 대중이 직접 소통하는 통로를 만들면서 그 복잡함을 심화했다.

이 과정에서 대중매체는 이들이 각각 생산하는 메시지만 유통하는 것이 아니라 이들 사이의 소통 배경 등을 찾아 그 해석까지 전달하는 단계로 접어들었다. 21세기에 들어서며 커뮤니케이션 산업 및 기술의 발달은 더욱 빨라져 대중 사이의 직접적인 정보 교환 규모는 이전과 비교할 수 없을 정도로 커졌다. 과거 자신들의 이념 전파에 집중했던 정치인들은 이제 이런 유권자의 의견을 적극적으로 좇아 그들의 개별적 요구를 파악하기에 급급하다. 선거에서의 표를 위해, 공동체를 위한다는 정치적 가치가 사라진다는 비판이 나올 정도이다. 대중매체 역시 그 안에서 생존을 위해 정파성의 색깔과 농도를 조절하고 있다. 급변하는 커뮤니케이션 환경은 결국 정치 엘리트와 매체, 공중의 성격과 더불어 정치 구조 전반의 변화를 이끌면서 정치 커뮤니케이션을 더욱 복잡한 세계로 밀어넣고 있다.

지금까지 기본적 개념과 연구 범위, 성격 등을 통해 살펴본 정치 커뮤니케이션은 특정 국가나 사회의 틀에서 발생한다. 그 안에서 대중은 각각 자신의 소신과 이념에 연결된 문제로 사회를 해석하고, 정치 지도자들은 그런 대중 여론을 좇거나 선도하며 지배권과 통치권을 확보하고 유지한다. 구독률과 시청률이 곧 생존과 관련된 대중매체는 정보를 통해 공중을 구성하는 독자나 시청자의 이해와 호응을 구한다. 이는 대부분 국가가 표방하는 현대 민주주의 사회의 모습이다. 정치 커뮤니케이션은 기존에 형성된 이들 국가나 사회에서 구동하며, 다시 이들 공동체 체계의 발전에 결정적인 역할을 하고 있다. 이 책은 이런 관점에서 지금까지의 설명을 바탕으로 자본주의 또는 자유경제에 근거한 민주주의 국가의 정치 커뮤니케이션을 논할 것이다. 비록 국가 간 커뮤니케이션 역시 정치의 입장에서 논할 수 있지만, 기본적으로 선거 방식이나 역사적 요소 등으로 얽힌 정치적 지도자, 대중매체, 공중이 함께 어우러지며 복잡하면서도 독특한 경제적·법적·사회적 구조를 만들어낸 국가의 특성을 알아야만 국가 간의 관계도 이해할 수 있다. 여기서 거론한 내용은 이후 서술을 통해 차근차근 자세히 검토할 것이다.

Media and Politics

2장

대중매체와 정치

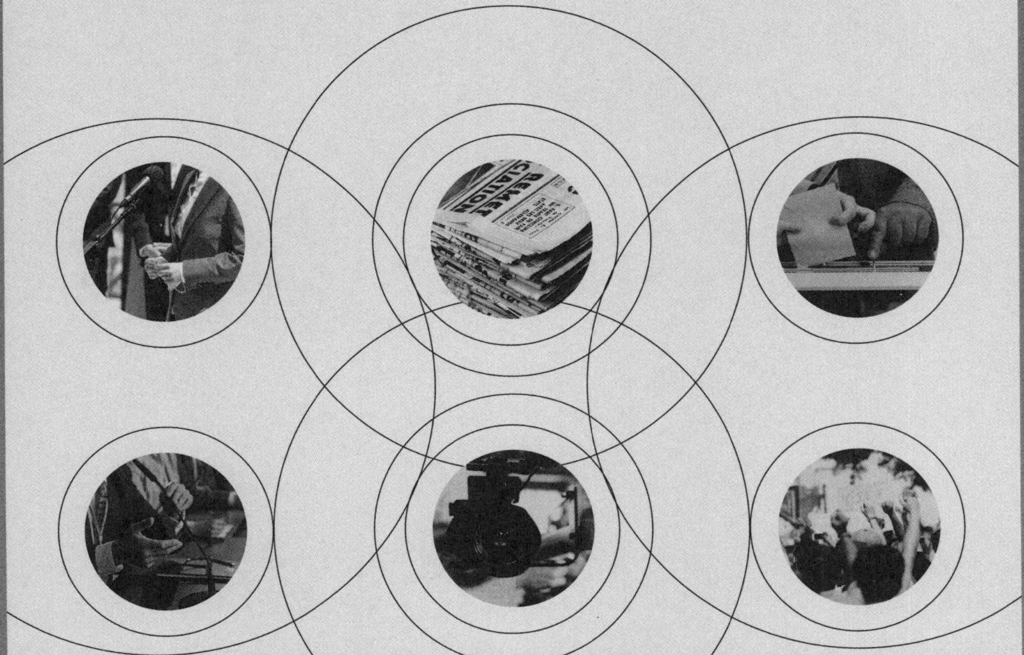

이 책은 미디어와 정치의 관계를 조망하는 것에 초점을 맞춘다. 일반적으로 미디어는 메시지를 전달하는 매체(媒體), 즉 통로이다. 커뮤니케이션 현상에서 특정 정보를 전달·운반하는 역할을 하는 이 통로의 형태는 다양하다. 개인 내부 커뮤니케이션에서는 한 사람의 뇌 속 의미 전달 회로, 즉 생각을 이어가게 만드는 채널이 될 수 있고, 자연상태의 개인 간 커뮤니케이션에서는 한 사람의 입에서 튀어나온 정보가 파장을 통해 다른 사람의 귀에 전달되게 만드는 공기가 그 통로 역할을 한다.

이 책이 관심을 가지는 미디어는 정치 현상이 발생하는 사회 내부에서 작동하는 통로, 즉 '대중매체'이다. 따라서 '개인이나 그 개인이 속한 조직이 추구하는 공적 목적 달성을 목표로 그 개인 또는 조직이 권력을 획득하거나 유지하기 위해 전체 공동체 구성원들의 다양한 이해관계를 조정하거나 통제하는 데 사용하는 메시지의 교환과 해석 또는 의사소통'이라는 정치 커뮤니케이션 개념 중 '공적 목적 달성을 목표로 사용하는 메시지의 교환과 해석'에 주목한다. '매스미디어(mass media)'라는 외래어로 잘 알려진 '대중매체'는 이 목적을 위해 공공의 정보를 주고받게 만드는 대표적 채널이다. 이 채널은 정치 커뮤니케이션 성격 중 하나로 앞서 설명한 정치적 메시지의 내용, 즉 공중이 관심을 가질 만한 공공 사안(public affairs) 관련 정보를 다룬다.

이런 메시지를 전달하는 대중매체를 이해하기 위해서는 이 역할을 담당하는 저널리즘의 개념을 먼저 정비할 필요가 있다. 이를 위해 저널리즘을 아우르는 매스커뮤니케이션(mass communication) 영역을 우선 살펴보자. 매스커뮤니케이션은 간단히 '커뮤니케이션(communication)' 앞에 '매스(mass)'가 붙은 것으로 소개된다(McQuail, 2000). '매스'는 사전적으로 '큰 덩어리' 또는 '거대한 부피, 범위 또는 규모'라는 뜻을 갖는다. 이 매스를 '의미의 주고받음, 메시지의 전달과 수용, 해석'이라는 뜻을 가진 커뮤니케이션에 붙이면 매스커뮤니케이션은 '거대한 부피, 범위 또는 크기의 수준에서 의미의 주고받음, 그런 크기의 메시지 전달과 수용, 해석이 발생하는 것'이라는 간단한 정의가 이뤄진다(이건호 외, 2013). 커뮤니케이션의 4대 기본 인자(SMCR)를 풀어 이를 보자면, '거대한 규모(mass)'의 '발화자(S)가 '거대한 규모'의 '수신자(R)'에게 '거대한 규모'의 '정보(M)'를 '거대한 규모'의 '통로(C)'를 통해 주고받거나 해석하는 것이라는 매스커뮤니케이션의 의미가 성립한다.

한 사회의 구성원(mass sender)들이 다양한 채널(mass channel)을 통해 불특정 다수의 타인(mass receiver)들에게 자신들만의 개별적 메시지(mass message)를 전달·교환·해석하는 이 현상을 아주 거칠게 보자면, 많은 사람이 거리에서 행인들에게 휴대전화, 확성기, 육성 등으로 자신들의 얘기를 각자 소리쳐대는 것도 매스커뮤니케이션이라 할 수 있다. 하지만 우리는 보통 이렇게 마구잡이로 떠드는 것을 매스커뮤니케이션이라고 칭하지 않는다. 산발적으로 정처 없이 떠도는 메시지의 교환을 의미 있는 커뮤니케이션 행동, 즉 전달과 교환, 해석이라고 보지 않기 때문이다. 사회적 동물인 인간이 행하는 매스커뮤니케이션은 한 공동체 안에서 목적지향적 메시지를 전달하고, 이를 해석하고 교환하며 더 큰 의미를 찾는 과정을 겪는다. 이를 정리한 아주 간단한 매스커뮤니케이션 정의가 '메시지를 통한 사회적 상호작용'(Gerbner, 1967)이다.

간결한 이 개념이 성립되기까지 학자들은 매스커뮤니케이션에 대해 다양한 고민을 가졌다. 그중 공중이 관심을 가질 만한 공공 사안을 다루는 저널리즘과 관련된 정의로 눈여겨볼 만한 것이 라이트(Wright, 1959)의 매스커뮤니케이션 개념이다. 그에 따르면 매스커뮤니케이션은 복잡한 조직 내의 커뮤니케이터들이 거대하고 이질적인 수용자들에게 공개적·동시적으로 메시지를 전달하는 것이다. 여기서 거대하고 이질적인 수용자들은 개별적인 수신자(receiver)가 아니라 집단적인 수용자(audience)의 모습을 띠고, 이들에게 공개적·동시적으로 전달되는 메시지는 공동체가 관심을 가지는 공공 사안을 뜻한다. 불특정 다수의 수용자가 관심을 가지는 공적 정보가 아니라면 사회적 상호작용을 위한 메시지로서의 의미가 없기 때문이다. 여기서 매스의 또 다른 사전적 개념인 '대중(大衆)'이 성립한다. '메시지를 통한 사회적 상호작용'이라는 매스커뮤니케이션 개념(Gerbner, 1967)에서 볼 수 있듯이, '큰 덩어리'라는 뜻의 매스는 사회를 구성하는 사람들의 군집으로 '대중'을 의미하게 되기 때문이다. 즉 라이트의 매스커뮤니케이션은 대중의 커뮤니케이션이라 할 수 있겠다.

여기에서 이 대중을 불특정 다수의 수용자로 놓고, 라이트의 매스커뮤니케이션 개념에 등장하는 '복잡한 조직 내의 커뮤니케이터'를 이들 수용자를 위해 정보를 전달하는 발화자로 특화하면 저널리즘의 의미가 더 구체화한다. 우선 이 복잡한 조직을 공동체 안에서 활동하는 여러 종류의 기구(institution)로 볼 수도 있지만, 수용자로서의 대중을 위해 공공 사안이나 공적 정보를 다루는 특정 조직으로 본다면 그 기구는 언론 조직, 즉 '매스미디어' 또는 '대중매체'가 된다. 특성에 따라 복잡성을 띠는 다른 조직도 있긴 하나, 대중매체로서의 언론 조직은 세상의 거의 모든 정보가 뒤섞여 혼재한 현장이라는 점에서 그 복잡함의 크기가 대단하다 하겠다. 공공 사안은 이런 정보 중에서 도출된다. 정제되기 전의 정보에서 공적인 내용을 찾아내고 이를 적절하게 다루려면 정확한 판단을 위해 다양한 의견이 개진돼야 하고, 그런 논의를 전개하기 위해 다채로운 배경의 조직원이 필요하다. 생활제품 생산이나 재화 추구 등 특정 목표를 위해 특화된 배경을 기초로 모인 사람들의 단체보다 언론 조직은 더 복합적인 구조를 가질 수밖에 없다. 이 조직 내부의 커뮤니케이터는 언론인이다. 특히 뉴스를 다루는 기자들은 외부 발화자로부터 받은 '날것(raw)의 대규모 정보'를 독자나 시청자로 불리는 불특정 다수의 수신자 집합인 수용자(audience)가 이해하기 쉽도록 자신들이 소속된 통로로서의 조직 안에서 변형시켜 전달하는 역할을 한다. 즉 날것의 대규모 정보(raw information)를 추슬러 일반 대중이 일목요연하게 이해할 수 있는 정보로 재생산하는 주체가 언론인이다(이건호, 2010).

이들의 이런 능력은 생래적일 수도 있지만, 대부분 이 '복잡한 조직' 내에서 훈련되고 키워진다(Shoemaker & Reese, 1996). 이 언론 조직과 그 안에서 성장하는 언론인은 외부의 정보를 받는 수신자가 되는 동시에 이를 전달하는 차원에서 통로가 되기도 하며, 이런 날것의 정보를 가공해 전달한다는 측면에서 발화자가 된다. 이상과 같은 '복잡한' 성격은 저널리즘을 '대중매체를 통해 이뤄지는 매스커뮤니케이션의 형태로, 대중매체에 소속돼 정보 판단 전문가로 훈련된 언론 조직 구성원들이 공공의 관심 사항이 될 만한 정보를 확보하고 이를 이해하기 쉬운 메시지로 전환해 불특정 다수의 독자나 시청자에게 전달하는 것'(이건호 외, 2013)이라는 정의로 드러나게 한다. 여기서 다시 대중매체로서의 언론 조직과 거기에 소속된 언론인의 발화는 공중이 관심을 가질 만한 공공 사안, 특히 정치적 메시지에 이어지면서 언론은 대단히 역동적인 커뮤니케이션을 이끄는 요체가 되는 것이다. 정리하자면 이 책은 매스커뮤니케이션 중에서도 저널리즘을 중심으로 한 현상에 집중하고, 이 현상의 핵심 요체인 대중매체를 사이에 두고 벌어지는 정치 관련 공공 사안의 소통에 주목한다. 즉 여기에 설명된 저널리즘의 관점에서 정치(개인이나 그 개인이 속한 조직이 추구하는 공적 목적 달성을 목표로 그 개인 또는 조직이 권력을 획득하거나 유지하기 위해 전체 공동체 구성원들의 다양한 이해관계를 조정하거나 통제하는 행위)와 관련된 내용을 더 적극적으로 다룬다는 것이다.

사실 인구 증가와 기술 발전 등 커뮤니케이션을 둘러싼 환경 변화에 따라 매스커뮤니케이션의 개념도 바뀌어왔다. 신문이나 TV, 잡지 등 전통 매체의 구분도 사라지고(McManus, 1992), 공공 정보가 확산하는 인터넷 현상도 무선 이동 기기 등을 통해 확대되면서 대중매체를 기존의 뉴스 미디어로 한정시키는 것이 옳은가에 대한 논의도 다양해지고 있다(윤석민, 2007). 하지만 일반적으로 집합적 공중으로서의 대중에 대한 공적 정보 전달이 신뢰도 높은 매체를 통해 이뤄지게 하는 저널리즘의 성격(Dennis, 1989)은 전통적인 뉴스 매체의 보도를 중심으로 소개된다. 정치 커뮤니케이션 과정에서 나타나는 다양한 채널들의 정보 전달 역할에 대해서는 이후 다루기로 하고, 우선은 전통 대중매체의 정보 전달을 축으로 관련 현상을 논의하는 것에 집중하겠다. 특히 이번 장에서는 이런 성격을 가지는 저널리즘이 구동하는 방식을 대중매체의 역할과 기능 측면에서 소개하고, 이들이 정치적 메시지에 연결돼 어떻게 변주될 수 있는지를 확인해볼 것이다.

1. 대중매체의 기능과 정치

대중매체의 역할 또는 기능은 전통적으로 감시, 연결, 문화 전수, 오락 등 네 가지로 소개된다(Wright, 1960). 나중에 추가된 오락에 앞서 라스웰(Lasswell, 1948)은 감시, 연결, 문화 전수 등 세 가지 요소를 먼저 제시했는데, 이들은 각각 '환경 감시', '상관 조정', '사회유산 전수' 등으로 번역(오택섭·강현두·최정호·안재현, 2009)되기도 했으나, 용어가 어렵거나 그 해석에 오해의 소지가 있다는 이유 등으로 다시 위와 같이 소개하는 접근도 있다(이건호 외, 2013). 특히 후자의 접근에서 대중매체의 '감시'는 '정보 및 뉴스의 제공', '연결'은 '사람들 사이의 관계 형성', '문화 전수'는 '가치나 규범 등의 시간적 또는 공간적 이동'으로 풀이됐다. 또 '오락'은 단순한 즐거움의 전달뿐 아니라 '일상으로부터의 정신적 탈피'라고 소개되기도 한다. 순기능과 역기능을 모두 가진 이들 대중매체의 기능은 정치 정보를 둘러싸고 그대로 드러난다.

1) 정치와 대중매체의 감시 기능

대중매체의 감시(surveillance) 기능은 간단히 정보와 뉴스의 제공이라고 소개할 수 있다. 개인, 그 사람들의 관계, 이를 둘러싼 환경에 대한 인지를 제공하는 것이 사회에 대한 감시 기능이다. 특히 신문이나 방송 등 대중매체는 사람들에게 심리적 또는 물리적으로 가까이 있는 사안보다는 그들이 쉽게 접하지 못하는 정보를 가지고 그것을 불특정 다수에게 전달하는 역할을 함으로써 그 기능을 수행한다. 이들이 전하는 정보와 뉴스는 개인이나 공동체의 안전과 안녕, 또는 발전을 위한 내용을 담는다. 일반적으로는 홍수나 태풍 등 기상 변화, 군사적 안보나 거대 사건·사고, 여행 위험 지역 등을 알려 사람들의 안전을 도모하고, 즐겨 찾을 수 있는 문화 소비 대상을 소개해 사람들에게 위안을 주거나, 주식 시황이나 투자처 등을 전해 재테크의 길라잡이 역할을 하기도 한다. 하지만 이렇게 긍정적인 상황만 벌어지지는 않는다. 일어날 수 있는 위험 가능성을 지나치게 강조하여, 그 일이 실제 벌어지지 않는 경우가 빈번해질수록 사람들은 그런 상황에 무감각해지는 경험을 하게 된다(MacNair, 1993). 또 이목을 끌기 위해 기괴하거나 비정상적인 정보를 전달하는 과정에서 정상적 규범에 대한 혼란을 겪게 하기도 한다(Lazarsfeld & Merton, 1948/1960).

이런 순기능과 역기능은 공적 정보를 다루는 정치 커뮤니케이션에도 그대로 적용된다. 늘 첨예한 정치적 이슈를 불러오는 북한과의 관계 관련 뉴스를 보면 알 수 있다.

1945년 해방 이후 6·25 전쟁을 겪으면서 남북 간의 대치 국면은 절정에 달했고, 그 이래 지속적 도발과 마찰은 국내뿐 아니라 한반도와 주변 국가의 관계를 재설정하는 단계로까지 이어지며 여러 갈래의 정치 뉴스를 양산했다. 북한 정치권력의 변화나 군 동향이 대한민국의 안보 상태에 연결되기에, 신문 지면과 방송 뉴스 프로그램에는 관련한 기사가 등장할 수밖에 없다. 2019년 10월 2일 북한이 미국과의 대화를 3일 앞두고 쏘아 올린 잠수함발사탄도미사일(SLBM) 추정체를 발사한 사건은 곧장 청와대의 국가안전보장회의(NSC) 긴급회의 개최로 이어졌고, 국회의 국방부 국정감사에서 북한의 남북한 간 군사합의 위반 여부를 놓고 질의응답이 오간 내용이 주요 뉴스로 전달된 것이 그 사례이다.

국민이 반드시 인지해야 할 정보로 판단돼 2019년 10월 3일 많은 신문의 1면에서부터 중요하게 다뤄진 이 내용은 개인의 안녕과 국가의 안보라는 문제와 직결된다. 이 내용을 알아야 국민이건 국가건 다음을 대비할 수 있다. 한국의 시각에서 북한의 도발은 자주 있었고, 그 시도가 전쟁으로 이어질 수 있다는 공포심을 키우기도 했다. 6·25 전쟁을 경험한 우리 국민에게 그런 도발은 대단히 중차대한 사건이다. 그래서 북한의 무력시위가 있을 때마다 우리 언론은 전쟁 위험을 우려하며 이를 빠짐없이 보도해왔다. 대중매체에 요구되는 감시 역할 때문이다.

하지만 실제 전면전이 일어나지는 않았다. 과거에도 유사한 보도가 있었지만 늘 비슷한 결과로 이어졌다. 결국 우리 국민 사이에는 아무리 언론이 관련 뉴스를 전해도

<자료 2-1> 대중매체의 감시 기능 사례: 북한의 잠수함발사탄도미사일 추정체 발사 관련 기사

김정은만 쳐다본 20개월… 北, SLBM도 완성 단계

'단거리' 선 넘은 북한… 정부 "북·미 대화 위해 노력"

3년 만에 등장 'SLBM'… 정상고도 발사 시 괌까지 타격

출처: 2019년 10월 3일 조선일보(왼쪽)와 경향신문(오른쪽) 보도.

전쟁 발발은 없을 것이라 믿는 경향이 나타났다. 북한 도발 뉴스가 지면을 장식하면 해외에 있는 동포가 고국의 친지를 걱정하거나 해외 기업들이 한국에 대한 투자를 줄이는 등의 양상이 벌어져도, 한국 안에서는 자주 벌어지는 일이라 전쟁까지는 가지 않을 것이라는 믿음이 팽배해졌다(이민우, 2017; 피용익, 2010). 학자들이 지적하는 것과 같이, 이런 현상은 대중매체가 지나친 공포심을 유발한다는 감시의 역기능 사례로 들 수 있다. 그러나 실제 전쟁에 버금가는 상황이 벌어지기도 했다. 약 50일의 소탕 작전 중 군인과 민간인 40여 명의 사상자가 발생한 1996년 9월 북한 특수부대원 26명의 강릉 침투, 군인과 민간인 20여 명의 사상자를 내고 각종 시설 등이 파괴된 2010년 11월 북한의 연평도 포격 사건 등이 바로 그 경험이다. 언론이 해당 사안 관련 관심을 놓을 수 없는 이유이다. 정치 뉴스와 관련해서도 대중매체는 순기능과 역기능의 사이에서 정보 전달을 쉬지 않는 감시 기능을 수행한다.

2) 정치와 대중매체의 연결 기능

대중매체의 연결(correlation) 기능은 정보에 대한 선택과 배제를 통해 사람들의 인식과 감정에 영향을 끼치고 뉴스에 노출된 구성원의 결속을 이끄는 것을 말한다. 주로 신문의 기획기사나 사설, 방송의 특집 프로그램 등을 통해 전개되는데, 상황에 대한 비판과 처방을 전달하면서 사회 규범을 설정하고, 이를 배경으로 사회적 안전장치를 마련한다는 평을 받는다. 또 특정인이나 집단을 부각해 그 대상을 사회적 역할 모델로 삼는 역할도 한다(Lazarsfeld & Merton, 1948/1960; McQuail, 2000). 대중매체는 일탈에 대한 경계를 토대로 사회의 건전한 기조를 유지하고, 새로운 조류를 소개해 고착화한 문화를 개혁하는 순기능을 갖는다. 하지만 이 역시 동전의 양면처럼 역기능을 수반한다. 사실 새로운 현상 등에 대한 언론의 평가 중 긍정적인 내용은 많지 않고, 기존 규범에 대한 강화를 택하는 방향의 보도가 대다수를 이룬다. 특히 신문의 사설 기능은 사람들이 오래 유지해온 고정관념을 영속화하거나 사고의 획일화를 조장하기도 한다(이건호 외, 2013). 기획기사나 특집 프로그램 등에 등장하는 정보가 한쪽에 치우쳐 여론을 조작적으로 몰아가는 등 대중의 의견을 반영한다기보다 이를 조정하려는 모습을 띤다는 평도 받는다(Noelle-Neumann, 1974). 소수 의견을 소외시키고 다수 의견을 강요하는 이 모습은 결국 견제해야 할 권력을 오히려 보호하는 결과를 낳기도 한다.

이런 현상은 정치 커뮤니케이션 영역에서 자주 목격된다. 2019년 말부터 진행돼 2020년에 들어서까지 뜨거운 논란을 불러왔던 국회의원선거법 개정안 관련 매체 보도를 그 사례로 들 수 있을 것이다. 지역구와 비례대표 선출 방안을 놓고 범여권과 야당의 의견이 갈라진 당시 개정안은 특정 정파 출신의 정치인을 국회에 더 많이 보내기 위한 정치적 꼼수라는 비판과, 그간 문제가 많았던 선거법을 긍정적으로 개선한다는 시각의 충돌로 대표됐다. 보수적 성향의 매체는 당시 진보적 이념을 가진 여당, 그와 보조를 맞추는 군소정당들이 수적 우세를 바탕으로 세몰이를 하고 있다고 비판했고, 진보적 성향의 매체는 과거 폐단에 발 묶인 보수 야당이 정치 발전을 저해한다는 비난으로 대립각을 세웠다. 마치 정치 정당을 대변해 매체들이 대리전을 펼치는 형국으로 비치기도 했다. 국회 표결을 통해 범여권의 의도대로 결론이 났지만, 보수를 표방하는 매체와 진보를 내세운 매체의 사설 논쟁은 그 후에도 이어졌다.

보수 언론 중 하나로 평가되는 <동아일보>와 진보 언론을 대표하는 <한겨레>(Lee & Ko, 2010)의 사설은 이와 같은 현상을 잘 드러낸다. 이런 상황에서 수용자들은 자신들이 원하는 매체에 노출되고, 이렇게 특정 매체만 접하는 사람들은 해당 매체의 입장을 받아들이며, 유사한 생각의 타인들과 의견을 공유하면서 자신의 기존 관점을 강화해간다(McQuail, 2000). 사실 이와 같은 현상은 다양한 매체 시각이 허락되지 않았던 과거 한국에서 더 심각했다. 출입증 등을 통해 청와대 취재가 허가되던 1970년대, 계엄령 아래서 검열을 받았던 1980년대 초반 등의 시기를 예로 들면, 권력의 입맛에 어긋나는 정보는 보도가 되지 못해 모든 매체가 거의 같은 목소리를 낼 수밖에 없었고, 그 때문에 그들 매체에만 세상사를 의존했던 당시 공중은 천편일률적인 국가관이나 정치관에 빠져들 우려가 높았다(강준만, 2019). 사설뿐 아니라 일반 스트레이트 뉴스

<자료 2-2> 대중매체의 연결 기능 사례: 국회의원선거법 관련 사설

국민 아랑곳 않는 '4+1' 누더기 선거법

자유한국당을 배제한 '4+1' 협의체가 주도한 선거법 협상이 사실상 결렬됐다. 이들은 비례대표 50석 중 30석에만 연동률 50%를 적용하기로 의견을 모았지만 석패율제에 여당이 반발하면서 합의가 무산된 것이다. 여당은 선거법 합의가 어려워지자 고위공직자범죄수사처(공수처)법안 등을 먼저 처리하자고 했지만 군소야당은 "웃기는 소리 말라"고 받아쳤다. 극적인 돌파구가 없으면 선거법의 연내 처리도 물 건너가는 분위기다. 아무런 법적 근거도 없는 '4+1' 협의체에서 한 석이라도 더 챙기기 위해 낯 뜨거운 이전투구를 벌이는 형국이다.

석패율제는 지역구에서 아깝게 낙선한 후보자를 비례대표에서 구제해주는 제도다. 영호남 지역 구도를 완화한다는 명분도 있었다. 하지만 그 취지는 퇴색하고 군소야당 중진들이 지역 선거에서 떨어질 경우 비례대표로 국회에 진출하기 위한 정치적 꼼수라는 지적도 나왔다. 심상정 정의당 대표는 과거 석패율제에 대해 '거물 정치인을 위한 보험'이라고 비난했다가 이번엔 태도를 바꿨다.

올 4월 '4+1' 협의체에서 석패율제에 동의했던 여당도 정치적 득실 계산에 따라 입장을 바꿨다. 1~2% 차이로 박빙의 접전을 치러야 하는 수도권에서 정의당 후보가 석패율제를 노리고 완주할 경우 범여권표 분산으로 불리해진다는 분석이 영향을 미쳤다고 한다. 주로 서울 등 수도권 여당 의원들이 석패율제에 강력 반발한 이유다. 선거가 임박하자 그럴듯한 대의명분은 사라지고 눈앞의 한 표가 아쉬워진 것이다.

'4+1' 협의체는 공수처법 처리가 급한 여당과 선거법 협상에 사활을 건 군소야당의 정치적 뒷거래라는 비판을 받아왔다. 결국 그 내부에서도 이해관계가 엇갈려 선거법은 이질적인 '지역구+정당명부 비례대표+연동형 비례대표' 3종 세트가 뒤엉킨 누더기가 되어버렸다. 이 법안대로 강행 처리될 경우 한국당은 비례대표 의석만 노린 '비례한국당'을 별도로 만들겠다고 한다. 비례전문 위성정당이 줄줄이 등장할 판이다. 다들 오로지 이해득실만 따질 뿐 국민과 민주주의는 안중에 없는 듯하다.

선거제도는 평범한 국민들 누구나 쉽게 이해할 수 있어야 한다. 이런 난수표 같은 선거법을 만들면서 군소야당 대표가 "국민들은 산식(算式)을 알 필요 없다"는 취지로 말했는데 정말 자기들만의 선거를 치를 생각인가.

'4+1 선거법' 본회의 상정, 연내 입법 끝내야

더불어민주당과 바른미래당, 정의당, 민주평화당, 대안신당 등 '4+1 협의체'가 23일 선거법 개정안에 전격 합의하고, 이를 본회의에 상정했다. 이에 따라 선거법은 본회의 표결 절차만 남겨뒀다.

이날 밤 상정된 선거법은 '지역구 253석+비례 47석'의 현행 의석수를 그대로 유지하되, 연동형 비례 의석을 30석으로 제한하고 연동률 50%를 적용하는 내용이다. 석패율제는 도입하지 않기로 했다. 또 4+1 협의체는 고위공직자범죄수사처(공수처)법 등 검찰개혁 법안도 합의했다. 이제라도 선거법이 상정되고, 공수처법 단일안을 마련한 건 다행이다. 이들 정당은 지난 4월 선거법과 공수처법 등을 패스트트랙에 올려 본회의 부의까지 마쳤지만, 최근 연동형 비례대표 의석수와 석패율제 도입을 두고 갈등하면서 검찰개혁 법안까지 좌초하는 것 아니냐는 우려를 낳았다. 이번 합의로 4+1 내분에 따른 불확실성은 해소됐다.

다만, '표의 등가성' 제고를 위한 비례 의석 확대를 전제로 한 연동형 비례대표제가 집권여당인 민주당의 버티기와 지역구 의원들의 반발로 후퇴한 건 유감스럽다. 자유한국당을 제외한 여야 4당이 애초 패스트트랙에 올린 선거법은 비례 의석수를 75석까지 늘리고 정당득표율에 따라 50% 연동률을 적용해 배분하는 방식이었다. 하지만 비례 의석을 47석으로 유지하고 그 가운데 30석에 한해 50% 연동률을 적용하는 쪽으로 조정된 건 애초 기대엔 크게 못 미친다. 정의당, 바른미래당 등 야4당이 연동형 비례제 도입과 검찰개혁 법안 입법을 위한 국민적 요구를 수용해 결단한 것은 평가할 만하다.

이제 선거법과 검찰개혁 법안의 입법을 올해 안에 끝낼 수 있도록 온 힘을 쏟아야 한다. 이미 내년 4월 총선 예비후보 등록일이 지났다. 공수처법과 검경 수사권 조정법안 처리도 더는 미룰 수 없다. 특히 민주당은 상황을 엄중하게 인식하고 책임을 다하길 바란다.

자유한국당은 4+1 협의체 합의를 "민주당 장기 집권을 위한 반민주 악법"으로 규정하고 본회의에서 선거법 필리버스터에 착수했다. 야당의 합법적 의사진행 방해는 충분히 보장해야 한다. 하지만 보수단체까지 국회 안에 끌어들이는 장외집회 등 완력을 동원해 국회법 절차를 무력화하는 건 결코 여론의 지지를 받을 수 없다는 점을 자유한국당은 명심해야 한다.

출처: 2019년 12월 11일 동아일보(왼쪽)와 2019년 12월 24일 한겨레(오른쪽) 사설.

에도 이와 같은 현상이 반영돼 언론의 '연결' 역할은 긍정적인 가치의 보존이라기보다 비판이 허가되지 않는 '세뇌'의 역기능을 한다는 비난을 받았다.

1992년 군사정권에서 벗어나 문민정부가 출범한 후에도 이런 관행은 급격하게 변하지 않았고, 오히려 언론과 정권의 타협에 따라 새로운 정보 왜곡이 벌어진다는 지적(남재일, 2006; 박승관·장경섭, 2000; 최장집, 1994)도 나타났다. 그러나 이후 한국 대중매체의 연결 기능은 다변화했다. 특히 1988년 진보의 성격을 띤 <한겨레>가 탄생하고 1990년대 말 <경향신문>이 역시 같은 성향의 논조를 표방(송은지·이건호, 2014)하고 나서면서 언론사의 보도 방향이 갈라지기 시작했으며, 그 기류는 서로 다른 매체들의 일반 기사와 사설마저 다양한 스펙트럼을 펼치도록 하는 시발점이 됐다고 평가할 만하다. 즉 언론의 연결 기능 자체는 유지되면서도, 그 기능의 방향이 획일적이지 않고 더 다양한 시각들을 각각 지지하는 현상이 대두됐다고 분석할 수 있겠다. 그 안에서 정치 커뮤니케이션은 더욱 역동적인 모습을 띠게 된다.

3) 정치와 대중매체의 문화 전수 기능

대중매체의 문화 전수(transmission of social heritages) 기능은 한 사회의 정보와 가치, 이를 둘러싼 규범이 그다음 세대 혹은 다른 사회로 전달되는 것을 뜻한다. 간단히 보자면 연결 기능의 시간적(종적) 또는 공간적(횡적) 확장이라 일컬을 수 있다. 부모 세대에 있었던 긍정적 가치가 자식 세대로 이어지거나, 평화나 정의 등 바람직한 사회가 지향하는 모습들이 그렇지 못한 사회로 전파되는 데에 대중매체가 큰 역할을 한다는 것이다. 특정 현상을 꾸준히 보도하면서 좋은 측면이 계속 확인돼 한 사회 내에서 유지되고, 다른 나라의 발전적 규범이 알려져 그렇지 못한 나라의 국민이 계몽되고 발전하는 근거를 대중매체가 제공한다는 의미이다. 이 과정을 통해 사회의 응집력이 강화되고, 그런 사회에 소속돼 있다는 사실에 대중이 안도감을 느끼는 결과를 이끌기도 한다. 하지만 이는 다시 고착화한 표준화에 따른 문화 정체, 지나친 결속 강화로 인한 타문화 배척, 또 이로 인한 사해동포(四海同胞) 사고의 저해 등 부정적인 현상을 초래할 수도 있다(Gans, 1979). 단 이런 순기능과 역기능이 서로를 보완하며 대중매체를 통해 전달되는 정보의 변화를 이끌면서 새로운 문화를 창출하고 그렇게 탄생한 사회 인식이 후대 또는 다른 지역으로 전파되기도 한다.

이런 문화 전수 현상도 정치 커뮤니케이션과 무관하지 않다. 관련해서 '민족' 개념에 대한 상황을 사례로 들 수 있겠다. 한국 사회는 오랫동안 단일민족 또는 백의민족이라는 이름으로 정체성을 규정해왔다. 신문이나 방송 뉴스를 통해 하나의 민족으로서 우리가 가진 우수성 등을 확인했고, 이런 내용은 국정 교과서에 실리기도 했다. 국가의 교육 정책과 미디어의 보도가 합쳐지면서 공중은 한민족의 자긍심을 만끽했다(허동현, 2009). 학교를 떠난 성인들도 매체 기사를 통해 우리 사회가 지향해야 할 '민족'의 가치를 되새김하며 이를 확고한 문화 현상으로 인식했다. 하지만 이런 현상은 2000년대 진입을 전후해 변화하기 시작했다. 다문화 가정으로 대표되는 복합적 국민 구성 등은 단일민족으로서의 모습이 아닌 포용적 세계 시민의 모습으로 한국민의 정서를 성장시켰다(조광, 2020). 이 과정에서 민족주의는 대중매체 보도를 통해 다양한 모습으로 발현됐다(하은빈 · 이건호, 2012). 그리고 그 현상은, 피부색과 출생 지역이 전통적 의미의 백의민족과는 다른 문화 배경의 국회의원 탄생이라는 모습으로 정치 현장에 출현했다.

2012년 19대 국회의원 선거에서 당시 새누리당 비례대표로 당선된 이자스민은, 필리핀 출신으로 1995년 항해사 남편과 결혼해 한국으로 귀화한 여성이다. 그는 영화 <완득이>에 출연하는 등 문화 콘텐츠를 통해 국민에게 알려진 뒤, 대한민국 정치의 한복판인 국회에 입성하며 세인의 주목을 받았다. 특히 매체 등을 통해 다문화 가족의 인구가 100만 명을 넘어섰다는 사실이 알려지는 등 그전에 한국 사회를 관통했던 단일민족 개념의 '발전적' 와해가 진행되는 시점에서 이루어진 그의 국회 진출은 문화의 변화를 각인시켜주는 계기로 평가받을 만하다. 다문화 가정 등의 권리 증진을 위한 역할과 국회 환경노동위원회 등에서의 의정 활동은 이후 간간이 매체 보도를 통해 전해지며 그를 통한 다문화 환경의 한국 사회 수용이 공중 사이에 일반화하는 모습으로 전개됐다. 보수적인 색채의 새누리당(이후 2017년 자유한국당, 2020년 2월 미래통합당, 9월 국민의힘으로 당명 개정)을 떠난 그가 2019년 11월 진보적 이념의 정의당에 입당하면서 그의 정치적 행보는 사회적 · 문화적 · 정치적으로 다양한 의미를 던지고 있다. 이주민 권리 증진 등을 외치는 이자스민의 지향점과 이념 방향 등에 사람들의 관심이 쏠리면서, 그 이전에 한국 사회를 점철했던 단일민족 문화와 새롭게 대두되는 다문화 현상의 정치적 접점이 변화하는 한국 사회의 단면을 보여주기 때문이다.

매체의 문화 전수 기능에 비춰보면, 과거 단일민족이나 백의민족 개념은 우리가 지켜야 할 고유 가치라는 점이 언론 보도를 통해 강화됐고, 매체는 세대를 관통하며 국민의 결속력을 다지는 촉매였다. 이런 모습이 긍정적인 평가를 받으며 고착화하면서 해방 이후 상당 기간 매체가 문화 전수의 순기능을 한 것으로 여겨졌다. 하지만 지나친 '문화 몰이'는 국내외 정세 및 기류 변화와 마찰을 빚으며, 하나의 민족 개념에 기

<자료 2-3> 대중매체의 문화 전수 기능 사례: 이자스민 관련 기사 및 시각 자료

이자스민 떠나고 백경훈은 인맥 논란…
꼬이는 한국당 인재 영입

이자스민 정의당 입당에 자성론
황교안 "내부 총질하면 되겠나"

차기 총선을 앞두고 자유한국당이 인재 영입에 공을 들인 건 황교안 대표 취임(2월 27일) 직후부터였다. 3월 황 대표는 "이길 수 있는 인재를 영입해야 한다"며 인재영입위원회를 꾸렸다. 전국 당협위원장들로부터 추천 인재를 그러모아 '인재 데이터베이스(DB)'를 구축한 것도 이즈음부터다.

이자스민

하지만 8개월여 만에 나온 첫 결과물은 외려 파열음을 냈다. 박찬주 전 육군 대장은 '1차 인재 발표'(10월 31일) 하루 전날, 당 최고위원들의 집단 반발로 무산됐다.

청년 몫으로 영입된 백경훈 '청년이 여는 미래' 대표는 신보라 청년 최고위원의 비서 남편인 것으로 확인되면서 '인맥 영입'이라는 꼬리표도 추가됐다. 아울러 백 대표는 이미 2016년 입당해 지난해 지방선거에 예비후보로 등록한 이력까지 있었다. 또 다른 '청년인재'인 장수영 정원에스와이 대표를 두고선 한국당 강경 지지층이 반발한다. 박근혜 전 대통령 탄핵 정국 당시 소셜네트워크서비스(SNS)에 '#부끄러움 #나라 #망신 #박근혜 #창피하다' 등의 글을 올렸다는 이유에서다.

집안 인재가 뛰쳐나가는 일도 일어났다. 2012년 새누리당(한국당 전신)이 이주민 여성 몫의 비례대표 후보로 영입해 19대 국회에 입성했던 이자스민 전 의원은 최근 한국당을 탈당하고 정의당에 입당했다. 19대 국회 때만 하더라도 당 가정폭력대책분과위원장 등을 맡으며 이주여성 보호 법안 등을 발의하는 등 활발한 활동을 이어갔지만 20대 공천에서 배제됐다.

당내에선 "비례대표 한 번 하고 당에서 혜택을 받았다는 이유로 소외된 인재는 없는지 돌아봐야 한다"(장제원 의원)는 자성론이 나왔다.

한편 황교안 대표는 지난 2일 경남 창원에서 열린 '고위공직자범죄수사처(공수처)법 저지 및 국회의원 정수 축소 촉구 좌파독재 실정 보고대회' 강연에서 "우리는 선한 경쟁자다. 우리 상대는 문재인 정권이다. (우리 간엔) 잘해도 박수치고, 못해도 격려하시라"며 "내부 총질을 하면 되겠나"고 주장했다. 최근 인재 영입 논란 등 리더십에 대한 비판이 일고 있는 것을 겨냥해서다.

김준영 기자 kim.junyoung@joongang.co.kr

출처: 2019년 11월 4일 중앙일보 보도(왼쪽),
2019년 11월 5일 중앙일보 뉴스 랩 데이터 브루(https://news.joins.com/article/23624115) 자료(오른쪽).

초한 전통적 결속은 극복해야 할 대상으로 이해되기 시작했다. 이 과정에도 역시 다문화에 대한 매체의 보도가 힘을 보탰다. 대중매체 뉴스에 의한 문화 전수의 역기능으로 비칠 수 있는 모습을 대중매체가 스스로 전환하는 역할을 한 것이다. 정치와 문화를 혼합해 다루는 매체의 보도 현장에서 정치 커뮤니케이션의 역동성이 재차 확인되는 사례로 볼 수 있겠다.

4) 정치와 대중매체의 오락 기능

대중매체의 오락(entertainment) 기능은 신문보다 라디오나 텔레비전 등 전자 매체의 등장과 함께 부각했다. 아주 일반적으로는 즐거움을 주는 기능이라 할 수 있다. 드라마나 코미디물을 통해 연민이나 즐거움을 느끼고, 음악 프로그램을 듣고 보며 여가를 즐기는 것 등이 여기에 속한다(Ebersole, 2000; Katz, Haas, & Gurevich, 1973; McQuail, Blumler, & Brown, 1972). 보통은 대중매체를 통해 대중예술에 대한 공중의 접촉이 늘고, 여기서 사람들이 문화적 만족감을 찾게 되는 것을 오락 기능으로 설명할 수 있다. 신문도 마찬가지 역할을 해왔다. 소설이나 미술 등 예술 작품에 대한 소개, 연극이나 영화 등에 대한 지면 비평을 통해 사람들의 심미적 취향을 높여왔기 때문이다. 학자들은 여기에 오락이 가지는 이면의 의미를 더해 소개한다. 일상으로부터의 회피로 정리되는 대중매체의 이 역할은 사람들이 이들 오락 정보에 노출됨으로써 지친 현대의 삶에서 정신적으로 벗어나게끔 한다는 점을 조명한다(McLeod, Becker, & Byrnes, 1974; Palmgreen, Wenner, & Rayburn, 1980; Papacharissi & Rubin, 2000; Rubin, 1981; Rubin & Perse, 1987; Rubin, Perse, & Barbato, 1988).

오락과 무관할 것 같은 정치 커뮤니케이션 영역에서도 이와 같은 현상은 자주 벌어진다. 쉽게 웃어넘길 수 있을 법한 신문의 만평에 촌철살인의 메시지를 담고, 정치적 내용을 소재로 삼은 코미디 영상물이 권력을 비판하는 모습에서 그런 사례를 어렵지 않게 찾을 수 있다. 한국 신문 4컷 만화의 대표 주자였던 <고바우 영감>은 여러 신문 지면에서 정치적 이슈와 권력의 속성을 풍자했고, 우리나라 최초의 시사 코미디물로 평가되는 <회장님 회장님 우리 회장님>은 1986년부터 약 2년 동안 한국방송(KBS) 2TV의 <유머 일번지> 프로그램을 통해 안방을 찾으며 당시 군사정권을 비판하는 역할을 담당했다. 김아연(2017)은 국내 정치 풍자물이 부침을 거듭하면서도 지상파와 케이블 채널을 통해 꾸준히 전파를 타며 정치적 이슈를 전달하고 있다고 기록했다. 정치적 자유가 왕성한 것으로 알려진 미국에서도 정치 정보를 중심으로 한 풍자물은 꽤 많은 사랑을 받았다. 1993년부터 약 10년 동안 지상파와 케이블을 오가며 방영된 프로그램 <Politically Incorrect(정치적으로 옳지 않은)>가 한 사례이다. 영화와 TV 프로그램 전문 데이터베이스인 IMDb 등에 따르면, 정치인들의 언행 등을 꼬집으며 한 시대를 풍미한 이 오락물은 뛰어난 TV 프로그램에 수여하는 에미상 후보에 10여 차례,[1] 또 다른 상들의 후보에 30여 차례[2] 오르고 실제로 다양한 분야에서 수상도 했다. 여러 해석이 가능한 정치 이슈에 유머를 섞어 논평하던 이 작품은 2001년 9·11 뉴욕 테러 관련 방송 논란이 가열되면서 결국 폐지됐으나, 매체가 담당하던 오락 기능이 정치 커뮤니케이션에 어떻게 연결될 수 있는지를 보여주는 역할을 한 것으로 평가된다(Spigel, 2004).

독자의 심적 위안을 위한 신문의 문화 관련 뉴스뿐 아니라 유머를 담은 만평, TV 코미디 프로그램 등 오락물이 정치 문제를 다루게 되는 경우 수용자들은 즐거움을 느끼는 동시에 버겁고 힘든 일상에서 벗어나는 기회를 얻기도 한다. 하지만 이 모습이 지

1 https://www.emmys.com/shows/politically-incorrect-bill-maher-0
2 https://www.imdb.com/title/tt0108897/awards

<자료 2-4> 대중매체의 오락 기능 사례:
<고바우 영감>, <회장님 회장님 우리 회장님>, <Politically Incorrect>

출처: <고바우 영감> - 2000년 3월 6일 문화일보 연재분(왼쪽),
<회장님 회장님 우리 회장님> - 1987년 12월 26일 KBS 2TV <유머 일번지> 방영분(가운데),
<Politically Incorrect> - 1996년 11월 5일 Comedy Central 방영분(오른쪽).

나치면 매체 정보 노출 과정에서 자신이 처한 생활의 문제를 아예 무시하는 상태에 빠질 우려도 있다는 게 매체 오락 기능의 부정적 요소이다. 정치 이슈와 관련된 매체의 오락 기능은 이와 더불어 우리가 필요로 하고 관심을 가져야 하는 정치 자체를 폄훼하거나, 정치 현상을 조롱하며 반드시 알아야 할 정보까지 가벼이 다루게 만드는 결과를 낳을 수도 있다. 이런 난점을 극복하기 위해서는 정치와 관련된 매체 정보와 오락의 성격을 이해하고, 오락과 정치 정보 사이에 존재하는 접점을 냉철하게 바라보는 정치 커뮤니케이션 독해 능력이 필요할 것이다.

2. 언론의 4대 이론에 비춰 본 정치와 대중매체

이 책에서 다루는 정치 커뮤니케이션은 20세기 중반 소개돼 현재까지 그 설명력을 유효하게 이어가는 '언론의 4대 이론(four theories of the press)'의 시각(Siebert, Peterson, & Schramm, 1956)에서도 바라볼 수 있다. 앞에서 소개한 대중매체의 기능들은 정치 또는 자본 권력의 형태에 따라 저널리즘을 중심으로 권위주의, 자유주의, 사회책임주의, 소비에트-전체주의 등 언론의 4대 이론에 따라 같거나 다른 모습으로 등장한다. 이 책은 현대 자본주의에서 발달한 정치 커뮤니케이션 요소에 주목하기에 이와 밀접한 연관성을 갖는 자유주의 혹은 사회책임주의 유형을 위주로 대중매체와 정치의 관계를 서술할 것이다. 하지만 그에 앞서 이 둘과 사뭇 다른 성격을 가진 두 가지 유형(권위주의와 소비에트-전체주의)을 대중매체의 기능에 연결해 우선 간단히 살펴보겠다.

1) 권위주의 및 소비에트-전체주의와 대중매체

16~17세기 유럽의 절대군주와 그 권력에 기초한 권위주의(authoritarianism) 아래서 대중매체는 이들 국가와 정부의 정책 지원 및 봉사의 목적을 가지고 활동한다. 사실 중세 시기 뉴스 채널은 정치보다는 주로 지역경제나 무역 등 상업적 정보에 집중했고, 현대인이 생각하는 대중과는 다른 의미의 상류층 공중이 이들 자본의 독점 등을 위해 노력하는 과정에서 정보 통로를 유지하는 경향을 보였기에 이들을 요즘 생각하는 대중매체라 칭하기는 어렵다(이건호 외, 2013; 임영호, 2005). 그러나 자신들의 이익을 확보하기 위해 절대권력과 결탁한 이들 상류층과 그들에 연계한 당시 정보 통로의 모습은, 아직 국왕이 국가를 통치하는 현대의 일부 군주제 국가에서 활동하는 유사 계급과 그들이 경영하는 대중매체의 행태에서도 나타난다. 자기 이익 극대화에 나서는 이 매체 혹은 매체 경영자들은 정부의 허가나 자격증을 절대권력의 지지를 위해 사용하면서, 정치 메커니즘 등에 대한 비판은 삼가고 권력 집단의 발전을 지원하는 정보를 전달한다. 즉 자신들을 보호하는 정권을 옹호함으로써 스스로 안전을 유지하고 이익을 창출하는 뉴스만을 생산한다. 대중매체의 '감시' 기능은 결국 권력과 정부를 찬양하는 뉴스로 채워지고, 국민을 이런 정보에 노출시킴으로써 지배층 지지 일변도의 인식과 감정을 양산하는 '연결' 기능을 강화하게 된다. 변하지 않는 뉴스 정보의 반복은 시대와 세대를 넘어 이어지면서, 기존 사회 규범이나 관습이 시간의 흐름 속에서도 유지

되는 종적 '문화 전수' 기능을 이행한다. 이런 고립적인 문화는 세계화의 물결과 단절되는 경우가 많아, 다른 문화권으로 관습이나 관행이 전달되는 공간적인 횡적 전수의 기능은 이들 사회의 대중매체가 제대로 담당하지 못한다. 대중에게 즐거움을 주는 '오락' 기능 역시 그 지배 권력 구조에 익숙한 유머나 감성 전이에 함몰되고, 혹은 그런 정치 구조에 지친 사람들의 비판 정신을 약화하는 도구로 사용된다.

소비에트-전체주의(soviet-totalitarianism) 언론 유형은 이런 중세적 또는 봉건적 구조를 비판하며 20세기 전후 등장했으나, 지배 권력의 성격만 바꿨을 뿐 그 사회 안에서의 대중매체 역할과 기능은 권위주의 언론 유형과 별반 다르지 않다는 지적을 받는다. 구(舊)소련 공산주의나 독일의 나치즘, 또는 이탈리아 파시즘 등에 나타나는 통치 구조 아래의 대중매체는 당이나 개인 또는 집단의 독재 체제를 지원하는 역할을 한다. 이들 언론은 당이나 집권 세력에 충성하는 당원 또는 유착 계급에 의해 통제되고, 매체 운영진은 통치 권력이 부여한 허가나 자격증을 무기 삼아 자신들과 긴밀한 관계에 있는 정치 세력을 지지하는 뉴스만을 생산하며 이를 비판하는 정보는 배제한다. 정치 메커니즘 보호라는 차원에서 권위주의와 차이가 없다. 뉴스를 전달하는 '감시' 기능은 당을 중심으로 한 권력과 정부를 찬양하는 데에 이용되고, 국민은 이런 대중매체의 '연결' 기능에 따라 지배 권력에 대한 저항 의지를 잃어버리게 된다. 이런 상황이 반복되면서 통치권의 가치에 종속된 사회 규범이 다음 세대에까지 이어지는 종적 '문화 전수' 기능이 활성화되고, 이렇게 고립적인 규범이 다른 이념 진영에 전해지는 횡적 '문화 전수'의 기능은 약화한다. 이런 일련의 양상은 모두 권위주의와 흡사하다. '오락' 기능 역시 건전한 비판 정신 등을 마비시키는 선전이나 선동에 집중돼 대중의 즐거움과 기쁨, 위안을 위해 사용되어야 할 매체의 역할이 정치적 목적에 의해 오염되는 경향이 짙다.

2) 자유주의 및 사회책임주의와 대중매체

'언론의 4대 이론' 중 자유주의(liberalism)나 사회책임주의(social responsibility)의 대중매체는 국가나 정권의 통치 시스템에 의해 드러나게 조정되지 않는다. 이런 점에서 이 둘은 권위주의나 소비에트-전체주의와 기본적으로 다르다. 자유주의와 사회책임주의는 모두 유럽식 경험 및 합리주의, 또 그 가운데 자유경제에 연결되는 부분에 기초해 탄생한 현대 자본주의의 틀 안에서 이해된다. 대중매체의 역할과 기능이 이들 사상에서 비롯된 매체 운영의 목적 등에 이어진다는 뜻이다. 그렇기에 이 둘 사이에는 유사성이 대단히 많다. 특히 이들은 사람들의 생활에 필요한 필수 정보를 전달하고, 그 안에 오락적 요소를 담는다는 점, 그리고 제4부(府)로서 입법과 사법, 행정부 등 3개 권부를 감시한다는 매체의 목적 차원에서 공통점을 갖는다. 또 사상의 자유를 지지하고 매체 보도로 인한 명예훼손에 반대하며, 국가의 이익에 보탬이 되려 한다는 점에서도 유사한 성격을 갖는다. 게다가 많은 매체가 민간에 의해 소유된다는 점도 비슷하다. 하지만 이들 사상을 바라보는 시각과 이를 직접 시행하는 방법론에서 차이를 보인다. 이 차이는 아주 미세할 수도 있지만, 근본적인 차원에서 자유주의와 사회책임주의를 구분하는 틀이 되기도 한다.

우선 매체가 추구하는 내용 중 진실에 대한 입장에서 차이가 보인다. 상대적이긴 하지만 자유주의는 진실의 존재에 대해 비교적 확정적인 입장을 견지한다. 즉 어떤 형태로든 진실은 있으며, 매체는 마치 그 진실을 알고 있는 것처럼 작동한다. 이런 자세는 매체 보도에 대한 절대적 가치를 인정하는 모습으로 진화한다. 보도에 대한 비판을 용납하는 범위는 상대적으로 작다. 이와 비교해 사회책임주의 매체는 사회 구성원들의 논쟁을 유발한다. 결정적인 진실의 존재에 회의적인 모습을 보이고, 자신들의 보도와 다른 견해를 인정하며 서로 다른 입장의 마찰을 통해 현명한 지혜가 도출할 것이라는 생각이 강하다. 진실과 관련해 자유주의는 결정적인 시각을, 사회책임주의는 논쟁적인 입장을 견지한다고 할 수 있겠다. 이런 입장이 각각 적용되는 국가를 선언적으로 구분하는 것은 위험하지만, 거칠게라도 분류해보자면 자유주의 색채는 미국에서 더 잘 나타나고, 사회책임주의적 사고는 유럽에서 두드러진다고 볼 수도 있다. 하지만 국가별로 또는 한 국가 안에서 자유주의나 사회책임주의 성격을 띠는 매체는 다양하게 존재할 수 있다. 이들 입장 모두가 기본적으로 사상의 자유, 표현의 자유, 언론의 자유, 집회의 자유를 표방하기 때문이다.

진실에 대한 접근 방식 외에 자유주의와 사회책임주의를 구분하는 미세한 차이는 매체를 누가 운영하고 사용하는가의 모습에서도 감지된다. 자유주의에서는 매체 경영 또는 매체 정보 제작에 참여할 수 있는 주체로 재정적 수단이 있는 모든 사람이 거론된다. 간단히 말하면 금전적 여유가 있으면 신문사나 방송사를 차릴 수 있고, 광고 지면이나 시간을 살 수 있다. 그 이외의 제한은 거의 없다. 거꾸로 보면, 자신이 주장하고 싶은 바가 있더라도 돈이 없으면 그 내용을 전파하기 어렵다는 뜻이 된다. 하지만 사회책임주의에서는 돈이 없더라도 매체를 통해 의견을 전달하는 길을 내줘야 한다는 생각이 강하다. 미국에서 공영방송인 PBS의 영향력이 미미한 것과 달리, BBC 등 공영방송의 영향력이 큰 영국을 비롯해 여러 유럽 국가가 공적인 매체 활동을 통해 사회

곳곳에 있는 정보를 적극적으로 전달하려는 노력을 보이는 점이 연결해 생각할 만한 요소이다.

앞서 거론한 바와 같이 사상, 표현, 언론, 집회의 자유를 인정한다는 점에서 자유주의와 사회책임주의는 공통적인 성격을 갖는다. 또 이런 자유가 과도해지는 점을 어느 정도 법으로 규제할 수 있다는 생각도 모두 가지고 있다. 하지만 이런 통제와 관련해, 자유주의는 사회책임주의에 비해 규칙 적용이 더 적극적이다. 즉 매체 정보가 명예훼손이나 외설, 거짓 등과 연관됐다고 판단할 때 법률에 따라 이에 대한 제재를 가하려는 시도를 과감하게 한다. 또 매체 보도가 국가의 이익을 침해한 것으로 여겨지면 이에 대한 처벌도 강하게 내린다. 정치적으로 복잡한 해석이 가능할 수 있지만, 선거 등의 시스템을 통해 집권 정당이 결정되고 그 정당의 시각에서 국가에 이익이 된다고 본다면 그에 대한 비판이 잘 용납되지 않는 문화가 생성되기에, 그 입장에 대한 반대 보도는 제재 대상이 될 수도 있다. 단 정치집단이나 권력이 이런 제재나 규제의 결정을 내리고 시행하려면 그만큼의 사회적 정당성이 확보돼야 하는데, 이 정당성은 정부나 권력 기관에 대한 매체의 비판을 충분히 방어한, 또는 합리적으로 방어했다고 공동체 구성원으로부터 인정받는 사회적 분위기 안에서 구해진다. 즉 정치적 힘에 대한 매체의 정부 감시 기능이 구동한다는 공감대 안에서 그런 규제가 가능하다는 뜻이다.

반면 사회책임주의는 이런 법 적용에 더욱 신중한 편이다. 시스템에 의해 정해진 정권이라도 비판의 대상이 될 수 있으며, 이런 비판이 또 다른 입장과 마찰을 빚으며 사회적 동의를 만들어갈 수 있기에 모든 종류의 상호 비판은 인정돼야 하고 적극적으로 열려 있어야 한다는 시각이 강하다. 그만큼 사회나 정치 세력 비판에 대한 법률적 제재는 피해가려는 경향성이 크다. 그렇기에 사회책임주의는 다양한 지역 여론을 독려하고, 이들을 공개하려는 언론인들의 전문직 윤리를 옹호하는 성향이 강하다. 단 이런 비판이 국가의 장래를 여는 공동체적 이슈와 관련됐을 때 그에 대한 관용이 허가될 뿐, 개인의 사유 재산 등을 침해하는 경우로 악용되는 것은 인정하지 않으려 한다. 이는 여러 상품 혹은 제품에 대한 시민들의 소비자 행동을 중요하게 여기는 전통에도 이어지며, 이 문제는 사상의 자유가 개인의 부(富) 추구와 연관된다는 영국과 프랑스식 사회계약론과 깊은 관계를 맺는다(Altschull, 1990). 이 시각에서 보면 매체는 다른 사회 기구 혹은 개별 사회 구성원과 함께 발전적 사회를 지향하는 요소 중 하나이며, 그 사회의 유지와 개발을 위해 함께 노력해야 할 주체가 된다. 즉 매체는 다른 구성 요소와 더불어 사회 발전의 책임을 함께 지는 동시에 그 발전에 필요한 정보를 다루는 만큼, 그 역할에 따른 특수한 책임이 지워진다는 점이 사회책임주의의 입장이다.

비록 위와 같이 자유주의와 사회책임주의가 구분될 수 있지만 그 차이는 미세하다. 한 국가 내에서도 매체에 따라 자유주의 혹은 사회책임주의의 시각을 강조할 수 있다. 또 정권의 색깔에 따라 국가의 입장도 변한다. 해방 후 우리나라의 정권만 보더라도 어떤 정부는 자유주의적 입장을 강조했고, 또 다른 정부는 사회책임주의적 색채를 띠었다. 언론사들은 나름의 정체성에 따라 그 입장을 견지하기도 하지만, 집권 정당과의 친소 관계는 시기별로 그 입장에 미묘한 변화를 나타내게 하기도 했다. 이 모든 상황이 정치 커뮤니케이션의 틀 안에서 벌어진다. 그만큼 역동적인 것이 정치 커뮤니케이션이라는 뜻이다.

3) 권력 감시자 대 권력 조력자

언론은 권력의 4부로 일컬어진다(Schultz, 1998). 비록 전통적인 통치 체계에 속하는 입법·사법·행정 등 권력 3부에 포함되지는 않지만, 이들을 비판하며 감시하는 기능 때문에 그만큼의 중요성이 인정된다는 은유적 표현이다. 긍정적으로 보자면 뉴스를 다루는 대중매체는 국민을 대신해 법을 만드는 입법부, 그 법에 근거해 각종 정책을 집행하는 행정부, 법 준수 여부를 판단해 사회질서를 유지하는 사법부를 견제하며, 권력이 남용되는 것을 막는다. 하지만 다양한 이해관계가 얽힌 현실 세계에서 대중매체에 기대하는 이 역할이 온전히 수행되기 어렵다는 지적도 나온다. 정치 커뮤니케이션의 관점에서 보더라도 일관되게 유지되는 매체의 제한적 성격이 목격된다. 바로 독립적인 매체의 존재는 없다는 다소 허무한 지적(Altschull, 1984)이 그것이다. 이는 자본주의건 사회주의건, 또는 앞에서 거론한 언론의 4대 이론과 관련해서건 아직은 가볍게 거부할 수 없는 통찰인 것으로 여겨진다.

알철(Altschull, 1984)은 체제 형태를 불문하고 모든 매체가 그 체제를 구동하게 만드는 경제적·정치적·사회적 시스템에 소속된 존재이며, 그렇기에 그 시스템을 통제하는 '권력의 대변인(agents of power)'이라고 했다. 권력의 뜻에 따라 움직이는 매체는 독립적일 수 없고, 결국 권력의 힘에 귀속된다고 본 것이다. 대중매체도 한 사회에 소속된 기구이고, 이 조직이 그 기능을 발휘하려면 생존해야 하며, 그러기 위해서는 주변 환경과 조화를 이뤄야 하는데 그 조화가 모든 구성 인자의 자유롭고 독립적인 상태에서 창출되는 것이 아니라 전체 공동체 유지를 위한 사회적 계약으로 인정받는 통제 시스템 안에서 조성되기 때문이다(Merrill, 1977). 전체적으로 보면 그 시스템의 긴장 유지를 위한 언론의 견제 기능이 지지를 받을 수 있지만, 그 기능도 대중매체 자체의 생존을 위협하면서까지 활용되기는 어렵다는 한계 때문에 결국 그 통제 시스템을 운영하는 힘, 즉 권력에 복속될 수밖에 없다는 뜻이다. 이는 점진적 역사 발전에 따라 만들어진 사회이건 과격한 혁명으로 세워진 국가이건 언론이 그 공동체가 탄생하는 과정 또는 탄생 이후에도 통치력을 가진 리더의 부속품이 될 수밖에 없다는 시각(Hoffer, 1966)과도 맥을 같이한다.

이와 같은 대중매체의 비관적 숙명론은 대중매체의 보도 내용이 그 매체에 재정적 지원을 하는 사람들의 이해를 반영하게 된다는 현실적 결과물로 나타난다(Altschull, 1984). 국가의 헌법 등이 명시한 표현의 자유가 있고 언론은 이를 적극적으로 신봉하지만, 개별 국가가 내리는 자유 표현의 정의는 그 이념과 사상에 따라 달리 나타나고, 그에 따른 언론 자유도 다른 방식으로 구현된다. 예를 들어 권위주의나 소비에트-전체주의 이념을 따르는 국가들도 국민의 표현과 언론의 자유를 인정하지만, 자신들이 추구하는 제왕적 통치 체제나 집단적 독재에 저항하는 논의는 허락하지 않는다. 즉 언론 자유는 그 공동체가 지향하는 체제의 목적, 조금 더 정확히 말하면 그 공동체를 유지하려는 정치권력의 의지에 따라 결정된다는 뜻이다. 이런 시스템 안에서 생존하며 정보를 전달하려면 결국 대중매체의 생사여탈을 좌우하는 통치권을 파괴할 만한 뉴스를 제작하기는 어렵다. 비록 단기적으로는 사회 통제권과 무관해 보일 수 있지만, 장기적으로는 통치 집단의 이해를 반영하는 정보를 언론 매체가 수용자들에게 전달하는 것이 일반적이라는 뜻이다. 언론이 선언적으로 논하는 사회적 책임, 대중에 대한 봉사, 대중의 정보 접근권 제공 등도 모두 이 제한 내에서 이해된다. 기성세대뿐 아니라 미래세대인 학생들에게도 이런 사회 이데올로기와 가치 체계가 전해지고, 언론과 관련된 대학의 전공까지도 이 흐름에서 벗어나지 못한다는 것이 알철(Altschull, 1984)의 지적이다. 이런 교육 또는 사회화 과정을 거친 국민이나 시민들은 자신들이 유지하고 있는 언론 체제 이외의 다른 체제는 정석이 아니라고 판단할 수밖에 없게 된다.

이런 상황이 압제적 정치권력으로 알려진 권위주의나 소비에트-전체주의 사회에서만 발생하는 것은 아니다. 자본의 힘이 위세를 떨치는 자유주의 국가나 다수 파당과 분파의 영향력이 강한 사회책임주의 국가에서도 언론은 돈과 여론의 눈치를 볼 수밖에 없게 된다. 자유주의 국가에서 언론의 생존 조건이 되는 자본의 높은 비율은 광고 수익으로부터 나오기에, 이 돈을 대는 광고주의 영향력은 지대하다. 대중매체의 정보 콘텐츠에 광고주의 입장이 반영되는 것은 그래서 당연한 결과물로 받아들여지기까지 한다. 표면적으로는 합리성과 타당성 논쟁에서 승리해 대다수 의견이 된 것처럼 보이는 여론을 중시한다는 사회책임주의 국가도 마찬가지이다. 여론을 집중적으로 보도한다는 구도 아래 언론은 대중영합주의와 결탁할 우려가 생긴다. 게다가 이 여론조차도 매체가 전달하는 정보에 의해 조성될 수 있다는 시각은 상황을 더욱 복잡하게 만든다.

현대사회에서 기본적으로 의견 형성 등을 포함하는 인간의 행태는 직접 얻어진 확실한 지식에 기초하지 않는 경우가 많다(Davison, 1983; Noelle-Neumann, 1974). 우리 머릿속에 그려진 바깥세상의 모습은 현실을 실체 그대로 반영하지 못하기 일쑤이다. 사회적 접촉 범위의 한계, 공공적 문제에 관심을 기울일 만한 시간 부족 등이 그 원인으로 거론된다. 여론이 뚜렷하지 않은 정보에 기초할 수 있게 되는 이유이다. 심지어 우리의 일상생활을 위협하고 있는 사실에 대면하기를 두려워하는 마음들도 정확한 여론 창출의 걸림돌이 된다(Lippmann, 1925). 이런 현상은 다시 대중의 선호를 따지는 광고주의 전략과 맞물리면서, 자유주의는 물론 사회책임주의 국가의 언론들도 알게 모르게 국가의 자본 또는 이와 연결된 권력의 이익을 대변하고, 그런 매체가 '여론'이라고 불리는 집단의 의견을 생성하게 된다는 것이다(de Beer & Merrill, 2008). 비록 권력 집단을 드러내놓고 찬양하거나 그 반대 세력을 탄압하는 경우는 거의 없지만, 자유주의나 사회책임주의 국가에서도 언론은 자신의 생존에 영향을 미치는 집단을 무시하기 어렵고, 대부분 이런 집단이 통치 시스템의 상부 세력과 연계된 경우가 많아 대중매체가 권력의 이익을 대변하게 되는 상황이 심심치 않게 전개된다. 이는 대중매체가 자기검열을 자행하는 상황으로까지 치닫기도 한다(Lippmann, 1922/1965). 비록 대학 등에서 이런 현상을 이론화한 내용을 가르치며 비판적 시각을 가지도록 교육하지만 언론 현장은 학술적 논의 또는 규범적 당위와 다른 모습을 띠는 경우가 많다(Altschull, 1984).

하지만 자유주의나 사회책임주의 국가에서 대중매체가 무조건 권력에 아첨하거나 정치 세력 또는 그에 야합하는 집단을 옹호하지는 않는다. 언론이 행해야 할 공익 추구 의무와 공동체 발전에 조력해야 한다는 준칙이 활발하게 논의되기 때문이다. 비록 공익이나 공동체 발전에 대한 시각 및 해석이 여러 이해관계자에 따라 달리 나타날 수 있지만, 그런 이견들은 자유롭게 개진되고 그에 대한 논의가 이어진다. 자유주의나 사회책임주의가 뿌리를 둔 서구의 경험주의, 합리주의, 공리주의, 실용주의 등은 사회나 국가 안에서 이런 토론이 가능토록 만들었고, 대중매체뿐 아니라 일반 대중도 이와 같은 전통, 또 이에 기초한 언론의 역할에 기대를 걸고 있다(Merrill, 1990). 그렇기에 비록 뉴스를 전달하는 대중매체가 그들의 생존을 지탱하는 자본이나 정치권력의 이익을 대변하는 제한성을 두고는 있지만, 우리는 격동적인 정치 커뮤니케이션 과정에서 언론의 긍정적 기능을 어떻게 최대한 마련할 수 있는가의 문제를 계속 논의해나가야 한다. 이는 언론의 기능과 한계에 대한 통찰, 특히 정치를 둘러싼 환경에 대한 이해에서 비롯될 수 있다. 이 책은 계속 이 부분에 대한 논의의 과제를 던지게 될 것이다.

3. 대중매체의 효과와 정치

화자와 청자가 매체를 통해 의미를 주고받는 커뮤니케이션이 특별한 이유나 목적 없이 행해지는 경우는 거의 없다. 비록 커뮤니케이션 현상을 SMCR(발화자, 정보, 통로, 수신자) 등 기본적인 4개 인자로 간결히 정리(Berlo, 1960)할 수 있지만, 여기에 이유나 목적이 없으면 소통은 공허한 행위가 되고 만다. 앞서 커뮤니케이션을 정의할 때 소개한 것처럼, 결국 소통이 '왜' 또는 '무엇을 위해' 이뤄지는가를 살펴봐야 커뮤니케이션의 의미가 드러날 수 있다. 이에 대한 고민은 커뮤니케이션 분야가 하나의 학문 영역으로 성립되기 시작한 1920년대 이전부터 있었지만, 소통의 이유와 목적을 구체적으로 파악하려는 노력은 학문의 성장과 함께 정교화됐다. 그 대표적인 결과물로 '영향력[with what effects(어떤 영향력을 갖고)]' 논의가 등장(Lasswell, 1948)했고, 이는 이후 다양한 매스커뮤니케이션 이론을 탄생시킨다. 즉 소통의 이유와 목적이 효과(effects: E)의 형태로 정비되면서 커뮤니케이션은 SMCR에서 SMCRE의 모습으로 진화했고, 그 과정에서 '메시지를 통한 사회적 상호작용'을 '매체 영향력'의 측면에서 조망하는 연구가 자리를 잡아가게 된 것이다. 대중매체를 둘러싸고 이루어지는 이 소통은 '메시지를 통한 사회적 상호작용'(Gerbner, 1967)이라는 매스커뮤니케이션의 한 종류(이건호 외, 2013)로, 효과 연구라는 학문적 흐름에서 중요한 탐구 대상이 됐다.

사실 이 효과 연구는 '매스커뮤니케이션'이 아닌 '커뮤니케이션' 일반 차원에서도 진행됐다(Severin & Tankard, 2001). 특히 설득(persuasion)을 대표적인 소통 효과 현상으로 소개한 연구들(Horkheimer & Adorno, 1944/1972; Hovland, Jannis, & Kelly, 1953; Lee & Lee, 1939)은 인간의 인식, 선호, 행태, 행동 등에 영향을 미치는 커뮤니케이션의 요소들을 제시하기 시작했다. 이 내용은 이후 개인 간 커뮤니케이션, 그룹 커뮤니케이션, 조직 커뮤니케이션, 대중 커뮤니케이션 등의 효과 연구를 촉진했고, 이 요인들이 수용자에 대한 미디어의 영향력을 예측하는 변인이나 환경으로 확인되면서 대중매체를 중심으로 한 효과론들이 크게 발전했다(McQuail, 2000). 그리고 이 효과 이론은 대중매체가 관여하는 정치 커뮤니케이션 현상에도 예외 없이 적용된다. 대중매체효과론은 대부분의 매스커뮤니케이션 개론서 등에서 거의 빠짐없이 등장하는 내용이지만, 정치 커뮤니케이션을 설명할 때 더욱 간과돼서는 안 될 정도로 그 중요성이 대단해(Ball-Rokeach, 2001; Hall, 1980; Kaid, 2004) 뒤에서 그와 연관된 영역, 그중에서도 정치와 매체의 관계에 초점을 맞춰 정비한다. 즉 이 책이 제시하는 정치 커뮤니케이션의 정의('메시지의 교환과 해석 또는 의사소통을 통해, 개인이나 그 개인이 속한 조직이 추구하는 공적 목적을 달성하기 위해 전체 공동체 구성원들의 다양한 이해관계를 조정하거나 통제하는 방식으로 그 개인 또는 조직이 권력을 획득·유지하는 행위' 또는 '개인이나 그 개인이 속한 조직이 추구하는 공적 목적 달성을 목표로, 그 개인 또는 조직이 권력을 획득하거나 유지하기 위해 전체 공동체 구성원들의 다양한 이해관계를 조정·통제하는 데 사용하는 메시지의 교환과 해석 또는 의사소통')를 중심으로 그에 내재한 정치와 매체의 상호작용에 나타나는 효과론을 설명한다는 뜻이다. 특히 이 책이 대중매체와 관련한 정치 커뮤니케이션과 그 안에서 발생하는 미디어의 효과에 집중하는 만큼, 설명에는 '국가의 리더십과 매체, 시민 대중이 공공 정책과 관련된 메시지의 내용을 교환하는 행위'라는 대중매체 관련 정치 커뮤니케이션 개념과 그에 따른 성격(정치적 지도자, 대중매체, 공중이라는 3대 역할 요체, 이들이 다루는 정치적 메시지, 그 메시지를 두고 이들 요체가 벌이는 교환과 해석, 교환 및 해석의 복잡다단한 과정 등: Perloff, 1998)이 녹아들게 된다.

1) 지배적 패러다임의 매체효과론과 정치

커뮤니케이션 연구의 대표적 흐름 중 하나인 지배적 패러다임(dominant paradigm)은 통계적 검증을 근거로 소통 현상을 설명한다. 매체효과론 차원에서 보면 효과를 일으키는 것으로 여겨지는 요인들을 개념화해 이를 변인으로 놓고, 발생하는 효과에 이 변인들이 어떤 형태나 크기로 영향력을 행사하는지를 확인하는 접근법이다. 통계 수식을 통해 유의미성(significance)이 확보되면 영향력을 확인하는 모델의 설명력이 인정되고, 모델에 사용된 개별 변인들의 영향력 정도가 검증된다. 정치 커뮤니케이션 연구에서도 양적(量的, quantitative) 연구 방법에 근거한 이 패러다임이 적용된다(이준웅, 2006). 기존의 흐름을 분석함으로써 얻어지는 이 모델의 변인들은 다시 새로운 환경이나 미래를 예측하는 요인이 되고, 기존의 모델이나 변인들이 설명력을 지속할 수 있는지 검토하는 과정을 통해 소통 현상에 대한 탐구를 이어간다. 모델 또는 그 안의 변인들이 통계적 유의미성을 확보하지 못한 부분은 오류로 남기에 제한적 설명력을 갖는다는 비판도 있지만, 지배적 패러다임의 접근은 반복 가능한 연구 틀을 유지하기 때문에 일관성 있는 지식 축적의 방식으로 여겨진다. 이는 기계적 추론에 초점을 맞추는 북미 지역 주류 연구자들의 입장이다(이건호 외, 2013).

지식 격차 이론

지식 격차 이론(knowledge gap theory)은 사회경제적 지위(socioeconomic status)가 높은 사람들이 그렇지 못한 사람들보다 대중매체가 전달하는 정보를 더 빠른 속도로 흡수하고, 이런 경향 때문에 미디어가 제시하는 정보에 노출되면 될수록 그들 사이의 격차는 점차 벌어지게 된다고 설명한다(Severin & Tankard, 2001). 상황에 따라 애초의 예측과 다른 결과가 나오고(Cook, Appleton, Conner, Shaffer, Tamkin, & Weber, 1975) 이슈 자체 또는 그 이슈에 대한 사람들의 관심 정도나 측정 방식 등에 따라 격차 크기에 차이가 생기지만(Dervin, 1980; Evatt, 1998), 정보 전달의 속도가 빨라지고 그 양도 늘어나면서 격차 자체는 점점 더 벌어지게 된다는 시각이 일반적이다(Hwang & Jeong, 2009). 소통 기술, 저장된 정보, 지인 관계, 선택적 정보 처리 등의 수용자 특성, 혹은 일정 정도의 소양을 갖춘 수용자에게 보도 수준을 맞추는 매체의 속성 등 정보 노출 초기 단계 환경에 따라 이후 정보 소화 역량의 차이가 늘어난다는 이 이론의 가설(Tichenor, Donohue, & Olien, 1970)은 매체 정보 수용자의 교육이나 수입 정도, 직업 위상 등을 예측 변인으로 놓고 연구를 진행하면서 금전의 보유 규모 또는 그에 기인한 매체 정보 접근성 수준 차이의 문제점을 지적했다(Gaziano, 1997). 이는 곧장 지식의 분배에 대한 논의로 이어져 사회적 문제의 심각성을 고민하는 도구로 활용됐다(Jenssen, 2012). 학자들이 교육, 수입, 직업 등 지식 격차를 결정하는 예측변인 또는 독립변인의 중요성을 거론하면서도, 종속변인인 결과물로서 벌어진 격차를 걱정하는 단계로 이어진 것이다. 즉 지식도 일반적인 부(富)와 마찬가지로 불평등하게 분배된다는 데에 논의의 초점을 맞추면서 이는 곧장 정치 커뮤니케이션의 문제로 부각했다. 민주주의는 정보가 충분한 시민들에 의해 이뤄진다는 관점에서 볼 때(Jerit, Barabas, & Bolsen, 2006; Schudson, 1995) 지식 격차 이론이 현대사회의 다양한 정치 이론과도 밀접한 관계를 맺게 됐다는 의미이다(Eveland & Scheufele, 2000; Fraile, 2011).

구체적인 탐구 사례로 매체 선택과 뉴스 소비가 민주주의에 영향을 미치는 방식(Aalberg, Blekesaune, & Elvestad, 2013)을 들 수 있다. 연구자들은 정치 정보에의 접근 기회가 주어지더라도 사람들이 관련 내용을 무시한다는 점을 체감하고, 그 이유로 변화된 매체 환경 자체를 들고 있다. 인터넷과 케이블 TV를 주로 사용하는 사람들은 오락 등 다양한 정보를 전달하는 이들 채널의 성격 때문에 더욱 정치 정보에서 멀어진다는 주장이다. 이들은 정치 뉴스와 오락물 사이의 노출 경쟁력, 즉 사람들이 어떤 정보를 더 선호하는지를 결정하는 콘텐츠 자체의 성격 역시 이 같은 정보 소비에 영향을 미치며, 그 경쟁력은 수용자 확보를 위해 특정 콘텐츠를 활용하는 채널의 성격에 의해 좌우된다고 봤다. 채널의 특성이 수용자의 매체 소비를 이끌고, 그 차이가 사람들의 정치 정보 또는 지식의 격차를 벌어지게 하기에 민주주의의 결과물도 달리 나타난다는 예측이다. 파편화된 대중매체 환경에서 텔레비전의 정치 관련 뉴스에 대한 노출 수준이 드러내는 수용자의 인식 편향(Dilliplane, Goldman, & Mutz, 2013) 역시 유사한 차원에서 대중매체 정보가 결과 짓는 정치와 민주주의의 격차를 보여준다. 매체의 보도와 정부 정책 관련 지식 사이의 인과관계 연구(Barabas & Jerit, 2009)는 지식 격차 이론이 집중했던 인구통계학적 변인을 넘어서 대중매체 정치 뉴스의 빈도와 보도량, 기사 배치가 특정 정책 이슈에 미치는 영향력을 탐구했다. 적정 영향력을 미치는 정보 한계치 등이 가치 있는 연구 주제로 제시되면서 공중의 정치적 인식과 민주주의 성취에 필요한 언론 보도의 성격이 논의됐다.

시장주의와 오락물 중심으로 전개되는 자본주의 매체 환경을 미국과 덴마크, 핀란드, 영국 등 4개국의 특성에 맞춰, 대중매체 시스템과 민주주의, 공중 인식의 상호작용 관계를 살펴본 연구(Curran, Iyengar, Lund, & Salovaara-Moring, 2009)는 유사한 체제 속에서도 공중 서비스 성격을 중시하는 채널이 더 많은 공공 정보와 국제 뉴스를 전달하면서 수용자의 관련 지식 증대에 이바지하고 있으며, 그런 매체가 많은 국가일수록 대중 사이의 정치 정보 격차가 줄어들 수 있다는 점을 시사했다. 전통적으로 깊이 있는 뉴스를 보도하는 것으로 알려진 신문과 피상적인 정보 전달에 그치는 것으로 평가됐던 TV의 선거 보도가 유권자들에게 미치는 영향력을 비교한 연구(Druckman, 2005)는 그 보도 내용에 큰 차이가 없다는 것을 확인했다. 하지만 역시 보도량에서는 격차가 벌어지고, 신문이 공중의 투표 행위에 더 많은 영향을 미친다는 것을 보여주며, 지식의 차이에 따른 투표 행위의 격차가 일정 정도 벌어질 수 있다는 함의를 제시했다.

연구자들이 밝혀낸 지식 격차와 정치적 인식 및 행태의 관계는 개인 차원에만 머물지 않는다. 유럽 23개국 시민들의 신문 구독 형태를 비교한 연구(Elvestad & Blekesaune, 2008)는 나이나 성별, 교육 수준 등이 일부 국가에서는 지식 격차를 예측하는 변인으로 작용하지만 다른 국가에서는 큰 설명력을 가지지 못한다는 점을 발견했다. 매체의 성격에 대한 인식 등 또 다른 변수가 확인되는 과정에서 지식 격차 이론이 개인뿐 아니라 국가 간에도 세밀한 문화적 배경에 따라 차이가 발생한다는 점을 밝혀낸 것이다. 매체가 전달하는 정보 불균형 정도와 정치 지식 사이의 관계를 탐구한 연구(Fraile, 2013) 역시 개인과 공동체 차원의 문제를 복합적으로 함께 탐구할 필요를 제기하고 있다. 비록 다양한 연구 결과가 상충하기도 하지만, 이들은 지식 격차 이론이 정치 커뮤니케이션, 특히 정치와 관련된 매체 뉴스가 수용자들의 행태에 어떤 효과를 보이는지를 꾸준히 탐구한다는 것을 보여주는 자료가 된다(Gaziano, 2017).

이 과정에서 커뮤니케이션 영역이 다루는 지식 격차를 과연 '지식'의 문제로 다뤄야 하는가에 대한 논의도 나타났다. 특히 지식 격차 이론이 다루는 '지식'이 체계적으로 축적된 과학적 인지 결과물로서의 지식이 아니라 단순히 떠도는 정보에 대한 인지를 다루고 있을 수 있다는 점을 고찰해야 한다는 것이다. 신문이나 TV 등 전통 매체 환경을 중심으로 한 연구에서도 종종 지식 격차와 정보 격차가 함께 거론돼왔지만(Bonfadelli, 2002; McEwen, 1978), 이 문제의식은 인터넷으로 대변되는 커뮤니케이션 환경의 도래과 더불어 크게 불거졌다(Kim, 2008; Norris, 2000a, 2001). 정보가 전자 네트워크를 통해 범람하면서, 그렇게 '떠도는' 콘텐츠에 의한 수용자의 영향력을 탐구할 필요성이 급증했다고 볼 수 있다. 지식 격차 이론의 현대판으로 불리는 '디지털 디바이드(digital divide)', 즉 정보 격차 논의는 선거를 통해 중요한 결정을 내려야 하는 정치 커뮤니케이션 분야에 직결된 요소로 주목받는다. 부유하는 정보에 의존하는 현대 소통 환경에 대한 염려는 대통령이나 수상 등 국가수반의 통치나 입법부의 역할, 수용자 참여 등 전통적인 정치 영역(Hargittai, & Walejko, 2008; Tolbert & McNeal, 2003; Xenos & Moy, 2007)뿐 아니라 행정부의 정책 결정 등과 관련된 분야의 정보 격차 영향력(Bekkers & Homburg, 2007; Hoffman & Novak, 1998) 등까지 논하고 있다.

특히 기사나 매체의 신뢰도 문제는 뉴스의 이름을 달고 범람하는 정보의 바다에서 어떻게 올바른 정치 관련 소식을 선별하고, 그를 통해 건강한 정치 행위를 어떤 방식으로 구현해야 하는지의 문제로 이어진다(Graber, 2004; Shah, Cho, Eveland, & Kwak, 2005). 구체적으로는 믿을 수 있는 정보의 성격, 뉴스의 공정성과 중립성, 그에 기초한 정보의 질과 양, 그런 내용을 담을 수 있는 채널의 형태, 건전한 정보를 판단할 수 있는 수용자의 자질 등이 새로운 매체 환경에서 더욱 주목받는다. 지식 격차 이론 또는 정보 격차 가설 연구 영역에서 이런 배경의 소통 정보가 올바른 정치적 판단을 내리기 위한 근거로 작동해, 사람들 사이의 정치적 지식 차이를 어떻게 조정하는지, 그런 정보를 어떤 방식으로 전달해야 하는지 등의 논의가 치열하게 진행되고 있다. 다양한 정보 전달 기기가 날로 새롭게 출시되는 현재, 지식 격차 또는 정보 격차 가설이 정치 커뮤니케이션을 설명하는 주요 이론이 되는 이유이다. 국내에서도 전통적인 뉴스 매체뿐 아니라 새로운 소통 기기들이 초래하는 커뮤니케이션 격차와 그에 따른 지식 및 정치 참여의 차이를 탐구한 논문들(금희조 · 조재호, 2010; 양정애 · 이현우, 2013; 이숙정 · 백선기 · 한은경, 2013; 이원태, 2013)이 나오면서 각종 정책 대안에 대한 함의를 제기하고 있다.

의제 설정 이론

의제 설정 이론(agenda setting theory)은 대중매체가 특정 정보를 반복적으로 보도함으로써 대중이 해당 정보를 중요하게 생각하게끔 만든다는 효과 이론이다(McQuail, 2000). 간단히 말하면 대중매체가 뉴스를 통해 특정 주제, 인물이나 물건 등 대상 혹은 이들의 특성에 대한 대중의 관심을 선도하는 것을 말한다. 수용자에 대한 특정 정보의 반복적 노출은 해당 내용에 대한 대중매체의 집중적 선택을 의미한다. 이처럼 취재 및 보도 과정에서 나타나는 언론의 정보 선택과 배제 등을 게이트키핑(gatekeeping: Breed, 1955; Shoemaker, 1991; Shoemaker, Eichholtz, Kim, & Brenda, 2002; Roberts, 2005; White, 1950) 기능이라 부르는데, 여기에 주목한 의제 설정 이론은 태생부터 정치 행위의 핵심 중 하나인 대통령 선거 이슈를 다루면서 정치 커뮤니케이션 요소를 담고 있었다(McCombs & Shaw, 1972). 매체가 선정해 보도하는 정치 문제가 대중에 중요하게 여겨진다는 점에 집중한 것이다. 비록 매체 영향력을 설명하는 과정에서 환경, 경제 등 정치 이외의 이슈들을 탐구(이건호, 2006a; Xu & Bengston, 1997)하기도 했지만, 의제 설정 효과 연구는 주로 정치적인 이슈에 집중됐다(Ha, 2004; McCombs, Lopez-Escobar, & Llamas, 2000; Soroka, 2002; Yioutas & Segvic, 2003). 이 이론은 2000년대 초반까지 발전해오는 과정에서 크게 5개의 영역으로 구분돼 설명됐다(McCombs, 2004). 이후 인터넷 기반의 새로운 커뮤니케이션 환경에서 네트워크 기능의 중요성이 부각하면서, 이를 응용해 해석한 분야가 추가돼 여섯 번째 영역이 등장했다(Guo, 2012).

먼저 매체에서 대중으로 전달되는 이슈 현저성 이동(salience transfer)의 1차 단계가 그 첫 번째 영역이다(Wanta, 1997a). 정치 커뮤니케이션 차원에서 보면, 복지나 외교 등 쟁점이 되는 주제나 토픽, 정치인 등 특정 인물을 매체가 많이 보도하면 수용자가 그 대상을 중요하게 여기게 된다는 것이다(McCombs & Estrada, 1997). 의제 설정 이론은 이들 대상이나 토픽 등을 아울러 이슈라고 칭하는데, 특히 이렇게 주제적(主題的) 차원의 이슈를 1차 의제라고 칭한다. 학자들은 이 1차 의제가 사람들이 느끼기에 더 구체적일수록(Yagade & Dozier, 1990), 평소에 덜 두드러진 내용일수록(Zucker, 1978) 매체 영향력이 확연하게 드러난다고 주장했다. 또 매체가 보도한 이슈가 수용자들 마음에 중요하게 각인돼 유지되는 기간이 주제 등에 따라 4~6주(Winter & Eyal, 1981) 또는 2~6개월(Stone & McCombs, 1981)에 이른다는 결과도 도출했다.

두 번째 영역은 매체에서 대중으로 전달되는 이슈의 속성 현저성 이동을 다룬다. 의제 설정 효과 2차 단계로 불리는 이 분야는 이슈나 대상이 가지고 있는 '특성'이 매체 보도 수준에 따라 수용자의 마음에 각인되는 정도가 결정된다는 사실에 초점을 맞춘다. 1차 의제 설정 효과 연구가 진행되던 1970년대부터 거론됐던 이 특성(Shaw & McCombs, 1977)은 나중에 2차 의제라고 정의되며 결국 2차 의제 설정 효과의 주요 변인으로 등장한다. 이론 내부에서는 특히 이 특성을 '속성(attribute)'이라고 부르는데, 이는 각 대상을 채우는 성격이나 특징으로 풀이된다(Ghanem, 1997). 이 속성은 다시 인지적(substantive) 성격과 정서적(affective) 성격으로 구분된다. 이들은 각각 이슈와 관련해 매체가 보도하는 실체적 정보와 감정적 정보가 된다(Kiousis, Bantimarodius, & Ban, 1999). 정치 커뮤니케이션을 예로 들면, 정치인 또는 그와 관련한 이슈 보도 중 그 정치인의 성품이나 자질, 능력 또는 그 이슈의 세세한 하위 성격들이 실체적 정보가 되고, 그 정치인에 대한 호불호가 감정적 정보가 된다. 즉 매체가 이런 정치인의 성품, 자질, 능력 등을 반복적으로 보도하면 수용자들이 그 정치인을 생각할 때 이들 특성을 중요하게 생각하게 되고, 그 정치인을 긍정적으로 보도하면 긍정적으로, 부정적으로 보도하면 부정적으로 바라보게 된다는 것이다. 이들 속성 정보가 매체에서 수용자에게로 전이되는 과정에서 이슈, 즉 1차 의제에 대한 수용자의 중요성 인식이 증가한다는 '부차적 효과(compelling argument)'도 2차 의제 설정 효과의 연구 영역이다(최영재, 2004; 최원석·반현, 2005; McCombs, 2004).

사실 이 2차 의제 설정 효과는 매체로부터 수용자에게로의 속성 전이를 통해 사람들이 그 대상을 '어떻게' 생각하게 만드느냐의 문제로 정리되면서, 이 부분과 관련해 유사한 주장을 펼치는 틀 짓기(framing) 이론과 마찰을 빚기도 한다(Kosicki, 1993; McCombs & Ghanem, 2001). 틀 짓기는 특정 정보에 대한 선택과 배제를 통해 매체 보도가 사람들이 세상을 생각하게 만드는 틀을 결정한다는 이론이다(Andsager, 2000; Entman, 1993; Reese, 2001). 두 이론 사이에서 매체 보도 내용에 집중하느냐, 취재 과정을 아우르느냐, 수용자의 선택적 인지를 고려하느냐 등의 논점이 대립하지만(Kim, Scheufele, & Shanahan, 2002; McCombs & Ghanem, 2001) 결국 매체효과론의 측면에서 설명력을 확보하기 위한 절충점이 제안되고 있으며(Maher, 2001), 이는 정치 커뮤니케이션 영역에서도 예외가 아니다(Scheufele, 1999). 앞서 거론한 정치 이슈나 정치인들의 사례를 연결해보면 이해에 도움이 될 것이다.

세 번째 영역은 의제 설정 이론의 심리적 배경을 설명하는 정향욕구(need for orientation)에 연결된다(Lee, 2016; Matthes, 2008; McCombs, 2004). 왜 의제 설정 효과가 발생하는지를 수용자 정보 추구 동기에 기초해 설명하는 이 개념은 수용자가 이슈에 대해 가지고 있는 '관련성(relevance)'과 '불확실성(uncertainty)'이라는 두 축으로 구성된다(Weaver, 1980). 관련성은 이슈에 대한 수용자의 관여도나 몰입도 등으로, 불확실성은 뉴스 정보에 대한 확신 수준으로 측정(McCombs & Weaver, 1973)되는데 관련성과 불확실성이 클수록 의제 설정 효과의 정도도 커진다(안서현 · 이건호, 2019; Valenzuela, 2014). 공리주의적 심리학 차원에서 접근한 정향욕구 개념(Weaver, 1977)은 수용자가 알아야 할 이슈라는 차원에서 정치 정보에 주목하며, 국내외 연구자들은 정치 커뮤니케이션 영역에서도 이 문제를 다뤄왔다(김은이 · 최지향, 2015; Camaj & Weaver, 2013; Weaver, 1980). 즉 특정 정치 이슈나 주제에 관심이 있고 그 정보에 대한 불확실성이 높은 수용자는 관련 정보를 찾기 위해 대중매체에 접근할 것이고, 그런 수용자는 매체가 전달하는 정보를 중요하게 생각한다는 실증 연구가 진행된 것이다.

네 번째 영역은 일반 수용자에 대한 대중매체의 영향력만 논하는 수준을 넘어, 한 매체가 다른 매체에 미치는 영향력도 논하는 것을 말한다(McCombs, 2004). 통신사가 지역 언론 매체의 의제를 설정(Whitney & Becker, 1982)하거나, <뉴욕타임스(The New York Times)>가 중점적으로 다룬 마약 이슈를 <워싱턴포스트(The Washington Post)>와 <로스앤젤레스타임스(Los Angeles Times)> 등 다른 언론들이 좇아 보도(Reese & Danielian, 1989)하고, 미국과 영국의 매체들이 서로의 선거 기사 내용에 영향을 미친 점(Semetko, Blumler, Gurevitch, & Weaver, 1991) 등이 확인되면서 매체 간(inter-media) 의제 설정 효과라고 불리는 이 분야의 설명력도 높아졌다. 국내에서도 한국 9개 중앙일간지가 서로의 의제에 영향을 미치고 있으며(황용석, 2000), 온라인 매체가 오프라인 매체의 뉴스 주제를 선도한다는 연구(이건호, 2006b) 등이 나오면서 매체 간 의제 설정 효과가 확인됐다. 이 중 선거 기사 등을 매체 간 의제 설정 효과 차원에서 진행한 연구들은 정치 커뮤니케이션 분야의 전통 탐구 영역이다.

다섯 번째 영역은 매체가 단순히 이슈나 그 속성에 대한 대중의 '인식'만 선도하는 것이 아니라 '의견(opinion)'을 형성하는 역할을 한다는 것을 설명한다(이건호, 2006a). 이 영역은 수용자가 특정 내용을 중요하게 생각하게 만드는 것뿐 아니라 해당 정보와 관련된 수용자의 판단 기준에 대중매체가 영향을 미친다는 점에서 의제 설정 이론의 탐구 분야를 확대했다는 평을 받는다(Kim, Scheufele, & Shanahan, 2002; Lee, 2010). 이 이론이 인지를 넘어 행태의 차원을 거론하기 때문이다. 의견 형성 또는 판단 기준에 영향을 미치는 매체의 힘은 점화 효과(priming)라는 이름으로 연구(Iyengar & Kinder, 1987; Iyengar, Peters, & Kinder, 1982)되기도 한다. 의제 설정 이론가들은 이슈의 선택과 배제를 통해 사람들의 판정 기준에 변화를 이끄는 대중매체 점화 효과(Tankard, Hendrickson, Silberman, Bliss, & Ghanem, 1991) 개념이 '정보의 선택과 배제'라는 점에서 의제 설정 효과와 맥을 함께한다고 보고, 이를 의제 설정 효과 연구의 우산 아래 뒀다(McCombs, 2004). 이 영역은 앞서 거론한 틀 짓기 등과 이론적으로 연계를 맺으면서 복잡하게, 하지만 더욱 정교하게 전개된다(Iyengar & Simon 1993; Price & Tewksbury, 1997; Roskos-Ewoldsen, Roskos-Ewoldsen, & Carpentier, 1994). 이 영역 역시 선거나 정치인, 대통령 능력 평가 등을 포함한 정치 이슈 전반을 다루면서 정치커뮤니케이션 분야의 핵심 부분으로 자리 잡았다(Miller & Krosnick, 1997; Scheufele, 2000).

21세기 들어 확장된 의제 설정 효과 영역은 '의미의 네트워크'라는 측면을 강조한다(Guo, 2012). 1차 의제인 이슈와 2차 의제인 속성을 보도에 나타난 단어의 연결망으로 이으면서, 이렇게 매체 보도에서 한 꾸러미가 된 '의미'가 수용자의 마음에 있는 의미의 중요성을 이끈다는 설명에 집중하는 이 여섯 번째 영역은 의제 설정 효과와 틀 짓기, 점화 효과의 요소들을 한데 잇는 구실을 한다. 의제 설정 효과가 다루는 기존의 내용을 모두 종합하는 듯한 이 영역의 '의미'는 3차 의제라고 명명(Guo & McCombs, 2011)되며 새로운 관점을 개척하고 있는데, 앞선 단계들이 정치 커뮤니케이션 분야와 밀접한 관계를 맺는 만큼, 새로운 시도도 정치 영역을 매체효과론 차원에서 점검하는 도구가 될 것으로 보인다. 네트워크 분석을 통해 다양한 의제들의 정보군집을 탐구한 국내 일부 연구(안정윤 · 이종혁, 2015)들도 정치 이슈와 관련된 내용을 다룬 것은 이와 같은 예측을 가능하게 만든다.

앞서 정리한 것처럼 의제 설정 효과가 정치 이외의 다른 영역을 거론하기도 하지만, 이 이론은 가설 설립 초기부터 정치 커뮤니케이션의 색채를 강하게 띤다. 1차 영역의 '이슈'는 대통령이나 국회의원 선거 등에 관련된 사례가 주를 이루고, 2차 영역의 '속성'도 정치인의 품성, 인격, 자질 등의 인지적 특성과 이들에 대한 호불호 등의 정서적 특성을 중요하게 탐구한다. 정향욕구는 왜 사람들이 이런 정치 뉴스의 영향을 받는지를 매체가 다루는 정치 이슈에 대한 수용자의 관련성과 불확실성 차원에서 점검하고, 매체 간 의제 설정 효과 역시 인지도 높은 매체가 특정 정치 이슈를 다루면 다른 지역 또는 군소 매체가 그 이슈를 중요하게 보도한다는 것을 검증했다. 또 사람들의 의견 형성 과정을 다루는 다섯 번째 영역은 수용자가 정치인이나 정당을 판단하는 기준을 매체가 세워주면서 유권자의 투표 행태에 미치는 영향력을 거론하고 있다. 의미의 네트워크 효과는 이와 같은 매체의 영향력이 단순히 개별 정치 이슈에 한정돼 발생하는 것이 아니라, 특정 이슈를 둘러싸고 함께 매체 보도에 등장하는 주변 이슈들과 묶여 수용자들에게 전달된다는 점을 부각한다.

침묵의 나선 이론

침묵의 나선 이론(spiral of silence theory)은 공동체 구성원인 매체 정보 수용자가 소외를 두려워한 나머지 자신과 다른 생각을 하는 사람들의 의견에 저항하지 못한 채 스스로 입을 다물게 되고, 이런 현상이 사회 내에서 점점 더 나선을 그리며 커져나간다는 이론이다(Noelle-Neumann, 1974). 개인이 느끼는 소외에 대한 두려움(fear of isolation)을 축으로 사회 여론이 어떻게 형성되는지를 설명하는 이 이론은 표면적으로 대다수의 생각이라고 사람들이 믿는 것이 사실은 실제로 '많은 사람의 의견'이 아니라 '많은 사람의 의견이라고 여겨지는 것'이라는 점에 주목한다. 그러면서 이런 현상을 발생 또는 증폭시키는 원인으로 대중매체의 보도를 들고 있다. 침묵의 나선 이론은 이와 같은 여론의 분배를 분석하고 예측한다. 이 이론 역시 핵심 가설이 제시된 초기 단계부터 사회적 통합이라는 정치적 이슈와 관련된 현상에 집중했다(McDonald, Glynn, Kim, & Ostman, 2001; Moy, Domke, & Stamm, 2001; Salmon & Moh, 1994). 이후로도 학자들은 예민한 정치적 견해의 충돌 속에 대중매체가 특정 측면을 부각하면 사람들이 그 내용을 대다수의 의견이라 생각하게 되고, 개인들은 그 의견과 다른 생각을 하더라도 소외를 두려워해 자신의 견해를 표출하지 않으면서 점점 더 많은 사람이 매체 보도 내용을 여론으로 받아들이게 되는 현상을 연구해왔다(양승찬, 1998; Glynn & McLeod, 2001; Scheufele & Eveland, 2001; Taylor, 1982).

이 이론에 따르면 사회 내에서 어떤 관점이 더 강하거나 급한지, 또 용인될 가능성이 큰지에 대한 결정은 개인 내부의 '의사(疑似) 통계 기관(quasi-statistical organ)'에 의해 이뤄진다. 이 기관은 명칭에서 볼 수 있듯이 정확한 수치를 근거로 하지 않는다. 소외를 원치 않는 사람들은 자신이 대다수 의견이라고 믿는 외부의 분위기, 즉 의견 기상도(opinion climate)로 불리는 상황을 주시하고, 본인의 자의적 추측에 비친 이 의견의 꾸러미를 여론으로 여기게 되며, 결국 자신의 판단에 대한 회의(懷疑)를 심화시키면서 스스로 입장을 드러내지 못한 채 이런 가상의 여론에 동조하게 된다는 것이다(정일권·김지현·이연주, 2009; Hayes, 2007; Scheufele & Moy, 2000). 이때 사람들이 의견 기상도를 파악하기 위해 주로 주목하는 정보는 대중매체가 전달하는 뉴스이다. 일반인들은 지인들과 가까이 소통하며 직접 확인할 수 있는 개인 주변 정보와 달리, 멀리 떨어져 발생해 스스로 파악하고 판단하기 어려운 사회적 정보를 대중매체를 통해 얻게 되기 때문이다. 이런 점을 잘 아는 정치 세력은 자신들의 목적을 위해 언론을 활용한다. 즉 일반 수용자들에게 필요할 것이라고 여기는 정치 정보를 대중매체를 통해 전달하면서, 그런 소식에 익숙하지 않은 수용자들이 뉴스 보도에 담긴 맥락을 사회 여론이라고 믿게 만들어, 자신들의 정치적 이념에 맞게 공동체 구성원의 이해를 조정하려는 노력을 기울이게 된다는 것이다. 사회 통합이라는 이름으로 행하는 정치 세력의 소통 전략이 대중매체를 통해 이뤄지는 정치 커뮤니케이션의 단면이다. 이때 형성된 여론 또는 여론이라고 여겨지는 사회적 의견이, 많은 사람의 생각을 대중매체가 '반영(mirroring)'한 결과물인지 아니면 누군가에 의해 의도적으로 '조성(molding)'된 것인지의 문제, 그리고 여기서 비롯되는 현상들을 침묵의 나선 이론은 탐구하고 있다(Noelle-Neumann, 1974).

공동체 구성원의 의견 '반영' 또는 '조성'의 논의를 보면 침묵의 나선 이론이 가지고 있는 정치 커뮤니케이션 요소를 조금 더 깊게 고찰할 수 있다. 이 이론이 대중매체를 통한 정치 커뮤니케이션의 핵심 요소 중 하나인 공중의 의견, 즉 '여론(輿論)'의 근원을 숙고하게 하기 때문이다(Salmon & Moh, 1994). 학자들은 사람들이 침묵의 나선을 만드는 의견 기상도가 참인지 거짓인지는 정확하게 판단할 수 없으나, 적어도 스스로의 생각에 확신을 갖지 못하는 유약한 개인들은 자신의 의견 기상도가 전하는 여론을 참이라고 받아들인다고 설명한다. 다른 사람들 대부분이 의견 기상도에 나타난 '대다수 의견'을 지지한다고 보기 때문이다. 즉 개인들은 자신의 의사 통계 기관에 포착된 의견 기상도의 여론이 누군가에 의해 '조성'된 것이 아니라, 사람들의 의견을 '반영'한 것이라 믿는다는 것이다. 하지만 침묵의 나선 이론은 이런 여론이 실제로는 의도적으로 '조성'될 수 있다는 점을 지적한다. 비록 1970년대에 사람들에게 알려지긴 했으나, 이 이론은 1940년을 전후한 제2차 세계대전의 격랑과 거기에 빠진 유럽 국가들의 정치 커뮤니케이션 현상에 기초해 출발했다(Scheufele & Moy, 2000). 전쟁 승리라는 국가 차원의 목적은 대중매체 등을 통해 위(권력자)에서 아래(대중)로 전달되는 선전 선동의 홍보로 이어졌고, 이 방식의 여론 조성을 통해 사회 통합을 기획한 국가의 위압은 개인이 이성적으로 상황을 바라보기보다는 공포의 감정으로 세상을 판단토록 만들었다. 즉 침묵의 나선은 '여론 발생의 이유를 판단하는 과학'으로서, 탐구 결과를 통해 여론은 국민의 의견이 '반영'된 것이라기보다 정치권 등 이익집단의 권력에 의해 '조성'될 가능성이 큰 것이라고 설명한다(Salmon & Moh, 1994).

침묵의 나선 이론이 다양한 관찰을 통해 의심하는 '조성'된 여론 또는 '작위'적 여론은 참된 여론의 '반영'을 강조하며 '여론조사(poll)'의 활용을 지지하는 사람들(Gallup & Rae, 1940a)에 의해 비판받는다. 익명의 참가자들이 소외의 공포를 느낄 이유가 없이 참여하는 여론조사는 '현상 발생의 이유를 묻지 않는 가치중립적 과학'이기에 불편부당한 개인 의견의 종합적 경향성을 발견할 수 있으며, 이를 통해 국민의 이익에 반하는 권력에 저항하는 도구가 될 수 있다는 점이 피력된다. 침묵의 나선이 여론을 외부의 힘으로 만들어지는 의견 기상도라는 사회적 차원의 현상으로 본다면, 여론조사는 사회 구성원들의 단순하고 개별적인 의견의 종합이라는 개인적 차원의 결과물로 여론을 바라본다. 즉 여론조사는 아래(대중)에서 위(권력자)로 전해지는 국민의 목소리이며, 조사 결과는 국민의 의견을 실제로 '반영'하는 민주주의의 구세주라고까지 불리기도 한다(Salmon & Moh, 1994). 같은 전쟁 시기를 겪으며 탄생했음에도 불구하고 침묵의 나선과 여론조사는 이렇듯 여론에 대해 서로 다른 관점을 유지한다. 비록 여론조사도 질문 방식 등에 따라 단순 의견이 아니라 조작된 의견을 반영하게 될 수 있다는 비판(백승권, 1998; 양승목, 1997; Gastil, Reedy, & Wells, 2018; Prosser & Mellon, 2018)을 받고는 있지만, 침묵의 나선이 가진 정치적 정보 조정이라는 특징은 매체효과론의 차원에서 비판적으로 검토된다.

대중매체를 중심으로 한 정치 커뮤니케이션 분야에서 침묵의 나선이 주목받는 또 다른 이유는 이 의견 조성에 미치는 매체의 영향력에서 나온다(Savigny, 2002). 특히 대중매체가 가지고 있는 언론 간의 이슈 교환 능력 또는 영향력(Whitney & Becker, 1982)은 침묵의 나선 현상에서 이들 사이의 공명(consonance)으로 조망된다. 이때 공명은, 한 매체가 이슈의 특정한 면을 보도할 때 그 내용이 타당하고 합리적인 형태를 띠면 다른 매체가 그 사안을 좇아 보도하게 되면서 한 사회의 모든 대중매체가 같은 방향의 의견을 수용자들에게 집중적으로 전달하게 되는 현상을 뜻한다. 즉 언론의 영향력이 단지 하나의 대중매체에 의해 만들어지는 것이 아니라, 언론사 간의 공조로 인해 발생한다는 것이다(Salmon & Moh, 1994). 이런 공명 현상은 수용자 주목도를 놓고 경쟁을 벌이는 언론사가 이슈의 주도권 선점에 치중하는 것 못지않게, 많은 사람이 관심을 보이는 이슈를 놓쳐 독자나 시청자를 빼앗기는 것을 참지 못하기 때문에도 일어난다(Herman & Chomsky, 1998). 모든 매체가 특정한 측면을 보도하면 수용자들은 그 내용을 기초로 의견 기상도를 구성하고, 이 과정에서 소외의 공포를 두려워하는 사람들은 자연스레 그렇게 '조성'된 여론을 좇게 된다는 것이다. 특히 갈등과 마찰의 요소가 많은 정치 현상과 이를 둘러싸고 벌어지는 커뮤니케이션은 침묵의 나선

이 발생하기 쉬운 구조를 갖는다. 비록 스스로의 입장에 대해 확신에 차 있는 하드코어(hardcore)나, 미래에는 의견 기상도에 변화가 있을 것이라고 기대하는 사람들은 자신의 의견을 표명하고자 하는 의지(willing to speak out)가 강하고, 이런 사람들에게서는 침묵의 나선 효과가 잘 나타나지 않는다는 탐구 결과가 꾸준하게 발견되지만(정효명, 2012; Noelle-Neumann, 1974), 일반적으로 사회 전반에 걸친 개인의 의견 기상도, 즉 개인이 여론이라고 믿도록 만드는 사회적 의견을 조성하는 데 대중매체의 영향력은 대단히 큰 것으로 여겨진다.

침묵의 나선 이론은 커뮤니케이션 환경의 변화에 따라 전통 매체 영역을 넘어 온라인 매체 상황에서 발생하는 의견 기상도 연구 등으로 그 범위를 넓혀가는 중이다(정다은·정성은, 2018; Ho & McLeod, 2008; Liu & Fahmy, 2011; Nekmat & Gonzenbach, 2013; Porten-Cheé & Eilders, 2015; Yun & Park, 2011). 이때 개인이 믿고 의지하는 준거집단의 유무나 크기, 그리고 그 집단에 대해 느끼는 심리적 거리, 동양과 서양 등 문화권의 특성 차이, 의견 노출과 관련된 익명성 여부나 다원적 무지(pluralistic ignorance) 등 기존 커뮤니케이션 영역에서 거론되던 요인들(Scheufele & Moy, 2000; Taylor, 1982)이 온라인 환경에서 탐구되거나 이들이 온라인과 오프라인에서 구동하는 방식의 차이가 비교되기도 한다. 이 과정에서 정치 커뮤니케이션 3대 요체 중 하나인 언론의 영향력이 개인 간 커뮤니케이션 때문에 증폭되거나 축소되는 등 여러 현상이 확인되면서, 침묵의 나선을 둘러싸고 벌어지는 현대사회의 대중매체 기능과 역할에도 변화가 감지되고 있다.

문화 계발 이론

문화 계발 이론(cultivation theory)은 TV 시청에 따른 대중의 지각(perception), 행태(attitudes), 가치(values) 조성을 설명하는 매체효과론으로, TV 프로그램이 사람들에게 일반적이고 보편적인 세계관을 심어주고 계발한다(cultivate)는 주장에 집중한다(Severin & Tankard, 2001). 사람들은 TV 시청을 통해 정형화된 메시지를 전달받고 이로부터 일률적인 지각, 행태, 가치를 지니게 된다는 것이다. 특히 과다한 TV 시청은 현실과 비교해 과대포장되거나 과소평가된 내용을 실제인 양 받아들이게 만든다는 점을 부각한다(Gerbner, 1967).

1960년대 말 아동과 성인의 인식 형성에 미치는 매체 영향력 등을 조사한 '미국 폭력 원인 및 예방에 관한 위원회(National Commission on the Causes and Prevention of Violence)'의 연구 등에 연계한 이 이론은 대중매체가 수용자들에게 영향을 미친다는 일반적인 매체효과론의 모습을 띠고 있으나, 기호를 통한 사회화, 그리고 그런 사회의 통제를 위해 활용되는 메시지 전달의 역할을 했던 과거 종교의 힘을 텔레비전이라는 새로운 매체가 대신한다는 점을 특히 강조하는 특징을 가진다(Gerbner & Gross, 1976). 지식 격차, 의제 설정, 침묵의 나선 등 다른 매체효과론이 그 영향력의 원인으로 주목하는 신문이나 방송의 '뉴스'도 거론하지만, 그에 비해 TV 드라마 등에 나타나는 폭력물이 미치는 영향력 탐구에 집중하는 성격이 강하다(McQuail, 2000). 메시지의 전달 범위나 영역이 무차별적일 뿐 아니라 그 메시지 전달의 일방성이 다른 매체와 비교가 안 될 정도로 강했던 당시 TV 프로그램 내용의 폭력성은 확산(prevalence: 전체 프로그램 중 폭력성을 가진 프로그램의 정도), 비율(rate: 한 프로그램 안에서 폭력 행위를 담은 장면이나 에피소드의 정도), 역할(role: 폭력, 가해자, 피해자로 등장하는 역할의 수) 등 세 가지 요소를 중심으로 조사됐다. 폭력 개요(violence profile) 또는 폭력 지수(violence indicator)로 불리는 이 요소들은 수용자들이 TV 내용을 통해 그 사회의 문화적 속성을 받아들이는 계발 차이(cultivation differential)를 분석하는 도구가 된다. 이 조사는 사람들이 TV에 등장하는 폭력적 상황이 현실에서도 발생한다고 생각하게 되고, 그런 폭력을 통제할 필요가 있으며, 통제를 위해 국가적 개입 등이 필요하다고 믿게 되는 수준까지 다다른다고 설명한다.

학자들은 이 결과를 중심으로 파악되는 문화 계발 효과는 사람들의 행태 '변화(change)'에 초점을 맞추는 대다수의 효과론과는 달리 현대사회가 사람들에게 심어준 기존의 가치를 '강화(reinforcement)'하는 현상에 주목한다(Severin & Tankard, 2001). '문화화' 또는 '문화적응(enculturation)'이라고 불리는 이 모습은 사람들이 거의 매일 TV에서 방영되는 이미지에 반복적으로 노출되면서 실제 사회에 광범위하게 공유된 가치가 무엇인지를 확인하고 그 가치를 사회의 문화로 받아들이게 되는 것을 말한다(Gerbner, Gross, Jackson-Beeck, Jeffries-Fox, & Signorielli, 1978). 이 이론은 실제 사회의 다양한 현실에 대한 믿음을 일컫는 1차 신뢰(first-order belief)와 그런 믿음에 기초해 사회는 안전하다거나 위험하다고 믿는 2차 신뢰(second-order belief)를 구분하기도 하고, 여기에 미치는 TV의 영향력 또는 1차와 2차 신뢰 사이의 관련성 연구를 진행하기도 한다(Morgan & Shanahan, 2010). 비록 탐구 결과가 일관적으로 나오지 않는다는 비판은 있지만, TV가 문화적응 등에 일정 정도 영향을 미친다는 문화 계발 효과의 설명력은 큰 틀에서 효용력을 갖는다(Hawkins & Pingree, 1990).

이 과정에서 문화 계발 효과를 설명하기 위해 등장하는 요인들로 공명(共鳴, resonance)과 주류화(mainstreaming)에 대한 검토도 이뤄졌다. 여기서 공명은 침묵의 나선 이론에서 소개되는 공명(consonance)과 다른 개념이다. 침묵의 나선 이론에서 거론되는 공명은 특정 이슈를 놓치지 않기 위해 한 사회 안의 언론사들이 같은 사실이나 의견을 공통으로 전달하는 공조 현상을 말하지만, 문화 계발의 공명은 현실 세계에서 개인이 느끼는 상황이 TV에서 방영되는 내용과 유사한 것을 뜻하며, 현실에서 특정 경험을 많이 한 사람일수록 TV가 그 경험과 유사한 방식으로 내보내는 프로그램의 내용을 그대로 받아들일 가능성이 크다는 것을 설명하는 변인으로 작용한다(우형진, 2006; Gerbner, Gross, Morgan, & Signorielli, 1980). 특정 집단에서 크게 확인되는 TV의 문화 계발 효과가 다른 집단에서는 작게 나타나는 이유가 바로 수용자들이 느끼는 공명 현상의 크기 차이에 기인한다는 것이다.

이때 함께 등장하는 주류화(mainstreaming)는 TV 프로그램이 공동체의 세계관을 하나로 흐르게 만드는 것, 또는 기성의 가치를 유지하게 만드는 것을 뜻한다. 문화 계발 효과가 중요하게 여기는 요소 중 하나가 TV를 많이 보는 '중시청(重視聽, heavy viewing)'인데, 중시청일수록 사람들은 TV가 제시하는 사회의 일관된 가치에 동의하게 되며, 경시청(輕視聽, light viewing)의 사람들에게서는 TV 노출 이외에 소득 등 다른 변인에 따라 그 가치에 대한 동조 여부가 달리 나타난다고 설명한다(Severin & Tankard, 2001). 즉 중시청이 주류화를 이끌고, 이는 기존 사회 가치를 보존하려는 보수화 성격으로 이어진다는 것이다. TV 노출이 강해지면 사람들이 TV에서 제시하는 사회의 가치를 그대로 받아들이게 된다는 문화 계발 효과의 일반적 설명에 더해, 공명이나 주류화 등은 공동체 구성원이 문화에 적응하는 방향으로 행태가 계발되는 이유와 여파를 더 자세히 부연하는 도구가 된다(McQuail, 2000).

다른 요소들도 그렇지만 특히 이 주류화는 정치 커뮤니케이션 차원에서 심각하게 고려되는 현상이다. 사회 내 그룹 간, 또는 이 그룹들이나 여기에 속해 있는 사람들 간의 문화적 융합을 가리키는 이 모습은 TV에 많이 노출될수록 프로그램이 전달하는 메시지의 의미를 그대로 받아들이게 된다는 점을 설명한다. 이 메시지는 대부분 기존 사회가 지향하는 가치의 통합을 내포(Carlson, 1993)하기에, 이를 통해 사람들은 TV 프로그램이 근거한 사회의 보수적 색채를 띠어가는 성향을 보인다(Griffin, 2004; Van den Bulck, 2003). 즉 사회적 학습 또는 교육의 큰 축을 담당하는 TV(Bandura, 1969; Grusec, 1992; Samek & Rueter, 2011)는 노출 당시 사회의 보수성을 키우는 쪽으로 영향력을 행사하며, 대부분의 문화 계발 효과 연구 자체가 이와 같은 현상을 당연시하는 경향으로 기울어져 있다는 비판을 잉태하게 했다(Ball-Rokeach, 2001). 문화 계발 효과가 출발한 TV 폭력물의 영향력 연구에서 비롯된 이 경향은 결국 사람들이 사회에 만연하다고 느끼는 악한 폭력을 잠재우기 위해 경찰력 등 국가의 폭력은 당연히 필요하다고 믿게 만들고, 이는 전체 사회적 구조 안에서 보수적 기존 권력에 대한 사회 전체 구성원의 복속(acquiescence to power)을 종용한다는 것이다(Gerbner & Gross, 1976).

이렇듯 보수주의와 새로운 대중주의(populism)의 발현을 촉구한다는 차원(Griffin, 2004; Potter, 2014)에서, 대중매체를 통해 사람들의 정치적 인식과 행태를 기존 세력의 성향에 맞도록 조정하는 문화 계발 효과는 정치 커뮤니케이션이 간과하기 어려운 이론이 된다. 비록 딱딱한 정치 기사를 중심으로 하는 뉴스 매체의 영향력에 집중하는 정도는 다른 이론들에 비해 작으나, TV에서 제공하는 다양한 엔터테인먼트 프로그램에 노출된 사람들이 많고, 그 숫자도 점점 더 늘어가는 추세에서 이 이론의 정치 커뮤니케이션 요소는 과소평가할 수 없다. 대중매체 프로그램에 등장하는 폭력의 역할은 사회의 합법적·물리적 힘의 행사를 부추길 뿐 아니라, 사회 통제의 수단으로 이 힘이 용인된다는 점(Ball-Rokeach, 2001)에서 특히 그렇다고 볼 수 있다. 최근에는 폭력 메시지를 담은 엔터테인먼트 프로그램과 뉴스 프로그램의 문화 계발 효과 크기를 비교하는 연구(Holbert, Shah, & Kwak, 2004) 등이 이어지면서, 아예 메시지 성격 사이의 벽을 넘어 프로그램 형식을 통한 문화화의 정치적 성향 등을 거론하는 논의가 활발하게 전개된다. 또 정치인들의 '예능 프로그램' 출연이 확대되는 현상과 맞물리면서, 오히려 정치적 인식 형성에 정치 뉴스보다 오락 프로그램의 영향력이 클 수 있다는 주장도 제기된다(Gamson, 1999).

정치 커뮤니케이션 영역에서 문화 계발 효과의 연구 확대를 주장하는 학자들은 사회적 통제를 추구하는 보수적 사회의 구성 요소로서 개별 매체가 아닌 총괄적 매체 시스템 탐구나 관련 정책의 효율성 조사 등을 촉구한다(Ball-Rokeach, 2001). 또 새로운 매체 환경 도래와 함께 기존 문화 계발 효과 변인들을 인터넷 등에 접목(유세경·이지영, 2004; Williams, 2006)한 연구 등이 정치 커뮤니케이션 분야로 이어지면서(Morgan, Shanahan, & Signorielli, 2014; Romer, Jamieson, Bleakley, & Jamieson, 2014; Xenos & Moy, 2007) 문화 계발 효과가 인터넷 뉴스와 사람들의 정파성 사이의 상호작용에 영향력을 행사하거나(Roche, Pickett, & Gertz, 2016), 사회관계망서비스(Social Network Service: SNS) 중(重)이용자가 경(輕)이용자에 비해 SNS가 현실 정치를 더 잘 반영한다고 믿는다는 연구 결과(나은영, 2012) 등이 등장하고 있다.

3자 효과 이론

앞서 설명한 매체효과론들은 대중매체의 정보 영향력이 불특정 다수의 수용자에게 나타나는 것을 조명한다. 이때 불특정 다수는 효과 발생을 인지하는 '나', 그런 '나'와 소통하는 '너', 그리고 '나'와 '너'인 '우리'가 아닌 '타인(他人)'들까지 모두 포함한다(Davison, 1983). 3자 효과 이론(third person effects theory)은 이에 반해 타인, 특히 3자(third person)에게 효과가 발생한다는 '예측' 또는 '기대'에 초점을 맞추며 출발한 이론이다. 간단히 말해 대중매체효과는 '자기 자신' 또는 '우리' 말고 다른 사람들에게 크게 나타날 것이라고 보고 그를 중심으로 벌어지는 현상을 설명하는 것이 3자 효과 이론이다(McQuail, 2000). 자신 이외에 대중매체 영향력에 취약한 타인들을 보호하기 위해 폭력적이거나 선정적인 정보는 규제돼야 한다는 주장의 근거가 되기도 하는 3자 효과 이론(Gunther, 1995; McLeod, Eveland, & Nathanson, 1997; Rojas, Shah, & Faber, 1996)은 정책 입안 과정이나 선거 등에 연관된 정치 커뮤니케이션의 영역에서 중요하게 논의된다(Perloff, 1999). 이론이 발전하는 과정에서 매체효과가 발생할 것이라고 예상되는 대상인 3자뿐 아니라, 그 대척점에 서 있는 1자(first person)로서 '나'에게 나타날 수 있는 매체 영향력의 성격과 특징, 배경 등의 문제(Meirick, 2005; Tiedge, Silverbaltt, Havice, & Rosenfeld, 1991)가 거론되고, 준거집단으로 치환되거나 여기에 포함될 수 있는 2자(second person), 즉 '너'의 존재성에 대한 고민(Meirick, 2004; Pauen, 2012; Rubin, Rubin, Graham, Perse, & Seibold, 2009)으로까지 연구의 폭이 확대된다.

이 내용을 조금 더 자세하게 보면 매체효과가 발생하는 원인이 직접적인 대중 미디어 정보 노출 때문인지, 아니면 그런 노출로 누군가가 영향을 받을 것이라는 판단이나 기대 때문인지에 따라 일반적인 매체효과론과 3자 효과 이론의 설명에 차이가 생긴다는 것을 알 수 있다. 사실 기본적으로 3자 효과가 일어나는 대상은 다른 매체효과론과 마찬가지로 '나'나 '너' 또는 '우리'라고 할 수 있다. 단 매체 정보에 따른 효과가 직접적인 정보 노출에 의한 것이 아니라 대중매체가 타인인 3자에게 영향력을 행사할 것이라는 '우리'의 '기대' 때문에 우리에게 '간접적'으로 발생한다는 면에서 3자 효과 이론이 일반적인 매체효과론과 다르다고 보면 된다. 3자 효과는 결국 타인에게 실제로 발생하는 효과가 아니라 '나'나 '너' 또는 '우리'에게 적용되는 효과라는 것이다. 하지만 이런 현상의 발생 원인, 특히 우리와 타인을 구분하는 배경을 정보에 접근하는 동기(motivation)에 두느냐 아니면 정보를 받아들이고 처리하는 방식인 인지(cognition)에 두느냐 등에 따라 효과 발생 위치에 대한 해석이 분분하다. 그만큼 3자 효과에 대한 이해는 다른 매체효과론보다 복잡한 과정을 요구한다.

동기에 따른 접근은 우선 메시지의 성격에 근거해 타인과 나에게 일어나는 매체 정보 효과를 구분하려고 한다. 특히 매체 정보 노출 또는 전달의 동기가 긍정적인 목적을 가지느냐 또는 부정적인 의미를 담느냐에 집중한다. 일반적으로 학자들은 사람들이 사회가 긍정적으로 인정하고 용인하는 내용이라고 간주되는 매체 정보는 타인보다 자신에게 더 큰 영향력을 행사하고, 그 반대의 내용은 자신보다 타인에게 더 크게 영향을 미칠 것이라고 기대한다(Gunther, 1991). 이런 흐름에서 자신에게 미치는 매체 영향력을 1자 효과 또는 역(逆)3자 효과 지각이라고 부르는 이 현상은 주로 정보의 '바람직성(desirability)'에 따라 그 효과의 크기와 방향이 결정된다는 것을 강조한다. 하지만 종종 관련 탐구 결과가 엇갈리는 경우도 보고돼 그 원인을 확인하려는 추가 연구가 진행 중이다(정일권, 2006; David, Liu, & Myser, 2004). 인지 또는 인식적 접근은 보통 타인보다 스스로에 대한 정보가 많은 개인이 외부 정보를 이미 축적된 자신의 지식 등에 체계적 또는 복합적으로 연계해 받아들인다는 점을 강조한다. 그에 비해 타인에 대해 아는 게 많지 않은 일반인들은 체계적 또는 복합적으로 외부 정보를 인식하는 자신과 달리, 그 타인이 정보를 단순하고 간결하게 수용할 것이라고 믿기 때문에 결국 자신과 타인에게 미칠 매체 영향력을 달리 판단한다는 것이다(유홍식, 2010; Perloff, 2002).

이런 동기 혹은 인지에 따른 효과의 방향이나 크기에 대한 논의와 더불어, 소통 과정에서 화자와 청자, 관찰자가 누구인지에 따라 나로서의 1자, 너로서의 2자, 타인으로서의 3자의 자리매김이 달라질 수 있다는 이론 개발 초기의 고민(Davison, 1983)은 이 이론의 이해를 더욱 복잡하게 만든다. 이는 효과를 바라보거나 효과에 연루된 주체와 객체가 소통 과정에 직접 참여하느냐 또는 관찰하느냐 등의 문제에 따라 효과의 방향이 달라질 수 있다는 뜻으로, 근본적으로 이 문제를 정비해야 3자 효과를 설명할 수 있다는 지적으로 이어진다(Pauen, 2012). 그리고 이런 의구심과 문제의식은 다양한 정치적 환경에서의 커뮤니케이션 현상의 탐구를 거쳐 해소되거나 또 다른 사유의 틀을 제공한다(Conners, 2005).

이 현상을 보여주는 대표적인 예로 이론의 가설 구성 초기 단계에서 제시된, 제2차 세계대전 당시 이오 섬(이오지마, Iwo Jima)의 전투 과정이 거론된다. 당시 일본군이 백인 장교를 위해 희생하지 말고 투항하라는 전단을 미군 흑인 병사들을 대상으로 뿌렸는데, 흑인 병사들의 투항 혹은 탈영을 두려워한 백인 장교들이 부대를 아예 철수하는 상황이 벌어졌다. 즉 전단 메시지의 영향력은 애초 일본군이 겨냥했던 흑인 병사들에게 생긴 것이 아니라, 그런 영향을 흑인 병사들이 받을 것이라고 생각하게 된 백인 장교들에게 발생한 것이다. 3자 효과는 결국 다른 사람들에게 매체 영향력이 발생할 것이라고 믿는 사람들에게 정작 그 효과가 나타난다는 차원에서, '타인에 대한 매체효과의 기대에 의한 효과'라고 정리된다(Davison, 1983). 그리고 메시지 전달자인 일본군이 궁극적으로 바랐던 이 효과는 실제로 단순한 인지나 행태의 차원이 아니라 '철수'라는 '행동(action)'으로 나타났다. 많은 매체효과론이 '행동'에 대한 직접적인 소통의 영향 검증에 난항을 겪고 있는 와중에 3자 효과는 직접적이고 최종적인 '행동'에 대한 영향력을 확인한 것이다. 그래서 타인에 대한 '과대평가' 혹은 '과소평가'의 결과로 설명되는 이 효과는 그 흐름의 방식이 의도되지 않았다는 점에서 간접적이지만 중대한 영향력을 갖는다고 평가된다(Lasorsa, 1994; Mason, 1995).

그런데 3자 효과라는 명칭이 붙은 이 논문(Davison, 1983)에서 '3자'는 '그들(others)'로 지목된다. 간단히 보면 메시지를 전달하는 화자가 '표면적(ostensibly)'으로 겨냥한 청자가 아닌 다른 사람들이 3자이다. 맥락상 위 전투에서는 백인 장교가 그 다른 사람이며, 이 다른 사람인 3자, 즉 백인 장교에게서 매체 정보 영향력이 나타났다. 이때 화자는 일본군이고, 그들이 원래 메시지 전달 목표로 삼은 청자는 흑인 병사이다. 다시 들여다보자. 매체가 '우리' 말고 다른 사람들에게 크게 효과를 보일 것이라는 '기대'에 기초해 매체 영향력이 나타난다는 3자 효과의 기본 틀을 여기에 대입하면, 우선 그 '기대'를 하는 '우리'는 누구인가를 고민해볼 수 있다. 이 논문(Davison, 1983)에서 그 기대를 한 주체로서 '우리'는 백인 장교가 될 수 있다. 그런데 이때 '우리'는 1자로서 '나' 혹은 2자로서 '너'를 포함하거나, 그냥 집합체로서 1자인 '우리' 자체가 된다. 백인 장교는 결국 원래 일본군의 메시지가 대상으로 하지 않았으나 효과가 나타난 '그들'로서 '3자'인 동시에 이 메시지 효과가 흑인 병사에게 나타날 것이라고 기대한 주체, 즉 '우리'로서의 '1자'가 된다. 백인 장교를 '우리'라는 '1자'로 보면, 그가 '다른 사람', 즉 '3자'라고 보는 대상은 흑인 병사이다.

사실 이 메시지의 영향력이 흑인 병사에게 나타날 것이라고 기대한 주체는 백인 장교 말고 일본군도 있다. 그렇기에 애초에 흑인 병사를 대상으로 전단을 뿌린 것이다. 물론 매체효과론 차원에서 영향력이 발생하는 지점인 수용자군(群)을 중심으로 1자와 2자, 3자 등을 구분해야 한다는 주장도 있으나, 발화자와 수신자로 구성된 기초적인 커뮤니케이션 구도를 대입하면 1자로서 화자인 일본군이 메시지를 겨냥한 흑인 병사는 청자로서 2자가 된다. 이쯤 되면 1자와 2자, 3자가 누구인지 구분하기 어려워진다. 이런 점을 간파한 학자들이 소통 과정에 연루된 주체와 객체의 위치, 메시지 전달자의 의도, 이를 바라보는 관찰자의 입장 등을 분간해 정리해야 3자 효과의 탐구가 세밀하게 발전할 수 있다고 주장하고 있는 것이다(Conners, 2005; Meirick, 2004,

2005; Pauen, 2012; Rubin et al., 2009). 그래야 기존 매체효과론이 설명하고자 했던 수용자군의 일반 현상과 다른 이 모습을 구분해 3자 효과라고 명명하고 소개한 논문(Davison, 1983)의 의미가 제대로 인정받을 수 있기 때문이다(Gunther, 1991; Lasorsa, 1994; Tiedge et al., 1991).

기존 매체효과론이 바라보는 수용자군에 대해 3자 효과 이론이 달리 접근하는 방식은 대중의 성격 파악 방식에서도 찾을 수 있다. 예를 들어 '우리'가 아닌 3자는 우리가 잘 모르는 대상이 대부분이다. 그런데 이들이 모여 있는 집합체는 '표면적 또는 피상적(ostensible) 대중'이라는 모습을 띠게 되고, 이 안에서 서로를, 또는 특정 이슈를 서로가 어떻게 생각하는지 잘 모르는 '다원적 무지(pluralistic ignorance)' 현상은 '서로가 서로에게 타인'인 3자에게 대중매체의 메시지 파급 효과가 클 것이라는 기대를 키우게 된다(O'Gorman & Garry, 1976). 이런 다원적 무지는 화자인 메시지 전달자가 정보를 받아들이는 사람의 경향성 등을 예측하고, 청자인 메시지 수용자가 정보를 전달한 사람이 가지는 목적을 추론하는 과정에서 나타나는 '소통의 불일치' 때문에 발생한다. 앞서 3자 효과를 동기나 인지 차원에서 거론할 때 등장하기도 하는 이 불일치 요소는 결국 송신자나 수신자가 각각 자신에게 유리한 방향으로 상황을 해석한다고 설명하는 귀인 이론(attribution theory)이나 낙관적 편견(biased optimism)에 연결되고(Cho, Lee, & Chung, 2010; Heider, 1958; Sparkman & Locander, 1980; Tyler & Cook, 1984), 이들은 메시지의 의도성 등을 중심으로 이뤄지는 자신이나 타인의 내적 속성을 탐구하는 각종 변인으로 치환돼 3자 효과 연구에 활용된다(Paul, Salwen, & Dupagne, 2000).

이런 현상은 결국 선전 선동가나 정치인들이 뉴스 미디어를 활용해 자신들이 원하는 결과를 얻어내는 환경을 만들어낸다(Rubin et al., 2009). 기실 이런 효과가 일반인들의 실제 삶에서 거의 일어나지 않는다는 연구 결과(Howard, Rothbart, & Sloan, 1978; Hur & Robinson, 1978)도 있지만, 정치 광고나 투표 현상에 영향을 미친다는 주장(Cohen, & Davis, 1991; Day, 2008; Rucinski & Salmon, 1990; Tichenor, Donohue, & Olien, 1980)도 나와, 정치 커뮤니케이션 영역에서 3자 효과에 대한 논의가 뜨겁다는 점을 확인할 수 있다.

게다가 침묵의 나선이론에서 거론됐던 다원적 무지(Scheufele & Moy, 2000; Taylor, 1982) 개념이 3자 효과 이론에서 재론되는 것과 유사하게, 침묵의 나선 이론의 배경이 되는 의견 기상도는 3자 효과 이론에서 탐구되는 '피상적(ostensible) 대중'과 연계해 설명되기도 한다. 의견 기상도나 피상적 대중 모두 개인이 정확하게 인지하는 것이 아니라 소수의 소신을 다수가 일반적이라고 믿는 등 여론 형성의 과정을 막연하게 받아들이는 느낌(Glynn & Ostman, 1988; Schanck, 1938)에 기인한 것이라, 이를 활용하려는 커뮤니케이션 전문가들의 전략에 연결되면서 정치적 현상과 소통 관련 연구의 초점이 되는 것이다(Lasorsa, 1994). 침묵의 나선 이론에서 긴요하게 탐구됐던 준거집단의 크기나 개인이 준거집단에 대해 느끼는 동질성 여부가 3자 효과 이론을 해석하는 주요 요소로 나타나는 것(Davison, 1983)도 개인의 정치적 소속감과 그에 따른 소통 활성화 등을 다루는 정치 커뮤니케이션 영역에서 자주 거론된다(Perloff, 1993). 이때 이슈 자체의 중요성 또는 수용자 개인이 해당 이슈를 중요하다고 느끼는 정도, 이슈에 대한 수용자의 물리적 또는 심리적 거리, 교육 수준이나 전문성 여부, 정보원 신뢰도나 편견에 대한 수용자의 판단(Banning, 2001; Cohen, Mutz, Price, & Gunther, 1988; Davison, 1983; Gunther, 1991; Lasorsa, 1989, 1994; Mutz, 1989; Perloff, 1989) 등 3자 효과 이론 일반에서 다뤄지는 매체 영향력 크기의 변인들이 다양하게 변주되며 활용된다(Banning, 2006; Haridakis & Rubin, 2005). 게다가 인터넷이나 모바일 기기 등의 출현과 함께 익명성 등을 중심으로 전개되는 커뮤니케이션 환경은 더더욱 타인이 누구인지를 판단하는 근거를 복잡하게 만들면서, 3자 효과 자체뿐 아니라 정치 문제를 중심으로 한 이 효과 이론의 탐구 필요성을 강변한다(유홍식, 2010; Li, 2008).

이용과 충족 이론

지금까지 정치 커뮤니케이션과 관련해 살펴본 이론들은 대부분 다소 강력한 매체 영향력을 설명한다. 매체 정보가 사람들이 기존에 가지고 있던 지식의 수준 차이를 더 벌려놓을 것이라는 지식 격차 이론, 반복적으로 노출되는 매체 정보는 사람들이 해당 이슈나 그 이슈가 가진 속성을 중요하게 생각하게 할 것이라는 의제 설정 이론, 언론사들이 공통으로 집중해 전달하는 내용을 사회 전반의 여론으로 받아들인 수용자들이 그 보도와 다른 생각을 가지더라도 입을 다물게 될 것이라는 침묵의 나선 효과 이론, 드라마나 오락 등 엔터테인먼트 프로그램이 사회 전반의 가치를 전달함으로써 사람들이 기득권의 보수적 성향에 함몰되게 만든다는 문화 계발 이론, 매체 정보가 타인들에게 영향을 미칠 것이라는 기대가 간접적이지만 심대한 영향을 스스로에게도 미치게 된다는 3자 효과 이론 등은 모두 매체효과론을 정보 전달자, 즉 미디어의 입장에서 강조하고 있다. 이는 대중매체가 수용자들에게 미치는 영향력이 작지 않다는 것을 골자로 한다.

이에 반해 이용과 충족 이론(uses and gratification theory)은 사람들이 매체 정보를 무방비로 흡수하는 것이 아니라 자신이 가진 욕구 또는 필요에 따라 선택적으로 수용함으로써 매체의 영향력이 그렇게 거대한 것이 아니라는 점을 부각한다(Palmgreen,

Wenner, & Rosengren, 1985). 매체중심적인 다른 이론들과 비교해 이용과 충족 이론은 수용자 중심의 효과 이론이라고 볼 수 있다(Rosengren & Windahl, 1977). 많은 매체효과론들이 신문이 전달하는 뉴스 정보에 집중한 것과 달리 라디오나 텔레비전 등이 제공하는 오락 프로그램에 집중(Heeter, D'Alessio, Greenberg, & McVoy, 1988)했다는 점이 이용과 충족 이론의 특징이다. 또 이 이론은 오락물을 활용한 탐구라는 점에서 강한 효과 이론 중 문화 계발 이론과 유사점을 가지나, 그 효과가 권력에 대한 복속이나 기존 사회 가치관으로의 함몰을 가져오는 것이 아니라 오히려 메시지에 대한 개인의 해석 능력을 중심으로 수용자 스스로 의미를 도출하려 한다는 점(Swanson, 1977)에 주목했다는 차원에서 문화 계발 효과와도 차별성을 가진다. 특히 대중매체 또는 정치 지도자와 매체가 함께 지향하는 사회적 통합보다 자신의 이익과 그에 대한 기대에 기초한 통합을 추구하기 위해 대중매체를 활용하는 현상(Roe, 1983)을 정치 지도자, 매체, 공중 등 3대 요체로 이뤄진 정치 커뮤니케이션 차원(Perloff, 1998)에서 들여다보면, 이용과 충족은 매체가 전달하는 정치 메시지에 대한 공중, 즉 수용자 반응의 모습에 집중한다는 해석이 가능하다. 적극적으로 본다면 대중매체에 대한 수용자의 환류작용을 포함하고, 부정적 미디어 보도에 대응하는 정치 지도자 역시 해당 메시지에 대한 자의적 해석과 이를 통한 환류에 동참할 수 있다는 차원에서 이용과 충족 이론은 매체의 절대적인, 또는 강력한 효과를 대변하는 것이 아니라 제한적인 매체효과론을 중심으로 정치 커뮤니케이션을 이해하도록 하는 중요 도구라 할 수 있겠다.

이 이론은 '미디어가 사람들에게 무엇을 하느냐(What do the media do to people)'를 묻는 것이 아니라 '사람들이 미디어를 갖고 무엇을 하느냐(What do people do with the media)'라는 질문(Katz, 1959)에서 비롯된다. 매체효과 연구 흐름에서 보면 이 이론은 수용자의 선택적 정보 추구(Klapper, 1960)를 중심으로 1940년대부터 약 30년간 이어진 약한 매체 영향력 주장에 기인한다. 초기에는 기술적(記述的) 차원에 머물렀던 현상 탐구(Herzog, 1942/1943)가 현실 및 일상 탈출, 대화, 자아 확인, 생존 및 성공을 위한 정보 추구(McQuail, Blumler, & Brown, 1972) 또는 인식, 감성, 자아 확신, 사회적 결합, 긴장 완화 등의 필요(Katz, Gurevitch, & Haas, 1973) 등 다양한 정보 선택 요인을 변인으로 삼아가는 과정에서 점차 정교한 설명력을 가진 영역으로 성장한다(Ruggiero, 2000).

특히 수용자들의 정보 추구가 매체가 지향하는 방향으로 이뤄지는 것이 아니라 수용자 자신의 욕구 충족이라는 목적지향성(goal-directed)에 따라 달라지며, 그렇기에 능동적(active)이라는 설명(Rubin, 1993; Weaver, 2003)은 정치 커뮤니케이션 차원에서 의미가 크다. 수용자인 공중이 적극적으로 정치 행위나 과정에 참여한다는 것을 시사하기 때문이다. 시민이나 공중의 정치 참여(political participation)는 정부 정책이나 법안 등에 적극적으로 영향을 미치려는 다양한 활동(Milbrath & Goel, 1972, Verba & Nie, 1987)으로 소개되기도 하지만, 지인과의 토론이나 매체 노출을 통한 정보 추구(Hagen, 2000), 매체를 통한 뉴스 주목(Conway, 2000) 등을 이런 참여의 모습으로 설명한 학자들의 통찰은 정치 커뮤니케이션 영역에 이용과 충족 이론이 접목될 수 있다는 점을 뚜렷하게 부각한다.

이용과 충족 이론의 발전 모습을 보면 정치 커뮤니케이션의 요소, 특히 공중으로 대표되는 수용자의 특성을 탐구하는 이유가 조금 더 선명해진다. 딱딱한 뉴스 매체 정보를 다루는 저널리즘 영역뿐 아니라 오락 영역(Oliver & Bartsch, 2010)이나 광고 영역(Tsao & Sibley, 2004)에서의 정보 추구 문제까지 탐구하는 이 이론은 수용자의 정보 추구 동기(audience motivation)와 기대(expectation)를 연결하고, 대중매체 노출을 통해 그 기대를 충족하는 과정에서 스스로 가치를 창출해나가는 점(Rosengren & Windahl, 1977)으로 확대돼간다. 이때 사람들은 대중매체 노출 또는 타인과의 대화 등에 수반되는 외부와의 상호작용뿐 아니라 스스로 '추구한 만족(gratification sought)'과 '확보된 만족(gratification obtained)'을 비교하며 자신의 매체 정보 추구 동기를 재정립하는 단계로 접어든다(Levy & Windahl, 1984). 이를 통해 개인 내부에서 스스로 지각을 강화하거나 변화하는 요소를 환류시키며 세상에 대한 관점을 계속 정립해나가게 된다는 뜻이다. 이를 인간의 인식과 행태, 행동 등을 정비한 사회과학 이론화 과정(Fishbein & Ajzen, 1975)에 대입하면, 정보가 만족감을 줄 것이라는 기대에 맞춰 수용자가 특정 매체를 찾는 과정(Palmgreen & Rayburn, 1985) 자체를 인지 또는 인식적 차원의 정치 커뮤니케이션에 이을 수 있고, 이때 기존 편견의 강화나 변화 또는 조정을 겪는 것(Rubin & Rubin, 1982, 1985)을 의견 형성 또는 행태 차원의 정치 커뮤니케이션 현상으로 설명할 수 있을 것이다. 이어서 수용자들이 이런 의견이나 행태에 기초해 대중매체에 대해 정보를 요구하거나 직접 투표 등의 행동에 나서는 것은 적극적 의미의 정치 커뮤니케이션으로 소개될 수 있다(Milbrath, & Goel, 1972; Verba & Nie, 1987).

이런 모습은 특히 PC나 각종 스마트 기기를 통해 수용자들의 정보 추구가 수월해진 현대 커뮤니케이션 환경(Agarwal & Karahanna, 2000; Davis, 1989; Ling, 2004)에서 더욱 두드러진다(Ruggiero, 2000). 이용과 충족 이론을 접목한 정보 추구, 또 이를 토대로 한 정치 참여의 모습은 '트위터(Twitter)'를 통한 정보 접근 및 공유(Chen, 2011), 오락과 정치 정보 추구의 상호 자극이나 수용자 반응(Bartsch & Schneider, 2014), 인터넷이나 뉴미디어를 통한 정보 추구 만족(Song, Larose, Eastin, & Lin, 2004; Stafford, Stafford, & Schkade, 2004), 기기 이용 수월성에 의한 의사결정 변인 탐구(Doll, Hendrickson, & Deng, 1998) 등에서 확인된다. 게다가 상호 소통(reciprocal communication)과 연결성(connectedness)을 각각 낮고 높은 상호작용의 역할로 둔 탐구(Ha & James, 1998)나 다차원의 상호작용을 통해 개인과 매체의 반응 및 소통 촉진 능력 등을 살펴본 연구(Heeter, 1989) 등은 점차 활발해져가는 수용자의 기대 충족 배경을 설명하면서 이에 따른 정치적 인식과 행태, 행동의 수월성을 예견하고 있다. 하지만 이와 더불어 나타나는 개인의 소외 구조(Rafeli, 1988) 등은 새로운 환경에서도 침묵의 나선 등 전통적인 이론과 연계해 정치 커뮤니케이션 현상을 고찰해야 할 숙제를 던진다. 이와 같은 내용은 이용과 충족 이론이 새 매체 환경에서 수용자의 성격 변화를 정비해야 할 근거를 제시하고 있으며(이건호 외, 2013), 이는 정치 커뮤니케이션 영역에서 과거 정보를 일방적으로 전달하거나 매개했던 정치 지도자 및 대중매체와의 관계를 벗어나 공중의 입지가 새롭게 마련된다는 점을 시사한다고 할 수 있겠다.

2) 대안적 패러다임의 매체효과론과 정치

대안적 패러다임(alternative paradigm)은 통계에 의한 기계적 추론을 비판하며 소통 상황에 대한 장기 관찰 또는 소통 과정에의 직접 참여를 통해 커뮤니케이션 현상을 설명하는 흐름을 말한다. 매체효과론 차원에서 보면, 효과를 일으키는 것으로 여겨지는 환경이 무엇인지를 체험해 확인하는 접근법이다. 질적(質的, qualitative) 연구 방법에 근거한 이 패러다임은 통계 수식을 통해 확인되는 모델이나 변인들을 인정하지 않는 것은 아니나, 통계적 검증에 의한 현상 설명에 한계가 있다고 보고, 소통의 핵심 또는 그 이면을 들여다보며 면밀한 진단을 내리려 시도한다(Lindlof, 1995). 시간과 공간의 제약 때문에 모든 것을 다 관찰하거나 참여하지 못하기에 특정 환경에서의 현상만을 설명하는 한계가 있다고 비판도 받지만, 인간 생활의 보편적 관습과 관행을 철학과 사상, 역사 측면에 연계하며 소통에 대해 통찰력 있는 해석을 내린다는 긍정론도 함께 한다. 지배적 패러다임의 학자들이 '오류'라는 이름으로 남겨둔 설명 불가의 영역까지 끈질기게 검토하는 시도는 커뮤니케이션 또는 매체효과론의 영역을 넓혀가는 힘으로 인정받기도 한다. 하지만 역시 특정한 시간과 공간 속에서 진행되는 현상을 연구자의 주관에 근거해 탐구하는 경향이 짙어, 논의를 일반화하기에 부담이 된다는 지적도 나온다(이건호 외, 2013).

비판 이론

인본주의적(ethnographic) 관찰법을 통해 전체 사회구조를 통찰하는 대안적 패러다임은 유럽의 관념론에 뿌리를 두고 있다(Pooley, 2007). 철학적인 입장에 근거해 커뮤니케이션 현상을 소개하는 이 패러다임은 크게 독일의 비판 이론(critical theory)과 영국의 문화 연구(cultural studies)라는 두 축으로 구성된다. 이 중 독일을 중심으로 한 비판 이론은 강력한 매체 영향력을 지적하며, 여기에 무기력하게 노출된 수용자의 모습을 조명한다. 특히 대중매체의 사회적 역할에 대한 특정 해석과 이에 기초한 현상 비판을 추구하는 이 이론은 미디어 통제와 소유권 등에 대한 논의를 거시적 차원에서 바라보면서 사회구조에 따른 미디어의 정치적인 영향력을 고민한다(Baran & Davis, 2015). 이론의 출발점부터 정치 커뮤니케이션 요소를 품고 있던 것이다.

독일을 기점으로 이 이론이 소개되는 이유는 현상학이나 마르크스 경제철학에 근거를 둔 독일의 프랑크푸르트(Frankfurt)학파가 선두주자로 등장하기 때문이다(Negt, 1978). 대중매체 소유주나 광고주 등 미디어 메시지를 조정하는 통제력이 대중의 인식과 믿음, 행동 등을 제어한다고 보는 이 학파는 자본주의 사회구조와 뒤엉킨 대중매체, 그리고 그 매체가 양산하는 대중문화를 비판한다(Arato & Gephardt, 1978). 커뮤니케이션 현상을 자본주의 경제구조의 한 단면으로 보고, 마르크스 경제관 중 상부구조에 포함된 대중매체가 이와 같은 현상을 조장하면서 대중이 자신에게 이로운 정치적 판단을 하기 어려운 상황을 조성한다고 질타한다. 프랑크푸르트학파는 대중매체 정보가 일반 수용자들에게 이롭지 않은 내용을 전달하는 수준에 머물지 않고 아예 해로운 환경을 조장할 수도 있다고 본다(Mumbry, 1997). 서구 자본주의의 장점 중 하나로 꼽히는 공동체 구성원의 다양성조차도 결국은 미디어가 자신과 결탁한 상부구조의 이익을 위해 포장한 정보의 허구적 결과물이라는 비판이 이 이론의 핵심이다. 정치 엘리트, 대중매체, 공중의 3대 요체를 중심으로 움직이는 정치 커뮤니케이션의 관점(Peloff, 1998)에서 보면, 비판 이론은 대중매체가 다루는 정치 관련 정보가 대중으로 대표되는 공중의 의식을 지배하고, 그렇게 설정되는 공중의 인식과 행태가 인간의 지적·사회적 발전을 이끄는 것이 아니라 오히려 그 성장을 저해하는 자본주의적 구조에서 발생하기 때문에 유해하다고 본다(O'Brien & Szeman, 2004).

프랑크푸르트학파의 주장들은 강한 영향력을 행사하는 매체의 힘을 인정한다는 차원에서 지배적 패러다임에서 소개된 대부분의 매체효과론과 유사한 견해를 보인다. 특히 드라마 등 오락물을 중심으로 한 TV 프로그램의 대중문화 전달 현상이 권력에 대한 복속이나 주류화 또는 보수화를 이끈다는 문화 계발 이론(Gerbner & Gross,

1976)과 흡사하다. 단 그런 현상을 나타내는 변인이 무엇인지를 밝히는 양적 연구 방법과 달리 상세한 관찰이나 직접 경험을 통해 철학과 사상의 차원으로 상황을 분석하는 접근법이라는 점에서 차이가 난다. 이런 주장을 주도한 대표적인 학자로 호르크하이머와 아도르노를 꼽을 수 있다. 이들은 자본주의 사회의 대중매체가 오락 위주 정보에 집중하면서, 그 정보에 함몰된 매체 수용자들로 하여금 그들 자신에게 중요한 사안을 제대로 판단하지 못하게 만든다고 비판했다(Horkheimer & Adorno, 1944/1972). 그런 정보는 공중의 일상생활에 지대한 영향을 미칠 수 있는 정치 엘리트들의 결정에 대해 사람들이 무감각해지도록 하거나 아예 관심이 없게 만들고, 또는 관심이 있더라도 이미 정해진 구도에 따라 만들어진 결론을 수용자가 그대로 받아들이는 상황으로 흐르게 한다는 것이다(Power, Kubey, & Kiousis, 2002). 비판 이론가들은 이런 현상이 정치 엘리트나 그들이 연계한 매체의 이익을 유지·발전시키는 방식으로 확대 재생산되는 자본주의 사회구조에 기인한다고 본다. 특히 그런 정보가 반복적으로 대중에게 노출되면서 사람들은 최면에 걸리게 되고, 공동체 안에서 연결돼 함께 성장해가야 할 개인들은 자신의 실존적 존재 이유와 발전 동기를 망각한 채 서로 관계가 단절돼 원자화한 모습으로 살아가는 일차원적 인간(one-dimensional man)으로 전락하게 된다는 것이다(Marcuse, 1964). 정치 커뮤니케이션 차원에서 보면 수용자로 대변되는 공중이 대화의 장에서 사라진 것으로, 건전하고 정상적인 소통의 흐름이라 볼 수 없는 현상이 전개된다고 할 수 있다.

아도르노는 여기서 한 발 더 나가 불특정 다수의 일반인뿐 아니라 엘리트 계층도 매체 정보를 받아들이는 대상이라고 설명한다(Adorno, 1975). 정치 엘리트 역시 대중매체가 반복해 전달하는 정보 속 문화 구조를 정상적인 것으로 수용하며, 그 안에서 발생하는 자신들의 행위가 정당하다는 생각을 일반화하게 된다. 즉 현상에 안주하며 발전적인 대안을 제기할 의무를 무시하게 되는 것이다(Adorno, 1991; Alleyne, 1999; Gillian, 1976). 이처럼 정치 엘리트나 공중 모두가 매체 정보에 의해 고착화하는 사회구조를 비판 없이 수용하게 되는 현상은 대중매체가 현존하는 엘리트 계층의 권력 축적과 유지를 돕는 헤게모니(hegemony) 형성의 역할을 하게 된다는 것을 뜻한다. 20세기 초에 활동한 이탈리아 공산주의자 그람시(Gramsci)가 제안한 헤게모니 개념은 지배층의 가치관이 일반 대중의 생활에 스며드는 것을 뜻하는 데, 이는 계급 사이에 발생할 수 있는 마찰을 감추면서 기존에 설정된 계층 관계를 화석화한다는 의미를 가진다(Heywood, 1994). 대중매체가 정치 엘리트들에게 유리한 뉴스를 전달하며 지배계급의 이데올로기를 확대 재생산하는 행위는 사회나 국가 권력 획득 및 유지와 연관된 정치 커뮤니케이션의 핵심 요소라 할 수 있다(Altschull, 1984; Gitlin, 1985).

비록 그람시 등이 제시하는 헤게모니 논의가 정치 커뮤니케이션 3대 요체(Perloff, 1998) 중 정치 엘리트와 일반 대중, 즉 대중매체 외부의 모든 존재를 매체 정보에 유약한 개별적 수용자의 모습으로 비추기도 하지만, 비판 이론가들이 주로 논하는 수용자는 거시적인 사회구조 속에서 무방비로 대중매체에 노출된 공중이었다. 때로는 분열된 원자적 모습으로 또는 집합적 군중으로 묘사되던 이 공중은 프랑크푸르트학파 후기로 오면서 새롭고 조금 더 복잡한 모습을 띠게 된다. 이 후기의 대표적인 학자 하버마스는 공공 영역, 공론 영역, 공론장 등으로 표현되는 공중 영역(public sphere)을 소개하는데, 수용자는 사람들이 모여 생성된 이 영역의 주민들로, 공동체의 문화와 정보를 받아들이는 그 사회의 구성원이다(Habermas, 1962/1989). 다만 하버마스의 수용자는 프랑크푸르트학파 초기 학자들이 봤던 무기력한 존재가 아니라 문화와 정보를 흡수하는 과정에서 적극적으로 자신의 의견을 개진하는 주체가 된다. 그러나 하버마스는 지적 능력이나 정보가 사회 엘리트들보다 부족한 일반 수용자들은 기본적인 지배 이데올로기에 대항하는 데 미숙하고, 공중 영역 내에서 이들이 제시하는 의견은 사회적 발전의 모티브가 되지 못한다고 꼬집는다. 게다가 이런 토론 과정은 전체적인 대화 수준의 저급화(degeneration)를 이끌고, 사회는 다시 재봉건화(refeudalization)라는 과정을 거쳐 세부 세력으로 나뉘어 다투게 된다. 이는 기존 헤게모니, 즉 지배계층이 안주한 사회구조를 극복할 가능성을 낮춰, 결과적으로는 프랑크푸르트학파 초기 학자들이 비판하며 타개를 촉구한 불평등 사회구조를 유지하게 만든다(Calhoun, 1993). 이 과정에서 대중매체는 공중의 대화 수준을 높이지 못하고 오히려 이들이 집합적 목소리를 내지 못한 채 분화하는 현상을 조장한다는 것이 후기 프랑크푸르트학파의 지적이다.

후기 프랑크푸르트학파를 이끈 하버마스가 그 선배 학자들과 다른 점은 수용자를 적극적인 대화 참여자로 봤다는 점이다. 화석화한 사회구조의 정치 커뮤니케이션 과정에서 늘 수동적일 수밖에 없다고 비판받던 공중이 능동적으로 소통 과정에 뛰어든 것이다. 이 같은 하버마스의 시각은 유럽 관념론과 마르크스 정치경제학의 혼합 사상에 뿌리를 둔 독일 프랑크푸르트학파의 거시적 시각이, 역시 같은 사상에서 뻗어나온 영국 버밍엄학파의 미시적 시각으로 연결되는 고리 역할을 한다. 그의 주장은 엘리트들이 설정하고 유지하는 권력 구조와 사회 시스템, 그리고 정치 엘리트를 포함한 권력층과 함께 그 사회의 상부구조에 안주하는 미디어의 정보에 함몰돼 자신들의 입장을 제대로 표현하지 못하던 공중이 점점 자신들의 생활을 발전시키기 위해 대중매체를 이용하려는 행동을 보인다는 주장의 등장을 견인한 것이다.

문화 연구

영국 버밍엄대학이 현대 문화에 내재한 커뮤니케이션 현상에 주목하면서 탄생한 문화 연구(cultural studies)는 소통 과정에서 생기는 수용자의 메시지 해석 능력을 중시했다. 1964년 창설한 이 대학 현대문화연구소(Centre for Contemporary Cultural Studies)가 주축이 돼 버밍엄(Birmingham)학파라고도 불리는 관련 연구자들은, 비판 이론가들이 사회를 거시적인 차원의 구조물로 해석한 데 반해 개인들의 경험과 이에 기초한 소통 현상에 주목한다(Hall, 1980). 언어와 인류학, 역사학 등을 접목하기도 하지만 구성원들 개개인의 커뮤니케이션 능력에 집중했다는 점에서 비판 이론보다는 미시적인 접근을 한다는 평을 받는다(Baran & Davis, 2015). 정치 커뮤니케이션 측면에서 보면, 비판 이론의 커뮤니케이션 과정에서 수동적이라고 폄하되던 공중이 문화 연구에서는 능동적인 소통 주체로 등장한다. 이는 지배적 패러다임의 이론 중 사람들이 미디어를 어떻게 활용하느냐에 관심을 두고 수용자의 적극적인 매체 정보 이용에 주목했던 이용과 충족 시각(Katz, 1959; Palmgreen, Wenner, & Rosengren, 1985)과 맥을 같이한다. 개별 수용자의 메시지 해석을 중시하면서, 대중매체가 전달하는 정보를 개인의 경험에 비춰 선별적으로 받아들인다는 점에서 상대적으로 강한 수용자와 약한 매체의 모습을 조망하는 것이 문화 연구의 특징이다. 다만 그런 제한적 매체효과론의 원인을 개별적 변인에서 찾는 것과 달리 인문학적 사상에 기초한 통찰을 바탕으로 해당 현상을 해석하려 한 것이 문화 연구의 대안적 패러다임 특성을 강조한다고 할 수 있겠다. 또 거시적인 사회구조, 특히 자본주의 체제 속 정치 엘리트 등이 속한 상부구조의 메시지 통제력을 지적하는 데 전념한 비판 이론에 비해 문화 연구는 피지배계층 또는 일반인으로 불릴 수 있는 사람들이 소속된 하부구조와 그 상부구조의 관계를 함께 탐색한다는 점에서 조금 더 포괄적인 대안적 패러다임 이론이라 설명되기도 한다(이건호 외, 2013).

문화 연구의 대표적인 연구자로 꼽히는 홀은 교조적 정통 마르크스주의에 대한 비판과 재해석을 통해 사회구조 속 상부와 하부 계층의 닫힌 대결 구도를 극복하고, 이들 간의 개방성을 인정해야 한다고 주장한다(Hall, 1980). 특히 마르크스주의가 문제시한 경직된 계급 구도를 탈피해 지역, 군소 공동체, 그리고 여기에 소속된 구성원들의 사회적·문화적 요소를 고려한 소통 방식에 주목할 것을 주문했다. 즉 비판 이론가들이 집중했던 상부구조의 권력적 고급 문화 탐구에서 벗어나, 하위 문화로 표방될 수 있는 대중의 일상 문화로 눈을 돌리면서 이 수용자들이 자신의 삶을 개선하려는 노력의 방편으로 미디어를 사용하는 방식에 초점을 맞춘 것이다(Baran & Davis, 2015). 신

(新)마르크스주의자로도 알려진 이 문화 연구 학자들은 일반 공중의 사회운동 참여를 독려하면서 직접적인 정치 행동에 나서기도 했다(O'Connor, 1989). 정치 커뮤니케이션 차원에서 보면 학문이 현실 정치에 접목된 경우이다.

이론적 시각에서 접근하면 대중매체의 메시지가 단순히 특정 대상에 대한 통제, 보다 구체적으로는 상부구조의 이익을 위해 일반 공중을 우민화하려는 목적으로 전달되는 것이 아니라, 그 메시지가 상부와 하부구조 사이에서 자율적으로 유통되는 중에 사회가 유지되거나 변화하는 현상이 발생한다(Carey, 1989). 이를 추동하는 것이 메시지 해석 능력이다(Hall, 1980). 이 시각에 따르면 메시지를 텍스트 등으로 부호화(encoding)한 발화자와 이를 해독(decoding)하는 수신자 사이에서, 발화자 의지대로 정보가 전달되는 지배적 주도권(dominant hegemonic) 입장과 수신자 처지에 따라 발화자의 의지와 정반대로 메시지를 수용하는 반대(oppositional) 해석이 경쟁하는 가운데 이를 융합하는 협상(negotiated)의 모습이 드러나고, 이 과정에서 개인의 해석 작업은 단순한 부호 풀이의 문제가 아니라 새로운 창조의 모습으로 발현되며, 이때 사회의 유지 혹은 발전이 결정될 수 있다. 이는 상부구조가 매체 메시지를 통제함으로써 일반 대중에게 기존 현상을 폭압적으로 전달하고 대중이 무기력하게 이를 받아들이게 만드는 것이 아니라, 사회의 문화 구조와 버무려져 진행되는 대중매체 중심의 소통 현상이 메시지에 대한 공중의 협상적 해석을 가능케 함으로써 정치와 경제 등 전반적인 환경을 조정하게 된다는 것을 뜻한다(Gerbner, 2001; Schiller, 2000). 정치 엘리트, 대중매체, 공중 등 정치 커뮤니케이션의 3대 요체(Perloff, 1998)를 대입해 이 현상을 바라보면, 발화자로서 상부구조, 즉 정치 엘리트의 메시지를 강조하며 이에 예속된 대중매체, 그리고 그 메시지에 무방비로 노출된 수동적 공중의 모습을 질타한 비판 이론의 시각과 달리, 정치 엘리트의 구속에서 벗어난 매체가 권력층이 전달하려는 정보에 사회·문화 현상을 반영한 메시지를 타전하고, 무기력하지 않은 수용자들은 개인의 경험 등에 비춰 해당 메시지를 적극적으로 해석하는 모습이 그려진다. 즉 문화 연구의 입장에서는 대중매체와 공중의 능동적인 정치 커뮤니케이션 참여 모습이 더욱 부각하는 것이다.

홀의 '메시지에 대한 수용자의 개별 해석'을 중심으로 진행되던 문화 연구자들의 연구 시각은 환경에 따른 수용자 집단화의 모습을 설명하는 쪽으로 진화한다. 메시지에 대한 해석이 수용자들의 소속 집단에 따라 유사성을 갖고 있다는 이 주장(Morley, 1992)은 같은 사회적 지위나 교육 환경을 가진 구성원들이 특정 메시지를 유사한 방식으로 해석하고, 이런 메시지 해독 결과가 그 집단을 다른 그룹으로부터 차별화하는 현상을 이끈다는 점을 강조한다. TV에서 방영하는 프로그램에 대한 거부감 정도를 파악하는 연구에서 집단 사이의 차이를 발견한 학자들은 개별 수용자들의 메시지 해석이 제각각일 수 있지만, 기존 사회와 문화 구조의 틀 안에서 정보를 받아들이는 환경 탓에 일부 집단 안에서의 메시지 해석에 유사성이 발견되며, 이런 공통점이 각각 달라 집단 간의 차이가 드러나게 된다는 것이다.

집단 구성원의 메시지 해석 형태만으로 해당 집단의 특성까지 확인할 수 있다는 쪽으로 더욱 확장하는 이 주장(Morley, 1997)은 개별 수용자가 각자의 경험에 따라 메시지를 주체적으로 해석한다는 점을 인정하면서도, 비판 이론가들이 주목했던 사회구조의 공통적인 대(對)수용자 영향력도 무시하지 않는 특성을 가진다. 즉 그런 구조적 영향력이 메시지에 대한 개인들의 반대 또는 협상 해석의 성향과 어우러지고, 이 과정에서 유사한 환경에 있는 수용자들이 비슷한 반응, 즉 정보 해석의 경향을 보인다는 점을 발견한 것이다. 이는 비판 이론가들이 본 것처럼 공중이 공동체 안에서 무기력한 파편적 원자의 모습으로 전락(Marcuse, 1964)하는 것이 아니라, 오히려 집단적 정체성으로 무장한 소규모 공동체의 발현이라는 형태로 진화한 것이라 볼 수 있다. 매체 정보가 사회 전체의 발전적 통합을 이루지 못한 채 대중을 몇몇 집단의 모습으로 흩어지게 만드는 재봉건화의 도구로 활용되고 만다는 후기 프랑크푸르트학파 하버마스의 비판적 해석과 달리, 사람들의 경험 등을 제어하는 교육과 지위라는 개별 환경이 매체 메시지에 대한 공통적 해석을 통해 세분화한 특정 공동체들을 창출해내고, 이 그룹들이 각각 집단적인 정치적 저항의 목소리를 가지고 적극적으로 외부와 소통하는 현상을 보인다는 긍정적 해석을 전개한 것이다. 개인으로서는 미약할 수 있는 수용자의 메시지 해석 능력과 그에 기인한 정치력 또는 정치적 소통의 힘을 유사성을 가진 구성원들의 집합적 능력과 힘으로 끌어올렸다는 점에서, 개인의 메시지 해석 능력에 주목한 그의 스승 홀에 비교했을 때 몰리(Morley, 1997)는 다소 급진적인 입장을 택한 것으로 평가받을 수 있다(이건호 외, 2013).

한 국가 안에서 수용자의 대중매체 메시지 해석에 주목하며 개발됐던 이 주장과 유사한 시각은 국가 간의 비교연구에서도 확인된다(Ang, 1991). 특정 메시지는 그 정보의 발생 상황을 완벽하게 알고 있는 수용자들만 정확하게 이해할 수 있다는 급진적 문맥론(contextualism)은 거꾸로 그 상황을 잘 모르는 사람들은 그 메시지에 대한 완벽한 이해가 어렵다는 것을 뜻하기도 한다. 이는 서로 다른 배경을 가진 사람들이 자신이 처한 환경에 따라 똑같은 정보를 달리 해석한다는 뜻으로 이어진다. 미국 TV 시리즈 <달라스(Dallas)>가 다양한 문화적 배경에 따라 서로 다르게 해석된다는 연구 결과는 특정 메시지에 대한 모든 수용자 또는 수용자군의 일관된 해석은 불가능하다(Ang,

1985; Katz & Liebes, 1990)는 것을 강조한다. 정치 커뮤니케이션이 한 국가 구성원의 다양한 이해관계를 조정하는 소통 형식에 머물지 않고 지구촌이라고 불리는 세상의 복잡한 국제관계의 이익을 거론하는 단계로 간다면, 홀과 몰리, 앙 등이 주장하는 수용자의 주관적 해석, 즉 문화 연구의 논리가 정치 커뮤니케이션을 지구적 차원의 장으로 확장하는 데 큰 역할을 할 것이라 볼 수 있겠다.

3) 매체효과론들의 합종연횡

앞에서 설명한 각종 매체효과론들은 각각 집중하는 지점에 따라 성격을 달리한다. 정치 커뮤니케이션 영역에서도 이 이론들은 각각의 특성이 강조된다. 하지만 효과 이론 자체가 설명하고자 하는 현상은 유사하다. 바로 커뮤니케이션을 통해 발생하는 설득의 효용성이다. 소통의 이유와 목적으로 라스웰(Lasswell, 1948)이 제시한 커뮤니케이션 '영향력(effects)'은 결국 매체를 통해 이뤄지는 설득이 얼마나 효과적으로 이뤄졌는가에 따라 평가된다. 이 설득이 인지나 인식(cognition), 정서나 선호(affect), 의견이나 행태(attitude), 행위나 행동(behavior)의 모습으로 어떻게 발현되는가가 효과의 정도나 강도를 나타내는 기준으로 제시되기도 했다(MaQuail, 2000; Severin & Tankard, 2001). 정치 커뮤니케이션 영역에서 보면, 대중매체를 통해 전달되는 정보가 정치인이나 관련 이슈 등에 대한 수용자의 인지 정도를 얼마나 확대했는지(양승찬, 1998; Barabas & Jerit. 2009; McCombs & Shaw, 1972; McDonald, Glynn, Kim, & Ostman, 2001; Wanta, 1997a), 특정 정당이나 정책에 대한 호감도를 얼마나 증가시켰는지(최영재, 2004; 최원석 · 반현, 2005; Kiousis, Bantimarodius, & Ban, 1999; Kosicki, 1993; Maher, 2001; Scheufele, 1999), 정치 관련 주제나 대상에 대한 의견 및 판단 기준을 마련하게 했는지(Calhoun, 1993; Gunther, 1995; Habermas, 1962/1989; Iyengar & Kinder, 1987; Morgan & Shanahan, 2010; Noelle-Neumann, 1974; Roskos-Ewoldsen, Roskos-Ewoldsen, & Carpentier, 1994), 직접 특정 행동을 하거나 투표에 참여하게 만들었는지(Conway, 2000; Hagen, 2000; Holbert, Shah, & Kwak, 2004; Milbrath & Goel, 1972; O'Connor, 1989; Verba & Nie, 1987) 등이 매체효과론의 결과로 나타난다.

이렇듯 매체효과론들은 인식과 선호, 행태와 행동 등에 연결된 수용자의 반응을 확인하면서도, 영향력을 강하게 행사하는 매체의 정보가 무기력한 수용자들에게 흡수된다거나, 주체적 자각을 하는, 혹은 자아가 강한 수용자가 매체의 정보를 선별적으로 선택하는 현상을 밝혀냈다. 또 자신들이 강조하는 초점에 따라 이론의 이름을 달리하며 그 현상의 특성들을 설명했다. 하지만 서로 달리 보이는 이들 강조점은 설득의 결과물이라는 점에서 유사한 성격을 가진다. 그 결과 다른 이론에서 달리 명명된 변인이나 설득 요인들이 같은 성격으로 조합되거나, 두 가지 이상의 이론이 같은 현상을 공통으로 설명하는 연구도 진행된다. 예를 들어 침묵의 나선 이론에서 거론되던 다원적 무지 개념이 3자 효과 이론과 함께 연구(Mendes, Lopez-Valeiras, Lunkes, 2017)되거나, 침묵의 나선 이론에서 집중했던 공개적 의견 표명과 3자 효과 이론과의 연계성이 탐구(양승찬, 1998)된다. 문화 계발 이론이 침묵의 나선과 연결(Shanahan, Scheufele, Yang, & Hizi, 2004)되고, 심지어 3자 효과 이론과 의제 설정 이론, 문화 계발 이론 등 3개의 매체효과론이 함께 이어지는 탐구(Jeffres, Neuendorf, Bracken, & Atkin, 2008)들도 등장한다. 수용자 선택의 특징을 강조한 이용과 충족 이론은 그 대척점에서 비교적 강한 매체효과를 주장하는 대부분의 이론과 변인을 공유하며 탐구돼야 하는 단골 이론으로 소환되기도 한다(안서현 · 이건호, 2019; Lee, 2010). 이런 이론들의 연결은 하나의 가설이나 주장만으로 확인되기 어려운 정치적 현상을 설명하는 데 필요할 뿐 아니라, 공동체의 주요 이슈 결정에 지대한 영향을 미치는 정치 커뮤니케이션 영역에서 절실한 연구 방향을 제시해줄 수 있다. 양적 연구가 주축이 된 지배적 패러다임의 이론들뿐 아니라 질적 연구를 중심으로 한 대안적 패러다임의 비판 이론과 문화 연구 간 혼합 탐구도 중요하게 거론된다(Baran & Davis, 2015). 거시적인 사회구조의 틀 안에서 수동적으로 정보를 흡수하는 역할로 평가되던 무력한 수용자가 미시적인 개인 삶의 역동성에 기초한 능동적인 메시지 해석자가 될 가능성을 발견한 후기 프랑크푸르트학파의 공중 영역 개념이 그 사례이다.

사실 이론 종합 연구는 지배적 혹은 대안적 패러다임이라는 각각의 영역 내에서만 존재하지 않는다. 지배적 패러다임의 학자들은 자신들이 사용한 모델의 통계로 설명하지 못하는 부분을 오류로 남겨놓았지만, 대안적 패러다임의 학자들이 오히려 그 부분에 주목해 의미를 부여하면서 현상을 설명하는 주요 도구로 활용하는 경우가 생기고, 거꾸로 대안적 패러다임의 학자들이 일반화에 어려움을 겪는 특정 사안을 지배적 패러다임의 학자들이 정교한 개념화와 수식을 거친 변인으로 활용해 상황에 대한 분석과 예측을 가능하게 하는 수준으로 올려놓기도 한다(McQuail, 2000; Severin & Tankard, 2001). 이렇게 서로 다른 두 패러다임의 장점을 섞어 새로운 설명력을 확보해가는 것을 '개념 전개(concept explication)'라고 명명한 학자들(Berger & Chafee, 1987)은, 이와 같은 이론 영역 간 융합이 사회현상을 더욱 과학적이고 체계적으로 파악할 수 있게 하리라 기대한다(이건호 외, 2013). 기술 발달로 더욱 다양해진 소통 채널을 통해 수많은 이해관계가 엉키면서 복잡해져만 가는 문제를 '정치'라는 이름과 행위로 풀어가는 현대사회, 그리고 그 과정에 깊숙이 개입하고 있는 정치 커뮤니케이션에 이와 같은 이론, 학문, 학제, 연구 방법의 합종연횡(合從連橫)은 우리 사회를 보다 정확하게 파악하려는 시도에 큰 도움을 줄 것이다.

Media and Politics

3장

대중매체와 정치 뉴스 일반

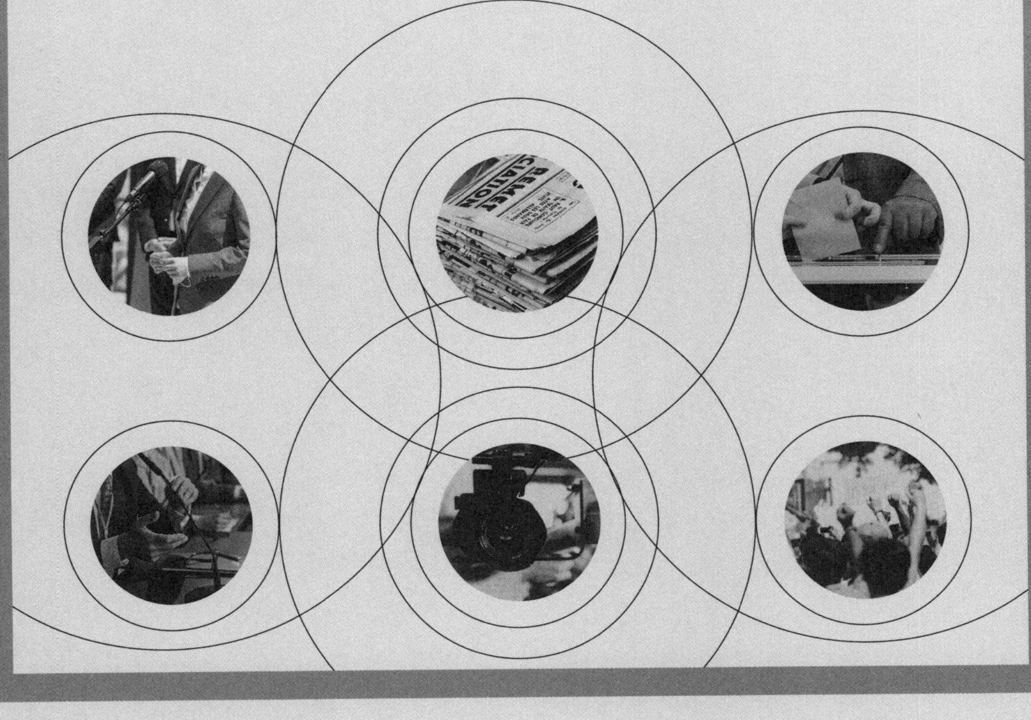

앞서 정비한 바와 같이 '정치'는 '개인이나 그 개인이 속한 조직이 추구하는 공적 목적을 달성하기 위해 전체 공동체 구성원들의 다양한 이해관계를 조정·통제하는 방식으로 그 개인 또는 조직이 권력을 획득·유지하는 행위'라는 정의를 갖는다. 전달자, 메시지, 채널, 수신자 등의 네 가지 기본 인자와 함께 그 소통으로 인한 효과를 아우르는 '커뮤니케이션'은 간단히 '메시지의 교환과 해석 또는 의사소통'이라고 소개됐다. 이 책은 이 두 개념을 연결한 '정치 커뮤니케이션'을 '메시지의 교환과 해석 또는 의사소통을 통해, 개인이나 그 개인이 속한 조직이 추구하는 공적 목적을 달성하기 위해 전체 공동체 구성원들의 다양한 이해관계를 조정·통제하는 방식으로 그 개인 또는 조직이 권력을 획득·유지하는 행위' 또는 '개인이나 그 개인이 속한 조직이 추구하는 공적 목적 달성을 목표로 그 개인 또는 조직이 권력을 획득·유지하기 위해 전체 공동체 구성원들의 다양한 이해관계를 조정·통제하는 데 사용하는 메시지의 교환과 해석 또는 의사소통'이라고 정리했다.

이런 정치 커뮤니케이션 중 대중매체 뉴스를 축으로 전개되는 소통은 정치적 지도자·대중매체·공중이라는 '3대 역할 요체', 이들이 다루는 '정치적 메시지', 그 메시지를 두고 이들 요체가 벌이는 '교환과 해석', 그 교환 및 해석의 '복잡다단한 과정' 등 네 가지의 성격을 갖는다(Perloff, 1998). 정치 커뮤니케이션의 이런 특정 소통 방식은 '메시지의 교환과 해석 또는 의사소통을 통해, 조직화한 기구가 전체 조직의 공통된 이익을 위해 그 내부 구성원의 다양한 이해관계를 조정하는 행위'이거나 '조직화한 기구가 전체 조직의 공통된 이익을 추구하고자 하는 목적으로 그 내부 구성원의 다양한 이해관계를 조정하기 위해 벌이는 메시지의 교환과 해석 또는 의사소통' 등으로, 위에서 정비한 것보다 간략한 내용으로 정비될 수 있다. 이를 더 간소화하면 '조직화한 기구가 그 정치적 목적을 위해 벌이는 메시지의 교환과 해석 또는 의사소통'이 되고, 이런 정치 커뮤니케이션 과정에서 드러나는 대중매체의 핵심 역할은 바로 이런 메시지, 즉 정치 관련 정보의 전달이다. 비록 대중매체 자체가 정치 지도자와 공중 사이의 불편부당한 정보 교환 채널뿐 아니라 해석의 주체로 참여하면서 정치 메시지 소통은 복잡다단한 과정을 거치지만, 대중매체는 기본적으로 이런 정보를 취합해 '뉴스'라는 이름으로 전달하는 역할을 담당한다.

이때 대중매체가 다른 커뮤니케이션 요체, 즉 정치 지도자와 공중에게 전달할 정보를 취합하는 것을 취재(取材)라고 부른다(Mencher, 1991). 재료(材)를 수집(取)하는 이 행위는 정보 모으기(information gathering)뿐 아니라 모인 정보를 간결한 보고(report) 수준으로 다듬는 것까지 아우른다(Rich, 2003). 수집된 정보 중에서도 독자나 시청자 등 수용자가 관심을 가질 만한 내용을 다시 추려내는 것까지를 취재라고 보는 것이다(이건호, 2010). 정치 커뮤니케이션 관점에서 보면 정보를 전달받는 청자로서 이들 수용자는 정치 지도자나 공중을 모두 아우른다. 비록 이들이 언론에 정보를 전달하는 화자의 역할도 하지만, 언론은 이렇게 모이고 추려진 정보를 다시 보도(報道)라는 이름으로 이들이 이해하기 쉽도록 재배치해 기술하면서, 정치 지도자나 공중이 화자와 청자의 위치를 번갈아가며 소통하게 만드는 근거를 제시한다. 간단히 뉴스 글쓰기(news writing)라고 표현되는 이 작법은, 기사 작성이 다른 글쓰기와 완전히 구분되는 장르로 정비되는 것만큼, 특화된 형식을 갖는다(이건호, 2017; Mencher, 1991; Rich, 2003). 정치 커뮤니케이션에서 결국 대중매체의 역할은 이렇게 취재와 보도라는 방식을 통해 정치 정보를 전달하는 것이 중심이 된다. 그리고 이 역할은 대중매체라는 조직 안에서 수용자가 원하거나 필요로 하는 메시지가 무엇인지를 결정하는 정보 판단 전문가, 즉 기자(記者)들이 담당한다. 정리하자면 대중매체의 정치 뉴스는 위에 소개한 정치 개념에 포함된 요소들과 관련된 정보를 모아 수용자들이 이해하기 쉽게 정리한 것을 뜻한다.

이때 정치 커뮤니케이션 속 대중매체에는 기본적으로 불편부당한 채널로서의 모습이 요구된다. 정치 지도자와 공중이 화자와 청자의 역할을 번갈아 하며 정확하게 소통하려면 이들에게 어느 쪽으로도 치우치지 않는 정보가 필요하기 때문이다. 하지만 기자나 매체 조직이 정보의 선택과 배제를 통해 사실 중 일부를 부각하거나 여기에 사설 등을 통해 의견을 개진하는 모습이 추가되면서 앞에서 논한 복잡다단한 소통의 과정이 전개된다. 이런 '해석'의 모습 때문에 의제 설정이나 틀 짓기 효과가 발생하고, 수용자의 지식이나 정보 습득 수준에 차이가 생기거나, 누군가 더 크게 주장하는 사이 다른 누군가는 입을 다물게 된다. 나보다 타인에게 그런 정보의 영향이 더 크게 생길 거라 믿게 되면서 수용자들은 특정 정책의 입안을 지지하게도 되고, 그러는 사이 기존 권력이나 사회 주류의 생각을 따라가는 현상도 생긴다. 앞서 살펴본 여러 매체효과론의 모습이다.

이번 장에서는 미리 전개된 정치 커뮤니케이션의 개념과 성격, 여기에 등장하는 대중매체의 기능과 효과 등을 이러한 대중매체의 취재·보도 관점에서 짚어본다. 하지만 이미 설명한 내용을 하나하나 개별 취재나 보도 기법에 연계해 부연하는 것은 지양하고, 언론 현장에서 진행되는 현상을 소개함으로써 앞서 학술적 의미로 정비한 내용을 현실적인 차원에서 이해하는 데 도움을 주는 것이 이 장의 목적이다. 정치 관련 정보의 취재 및 보도가 이뤄지는 상황을 접하면서, 앞서 나타난 개념적 또는 학문적 접근이 어떻게 가능했는지, 또 앞으로 어떤 연구가 가능할지를 독자들이 고찰해보기 바란다. 이는 지금까지 많은 정치 커뮤니케이션 저작들이 학술적인 차원에서 주로 기술되면서 막연하게 느껴질 수 있었던 부분을 보완하고자 하는 시도이다. 특히 자본주의적 민주주의의 체제에서 대통령제나 내각제도로 대표되는 현대 정치 시스템 아래 한 국가의 최고 정치 지도자나 입법 기관에 집중됐던 정보뿐 아니라, 그 외연을 확대해 행정부나 사법부 등 여타 권력 기관, 그리고 일반 시민의 압력 단체 등을 아우르는 영역까지 포함하는 현대 정치 커뮤니케이션의 대중매체 취재·보도 현상을 포괄적으로 설명하려는 의도로 보면 되겠다. 결과적으로 이 책은 정치 정보 관련 뉴스의 생성 과정 등을 살펴봄으로써, 대의 민주주의와 직접 민주주의를 포괄하는 정치 커뮤니케이션 영역을 뉴스 생산의 입장에서 다루면서 커뮤니케이션 학문과 언론 현장을 잇는 설명을 지향한다. 이를 위해 여기에 등장하는 각종 조직도와 그림은 2020년 현재 청와대와 국회, 정당, 행정안전부 국가기록원 및 현장 언론사 자료를 토대로 했다는 점을 미리 밝힌다. 또 관련 설명에는 권력 3부가 연계해 진행되는 국정감사 등 유관 현장을 직접 취재한 필자의 기자 경험과 현재 청와대와 입법부·사법부·행정부를 담당하는 기자들의 사실 확인이 추가됐다.

1. 협의의 정치 뉴스

정치 개념이 적용되는 분야는 일반적으로 대통령제 국가에서 대통령, 내각제 국가에서 총리나 수상 등 국가수반의 통치 행위, 또는 이들 국가에서 국민을 대신하는 의원들의 입법 행위 등이다(이극찬, 1991). 통상 국가수반의 통치와 의원들의 정치 행위는 통치를 위한 지시나 합의된 법규에 따라 정책을 집행하고 실현하는 '행정부'나 만들어진 법을 해석하고 그 법에 따라 사안을 판단하는 '사법부' 행위와 구분된다. 앞서 포괄적 정치 개념에 내재한 거버먼트의 의미를 살펴보는 과정에서 행정부나 사법부의 정치 영역 포함이 거론되기는 했지만(김호진, 1995), 이렇게 국가수반이나 의원들의 행위에 국한된 내용을 통상 '일반적' 의미의 정치, 즉 '개인이나 그 개인이 속한 조직이 추구하는 공적 목적을 달성하기 위해 전체 공동체 구성원들의 다양한 이해관계를 조정·통제하는 방식으로 그 개인 또는 조직이 권력을 획득·유지하는 행위'라고 부른다는 뜻이다.

한국 상황을 적용했을 때 대통령과 국회의원들의 업무가 여기에 연결된다. 일상적 시각에서 보자면, 대통령이나 의원들이 선거를 통해 그 자리를 얻고 자신들이 추구하는 목적을 달성하기 위해 활동하는 행위를 통상적 의미의 정치라고 볼 수 있겠다. 대통령과 의원들은 선거를 통해 그 권력 행사의 정당성을 확보한다는 점에서 임명이나 자격시험 등을 통해 행위의 정당성을 부여받는 행정부나 사법부와 차이가 난다. 하지만 대통령 및 입법부의 결정에 근거한 정책에 영향을 미치거나 통제권을 유지하는 거버먼트 업무에 행정부나 사법부가 참여하기에, 국가수반이나 입법부의 행위와 행정부나 사법부의 행위를 무 자르듯 나누기는 어렵다. 즉 일반적 의미의 정치와 정책의 실천적 구별이 쉽지 않다는 뜻이다. 다만 현장에서 이뤄지는 대중매체의 정치 현상 보도를 설명하기 위해, 일단 이 장에서는 선거를 통해 권한이 위임된 국가수반과 입법부의 행위를 협의(狹義)의 정치 형태로, 이밖의 모든 정치 관련 조직이나 개인이 수행하는 행위를 광의(廣義)의 정치 형태로 구분하겠다. 정리하자면 이 장에서는 일반적이거나 통상적인 차원에서 선거로 뽑힌 대통령과 의원들의 권력 확보 및 유지 행위를 '협의의 정치'로, 이들의 행위와 관련된 대중매체의 뉴스를 '협의의 정치 뉴스'로 본다. '광의의 정치'에 대해서는 뒤에서 다시 정비한다.

논의는 먼저 뉴스 생성 '방식'에 대한 일반론을 설명하는 것으로 시작한다. 대통령과 의회, 더 자세히 말하면 청와대와 국회의 조직 구성을 중심으로 대중매체의 취재와 보도를 살펴본다는 뜻이다. 정치 조직 중심으로 이뤄지는 대중매체의 뉴스 생산 중 여기서 우선 전달하는 '협의의 정치 뉴스'는 주로 정치부 기자들이 담당한다. 나중에 다룰 '광의의 정치 뉴스' 생산에는 언론사 내부 다른 부서의 기자들이 합류한다. 먼저 전통적인 의미로서 협의의 정치 영역, 즉 국가수반의 통치와 의원들의 입법 분야를 중심으로 보도가 이뤄지는 현상을 설명하고, 이후 전체 정치 관련 정보를 아우르는 광의의 정치 보도를 조명해보겠다. 한편 이들 선출직에 대한 대중매체 뉴스의 '내용'은, 특히 대통령을 중심으로, 이들의 선출 과정인 '선거'와 선출 이후의 '재직'으로 나누어 뒤에 추가로 부연하겠다.

1) 협의의 정치 뉴스와 대중매체 담당 부서

한국을 기준으로 했을 때 협의의 정치 영역에 포함되는 대통령과 국회의원 관련 뉴스는 대중매체의 정치부가 담당한다. 정치부는 뉴스 생산을 총괄하는 신문사 편집국 또는 방송사 보도국의 한 취재 부서이다. 서울에 본사를 둔 중앙일간지나 지상파 방송사 등 전통적인 뉴스 매체의 정치부는 25명 내외의 기자들로 구성된다. 일부 매체는 분야별 역량에 중점을 두고 개별 팀을 연계하는 에디터(editor) 제도로 편집국이나 보도국을 운영하기도 하나, 여기서는 한 영역을 해당 분야의 뉴스 생산 공동체로 묶고 그 내부에서 부장-차장-평기자의 위계 구도를 유지하며 기사 흐름을 조율하는 일반적 의미의 부서 개념 중심으로 정리해보겠다. 국내 매체의 에디터 제도와 부서 제도는 아직 실천적인 뉴스 생산 면에서 큰 차이를 보이지 않는다.

부서 차원의 정치부는 보통 정치 뉴스 생산 업무를 총괄하는 부장, 부장과 전체 업무를 함께 조율하며 부장을 보조하는 부장급 또는 차장급 수석 데스크, 그 아래서 분산된 여러 팀을 각각 지휘하는 팀 데스크와 각 팀에 소속된 현장 취재 기자들로 이뤄진다. 직위나 직책에 붙는 이름이 언론사마다 다를 수는 있으나, 팀장이나 반장 등으로 불리기도 하는 뉴스 매체의 데스크(desk)는 십수 년 이상의 현장 경력을 가진 사람들로, 현장 기자들의 취재를 지휘할 뿐 아니라 현장 기자들이 보내온 기사를 다듬는 역할을 하는 선배 기자들을 말한다. 이들은 소속된 팀의 업무를 직접 체험한 뒤 그 경험을 바탕으로 후배 기자들을 통솔한다.

이 시각에서 보면 정치부를 총괄하는 정치부장 역시 큰 의미의 데스크에 포함된다. 거의 모든 정치 분야 취재 및 보도를 직접 또는 간접적으로 체험한 총괄 데스크라는 뜻이다. 에디터 제도의 에디터도 부서 제도의 데스크와 별반 다르지 않다. 이들도 데스크와 유사한 업무를 하기 때문이다. 부서 체제에서 부장 바로 밑에 있는 수석 데스크는 정치부장과 같은 직급을 가지기도 하지만, 그 경우에도 정치부장보다는 후배 기수이다. 즉 수석 데스크는 대부분 언론계 입문이 부장보다 늦거나 정치 영역 취재 경험이 짧다. 수석 데스크가 부장 직급을 갖더라도 위계상 총괄 데스크인 부장을 보좌하는 역할을 한다.

참고로 보자면, 국내 언론사는 수습 기자 → 평기자 → 차장 → 부장 → 부국장 → 국장으로 이어지는 구조를 가진다. 국장은 정치부뿐 아니라 사회부, 경제부, 문화부, 국제부, 체육부, 사진부, 편집부 등 언론사 내 다양한 뉴스 생산 부서의 총체적 집단인 편집국을 총괄하는 뉴스 생산의 수장이다. 영어로 '뉴스룸(newsroom)'이라 불리는 이 집단은 국내에서 신문사의 경우 편집국, 방송사의 경우 보도국으로 구분된다. 하지만 편집국이건 보도국이건 각 부서의 부장들을 비롯한 모든 기자를 통솔하는 인물이 국장이다.

언론사 조직 내 위계 구조를 아래서부터 거꾸로 거슬러 올라가면 그 초입에 수습 기자가 있다. 견습 기자라고도 불리는 수습 기자는 언론사 입사 후 정식 기자인 평기자가 되기 전 약 6개월 내외의 훈련을 받는 언론계 초년의 기자들을 말한다. 수습 기자들은 사회부에 소속돼 경찰서 등을 돌며 기초적인 취재 및 보도 훈련을 거친 뒤 평기자 자격을 얻으며, 이 시점에 회사의 필요에 따라 사회부나 문화부, 경제부 등 각 부서에 배치된다. 통상 복잡다단한 커뮤니케이션 현상을 취재하고 보도하는 정치부에 갓 수습 기간을 마친 기자가 배치되는 경우는 많지 않다. 또 언론사마다 차이는 있지만, 평기자가 차장이 되려면 보통 10년에서 15년 정도의 경험을 쌓아야 한다. 여기서 보듯 국내 언론사에는 일반 기업에 있는 대리나 과장 직급이 없다. 서로를 선배나 후배로 부르며 뉴스를 함께 생성해가는데, 대리나 과장이라는 표면적 직급만 없을 뿐 생산되는 뉴스 관련 사실의 보도 책임 때문에 상당한 무게의 위계질서를 유지한다. 평기자들은 이 10년에서 15년 동안 여러 부서를 경험하는데, 이 과정에서 일부는 정치부에 들어오게 된다.

평기자들은 부서 배치 후 관련 경력을 쌓는 과정에서 능력과 자질을 인정받으면 그 부서에 남게 된다. 하지만 다른 부서와 연관된 자질이 높게 평가되면 해당 부서로 자리를 옮긴다. 정치부 평기자도 사정은 마찬가지이다. 정치 분야 취재 및 보도를 불편하게 여기는 정치부 평기자는 다른 부서로 옮겨가 능력을 발휘하게 되고, 그렇지 않고 정치 관련 뉴스 생산에 역량을 발휘한 평기자는 정치부에 남아 개별 팀 데스크에서 수석 데스크, 부장으로 성장한다. 물론 차장이 된 후에도 다른 부서로 옮기는 경우가 있지만, 평기자의 이동에 비해 그 빈도가 높지 않다. 부장 역시 부서를 옮기기도 한다. 사회부장이 경제부장이 되거나, 국제부장이 정치부장이 되기도 한다. 하지만 이런 경우는 회사 내부의 인사 문제 등과 연관돼 복잡한 상황이 적용되며, 부장의 부서 이동은 차장에 비해 잦다고 하기 어렵다.

부장을 보좌하는 수석 데스크가 차장급 또는 부장급이 될 수 있는 것처럼 부서 전체를 책임지는 총괄 데스크인 부장도 부장급 또는 부국장급일 수 있다. 부국장은 전체 편집국을 통솔하는 국장 바로 아래서 국장을 보좌하는 역할을 한다. 정치부나 사회부 등 한 부서를 담당하는 경우에 부국장급 부장이 된다. 그렇지 않으면 편집국 내 몇몇 부서를 묶어 해당 분야 뉴스를 연계하며 기사 생산을 지휘하거나, 아니면 부서들과 무관하게 국장의 뉴스 최종 선택을 돕는다. 부국장이 한 부서를 담당하는 경우를 대입하면, 수용자들의 생활에 직접 관련돼 매일 뜨겁고 중요한 이슈들을 다루는 정치부나 사회부, 경제부의 부장들이 종종 부국장 직위를 갖는다. 직위나 직급, 직책 등의 개념 때문에 복잡하게 여겨질 수 있으나, 정치부를 중심으로 이 내용을 간단하게 정리하면 정치부는 부장-차장-평기자로 구성되고, 부장은 부국장급 또는 부장급, 차장은 부장급 또는 차장급, 평기자는 이런 직위나 직급이 없는 현장 기자로 여기면 되겠다.

<그림 3-1>에 등장하는 신문사를 예로 들면, 정치부는 이처럼 총괄 데스크인 부장과 수석 데스크인 차장의 통솔 아래 움직인다. 이들은 더는 취재 현장에 나가지 않고 언론사에서 내근하며 현장에서 활동하는 후배 기자들을 지휘한다. 이들 휘하에는 여러 팀이 포진해 있는데, 대표적인 것이 '청와대팀'과 '정당팀'이다. 대통령과 국회의원들을 취재하고 보도하는 이들이 이 책에서 말하는 협의의 정치 분야 담당이다. 이외에 나중에 더 설명할 광의의 정치 영역에 포함된 행정부 중 협의의 정치와 직접 관계가 높은 부처들을 담당하는 '정부팀'이 있다. 이들은 언론사에 따라 외교안보팀 또는 통일외교팀 등으로 불린다. 종합하자면 정치부는 청와대팀, 정당팀, 정부팀 등으로 구분된다고 할 수 있겠다. 하지만 <그림 3-1>과 <그림 3-2>에서 확인할 수 있듯이, 구체적인 운영 방식은 매체마다 약간씩 차이가 있다.

청와대 출입 기자로 종종 소개되는 청와대팀은 매체당 대략 2명에서 5명 정도로 짜인다. 회사별로 차이가 있으나 팀장과 팀원으로 구성되는 신문사나 통신사의 청와대 출입 기자는 2~3명, 방송사의 경우 3~5명 정도이다. 통신사는 일반 수용자보다는 신문사나 방송사를 주요 대상으로 뉴스를 공급하는 언론사이다. 팀장은 반장으로 불리기도 하며, 대부분 차장급이 맡는데 종종 부장급이 파견되기도 한다. 부장급이 청와대팀 팀장을 맡을 때는 보통 위계상 회사 내에서 정치부장과 함께 전체 정치 뉴스를 지휘하는 수석 데스크도 부장급이 된다. 청와대 팀장은 대부분 이들 부장과 수석 데스크

<그림 3-1> 국내 한 중앙일간지 편집국 정치부 조직도

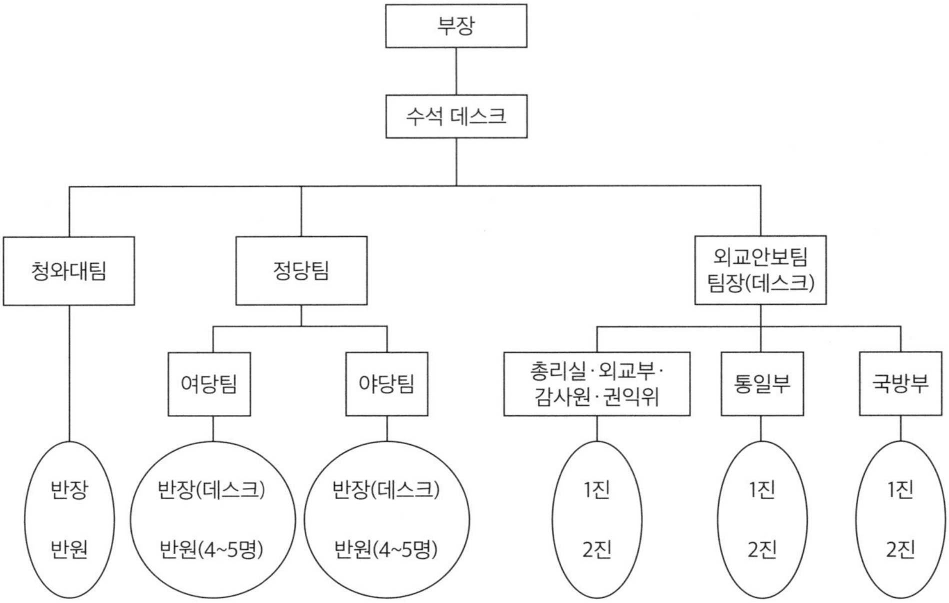

* 그림에 등장하는 직책과 직위 등은 2020년 7월 현재 해당 신문사가 사용하는 용어를 활용했다. 부서나 에디터 등의 제도 형식에 따라 언론사별 명칭에 차이가 있으나 큰 틀은 유사하다고 볼 수 있다. 한편 이 신문사도 이 책이 '정부팀'이라고 지칭한 하위 조직을 '외교안보팀'이라고 부른다.

등 2명의 사령탑 아래 위치한다.

청와대 출입 기자팀에는 언론사별로 청와대 담당 신문사 사진 기자와 방송사 영상 촬영 기자가 각각 포함되기도 한다. 사진과 동영상 기자들은 신문사 사진부나 방송사 영상부에서 따로 지정되는 경우가 많다. 특급 보안이 요구되는 청와대에 아무나 출입이 허가되는 것이 아니기에, 청와대는 각 언론사에 출입 기자 명단을 철저히 요구하고, 승인된 기자만이 대통령과 청와대의 사진 및 영상을 담을 수 있다. 신문사 청와대 담당 사진 기자는 평소에 다른 업무를 보다가 청와대에 일이 있을 때 취재를 나가는 게 대부분이지만, 방송사의 청와대 담당 영상 기자는 붙박이인 경우가 적지 않다. 방송사의 청와대 출입 기자가 신문사에 비해 많은 이유 중 하나이다.

가끔은 언론사나 청와대의 사정에 따라 출입이 허가된 언론사 중 일부 언론사 기자만 풀(pool) 제도에 따라 취재하고 그 내용을 언론사들이 공유하는 방식을 사용하기도 한다. 풀 제도는 기자들이 연합해 만든 공동 취재 시스템을 뜻한다. 지나치게 협소한 공간을 취재하거나 최상위 보안이 필요한 상황, 기자들이 모두 한꺼번에 움직이기 어

<그림 3-2> 국내 한 지상파 방송사 보도국 정치부 조직도

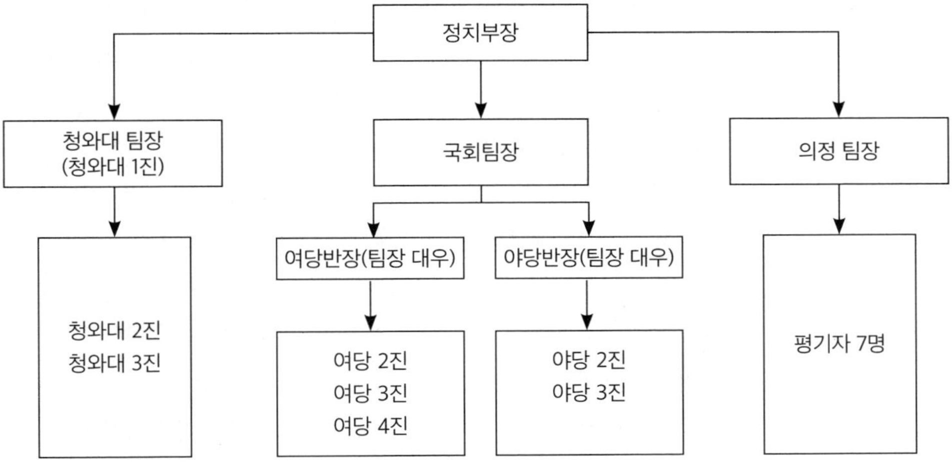

* 그림에 등장하는 직책과 직위 명칭은 해당 방송사가 사용하는 용어를 활용했다. 이 방송사의 정치부 조직은 한동안 청와대팀(3명)과 국회팀(여당 7명과 야당 6명 등 총 13명)으로 운영됐으나, 2020년 5월 말부터 직제가 바뀌면서 2020년 7월 현재 기존의 '청와대팀', '발생' 기사를 주로 담당하는 기존 형태의 '국회팀', '기획' 기사에 집중하는 '의정팀' 등 3팀 체제를 시도하고 있다. 참고로 <그림 3-1>의 신문사 정부팀이 출입하는 총리실은 이 방송사의 청와대팀이 담당한다. 또 이 방송사는 정치부 외에 '통일외교부'를 따로 두고 그 아래 통일부를 담당하는 '통일팀'(3명), 외교부와 국방부를 출입하는 '외교안보팀'(7명), 북한 관련 문제를 취재하는 별도의 팀(4명) 등을 운영한다. 부장을 포함해 전체 15명의 기자로 구성된 이 '통일외교부'는 신문사 정치부 정부팀의 영역인 통일·외교·안보·북한 이슈와 관련 부처를 담당한다. 결과적으로 이 방송사의 '정치부'와 '통일외교부'는 <그림 3-1> 신문사의 '정치부'를 2개 부서로 확대한 모습이다.

려운 경우 등에 활용된다. 통상적으로 정치부 소속 기자들은 평소 청와대로 매일 출근하거나 대통령 동선에 따라 취재 일정을 조정한다. 청와대 출입 기자들의 취재 대상에는 대통령 외에도 대통령비서실이나 수석 비서관, 특정 이슈와 관련된 직원 등이 모두 포함된다.

국회의원들을 취재하는 정당팀은 크게 여당팀과 야당팀 등 2개로 나뉜다. 한국의 대통령제는 대통령을 배출한 정당을 여당(與黨), 그렇지 않은 정당을 야당(野黨)으로 정리한다. 종종 대통령이 적을 둔 여당 소속 국회의원 수가 야당보다 적어 여소야대(與小野大)라고 불리는 배경이기도 하다. 의원 수가 많은 정당의 대표가 수상이나 총리가 되는 내각제도를 적용한 영국 등의 나라에서는 보기 어려운 형태이다. 대통령이 한 명이기에 한국의 여당은 하나이고, 야당은 여러 개가 될 수 있다. 야당 중 가장 국회의원 수가 많은 정당이 제1야당이 된다. 언론사의 여당팀은 결국 대통령을 배출한 정당을 취재하고, 야당팀은 제1야당과 그 외의 군소 정당까지 담당한다. 비록 종종 청와대의 국가 통치와 공조하는 여당 담당 팀에 1명 정도의 기자가 더 배치되기도 하지만 중앙일간지나 방송사의 여당팀과 야당팀 각각의 팀원은 5~6명 정도의 수를 유지한다. <그림 3-2>의 방송사가 2020년 7월 현재 '발생' 기사 담당의 '국회팀'과 '기획' 기사 담당의 '의정팀'을 나눠 운영하지만, 전체 국회를 취재하는 출입 기자 수는 모두 14명으로 <그림 3-1>의 신문사와 거의 같다. 한편 청와대팀에 비교했을 때 국회만을 담당하는 사진 및 영상 기자를 별도로 두는 경우는 적다.

하지만 여당팀과 야당팀의 수가 같더라도 하나의 정당만 대상으로 하는 여당팀에 비해 군소 정당까지 취재해야 하는 야당팀은 구조적으로 취재 대상이 산개해 있어 그 환경이 비교적 열악해 보일 수도 있다. 여소야대의 상황일 때는 이 불균형이 특히 더하다. 그러나 대통령의 정치적 무게감에 뉴스 가치가 가장 많이 실리는 정치 구조에서 대부분 대통령과 연합 전선을 펴는 여당에 야당과 같은 수나 야당보다 한 명 정도 더 많은 기자가 투입되는 것이 받아들여지는 형편이다. 이들 여당팀과 야당팀을 각각 이끄는 팀 데스크는 반장 등으로 불리며, 이들을 모두 통합한 정당팀의 수장이 팀장이라는 이름을 갖게 되는 경우가 많다. 이 정당 팀장은 여당 반장이 맡기도 하지만, 일반적으로 여당 반장과 야당 반장 중 정치부 경력이 더 오래된 사람이 전체 정당 팀장 역할을 담당한다. 팀 반장들은 차장급이 대부분이다.

<그림 3-1>의 신문사를 기준으로 했을 때 외교안보팀 또는 통일외교팀 등으로 불리기도 하는 정부팀은 이 장에서 규정한 협의의 정치 개념에 포함되지 않는 대상을 취재한다. 선출직 정치인들의 업무와 밀접한 관계를 맺고, 특히 한국의 지정학적 위치가 적용되면서, 광의의 정치 영역에 소속된 행정부의 일부 부처가 정치부의 정부팀이 담당하는 취재처가 된다. 광의의 정치 영역이라는 이유로 국내 언론사 중에는 이들 정부팀을 정치부에서 따로 떼어 운영하는 곳도 꽤 있다. <그림 3-2>의 방송사가 그 사례이다.

사실 이런 정치 영역 취재 분야의 분류는 언론사별뿐 아니라 국가에 따라서도 차이가 있다. 한 나라의 지정학적 위치가 정치 뉴스의 범위를 달리 만들기도 한다. 미국의 언론사 중 수도 워싱턴시에 본부를 둔 회사들은 국제 뉴스 관련 기자들이, 우리나라에서는 전통적인 정치 영역으로 불리는 이슈를 취재하기도 한다. 이런 접근을 출입처(기성 정치나 정부, 민간 '조직' 단위로 취재 영역을 분류해 언론이 담당하는 것)가 아닌 비트(beat) 개념(기성 '조직' 단위가 아니라 '이슈'에 따라 취재 영역을 분류해 언론이 담당하는 것)에 따라 구분하는 미국식 에디터 제도의 저널리즘 실천 결과물이라 볼 수도 있으나, 이는 현재 세계 정치의 본거지로 간주되는 미국의 지정학적 위치에 의한 선택이기도 하다. 20세기 들며 국제 무대의 중심에 선 미국에서는 대부분의 국제 문제가 국내 정

치로 연결되기에, 국제 뉴스 비트의 기자들이 국내외를 오가는 이슈의 정치적인 내용을 취재하고 보도한다.

일부 국내 언론사에서 국제 문제를 정치 영역으로 삼으며 에디터 제도를 실험하는 사례도 보인다. 이는 전통적인 부서 개념에서 벗어나 변화하는 저널리즘과 격동하는 국내외 정세에 적응하려는 시도로 읽힌다. 하지만 굳이 시스템을 바꾸지 않고 부서 시스템을 그대로 유지하면서, 해외 특파원이 소속된 국제부가 국내 정치와 연관된 사안이 해외에서 벌어졌을 때 정치부와 공조해 뉴스를 생산해내는 것은 국내에서도 오래된 접근법으로 여겨지기도 한다. 이렇듯 각국 또는 개별 언론사가 서로 유사한 듯 차이를 보이고 다른 듯 비슷한 제도를 유지하기에 이들을 정확하게 구별하거나 비교하기 어려운 점도 있지만, 큰 틀에서 한 나라의 지정학적 상황이 저널리즘 실천의 환경으로 작용한다는 것은 일반적 경향으로 볼 수 있다.

다시 국내 언론사의 정치부 정부팀을 보면, 이들이 담당하는 정부 부처는 통일부와 외교부, 국방부 등이다. 외교안보팀이나 통일외교팀 등으로 명명되는 것을 반영하는 이유처럼, 이들 부처는 북한 및 한반도 전체를 둘러싼 국가들과의 관계를 담당한다. 전체 국민의 안위와 밀접한 연관을 맺기에 선출직 정치인들도 특별한 무게감으로 다루는 영역이라, 복잡다단한 정치 이슈 소통 내용을 다루는 언론사 정치부의 주요 취재 대상이 된다. 각 부처는 반장 개념의 1진과 반원 개념의 2진 등 통상 2명 내외로 이뤄진 현장 기자들이 취재를 하고, 이들을 차장급 정부팀 팀장이 총괄 지휘하는 경우가 꽤 있다. 언론사에 따라 외교부 담당 정치부 기자들이 총리실이나 감사원, 국가정보원, 권익위원회까지 담당하거나, 총리실의 경우에는 아예 별도로 반장과 반원을 두고 취재하기도 한다. 이런 구분은 특정 이슈의 정치적 민감성에 따라 변화하며 여기에 이슈에 대한 각 언론사의 해석이 반영되기도 한다. 과거 사회부에서 담당하던 국방부가 2000년대에 들어서면서 북한 관련 이슈가 더욱 복잡하게 요동치자 점차 정치부 영역으로 편입된 것도 그 사례로 볼 수 있다. 이처럼 언론사의 정부팀 취재 분야는 정치적 상황에 따라 변화하며, 종종 개별 언론사가 추구하는 뉴스 가치의 중점에 맞춰 조정되기도 한다.

지금까지 살펴본 내용을 신문사 중심으로 우선 정리하자면, 정치부는 총괄 데스크인 부장 1명, 수석 데스크인 차장 1명, 청와대팀 2~5명, 정당팀 10명(여당팀 5명 내외와 야당팀 5명 내외), 정부팀 10명(팀장과 총리실, 통일부, 외교부, 국방부 등 각 부처 담당 2인 정도씩) 내외 등 전체 25명 정도로 구성된다. 이 중 부장과 수석 데스크를 제외한 부원들은 모두 현장 취재 기자로 볼 수 있다. 청와대팀과 정당팀, 정부팀의 팀장과 반장들은 필요에 따라 후배 기자들의 기사를 조정하는 데스크 역할을 하기도 하지만, 대부분 현장 취재와 보도를 병행한다. 이들 팀은 각각 취재 대상 조직의 구성에 따라 뉴스 내용을 세분화하며 접근한다.

2) 대통령과 청와대

청와대는 대통령의 집이라고 알려졌지만, 여염집과는 다르다. 현재의 서울 종로구 경복궁 뒤편에 일제강점기 때 세워진 조선총독부 건물을 미군정이 업무 장소로 사용했고, 1948년 대한민국 건국 및 정부수립과 더불어 초대 이승만 대통령이 집무실로 사용하면서 탄생한 것이 청와대의 전신이다(행정안전부 국가기록원, 2020). 국가기록원 웹 사이트[1]에 따르면 이승만 대통령이 사저에서 이 관저로 거처를 옮기면서 고려와 조선 시대 궁궐터 일부였던 이 공간에 과거 왕조 때 불렸던 이름인 '경무대(景武臺)'가 붙여졌다. 1960년 4·19 혁명에 이은 이승만 대통령 하야 후 4대 대통령으로 취임한 윤보선 정권 때 청와대라는 이름으로 개칭됐고, 현재까지 명칭이 이어진다. 이 과정에서 청와대는 본관이나 부속 건물 등의 신축과 개축이 진행됐고, 1990년부터 시작된 대대적 공사를 거쳐 현재 7만 5천 평 이상의 부지에 자리해 있다. 이런 역사뿐 아니라 대통령 가족의 생활공간 이외에 집무실이 함께한다는 점, 2018년 기준으로 비서진 443명, 국가안보실 43명 등 총 486명(강천석, 2020)을 포함한 직원 1천여 명이 근무하는 공간이 있다는 점 등은 보통 사람이 기거하는 가정집과 큰 차이를 보인다. 즉 청와대는 대통령의 주거와 업무 공간이 혼합된 곳으로, 국민이 직접 뽑은 대통령의 직무가 밤낮없이 수행되는 대한민국의 핵심 정치 공간이자, 정치 커뮤니케이션의 중심 요체 중 하나이다.

2020년 현재 청와대 출입 기자들은 청와대 전체 부지 내에 1990년 신축된 춘추관(春秋館)으로 출근하며 대통령을 포함한 주요 인사들을 중심으로 뉴스를 생산한다. 특히 대중매체를 매개로 한 정치 커뮤니케이션의 정점인 대통령은 가장 중요한 취재 대상이다. 일반적으로 대통령을 밀착 취재하는 게 뉴스 생산의 정확성을 위해 바람직하지만, 다양한 이해관계 조정 과정에서 나타나는 복잡한 구도를 대통령을 비롯한 정치인들이 쉽게 드러내지 않고, 정치 정보는 그 자체로 수사학적 해석 여지가 다분하기 때문에 확정적인 보도가 어렵다. 청와대는 대중매체에 대통령을 직접 노출하는 경우

1 http://www.archives.go.kr/next/viewMain.do

를 제한적으로 조율하고, 이때 앞서 거론한 것처럼 일부 기자만 순서에 따라 대통령을 만나게 해 취재 정보를 다른 언론과 공유하게 하는 풀 제도를 활용하거나, 대통령의 말과 행위를 대변인의 브리핑을 통해 전달하는 대변인제를 실시하기도 한다(박승희, 2014). 기자들은 청와대의 실질적 판단과 이행 단계에 직접 연루된 비서관을 만나 대변인을 통해 전달된 정보를 자세하게 파악하거나, 아예 대통령에 대한 특별 인터뷰를 신청해 확실한 언행을 확보하려 노력한다. 대통령의 국내 출장이나 해외 순방 등에 동행해 가까운 거리에서 대통령을 직접 취재하고 사실관계를 확인한 후 기사를 쓰는 것도 기자들의 뉴스 생산 방식이다.

이런 업무를 담당하는 청와대 출입 기자들의 수는 2000년대 초반까지 중앙일간지와 지상파 방송사 등 '속칭' 주요 언론사 소속 약 100명으로 유지됐다(최영재, 2011). 하지만 기자들의 지나친 취재 열기 때문에 정상적인 청와대 업무가 방해받는다는 이유로 16대 노무현 대통령이 춘추관 상주 기자실을 폐쇄하고, 청와대 기자 '출입' 제도의 변화를 시도한다(강준만, 2019). 당시 청와대는 브리핑 제도를 확대해 기자들이 브리핑이라는 공식 통로를 통해 청와대 소식을 더 많이 접하게 하자는 취지 등으로, 인터넷언론사 등 다양한 매체의 청와대 정보 접근을 허용하는 개방형 기자 등록제를 시행했다. 이때 허가된, 상시 '출입' 기자가 아닌 청와대 '등록' 기자 수는 약 300명으로 늘어났다. 하지만 청와대가 브리핑을 통해 자신들이 원하는 정보만 전달하면서 대중매체의 정보 접근권을 차단한다는 비판을 받게 되자 17대 이명박 대통령의 청와대는 춘추관의 기자실을 복원했고(이건호, 2008), 이후 노무현 청와대의 '등록' 기자 300여 명 또는 그 이상이 다시 '출입' 기자의 역할을 하며 취재를 이어가고 있다. 2020년 7월 현재 파악된 청와대 등록 기자 명단에는 서울에 본부를 둔 중앙 종합일간지와 통신사, 경제전문지, 지상파 방송 및 종합편성채널, 인터넷 매체와 지역 일간지, 정치 전문 매체의 취재 담당 기자들을 비롯해 방송사의 영상 기자, 신문사의 사진 기자 등이 포함돼 있다.

이런 기자들의 취재 대상인 청와대는 입법부 및 행정부 등 여타 권력 기관과 국무를 연계·소통·조율하며 국정을 책임진다. 이 일을 담당하는 곳이 청와대 내부 각 실(室)과 처(處), 관(官)이며, 이들 기구를 각각 이끌거나 기구에 소속돼 실질적 업무를 다루는 사람들이 기자들의 취재 대상이 된다. 청와대 조직의 위계는 대통령을 정점으로 위에서부터 실, 처, 관의 순서로 이어진다. 14대 김영삼 대통령이 1992년 취임해 문민정부의 시대를 열면서 2020년 현재까지 이어진 청와대 조직도를 종합해 예를 들면, 대통령비서실, 경호처, 비서관 등의 조직 질서를 갖는다고 볼 수 있다. 때에 따라 대통령비서실은 대통령실로 불리거나 경호처가 경호실의 위치를 차지하는 등 변화도 있었지만, 전체적인 위계는 이 실, 처, 관의 순서를 따른다. 또 통상 처가 실보다 아래 위치하는 구조이지만, 청와대의 처는 주로 실의 감독을 받는다기보다 특정 업무를 처리하며 독립적인 역할을 맡았다. 대통령비서실과 경호실 등 2개 이상의 실이 운영되던 청와대를 17대 이명박 대통령 때 대통령실 안에 경호처를 배치하는 식의 구조로 만들기도 했지만, 경호처는 청와대 전체 업무를 총괄하는 대통령실장 휘하에 있던 다른 직무 영역과 차별적인 위상을 가졌다. 대통령 경호 업무가 실이나 처를 오가며 소속될 수 있는 것은 청와대 내부의 실과 처가 가지는 이런 배타적 역할 때문이기도 하다. 대통령 경호처는 18대 박근혜 대통령 때 다시 경호실이 됐다.

관은 대체로 대통령비서실 아래 소속되는 조직인데, 크게 대통령 비서실장 '직속 비서관'과 특정 영역 담당 '수석(首席, senior secretary)' 등의 체제로 나뉜다고 볼 수 있다. 직속 비서관은 비서실장의 지시에 따라 청와대 내부 인사와 재무 등 살림을 맡는 총무비서관, 대통령의 외부 일정과 그 격식에 맞춘 각종 예규 및 의례를 관리하는 의전비서관, 청와대 내부의 대통령 일정과 관련 업무를 보좌하는 제1부속비서관, 대통령 배우자 및 가족의 일정과 업무를 관리하는 제2부속비서관 등이 있다. 대통령과 그 가족을 따로 분리해 지원하는 부속비서관 체제는 한 가족을 대한다는 업무의 특수성 때문에 종종 직무가 혼재하기도 한다. 70여 년의 대통령제 역사 동안 직속 비서관 체제는 정권에 따라 기획, 의정, 연설, 기록 등 다양한 영역을 포함 또는 배제하는 과정이 반복됐다. 직속 비서관 시스템 안에서 현재는 비록 안정적으로 유지되는 총무, 의전, 부속 등 3개 비서관 체제도, 11대 전두환 대통령 때 대통령비서실 바깥쪽에서 부속실을 따로 운영했던 것처럼 많은 곡절을 겪은 후 이뤄졌다.

대통령 비서실장의 통솔 아래 또 다른 관인 수석 체제는 조금 더 복잡한 구조를 갖는다. 그리고 이 체제는 조직 체계상 앞서 거론한 비서실장 직속 비서관과 어슷하게 위치하면서 전체 청와대 구조 이해를 더 어렵게 만들기도 한다. 먼저 간단히 보자면 수석 체제는 입법부와 행정부 등 청와대 외부 조직과 연계하며 국정 업무를 조정한다. 개념상 청와대 내부 업무에 집중하는 대통령 비서실장 직속 비서관과 선명한 차이를 갖는 부분이다. 하지만 이 책에서 말하는 수석은 입법부와 사법부의 특정 분야를 담당하는 방식으로 구분되는 '영역'을 뜻하는 동시에 그 영역을 총괄하는 '자리'를 의미한다는 점에서 그 자체로 복잡하며, 청와대 전체 구조에서 갖는 비서관의 직책 개념과 맞물리면서 더 난해해진다.

우선 17대 이명박 대통령 청와대 초기 조직을 예로 들어 설명하자면, 민정수석 영역은 법무와 치안 등 5개 분야를 포괄하고, 외교안보수석 영역은 외교, 국방 등 4개 분야를 관장하며, 경제수석 영역은 지식경제와 국토 해양 등 6개 분야를, 시민사회수석 영역은 보건복지와 환경 등 4개 분야를 담당한다. 이들 '영역'은 각 분야를 총괄하는 수석 비서관이라는 '자리'가 통솔했다. 각 영역의 수석 비서관이 그 아래의 개별 분야를 담당하는 법무, 외교, 지식경제, 보건복지 등의 비서관들을 각각 따로 지휘하는 것이다. 수석 비서관 휘하의 개별 비서관들과 대통령 비서실장 산하의 직속 비서관들은 일반 비서(secretary)의 직위를 갖고, 이들의 위치는 수석 비서관과 차이를 보인다. 대통령실장 또는 비서실장(chief of staff)은 이들 모두를 지휘하는 자리이다. 5대 박정희 대통령 취임식 때 구성된 청와대 조직을 자리 중심으로 정리해 예로 들면 1실장, 6 수석, 22 비서관 체제가 되는데, 이는 청와대가 비서실장 1명, 수석 비서관 6명, 일반 비서관 22명으로 구성됐다는 것을 뜻한다. 국가에 따라 대통령 비서실장을 'Secretary General'로 부르기도 하고, 수석 비서관을 'Chief Secretary'라고 하기도 하며, 심지어 'Secretary General'과 'Chief Secretary'가 모두 비서실장이라는 뜻을 가지기도 하지만, 여기서는 청와대가 2020년 현재 영문 웹 사이트 등을 통해 공식적으로 활용하는 용어에 집중한다.

국내 언론은 상황과 이슈에 따라 이 조직에 소속된 주요 인물들을 만나 취재하고 보도해왔다. 이 책이 청와대 조직을 대통령 산하의 실-처-관 위계로 나누고, 다시 대통령비서실 휘하의 관을 비서실장 직속 비서관과 수석 비서관으로 나눈 후 수석 비서관 아래의 일반 비서관 등의 관계로 구분한 것은 대중매체의 청와대 취재와 보도에 대한 독자들의 이해를 돕기 위한 것이다. 행정학 등의 분야에서 다루는 대통령비서실 직제, 대통령 경호실 관련 법령 등 각종 법규에 따른 분류와 설명은 이 책이 정리하는 내용에 비해 훨씬 권위적인 해석을 내릴 수 있으리라 본다. 하지만 이렇게 구성된 청와대를 대중매체가 어떻게 누비고 다니며 권력을 견제하고 수용자의 정보 욕구를 채워주려 노력하는지의 길목을 정치 커뮤니케이션이라는 틀에서 조금 더 선명하게 보여주는 목적을 가진 이 책에서는 청와대 조직 자체에 대한 실체적 이해라기보다 언론과 청와대의 관계를 설명하는 큰 틀에서만 설명한다.

그러나 큰 틀의 설명이 복잡다단한 정치 커뮤니케이션, 특히 대중매체의 뉴스 생산과정 구도를 완벽하게 소개하기에는 부족함도 있다. 건국 및 정부수립 후 70여 년 동안 대한민국 청와대 구조 자체가 일목요연하게 정비되지 못할 정도로 엄청난 변화를 겪었기 때문이다. 이 과정에서 앞서 소개한 수석의 의미가 일반 비서관을 거느리는 수석 비서관에 국한된 것이 아니라, 대통령을 직접 보필하는 보좌관이나 기획관 등에 붙기도 했다. 대통령 비서실장 직속의 의전비서관이 그 울타리를 벗어나 의전수석이 됐다가 다시 원래 자리로 돌아가는 등 여러 위치의 순환도 발생했다. 또 방송통신위원회 등 대통령 직속 기구가 생기면서 직무와 직책, 직급 등과 관련해 위원장들과 여타 수석 비서관의 관계 및 위상도 복잡해졌다. 이뿐 아니라 대통령비서실과 경호실 등 과거 1~2개에 국한됐던 실(室) 단위의 영역이 기존의 수석 비서관 담당 분야를 통합·승격해 만든 국가안보실, 정책실 등으로 확대되면서 청와대의 국정 관리 범위는 점차 복잡함과 정교함을 더해갔다.

비록 이 책이 가지고 있는 목적의 한계 때문에 완벽한 설명은 어렵지만, 그 복잡다단함의 배경 이해를 돕기 위해 이 변화를 조금 더 세분화해보자. 1 비서관장, 4 수석, 1 비서관 체제였던 초대 이승만 대통령의 경무대에서는 비서실장 대신 비서관장이라는 명칭을 사용했고, 이때 하나만 있었던 비서관은 현재의 부속비서관에 가까웠다. 이후 청와대라는 명칭이 부여된 4대 윤보선 대통령 때는 1 실장 2 수석 1 대변인 체제를 운영하며 그 전과 후 공보수석이나 홍보수석의 이름을 가졌던 대변인 제도를 활용하기도 했다. 행정안전부 국가기록원 웹 사이트에는 초대부터 3대까지 이승만 대통령의 경무대나 4대 윤보선 대통령과 임기 1년을 못 채운 10대 최규하 대통령의 청와대 조직이 각 한 가지씩만 나타나 있다. 그러나 5~9대의 박정희 대통령은 18개, 7~8년의 임기를 가진 11·12대 전두환 대통령과 13대 노태우 대통령은 각각 5개와 4개, 이후 5년씩의 임기를 거친 14대 김영삼 대통령 9개, 15대 김대중 대통령 10개, 16대 노무현 대통령 16개, 17대 이명박 대통령 14개, 탄핵으로 5년 임기를 다 못 채우고 4년만에 하야한 18대 박근혜 대통령 6개 등의 청와대 조직이 소개된다. 이렇게 1948년부터 2017년까지 70년 동안 청와대에는 모두 85가지 형태의 시스템이 등장했으며 이는 평균 1년에 한 차례 이상 청와대 조직에 변동이 있었다는 것을 뜻한다. 2017년 취임한 19대 문재인 대통령도 상황에 따라 비서실 조직을 수정하고 있으며, 임기 말까지 몇 차례의 어떤 형태의 조직이 등장할지는 이 책이 출판된 뒤 후학들이 정비해줄 일이다. 여기서는 앞서 논한 것처럼, 이런 격동의 청와대를 언론사별로 최대 5~6명의 출입 기자들이 취재하고 보도해왔다는 사실을 확인하면 되겠다.

거대 조직인 청와대를 담당하는 기자의 수는 2명에서 5~6명 등 언론사별로 차이가 있지만, 청와대 출입 기자가 되는 방식은 거의 유사하다. 모든 출입처 기자에게 해당하는 기본적 기준은 해당 영역에 대한 취재력이다. 청와대 출입 기자의 경우 이 능력은 현직 대통령과의 관계에서 비롯된다. 비록 청와대가 약 1천 명의 직원이 근무하는 정치 및 행정 조직이지만, 역시 그 핵심은 대통령이다. 대통령 개인을 얼마나 잘 알고

<그림 3-3> 초대 이승만 대통령 경무대 조직도 (1948년 7월 24일 현재)

『1비서관장 4수석 1비서관』

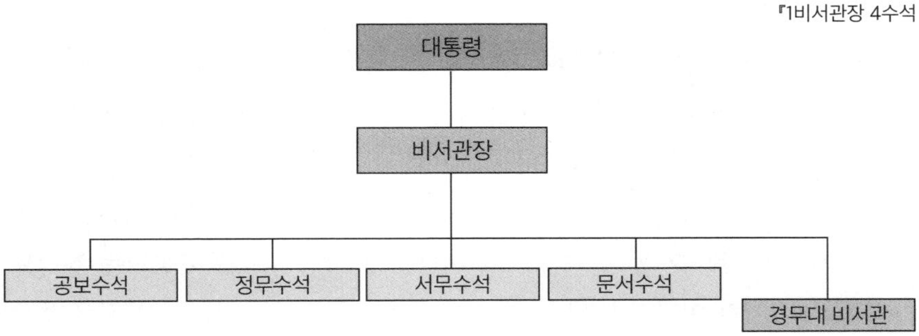

개편내용

- '대통령비서관직제' 근거 4수석 1비서관 신설

출처: 행정안전부 국가기록원 대통령 기록관(https://www.pa.go.kr/research/contents/organ/index0108.jsp?gubun=bs&gubun2=01).

<그림 3-4> 15대 김대중 대통령 청와대 조직도 (1998년 2월 25일 현재)

『1실장 6수석 35비서관』

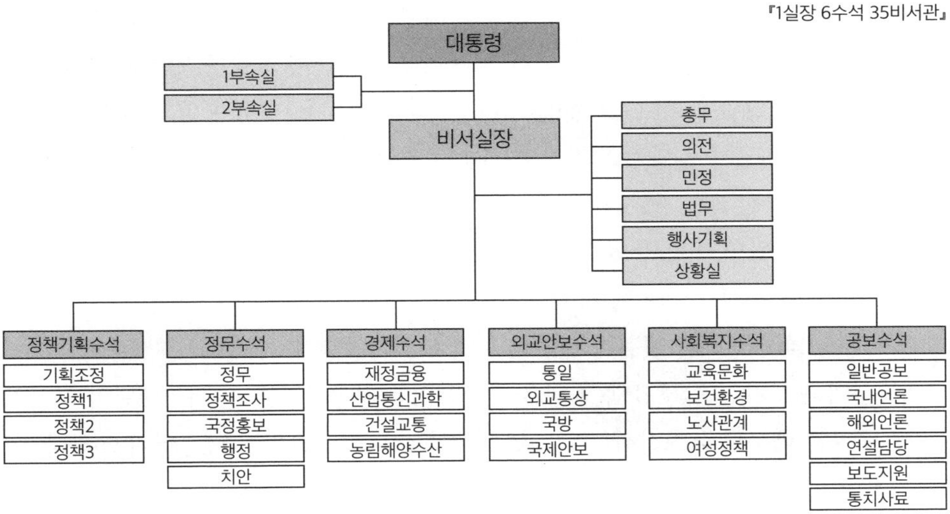

개편내용

- 국민의 정부 최초 기구

출처: 행정안전부 국가기록원 대통령 기록관(https://www.pa.go.kr/research/contents/organ/index0105.jsp?pname=kdj&orgdate=980225&gubun=bs).

있고, 그와 관계된 정보 네트워크를 얼마나 잘 활용할 수 있느냐가 이 취재력을 좌우하는 중요한 요인이다.

이와 같은 관계는 한순간에 형성되지 않는다. 한 정치인이 대통령이 되는 과정을 가까운 위치에서 오래 지켜본 기자가 그런 관계를 만든다. 취재 현장에서 현실적으로 구축되는 이 관계는 대통령이 후보자가 되는 과정에서 구체화한다. 대통령 선거를 앞두고 각 정당은 경선 또는 호선을 거쳐 후보자를 내세워왔다. 언론사는 대통령 선거 시즌이 되면 선거 특별반을 가동하는데, 이때 여당팀과 야당팀으로 구성되는 정당팀이 주축이 된다. 오랜 기간 여당과 야당을 각각 취재해온 팀은 팀장 또는 그 팀을 통솔하는 반장을 중심으로 움직인다. 선거를 통해 대통령이 선출되면, 당선자를 배출한 정당의 언론사 팀장이 당선인과 함께 청와대로 입성한다. 즉 여당이나 야당을 담당하는 언론사 팀장 중 한 명이 청와대 출입 기자, 특히 청와대 팀의 팀장이 되는 것이 대표적 경로이다. 팀장은 함께 일할 팀원을 뽑는데, 이 팀원 역시 같은 정당팀에서 호흡을 맞췄던 후배가 되는 경우가 많다.

가끔, 대통령을 배출한 정당팀 팀장이 아니라도 선출된 당선인과 오랫동안 밀접한 관계를 유지해왔고, 그 주변을 취재해온 경력이 많은 인물이 청와대 팀장으로 가기도 한다. 하지만 그런 경우는 드물다. 대부분 여당팀이나 야당팀 등을 꾸릴 때 애초부터 그 정당을 오래 취재해온 기자, 또는 그 정당에서 대통령 후보가 될 거물 정치인을 잘 아는 기자가 팀원이 되고, 그 안에서 팀장으로 성장하는 경우가 많기 때문이다. 그래서 대통령을 배출한 정당팀의 팀장이 저절로 청와대 팀장이 되는 게 다반사이다. 정리하자면 대통령이 후보자인 시절, 또는 촉망받는 정당 소속 정치인인 단계에서부터 그 인물을 잘 알았던 정당 출입 기자가 그 인물과 함께 성장하면서 해당 정당 취재 팀장이 되고, 해당 인물이 대통령이 됐을 때 그 팀장이 청와대 출입 팀장이 되며, 팀장과 함께 호흡을 맞출 후배가 팀원이 된다고 보면 되겠다.

대통령이 후보자인 시절 소속 정당을 담당했던 기자들로 언론사 청와대팀이 꾸려지는 데는 신임 대통령을 보좌하는 정치인들과의 관계가 중요하기 때문이기도 하다. 대통령 선거는 후보 혼자만이 치르는 것이 아니다. 국정 운영 철학과 이념을 함께하는 사람들이 선거 캠프를 차리고, 그 캠프에 소속된 사람들이 후보를 중심으로 뭉쳐 유권자를 설득하는 작업을 수행한다. 즉 선거는 후보자 개인이 치르는 것이 아니라 팀과 조직이 함께하는 작업이라는 것이다. 이 캠프는 결국 후보가 소속된 정당 관계자들로 구성된다. 이들은 오랫동안 소속 정당에서 국민의 다양한 이해관계를 조정하는 역할을 한 정치인이거나 후보자 혹은 후보자가 속한 정당의 정책 방향을 조언해온 전문가들이 대부분이다. 대통령 후보를 담당하는 언론은 이들 캠프 당직자를 주요 취재 대상으로 삼는다. 이들을 빼놓고 당선자에 따라 국가 경영의 방향이 결정되는 중요 이슈를 자세하게 국민에게 전달할 수 없기 때문이다. 게다가 이들 캠프 관계자들은 후보자가 대통령에 당선되면, 비서실장을 비롯해 각종 수석 비서관 등 청와대의 주요 요직을 차지할 가능성이 크다. 후보자 시절부터 대통령 당선 후까지 국가 통치 수장의 역할을 모두 보좌하는 이들의 업무를 취재하는 것은 언론의 의무이기도 하다. 언론사 정당 출입 기자들은 선거 캠프 조직 이전부터 캠프 합류 가능성이 큰 사람들과 관계를 맺고, 바로 그 사람들이 주축이 돼 구성된 캠프의 선거 전략을 취재하다가 이들이 대통령과 함께 청와대에 들어가면 이들을 계속 담당하며 뉴스를 생산하는 청와대 출입 기자들이 되는 것이다. 이들과의 관계가 긴밀해야만 국정의 많은 정보를 최대한 효율적으로 확인할 수 있고, 이런 관계의 충실도는 결국 2명에서 5명 내외의 적은 인력으로도 청와대를 담당하는 취재력을 결정하게 된다.

정리하자면 정치부 청와대팀이 취재하는 대상은 대통령만이 아니라 청와대에서 수석이나 그 밑의 일반 비서관으로 복무하며 대통령을 보좌하는 사람들이 된다. 이들은 대통령이 후보자 시절 선거 캠프에 합류했던 사람들이거나 대통령 당선인이 추가로 영입한 인물들이다. 이들의 업무는 청와대의 기본적인 정치적 의사결정과 더불어 관련 법규를 상정하고 의결하는 입법부 및 그 정책을 담당하는 행정부의 정치 및 정책 행위와 밀접한 관계를 맺는다. 이 내용은 언론사 정치부 정당팀 및 다른 부서의 취재 방식에 연계해 확인해보겠다.

3) 국회의원과 국회

일제강점기를 벗어난 뒤 남과 북으로 갈린 한반도에 1948년 5월 31일 제헌국회가 개원했다. 대한민국 국회 홈페이지[2]에 따르면, 5월 10일 국회의원 선거 후 약 3주간의 준비 기간을 거쳐 발족한 이 초대 국회는 그해 7월 1일 대한민국 국호 지정, 17일 헌법 공포를 통해 나라의 근간을 마련하고, 곧장 대통령과 부통령을 뽑으며 8월 15일 대한민국 정부수립을 선포하게 된다. 건국 및 정부수립에 이은 국가 시스템 정비의 토대를 닦은 초대 국회는 기존 합의에 따라 2년의 임기를 채운 뒤 6·25 전쟁 발발 직전인 1950년 5월 31일 개원한 2대 국회로 바통을 넘겼다. 대한민국 국회는 이후 임기

2 https://www.assembly.go.kr/views/cms/assm/assembly/asshistory/asshistory0101.jsp

4년의 국회의원 선출을 통해 민의를 반영한 입법 기구로서 역할을 전개했으나, 정작 통상적인 4년 임기를 단절 없이 꾸준히 이어가기 시작한 것은 1988년 개원한 13대 국회 때부터이다. 4대 국회(1958~1960년)는 4 · 19 혁명, 5대 국회(1960~1963년)는 5 · 16 군사정변, 8대 국회(1971~1972년)는 유신헌법 제정, 9대 국회(1973~1979년)는 유신정우회(유신헌법에 따라 대통령이 추천한 국회의원 중심) 체제 도입 및 저항, 10대 국회(1979~1980년)는 10 · 26 대통령 급서 및 국회 보위 입법회의(10대 국회 해산 직후 대통령이 추천한 의원들이 국회 권한을 대행한 회의) 체제, 12대 국회(1985~1988년)는 6월 항쟁 및 민주화운동 등 정치적 사건에 따라 짧게는 1년여, 길게는 3년이나 6년 동안의 변칙적 의원 임기가 적용됐다. 6대 국회(1963~1967년) 임기도 1963년 12월 17일 개원 1년 전에 공포된 3공화국 헌법에 따라 1967년 6월 30일 만료돼 4년에 이르지 못했다. 비교적 안정적인 임기 전환이 이뤄지기 시작한 13대 이전, 2대에서 12대까지 6~7차례 파행을 겪은 국회는 우여곡절 속에서도 2, 3, 7, 11대 등 4차례에 걸쳐 의원들의 4년 의정 활동을 유지하기도 했다.

대한민국 국회 홈페이지를 비롯한 각종 자료에 따르면, 1948년 업무를 시작한 초대 제헌국회는 2020년 현재의 서울 세종대로 1번지 자리에 일제강점기인 1916년 세워졌던 '조선총독부 건물'을 의사당으로 사용했다. 이 건물은 2대 국회가 6 · 25 전쟁 중 경남도청 내 정치 · 군사 · 수련 목적 건물인 '무덕전(武德殿, 현재의 부산 서구 위치)' 등을 임시 의사당으로 사용하다 환도한 1953년부터 1954년까지 다시 이용됐다. 국회는 1954년 개원한 3대 때 의사당을 현재의 서울시 의회 본관으로 사용 중인 서울 세종대로 125번지 건물로 이사했으며, 9대 임기 중인 1975년 9월에 지금까지 사용하고 있는 서울 여의도 국회의사당으로 옮겨왔다. 초대 및 2대 국회가 의사당으로 사용했던 조선총독부 건물은 1945년 시작된 해방기 미군정 청사와 이승만 초대 대통령의 집무실로도 활용되다가 민족정기 회복의 명목으로 1995년 최종 철거됐으며, 6 · 25 전쟁 중 임시 의사당이었던 부산의 무덕전도 개발 등의 이유로 2004년 철거됐다. 이밖에도 국회의원들의 회의가 열린 장소가 여러 곳 더 있으나, 국회는 70여 년 동안 정치적 사건 등에 따라 이들 4개의 장소를 중심으로 이동하며 국민의 의사를 대표하는 기구로 활동해왔다.

제헌국회의원 200명을 시작으로 최소 175석(6대와 7대), 최대 300석(19대, 20대, 21대)의 의원 수 변화를 겪은 국회는 민의원(233석)과 참의원(58석)으로 잠깐 나뉘었던 5대를 제외하고 모두 단원제를 유지했고, 13개 소속으로 출마한 사람들을 대상으로 9개 정당과 1개 기타 등 총 최대 10개 소속에서 국회의원을 선출한 2대, 6개 소속에서만 당선자가 나왔으나 정당과 무소속을 포함해 최대 15개 소속에서 출마했던 13대 등에서 다양한 민의가 경쟁하며 격동기를 이어가는 중이다. 중앙선거관리위원회 선거통계시스템[3]에 따르면 준(準)연동형 비례대표제라는 방식이 처음 적용된 2020년 4월 15일의 21대 국회의원 선거에는 21개의 정당이 253석을 놓고 경쟁하는 지역구 후보를 냈고, 47석이 배정된 비례대표 의석을 놓고 35개 정당이 출사표를 던져 그 어느 때보다 복잡한 투표가 진행됐다. 선거를 통해 대체로 2~3개 정당이 대다수 의원을 배출하며 여당과 야당을 대표하지만, 국회는 대통령이 소속된 1개의 여당에 비해 여러 개의 당이 혼재한 야당의 전체 의석 수가 많은 여소야대의 구도를 형성하기도 하며 정당 간 역동적인 경쟁을 벌인다. 앞서 거론한 바와 같이 이런 국회를 여당팀과 야당팀으로 나뉜 언론 정당팀이 취재하며, 입법부인 국회가 청와대나 행정부, 사법부 등 다른 권력 기구에 대해 협조와 견제를 진행하는 과정을 보도하면서 국민의 의견을 얼마나 제대로 대표하는가를 감시해왔다.

국회의 본질적인 대표 기능은 입법이다. 헌법에 준거해 국가 작용의 근거가 되는 각종 법률의 제정 및 개정, 폐지를 담당한다. 국민을 대표하는 국회의원과 국회의원이 소속된 정당은 의원 개인의 소신과 소속 정당의 이념 등에 따라 다양한 국가 구성원의 이해관계를 조정하는 입법 행위를 진행한다. 즉 국민은 의원이나 정당이 지향하는 국가 경영의 비전에 따라 선량을 선출하고, 그렇게 뽑힌 국회의원들은 자신들을 뽑은 유권자를 대변해 입법 활동을 하는 것이다. 언론은 법률안 제안, 위원회 심사, 본회의 심의·의결, 대통령 거부권 요구 등의 과정 및 공포 등에 이르는 공식 절차에 따라 채택되고 확정되는지, 더 근본적으로는 국민의 의사를 정당과 그 소속 의원들이 제대로 반영하는지를 취재하고 보도한다. 헌법 개정에 대한 제안이나 각종 조약의 체결 또는 비준 등에 대한 국회의 의결권도 국민에게서 부여받은 권리이며, 언론은 이 권리가 국회의원과 정당의 의무로 승화해 충실히 이행되는지에 대한 감시를 진행한다.

대한민국 국회 홈페이지를 비롯한 각종 자료에 따르면, 입법은 원론적으로 사회 제반 사항을 살펴 국민과 국가의 안녕을 도모하려는 '국회의 제안', 그리고 정책 시행 과정에서 드러나는 문제점을 해결하거나 개선책을 마련하려는 '정부의 발의' 등 크게 두 가지 방식으로 이뤄진다. 이 중 정부 발의에 대한 국회 심의는 의회의 또 다른 기능인 행정부에 대한 감시 및 견제 기능과 맞물린다. 국민의 세금으로 운영되는 행정부가 국민을 위해 봉사하는 업무를 제대로 하고 있는지, 또 그 목적을 위해 내놓은 기존의 법

3 http://info.nec.go.kr/main/main_load.xhtml

률 보완 또는 개선 작업이 타당한지를 보는 것이 서로 연결돼 있기 때문이다. 정부가 발의하는 법률 개선안이나 수정안의 타당성을 살피는 국회의 감독 및 견제 기능은 언론 보도와 연계해 이뤄지는 경우가 많다. 국회의원이 자신의 인적 네트워크를 통해 행정부를 감시하는 데 필요한 정보를 얻기도 하지만, 사회현상을 추적해 보도하는 대중매체의 뉴스가 전반적 상황을 조감하면서 이들에게 신뢰도 높은 정보를 제공하기 때문이다. 국회의원들이 휘하 보좌관이나 비서관 등으로 구성된 사무실 직원들을 동원해 자신의 지역구나 소속된 위원회의 이슈들을 살피는 과정에서 마련되는 국회 제안도 사회현상을 비판적으로 보도하는 대중매체의 뉴스에 기초하는 경우가 많다. 대중매체를 축으로 하는 정치 커뮤니케이션 차원에서 보면, 국민의 안녕을 목적으로 공동체 구성원의 다양한 이해관계를 조정하기 위해 벌이는 입법 활동의 두 가지 방식(국회 제안 및 정부 발의)이 언론의 보도를 통해 활성화된다는 뜻이다. 이는 대중매체의 뉴스가 국회에 주어진 일반 국정 관련 업무 권한, 즉 행정부에 대한 견제 기능을 원활하게 한다는 의미이다. 언론은 이 모든 과정, 다시 말해 행정부의 업무 타당성, 그에 대한 국회의 견제 기능 등을 모두 아울러 취재하며 비판적 보도의 자세를 견지하는 권력 감시의 의무를 수행한다. 그리고 이 과정을 언론이 적극적으로 조망하는 일은 국회 일반 국정의 대표 업무인 국정감사 때 집중된다.

국정감사는 국회가 행정부의 국정 운영 실태를 파악하기 위해 벌이는 정기 심의이다. 2020년 심의 대상 소관 정책 부처를 기준으로 보면, 매년 9월 1일 개시하는 정기국회 전에 시작해 30일 이내의 기간에 걸쳐 진행되는 국정감사를 위해 국회는 국회운영위원회(소관 사항: 대통령비서실, 국가안보실, 대통령 경호처 등), 법제사법위원회(법무부, 법제처, 감사원, 헌법재판소 등), 정무위원회(국무조정실, 국무총리비서실, 국가보훈처, 공정거래위원회, 금융위원회, 국민권익위원회 등), 기획재정위원회(기획재정부, 한국은행 등), 교육위원회(교육부, 각 시도 교육청 등), 과학기술정보방송통신위원회(과학기술정보통신부, 방송통신위원회, 원자력안전위원회), 외교통일위원회(외교부, 통일부, 민주평화통일자문회의), 국방위원회(국방부, 병무청, 방위사업청), 행정안전위원회(행정안전부, 인사혁신처, 중앙선거관리위원회, 경찰청, 소방청), 문화체육관광위원회(문화체육관광부, 문화재청), 농림축산식품해양수산위원회(농림축산식품부, 해양수산부, 농촌진흥청, 산림청, 해양경찰청), 산업통상자원중소벤처기업위원회(산업통상자원부, 중소벤처기업부, 특허청), 보건복지위원회(보건복지부, 식품의약품안전처, 질병관리청), 환경노동위원회(환경부, 고용노동부, 기상청), 국토교통위원회(국토교통부, 행정중심복합도시건설청, 새만금개발청), 정보위원회(국가정보원), 여성가족위원회(여성가족부) 등 17개 상임위원회를 두고 있다. 2020년 9월 현재 대한

<그림 3-5> 대한민국 국회 전체 조직도 (2020년 9월 현재)

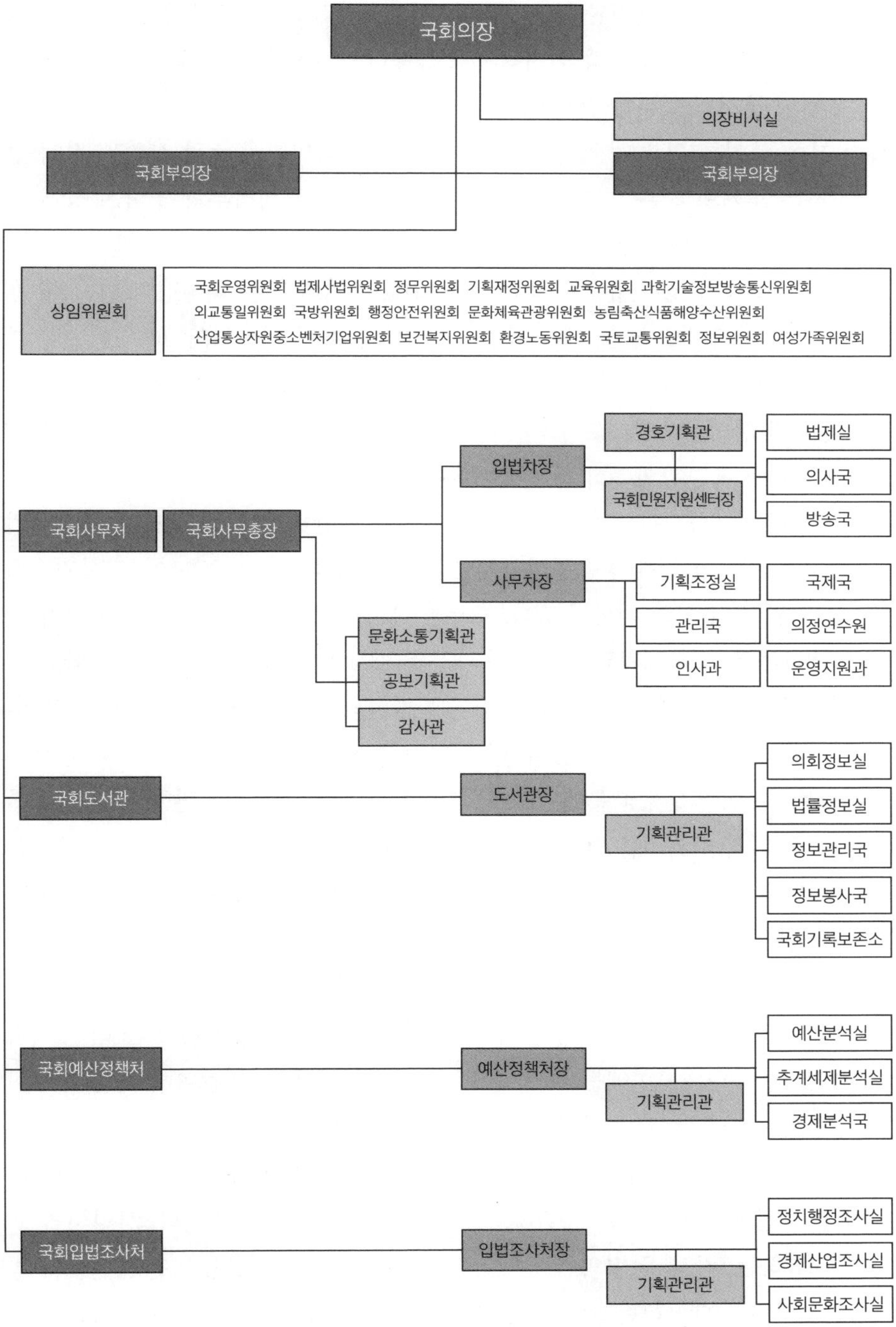

출처: 대한민국 국회(https://assembly.go.kr/views/cms/assm/assembly/assorgani/assorgani06.jsp).

민국 국회 홈페이지에 따르면, 위원 정수 기준 최소 12명(정보위원회)에서 최대 30명(국토교통위원회와 산업통상자원중소벤처기업위원회)에 이르는 개별 상임위원회는 1명의 국회의장과 2명의 국회부의장을 기점으로 활동하는 국회의 국정감사 활동을 진행하며 정책 집행 부서의 업무를 감시하고 견제한다.

특정 분야 심의를 위해 상설적으로 운영되는 상임위원회의 소관 사항은 정책 집행을 담당하는 부처의 전문 영역에 따라 나뉘는데, 대체로 행정부의 조직 구성에 맞춰 구분되며 명칭도 그에 조응하는 경우가 대부분이다. 이들 위원회의 이름과 심의 분야는 특정 대통령의 조각(組閣)에 따라 변동되며, 심지어 같은 대통령의 임기 내 개각(改閣)에 맞춰 바뀌기도 한다. 예를 들면 위 19대 문재인 대통령의 2020년 9월 현재의 재직 기간에 맞춘 국회 상임위원회 중 '기획재정위원회'는 심의 소관 부처가 같은 기획재정부와 한국은행인데도 16대 노무현 대통령 때는 '재정경제위원회'로 불렸다. 2020년 '문화체육관광위원회'는 문화체육관광부만 담당하지만, 노무현 대통령 시기 이름이 유사한 '문화관광위원회'는 방송위원회를 소관 대상으로 뒀으며, 방송위원회는 업무 내용 변화와 함께 방송통신위원회로 명칭이 바뀌어 2020년에 '과학기술정보방송통신위원회'의 심의 대상이 됐다. 노무현 대통령의 민정수석을 지내며 정치적 맥락을 함께하는 것으로 평가되는 문재인 대통령 때도 이전과 비교해 이런 변화를 시도했을 정도인데, 서로 정파성을 달리하는 대통령들의 임기에 등장하는 위원회들의 명칭과 업무의 변화는 말할 것도 없다. 비록 이런 현상이 사회 환경에 따라 여러 분야가 융합과 분리를 이어가기 때문에 나타나는 것일 수도 있지만, 이 변화는 정권을 잡은 세력마다 국가 경영 가치를 달리 두고 있는 점에 기인한 것일 수 있으며, 이런 흐름과 밀접한 관계를 맺는 국회의원과 정당에 대한 국민 지지도를 반영한 결과물이라 해석될 수도 있을 것이다.

정당과 그 소속 의원들은 이런 상임위원회 업무를 통해 자신이 국민으로부터 부여받은 대의 주권을 행사하며 국정 감시 및 입법 활동을 벌여나간다. 조금 더 구체적으로 보자면, 각 상임위원회에는 여러 정당 소속 의원들이 함께 참여해 의원 개인이나 소속 정당의 정치철학 혹은 이념에 입각한 감사 및 심의 활동을 전개하고, 이 과정에서 의원 간 또는 정당 간 갈등과 마찰이 표출되며, 토론과 논의를 통해 이를 해소하는 과정에서 자신들을 지지하는 유권자의 이해를 조율해나가는 것이다. 상임위별로 각 정당을 대표하는 '간사' 국회의원들이 의견을 조정하기도 하지만, 의원 개인이나 정당 간 정쟁은 국민을 대표하는 의견의 경연이기에, 대중매체는 이들의 역동적인 경쟁을 세세하게 국민에게 전하며 정치 커뮤니케이션의 임무를 수행한다. 국정감사가 행정부에 대한 감시 역할 위주로 이뤄지기 때문에 이에 대해 더 자세한 설명은 이 책에서 '광의의 정치' 영역에 있는 것으로 설정한 행정부를 논의할 때 이어가겠다. 앞서 거론한 청와대 조직 중 수석의 업무도 해당 설명에 연계될 수 있기에 그 논의를 소개할 때 관련한 정치 커뮤니케이션의 역동성도 부연할 것이다.

매년 9월 1일 시작해 100일 동안 이어지는 정기국회에서는 이런 국정감사 결과를 활용해 다음 해 예산안을 심의·확정한다. 즉 국정감사가 국회의 또 다른 주요 기능인 국가 예산 책정과 결산 심의로 이어진다는 뜻이다. 정기국회의 예산 심의에는 재적 의원 4분의 1 이상의 요구가 있을 때 특정 사안에 대해 벌이는 국정조사, 이에 연동하거나 또 다른 명분으로 대통령 혹은 국회 재적 의원 4분의 1 이상의 요구가 있을 때 30일 이내의 기간 내에 상시 열릴 수 있는 임시국회의 결과가 반영되기도 한다. 정기국회는 예산·결산을 심의하는 것 외에도 그간 여러 활동을 통해 제안되고 발의된 각종 법률안 등을 처리하며, 정당의 입장 소명과 대정부 질문 등을 진행한다. 이때 언론은 개별 국회의원과 정당이 국가 경영을 위해 경쟁하는 모습을 취재하며, 이 모습을 국민에게 전달하는 역할을 한다.

국회는 이밖에도 외국 의원들을 초청하거나 직접 타국을 방문해 의회 차원의 국가 간 협력을 모색하는 외교 활동을 벌이기도 한다. 특히 국가적 이슈와 연관됐을 때 이런 외교에는 언론의 관심이 집중된다. 독도 문제와 관련한 한·일 갈등 시점에 양국 의원들의 만남이 자주 신문이나 방송 뉴스에 오르내리는 것이 그 사례 중 하나이다. 상임위원회 외에 예산·결산(국회 예산·결산 심의), 윤리(의원 자격 및 징계 심사), 인사청문(헌법에 따라 인사청문이 요청되는 직책 관련자에 대한 심사), 기타(단독 상임위 결정이 불가한 복합적 사안이나 특별 사안에 대한 심사) 등 특별위원회의 업무도 언론이 놓칠 수 없는 사안이다. 대중매체는 또 의원들의 정치 영역 외에도 국회를 구성하고 있는 국회사무처나 도서관, 예산정책처, 입법조사처 등에서 수용자가 관심을 가질 만한 정보들을 찾아 보도하기도 한다. 하지만 여당팀과 야당팀으로 구분된 언론사 정당팀이 1년 내내 관심을 기울이는 것은 각 정당의 정치적 이념과 그 이념을 달성하려는 방법론, 그와 관련한 국민의 반응 등이다. 그것이 국민을 대표하는 국회의원과 정당의 모습이고, 그에 대한 국민의 기대가 충족되는가의 문제는 곧바로 '다양한 이해관계의 조정'이라는 정치의 핵심에 이어지기 때문이다. 언론은 이 부분을 예의주시하면서 여당과 야당을 출입하며 정치인들의 입장을 확인한다. 특정 시기에 열리는 국정감사나 정기국회, 특정 이슈와 관련해 진행되는 국정조사 및 임시국회 등이 언론의 큰 조명을 받지만, 그 밖의 시기에 대중매체 정치부 정당팀 기자들은 개별 정당 당사를 출입하며 국민의 이목

<그림 3-6> 더불어민주당 조직도 (2020년 9월 현재)

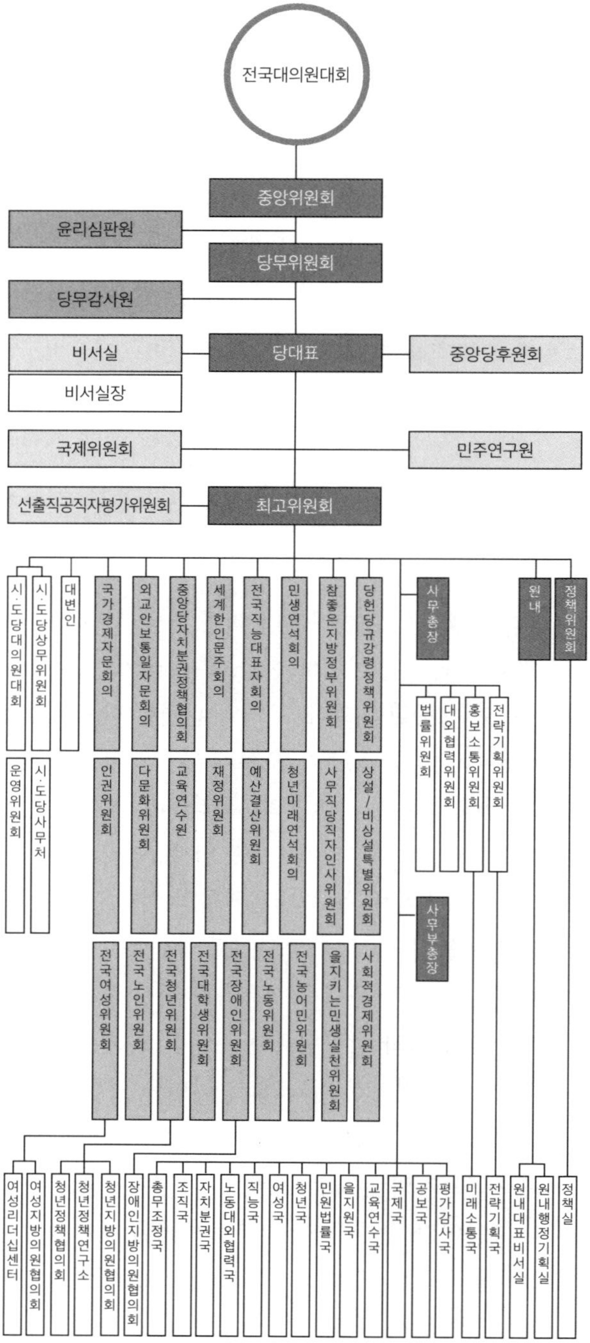

출처: 더불어민주당(https://theminjoo.kr/introduce/location).

<그림 3-7> 국민의힘 조직도 (2020년 9월 현재)

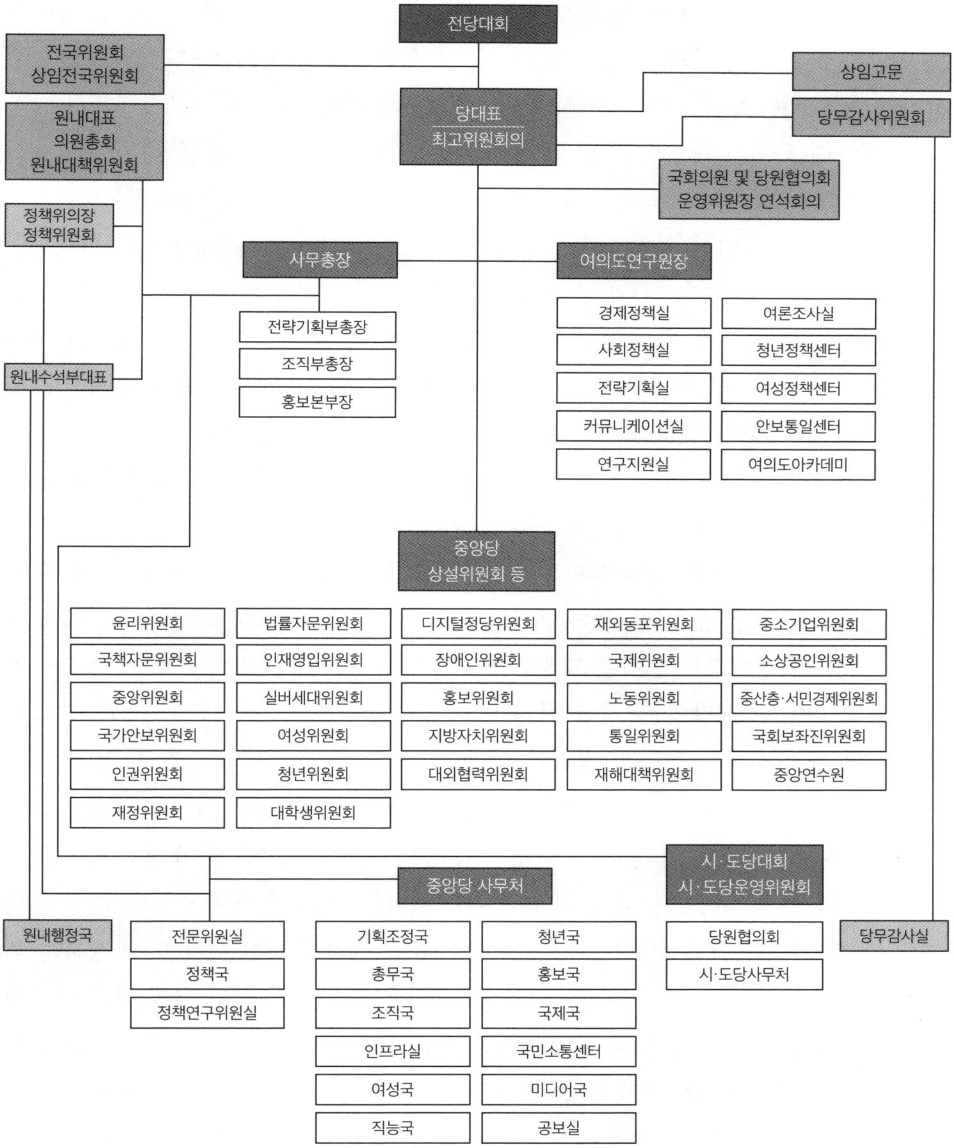

출처: 국민의힘(https://www.peoplepowerparty.kr/renewal/about/organization.do).

을 끄는 이슈를 직접 발굴하고 그 내용을 보도해 정치적 토론을 촉발하는 등 정치 커뮤니케이션의 주요 요체 역할을 하게 된다.

정당팀은 언론사 정치부의 핵심 중 하나이다. 우선 수적 측면에서 25명 내외로 구성되는 정치부 인원의 거의 절반을 차지한다. 또 선거를 통해 대통령을 배출하는 정당을 담당했던 팀장과 팀원이 선거 후에는 정치부의 또 다른 주요 취재 대상인 청와대를 담당하게 된다. 광의의 정치 영역으로 국회 감시의 대상이 되는 행정부 업무도 주시하면서 그 소통의 길목에서 비롯되는 정치적 상황들을 통찰한다. 그렇기에 정당과 정부, 청와대를 잇는 당·정·청의 역학 관계를 모두 조감하며 뉴스를 생산하는 능력도 필요하다. 정당팀은 그 취재의 출발점을 자신들이 출입하는 정당에서 찾는다.

여당팀이건 야당팀이건 그들이 우선 주목하는 취재 대상은 당 대표, 당3역(黨3役), 최고위원 등이다. 2020년 9월 현재 여당인 더불어민주당과 제1야당인 국민의힘 당헌과 당규 등에 따르면, 당 대표는 명실공히 정당을 대표하며 당의 이념 성취를 위해 당원들을 통합하고 이끄는 당수(黨首)를 말한다. 과거에는 총재(總裁)라고 불리기도 했다. 당원은 그 정당의 강령과 기본 정책을 지지하며 정치적 목적 달성에 동참하기 위해 당규에 정한 절차에 따라 입당한 사람이다. 국회의원뿐 아니라 당비 등을 내고 당에 소속돼 정책 입안과 의사결정에 참여할 권리를 가지는 모든 사람을 말한다. 당 대표는 일반적으로 이들 당원에 의해 또는 당원을 대표하는 전국대의원회 등을 통해 선출되고, 전국 당원을 대표하는 전국대의원대회의 의장이 되며, 이 대의기구에 의해 제안된 사안을 결정하고 집행하는 당무위원회의 통할권을 갖는다. 간단히 정당을 국가에 대비해보면, 한 정당의 당 대표 지위는 한 국가의 대통령 지위와 유사하다. 그렇기에 당 대표를 취재하는 것은 그 정당의 전체를 조감하는 것과 같다고 볼 수 있다.

당원 전체를 대표하는 당 대표와 달리, 선거를 통해 국회의원이 된 해당 정당 소속 당원들을 대표하는 사람이 원내 대표이다. 즉 원내 대표는 국민을 대표해 국회에 진출한 소속 정당 국회의원 중에서 선출되며, 국회 내, 다시 말해 원내에서 같은 정당 의원들을 통솔하고 당을 대표해 다른 정당 원내 대표와 정치적 입장을 타협·조정하는 역할을 맡는다. 일정한 자격을 갖춘 특정 정당의 당원이 다른 정당의 당원 등과 정치적 입장과 공약을 놓고 정당 외부에서 겨루는 의원 선거는 유권자가 그 정당 또는 특정 후보를 지지하는 결과를 보여준다. 이 과정을 통해 일반 국민의 평가를 받아 특정 정당 소속 국회의원이 된 사람 중에서 그 정당의 원내 대표가 나온다. 국회의원들의 정치 행위는 앞서 거론된 바와 같이 국가의 운영 규칙인 법안을 결정하고 심의하는 중차대한 업무이기에, 한 정당에서 이들 국회의원을 대표하는 역할의 중요성은 따로 말할 필요가 없을 정도이다.

원내 대표는 2000년대 초반까지 원내 총무라는 이름으로 불렸으나, 그 대표성을 존중하는 차원에서 점차 현재의 이름으로 바뀌어 불리기 시작했다. 원내 대표는 원칙상 당적과 무관하게 집단적 입장을 조정할 만한 능력이 인정되는 교섭단체(20명 이상의 의원으로 구성되고, 소속 의원들의 의사를 통합해 외부와 의견을 조정하는 단체)를 대표하는 자리이기에 꼭 정당에 소속될 필요는 없으나, 서로 다른 정당 소속 또는 무소속 의원들 20명 이상이 모여 단체를 꾸리는 경우는 거의 없고, 같은 뜻을 보이는 20명 이상의 의원들은 한 정당을 만들거나 특정 정당에 소속돼 있기에 대체로 원내 대표는 선거를 통해 국회의원이 된 특정 정당 소속 당원들을 대표하는 사람이 된다. 만약 서로 다른 정당 소속 또는 무소속 의원들 20명 이상이 모여 교섭단체를 꾸려 활동한다면 그 자체로 엄청난 정치 뉴스가 될 것이다.

이 '원내 대표'를 포함해 당의 조직을 관리하고 당 내부에서 벌어지는 업무를 총괄하는 '사무총장', 정당이 제시하는 모든 법안의 기초가 될 이념을 정립하고 기본 정책 등을 연구하는 정책위원회를 총괄하는 '정책위의장' 등 3명을 '당3역'이라고 한다. 2020년 현재 주요 정당의 당헌 및 당규 등에 따르면 사무총장은 당의 정책 집행에 필요한 예산을 다루는 자리이며, 국회의원 후보자 공천에 연관된 업무를 담당하면서 실질적으로 당이 원활하게 작동할 수 있게 하는 역할을 맡는다. 한편 당이 지향하는 특정한 가치와 정치 목적을 근본적 원칙과 시대적 요청에 맞게 제시하는 정책위의장의 임무는 민주주의 국가에서 국민을 설득해 많은 당원을 확보하거나 지지를 얻는 것이다. 정당에 따라 별도의 연구소를 두고 이슈나 영역에 따라 정책을 개발하기도 하지만, 이런 연구 결과들은 개별 정책위원회 업무와 긴밀한 관계를 유지한다. 정책위의장의 일은 당의 철학과 이념이라는 이론적 측면에서, 사무총장의 업무는 그 철학과 이념이 구동하도록 만드는 방법론적 측면에서 정당을 세우고 이끄는 두 축이 된다.

정책위의장과 사무총장의 임무는 결국 이론과 방법론을 갖고 국회라는 정치 경연장에서 소속 의원들을 이끌며 다른 정당 의원들과의 경쟁을 진두지휘하는 원내 대표의 역할에 힘을 실어주는 것이라 할 수 있겠다. 이들 당3역의 활동은 최종적으로 국회의 각종 상임위원회 심의가 펼쳐지는 국정감사나 정기국회, 특정 사안에 따라 전개되는 국정조사나 임시국회에서 소속 정당 의원들의 정치 행위의 안내판이 되며, 이 과정에서 전체 당의 우두머리인 당수와 연계하며 전국 단위 당원과 호흡을 함께해, 한 정당이 구동하게 만드는 핵심축이 된다. 이런 업무가 늘 진행되는 정당을 평소 취재하는 것은 대중매체 정치부가 반드시 예의주시해야 할 필수 역할이다. 그래야만 국회에서 벌어지는 정당 간의 정치 경쟁, 그리고 그를 지지하거나 비판하는 국민의 의사를 확인하는 정치 커뮤니케이션의 담당자 역할을 제대로 할 수 있기 때문이다.

정당팀이 또 중요하게 관심을 두는 취재 대상으로 최고위원이 있다. 2020년 현재 주요 정당의 당헌 및 당규 등에 따르면, 최고위원은 정당의 대의기구인 전국대의원대회 혹은 당원 전체가 참여하는 전당대회에서 선출되거나, 당 대표의 지명과 특정 회의의 인준 등을 거쳐 선임되는 당원으로, 당의 노선을 결정하거나 구체적인 정책과 예산 등 정당의 전체 업무 집행을 최종 결정하고 감독하는 최고위원회 소속이다. 최고위원회에는 일반적으로 이들과 더불어 당 대표와 원내 대표가 포함된다. 최고위원은 결국 당 대표나 원내 대표에 버금갈 정도로 중요한 존재이다. 정당 구조나 당규에 따라 차이는 있으나, 5~10명 정도인 최고위원은 국회의원뿐 아니라 사회적 영향력이 있는 인사들도 될 수 있다. 이들 원외 인사들은 과거 국회의원 경력이 있거나 새로 국회에 진입할 역량이 있는 인물들로, 국민의 지지가 사회적으로 입증된 이들의 의사는 정당의 정치적 결정에 큰 힘을 실어줄 수 있다. 정당은 최고위원을 대표하는 인물을 대표최고위원으로 두고, 대표최고위원을 통해 최고위원들이 합의한 의사를 표출하기도 한다. 이들의 직책과 권한은 전체 정당의 경영에 직접적 영향을 미칠 수 있기에 언론사의 정치 담당 기자들은 이들의 말과 행동에 늘 귀를 기울인다.

사실 대중매체는 평상시 개별 현안을 둘러싸고 중요 정치인이나 각 정당 파벌의 주요 의견을 취재해 보도하기도 한다. 국회 회기 중에는 주요 의제를 선정, 의제에 대해 집중 보도를 하는 것이 일반적이기도 하다. 가끔 국회 도서관 등 국회의원의 의정 활동과 직접적인 관계가 없는 곳에서 의외의 특종이 나오고, 이 특종이 새로운 정치 의제를 형성해나가는 측면도 없지 않다. 하지만 이들은 주로 앞서 언급한 정당이나 인물들, 회의나 과정 등을 최우선으로 두며, 이들을 중심으로 여타 정치적 이슈들을 연계해 뉴스를 생산한다.

4) 통일·외교·안보 행정 부처

5명 내외의 청와대 출입 기자들만으로 대통령과 비서관들의 업무 관련 뉴스를 모두 취재하기는 어렵다. 10여 명의 정당팀 기자들도 국회 내 업무를 다루는 의원들, 정기 및 임시국회, 국회 밖에서 활동하는 각 정당 소속 주요 인물들의 정치 행위를 모두 확인해 보도하지는 못한다. 또 청와대팀과 정당팀이 각각 맡는 청와대 직무와 입법부 활동은 행정부, 사법부 등 다른 권력 기구와 협조 및 견제 관계를 구축하며 연계되기에, 사회 전반에 걸쳐 복잡하게 펼쳐진 이슈를 다룰 때는 정치부 소속 기자들끼리는 물론 편집국 내 다른 부서의 기자들과도 손발을 맞출 수밖에 없다. 게다가 2000년을 전후해 등장한 인터넷 등과 연계하며 이미 일반화한 새 커뮤니케이션 환경은 압력 단체로 대표되는 일반 시민들이 청와대, 국회, 행정부, 사법부 등과의 소통을 촉진하면서, 정치부와 여타 부서 등에 소속된 기자들의 관련 내용 취재 협업은 더 확대되는 추세이다. 이런 현상을 반영해 여기서는 우선 국가 존립과 관련해 예민한 안보 문제를 다루는 정치부 정부팀 기자들의 취재 활동을 설명하겠다. 앞서 소개한 방송사 정치부 조직도(<그림 3-2> 참조)에 나타나지는 않지만, 그 아래 주석을 통해 소개한 해당 언론사 '통일외교부' 소속 기자들의 업무도 이 설명에 연계된다.

안보는 국내뿐 아니라 국제적인 문제가 함께 연관되는데, 이 영역을 다루는 정치부 정부팀 기자들은 같은 부서 내 청와대팀, 정당팀은 물론 특정 이슈와 분야를 담당하는 언론사의 여타 부서와 협업도 필수적으로 진행한다. 여기서는 우선 정치부 정부팀이 집중하는 영역을 중심으로 언론사의 취재 활동을 설명하고, 대부분의 행정부 조직 및 사법부 등 다른 권력 기관이나 시민사회단체와 관련된 뉴스를 위해 다양한 영역의 기자들과 호흡을 맞추는 부분은 이후 광의의 정치 뉴스를 다룰 때 더 부연하기로 하겠다. 여기에 연계해 앞서 거론한 정치부 정당팀과의 협조도 광의의 정치 뉴스를 다루는 과정에서 더 설명될 것이다. 단 대한민국의 안보와 관련해 외국과의 관계를 다루는 언론사 국제부의 취재는 이곳에서 함께 거론한다.

우선 조직을 구분하는 도식적 차원에서 보자면, 청와대와 국회를 벗어난 정치 영역 중 언론사 정치부가 취재하는 행정 부처, 즉 정부팀 담당 행정부는 총리실과 통일부, 국방부, 외교부 등이 대표적이다. 이 중 우리나라의 총리실은 국정을 총괄하며 대통령을 보좌하는 곳이다. 대통령이 있는 청와대가 국민의 다양한 이해관계를 조정하며 조화를 추구하는 정치적 통치의 업무를 수행한다면, 국무총리가 수장으로 있는 총리실은 정치적 의사결정을 실행에 옮겨 집행하는 행정부의 모든 직무를 조정하고 통솔한다고 볼 수 있다. 행정안전부 국가기록원(2020) 등에 따르면, 1948년 정부수립 당시 대통령중심제에 내각책임제 요소를 혼합해 탄생한 한국의 국무총리제도는, 4대 윤보선 대통령의 2공화국 때 내각책임제 중심의 시스템을 마련하면서 1년여 동안 장면 총리가 대통령의 권한으로부터 독립적으로 행정 전반을 지휘했던 적도 있으나, 지난 70여 년 동안 대체로 대통령의 국정을 지원하는 체제를 유지했다. 국무총리는 2020년 1월 기준으로 18부-5처-17청(기획재정부, 교육부, 문화체육관광부 등 18개 부와 법제처, 식품의약품안전처 등 5개 처, 국세청, 경찰청 등 17개 청)으로 구성된 행정부의 전반 업무를 총괄한다. 업무 영역에 따라 세분화한 이들 행정 부처의 직무는 나중에 경제부나 사회부, 문화부 등 언론사의 취재 부서가 각각 구분해 취재 활동을 벌이지만, 이들을 통합 지휘하는 총리실은 정치와 행정을 연결하는 정무적 판단에 이어지는 경우가 많아 정치부 정부팀이 맡는다. 즉 청와대의 정치적 결정이 개별 행정 부처의 정책적 집행으로 진행되는 길목에서 정무적 조율을 담당하는 부분을 정치부 기자들이 취재해 보도한다는 뜻이다. 예를 들어 특정 정책에 대한 청와대의 의사결정 배경 등이 정치부 청와대팀에 의해 확인되고, 정치부 정부팀 기자가 총리실의 정책 실행 지시 내용이 그 배경 등과 부합하는지 또는 그 배경이 실제 집행과 어떤 마찰이 있을 수 있는지 등을 취재해 수용자에게 전달하게 된다는 것이다. 이때 언론사의 청와대팀과 정부팀 총리실 출입 기자들은 서로 정보를 공유하며 협동 취재를 진행한다.

정책을 총괄하는 총리실 외에 정치부 정부팀이 담당하는 개별 행정 부처는 통일부, 국방부, 외교부, 국가정보원 등인데, 이들의 취재 영역은 특히 국가 안보와 연관된 분야로 볼 수 있다.[4] 대통령중심제에 내각제 요소가 가미된 우리나라 정치 시스템은 실제 연계 과정에서 더욱 복잡한 형태를 띠게 된다. 대통령과 국무총리가 협업하는 국내 전체 정부의 구조는 앞서 언급한 18부-5처-17청 외에 2원(국가정보원과 감사원)-4실(대통령비서실, 국가안보실, 국무조정실, 국무총리비서실)-6위원회(방송통신위원회, 국가인권위원회, 공정거래위원회, 금융위원회, 국민권익위원회, 원자력안전위원회)까지 포괄한다. 일부는 대통령 직속이고, 다른 일부는 국무총리 소관이며, 여기서 가리키는 '실'과 '위원회'는 대통령비서실 소속 '실'과 다른 위치를 갖는 등 일반인이 이해하기에는 대단히 복잡한 구조 속에서 업무 진행이 이뤄진다.

이 중 대통령 직속 참모기관인 국가안보실은 정치부 청와대팀이 담당하지만, 북한 문제와 관련한 실질적 안보 정책 집행 등이 이뤄지는 국방부나 통일부는 정치부 정부팀의 취재 대상이 되기도 한다. 핵(核)이나 남북 경제 협력, 이산가족 상봉 등과 관련한 청와대의 정치적 결단을 청와대팀이 확인하고, 정부팀은 그 결정과 관련돼 이들 부처가 직접 수행하는 업무를 보도한다고 보면 되겠다. 총리실 관련 보도에 대한 청와대팀과 정부팀의 상호 정보 교환과 같은 차원의 협업이라 보면 이해가 빠를 것이다. 국방부의 경우 원래는 대개 사회부 소속 기자가 관련 뉴스를 담당해왔는데, 2010년을 전후해 총괄적인 북한 관련 대책을 마련해야 한다는 요구가 있었고, 이에 조응해 2013년 청와대 산하에 국가안보실이 발족하면서 언론사 역시 이에 대응하는 취재 역량을 결집하기 위해 국방부 담당이 사회부에서 정치부로 옮겨오는 추세가 활발해졌다. 1969년 설립된 국토통일원이 1998년 통일부로 확대 개편되면서 통일부 역시 복잡

4 언론사에 따라 일부 취재 대상에 차이가 있을 수 있다. 앞서 <그림 3-2>에서 소개한 방송사 보도국의 경우, 총리실과 국가정보원은 정치부 청와대팀이 맡는다.

하고 예민한 국내 및 국제 문제와 연계된 정치적 문제를 담당했고, 언론사 정치부 정부팀 또는 별도로 움직이는 팀이 특별히 담당하는 정부 부처로 확실하게 자리매김하고 있다. 유사한 배경에서, 중앙정보부와 국가안전기획부를 거쳐 변신한 국가정보원 역시 그 업무를 어느 차원에서 다루느냐에 따라 언론사별로 청와대팀이나 정부팀이 분업과 협업을 통해 취재와 보도를 담당한다.

이들과 연계한 외교부는 특히 국제 문제와 연관된 청와대의 정치적 의사결정을 이행하는 부처로, 업무 영역이 북한과 미국, 일본, 중국, 러시아 등 한반도와 그 주변 국가를 둘러싼 안보 분야를 다루기에 국방 및 통일 문제와 밀접하게 연결돼 정치부 정부팀이 취재와 보도를 담당하고 있다. 1948년 정부수립 당시 외교와 경제, 재외교민 보호 등의 목적으로 설립된 외무부가 1998년 국제 통상 업무까지 포괄하는 외교통상부로 변화했다가, 통상 분야를 산업통상자원부로 이관하면서 2013년 현재의 이름을 갖게 된 외교부는 복합적인 안보 문제와 연계된 업무에 집중하는 업무 특성상 정치부 정부팀의 주요 취재 대상이 됐다. 현재 통상 업무를 담당하는 산업통상자원부는 언론사 경제부가 주로 취재한다. 이렇듯 국제 정치와 국내 및 북한 상황에 따라 언론사 정치부 정부팀의 취재 대상은 변화를 거듭해왔지만, 기본적으로 정치부 정부팀은 정치부 청와대팀과 보조를 맞추며 종합적인 정치 관련 뉴스를 생산하는 대중매체 관련 정치 커뮤니케이션의 골격을 충실히 유지한다.

도식적인 행정부 구분 또는 이에 연동한 언론사 출입처 분류에 따라 정치부 정부팀 취재 영역에 포함되는 외교부의 뉴스는 다뤄지는 이슈의 국제적 성격 때문에 종종 언론사 국제부의 보도와 연계하는 경우가 많다. 간단히 보면, 특정 이슈에 대한 국내의 시각은 정치부 정부팀이 취재하고, 해외의 입장은 국제부, 특히 특파원들의 보도에 의존한다고 여기면 되겠다. 조금 더 확대해보면, 국제적 이슈에 대한 국내 입장은 일차적으로 정치부 정부팀 중 외교부를 출입하는 기자가 맡고, 여기에 대한 청와대나 각 정당의 접근은 청와대팀과 정당팀이 담당하는 구조를 확인할 수 있다. 즉 중앙일간지를 기준으로 했을 때 서울에 본부를 둔 본사 편집국 정치부가 국내 입장을 취재해 보도한다는 것이다. 여기에 연동한 해외의 시각은 국제부 담당이다. 본사 국제부 기자들이 해외 통신사나 주요 언론사를 통해 확인하기도 하지만, 국내의 입장과 연계한 세부적 사안들은 해외에 파견된 특파원들이 직접 현지 취재원을 통해 얻은 정보를 담아 보도하게 된다.

국제 이슈가 유럽이나 남미, 아프리카 등 우리나라에서 멀리 떨어진 곳에서 발생한 자연재해 또는 인재 사고의 경우라면 외국 뉴스 기관의 정보를 번역해 전달하는 수준에 그칠 수도 있다. 하지만 국내 경제나 정치와 연관된 내용, 예를 들어 유럽연합(EU)의 전 세계적 관세 문제나 한국과의 정치적 연맹 등에 대한 뉴스는 국내 편집국 정치부와 국제부는 물론, 국제부 소속 현장 특파원의 취재가 필요하다. 여기에 해당 문제를 다루는 국내 편집국 여타 부서의 시각도 버무려진다. 이슈가 미국이나 중국, 일본이나 러시아 등 한반도 주변 국가의 문제에 연관되면 국제부의 협조는 더욱 절실한 것이 대부분이다. 특히 북한과 연루된 이슈들은 통일부를 출입하는 정치부 정부팀 등의 취재가 거의 빠지지 않고 들어가게 된다. 여기에 현지 특파원 보도가 종합되는데, 단순히 각국 정부의 공식 발표만 담기는 것이 아니라 각 지역의 영향력 있는 정치인이나 전문가의 입장이 특파원 취재를 통해 수용자에게 전달됨으로써 국민이 입체적인 상황을 판단할 수 있게 돕는다. 그렇기에 안보 문제를 비롯해 국가 존립에 민감한 이슈를 다루는 정치부 정부팀의 취재에는 국제부의 협조가 필수적으로 들어가는 경우가 많고, 이는 그런 이슈와 깊숙이 연계하는 국가에 특파원들이 집중적으로 파견되는 이유가 된다.

여기서 확인할 수 있는 것은 한 국가의 정치 커뮤니케이션이 그 국가의 내부에서만 형성되지 않는다는 점이다. 특히 국제 관계가 요동치는 현대 정치 상황에서는 더욱 그렇다. 대중매체의 보도 현상도 여기에 이어지며, 이때 국제부의 역할이 중요해진다. 특히 국내 정치에 영향을 끼칠 수 있는 주요 국가에 파견되는 특파원의 경력을 보면 언론사 정치부와 국제부의 관계를 이해하는 데 도움이 될 수 있을 것이다. 일반적으로 국내 언론사들은 미국 워싱턴과 중국 북경, 일본 동경에 특파원 사무실을 운영한다. 각 대중매체의 사정에 따라 약간의 차이가 있지만, 이들 수도에 모든 언론사가 특파원을 거의 필수로 두는데, 이 수도들에 각국 정치 행위의 중심인 대통령, 서기, 총리 등 국가 지도자와 의회 및 행정부가 위치하기 때문이다. 이 때문에 수도에 파견된 특파원들은 대부분 정치 현상에 익숙한 정치부 출신들이다. 각 언론사에서 청와대나 정당, 외교나 안보 문제 관련 영역을 담당하며 정치 보도 경력을 쌓았던 기자들이 출국 전 편집국 국제부에서 일정 기간 근무하며 파견 국가의 언어와 풍습 등을 익힌 뒤 현장에 배치되는 경우가 많다. 그래야 정치 문제를 중심으로 얽힌 정보를 정확히 읽고 보도할 수 있기 때문이다.

사실 우리나라와 맺는 관계의 중요도에 따라 해당 국가에 파견되는 특파원 수와 그들이 담당하는 영역의 종류가 달라진다. 미국은 수도 워싱턴 외에 뉴욕에도 특파원을 두는 경우가 많은데, 경제와 상업의 중심지인 뉴욕에는 주로 경제부나 산업부 출신 기자들이 특파원으로 파견된다. 일본은 우리나라 서울처럼 동경에 경제와 산업을 총괄하는 기관과 단체, 기업들이 몰려 있어, 정치부 출신 특파원과 함께 경제부나 산업부 출신 특파원이 한 사무실에서 근무하는 경우가 적지 않다. 중국으로는 과거에 북경 외에도 경제 중심지인 상해나 홍콩으로 경제부 및 산업부 출신 특파원을 파견했으나, 1998년 터진 IMF 경제 위기 이후 많은 언론사가 점차 이들 지역의 특파원을 철수시켰다가, 이후 각 매체의 사정에 따라 조금씩 다시 배치하고 있다. 모스크바에 파견됐던 러시아 특파원 역시 같은 이유로 2000년을 전후해 많은 수가 철수하면서 한동안 국가 기간 통신사인 연합뉴스나 KBS 등 국가가 운영하는 언론사 위주로 일부 특파원들이 명맥을 유지하다가 이후 다시 몇몇 매체들을 시작으로 서서히 현지 활동이 재개됐다. 유럽의 경우에는 과거 영국 런던이나 독일 베를린 등지에도 특파원을 뒀지만, 현재는 주로 프랑스 파리를 중심으로 활동하는 특파원들이 주를 이루고, 언론사의 경제적 사정 등에 맞춰 특파원 운영에 변주가 가해진다. 1993년 경제 협력 등을 목표로 유럽연합(EU)이 공식 출범하고 2000년대를 전후해 관련 국가들의 정치적 연대 색채가 더욱 강해지면서, 문화부 경력의 기자들이 파리 중심의 유럽 특파원으로 배치되던 이전에 비해 최근에는 경제부나 정치부 출신 기자들이 파견되는 경우가 늘고 있는 것도 하나의 특징으로 볼 수 있다. 과거에 특파원들이 활동하다가 철수한 지역, 또는 한반도 주변 국가를 제외하고 지리적으로 우리나라와 멀리 떨어진 지역, 예를 들어 중동이나 중남미에 있는 국가에는 일부 국가기간 언론사들이 특파원을 운영하거나, 일반 언론사들과 자체적으로 계약을 맺은 통신원들이 프리랜서 자격으로 정보를 전달하기도 한다.

비록 국제부가 전통적인 언론사 정치부의 청와대팀, 정당팀, 정부팀의 취재 및 보도 방식과 다른 형태로 뉴스를 다루고, 한국 특파원들의 추가 자질 개발 필요성 등이 거론되기도 하지만, 우리나라의 안보나 국가 존립에 필요한 이슈와 관련해서는 정치부와의 협동 취재가 그 무엇보다도 중요하게 다뤄진다는 차원에서 정치부의 뉴스 생산에 이어 국제부의 활동을 여기서 부연했다. 이상의 정치부 정부팀 취재, 또는 이와 연계한 국제부 보도는 결국 편집국 내 다른 부서와 정치부 전체의 협동 취재 과정을 들여다보면서 그 성격이 더 확연해질 수 있다. 해당 부분에 대한 이해는 뒤의 광의의 정치 뉴스 소개에서 확인해보도록 하자.

2. 광의의 정치 뉴스

광의의 정치는 임명이나 시험, 사회·문화적 동의 등을 통해 앞서 소개한 거버먼트 또는 거버넌스 과정(김구, 2005; 이문수, 2009; 윤석민, 2020; Peters & Pierre, 1998; Rhodes, 1996; Rosenau, Czempiel, & Smith, 1992)에 참여한 사람들의 권력 확보 및 유지 행위와 연관돼 있다. 한국을 예로 들면, 협의의 정치에서 먼저 거론된 선출직 권력자들, 즉 국가수반이나 국회의원들과 달리 행정직 공무원 시험이나 사법시험 또는 법학전문대학원 과정 등을 거친 뒤 일정한 자격시험을 통과해 정책에 영향을 미치거나 통제권을 유지하는 과정에 뛰어든 사람들이 행사하는 행위가 대표적이다. 간단히 보자면 행정부나 사법부 관료들이 이런 일을 한다. 단편적으로 드러나는 인물들로는 대부분 정무직 공무원인 장관이나 차관, 또는 개개인의 독립적 판단이 보장된 법관 등을 들 수 있겠다. 거칠게라도 정치 개념을 구분해 적용하자면, 협의의 정치에 등장하는 '선출직'이 주로 '공동체 구성원들의 다양한 이해관계를 조정'하는 역할에 치중하는 반면, 광의의 정치에 포함된 '관료'들은 그렇게 조정된 내용의 '통제'를 담당한다고 볼 수 있다. 또 선출직이 권력 획득에 더 관심을 가진다면, 관료는 선거 등의 방식을 통해 합의된 권력을 유지하는 역할을 보조한다. 이 '권력'은 원론적 차원에서 헌법에 기초해 국가가 보장하는 위상을 가질 수도 있고, 상황적 차원에서 선거 결과를 토대로 특정 정권이 지향하는 정책 방향에 의해 마련되기도 한다. 이런 현상은 정치 관련 정보를 전달하는 대중매체의 시각에서 봤을 때, 18세기 몽테스키외(Montesquieu) 저술의 『법의 정신(*De l'esprit des lois*)』에 등장하는 '삼권분립'이 정치의 진화에 적용되는 과정에서 복잡하게 전개된 결과물로 해석할 수 있다(Altschull, 1990). 즉 철저한 균형이 요구되는 입법, 사법, 행정의 영역이 권력의 획득 및 통제, 이를 통한 국가 유지라는 복합적 정치 상황과 맞물리면서 때로는 혼탁하게, 또 다르게는 미묘한 견제를 축으로 함께 구동하고 있다는 뜻이다.

현대 정치에서는 3부의 관계에 머물렀던 이런 현상의 외연이 더 넓어진다. 인구 증가와 더불어 사회가 질적·양적인 면에서 팽창함에 따라 입법·사법·행정 등 중앙 권력에 위임했던 권력을 일반 시민들이 행사하고자 하는 의지와 방법이 다양해졌기 때문이다(Anderson, 1996; Rheingold, 2000; Rodee, Anderson, Christol, & Greene, 1983). 이들은 적극적인 의사 개진과 정책 참여 등을 통해 과거 피동적인 수용자의 모습에서 능동적인 정치 행위자로 재탄생했다(Norris, 2001; Power, Kubey, & Kiousis, 2002). 혼탁해지는 선량 선출 및 의사결정 과정, 3부 권력가들의 음모적 결탁 등에 대한 감시자를 자처한 시민들은 자신의 이익을 대변하기 위해 직접 단체를 구성하며 현실 정치에 뛰어들기 시작했고, 새로운 커뮤니케이션 기술은 이들의 참여를 더욱 부채질했다(황용석, 2006; Bimber, 2001; Davis, 1999; Wanta, 1997b). 일반 시민들의 정치 행위는 대중매체 관련 뉴스의 중요 축으로 부상했을 뿐 아니라, 과거 단순 정보 수용자의 모습을 띠던 이들의 행동은 언론 보도의 방향에 영향을 끼칠 정도로 힘을 얻었다(이건호 외, 2013; Sampedro, 2000; Montgomery, 1986). 광의의 정치 참여자는 결국 행정부나 사법부의 관료뿐 아니라 시민사회의 압력 단체는 물론 이들 조직에 소속돼 적극적으로 활동하는 공동체의 개별 구성원까지 포함하게 된다.

정리하자면 이 책에서는 선출직인 대통령과 의원들의 활동 영역 밖에서, 하지만 이들의 활동과 연계한 권력의 확보와 유지를 위해 행정부와 사법부, 시민사회단체가 벌이는 행위를 '광의의 정치'로 규정하고, 이 행위를 취재하고 보도하는 대중매체의 뉴스를 '광의의 정치 뉴스'로 본다. 물론 더 큰 틀에서 정치와 정치 뉴스를 논할 수 있지만, 현대 대중매체가 집중하는 정치 영역의 뉴스를 살펴보는 차원에서 우선 이처럼 제한적인 틀을 두고, 이후 사례에 따라 특별 현상을 부연하는 방향으로 설명을 전개해나가겠다.

1) 광의의 정치 뉴스와 대중매체 담당 부서

대통령과 청와대, 국회와 국회의원, 행정부의 통일·외교·안보 행정 부처 등 정치부 청와대팀, 정당팀, 정부팀이 담당하는 영역 이외에 '정치'와 관련된 내용 취재에는 신문사 편집국이나 방송사 보도국 등에서 뉴스를 다루는 여타 부서가 참여한다. 한국의 중앙일간지 뉴스룸이 200~300명의 기자로 구성된다고 봤을 때, 이 중 40% 내외에 해당하는 편집 기자를 제외한 취재 요원 전체가 정치 관련 정보를 다룬다고 보면 된다. 취재 기자의 수는 결국 약 120명에서 180명이 되는데, 여기서 정치부 기자들을 뺀 수가 광의의 정치 뉴스를 생산하는 것이다. 뉴스 생산 체계상 많은 수의 영상 기자들이 배치되는 방송사에서도 전체 보도국 취재 기자 중 정치부 기자들을 제외한 사람들이 다 광의의 정치 뉴스를 다룬다고 보면 된다. 구체적으로 보자면, 이 기자들은 사회부, 경제부, 산업부, 국제부, 문화부, 체육부 등에 소속돼 있고, 사진부나 영상부는 상황에 따라 이들 일반 취재 부서 기자들과 함께 움직인다. 이들에게 구동하는 에디터 제도 혹은 부서 체제 운영, 데스크와 평기자의 관계, 팀이나 개별 기자 배치 등의 체계는 앞서 협의의 정치 뉴스를 담당하는 정치부를 소개할 때 설명된 바와 다르지 않다.

단 정치부를 제외한 이들 부서는 평소 정치 문제만을 다루지 않고, 자신들이 담당하는 영역에 집중한다. 예를 들어 평상시 사회부 기동팀 또는 경찰팀 소속 기자들이 각종 사건 및 사고, 미담 등을 다루고, 검찰청과 법원을 출입하는 법조팀은 일반 생활에 연관된 형사나 민사소송, 또는 이와 관련된 판결 등을 보도한다. 2020년 정부 조직 기준으로 봤을 때, 사회부가 맡는 교육부나 법무부, 행정안전부, 보건복지부, 환경부, 고용노동부, 여성가족부, 국토교통부의 정책 소개, 업무 비판 등은 정치 이슈와 관련이 없는 경우가 많다.

기획재정부, 과학기술정보통신부, 농림축산식품부, 산업통상자원부, 해양수산부, 중소벤처기업부 등 언론사 경제부가 담당하는 정부 부처나 그 소속 기관들의 업무도 평소에는 대부분 국민 생활과 관련 있는 정책에 연관해 신문 지면이나 방송 뉴스에 등장한다. 종종 한 정부 부처가 복합적 업무를 다루는 경우에는 언론사의 여러 부서가 함께 출입하며 기사를 생산한다. 예를 들어 국토교통부가 담당하는 국토 개발 등의 문제는 경제부, 교통 정책은 사회부가 맡는 언론사가 많다. 정부 부처 업무를 취재하는 경제부 영역에는 국책은행인 한국은행이 포함되는 것이 일반적이다. 하지만 전체 국가 경제와 밀접하게 연결된 한국은행은 종종 언론사의 경제부와 산업부를 연결하는 취재 고리가 되기도 한다. 2000년을 전후해 경제부와 출입처를 구분하며 취재 영역을 구체화한 산업부는 민간 부분을 주로 담당한다. 산업부가 각종 은행 등 민간 금융권 전반을 다루고 이들 금융권 업무가 한국은행의 정책에 긴밀하게 닿아 있기 때문에, 모태를 함께하는 경제부와 산업부가 이런 구조에 의해 연결되는 것이다. 산업부는 금융권 외에도 '삼성', '현대', 'SK' 등 민간 기업을 담당하고, 이들 민간 업계는 또 가전, 자동차, 중공업, 온라인 기업 등 업종별로 나뉘어 취재되며 그에 따른 보도가 이어진다. 경제부나 산업부가 보도하는 뉴스도 평소에는 정치와 연관되지 않는다.

미국이나 일본, 중국, 유럽 등 세계 각지에서 활동하는 특파원들은 국제부 소속이다. 특파원들은 현지에서 한국과 관련된 파견 국가의 소식을 전하거나, 우리 국민이 관심을 기울일 만한 현지의 뉴스를 발굴해 보도한다. 문화체육관광부는 문화부와 체육부 기자들이 나눠 출입하는데, 이름 그대로 문화 관련 정보는 언론사의 문화부가, 체육 관련 이슈는 체육부가 담당한다. 이 정부 부처의 관광 이슈는 사회부나 경제부가 보도하기도 한다. 하지만 평소 문화부는 정부 부처 정책보다는 연극, 미술, 무용, 클래식 음악 등 순수예술 공연 및 전시를 담당하거나, 영화, 드라마, 가요 등 대중예술 관련 정보를 보도하는 데 집중한다. 체육부도 올림픽이나 월드컵 등 국제 대회는 물론 국내 야구나 축구, 농구, 배구, 골프, 씨름 등 프로 및 아마추어 경기 보도에 주로 지면을 할애한다. 일부 언론사의 경우 본부가 위치한 서울을 1부, 지방을 2부 등으로 나눠 사회부를 운영하면서, 이들 중 2부가 각 지역의 각종 현안을 담당 권역의 시각으로 보도하기도 한다. 즉 사회2부는 인천 및 경기, 영남이나 호남, 충청 및 중부, 강원 등으로 전국을 세분화한 지역 본부를 두면서, 본사의 사회1부나 문화부, 체육부, 경제부나 산업부가 서울을 중심으로 여러 분야를 다루는 것처럼 이들 본부가 해당 지역의 사건·사고나 공연, 여행, 체육, 경제 등의 분야를 지역 중심으로 보도한다는 뜻이다. 이런 정보를 다루는 개별 부서의 뉴스들은 일반적으로 정치와 무관할 때가 많다.

그러나 이들 부서 소속 기자들은 자신의 취재 분야에 연관해 정치 관련 이슈가 터져 나올 때 관련 영역에 대한 세부 정보를 가장 많이 알고 있기에, 다양한 정보를 조합하고 분석하는 방식으로 정치 이슈 취재에 도움을 주게 된다. 즉 대체로 협의의 정치를 담당하는 정치부 취재에 조력하는 역할을 하게 된다는 것이다. 결과적으로 권력의 획득 및 유지 등에 관련된 정치의 핵심 정보는 정치부, 여기에 연관된 특정 이슈의 주변 또는 상세 정보는 여타 부서가 담당하며, 전체 사안의 흐름을 파악하기 위해 정치부와 이들 부서가 협동 취재를 전개하면서 광의의 정치 뉴스를 생산하게 된다. 이런 이슈는 정치부에서 발견돼 여타 부서로 확산할 수도 있고, 여타 부서에서 드러난 정보가 정치적 이슈로 발현되기도 한다. 또 한 부서만이 정치부와 협조를 하는 것이 아니라, 여러 부서가 하나의 정치 이슈에 한꺼번에 투입되는 경우도 적지 않다.

평소 정치와 무관할 것만 같던 이들 부서의 취재 영역이 정치 분야로 확산하는 사례는 자주 목격된다. 예를 들어 전국의 사건·사고를 담당하는 사회부 기동팀의 출입처인 경찰청은 검경 수사 조정권을 두고 2020년을 전후해 뜨거운 정치 이슈의 중심이 됐다. 또 연관된 검찰을 담당하는 사회부 법조팀의 취재 협조 없이는 전체적인 정보의 흐름을 확인할 수 없고, 여기에 관련된 청와대나 국회, 행정부의 입장 및 정책, 이에 대한 국민의 비판과 격려 등은 곧장 정치 뉴스의 중요 소재가 된다. 이슈 자체가 국민의 안위에 연결될 뿐 아니라, 이 문제에 연루된 기구나 기관의 업무가 국민으로부터 위임받은 권력의 유지 및 통제에 직결되기 때문이다.

1990년을 전후해 논의가 시작돼 2011년 국회 본회의 비준안을 통과한 한미 FTA(자유무역협정)는 경제부가 핵심적으로 다룬 이슈였다. 하지만 20년 동안 쌀 개방이나 자동차 관세 등의 문제를 놓고 경제 부처의 정책 판단 등의 내용만 전해진 것이 아니라, 농민들의 반발 등을 취재하는 사회부의 관련 보도 역시 쏟아졌으며, 이들 국민을 유권자로 둔 국회의원이나 대통령 후보자들의 입장은 정치부 기자들의 주요 취재 대상이 됐다. 이후 간간이 언론 보도를 통해 소개되던 마찰은 2020년을 전후해 공개된 미국 도널드 트럼프(Donald Trump) 대통령의 협정 수정 지시에 따라 요동을 쳤고, 주한미군 주둔 비용 등과 연계한 이 문제는 정치부 정부팀의 국방부 출입 기자나 국제부 소속 미국 워싱턴 주재 특파원들을 연결하는 입체적 보도로, 또 드러난 정보를 두고 정당과 이념에 따라 갈라진 정치인이나 시민사회단체를 취재하는 정치부와 사회부의 취재 등으로 이어지며 정치 뉴스의 핵심으로 각인됐다.

문화부 이슈도 예외는 아니다. 2000년대 중반 불거진 사행성 게임 '바다 이야기' 비리는 여기에 사용된 상품권 인증 과정에 연루된 당시 문화관광부의 문제로 번졌고, 인증 시점을 전후해 장관이었던 인물이 국회로 들어가면서 행정부와 입법부가 모두 연결된 정치 이슈로 비화했다. 사건이 검찰 수사로 넘어가며 문화관광부를 담당하는 언론사 문화부, 국회를 취재하는 정치부, 수사 과정을 추적하는 사회부 기자들이 함께 동원돼 국민의 공분을 산 정치 뉴스를 보도했다. 정치권의 낙하산 인사 등은 체육 단체도 비껴가지 않아, 아마추어나 프로 스포츠 단체의 수장을 뽑는 문제를 체육부가 취재하고 여기에 정치인들의 입김 등을 보도하는 정치부 기자들의 보도가 합쳐지면서 역시 추문에 엮인 정치 문제로 알려지기도 했다.

각종 보도를 통해 드러나는 위의 현상에도 알 수 있듯이, 언론사 정치부가 담당하는 영역 외에 여타 부서가 취재하는 분야도 정치와 연관된 뉴스로 확장되는 경우가 많다. 이는 정치라는 것이 제도나 관습에 의해 국민의 위임을 받은 사람들이 권력을 획득·유지·통제하는 문제이고, 이 문제는 유권자로 대변되는 국민의 삶과 연결될 수밖에 없으며, 각각의 이해가 복잡하게 얽혀 구성되는 사회 다양성의 본질과 무관할 수 없기 때문이다. 비록 정치부 기자들이 협의의 정치라는 부분에 대해 취재와 보도를 담당하지만, 국민 모두의 삶에 이어지는 정치의 미세혈관들은 이들 여타 부서 소속 기자들의 노력으로 지면과 방송 뉴스에 '정치 뉴스'의 이름으로 등장하게 된다. 단 이들 여타 부서는 자기들의 취재 영역을 기점으로 평소 국민에게 필요한 정보에 주목하고 있을 뿐이다. 비록 이들 부서가 늘 정치 뉴스 생산에 집중하지는 않지만, 정치 관련 뉴스에 본격적으로 투입되는 때가 있다. 바로 국회의 국정감사 시점이다. 이 시기에 여타 부서 소속 기자들은 정치부 청와대팀, 정당팀과 함께 정치, 즉 권력의 획득과 유지를 관통하는 국정 문제를 세밀하게 들여다본다. 앞서 협의의 정치 뉴스를 설명할 때 나중에 부연키로 했던 국정감사 보도를 여기서 살펴봄으로써, 광의의 정치 뉴스의 중요 축인 행정부 관련 뉴스 생산 과정을 확인해보겠다. 특히 정치부 청와대팀과 정당팀이 같은 정치부의 정부팀 및 다른 부서와 협동하여 진행하는 취재 및 보도 내용을 소개한다.

2) 행정부

국정감사는 입법부인 국회가 주로 중앙행정기관 부처의 국정 전반을 살피는 의정 활동이다. 법을 만드는 주체인 국회가 그 법에 따라 정책을 집행하는 행정부의 업무를 감시하는 활동이라 볼 수 있다. 일반적으로 행위의 법 저촉 여부 등에 대한 법률적 최종 판단은 사법부가 내리지만, 국민을 대표하는 국회의원들이 국민의 세금으로 운영되는 정부 관료들의 업무를 점검해 그 결과를 사법부 판단의 근거로 제시할 수도 있다. 감사 대상에는 18개 행정 부처뿐 아니라 그 산하 소속 청, 그리고 그에 연계한 청

<그림 3-8> 19대 문재인 대통령 정부 조직도 (2020년 9월 현재)

18부 4처 18청 7위원회, 2원 4실 1처(54개)

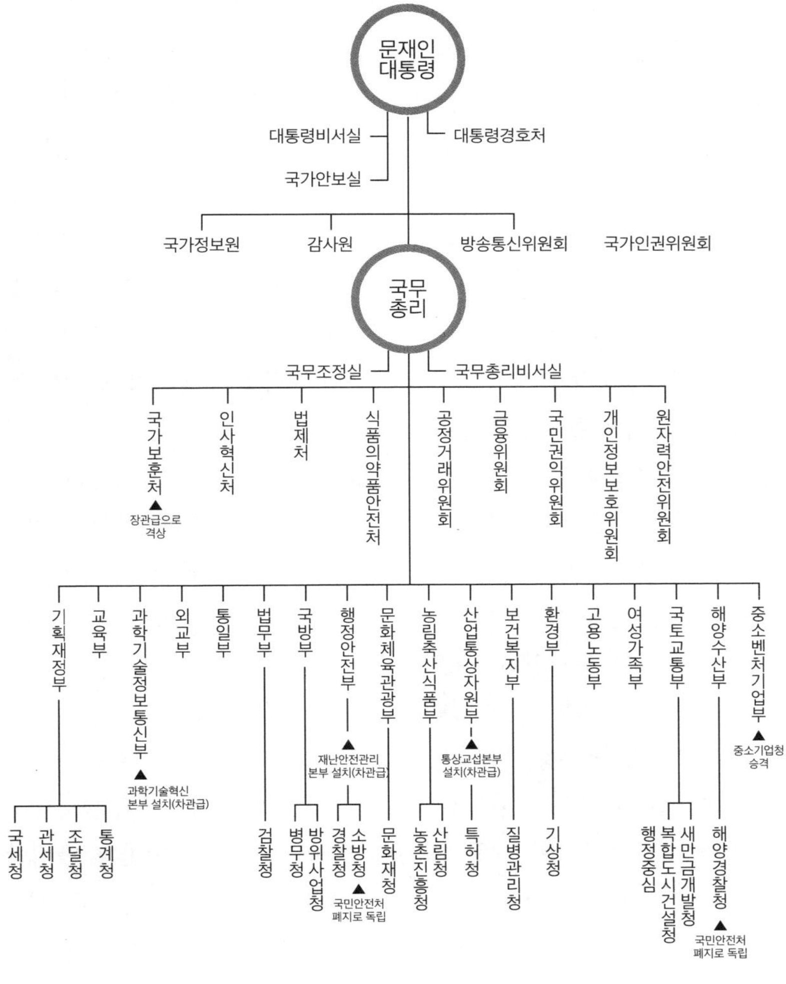

출처: 청와대(https://www1.president./go.kr/about/government-organization).

와대 각 실과 처, 위원회 등이 포함된다. 이때 언론은 국정 업무의 타당성을 심의하는 국회의 견제 기능을 취재한다. 그리고 이 과정에서 행정부와 입법부의 활동을 모두 국민에게 전달하며 제4부로서 감시 역할을 벌인다. 국무총리가 총괄하는 행정 부처는 물론 앞서 협의의 정치 영역에서 소개한 청와대 소속 실과 처, 위원회가 감사를 받는 것을 보면, 이 국정감사가 넓은 의미의 정치 현상을 담당하며, 관련 뉴스가 광의의 정치로 구분될 수 있다는 점을 이해하기 쉬울 것이다. 이 과정에서 행정부는 자연스레 정치의 영역으로 드러난다.

조금 더 구체적으로 보자. 2020년 1월을 기준으로 국회는 매년 9월 1일 개시하는 정기국회 전에 시작해 30일 이내의 기간에 걸쳐 진행되는 국정감사를 위해 모두 17개 상임위원회를 가동한다. 대한민국 국회 홈페이지에 따르면, 이 중 '국회운영위원회'의 소관 대상은 대통령비서실, 국가안보실, 대통령 경호처 등 대통령 직속 기구이다. 이 위원회는 이 책에서 정의한 협의의 정치 영역에 속한 활동을 심의하게 된다. '정무위원회'는 국무조정실, 국무총리비서실, 국가보훈처, 공정거래위원회, 금융위원회, 국민권익위원회 등 국무총리 직속 기구에 감사를 집중한다. 나머지 15개 위원회 중 일부는 국무총리 산하 중앙행정기관의 장관급이 관장하는 부(部), 이 부의 업무 중 연계된 영역을 특별히 종합해 장관급이 관리하는 국무총리 직속 처(處), 부 아래 소속돼 차관급이 통솔하는 청(廳) 단위 기구 등의 행정 부처 감사에 초점을 맞추지만, 또 다른 일부는 대통령이 직접 관계한 청와대 기구의 감사를 진행하며 협의와 광의의 정치 영역을 넘나드는 심의 활동을 벌인다.

먼저 장관급과 차관급이 관장하는 부·처·청 심의에 집중하는 위원회에는 교육부를 감사하는 '교육위원회', 문화체육관광부를 담당하는 '문화체육관광위원회', 농림축산식품부와 해양수산부를 담당하는 '농림축산식품해양수산위원회', 산업통상자원부와 중소벤처기업부를 감사하는 '산업통상자원중소벤처기업위원회', 환경부와 고용노동부를 감사하는 '환경노동위원회', 국토교통부 담당의 '국토교통위원회', 여성가족부를 관장하는 '여성가족위원회' 등이 있다. 기획재정부를 감사하는 '기획재정위원회'는 통화 정책 등과 관련해 국무총리 직속 금융위원회 등 여러 경제 관련 위원회와 복합적인 관계를 맺는 한국은행도 피감기관으로 삼는다. 보건복지부 업무를 심의하는 '보건복지위원회'는 국무총리 직속 식품의약품안전처의 감사도 진행한다. 행정안전부를 담당하는 '행정안전위원회'는 국무총리 직속 인사혁신처와 지방자치단체 업무를 심의하며, 헌법상 권력 3부 등과 동등한 독립적 지위를 갖고 공정 선거와 정당, 정치 자금 관리 등의 업무를 처리하는 중앙선거관리위원회를 감사 대상에 포함하고 있다.

<그림 3-9> 대한민국 국회 상임위원회 조직도 (2020년 9월 현재)

국회운영위원회
- 국회운영에 관한 사항
- 「국회법」과 국회규칙에 관한 사항
- 국회사무처 소관에 속하는 사항
- 국회도서관 소관에 속하는 사항
- 국회예산정책처 소관에 속하는 사항
- 국회입법조사처 소관에 속하는 사항
- 대통령비서실, 국가안보실, 대통령경호처 소관에 속하는 사항
- 국가인권위원회 소관에 속하는 사항

법제사법위원회
- 법무부 소관에 속하는 사항
- 법제처 소관에 속하는 사항
- 감사원 소관에 속하는 사항
- 헌법재판소 사무에 관한 사항
- 법원·군사법원의 사법행정에 관한 사항
- 탄핵소추에 관한 사항
- 법률안·국회규칙안의 체계·형식과 자구의 심사에 관한 사항

정무위원회
- 국무조정실, 국무총리비서실 소관에 속하는 사항
- 국가보훈처 소관에 속하는 사항
- 공정거래위원회 소관에 속하는 사항
- 금융위원회 소관에 속하는 사항
- 국민권익위원회 소관에 속하는 사항

기획재정위원회
- 기획재정부 소관에 속하는 사항
- 한국은행 소관에 속하는 사항

교육위원회
- 교육부 소관에 속하는 사항

과학기술정보방송통신위원회
- 과학기술정보통신부 소관에 속하는 사항
- 방송통신위원회 소관에 속하는 사항
- 원자력안전위원회 소관에 속하는 사항

외교통일위원회
- 외교부 소관에 속하는 사항
- 통일부 소관에 속하는 사항
- 민주평화통일자문회의 사무에 관한 사항

국방위원회
- 국방부 소관에 속하는 사항

행정안전위원회
- 행정안전부 소관에 속하는 사항
- 인사혁신처 소관에 속하는 사항
- 중앙선거관리위원회 사무에 관한 사항
- 지방자치단체에 관한 사항

문화체육관광위원회
- 문화체육관광부 소관에 속하는 사항

농림축산식품해양수산위원회
- 농림축산식품부 소관에 속하는 사항
- 해양수산부 소관에 속하는 사항

산업통상자원중소벤처기업위원회
- 산업통상자원부 소관에 속하는 사항
- 중소벤처기업부 소관에 속하는 사항

보건복지위원회
- 보건복지부 소관에 속하는 사항
- 식품의약품안전처 소관에 속하는 사항

환경노동위원회
- 환경부 소관에 속하는 사항
- 고용노동부 소관에 속하는 사항

국토교통위원회
- 국토교통부 소관에 속하는 사항

정보위원회
- 국가정보원 소관에 속하는 사항
- 「국가정보원법」 제3조 제1항 제5호에 규정된 정보 및 보안업무의 기획·조정 대상부처 소관의 정보예산안과 결산심사에 관한 사항

여성가족위원회
- 여성가족부 소관에 속하는 사항

출처: 대한민국 국회(https://assembly.go.kr/views/cms/assm/assembly/assorgani/assorgani0301.jsp).

청 단위 감사는 그 상부 기관인 부를 담당하는 위원회가 주로 맡는데, 예를 들면 국세청, 관세청, 조달청, 통계청 등의 감사는 상부 기관인 기획재정부 업무를 심의하는 기획재정위원회가 담당한다. 이와 같은 방식으로 문화체육관광위원회가 문화재청을,

농림축산식품해양수산위원회가 농촌진흥청, 산림청, 해양경찰청을, 행정안전위원회가 소방청과 경찰청을, 산업통상자원중소벤처기업위원회가 특허청을, 환경노동위원회가 기상청을, 국토교통위원회가 행정중심복합도시건설청과 새만금개발청에 대한 감사를 진행한다.

사실 이런 방식으로 국정감사가 이뤄지더라도 위원회 간의 감사 업무는 중첩되기도 한다. 예를 들어 농림축산식품해양수산위원회가 담당하는 해양경찰청과 행정안전위원회가 담당하는 경찰청은 현재 상위 조직이 다르지만, 행정안전부의 전신인 과거 행정부에서 함께했던 기관들이라 상호 연계된 영역이 있다. 따라서 상위 부처의 성격에 따라 차별적인 업무 감사가 진행되기도 하지만, 경찰행정기관이라는 이 두 기관의 특성상 감사를 위해 위원회 간의 협조가 요구되기도 한다. 하지만 개별 위원회에 소속된 국회의원들의 정당이 다르고 위원회 간 의정 활동 경쟁도 치열해, 정부 업무 비판을 둘러싼 정쟁의 모습이 복잡해지는 경우가 적지 않다. 언론은 이 과정에서 비롯되는 권력 기관 소속 입법 의원이나 행정가들의 문답과 격론을 보도하며 국민에게 그들 자신의 이익이 다뤄지는 정치의 현장을 전달하게 된다.

바로 위에서 다룬 국무총리 산하 중앙행정기관의 부·처·청 국정감사에는 언론사 정치부 이외의 여타 부서들도 취재에 적극적으로 참여한다. 경제부는 기획재정위원회, 농림축산식품해양수산위원회, 산업통상자원중소벤처기업위원회, 국토교통위원회 등을 담당하고, 사회부는 교육위원회, 환경노동위원회, 국토교통위원회, 여성가족위원회, 보건복지위원회 등을 취재한다. 문화부와 체육부는 아예 함께 문화체육관광위원회 취재에 동원된다. 이슈에 따라 협동 취재가 이뤄지는 경우도 많다. 건설과 교통의 문제가 엮여 움직일 때는 사회부와 경제부가 국토교통위원회를, 여성이나 소수자 이슈가 사회문제로 떠올랐을 때는 사회부와 문화부가 여성가족부를, 서울을 중심으로 움직이는 사회부나 사회1부가 지역을 담당하는 사회2부나 지방취재본부와 함께 행정안전위원회를 취재한다. 경찰청과 해양경찰청의 관계가 첨예할 때는 행정안전위원회를 담당하는 사회부와 농림축산식품해양수산위원회를 취재하는 경제부가 협력하기도 한다. 앞서 언급한 바와 같이 이들 행정 부처를 평소 출입하는 여타 부서 기자들이 해당 부처의 생리와 관행, 세부 업무 내용을 잘 알고 있기에, 이들의 취재력은 국정감사 보도에 필수 요소가 된다. 여기에 평소 총리실을 취재하는 정치부 정부팀이 총리실 직속 기구를 감사하는 위원회 활동 내용에 정치적 이슈를 연결하면 정치 뉴스의 색채가 더욱 강해진다.

최근 행정부 국정감사 보도 중 여타 부서의 협조 외에 정치부 정부팀의 역할이 특히 점차 강하게 두드러지는 영역이 국방 분야이다. 국방위원회의 감사 대상인 국방부 자체가 2000년 이후 점차 정치부 정부팀의 출입처로 전환됐기 때문이다. 국방부 산하 병무청과 방위사업청에 대한 감사도 국방부 출입 기자들의 취재 영역이다. 평소 정치부 정부팀의 취재 대상인 외교부와 통일부를 감사하는 외교통일위원회도 그에 못지않게 정치부의 보도가 핵심 역할을 한다. 이들 위원회의 국정감사 활동 보도는 언론사 여타 부서의 도움보다 정치부 내의 자체적인 협력으로 이뤄지는 경우가 많다. 대통령 직속 기구로서 한반도 평화통일에 관련한 정책 수립과 대통령에 대한 자문 역할을 담당하는 민주평화통일자문회의 역시 외교통일위원회의 감사 대상이라, 주로 정치부 청와대팀이 취재를 담당한다. 대통령 직속 국가정보원을 피감기관으로 하는 정보위원회 감사도 청와대팀이 취재한다. 물론 이들 분야가 특정 이슈와 연계해 다른 행정 부처 업무와 관련이 되면 언론사 내 여타 부서의 지원이 필요하다. 아예 시스템상 다양한 담당 기자들이 참여하는 곳은 과학기술정보방송통신위원회가 대표적이다. 감사 대상인 과학기술정보통신부는 경제부가, 문화체육관광부는 문화부와 체육부가, 대통령 직속 기관인 방송통신위원회는 정치부 청와대팀이, 국무총리 직속인 원자력안전위원회는 정치부 정당팀이 평소 취재하기에 국정감사 보도에 언론사의 여러 부서 소속 기자들이 동참하게 된다. 여기에 포함된 문화체육관광부는 문화체육관광위원회의 피감기관이기도 해서 부처 내부의 연계 업무에 따라 세부 취재 영역이 복잡하게 얽히며, 언론사의 다른 부서와 관련된 이슈가 불거지면 사회부나 국제부 소속 기자들까지 뛰어들 수 있다. 방송통신위원회는 공익을 전제로 사익을 추구하는 지상파와 종합편성 채널 등의 재승인 문제를 다루므로 언론사가 사활을 걸고 전체 부서를 동원한 취재를 펼칠 개연성이 높은 기관이다. 이때는 언론사가 단순 메시지 전달자가 아닌 정치 커뮤니케이션의 실체적 정보원이 되면서 정치 뉴스는 더욱 복잡한 양상을 띠게 된다.

이밖에 18개 중앙행정기관 중 하나인 법무부, 대통령 직속 기관이지만 정부와 공무원 직무에 대한 독립적 감찰권을 갖는 감사원, 국무총리 직속 기관으로 중앙행정 부처의 법령 해석 및 정비 등을 총괄하는 법제처, 입법·사법·행정 등 권력 3부와 구별돼 독립적인 지위를 갖는 헌법재판소를 피감기관으로 두는 법제사법위원회의 국정감사 활동 역시 사회부 법조팀, 정치부 청와대팀, 정치부 정부팀 등이 입체적으로 투입되는 취재 대상이다. 그만큼 다양한 영역이 혼합돼 다양한 입장이 충돌하는 이 분야는 사회 전 분야를 아우르는 정치 뉴스의 핵심이 될 수도 있다. 특히 법무부 산하 검찰청은 사회, 정치, 경제, 문화, 체육 등 영역을 가리지 않고 불법 사안을 수사하고 기소하는 곳이라, 법제사법위원회가 이 검찰청을 감사 대상으로 삼으면서 정치 뉴스를 포함한 정치 커뮤니케이션 역동성이 사회적으로 주목을 받는 경우가 다반사이다.

여기서는 광의의 정치 분야 중 하나인 행정부에 대한 국정감사를 중심으로, 법제사법위원회의 감사 범위가 정치 뉴스의 폭발력을 가져오는 영역이라는 점 정도로만 거론하겠다. 그리고 법제사법위원회의 피감기관인 법무부가 비록 중앙행정기관의 하나이기는 하나, 쟁송 문제에 연관될 수 있다는 차원에서 또 다른 광의의 정치 분야인 사법부에 연결해 추후 설명을 이어가겠다. 즉 행정부 소속인 법무부와 그 산하에 있는 검찰청을 따로 떼어 사법부 관련 정치 커뮤니케이션 차원에서 자세하게 다시 부연하겠다. 이때 헌법재판소의 정치 커뮤니케이션의 의미도 함께 추가할 것이다.

한편 앞서 반복해서 거론했듯이, 언론사 여타 부서가 참여하는 국정감사 보도는 정치부의 큰 그림을 보완하는 요소로 작동한다. 즉 광의의 정치 영역에 해당하는 행정부 관련 기사가 정치 뉴스로 드러나는 것은 협의의 정치 영역을 집중적으로 보도해온 정치부 기자들의 '맥 짚기'를 통해 가능해지거나 그에 기초한 정치부와 여타 부서의 합동 취재 결과물에 의해 확연해진다는 것이다. 이런 배경은 평소 정당을 출입하며 개별 국회의원의 신념이나 소속 정당의 이념 등을 취재해온 정치부 기자들의 경험에서 비롯된다. 국가 권력의 획득·유지·통제 등을 지향하는 정치인들의 입장은 그들의 교육이나 지역 등 성장 환경에 의해 마련되고, 이를 장기간 들여다보며 정치인과 정치 기관의 속성을 파악해온 정치부 기자들은 그들이 유권자의 이해관계를 조정하는 방식을 누구보다 많이 이해하고 있다. 개별 정치인이 특정 상임위원회에 들어가 활동하는 것도 이런 환경과 무관하지 않으며, 국정감사를 통해 접하게 되는 행정부 업무 방식과 이에 대한 국회의원의 비판 및 견제는 개별 정치인의 속성을 잘 아는 정치부 기자들의 경험 스펙트럼을 통과해 기사로 생산된다. 즉 정당 또는 소속 의원이 활동하는 상임위원회의 지향점은 국정감사 이전에 정치부 기자들에 의해 큰 그림으로 예측되는 경우가 많고, 그 예측에 따라 정치 뉴스의 흐름이 일정 정도 정해져 있으며, 그 흐름에 대한 순응 또는 반응으로 나타나는 사실들이 정치 뉴스를 장식하게 된다는 뜻이다. 이때 그 순응과 반응의 과정에 행정부 등을 출입하는 여타 부서 기자들의 또 다른 취재 경험이 가미돼 다채로운 기사를 일궈낸다.

하지만 이런 기자들의 경험에 못지않게, 또는 그 경험에 어우러지며 협의와 광의의 뉴스를 동시에 생산하게 만드는 배경이 있다. 바로 청와대 비서실의 시스템이다. 국회의 상임위원회 명칭은 중앙행정기구의 이름을 잇거나 틀어 만든 경우가 많다. 이는 행정부를 감시하는 국회의 업무 효율성을 위한 결과로 볼 수 있다. 대통령의 조각이나 개각에 따라 위원회 명칭이 변화하는 것도 여기에 연동한다. 이 과정에서 일부 차관급

기구가 장관급 부처로 격상되는 등의 경우는 그대로 특정 대통령의 통치 이념이 반영된 것으로 볼 수 있다. 이런 상황은 청와대 비서실 조직에도 투영된다. 특히 청와대의 각종 수석으로 대표되는 영역이 그 통치 방향에 연결돼 있다. 각 영역의 수석들은 그렇게 명명된 사무실을 두고, 휘하의 비서관들과 함께 몇몇 행정 부처와 조응하며 대통령의 업무를 보좌한다. 정리하자면, 정부 부처의 명칭 및 업무뿐 아니라 이에 대응하는 청와대 비서실의 조직도 대통령의 국정 방향이라는 큰 틀 안에서 마련되고, 이 청와대 수석들의 임무는 중앙행정기관을 감사하는 국회 상임위원회의 활동 조율과 자연스레 연결된다.

수석 비서관이나 그 아래 일반 비서관들은 대통령을 배출한 정당에서 활동한 정치인이거나 대통령과 국정 철학을 공유하는 학자 또는 전임 공무원 출신이 대부분이다. 시민사회단체 운동가 출신도 포함된다. 이들의 개인적 신념 또는 대통령과 함께 지향하는 이념의 방향성은 이들이 청와대 업무에 지정되기 오래전부터 또는 지정되는 과정에서 언론에 노출된다. 이를 들여다보면, 대통령의 소속 정당과 대통령이 직접 직무를 보는 청와대가 연계한 당·청 고리가 이들을 취재해온 정치부 기자들의 '큰 그림' 속 구도로 잡혀 있다는 사실을 발견하게 되는 경우가 많다. 여기에 대통령이 통치를 위해 관료를 임명하는 정부까지 이어져 당·정·청의 협주가 이뤄지면, 광의의 정치 한 축을 담당하는 정부에 대한 국정감사 때 이 관계에 주목해온 기자들의 '맥 짚기' 스펙트럼이 기사에 투영되는 것이다. 이제 앞서 살펴본 국회와 행정부의 국정감사 관계에 이어 청와대 비서실 시스템을 조망해봄으로써 여기에 나타나는 정치 커뮤니케이션, 특히 정치 뉴스의 생산 흐름을 검토해보자.

2020년 1월 현재 청와대 비서실은 비서실장이 그 아래 총무, 의전, 부속, 기획, 연설, 국정기록, 국정상황실 등의 영역을 두고 청와대 내부 관리와 국가 안전 및 치안 분야를 지휘하는 구조이다. 비서실장은 이밖에도 정무, 국민소통, 민정, 시민사회, 인사수석실 등과 함께 청와대 외부, 즉 국회 및 대부분의 행정 부처와 업무를 조율한다. 이 중 국민소통 수석은 기획, 연설, 국정기록 등 청와대 내부 관리 분야와도 연계하고, 청와대 출입 기자단과 소통하는 춘추관을 운영하는 등 국내외 국정 홍보를 맡는다. 비서실과 협력하는 위치에 있는 정책실은 그 아래 일자리·경제·사회 수석 등을 두고 있다. 경제보좌관과 과학기술보좌관도 정책실장의 관리 아래 둔다. 청와대는 비서실 밖에 국가안보실을 별도로 마련하고, 안보와 국방 등을 담당하는 1차장, 통일과 외교를 담당하는 2차장, 각종 위기 상황에 대처하는 국가위기관리센터를 둔다.

국정감사를 진행하는 국회의 국회운영위원회는 대통령비서실 중 대부분의 청와대

<그림 3-10> 19대 문재인 대통령 청와대 조직도 (2020년 9월 현재)

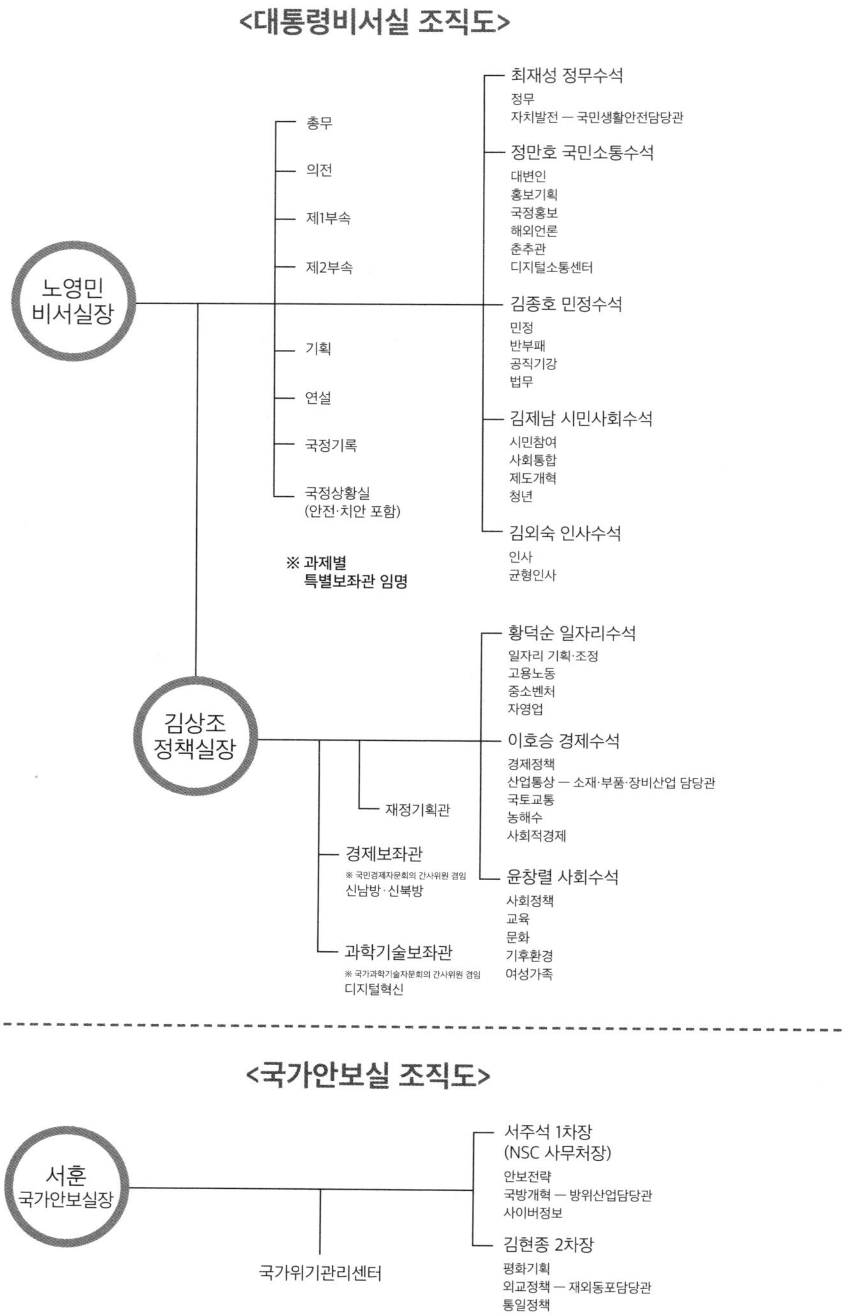

출처: 청와대(https://www1.president.go.kr/about/organization).

내부를 관리하는 분야와 국가안보실 등에 대한 심의를 맡는다. 국정감사 또는 이와 연결된 행정부 및 청와대의 업무 협조를 기준으로 보면, 국회운영위원회가 심의하는 대상 이외의 청와대 조직, 특히 청와대 외부와 업무를 조율하는 정무·민정·시민사회·인사수석실 등의 담당 분야는 중앙행정기관, 그리고 이에 대한 감사를 진행하는 국회 상임위원회 업무와 종횡으로 엮인다. 국무총리실 직속 기구들을 감사하는 정무위원회는 정치와 정책을 연계하는 청와대 정무수석의 직무와 연결될 수밖에 없다. 민정수석은 중앙행정기관 중 하나인 법무부, 그 아래 검찰청, 그리고 경찰청을 담당하며 청와대 내 국정상황실 등과 긴밀한 협조 관계를 맺는다. 국회의 법제사법위원회나 행정안전위원회와 업무 조율도 담당한다. 주로 공직기강이나 반부패를 맡는 휘하의 일반 비서관들과 함께 행정부 전반의 기율을 유지하는 역할을 하는 것이다. 인사수석은 장관 등 핵심 관료의 임명 등과 연계해 행정부 업무와 긴밀한 관계를 맺고, 시민사회수석은 행정부 일반에 걸쳐 벌어지는 대국민 업무를 돌보며 과제나 그에 따른 정책 등을 조율하기에 다양한 국회 상임위원회별 이슈에 대응하는 작업을 수행한다.

정책실장 휘하의 일자리수석과 경제수석은 국회 기획재정위원회, 국토교통위원회, 산업통상자원중소벤처기업위원회, 농림축산식품해양수산위원회, 환경노동위원회의 노동 부분 등을 연계하며 해당 위원회들이 담당하는 행정 부처와의 업무 조율을 맡는다. 사회수석은 교육위원회, 문화체육관광위원회, 여성가족위원회, 환경노동위원회의 환경 부분 등을 비롯해 일상생활에 직접 관련된 사회 정책 전반을 주무한다. 국가정보원이나 방송통신위원회, 감사원 등 청와대 비서실과 안보실 외부의 청와대 연계 조직들도 앞에서 설명한 국회 상임위원회의 국정감사 활동에 종횡으로 엮이며 이들 비서실 업무에 연동하게 된다. 국회 환경노동위원회의 노동 부분과 환경 부분이 청와대 수석 담당에 따라 구분되기도 하지만, 국회 상임위원회를 기준으로 봤을 때 일자리와 경제 분야처럼 수석들이 관련 업무를 상호 교체하고 협조하는 형식으로 진행하듯, 과제와 이슈에 따라 청와대 조직이 입법부와 행정부 등 외부에 다양한 방법으로 대응하며 국무를 조정하는 것이 조직도 자체에서도 드러난다. 바로 시스템에 의해 청와대 관련 뉴스가 생산될 수 있음을 보여주는 것으로, 청와대만을 취재하면 협의의 정치 영역만 보도하게 되지만, 이를 국회 상임위원회 업무를 지렛대로 행정부의 활동에 이으면 광의의 정치 뉴스가 전달된다는 사실을 의미하는 것이다. 여기에 앞서 얘기한 언론사 정치부 외의 여타 부서 기자들의 취재 결과가 보태지고, 정치부 청와대팀, 정당팀, 정부팀의 취재 내용이 연결되면 입법과 행정을 잇는 역동적 정치 커뮤니케이션 현상이 국민 앞에 배달된다.

지금까지 국정감사를 중심으로 광의의 정치 영역과 이를 취재해 보도하는 정치 뉴스를 설명하면서 중앙행정기관인 행정부가 어떻게 협의의 정치 영역인 국회나 청와대에 연동해 정치 커뮤니케이션 분야에 포함되는지를 소개했다. 이를 큰 틀에서 정리하자면, 행정부는 법제화한 내용과 그에 따른 세부적 정책을 집행하는 기관으로, 국민의 생활과 직결되는 사안을 처리한다. 그렇기에 국민의 뜻을 반영한 정치권의 견제와, 국민 대다수를 독자나 시청자로 두고 있는 언론의 감시가 늘 함께하는 대상이다. 대통령과 국회 등 정치 엘리트의 관리와 감시를 받는 정부 조직의 생리 차원에서 행정부 역시 정치 커뮤니케이션 영역에서 바라보고 연구될 수 있다. 대중매체는 이들 행정 부처를 부서별로 나눠 취재하면서 정부는 물론 이를 감시하는 정치 커뮤니케이션의 요체인 정치 엘리트의 행태도 전달한다. 사안에 따라 정치부 기자들이 집중하는 협의의 정치 영역만이 아니라 여타 부서가 취재에 참여하는 분야도 '광의'라는 이름으로 정치 영역에 포함해야 하는 이유이다.

3) 사법부

사법부는 법을 해석하고 적용하는 국가기관이다. 사회질서 유지를 위해 국가가 국민에게 준수의 강제성을 부과하는 법, 특히 현실적으로 실행되는 실정법을 기준으로 보자면, 법을 세우는 입법부, 법 체계 안에서 정책 등을 집행하는 행정부와 함께 국가를 지탱하는 3륜 중 한 축을 이루는 게 사법부이다. 1948년 7월 17일 탄생한 대한민국 헌법은 입법 · 사법 · 행정의 삼권분립 원칙을 천명했다. 이에 따라 독립이 보장된 사법권을 행사하는 기구는 법원이다.

대한민국 대법원 홈페이지[5] 등에 따르면, 1949년 9월 26일 제정 · 공포된 법원조직법은 대법원 아래 고등법원과 지방법원을 배치하는 3급 3심제를 확립했다. 이후 수차례 개정된 헌법에 따라 법원조직법이나 법관 임명 등과 관련된 세부 조항의 변화가 있었지만, 3급 3심의 기본 골격은 그대로 유지돼왔다. 이 골격을 간단히 보면, 대한민국 법원은 1심인 사실심을 담당하는 지방법원, 지방법원 판결에 대한 재심 요청을 받아 2심인 항소심을 진행하거나 지방의회의원 또는 기초단체장 선거 관련 소송을 맡는 고등법원, 고등법원 판결에 대한 재심 요청을 받아 3심인 상고심을 진행하거나 대통령, 국회의원, 광역단체장 선거 관련 최종심을 맡는 대법원으로 이뤄진다. 사법부를 대

5 https://www.scourt.go.kr/supreme/supreme.jsp

<그림 3-11> 대한민국 법원 조직도 (2020년 9월 현재)

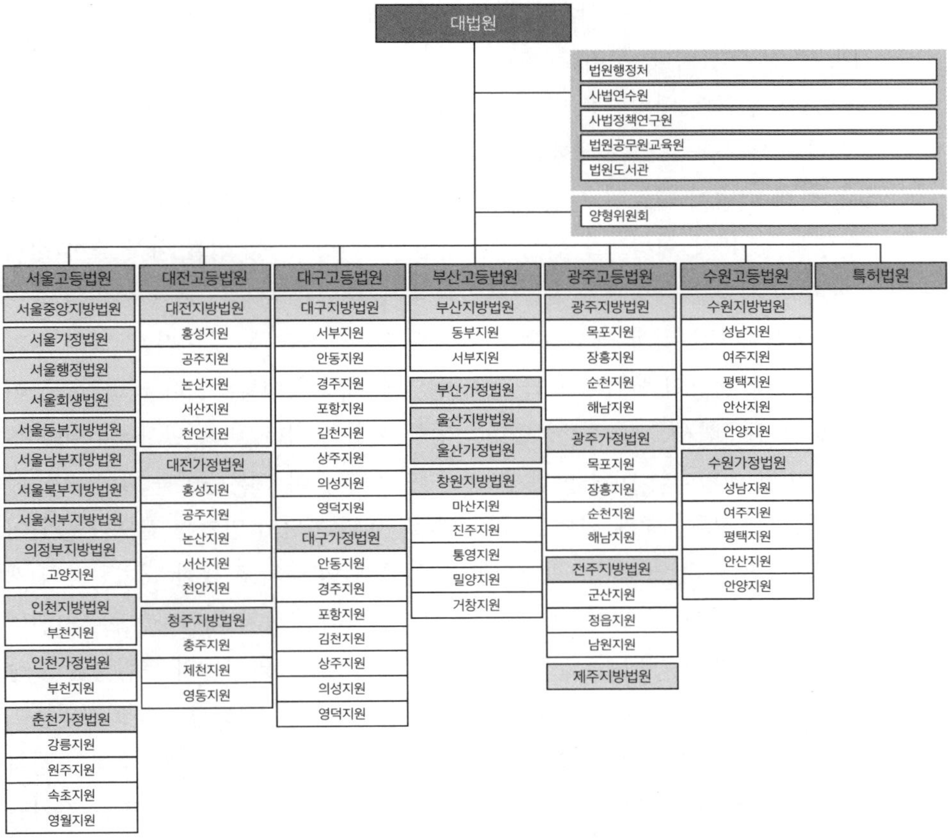

출처: 대법원(https://www.scourt.go.kr/judiciary/organization/chart/index.html).

표하는 대법원은 고등-지방법원이라는 직계 구조상의 법원을 포함해 주변에 포진한 특허·가정·행정 법원 등 각급 법원을 아우르는 사법부의 최고 정점에 위치한다. 사법부를 이끌며 대법원의 수장을 맡는 대법원장과 13명의 대법관은 상고심과 최종심을 진행하는 것은 물론, 대법원과 각급 법원의 사무를 지휘 감독하고, 대법관 회의를 통해 판사 임명과 대법원 규칙 제정 등의 업무를 수행한다.

법 해석과 적용이라는 업무상, 법원은 다양한 이해관계를 조정하기 위해 권력을 획득하고 행사하는 것에 집중하는 좁은 의미의 정치와는 무관해 보인다. 하지만 행정부와 마찬가지로 권력의 '유지'라는 차원에서 넓은 의미의 정치 행위에 연관된다고 볼 수 있다. 원론적으로 보면 법이 가지고 있는 근원적 의미, 즉 정의 구현(Altschull, 1990)은 정치적 의미와 깊은 관계를 맺을 수밖에 없기 때문이다. 간단히 보더라도, 그 정의를 누가 어떤 방식으로 규정하는가의 문제가 사법부가 담당하는 법의 해석이나 적용으로 이어지면 정치적 논쟁은 불가피하다. 구체적으로 드러난 사례가 법원을 대표하는 대법원장 인사이다. 우리나라에서도 선거로 뽑혀 권력을 획득하고 행사하는 대통령과 국회의원들이 대법원장 및 대법관의 임명에 관여하는데, 그 임명 절차를 보면 권력 유지와 무관할 수 없는 대한민국 사법부의 성격이 나타난다.

2020년 현재 헌법에 따르면 사법부의 수장인 대법원장은 국회의 동의를 얻어 대통령이 임명한다. 45세 이상으로 판사, 검사, 변호사나 교수 등 법률 사무 종사 경력이 최소 20년인 사람을 대상으로 하는 대법원장 및 대법관 후보는 결국 협의의 정치 영역에서 활동하는 대통령과 국회의원의 합의로 뽑히게 된다는 뜻이다. 개인의 정치적 신념 혹은 소속 정당의 이념에 따라 정치 행위를 펼치는 대통령이나 국회의원들이 자신의 뜻에 반하는 인사를 대법원장으로 임명할 여지는 적다. 비록 인사청문회를 통해 대통령이 속한 여당이나 여당을 견제하는 야당 의원들이 갑론을박을 벌이지만, 선거로 뽑힌 대통령의 뜻을 좇게 되는 경우가 대부분이다. 6년의 임기는 같으나 중임이 불가한 대법원장과 달리 연임이 가능한 대법관들은 위의 절차로 뽑힌 대법원장의 제청으로 대통령이 국회의 동의를 얻어 임명한다. 대법원에 구성된 대법관후보추천위원회가 대법원장이 제청할 대법관 후보를 천거하는 등 사법부 리더들의 독립성을 보장하기 위한 절차들이 마련되지만, 대법원장이나 대법관 임명에 대통령과 국회의원들이 개입한다는 것은, 협의의 정치에, 그것을 통해 획득한 권력을 유지하려는 광의의 정치가 연결된다는 점을 시사한다. 이와 같은 구조 때문에 사법부의 관료화, 또는 정치권에 대한 복속을 비판하며 대법원장 역시 인사추천위원회 등을 통해 임명의 절차적 투명성을 확보하자는 논의가 나오기도 하지만, 사법부의 수장을 뽑는 규칙을 조정하는 것은 국가 근간인 헌법 수정의 차원에서 거론될 수밖에 없기에 이 부분에 대한 정치적 논의가 또 다른 정치 커뮤니케이션을 잉태하게 된다.

이상의 설명은 헌법에 따라 독립성이 보장돼야 하는 사법부, 특히 그 수장인 대법원장에 대한 대통령의 인사권과 거기에 작용하는 국회의원의 동의 여부 문제로 축약될 수 있다. 독립적으로 법의 해석과 적용을 관장해야 하는 사법부 구성에, 행정부 수장 성격의 대통령과 국회의원이 활동하는 입법부의 입김이 작용할 수밖에 없는 시스템이 사법 분야를 구조적으로 정치의 영역에 귀속시키게 된다는 것이다. 이 인사권 문제는 정권을 잡은 개인이나 정당이 선거 과정에서 도움을 준 사람 및 이념적 지지자들에게 정치적 혜택을 주거나 관직을 배분하는 등의 엽관제(獵官制, spoils system)에도 연결된다. 정당정치가 발달한 서구 민주주의 국가에서 이미 제도화의 단계를 거친 이 체계는 우리나라에서도 관습화된 모습을 띤다. 대통령을 배출한 정당 소속 국회의원 중 일부, 혹은 학계나 재야에서 특정 분야 전문성을 가지고 대통령 선출자나 그 소속 정당을 지지했던 인물들을 관련 부서 장관이나 위원장 등에 임명하는 것이 그런 경우이다.

이는 대법원장이 소속된 사법부 영역뿐 아니라 행정부 전반에 걸쳐 꽤 오랜 기간 전개돼 이미 널리 퍼진 관행이다. 행정부에 포함되지만 이후 정치 커뮤니케이션 차원에서 거론하겠다고 앞서 예고한 법무부는 이런 관행의 예외가 아닐 뿐 아니라, 정치 커뮤니케이션 맥락에서 행정부와 사법부를 잇는 특정 사례로 부각한다. 대통령은 국회 상임위원회 중 하나인 법제사법위원회 등에 몸담았던 소속 정당 국회의원, 법조계나 학계에서 대통령과 소속 정당을 지지했던 변호사나 학자 등을 법무부 장관에 지명하는 경우가 많고, 이 법무부 장관은 산하 기관인 검찰청을 지휘하는데, 이 시스템은 사법 영역에 연관된 행정부 역시 선거를 통해 획득된 대통령의 정치권력을 유지하는 도구로 사용될 수 있음을 보여준다. 이런 제도 안에서도 사법부 소속 판사들의 재판 독립과 행정부 소속 검사들의 수사 독립 등을 보장하는 규칙들은 있으나, 정치적 관행과 관습은 수행되는 각종 법규와 규칙들 사이에 마찰을 일으키고, 이런 현상은 정치 커뮤니케이션 차원에서 대중매체의 보도라는 형태로 국민에게 전달돼 격렬한 사회적 소통을 촉발한다.

사실 이런 정치 커뮤니케이션은 인터넷과 SNS가 발달하며 더욱 활발해졌다. 21세기에 들어서면서 온라인상에서는 영장을 청구하는 검사나 재판을 담당하는 판사의 정치적 성향까지 거론되고 이런 현상은 뜨겁게 사회를 달군다. 이런 커뮤니케이션 환경이 전략적으로 이용되기도 한다. 예를 들어 불법으로 의심받는 정치인이나 정당의 행위에 대한 검찰 수사 결과는 사법부인 법원의 법률적 판결을 거치는데, 최종 판결은 물론 그곳으로 가는 과정에서 드러나는 각종 정보들이 정치적으로 해석되며 때로는 엄청난 여파를 불러온다. 정치인이나 정당에 대한 불법 혐의는 일반 민사나 형사소송이라도 인지부터 내사 및 수사 개시, 혐의 입증과 반론 등을 거쳐 1심인 지방법원 단계에서 종료되지 않는 경우가 많다. 항소와 상고를 통해 고등법원과 대법원의 최종심까지 가는 과정은 법리적 판단뿐 아니라 각종 음모론까지 수반하며 정치적 해석을 양산한다. 특히 대통령이나 국회의원, 광역단체장과 관련된 판결은 일반 민사나 형사소송과 달리 대법원의 최종심으로 단 한 번에 결정되기에, 대통령 등의 직위에 따른 중요성뿐 아니라 대법원의 판단이라는 무게가 합해져 대법원의 최종 판결이 내려지더라도 그에 수긍하거나 반대하는 사람들의 정치적 격론을 피하기 어려우며, 그와 관련된 정치적 논란의 크기는 국가 전체를 소용돌이로 몰아넣을 수 있는 위력을 갖는다.

정리하자면 행정 부처 중 하나인 법무부와 그 소속 기관인 검찰청이 결국 법원과 연결된 사법부의 정치 커뮤니케이션 영역으로 다뤄질 수 있는 주요 이유는 검찰 수사와 법원 행정, 사법적 판결이 시스템상 한 축으로 이어질 수밖에 없기 때문이고, 그 축을 대통령과 정치권이 관여하는 인사권이 관통하고 있기 때문이라는 것이다. 이 인사권이 사법부뿐 아니라 행정부 중 하나인 법무부 장관이나 법무부 요직 임명에까지 연결되면서 정치인이나 정치적 갈등과 관련된 불법 여부를 수사하는 검찰, 그리고 그 검찰에 대한 지휘권을 가지고 있는 법무부의 행정 집행, 여기에 직접 또는 간접적으로 연루되는 법원의 판결이 복잡하게 연결된다. 사법부만의 시각에서 보자면, 이 모든 일을 법리적으로 최종 판단하는 대법원, 그리고 대법원은 물론 전체 사법 영역을 총괄하는 대법원장의 성향 및 그에 대한 인사는 정치 커뮤니케이션 차원에서 그 중요성이 지대하다.

지금까지 거론한 내용을 담당하는 언론의 취재 및 보도 지형을 통해, 우리는 대중매체의 뉴스 생산을 축으로 바라본 사법 영역이 단순히 원론적 의미의 사법부, 즉 법원뿐 아니라 행정부 중 법무부와 그 산하 기관인 검찰청을 포함하게 되는 이유를 알 수 있다. 간단히 보자면, 이들 법원과 법무부, 검찰청을 담당하는 기자들은 모두 언론사 사회부 소속이다. 보통 법조팀이라고 불린다. 물론 정치부 정당팀이 입법부인 국회의 법제사법위원회를 취재하고, 정치부 청와대팀이 여기에 연관된 민정수석실 등을 취재하지만, 사법부인 법원이나 행정부 소속 법무부 혹은 검찰청 등에 대한 국정감사 때는 사회부 법조팀이 함께 취재에 동원된다. 다른 행정부 국정감사 때 언론사 내 정치부와 여타 취재 부서가 협조하는 것과 같은 맥락이다. 하지만 앞서 거론한 사법부나 법무부 인사권 등의 문제와 관련해, 또는 각종 정치적 이슈가 검찰 수사 등과 연계해 진행되는 경우가 많아서 법조팀 기자들은 사회부 소속 중에서도 평소 정치 관련 뉴스를 보도하는 횟수가 잦은 편이다. 즉 법조팀 기자들은 법원과 검찰, 법무부를 담당하는 과정에서 정치 이슈를 자주 다루게 되며, 이들의 취재 및 보도 영역이 사법부와 행정부를 모두 아우르기 때문에 대중매체를 중심으로 정치 커뮤니케이션을 다루는 이 책은 행정부 중 법무부와 검찰도 사법의 영역에 두고 설명한다.

이들 법조팀 기자들은 특히 법원과 검찰을 중심으로 움직인다. 평소 민사나 형사소송 중 시민들의 일반 생활과 관련된 뉴스를 담당하지만, 정치와 관련된 사안 중 대법원까지 올라오는 사건은 그 과정에서 사회나 국가에 엄청난 영향력을 미치기에 법조팀 기자들은 특히 관심을 기울이게 된다. 정치인 관련 뉴스는 곧장 정치 커뮤니케이션의 영역이 된다. 일반적 사안으로 보이는 사건도 권력형 비리로 이어지는 경우가 있어, 특정 사안이 정치적 관점에서 보도돼야 하는지를 판단하는 것은 무척 중요하다. 이런 통찰력을 가지려면 관련 뉴스를 꾸준히 보도해온 경험이 있어야 하는데, 이 정도의 능력은 적어도 15년 이상 또는 20년가량의 취재 경력에서 비롯된다. 이런 뉴스 판단력을 가진 기자가 법조팀을 이끄는 팀장이 되는데, 팀장은 사회부에서만 잔뼈가 굵은 기자도 있지만, 대체로 검찰이나 법원 관련 정보를 다루면서도 정치나 경제 등 다른 분야를 다루는 부서를 겪으며 사회 전반을 바라보는 시각을 키운 사람이 된다. 이들 팀장은 대부분 대법원을 출입하며 그 아래 7~10명 정도의 후배 기자들을 지휘한다.

역사가 오래된 주요 중앙일간지를 기준으로 봤을 때, 전체 10명 내외로 구성된 법조팀은 절반이 법원, 나머지 절반이 검찰 정보를 책임진다. 전체 팀장은 법원을 담당하고, 바로 그 아래 부팀장이 검찰을 관할하며 각각 전체 팀원을 절반씩 나눠 지휘하는 경우가 많다. 하지만 법원과 검찰 정보 전체를 총괄하는 것은 주로 대법원을 출입하는 전체 팀장이다. 부팀장은 전체 팀장과 비슷한 분야에서 15년 내외의 기자 경력을 갖고 팀장을 보좌하는 역할을 맡는다. 전체 팀장은 사회부장과 논의를 거쳐 기사의 큰 방향을 잡고 법원과 검찰청 출입 기자들에게 지시를 내리는데, 언론사에 따라 대법원 기자실에서 활동하거나 아예 회사 안에서 법원 및 검찰 출입 기자들의 기사를 수정하며 후배들의 업무를 조율하기도 한다. 전체 팀장이 회사 안에서 업무를 진행하면 현장은 검찰 취재를 맡는 부팀장이 지휘한다. 대부분 서울중앙지방검찰청 출입 기자들과 함께 서울 서초구 서초동에 있는 기자실에서 취재와 기사 작성 지시를 내린다. 서울의 대검찰청과 고등검찰청, 지방검찰청, 대법원, 고등법원, 지방법원 등에 기자실이 있고, 사안에 따라 기자들이 기자실을 이동하며 취재하기도 한다. 또 법원 출입과 검찰 출입을 나누지만, 사건이 유기적이라 서로 협조하며 공동 취재를 하는 경우가 많다. 서울을 제외한 각 지방의 법원과 검찰청은 지역 파견 혹은 주재 기자들이 담당하고, 전국적 사안이 지역에서 발생하면 종종 서울의 법조팀 소속 기자들이 출장을 간다.

법원은 최종 판결을 담당하고, 검찰은 수사를 통해 판결에 필요한 자료를 종합 구축한다. 법 구조의 형태상 법원 판결에 따라 검찰 수사 내용의 타당성이 입증되기 때문에 법원이 사건 판단의 마지막 열쇠를 쥔다. 이 때문에 검찰은 법원보다 서열이 아래인 것으로 여겨지기도 한다. 주로 언론사의 검찰팀 팀장이 법원팀 팀장보다 한 단계 아래로 책정되는 이유가 여기에 기인한다고 볼 수도 있다. 그러나 이미 주어진 자료로 판단하는 법원을 취재원으로 하는 기자보다, 자료를 수집하고 수사하는 과정이 역동

<그림 3-12> 대한민국 검찰 조직도 (2020년 9월 현재)

대검찰청

서울고등검찰청
- 서울중앙지방검찰청
- 서울동부지방검찰청
- 서울남부지방검찰청
- 서울북부지방검찰청
- 서울서부지방검찰청
- 의정부지방검찰청
  - 고양지청
- 인천지방검찰청
  - 부천지청
- 춘천지방검찰청
  - 강릉지청
  - 원주지청
  - 속초지청
  - 영월지청

대전고등검찰청
- 대전지방검찰청
  - 홍성지청
  - 공주지청
  - 논산지청
  - 서산지청
  - 천안지청
- 청주지방검찰청
  - 충주지청
  - 제천지청
  - 영동지청

대구고등검찰청
- 대구지방검찰청
  - 안동지청
  - 경주지청
  - 김천지청
  - 상주지청
  - 의성지청
  - 영덕지청
  - 포항지청
  - 서부지청

부산고등검찰청
- 부산지방검찰청
  - 동부지청
  - 서부지청
- 창원지방검찰청
  - 진주지청
  - 통영지청
  - 밀양지청
  - 거창지청
  - 마산지청
- 울산지방검찰청

광주고등검찰청
- 광주지방검찰청
  - 목포지청
  - 장흥지청
  - 순천지청
  - 해남지청
- 전주지방검찰청
  - 군산지청
  - 정읍지청
  - 남원지청
- 제주지방검찰청

수원고등검찰청
- 수원지방검찰청
  - 성남지청
  - 여주지청
  - 평택지청
  - 안산지청
  - 안양지청

출처: 대검찰청(https://www.spo.go.kr/site/spo/06/10602010100002018100812.jsp).

적인 검찰을 취재원으로 하는 기자의 취재 폭이 넓고 취재 자체도 활기를 띤다. 즉 검찰 정보에 대한 취재가 더 치열한 것은 수사가 진행 중이기 때문이라는 것이다. 정보에 대한 찬반이 갈라지고, 검사와 변호인 측의 주장이 엇갈리면서 양측 또는 그 이상의 이해당사자들을 취재해 정리하는 과정은 검찰 출입 기자들을 그 누구보다 바쁘게 만든다. 하지만 법원과 검찰 출입 기자들이 서로 협조하는 시스템이라 규모가 큰 사건은 법원 출입 기자들이 검찰 출입 기자들을 지원하는 경우가 많고, 그렇기에 어떤 기자가 더 격렬한 취재 현장에 있다고 선언적으로 말하기는 어렵다. 이 과정에서 기자들은 검사나 판사뿐 아니라 변호인이나 피의자 등 다양한 인물을 취재원으로 한다. 이런 상황 때문에 법조 기자들을 사회의 모든 단면을 촉수처럼 훑고 다니는 사회부 기동팀 또는 경찰팀 기자들과 함께 기자의 꽃이라 부르기도 한다. 한편 판결이 내려지는 법원의 경우, 대부분 사건이 종결되는 단계라 보도 역시 대체로 마무리에 접어든다. 비록 정치 커뮤니케이션 영역에서 판결 이후 벌어지는 정치적 양상이 더 복잡하게 전개되기도 하지만, 그럴 때 공은 다시 정치부로 넘어간다.

법무부 역시 법조팀 담당이다. 하지만 평소 법조팀 기자들이 법무부에 상주하는 경우는 거의 없다. 법무부에 사안이 발생하면 주로 중앙지방검찰청 출입 기자들이 경기도 과천의 정부종합청사 법무부로 이동해 취재하는 것이 일반적이다. 법조팀 기자들이 과천 청사로 이동하게끔 만드는 사안의 대표적 사례는 국회 법제사법위원회가 벌이는 국정감사 등이다. 이때는 장관이나 차관, 각 실장이나 국장, 서기관, 사무관, 주사에 이르기까지 국가 정책 일선에서 업무를 담당하는 공무원들을 취재 대상으로 삼는다. 하지만 법무부 정보 중 법조팀 기자들의 이목을 사로잡는 것은 주로 인사에 관한 내용이다. 특히 장관이나 차관을 비롯해 주요 보직자의 인사에 관심을 집중하는데, 이는 곧장 정치 커뮤니케이션 영역으로 이어지기도 한다. 법무부에서 나오는 기사들이 다른 행정 부처에서 나오는 기사들의 내용과 차이를 보이는 대목이기도 하다. 다른 정부 부처는 정책 내용이 국민의 생활이나 기업 활동 등과 직결된 경우가 많아서 그 자체로 뉴스가 되는 경우가 있지만, 법무부는 복잡하고 따분해 보이는 업무의 성격상 쉽게 언론 취재의 대상이 되지 않는다. 그러나 법무부 주요 보직자의 인사는 해당 인물의 현장 법조인 시절 정치적 행보와 맞물려 해석되면서 정치 커뮤니케이션 차원의 보도로 이어지는 때가 많다. 사안에 따라 여러 형태의 인사 관련 보도가 나오기도 하지만, 장관이나 차관과 더불어 특히 관심이 집중되는 곳은 검찰국이다. 정치인이나 정당 관련 수사를 담당하는 검찰의 인사를 총괄하기 때문이다. 법무부의 검찰 지휘도 검찰국을 통해 이뤄지기 때문에, 검찰국장의 인사는 물론 거기서 불거지는 인사 이슈는 이

<그림 3-13> 대한민국 법무부 조직도 (2020년 9월 현재)

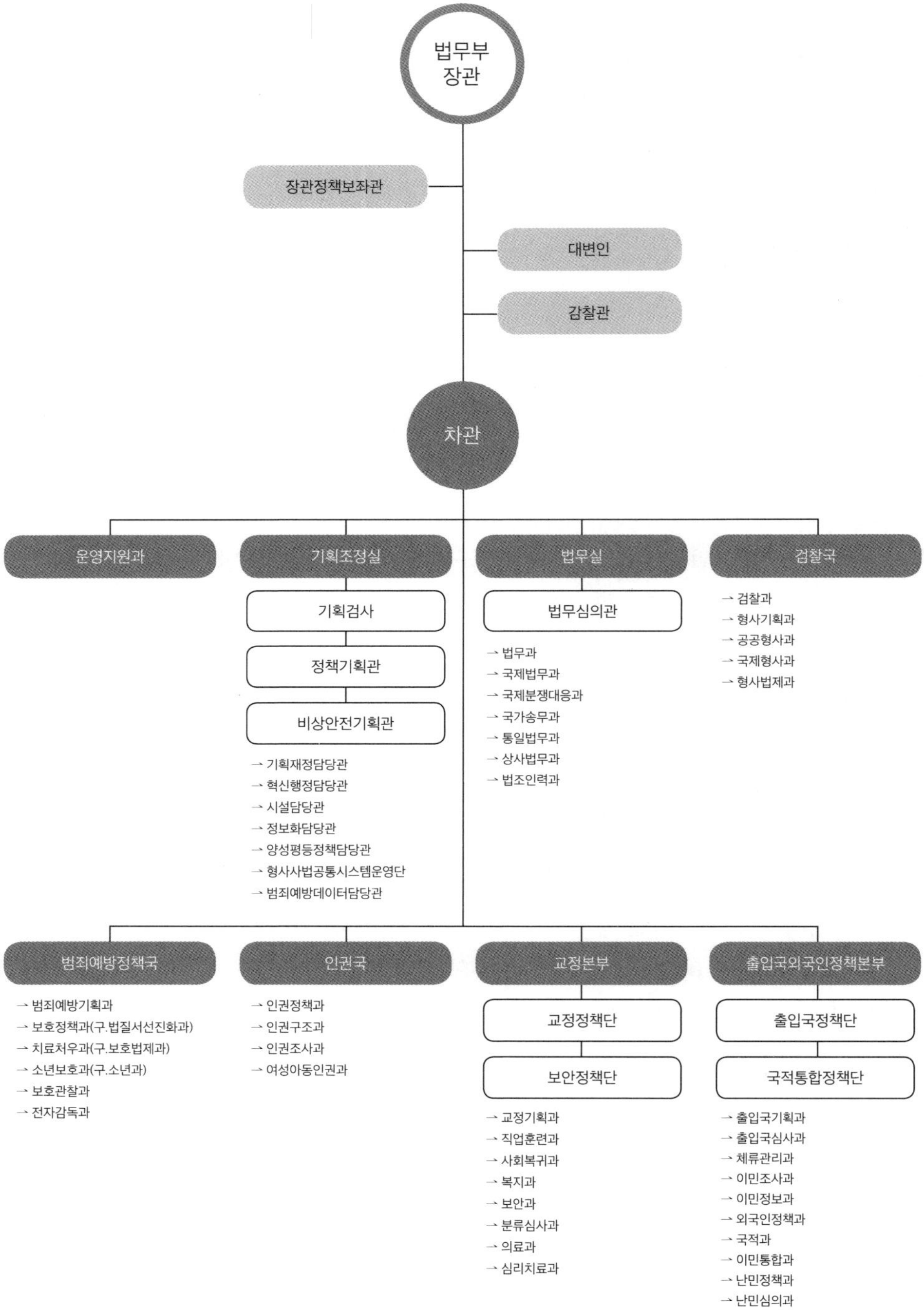

출처: 법무부(https://www.moj.go.kr/moj/265/subview.do).

책에서 광의의 정치 커뮤니케이션으로서 사법 영역에 행정부인 법무부를 넣는 이유에 닿는다. 그 이유를 관통하는 인사권이 정치 커뮤니케이션과 관련돼 있기 때문이다.

법조팀이 담당하는 또 다른 주요 기관으로 헌법재판소가 있다. 대한민국 헌법재판소 홈페이지[6] 등에 따르면, 2020년 현재 현행 헌법상 하위 법률이 헌법에 위반되는지에 대한 재판이 진행될 경우, 대법원의 제청에 따라 헌법재판소가 그 판단의 책임을 지게 된다. 1948년 제헌헌법에 따라 설치된 헌법위원회가 역사의 부침을 겪다가 1988년 현재의 체제로 출범하게 된 헌법재판소는, 앞서 제기한 내용을 담은 위헌법률심판, 대통령·국무총리·헌법재판소재판관 등 고위 공무원의 탄핵심판, 정당의 목적이나 활동이 헌법에 위배되는지를 심사해 정당의 해산 여부를 결정하는 정당해산심판, 국가기관이나 지방자치단체 사이의 권한 분쟁을 조정하는 권한쟁의심판, 특정 행위가 헌법이 지정한 국민 기본권을 침해하는지를 판단하는 헌법소원심판 등을 진행한다.

하지만 헌법재판소에서 다루는 사안이 다분히 일반적이지 않아 법조팀이 헌법재판소에 상주하지는 않는다. 실제 별도의 기자실로 기자들이 출근하는 경우는 거의 없으며, 헌법재판소는 사안에 따라 브리핑 체제를 운영하면서 언론과 소통한다. 하지만 한 번의 결정이 국가 근간인 헌법 자체 또는 국민의 기본권과 연관되기에, 호주제 폐지 등 사회 전반에 걸쳐 영향력을 미치는 이슈, 즉 광의의 정치와 관련된 중요 사안일 경우에는 법조팀뿐 아니라 해당 이슈와 관련된 여타 부서 및 정치부 기자들이 함께 취재와 보도를 진행한다. 협의의 정치에 연결해 논하자면, 탄핵이 논의됐던 16대 노무현 대통령과 실제 탄핵 결정이 내려진 18대 박근혜 대통령, 또 2015년 내려진 통합진보당 해산 결정 등이 이런 경우에 연결된다고 볼 수 있다. 이때 대통령과 입법부에 관련된 이 결정 내용이 국가와 사회에 미친 영향을 고려해보면, 헌법재판소 관련 뉴스에 얼마나 중요한 정치 커뮤니케이션 의미가 있는지 쉽게 짐작할 수 있다.

게다가 이 책에서 설명하는 사법의 정치 커뮤니케이션 영역을 관통하는 인사권 문제를 다시 거론하면 헌법재판소에 연관된 정치적 중요성을 더 잘 판단할 수 있을 것이다. 임기 6년에 연임이 가능한 헌법재판관은 헌법재판소장을 포함해 모두 9명이다. 대법관에 상당하는 대우를 받는 이들을 대통령과 국회, 대법원장이 각각 3명씩 선출하고 대통령이 임명하며, 이 중 헌법재판소장은 대통령이 국회의 동의를 얻어 임명한다. 이들 헌법재판관은 결국 모두 대통령이 임명하게 되는데, 여기에 대통령, 대통령이

6 https://www.ccourt.go.kr/cckhome/kor/main/index.do

소속된 여당과 야당의 정치 소통이 격렬한 국회, 역시 대통령이 임명하는 대법원장이 연루된다. 국민 기본권과 헌법 관련 판단을 내리는 헌법재판관들의 정치적 성향이 국가의 틀 유지나 변화에 연관될 수 있기에 이들의 인사는 언제나 중요한 정치적 이슈로 부상한다. 비록 헌법재판소 재판관이 정당에 가입하거나 정치에 관여할 수 없다는 법이 있지만, 헌법재판소의 위상 때문에 이들의 거취나 중요 이슈와 관련된 과거 판단은 대중매체의 주요한 정치 커뮤니케이션 보도 대상이 된다.

지금까지 살펴본 정치 커뮤니케이션의 사법 영역은 그 각각의 영역이 확연하게 구분된다기보다 서로 유기적인 관계를 맺는 경우가 많다. 특히 이 책에서 이를 관통하는 주제어는 협의의 정치 영역으로 분류한, 대통령과 입법부가 관여하는 인사권이라 볼 수 있다. 인사권 자체가 국가의 틀을 유지하는 헌법과 법률에 이어지기 때문이다. 2000년을 전후해 선거에 의한 여야 사이의 정권 교체가 진행되면서 다양한 정치적 의견이 터져나오고, 이와 더불어 시작된 대법원장의 경력 논란은 정권의 정치적 이념과 맞물리며 사법부의 성격과 위상을 정치 커뮤니케이션의 격랑으로 몰았다. 1948년 초대 김병로 대법원장이 취임한 후 비교적 잠잠하던 대법원장과 대법관의 거취는 14대 이용훈 대법원장의 정치적 입장을 언론이 다루면서 국민의 이목을 집중시켰고, 15대 양승태 대법원장은 18대 박근혜 대통령과의 관계가, 16대 김명수 대법원장은 일반 판사 시절 법원 모임 참여 및 19대 문재인 대통령과의 인연 등이 정치 커뮤니케이션 차원에서 지상(誌上)에 떠올랐다. 같은 위상에 있는 헌법재판소장과 헌법재판관들 역시 과거 판결 논의가 인사권과 관련해 유사한 맥락에서 언론 보도에 등장했다. 이는 모두 획득된 권력을 유지하려는 협의의 정치 영역 주체들의 정치 행위와 무관하지 않다.

법원 위주의 영역을 벗어나 법무부와 검찰이라는 행정부, 비서실을 위시한 청와대 조직을 아우르면 이런 논의가 사회 전반으로 확산하며 정치 커뮤니케이션의 모습을 격렬하게 만든다는 것을 어렵지 않게 판단할 수 있다. 간단한 사례로 18대 박근혜 대통령의 탄핵 과정에서 불거진 우병우 민정수석의 청와대 내 활동과 그를 둘러싼 사회적 격론을 들 수 있겠다. 대통령 배우자와 4촌 이내 친인척, 청와대 수석 비서관 이상의 공무원 감시를 목적으로 2014년 도입된 감찰관 제도를 통해 진행된 우병우 수석에 대한 조사는 청와대 민정수석과 이석수 청와대 초대 감찰관 사이의 갈등 보도로 이어졌고, 지면을 통해 공개된 이 마찰은 여야 간의 정쟁을 대변하는 형태를 띠기도 했다. 이 문제는 이후 검찰이나 대통령 직속 기관과 떨어져 고위공직자의 범죄를 수사할 '고위공직자비리수사처' 설치 논란을 이끌었다. 검찰이 주로 담당했던 공직자 부패

문제를 별도의 기관이 담당함으로써 검찰 인사 등에 미치는 대통령 등 정치권의 영향력을 차단한다는 취지였다. 그러나 이 기관의 수사 주체 임명을 둘러싸고 또 다른 정치적 권력 기구 창설이라는 입장과, 부패를 처단한다면서 부패와 결탁했던 과거 검찰의 잘못된 관행을 바로잡는 검찰 개혁의 노력이라는 두 입장이 정치권을 중심으로 격하게 부닥쳤다. 역시 권력 유지와 관련한 인사권과 연계한 논란이었다.

여기에 연동한 이슈로 19대 문재인 대통령 때 조국 민정수석의 법무부 장관 임명 문제가 불거졌다. 검찰이나 법원 등 사법 관련 행정의 현장이 아닌 학계 출신 조국 수석은 검찰 개혁이라는 목적을 내세우며 법무부 장관에 취임했으나, 곧장 그가 추진하려는 개혁은 당시 권력을 보존하려는 정치적 책략이라는 비판을 야당 등으로부터 받았고, 이와 더불어 개인 비리 혐의가 거론되는 과정에서 결국 장관직을 내려놓았다. 2020년 9월 현재 검찰은 해당 비리 혐의에 대한 수사를 진행하고 있다. 또 윤석열 43대 검찰총장은 문재인 대통령에 의해 전체 검찰을 지휘하는 자리에 임명됐으나 문재인 대통령의 지지를 받았던 조국 수석에 대한 엄정 수사를 지시하면서 정권은 물론 정권 지지자들로부터 비판과 함께 사퇴 압력에 처했다. 문재인 대통령은 같은 당 소속 추미애 전 당 대표를 검찰총장 지휘권자인 법무부 장관 후임에 임명하면서 윤석열 검찰총장에 대한 압박 흐름을 강화했다는 평을 받기도 했다. 이 이슈 역시 이 책이 논하는 사법 영역 정치 커뮤니케이션을 관통하는 인사권 논의와 밀접한 관계가 있다. 비록 협의의 정치 영역에 있는 인사권이 모든 정치 커뮤니케이션을 담지는 않으나, 언론사 법조팀이 다루는 사법 영역의 뉴스는 근본적으로 이와 연관된 내용에 연결된다는 점을 염두에 둘 필요가 있을 것이다.

4) 시민사회단체

전통적으로 정치 커뮤니케이션에서 공중으로 개념화되는 국가 혹은 공동체 구성원들은 중요한 의미로 소개됐다. 정치 커뮤니케이션의 성격을 설명할 때 정치 지도자 그룹이나 대중매체와 함께 3대 요체로 등장하기도 한다(Perloff, 1998). 하지만 공중은 대부분 적극적인 정치 참여자라기보다 지도자 그룹의 정치적 판단이나 정책 집행, 그에 대한 대중매체의 보도를 통해 그 국가나 공동체가 이해관계를 조정하는 '대상'으로 취급돼왔다. 비록 정치 지도자의 행동에 영향을 끼칠 수 있는 모습으로 등장할 때도 있고, 대중매체가 일반 시민의 목소리를 전달하며 정치인들에 대한 정보 환류의 근거로 삼기도 했지만, 시민사회단체가 국가나 공동체의 이해관계를 조정하는 '주체'로 드러나는 경우는 많지 않았고, 그런 경향성도 최근 들어서야 늘어나고 있을 뿐이다(Kaid, 2004). 일반적인 커뮤니케이션 연구에서도 대중이나 공중은 수용자라는 이름으로 등장해 주로 대중매체효과가 발생하는 대상, 즉 메시지를 피동적으로 받아들이는 존재로 피력됐으며, 정치 커뮤니케이션 연구에서도 그와 같은 경향성은 예외가 아니었다(이건호 외, 2013; Severin & Tankard, 2001). 비판 이론이나 문화 연구 등을 주도한 유럽의 탐구 경향을 통해 공중의 존재감이 부상하기도 했지만, 이들의 연구 패러다임이 전체 커뮤니케이션 영역에서 '대안적(alternative)'이라 불릴 정도로 중심에 서지 못하고 있다는 점(Baran & Davis, 2015) 역시 정치 커뮤니케이션에서의 공중 역할 부각의 한계로 거론된다. 지배적(dominant) 패러다임이라 소개되는 연구 분야에서도 여러 주장 중 하나인 이용과 충족 이론에서만 수용자들의 능동적 메시지 해석이 강조되고, 이 이론을 활용한 정치 커뮤니케이션 논문들이 공중의 적극적 참여 '가능성'을 거론하고 있는 정도(Bartsch & Schneider, 2014; Chen, 2011)라 공동체에 속한 대다수 구성원의 정치적 역할은 크게 주목받았다고 하기 어려워 보인다.

정리하자면, 수용자를 대변하는 공중은 정치 커뮤니케이션에서 원론 차원의 요체로 소개되지만 실제로는 커뮤니케이션 학문의 영역에서나 이를 뉴스로 다루는 언론 현장에서나 적극적인 정치 참여자로 그 중요성이 드러나지 못했다고 여겨진다. 정치 지도자나 그들의 행위에 영향을 미치려는 활동이 수용자의 직접적인 정치 참여나 능동적 정보 추구 등으로 설명된 연구(Conway, 2000; Milbrath & Goel, 1972, Verba & Nie, 1987)들이 20세기 말부터 소개되다가 인터넷 등 커뮤니케이션 환경의 발달에 따라 적극적으로 전개되는 것도, 정치 커뮤니케이션에서 공중의 역할 부각이 최근에 와서야 활기를 띤 현상이라는 점을 시사하는 사례로 볼 수 있을 것이다. 정치 커뮤니케이션 학문 영역에서의 수용자 참여는 뉴미디어의 도래와 함께한 역동성을 정리하는 6장에서 더 자세하게 소개하기로 하고, 대중매체의 정치 뉴스를 다루는 이곳에서는 공중의 정치 참여가 언론 보도에 반영되는 현상을 짚어보겠다. 특히 개인 영향력 등의 차원에서 정치 지도자와 대비되는 장삼이사의 역량보다는, 파편화된 대중의 목소리를 결집해 대변하는 시민사회단체의 역할과 이에 대한 뉴스를 중심으로 설명할 것이다. 제도적 차원에서 국민을 대표해 입법·사법·행정의 권력 기관이 행사하는 협의와 광의의 정치 행위를 제도권 밖에서 견제하고 참여하는 일반 시민들의 정치 행위가 이들 단체를 통해 드러나는데, 이러한 현상은 2020년 현재 이미 보편화했다는 판단에 따른 것이다(김동노, 2013; 윤성이, 2009; 황용석, 2001; Hagen, 2000).

국민의 집회나 결사의 자유는 대한민국 헌법 제21조에 보장돼 있다. 사회적 주목도가 떨어지는 개별 시민의 자격보다 집단에 의한 의사 표명이나 행동이 관심을 받기 수월하고 영향력도 뛰어나다는 일반론 때문에, 시민이나 공중은 집회 등을 통해 정치에 참여하는 경우가 많다(김혜정, 2010). 하지만 바쁜 일상으로 인해 일반 시민들은 모든 정치적 이슈에 관심을 기울이기 어렵고, 사안이 있을 때마다 의견을 공개적으로 표명하거나 시위에 참여하기도 쉽지 않다. 시민사회단체는 이렇게 평소 목소리를 내지 않거나 못하는 시민들을 대신해 특정 이슈를 중심으로 집단적인 목소리를 천명함으로써 정치적 입장을 사회에 전달하고, 시민과 공중의 이익을 대변하고 있다. 이런 시민사회단체는 그 목적과 구성에 따라 이익집단이나 비영리기관(non profit organization), 비정부기구(non-governmental organization: NGO) 등으로 구분되기도 한다. 이들은 각각 공익이나 사익의 구분 없이 집단의 이익을 추구하는 이익집단, 공적 목표를 지향하는 자치 조직을 구성하나 사적 이익 분배는 배제하는 비영리기관, 국가나 조직에 소속되지 않은 자발적 단체로 역시 공적 목적을 추구하는 비정부기구 등으로 설명된다(이종수·윤영진 외, 2012). 이들의 차이를 뚜렷하게 드러내기 어렵다는 지적도 있으나, 이익집단은 사익의 요소도 포함할 수 있다는 점, 공적 목표를 추구하는 비영리기관은 간혹 정부나 국가가 운영하는 공적 단체일 수 있다는 점, 비정부기구는 주로 정부나 국가와 무관하게 형성된 시민들의 자발적 집단이라는 점 등을 들어 서로의 차별성을 나타내기도 한다.

이 책이 설명하고자 하는 시민사회단체는 제도권 권력에 대응하는 시민의 자발적 조직으로서, 특정 집단의 정치적 이익을 목표로 하는 단체를 뜻한다. 특히 정치적 이익은 정치 커뮤니케이션 과정에서 나타나는 '소통을 통해 조율되고 조정되는 이해관계'라는 차원에서 광범위하게 인식될 수 있다. 그렇기에 그 이익의 공적 또는 사적 성격에 대한 논의는 여기서 자세히 거론하지 않는다. 단 앞선 정치 개념 소개에서 전개한 것처럼 이 이익에 대한 인식도, 국가 등 공동체의 목적이 그 구성원의 안녕과 발전을 위한다는 긍정적 해석에 따르는 것을 전제로 한다. 그 안녕과 발전의 의미는 집단이나 구성원에 따라 다양할지라도 원론적 차원에서 바람직한 상태를 뜻하며, 상세한 정책이나 전략적 단계의 방법론이 아닌 목적론적 의미에 치중한다고 보면 되겠다. 이런 단체를 지칭하는 이름들은 위에 소개한 것 외에도 공익집단, 지역 시민단체, 운동기구 등 다양하게 불리나(박상필, 2001), 정치 커뮤니케이션을 포괄적으로 다루며 단체의 성격 탐구에 집중하지 않는 이 책에서 세세한 관련 논의는 지양하겠다.

시민사회단체는 미국과 유럽 등 서구 사회에서 이미 19세기부터 출현해 다양한 이익 목적을 위해 활동해왔고, 20세기 중반부터 일부 명칭과 규칙에 대한 국제사회의 규정 등이 생겼으며, 이 과정에서 이들 단체 관련 연구가 정치와 정책학의 차원에서 급물살을 타기 시작한 것으로 평가된다(김영래. 2003). 국내에서 비정부기구로 종종 불리는 시민사회단체는 1980년대 중반부터 주요 정치 행위자로 등장했다고 보는 시각도 있다(박상필, 2002). 비록 1970년대에도 이미 1천여 개에 달하는 '이익' 집단이 있었지만, 대한민국에서 1980년대까지 이어진 군부정권의 통치 행위에 반발하며 정치적 목적을 위한 시민사회단체가 생기기 시작한 것이 이 시점 부근이며, 이후 그 수가 폭발적으로 늘어나면서 1990년대 중반에는 집단 전체의 수가 2천 개를 넘어섰고, 2000년대 초반에는 각종 민간단체가 2만 5천여 개, 이 중 시민사회단체만 약 4천 개에 육박했다(김영래, 2003).

이 과정에서 1987년 여성 인권 개선과 노동 악습 폐지 등을 선언하며 창립한 한국여성단체연합, 1989년 건강한 경제와 사회 공정성을 목표로 내걸고 탄생한 경제정의실천시민연합(경실련), 기존의 환경 관련 단체들이 통합해 1993년 출범한 환경운동연합, 시민의 정치 참여와 인권 수호를 기치로 1994년 창립한 참여연대 등의 단체가 사회 전면으로 부상하며, 2020년 현재까지 각종 뉴스에 이름을 올리고 있다. 여성이나 경제, 정치 참여, 환경 등 애초부터 사회 담론 위주의 지향성을 가진 단체 외에도, 산업·지역으로 구분해 각종 노동단체의 이익을 대변하는 전국민주노동조합총연맹(민주노총)이 1995년, 교육 민주화와 참교육 실현을 목표로 설립한 전국교직원노동조합(전교조)이 1989년, 공무원의 주체적 삶과 정치적 행동을 기치로 삼은 전국공무원노동조합(전공노)이 2002년 설립되는 등 계급이나 계층, 혹은 직군의 이익을 추구하는 단체가 사적 영역과 공적 영역을 막론하고 등장해왔다.

설립 초기, 자신들의 이해관계에 집중해 목소리를 내던 이들 단체는 복잡한 연결고리를 가진 사회 전반에 대해 의견을 개진하는 방향으로 영역을 확대해왔다. 이에 따라 이들을 취재하던 언론사의 담당 분야도 전방위로 퍼져갔다. 언론사 구조상 시민사회단체는 전통적으로 사회부가 취재를 맡아왔다. 특히 사회 전반의 세세한 부분을 챙기며 언론사의 촉수로 여겨지는 사회부 기동팀 또는 경찰팀의 담당이었다. 경찰청 홈페이지[7] 등에 따르면 2020년 현재 서울 시내에는 특별 경비단과 경비대를 제외한 31개 경찰서가 있고, 언론사 기동팀은 이를 다시 약 10개의 구역으로 나누어 취재하는데, 특정 구역에 시민사회단체 본부가 위치하면 해당 구역을 담당하는 기자가 그 지역 내부에 있는 단체 관련 뉴스를 생산하는 식이었다. 예를 들어 종로경찰서와 성북경찰

7 https://www.police.go.kr/user/bbs/BD_selectBbsList.do?q_bbsCode=1038&q_tab=1

서, 종암경찰서 등을 총괄하는 종로 구역 담당 기자는 그 권역 안에 있는 경실련과 참여연대, 환경운동연합 등을 취재하고, 영등포경찰서, 구로경찰서, 양천경찰서, 강서경찰서 등을 총괄하는 영등포 구역 담당 기자가 한국여성단체연합을, 마포경찰서, 서대문경찰서, 은평경찰서 등을 총괄하는 마포 구역 담당 기자가 전교조를 맡는 등의 방식이다. 이들은 평소 각 단체가 생산하는 보도자료나 사회가 주목할 만한 특이 상황 등을 취재하다가 이 과정에서 나오는 이들 단체의 정치적 목소리도 보도해왔다. 하지만 이 단체들의 역할이 점차 커지면서, 시민사회단체의 활동은 이미 언론사 사회부 기동팀 또는 경찰팀의 취재 범위를 넘어서는 경우가 많아지고 있다.

예를 들어 환경운동연합이 전국 식수 오염에 대한 문제를 국가 차원에서 거론하거나 전교조가 전국 교원의 지위에 대한 논란을 거론하면, 해당 영역을 관장하는 정부 부처 출입 기자들이 자세한 내용을 기사로 전한다. 또 이들의 입장이 국회 상임위원회의 국정감사 등에 연관돼 정치인이나 정당의 정책 감시 문제에 이어지면 정치부 정당팀 등이 동원된다. 사안이 크면 사회부 기동팀, 정부 출입 기자, 정치부 정당팀이나 청와대 팀 등이 함께 취재를 벌이는 경우도 적지 않다. 단체들이 경제나 문화 등 전문적인 영역의 문제를 거론할 경우, 경제부나 산업부, 문화부 기자들까지 합류하는 때도 많다. 근래 정치 이슈에 여러 이해관계가 복잡하게 엮이는 경우가 늘어나, 이와 같은 합동 취재 결과는 신문 지면이나 방송의 보도 프로그램에 자주 등장한다.

특정 정치적 사안이 전국적인 문제로 불거지면 이들 시민사회단체가 연대해 폭발적인 뉴스로 이어진다. 특히 2000년대 들어 이와 같은 모습이 두드러지는데, 대표적인 예가 2017년 헌법재판소의 최종 인용으로 결론 난 18대 박근혜 대통령 탄핵을 둘러싼 경우이다. 2016년 10월 시작된 '촛불 집회'는 부당 모금, 직권 남용 등 법률 위반, 헌법 수호 의무 위배 등에 대한 혐의로 2017년 3월 현직 대통령 탄핵 결정이 나기 전까지 약 반년 동안 진행된 시민 거리 집회라고 요약할 수 있다. 이 집회를 주도한 시민사회단체의 연합은 이 기간 참가한 연인원 수백만 명의 시민들을 이끌었다. 이 뉴스는 사회부나 정치부뿐 아니라, 단체 연합에 참여한 각종 시민기구를 담당했던 모든 언론사 부서 기자들이 함께 취재했고, 지역까지 이어진 정권 반대 집회 취재에는 지역 주재 기자들까지 합세하는 모습을 띠었다. 유사한 경우는 17대 이명박 대통령 임기 중이던 2008년 미국산 쇠고기 수입 반대 시위를 여러 시민사회단체가 합동으로 주도하면서도 발생했다. 19대 문재인 대통령 때는 조국 전 민정수석의 법무부 장관 임명을 둘러싸고 좌우 이념을 표방하는 시민사회단체가 각각의 세력을 대표하며 연대하는 방식으로 찬성과 반대의 시위를 이끌면서, 해당 이슈는 다시 한번 언론사 거의 모든 기자의 취재 대상으로 떠올랐다. 소극적이고 피동적이던 시민들의 목소리가 각종 기성 권력에 저항하는 정치적 함성으로 커지면서 언론사는 적극적으로 집회에 참여하는 공중의 모습을 담기 시작했고, 특히 이들 시민의 입장을 현장에서 대변하는 각종 시민사회단체들이 주요 취재원으로 부상하게 된 것이다. 비록 이 책의 저술 시점이 해당 사안들이 전개된 시점에서 멀리 떨어지지 않아 그 내용에 대한 실체적 진실을 가리는 작업이 더 필요할 수 있으나, 적어도 시민사회단체를 통한 공동체 구성원의 목소리가 언론 보도에 적극적으로 나타나고 있다는 점은 확연해 보인다.

이들 단체의 목소리는 정치 커뮤니케이션 구조에서 정치 엘리트들을 향해서만 터져나오는 것이 아니다. 전통적으로는 정치 지도자들의 메시지를 수용자인 공중에게 전달하는 것으로 알려진 대중매체에 대한 불만도 등장했고, 이 추세는 더욱 격렬해져간다. 정치에 대한 공중의 이해도가 높아지면서, 매체의 보도가 불편부당하지 않을 수 있고 언론의 정보 취사선택을 통해 사안의 본질이 왜곡될 수 있다는 점을 알게 된 시민들은 정보 전달자로서 대중매체의 변화를 요구하고 있다. 대표적인 국내 사례가 2000년대 들어오면서 불거진 '안티조선' 운동이다(이건호 외, 2013). 2020년 현재 민주언론시민연합으로 활동하고 있는 시민사회단체 등이 한국의 대표적 보수 신문으로 평가되는 <조선일보>의 보도 방식과 논조 등에 반대하며 불매 운동을 전개하는 등 적극적인 입장을 표방함에 따라 언론의 보도 기능 등에 대한 논의에 불을 지폈다. 이후 <오마이뉴스> 등 당시 대안 매체가 기성 언론 전체에 대한 비판에 합세하고, 제도권 정치인들도 이런 흐름에 동참하며 대중매체의 정치 보도와 관련한 정치 커뮤니케이션 논쟁이 격화됐다(고종석, 2006). 사실 이처럼 역동적인 수용자의 모습이 아주 새로운 것은 아니다. 미국에서는 1950년대부터 방송 코미디 프로그램이 현실의 인종 분포를 왜곡해 표현한다며 출연진의 조정 등을 요구한 사례(Montgomery, 1986)가 있었고, 이후 '방송을 위한 전국시민위원회(National Citizens Committee for Broadcasting)'나 '미디어 정확성 위원회(Accuracy In Media)' 등이 발족하면서 오락 프로그램은 물론 뉴스 보도 편파성을 지적하는 운동이 이어져오고 있다(이건호 외, 2013). 유럽 등 서구 선진국은 물론 아프리카 지역에서도 유사한 형태의 시민사회단체가 활동하는데, 이와 같은 적극적 시민 참여 현상은 2000년대 들어 더욱 일반화하는 추세이다(Sampedro, 2000).

앞서 살펴본 바와 같이 시민들의 참여는 입법·사법·행정 등 제도권 안의 권력 집단에 대한 직접적인 정치 비판과 연관되기도 하고, 정치 이슈를 보도하는 언론의 행태를 지적하는 방식을 통해 간접적인 우회로를 찾기도 한다. 하지만 정치 커뮤니케이션 차원에서 보면 정치 지도자, 대중매체, 공중 등 3대 요체가 모두 함께 상호작용하는 '직접적' 소통 구조이다. 다만 시민들의 참여가 올바르고 정직한 정보를 놓고 벌어지는 것인지에 대한 점검도 필요한 상황이다. '기자'와 '쓰레기'를 합성해 기자를 비하하는 신조어인 '기레기' 등의 표현은 한정된 지면과 시간 등 주어진 물리적 환경의 한계 안에서도 최대한 사안을 정확하게 전달하려 노력하는 기자들의 사기를 꺾고, 오랜 기간 훈련받은 전문 언론인들이 현장을 떠나게 만드는 요인으로 작용한다(조재희, 2019). 이런 전문가들을 뒤로 한 채, 필요한 정보를 비판적으로 수용하기보다는 원하는 정보만을 선택적으로 확인하고, 스스로 생각과 다른 뉴스는 무조건 폄훼하는 뉴스 소비 성향은 확증 편향에 매몰돼 균형 있는 사안 파악을 저어하는 결과로 이어질 수 있다(이건호, 2012). 상황에 대한 정확한 판단이 부족하면 결국 건강한 참여 문화도 만들기 어렵고, 정치 커뮤니케이션이 궁극적으로 지향해야 하는 긍정적 사회 구현도 요원할 것이다. 물론 메시지 전달자인 언론인들도 스스로 보도하는 내용에 한계가 있다는 점을 인정하고, 그에 대한 확정적 판단을 유예하는 자세를 가져야 한다. 정치 지도자, 대중매체, 공중 등 3대 요체가 모두, 소통에서 구현되는 각종 메시지가 발화자와 수신자, 그리고 통로의 입장에 따라 전달되고 해석되는 커뮤니케이션 현상 일반(Hall, 1980)을 명심한다면, 특정 시점과 장소에서 드러나는 사안들은 파편적이라 종합적이지 않고, 그래서 완결 구조를 이루기 어렵다는 점을 인지할 수 있을 것이다. 그런 상황에서 복잡한 정치 커뮤니케이션이 구동한다는 사실이 이 책을 통해 다시 한번 독자들에게 전달되기 바란다.

Media and Politics

4장

대중매체와 선거

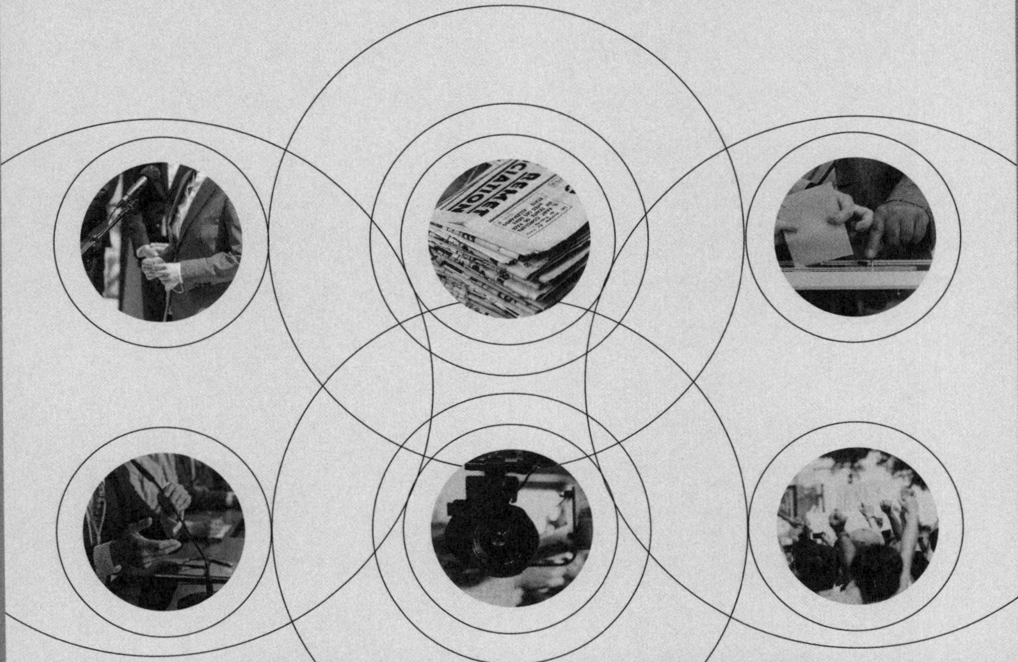

지금까지 '정치'와 '커뮤니케이션'의 의미를 중심으로 '정치 커뮤니케이션'의 개념을 정리하고, 언론을 축으로 벌어지는 정치 커뮤니케이션 현상을 대중매체의 기능과 효과 이론의 측면에서 살펴본 뒤, 언론이 협의와 광의의 정치 영역을 보도하는 방식을 소개했다. 이제부터는 앞서 전개한 정치 커뮤니케이션 이론과 정치 뉴스 일반론을 바탕으로, 대중매체가 정치를 다루는 각론을 둘러보겠다.

우선 이번 장에서는 언론이 정치 현장 중 가장 뜨겁게 주목하는 선거에 집중한다. 선거와 관련된 보도 일반론과 그에 연계한 학자들의 주장을 소개한 뒤, 우리나라 정치의 정점에 있는 대통령의 선출(presidential election) 과정 보도에 대해 더 자세히 알아볼 것이다. 크게 보면 정치 커뮤니케이션이라는 학문적 차원에서 국회의원을 뽑는 총선(總選, general election)이나 광역 및 기초 자치단체장과 지방의회의원들을 뽑는 지방선거(local election) 뉴스 연구가 대통령을 선출하는 대선(大選) 보도 탐구 내용과 가시적인 차이가 작기에, 설명의 효율성을 위해 대선에 집중하는 방식을 택했다. 다만 그 과정에서 총선이나 지방선거에서 다뤄야 할 대중매체의 정치 정보 취급 현상이 등장하면 간간이 그에 대해 부연할 것이다.

언론의 뉴스 생산 현상 설명 뒤로는 선거 유세와 맞물려 진행되는 TV 토론과 선거 캠페인 정치 광고 추이를 간략하게 소개할 예정이다. 대중매체를 통해 정보가 전달되는 것은 마찬가지이지만, 언론에 의해 틀이 지어지는 보도에 비해 정치인 스스로가 정보를 직접 조정할 가능성이 더 크다는 차원에서 TV 토론과 정치 광고를 언론 보도와 구분했다. 대중매체를 통해 전달되는 선거 중심 정보에 대한 설명이 정비되면, 다음 장에서는 후보자가 대통령에 당선된 후 언론이 대통령을 어떤 방식으로 보도하고 있는지를 살펴볼 것이다. 즉 이번 장에서는 대통령 당선 전 여러 후보의 선거 과정과 그에 대한 언론의 보도 및 정치인들의 매체 활용 현상을 집중적으로 전달하고, 다음 장에서는 당선 후 대통령의 업무를 대중매체가 다루는 모습을 소개할 것이다.

이 장에서는 선거 캠페인을 시기별 특성에 따라 구분한 미국의 정치 커뮤니케이션 연구 틀을 활용해 우리나라 선거 보도에 대한 이해를 돕겠다. 선거 캠페인은 정치 정당이나 후보자가 선거를 앞두고 각종 이슈에 대한 자신의 신념과 입장을 준비해 보여주며 유권자의 지지를 호소하는 것을 뜻한다. 이 행위는 다양한 행사 참여나 인쇄물 혹은 동영상 등을 통한 홍보, 각종 매체 노출을 통한 전략적 소통을 아우른다(Jacobson, 2015). 선거 이외에도 국정감사나 지역구 활동 등을 포함한 다양한 정치 행위가 있고, 이 모든 정치 영역에 관련된 소통 현상을 정치 캠페인이라고 부르지만, 그중에서도 선거를 둘러싼 소통을 가장 중요하게 여기기에 선거 캠페인을 정치 캠페인 자체로 보기도 한다(Strömbäck & Kiousis, 2014). 게다가 이런 선거 관련 정보는 주로 대중매체를 통해 유권자인 공중에게 전달되기 때문에 현대 선거를 대중매체 선거라고 부르기도 한다(이강형, 2006). 이 고리를 이으면 선거 캠페인은 정치 캠페인을 대표하고, 대중매체가 선거 관련 정보를 주도적으로 매개하기에, 대중매체 역할을 빼고는 현대 정치를 논하기 어렵다는 생각에 이르게 된다. 정치 커뮤니케이션을 매개된 커뮤니케이션(mediated communication)이라고 부르는 이유 중 하나이다(Bennett & Entman, 2000; Perloff, 1998).

이런 정치 커뮤니케이션 연구를 선도한 서구 학계에 발맞춰 국내 학자들도 건국 및 정부수립 후 약 70년 동안 진행된 선거나 대통령 집무 관련 보도를 탐구하며 다양한 현상들을 분석하는 과정에 있다. 우리보다 민주주의의 역사가 오래됐고 특히 우리처럼 대통령제를 유지하는 미국 정치 커뮤니케이션의 학문적 접근을 살펴보는 것은, 격동의 시대를 함축적으로 건너며 전개되는 국내 정치 보도 현상을 통찰하려는 노력에 도움을 줄 것으로 보인다. 더불어 한국의 정치 상황을 대표하는 우리의 선거 현상을 탐색하고, 그 내용을 함께 소개해 정치 커뮤니케이션이라는 학문적 틀에서 바라보는 국내 선거 환경에 대한 이해를 돕고자 한다. 이를 토대로 다음 단계의 연구가 이뤄진다면 대한민국이 가지고 있는 정치와 선거 현상, 그에 대한 보도 형태를 보편성과 특이성의 차원에서 더 상세히 확인할 수 있을 것으로 기대한다.

1. 선거 보도 일반

현대의 정치 커뮤니케이션 연구는 주로 자본주의적 민주주의를 중심으로 진행돼왔다. 민주주의를 표방하지만 권위주의적 전체주의의 성격이 강한 공산주의 국가를 대상으로 하는 정치 커뮤니케이션 연구는 드물다. 현대 민주주의의 근간인 대의제를 표방하는 정치 현상과 관련 커뮤니케이션 과정을 탐구해 공동체 발전을 추구하는 이 학문이 보통·평등·직접·비밀 선거와 거리가 먼 전체주의 국가의 상황을 연구 대상으로 삼을 이유를 찾기 어렵기 때문이다. 제2차 세계대전 이후 구소련의 선전 선동 방식을 중심으로 공산주의나 전체주의 국가 관련 연구의 필요성이 제시되거나(Kecskemeti, 1956), 경제·정치 체제 구분을 통해 자본주의와 민주주의 매체 현상을 공산주의 및 전체주의 매체 현상과 비교하는 방식(Siebert, Peterson, & Schramm, 1956)의 저술들이 등장했으나, 냉전이 오래 이어지면서 공산국가의 정치 커뮤니케이션은 정치 문화 현상(Almond, 1983)의 하나로 소개되는 경향이 짙어졌다. 비록 비판 이론이나 문화 연구의 이름을 달고 정통 또는 수정 마르크스주의 커뮤니케이션 탐구가 등장하고 공산 시스템과 연관된 정치 커뮤니케이션 논문들이 소개됐지만(Baran & Davis, 2015), 대부분 일부 유럽 국가들의 대중영합주의나 전략적 사회주의 소통 방식의 흐름 등에 대한 설명(Dobek-Ostrowska, 2016; Jagers & Walgrave, 2007)에 그치는 경우가 많았다. 즉 정치 커뮤니케이션 연구는 주로 서방 국가들의 자본주의적 민주주의 체제에서 나타난 소통 현상에 집중했다는 뜻이다. 이 중심에는 대의민주주의가 뿌리를 둔 보통·평등·직접·비밀 선거가 있었다. 정치 커뮤니케이션 연구에서 선거가 주목받는 이유이다.

이 책도 이와 같은 현상을 반영해 자본주의적 민주주의를 중심으로 한 선거와 그에 대한 보도를 다룬다. 하지만 대한민국의 선거 캠페인 현상을 짚어보는 데 주안점을 둔 이 책은 민주주의 자체의 복잡하고 세세한 특성은 설명하지 않는다. 제도적 또는 이념적 차원의 민주주의 또는 공화주의와 연결된 민주주의 등의 성격 논의가 정치학이나 법학, 행정학 등의 분야에서 이뤄지지만(강정인, 2008; 김경희, 2009; 김정인, 2013; 최현실·최자영, 2018; Burnheim, 1985; Dhal, 1989; Hirst, 1990), 학자마다 중점을 두는 시각에 따라 서로 유사하거나 완전히 다른 의미로 소개되는 다양한 민주주의 개념을 무심하게 사용하면 불필요한 오해와 논쟁이 따라올 것이 염려되기 때문이다. 다만 독자들의 이해를 돕기 위해 자본주의와 민주주의가 어우러진 대한민국의 정치·경제적 특성을 반영해 이 책은 '자본주의적 민주주의'라는 용어를 사용하겠다. 독자들은 체감되는 한국의 민주주의를 생각하며 이어지는 설명을 이해하길 바란다.

우리나라를 포함한 여러 국가가 정치 체계로 받아들이는 현대 민주주의에서, 선거는 투표를 통해 다양한 형태의 공동체 행정을 지휘하는 공직자나 그 공직자를 견제하는 구성원의 대표자를 뽑는 행위이다. 공동체에는 국가나 지역 자치단체가 포함되고, 여기서 구성원은 공동체에 소속된 국민이나 지역민을 뜻한다. 공직자는 이 구성원을 통솔하거나 이들의 삶의 질 향상을 위해 봉사하는 사람들이며, 대표자는 그들의 이익을 대변하는 사람들이다. 우리나라를 예로 들면 대통령이나 광역 및 기초 자치단체장이 그 공직자의 사례가 되며, 국회의원이나 광역 및 기초 의회의원들을 구성원의 대표로 꼽을 수 있다. 투표로 선출되는 이들은 모두 해당 공동체 구성원의 이익을 대변하는 사람들로, 그 대표성에 기초한 의사결정권을 갖게 되고, 이 결정권이 곧 그 공동체의 힘 또는 권력이 된다. '사회를 위한 가치의 권위적 배분(authoritative allocation of values for a society)'이라는 정치의 정의(Easton, 1965)를 적용하면, 바로 이 선거를 통해 권력이 배분되고 행사된다는 차원에서 선거가 곧 선출된 권력의 정치 행위의 근간이라는 사실을 확인할 수 있다. 대한민국은 민주공화국이고, 그 주권은 국민에게 있으며 모든 권력도 국민에게서 나온다는 우리 헌법 제1조는 바로 이 내용을 담고 있다. 복잡한 현대 국가에서는 모든 구성원이 직접 의사결정에 참여하기 어려워, 이들 공직자나 대표자가 국민이나 시민들을 대신해 공동체의 살림을 맡는다.

선거를 통해 선출된 사람들은 결국 공동체 구성원의 대표자이며, 이들이 구성원들을 대신한다는 것은 현대 정치가 대의정치(represented 또는 representative politics)라는 의미로 연결된다. 이는 또 최종적인 의사결정에 공동체 구성원의 의사가 직접 반영되지 않는다는 것을 뜻하기에, 현대 정치는 간접정치(indirect politics)라는 형식을 띠게 된다(Antoine, 2016). 무엇인가를 대표한다는 차원의 이 간접정치는 법이나 규칙상 누군가를 대신한다는 개념으로 비교적 간단히 이해될 수 있다고 여겨지나, 과연 그 대표성이 '대표하는 전체'를 포괄하는가 등의 문제, 즉 그 대표성의 실체를 놓고 격론이 이어진다. 예를 들어 국회의원이 자신을 대표자로 배출한 지역 주민의 의사를 모두 대표하는가의 의심부터, 의원의 결정이 개별 주민의 의견을 효과적으로 절충한 것인가의 의문에 이르기까지 대의 또는 간접 민주주의에 대한 근본적 또는 방법론적 차원의 회의가 사라지지 않는다. 학자들은 이 문제가 공동체 구성원들이 이슈와 관련해 공유하는 개념의 일치 여부에서 비롯된다고 보고, 결국 대표성은 소통의 명확성에 기인할 수 있다고 지적하기도 한다(Coleman, 2011). 다시 말해 대표성을 제대로 수행하려면 주민과 주민의 대표가 서로의 의사를 정확히 알아야 하는데, 이런 상호 이해가 최적화하려면 원활한 소통이 필수적이라는 뜻이다.

이런 생각은 결국 현대 정치 커뮤니케이션에서 소통의 매개를 담당하는 대중매체의 역할론에 연결된다. 즉 현대의 대의정치는 미디어에 의해 매개된 정치(mediated politics)라는 뜻으로 해석될 수 있다는 것이다(Bennett & Entman, 2000). 대중매체와 연관해 이 책이 중점을 두고 있는 정치 커뮤니케이션 성격에 이으면, 이는 정치적 지도자와 공중 사이의 소통에 언론이 과연 어떤 역할을 하고 있느냐의 문제로 나타난다. 대중매체의 이런 역할론은 '미디어에 의해 규정되는 정치' 등으로 다양하게 정의되는 미디어 정치(mediated politics), '미디어의 선거 영향력'이라 소개되는 미디어크라시(mediacracy) 등의 모습으로 등장하는데(김무곤, 2008; 이수범·박정의, 2011), 이는 선거를 둘러싼 대중매체의 정보 전달이 선거 과정 및 결과에 중대한 영향을 미칠 수 있다는 점을 보여주는 것이다. 아예 현대 정치의 특성으로서 선거를 대중매체의 선거라고 불러도 무방하다는 주장(이강형, 2006)에 이으면, 이런 매체의 영향력 논의는 단순히 그 효과 유무를 떠나 언론 보도가 올바른 대의정치를 위한 정보로 기능해야 한다는 의무론으로 발전한다. 유권자들이 출마한 후보자들과 관련해 믿을 만한 정보를 얻는 채널이 대중매체이기 때문이다.

이상의 논의는 대중매체의 선거 보도와 관련한 기대와 우려를 동시에 보여준다. 이는 조작되거나 뒤틀리지 않은 정치적 의견의 자유로운 소통을 언론이 촉진할 수 있다는 생각과, 대중매체의 정보 조정 또는 편파적 보도가 소통 자체를 왜곡할 수 있다는 주장이 엇갈린 결과이다. 선거 캠페인을 연구한 학자들은 이 상황을 때로는 긍정적으로, 또는 부정적으로 바라봤다. 정치인들의 선거 캠페인과 언론 보도가 논쟁의 장을 마련하거나 마찰에 대한 표현을 공개적으로 표출한다는 정치의 원론적 역할뿐 아니라 공동체 대표 선출, 정책 형성, 권력 분배 및 전달의 현실적 기능까지 제시한다는 주장(Mancini & Swanson, 1996)은 전체 정치 커뮤니케이션에서 차지하는 선거 및 관련 보도의 위상을 고무적 차원에서 바라본 사례로 들 수 있겠다. 선거 캠페인이 시민들에게 정치적 지도자에 대한 피드백의 기회를 부여한다는 시각(Just, Crigler, Alger, Cook, Kern, & West, 1996)은 언론의 선거 보도를 공중의 정치 참여 시각에서 긍정적으로 평가한 내용이다. 이와 반대로 선거 캠페인이, 공동체 구성원을 대표하는 정치인들의 대의정치라는 차원에서 현대 민주주의의 가치들을 고양할 수도 있는 한편, 오히려 그 가치들을 우습게 만드는 경향도 있다는 지적(Perloff, 1998)을 무시하기 어렵다. 공동체 발전의 명목으로 정치가 추구하는 기대의 허구성, 정치의 복잡함이나 권력의 추악한 속성 등 선거 풍토 자체의 부정적 특성이 미디어와는 무관하게 사회를 퇴보시킨다는 우려도 있지만(Coleman, 2011), 매체가 이런 모습을 드러내면서 상황을 악화할 수 있다는 지적 역시 나오는 것이다.

대중매체의 선거 보도에 대한 이런 기대와 우려는 다시 정치 커뮤니케이션 3대 요체의 시각 등으로 살펴볼 수 있다. 이강형(2006)은 '매스미디어 캠페인'이라는 용어를 제시했는데, 이는 현대 선거에서 언론 보도를 통해 유권자가 후보 선택에 필요한 정보를 얻고 후보자들이 유권자를 선택하는 과정을 의미한다. 이는 곧장 선거를 둘러싼 대중매체의 보도 현상이라고 해석될 수 있을 것이다. 그가 소개하는 내용을 정치 지도자, 대중매체, 공중 등 이 책이 정리하는 정치 커뮤니케이션 3대 요체와 대중매체의 선거 보도 현상에 이어 적용해보면, 후보자가 유리한 득표를 위해 대중매체를 직간접적으로 활용하는 행위는 정치인의 시각에서, 유권자가 알아야 할 내용을 언론이 판단해 보도하는 행위는 대중매체의 입장에서, 대중매체의 보도 내용을 수용하고 활용하는 행위는 공중의 차원에서 이해될 수 있다. 아주 간략히 보자면, 이 3대 역할 요체가 선거 과정에서 주고받는 정보는 일단 후보자나 그 후보를 배출한 정당의 신념과 이념이 투영된 정치적 메시지로 생각할 수 있다. 이 메시지는 대중매체를 통해 정치 엘리트와 공중 사이를 오가며 역동적으로 성장한다. 3대 요체들은 해당 메시지를 단순히 교환할 뿐만 아니라 각각 해석하고, 그렇게 전개된 소통은 또 다른 해석과 갈등, 그에 따른 논의로 이어지는 역동적이며 복잡다단한 흐름을 이끌기 때문이다. 정리하자면, 선거 보도는 언론을 중심으로 정치인과 유권자 사이에 오가는 정치 정보 유통 과정, 다시 말해 이 책이 초점을 맞추는 정치 커뮤니케이션의 성격 요소를 모두 갖추고 있으며, 그 자체로 권력을 분배하는 소통 과정이라는 차원에서 정치 커뮤니케이션의 핵심이라 볼 수 있겠다. 그리고 이 과정이 앞서 거론한 기대와 우려 중 어떤 방향으로 전개될 수 있을지는 3대 요체의 역할에 달려 있다고 할 수 있다. 이 장에서는 대중매체의 정보 전달을 중심으로 그 현상을 짚어볼 것이다.

2. 매체를 통한 선거 정보 전달의 역사

투표를 통해 공직자나 대표자를 뽑는 선거는 민주주의의 발전과 함께 성장했다. 민주정치는 고대 그리스의 직접 민주주의 형태를 발원으로, 봉건제의 마찰과 왕권에 대한 저항을 통해 13세기 영국에서 마련된 마그나 카르타(Magna Carta, 대헌장)와 17세기 권리장전을 거쳐 유럽과 북아메리카 대륙을 중심으로 정착된 시민 주권의 정치체제를 뜻한다(Dunn, 1994). 여기서 시민은 도시에 사는 사람들이라는 뜻이 아니라,

자유 경제 체제에서 권력에 속박되지 않은 채 주체적인 결정권을 가진 '자유롭고 자율적인 개인'(강원택·유진숙, 2018)을 말한다. 이 책이 제시하는 정치 커뮤니케이션의 3대 요체 중 공중의 개념에 가깝다고 할 수 있다. 이들 시민이 모두 참여하는 직접 민주주의에서 대의제 형태의 간접 민주주의로 이행하는 과정이기도 했던 이 시간 동안 '공공의 이익을 조화롭게 추구'하는 공화주의(republican) 개념이 '시민의 힘을 발현'하는 민주주의 현상에 효과적으로 접목되는 방법이 실험됐고(김경희, 2009), 국가의 크기에 따라 외부 침략이나 내부 결함 때문에 민주공화국의 완성이 요원할 것이라는 비관론 속에서도, 견제와 균형이 비교적 잘 유지되는 미국식 민주주의가 현실적 대안으로 제시됐다는 주장(Deudney, 2008)이 힘을 얻는다.

비록 이와 같은 시각에 대한 반론도 있겠으나, 시행착오를 겪으며 마련된 미국 민주주의를 현대의 많은 국가가 비판적으로 수용한다는 시각(Mancini & Swanson, 1996)은 현대 정치 커뮤니케이션을 바라보는 도구로 미국 민주주의 현상을 활용할 수 있을 것이라 보게 하는 근거가 된다. 특히 커뮤니케이션 연구의 주류를 형성하고 있는 미국식 탐구 방법이 한국에도 많은 영향을 미치고, 미국에서 활용돼온 정치 커뮤니케이션 연구 방식도 한국적 현상에 적지 않게 적용되고 있는 현실(최선열, 2009)에서, 국내 선거를 둘러싼 매체 보도와 정치 커뮤니케이션 흐름을 미국식 분류에 따라 조감해보는 것은 유의미한 작업이 될 것이다. 따라서 이 장에서는 21세기 도입부까지 미국의 선거 캠페인과 관련 정보의 흐름을 근대전(pre-modern), 근대(modern), 근대후(post-modern)로 구분한 영국 출신 정치 커뮤니케이션 학자(Norris, 2000a)의 시각을 빌려 해방 후 이어진 우리의 선거 보도 역사를 점검해보겠다.

다음의 설명을 접하기 전에 주의해서 접근할 부분이 있다. 이 책이 활용하는 근대전과 근대, 근대후 개념은 한국 언론사를 소개할 때 학자들이 사용하는 단어들과 유사하나 일부 차이를 가진다. 또 이 개념들은 다른 영역에서 짧게는 100여 년에서 길게는 수천 년을 아우르는 기간을 분류할 때 사용되기도 한다. 이렇게 복잡한 시기별 개념들을 간소화해 이 책이 정리하려는 한국 선거와 관련 보도의 특징들은 1948년 건국과 정부수립 이후의 현상에 적용된다. 여러 분야에서 다양하게 해석되는 근대전과 근대, 근대후의 의미가 이 책의 설명을 위해 다시 정비되지만, 이들 개념이 자체적으로 가지고 있는 중첩적 성격 등의 이유로 그 시기들을 명쾌하게 구분해 한국의 선거 상황을 소개하는 데 적용하기는 어려울 수 있다. 이런 한계 속에서 이 장에서는 핵심적으로 우선 커뮤니케이션 환경 변화에 기초해 시기를 구분한 노리스(Norris, 2000a)의 분류를 따르고, 1948년 이후 약 70년 안에 이뤄진 한국의 선거 상황을 그 분류에 나타나는 '특성'에 맞춰 시기별로 설명할 것이다. 단 독자들은 한 분류의 특성들이 특정 시기에만 나타나는 것이 아니라 다른 시기에도 등장할 수 있음을 염두에 두어줄 것을 당부한다.

이제 그 배경을 설명하기 위해 먼저 한국 언론사를 중심으로 근대전과 근대, 근대후로 나뉘는 명칭에 대해 논해보자. 일반적으로 이 명칭들은 전근대, 근대, 후기근대 등으로 소개되기도 하는데(이강형, 2006), 선거 캠페인과 이들에 대한 언론 보도를 설명하는 이 책의 맥락을 이해하기 위해서는 이들 이름 자체보다 이를 분류하는 근거에 대한 고민이 필요하다. 우리 언론의 흐름에서 정치 커뮤니케이션, 그중에서도 선거 보도에 집중해 설명하는 이번 장은 그 시기 구분의 근거가 통상적인 한국 언론사의 분류 근거와 차이를 보이기 때문이다.

역사의 시기 구분은 학자가 어느 요소에 중점을 두느냐에 따라 달라진다. 역사를 사건의 발발(10년 이내), 생활양식의 변천(50년), 인간과 주변 환경의 상호 적응에 따른 구조 변화(100년) 등을 바탕으로 한 '시간 지속성'으로 나누거나(Braudel, 1980), 아예 지역과 시점에 맞춰 수백 년 단위의 거대 문명 전환을 기준으로 분류하기도 하는데, 학자의 주관이 들어간 이런 구분 방식은 종종 그 기준을 놓고 논쟁과 반박이 이어지기도 한다(Rogers, 1988). 한국의 언론사에 대한 접근도 마찬가지이다. 한국 언론사를 연구한 국내 학자들은 봉건, 쇄국, 개화, 분단 등 한국사의 질곡과 연계한 특수성을 우리 언론의 변화 및 성장에 이었다(강준만, 2019; 김민환, 2002). 사건, 생활양식, 환경 구조 등 '시간 지속성'에 따른 세 가지 기준을 아울러 국내 환경에 맞게 재해석해 분류한 연구(김민남 · 김유원 · 박지동 · 유일상 · 임동욱 · 정대수, 2004)는 고려 및 조선 시대의 민요나 판소리, 제도적 언론 형태인 조보(朝報) 등을 포함한 각종 정보 전달 형태를 시작으로 우리 언론의 역사를 전근대, 근대, 일제식민지, 미군정, 한국 정부수립 이후 등으로 나누면서, 현대적 신문과 방송의 태동 및 성장에 이르는 과정을 순서에 따라 정리했다. 11세기 십자군 전쟁 때 유럽에서 등장한 서한 형태의 정보지 <노벨레(Novelle)>를 현대 신문의 시발점으로 보는 시각(임영호, 2005) 등을 고려해 국내 언론의 역사를 길게 잡은 시도로 읽힌다.

언론을 소통 자체로 풀이해 고구려 · 백제 · 신라의 삼국시대는 물론 그 이전의 언어와 언론 생활을 전근대의 언론 형태에 포함하는 연구(김민환, 2002)도 있다. 여기서 전근대는 한국 최초의 근대 신문으로 평가받는 관보인 <한성순보(漢城旬報)>가 탄생한 1883년 이전을 의미하는데, 이 연구는 1883년 이후 현재까지 이어진 약 150년에 비해 그 이전의 기간을 10배 이상으로 길게 봤다. <한성순보> 창간을 전후로 전근대와 근대를 나누는 이 기준은 김민남 등(2004)의 분류에도 적용된다. 현대사 위주로 접근하는 한 연구(정진석, 2001)는 현대 언론의 출발점을 한국 최초의 민간 신문으로서 1896년 창간한 <독립신문(獨立新聞)>에서 찾고, 1945년 해방 직후부터 1960년을 전후한 국내 대학의 언론 관련 전공 학과의 창설까지로 그 기간을 잡기도 했다. <한성순보>를 시작으로 이 책이 쓰이는 현재 2020년 시점 부근까지의 언론 전개 과정을 기록한 연구(강준만, 2019)는 시대를 크게 해방 이전과 이후로 구분한 것으로 보이는데, 해방 이전은 개화기 · 일제강점기 · 미군정기 등 3개 시기로 나누고, 해방 이후는 대통령이나 총리 등의 정권별로 세분화해 한국의 언론사를 소개하고 있다.

이상의 내용을 종합해보면, 한국 언론사를 연구한 학자들은 대체로 근대의 시작점을 <한성순보> 창간 해인 1883년으로 잡았다. 그 이전은 전근대 또는 근대전이다. 하지만 근대와 근대후를 나누는 형태에서는 차이를 보인다. 근대를 개화기(1883~1910년)와 일제하(1910~1945년)로 구분하고 그 이후를 현대로 보는 시각(김민환, 2002)이 있는가 하면, <독립신문>이 탄생한 1896년을 아예 현대로 분류한 시도(정진석, 2001)도 있다. 전자는 1945년 이후를 현대로 명명하며 이 시기를 근대후, 즉 근대 이후나 후기 근대의 의미로 소개한 것으로 보이지만, 후자는 1945년보다 약 50년 앞선 시점을 현대로 넣었다. 근대의 시작을 1876년 강화도 조약으로 보면서 이 시점을 전후해 1910년까지 이어진 기간을 개화기로 지정하고, 개화기부터 건국과 정부수립 해인 1948년까지 기간의 언론사를 설명한 연구(강준만, 2019)는 근대와 현대를 개념적으로 명확하게 구분하지는 않았지만 이승만 정권이 출범한 1948년을 현대의 시작이라 분류한 것으로 보인다. 1948년 이후 시기에 대한 설명을 그 이전보다 2배 정도 많은 지면에 할애하면서 이를 다시 정권별로 나눠 전개한 것을 보면, 저술 분량과 맥락 면에서의 차별화를 바탕으로 크게 두 가지 시기를 구분한 것으로 여겨지기 때문이다.

국내 학자들의 한국 언론사 시기 구분에 차이가 있는 것은 앞서 언급한 것처럼 개인마다 강조하고자 하는 설명의 지점이 달라서일 것이다. 게다가 비교적 오랜 연구 경험으로 현재의 저널리즘과 커뮤니케이션 분야 학문 기준을 제시하는 서구의 시각을 국내 역사에 접목하는 과정에서 서로 정확하게 맞물리지 않은 개념들이 있어 다른 해석을 낳았을 수도 있다. 즉 서구에서 비롯된 개념 중 일부를 우리의 실정을 설명하는 데 활용하고, 서구 현상을 이용해 국내 언론을 소개하기 어려운 경우에는 독특한 한국사 전개 과정 등에 비춰 해석하는 과정에서 이런 격차가 더 커졌을 것이라는 뜻이다. 서구에서 신문, 특히 대량 인쇄 신문의 탄생으로 시작된 근대 또는 현대적 언론 현상(임영호, 2005)이 140여 년 전 한국의 언론 상황에 접목되고, 다시 이를 서구 학문 패러다임에 연결해 해석하려 했던 시도도 그런 경향을 이끈 것으로 여겨진다.

이처럼 변형된 시기 구분은 이 책에서도 적용된다. 특히 선거 캠페인과 이들에 대한 언론 보도 현상에 집중하는 이 책의 설명은, 한국 언론을 현대사에 집중해 100년 정도로 보거나 아예 그 역사 전체를 수천 년으로 소개한 것보다 훨씬 짧은 기간을 대상으로 한다. 투표를 통해 공직자나 대표자를 뽑는 민주주의 선거가 제도적으로 국내 정치에 장착된 1948년이 출발점이다. 이후 약 70년간 이어진 국내 선거와 언론 보도를 설명할 때 전술한 근대전, 근대, 근대후라는 명칭이 활용된다. 하지만 앞서 봉건, 쇄국, 개화, 분단 등의 한국사 특성을 이용해 수천 년 혹은 100여 년을 나눈 다른 학자들이 사용한 개념과는 다르다. 새로운 의미는 커뮤니케이션 환경, 특히 기술 발전을 축으로 구분된다(이강형, 2006).

이 책이 활용하는 영국 출신 정치 커뮤니케이션 학자 노리스(Norris, 2000a)의 미국 선거 캠페인 시기 구분은 근대를 기점으로 이뤄진다. 근대성(modernity)과 근대주의(modernism)의 구분, 현재(contemporary)라는 의미까지 포함하는 이 단어의 성격 때문에 근대를 단순 명료하게 설명하기는 어렵다. 심지어 근대에 대한 의미가 정반대로 해석돼 상충하기도 한다(Zygmunt, 2000). 르네상스 이후 인본주의에 기초한 인간 이성 중심의 규범적 성격을 가지는 근대성이 규격화한 현상을 추구하는 근대주의로 이어진다는 설명, 하지만 이와 달리 제1차 세계대전을 전후해 급격하게 부상한 근대주의는 규범 위주의 근대성과 달리 기존의 형식을 거부하며 새로운 현상을 찾는 도전정신이라는 주장 사이의 대결이 그렇다. 거기다가 새롭게 찾은 현상을 다시 규격화해 이를 새로운 현재의 규범으로 즐기는 현상도 '규격'이라는 차원에서 근대에 연결될 수 있다는 시각은 이런 복잡함을 가중한다(Eisenstadt, 2003). 즉 특이성과 보편성 사이의 갈등을 통해 도전과 현상 유지의 성격을 모두 지니는 것을 근대의 모습으로 바라보기도 하는 것이다. 하지만 근대성이나 근대주의 모두 특정한 상황을 규격화하는 시도를 한다는 점에서 노리스가 논하는 근대를 이해할 수 있을 것이다. 선거 캠페인 '원칙(principle)' 등의 표현을 쓰며 다른 시기와 근대를 구분하는 그의 설명에서 이 특성을 찾을 수 있다. 전과 후라는 단어를 근대에 붙여 만들어진 근대전과 근대후는 각각 근대라는 '규격'을 갖추기 전의 모습과 그 규격이 해체되는 과정을 칭한 것이라 볼 수 있겠다. 이 시기 선거 캠페인의 특성과 언론 보도 형태는 뒤에서 더 자세히 부연하겠다.

하지만 도전과 현상 유지라는 성격을 모두 가진 근대의 모순적 의미 때문에 이어지는 설명을 이해할 때 독자들이 두 번째로 유의할 부분이 생긴다. 바로 근대전, 근대, 근대후가 칼로 무 자르듯 명확하게 구분되지 않는다는 점이다. 노리스(Norris, 2000a)

는 미국 현상을 중심으로 이들 세 시기를 각각 19세기 중반~1950년대 후반, 1960년대 초반~1980년대 후반, 1990년대 이후로 나눴다. 사실 이 접근은 선거 캠페인을 나누는 여러 방식 중 하나이다. 즉 특정 학자나 학계가 무게를 두는 지점에 따라 구분 방법은 달라진다. 예를 들어 노리스의 구분법은 후보자 공천 과정에서의 정당 역할의 경중 및 투표권 제한 여부 등에 의한 유권자 크기에 따라 선거 캠페인 시기를 구분한 1970년대 미국 학계의 시각(Nimmo, 1976)과 다르다. 1980년대까지 선거 캠페인 논의를 주도하던 이 시각은 독립 초기부터 1890년대까지 정당이 캠페인의 중심 역할을 하던 전통적 단계, 1950년 이후 개별 후보자가 중심이 됐던 텔레비전 단계, 그 사이 1890년대에서 1950년까지 정당에서 개별 후보자로 캠페인의 주체가 전환되던 전이 단계 등으로 선거 캠페인을 분류한다(탁진영, 1999). 비록 구분법 다양화의 사례로 든 이 시각도 텔레비전 등 매체의 역할을 고려하고는 있지만, 결국 정당과 정치인이라는 정치 엘리트에 초점을 두고 있다. 이 분류가 의미 있고 설명력도 충분히 갖추고 있지만, 대중매체의 역할에 무게를 두는 이 책은 정치인이나 정당보다는 매체의 변화에 초점을 맞춰 선거 캠페인의 특성을 조망한 노리스의 시각을 활용한다. 다만 이 책이 소개하는 구분도 사회의 다른 요건들과 보조를 맞추면서 진행되는 현상을 반영하기에, 갑작스러운 단절적 변화가 아니고 점진적 변화라는 점을 짚어둔다. 특히 이어지는 설명이 해외의 구분 방식을 한국에 접목하려는 시도이기 때문에 구분된 시기별 특성들이 여러 시점에 중첩돼 분산된다는 것을 예측할 필요가 있다.

다시 노리스(Norris, 2000a)의 구분법을 보자. 이 분류의 기준은 언론을 발전시킨 기술, 특히 커뮤니케이션 환경과 밀접한 관계를 맺는다. 인쇄나 통신 기술 등 새로운 커뮤니케이션 환경이 개발돼 사회에 적용되며 일상생활에 안착하는 과정을 중심으로 한 것이 특징이다. 간단히 보면 근대는 발전해온 커뮤니케이션 환경의 규격화와 그에 대한 정치 커뮤니케이션 요체들의 익숙함을 표방하고, 근대전은 그런 상태까지 진행되는 과정을, 근대후는 그렇게 안착한 규격의 해체를 뜻한다. 그러나 원래 새 기술이 도래하더라도 갑작스레 이전 상황을 완전히 대체하지 못한다는 점을 우리는 잘 알고 있다. 신구 기술은 일정 정도 겹치는 시간을 가지며, 서로의 장단점을 확인하고 보완하면서 정보 전달의 측면에서 더 효율적인 특성들을 확인하고 발전해간다. 라디오나 텔레비전 등 전파 매체의 탄생에도 신문이 사라지지 않고, 인터넷 등의 통신 혁명이 일어나도 전통 매체인 신문과 텔레비전이 자신만의 특성을 살려 진화하는 것에서 그 현상을 체감할 수 있다(McQuail, 2000; Severin & Tankard, 2001). 이런 커뮤니케이션 환경과 깊은 관련성을 가진 선거 캠페인과 그에 대한 언론 보도 형태 역시 시기 구분에 따라 완전히 다른 성격을 가진다고 보기는 어렵다. 비록 학자들이 강조하는 기준점을 바탕으로 시대를 나눈다고 하더라도, 그 특성들이 각 시기에 일부 공유되면서 중복되는 때가 있는 것과 마찬가지이다. 특히 외국에서 200년 이상에 걸쳐 구축된 민주주의, 그에 기초한 선거 제도를 70여 년 만에 소화하고 있는 우리의 경우 그런 특성의 시기별 혼합은 더욱 피하기 어렵다. 수천 년 혹은 100여 년의 한국 언론사를 시기별로 구분할 때도 국내 학자들이 일부 현상의 중첩을 인정할 수밖에 없었던 것과 같은 이치이다. 독자들이 이런 상황을 고려해 1948년 이후 전개된 한국의 민주주의 선거와 언론 보도를 이해하는 바탕으로 근대전, 근대, 근대후를 바라봐주길 바란다.

1) 근대전 선거 캠페인과 매체

노리스(Norris, 2000a)가 미국 선거 캠페인을 기준으로 제시한 근대전의 시기는 19세기 중반부터 1950년대 후반까지이다. 이 시기 선거 캠페인의 특징은 '정당 지도층의 임시변통 계획'에 따라 비교적 '짧은 시간'에 진행되는 '후보자와 지역 시민 사이의 개인 간 커뮤니케이션(interpersonal communication)' 등으로 요약된다. 이때 뉴스 매체는 정당과 공중을 잇는 주요 매개자 역할을 한다. 유권자는 특정 정당에 대한 높은 충성도를 보이며(Altschull, 1990), 정당은 개별 시민의 집을 일일이 찾아 유세하거나 팸플릿을 돌리고 자금 모금을 계획하는 등 후보자와 유권자를 잇는 모든 선거 기획을 담당한다. 이런 캠페인은 지역 기반으로 이뤄진다. 즉 거의 모든 접촉이 유권자의 지역사회 문제를 다루는 거리 유세나 가정 방문, 정당 집회 등에 집중하는 형태를 띠게 된다. 상대적으로 짧은 기간에 즉흥적으로 벌어지는 캠페인에서 정치 지도자 집단인 정당은 지역민이 모이는 마을회관에서의 자원봉사자 지원 연설 등의 직접 캠페인과, 자기 정당을 지지하는 신문을 활용한 홍보를 겸행한다. 이때 관련 정보를 전달하는 대중매체의 범위는 정파적 성격이 짙은 신문 외에도 1920년대부터 라디오, 영화 등으로 확대되며, 공중인 시민 유권자들은 자신의 정치적·종교적·인종적·지역적 신념이나 소속감에 따라 특정 정당에 대한 몰표 현상을 보이기도 한다(이강형, 2006).

한국의 언론사학자들이 소통의 다양한 의미에 기초해 근대전을 <한성순보> 창간 이전 수백 년에서 수천 년까지로 잡은 것을 미국의 경우에 적용하면, 노리스(Norris, 2000a)가 말하는 미국 근대전의 시작을 독립 시점으로 확대할 수도 있겠다. 미국은 1776년 독립선언과 1788년 연방헌법 발효에 이어 1789년 첫 대통령 선거를 치르고 조지 워싱턴을 초대 대통령으로 선출했다. 정당들이 강력한 리더십을 앞세우면 유럽식 군주적 정부를 피해 신대륙으로 온 주민들에게 위협을 줘 역효과를 볼 수 있다는 우려 때문에, 첫 선거 캠페인은 모든 후보가 무소속으로 출마하는 등 소극적으로 진행됐다(Troy, 1996). 하지만 1792년 치러진 2회 선거부터는 정당 소속 후보들이 등장했고, 이때부터 정파성이 강했던 신문들은 지지하는 정당에 대한 기관지를 자임하면서 상대 후보에 대한 인신공격에 가까운 편파 보도를 하기도 했으며, 이들 신문과 동지적 관계를 맺은 정당의 지도자들은 직접 후보를 지명하고 각종 공약을 주도하는 등 대통령 선거에서 주도적 역할을 담당하기 시작했다(Perloff, 1998). 이런 추세가 이어지다가 1840년 선거 때는 휘그당의 윌리엄 헨리 해리슨 후보가 기차로 지역을 돌며 순회 연설을 통한 선거 캠페인을 벌였는데, 이때 그의 기차에 붙은 배너, 연설이 진행된 지역에서의 각종 기념식과 거기서 불린 노래 등은 선거 캠페인에 이미지가 개입된 시발점으로 여겨지기도 한다(Jamieson, 1984). 즉 독립 시점부터 19세기 중반 이전에도 노리스가 말하는 근대전의 선거 캠페인 형태가 드러났다는 것이다.

한편 노리스(Norris, 2000a)가 근대전의 출발점으로 잡은 19세기 중반에는 이미 이와 같은 선거 캠페인에 대해 유권자들의 냉소주의가 나타나기 시작했다. 상대 후보에 대한 인신공격 등이 등장하면서 대통령 선거에 출마한 정치인들의 공약은 표를 얻으려는 정책 판매나 선전 선동으로 여겨지기도 했다(Johnson-Cartee & Copeland, 2013). 하지만 민주주의에 대한 기대도 커, 투표율이 유권자 수의 80%에 이르게 나오는 등 19세기 말 선거 캠페인의 공중 참여 효과에 대한 평가는 긍정적이라고 볼 수 있다(Troy, 1996). 인쇄술의 발달과 함께 구독료가 떨어진 신문은 20세기로 넘어오면서 일반인들에게 정보 전달의 주요 채널로 각인됐고(임영호, 2005), 후보자들은 이를 활용한 신문 캠페인을 적극적으로 벌였다. 하지만 나무 기둥을 잘라낸 그루터기에 올라 직접 대중에 지지를 호소하는 면대면 커뮤니케이션 형식의 캠페인도 함께 진행됐다(Perloff, 1998). 노리스(Norris, 2000a)가 제시하는 '후보자와 지역 시민 사이의 개인 간 커뮤니케이션'의 한 모습이었다.

20세기 초반 시민들의 생활에 파고든 라디오와 영화는 선거 캠페인의 새로운 활로를 뚫었고, 미국 전역에 걸치게 된 철도망은 후보들의 캠페인 여정을 수월하게 만들었다. 32대부터 대통령을 4번 연임한 프랭클린 루스벨트(Franklin D. Roosevelt)는 당선 후에도 라디오를 통해 국민에게 메시지를 전하는 노변담화(爐邊談話, fireside chat)를 진행할 정도로 이 새로운 전파 매체 활용의 귀재로 불렸고(Winfield, 1994), 루스벨트 후임으로 나중에 한국의 6·25 전쟁과 다양한 관계를 맺은 해리 트루먼(Harry Truman) 대통령은 후보 시절 선거 캠페인을 위해 36개 주를 다닌 것으로 유명하다

(Perloff, 1998). 특히 신문 지면으로는 접하지 못했던 후보자의 목소리가 전달된 라디오의 출현은 표정과 몸짓까지 전달하는 1950년대 TV 활용으로 이어져 후보 PR과 상품화의 시대를 연다. 1952년 대통령 선거에 출마한 드와이트 아이젠하워(Dwight Eisenhower) 공화당 후보는 TV 광고를 통해 자신의 정책을 설명했는데, 비록 엄청난 비용 상승을 초래하기도 했지만 이는 정치 광고의 새 지평을 열었다는 평을 받는다(Abrams & Settle, 1976; Jamieson, 1984). 특히 당시 아이젠하워 후보의 부통령 러닝메이트로 불법 정치 자금 수수 혐의를 받던 리처드 닉슨(Richard Nixon) 캘리포니아 주지사가 직접 방송 시간대를 사서 스스로 변호한 체커스(Checkers) 연설은, 텔레비전이 기획 포장된 광고만이 아니라 시민을 대상으로 하는 정치인의 직접 소통 채널의 매체로 부상했다는 것을 시사하게 됐다. 선거가 TV를 정치 커뮤니케이션의 도구로 인정받게 한 것이다(Perloff, 1998).

노리스(Norris, 2000a)가 제시한 시기별 성격과 앞에서 거론한 다른 학자들의 연구를 종합해, 근대전의 선거 캠페인 특성을 정치 커뮤니케이션의 3대 요체인 정치 지도자, 대중매체, 공중에 연결하면 조금 더 확대된 성격이 확인된다. 미국의 경우 짧은 시간에 걸쳐 정치 정당 위주로 진행됐던 임시변통 기획의 모습은 근대전 초반에 있

<자료 4-1> 미국 근대전 선거 유세 모습

* 미국 화가 조지 빙엄(George C. Bingham)의 작품 <Stump Speaking>(1853, Saint Louis Art Museum 소장).

다가 이후 점점 사라지지만, 정당의 지도급 인사는 여전히 선거 캠페인 계획의 중심에 서 있다. 정당이 후보자와 유권자를 잇는 모든 선거 기획을 담당하는 것이다. 가정 방문, 정당 집회, 후보자나 자원봉사자의 마을회관 · 거리 · 그루터기 유세 연설(stump speech) 등 유권자 대상의 개인 간 또는 면대면 커뮤니케이션은 물론, 정파적 신문과의 동지적 관계 맺기나 라디오, 영화 등을 활용한 매스미디어 캠페인까지 그 기획이 이어진다. 여기에 유세용 기차의 배너나 지지 노래 등이 활용되면서 이미지 정치 개입의 신호탄이 오른다. 정파적 신문으로 대표되던 대중매체가 정당과 공중을 잇는 주요 매개자 역할로 부상하면서 특정 후보에 대한 인신공격성 편파 보도를 서슴지 않게 됐고, 철도망 확대와 더불어 관련 정보를 전달하던 신문은 초기 형태의 정치 광고까지 담으며 그 영향력을 확대했다. 라디오의 확산으로 대중매체를 활용하는 선거 캠페인의 범위는 전파를 수용하는 단계로 넓어지고, 이후 전개될 텔레비전 시대의 개막을 예고했다. 하지만 계속되는 선거 캠페인 경험은 초기에 뜨거웠던 공중의 관심을 서서히 돌려놓기도 했다. 후보자를 직접 만나거나 대중매체를 통해 정치 정보를 접하며 열광하던 유권자들은 유세 내용과 상관없이 정치적 · 종교적 · 인종적 · 지역적 신념이나 소속감 등 기존 편견에 따라 일어나는 몰표 현상 등을 보면서 선거와 정치에 흥미를 잃어가기 시작했다. 그러나 이런 편견에 기인한 특정 정당에 대한 충성도는 20세기 전환점의 시기에도 80%의 투표율로 이어졌다. 근대전은 공중에게 민주주의와 선거에 대한 기대, 그리고 냉소주의가 교차하는 시기였다고 볼 수 있겠다.

앞서 언급한 바와 같이, 서구에서 수백 년에 걸쳐 생성된 민주주의와 선거 시스템을 수십 년 만에 함축적으로 소화하고 있는 우리나라는 위와 같은 특성이 더 짧은 기간에 집약돼 나타났다. 구한말 <한성순보>를 시작으로 <독립신문>을 비롯해 여러 종류의 신문이 등장한 한반도는 일제강점기와 미군정이라는 독특한 역사를 관통했다. 이 과정에서 1920년 창간한 <조선일보>와 <동아일보> 등 민영 신문이 지금까지 이어지지만, <경성일보> 등 일제를 지지하는 신문, 해외에 나간 동포나 유학생들의 한인 신문 또는 잡지 등이 명멸하고, 1927년 개국한 '경성방송국'이 라디오의 시대를 열기도 했다(김민환, 2002).

해방 이후 민주주의를 받아들이고 선거 제도를 개시하면서 우리에게도 근대전 형식의 선거 캠페인이 시작되고 앞서 열거한 특성들이 드러났지만, 대한제국에서 일제를 거치는 과정에 등장했던 흐름이 남았다. 그 연장선에서 우리나라에는 다양한 정파성을 띤 신문들이 나타나 정치적 목소리를 냈다(정진석, 2001). 공산주의 노선의 <해방일보>, 보수적 자유주의 노선의 <조선일보>와 <동아일보>, 진보주의 노선의 <조선인

민보>, <중앙신문> 등이 등장해 좌우 대립의 이념적 투쟁을 대신했다(강준만, 2019). 경성방송국은 여러 차례 개명을 거쳐 현재 KBS의 전신인 '중앙방송국'으로 출범했다. 1948년 제헌헌법 발효와 더불어 탄생한 초대 이승만 대통령의 정부는 언론 자유를 표방했으나 북한과의 대치 속에서 각종 법률로 언론 활동을 규제하면서 언론 탄압을 자행했다는 평을 받았고, 6·25 전쟁을 거치는 과정에서도 <조선일보>, <동아일보>, <경향신문>으로 묶이던 야당지와 <서울신문>, <연합신문>, <평화신문> 등으로 연결되는 여당지가 구분될 정도로 신문의 정파적 색채는 뚜렷했다(김민환, 2002). 이 와중에 매체의 정치 색깔을 배제한다는 기치로 <한국일보>가 1954년 창간하기도 했다. 휴전 이후 '기독교방송'(1954년)과 '부산문화방송'(1959년)이 출현하면서 본격적인 민영 라디오 방송 시대가 개막했고, 1956년 출범했던 민간 TV 방송국(KORCAD-TV)이 경영권과 화재, 5·16 군사정변 등을 거치며 사라졌다가 1961년 말 군사정부에 의해 텔레비전 방송이 재개됐다(김민남 외, 2004).

결과적으로 최초의 선거로 탄생한 이승만 정권 시기, 언론의 특성은 집권당인 자유당을 지지하거나 비판하는 신문 등이 활동하며 한국 대중매체의 정파성을 선명히 드러내는 근대전의 모습으로 설명할 수 있겠다. 일제강점기에 식민지 수탈 등의 목적으로 놓였던 철도는 6·25 전쟁 기간 군수물자 수송뿐 아니라 정치 정보를 실은 신문 배포에도 활용됐으며, 해방 후 한국의 고유 호출 부호를 받으며 개국한 라디오가 텔레비전 시대를 여는 마중물이 된 점도 국내 상황에서 확인되는 근대전 성격의 일부이다(정진석, 2001). 이 특성들을 1948년 출범한 대한민국의 민주주의에 이어보면, 근대전은 이승만 정권 설립부터 군사정변에 의해 민간 정권이 넘어가기 직전인 장면 정부 때까지, 즉 1960년대 초반까지로 정비할 수 있겠다.

이 시기 선거에 나타난 우리 정치 정당의 선거 캠페인도 거리 유세나 학교 운동장 등에서 벌이는 연설 등의 형식을 활용했다. 텔레비전은 물론 라디오도 모든 가정마다 비치되지 않았던 시절, 후보자들은 정치에 대한 신념이나 사상적 이념, 특정 이슈와 관련한 자신의 입장을 전달하기 위해 직접 유권자들을 만났다(김대중, 2010; 김영삼, 2000). 권위적인 독선형이나 감정 호소형, 개인 간 커뮤니케이션의 친근함을 유발하는 대화형 등으로 구분되는 연설은 면대면 커뮤니케이션의 특징을 유지하며 현재까지도 이어지지만, 특히 한국의 민주주의 초기에 두드러졌던 선거 캠페인 형태이다(정대수·김병국·백선기·류한호, 1995). 1948년 대한민국 정부 출범 직후 부침을 계속한 신문은 1960년 4·19 직전까지 41종을 유지하다가 이승만 대통령의 하야 후 확산한 언론 통제 해지의 움직임을 통해 1960년 389종으로 늘어났다(김민환, 2002). 신문은 같은 시기 14개에서 274개로 17배 이상 늘어난 통신사와 더불어 각 정치 세력과의 결탁을 통해 경영을 키워나갔다(김해식, 1994). 건국 후 6·25 전쟁 등을 겪는 과정에서 라디오와 텔레비전 등 전자 매체의 가정 보급률이 저조할 수밖에 없었던 이 시기, 각종 선거에 출마한 후보자들은 자신의 정치적 신념을 유리하게 전달할 신문을 활용해나갔다(유인환, 2004). 사영(私營) 라디오 방송국이 1950년대에 속속 개국하면서 정당의 전자 매체 활용도 활기를 띠기 시작했으나(김민남 외, 2004), 대부분 후보자의 이미지 개발 측면으로 이어질 뿐 이슈 자체에 대한 논의가 활발했던 것은 아니다(유인환, 2004). 이밖에 전화를 활용한 일대일(一對一) 유세, 영화 등을 통한 일대다(一對多) 정치 메시지 전달이 선을 보인 것도 이 시기로, 해방 후 한국에 관련 커뮤니케이션 기기 등이 도입되던 환경이 반영됐다는 평을 받는다(정진석, 2001). 이는 노리스(Norris, 2000a)가 제시한 근대전 선거 캠페인의 성격들이 우리나라에서도 발현된 것으로 볼 수 있겠다. 하지만 TV 보급 초기 단계였던 미국의 근대전과 비교했을 때도 그 보급률이 극히 저조했던 한국에서 TV의 선거 캠페인 활용은 1960년대 초반까지 두드러지지 않았고, TV는 나중에 함축적으로 발달하는 기술 전개 및 법률 개정 등과 함께 선거의 전면에 등장하게 된다(김춘옥, 2005; 유인환, 2004).

한편 선거와 관련한 사회 지도자급 인사들의 정치적 행보는 구체적인 정책 이슈를 알리기보다는 그들의 출신지 등과 관련한 내용 홍보에 연결되는 경향을 보이면서, 당시 선거에 익숙하지 않았던 한국 유권자들의 지역주의 등을 자극하며 곧장 선거 결과

<자료 4-2> 한국 근대전 선거 유세 모습

* 1956년 5월 충청도에서 열린 3대 대통령 및 부통령 선거 유세장의 모습이다.
출처: 행정안전부 국가기록원(http://theme.archives.go.kr/next/vote/gallery/voteGallery4.do?no=10).

를 이끌기도 한다(박상훈, 2013). 대한민국 건국과 이후 10여 년에 걸쳐 진행된 선거에서 유권자가 모르는 인물이 정치 지도자로 등장할 정도로 정보 흐름은 제한적이었고, 못 살겠으니 무조건 바꾸자는 식의 구호가 구체적인 대안을 제시하지 못한 채 선거의 결과로 나타나기도 했다(서중석, 2008). 1948년에서 1960년대 초반 박정희 정권 출범 직전까지의 직접 대통령 선거만을 놓고 봤을 때 비록 투표율이 80% 후반에서 90% 후반까지 치솟긴 했으나(행정안전부 국가기록원, 2020), 이를 높은 수준의 정치의식이 반영된 것으로 해석하기에는 무리가 있다. 당시 상황을 정리한 저술들(강준만, 2019; 김민환, 2002; 김민남 외, 2004; 박상훈, 2013; 서중석, 2008)은 신문 등 전통 매체가 이슈와 관련된 정보를 전달하려 했어도 수용자인 유권자들의 기존 편견에 큰 영향을 미치지 못한 채 선거가 진행됐거나, 새로 등장한 라디오나 영화 등 당시의 뉴미디어가 감성적인 정보 소구에 그치면서 인식적 변화보다는 감정적 인지 강화를 이끌었을 가능성을 제시하고 있다. 하지만 이 과정에서 기존의 정치 문제에서 소외됐던 여성 유권자들이 자신들의 목소리를 높이는 현상이 나타나기도 한다(한국여성유권자연맹, 2000). 그러나 그 흐름은 거대한 물결이 되기에 미약했고, 대한민국 출범 후 약 15년간 선거 캠페인에서 공중은 새로운 민주정치에 대한 기대와 낙심의 모습을 함께 보이면서 개인의 정치적·지역적 신념이나 소속감 등 기존 편견에 편승한 표심을 내보이는 등 노리스(Norris, 2000a)가 제기한 근대전 유권자의 특성을 나타낸다.

2) 근대 선거 캠페인과 매체

1960년대 초반부터 1980년대 후반까지 미국의 선거 캠페인에서 정당은 초기에 더욱 지도자 중심으로 결집하다가 차차 후보자 중심의 전략을 구축하는 형태로 변화해 간다. 노리스(Norris, 2000a)가 근대로 칭한 이 시기에는 여론조사 전문가와 같은 외부 컨설팅 담당자들의 활약이 활발한데, 특히 근대 초반에 이들의 정보가 정당 지도자급 인사들에게 몰리면서 지도층의 권한이 힘을 받게 된다. 대중매체 차원에서는 인쇄 매체가 중심이 돼 전개했던 정보 전달의 역할을 텔레비전이 보완하거나 대체하면서 TV가 선거 캠페인의 중앙 무대로 진출했고, TV의 오락적 요소가 정치에 가미되면서 유권자들은 정당의 정책보다 후보자 이미지 등에 더 관심을 갖는 현상을 보이며 차차 정당이나 정치 그룹에 대한 충성도를 잃게 됐다는 평이 등장했다. 정치인들은 전문 정치 자문가들의 도움을 받아 여론조사를 진행하고 정치 광고를 제작하거나, 선거 투어와 기자회견 등을 기획하며 언론 보도 내용의 주도권을 잡는다. 특히 TV의 입김이 강해지면서 저녁 황금시간대 뉴스 프로그램을 장악하기 위한 경쟁이 치열해졌다. 선거 캠페인이 전국 TV 뉴스 보도를 놓고 매체와 정치인이 벌이는 정보 주도권 확보 싸움에 집중하게 되자 유권자들의 참여는 더욱 수동적인 모습으로 바뀌고, 그 과정에서 공중은 캠페인 과정에서 멀리 떨어진 관객 또는 방관자로 전락하게 된다. 정리하자면, 마케팅이나 여론조사 등에 전문적인 자문 집단의 지원이 투입되면서 정당은 전국적인 통합 전략 캠페인을 구사하게 됐고, 개별 이슈 관련 입장으로 후보자를 선택하던 유권자들의 판단 기준은 TV 뉴스 화면을 통해 만나게 되는 후보자의 자질, 이미지, 정책 등으로 다변화해갔다. 이 과정에서 정당과 정치 전문 자문 집단은 캠페인을 1년 이상의 장기 프로젝트로 기획하게 된다(이강형, 2006).

노리스(Norris, 2000a)가 말하는 미국 선거의 근대 현상을 조금 더 자세히 들여다보자. 텔레비전이 본격적인 선거 캠페인의 채널로 떠오르게 된 것은 근대전 말미인 1950년대부터였다. 공화당의 드와이트 아이젠하워 후보가 출마한 1952년 대통령 선거에서 TV 정치 광고를 이용하고, 불법 정치 자금 모금 혐의를 받던 부통령 러닝메이트 리처드 닉슨이 직접 자신을 변호한 체커스 연설이 TV 화면을 통해 수용자에게 전달되면서 TV의 중요성이 주목받았다. 이후 약 90%의 미국 가구가 TV 수상기를 소유하게 된 1960년대부터 텔레비전으로 대표되는 전자 매체 선거 캠페인이 전성기를 맞게 된다(Perloff, 1998). 특히 바로 그 닉슨과 존 케네디(John F. Kennedy) 후보가 1960년 대통령 자리를 놓고 맞붙은 시점에서는 두 사람이 TV 광고보다 뉴스나 시사 프로그램, TV 토론에 출연한 경우가 더 많아졌고(Mathews, 1996), 이들은 심지어 TV 토크쇼 등에까지 등장하면서 이후 노리스(Norris, 2000a)가 근대후로 소개하는 1990년대 이후 상황에 만연한 정치의 오락화 현상을 미리 연출하기도 했다(Troy, 1996). 이때부터 글로 전달되는 연설문보다 TV 보도에 사용된 카메라 앵글이 더 중요하다는 사실, 그리고 후보자의 친근감과 매력적인 외모가 정치 커뮤니케이션에서 중요한 요인이라는 점이 확실하게 각인됐다(Perloff, 1998).

정치 광고를 필두로 한 선거 마케팅이 대통령 선출에 미치는 영향이 심화한 시기도 결국 근대이다. 케네디 대통령 피살 후 치러진 선거에서 민주당 린든 존슨(Lyndon Johnson) 후보가 제작한 '데이지' 광고는 원자폭탄이 터지는 영상 때문에 엄청난 메시지 전달력을 보였지만, 공포심 유발 등의 이유로 1964년 9월 한 번밖에 TV에 방영되지 못했다. 이 정치 광고는 이후 선거 마케팅과 광고에 사용 가능한 정보의 범위 등에 대한 논쟁을 촉발했다. 하지만 존슨이 대통령에 당선되면서 광고의 이미지가 주는 영향력 자체는 오히려 인정을 받은 것으로 평가된다(Mann, 2011). 한편 후보자 이미지

<자료 4-3> 미국 근대 선거 '데이지' 정치 광고 장면

* 1964년 미국 대통령 선거 당시 민주당 린든 존슨 후보가 사용한 '데이지(Daisy)' 광고의 장면들이다.
출처: 미국의회도서관(https://www.loc.gov/item/mbrs01185386).

전달에 집중하는 마케팅은 전쟁이나 보험 문제 등 세부적인 정책 이슈에 대한 후보자 입장을 제대로 보여주지 못한다는 비판도 함께 받았다. 근대 선거 캠페인에 나타나는 이 모습은 대통령 후보를 담배처럼 상품으로 만들어 판매할 수 있다는 논리로까지 이어지면서(McGinnis, 1969), 홍보나 마케팅 전문가가 후보자의 이미지를 조작할 수 있다는 논란까지 낳았다(Newman, 1999).

이 전문가들의 활동 영역은 광고에만 머물지 않았다. 1970년대에 외부 여론조사 기관과 정치 자문 집단은 각 정당의 대통령 후보 지명에 심대한 영향을 미치는 뉴스 생산을 위해 보도자료 정비 등 관련 정보를 기획하면서, 그전까지 정당 내에서 오랫동안 당원으로 활동하며 관련 업무를 보던 사람들의 역할을 빼앗다시피 했고, 결국 해당 정당 선거 캠페인의 설계자가 됐다(Perloff, 1998). 하지만 이들의 활동이 지나치게 전략적인 모습을 띠면서 헌법에 기초해 민주주의가 추구해야 하는 정치 본연의 가치가 훼손될 수 있다는 우려가 제기되는 등 광고 자문단의 영향력과 캠페인 조정자들의 역할에 대한 의견이 분분해졌다(Troy, 1996).

노리스(Norris, 2000a)의 선거 캠페인 특성을 다른 학자들의 주장과 연결해 정치 지도자, 대중매체, 공중이라는 정치 커뮤니케이션의 3대 요체에 이어보면, 미국의 정치 정당 지도층은 근대 초기에 여전히 강한 권력을 가지나, 그 권력 구조 바로 아래서 지도층을 받쳐주는 당내 후발 정치인들의 역할이 외부 전문가 집단으로 넘어가는 현상이 보인다. 상황에 따라 비교적 짧은 기간에 기획되고 진행됐던 과거의 선거 캠페인은 이들 외부 집단에 의해 점점 1년 또는 그 이상의 중장기 계획에 따라 조율된다. 근대 후기로 넘어가면서는 이들 전문가의 전략 다변화와 대통령 후보 선출 과정 변화 등이 맞물리면서 정당 지도층에 몰렸던 권력도 개인 후보자 중심으로 이동한다(Perloff, 1998). 선거 전략이 개별 후보의 특성에 따라 다양해지면서, 이들 외부 집단의 기획력이 강화되는 현상은 더욱 농후해진다. 대중매체의 역할도 기존의 인쇄 매체에서 텔레비전 중심의 전자 매체로 옮겨간다. 후보자들이 유권자를 직접 만나는 기회가 줄어들고, 세밀하게 정책을 논하던 신문이나 잡지의 선거 관련 정보는 이미지 중심의 TV 화면이 대체하게 된다. 전파의 공공성에 연결된 TV 뉴스의 특성은 정파성을 내세우던 신문 중심의 저널리즘 가치를 공정성 차원의 논의로 발전시켰지만, 광고와 마케팅 등에 접목된 TV의 선거 이미지는 정치를 지나치게 상업화한다는 비판을 양산했다. 이 과정에서 공중의 정치 냉소주의는 더 깊어졌다. 정치 이벤트로 전락한 TV 위주의 선거 캠페인은 시민을 정치 참여자가 아닌 관람객의 위치로 격하시켰고, 세밀한 정책 정보를 확인하기 어려워진 시민들은 정당이나 정치 그룹에 대한 기존의 충성도마저 놓아버리는 현상이 생겼다. 아예 개인적 편견에 따라 선거 정보를 소비하고, 개인의 편견을 TV가 전달하는 이미지에 붙여 더 강화하는 상황도 벌어졌으며, 현대 민주주의의 근간인 정당에 대한 신념과 관심은 줄어들었다(이강형, 2006).

위와 같이 성격이 정리되는 1960년대 초반부터 1980년대 말까지 노리스(Norris, 2000a)의 근대는 우리나라에서도 비슷한 시기에 시작된다. 비록 미국과 시차가 약간은 있으나, 대체로 1963년 5대 박정희 대통령 취임부터 1993년 13대 노태우 대통령 임기 종료 시점, 또는 그 바로 직전 시행된 1992년 14대 대통령 선거 때까지 한국에서 선거를 둘러싸고 벌어지는 정치적 리더와 대중매체, 공중 사이의 커뮤니케이션 성격은 앞에서 정리한 내용과 유사하게 나타난다. 20세기 중반을 거치며 급격히 발달한 커뮤니케이션과 교통 환경이 전 지구적으로 퍼져나가고, 1960년대부터 시작된 한국의 산업 발전이 이와 맞물리며 미국과의 경제 및 커뮤니케이션 환경 격차가 줄어들면서 비슷한 시기에 유사한 성격의 선거 캠페인이 벌어질 수 있었던 것으로 여겨진다. 하지만 서구 근대 선거 캠페인의 성격은 민주주의가 함축적으로 성장한 우리나라에서는 더 장기간에 걸쳐 진행돼, 심지어 뒤에 설명할 근대후, 즉 1990년대 이후까지 계속 이어지며 새로운 현상과 접목됐다.

1961년 5·16 군사정변 후 권력을 잡은 군부가 1963년 5대 박정희 대통령을 배출했고, 이후 정부가 산업 개발에 박차를 가하며 한국에도 경제 부흥기가 시작됐다. 헌법 개정 등을 통해 정권을 지속하려던 박정희 대통령의 피살 이후 한국은 신군부로 정리되는 세력에 권력을 넘기고, 군 장성 출신 정치인에 의한 군사 정권은 1990년대 초까지 이어진다. 이 신구(新舊) 군사 정권 시기는 한국적 정치 특성과 맞물리면서 전반적으로 노리스(Norris, 2000a)가 설명하는 근대 선거 캠페인의 일반적 성격을 포함하기 시작한다.

이 시기 한국의 정당은 특정 지도급 인사 중심으로 움직인다. 근대전 때도 초대 이승만 대통령이 자유당을 이끌던 모습에서 유사한 경우가 포착되나(서복경, 2016), 박정희 대통령이 공화당의 대통령 후보가 되는 과정에서 역시 정당 지도층의 구심력이 절대적 힘을 발휘했다(신두철, 2016). 이후 전두환과 노태우 대통령 시기를 지나는 과정에서, 박정희 대통령 때부터 야권에서 활약했던 김영삼, 김대중 등 야당 대표나 총재 역시 제도권과 재야(在野)를 양분하며 강한 지도력을 펼쳤다(강준만, 1995; 김호진, 2006; 박용수 외, 1995). 지도급으로의 권력 밀집은 1990년대에 시작되는 근대후 초기까지 이어지며 근대 시기 야당의 리더였던 김영삼, 김대중 등 거물 정치인이 연거푸 대통령의 자리에 오르게 하는 결과를 낳는다. 하지만 이들 정치적 리더의 후광에 가린 다른 정치인들은 야당 대표나 대통령 후보의 보좌 역할을 하며 스스로 정점에 오르지 못하는데(고성국, 2012; 배찬복, 2006), 이는 결과적으로 미국의 근대에서 이미지 구현 전략을 구사하며 떠오르는 개별 후보들에게 정당 내부 리더 그룹들이 밀려나는 현상과 묘한 접점이 있는 것으로 평가될 수 있겠다. 그 차이와 유사성은 추후 양국의 현상을 비교하며 자세히 탐구할 만하다.

TV가 한국 선거 캠페인의 주축으로 등장하기 시작한 것도 이 시기로 볼 수 있다. 공영 TV 방송국인 KBS가 라디오의 뒤를 이어 탄생한 뒤 1960년대에 약 10년 동안 사영 TV 방송국들이 출현하면서 이들이 권력을 지지하는 모습을 띤 게 그 배경이다(김민남 외, 2004). 하지만 그 역할이 우리나라에서 활발해진 것은 선거 캠페인으로 구분했을 때 근대 후기, 즉 1980년대 말로 거론된다(김관상, 2009). 1960년대 초반부터 1980년대 후반까지 한국은 그 역사적 특수성 때문에 아직 인쇄 매체, 특히 신문의 영향력이 컸다. 1960년 4·19 혁명 이후 400개 가까이 폭증한 신문의 수를, 5·16 군사정변으로 권력을 얻은 박정희 행정부가 언론 방종을 정화한다는 이유로 정리하기 시작하고 소속 언론인들을 구속한 사례에서 당시 신문의 위력이 상당했음을 짐작할 수 있다(김민환, 2002). 당시 권력은 윤전기 소유 여부 등을 조건으로 신문이나 통신사의 존치를 결정한다는 방침에 반대한 <조선일보>, <동아일보>, <경향신문> 등을 정부 기관이 구독하지 못하도록 하고, 이들 신문사에 광고를 싣지 못하도록 기업에 압력을 가해 매체의 수입원을 차단했다. 정권은 이런 채찍 정책 뒤로 신문사가 다른 매체를 겸영하거나 연관 산업에 진출할 통로를 열어주는 방식 등으로 당근 정책을 함께 구사하는 대언론 정책을 펴나갔다(김민남 외, 2004).

국가로부터 전파 관리를 받는 방송에 대한 압박은 더 적극적으로 이뤄졌다. 관영방송이었던 KBS가 5·16 군사정변 당시 군사혁명을 역사의 필연으로 홍보하기 위한 기구로 활용됐고, 정변 직후 제정된 전파관리법 등의 법률에 따라 정권의 방송 통제가 이어졌다(한국방송학회, 1998). 1960년대 초 개국한 문화방송(MBC), 기독교방송(CBS), 동아방송(DBS) 등에 대한 정부 차원의 조정은 라디오 드라마의 경쟁을 촉발한 양상 등에 연계되면서, 정치나 선거에 대한 방송의 적극적 다양성은 등장하지 못했다(김민남 외, 2004). 라디오 중심이던 방송이 1964년 동양방송(TBC)과 1969년 MBC의 TV 개국으로 새로운 시대를 열었지만, 박정희 정권의 1971년 위수령 발동과 1972년 유신체제 시작을 전후해 언론에 대한 정부의 압력이 상승하면서 신문과 방송 모두에 대한 탄압이 전개됐고, 이에 저항한 <동아일보>와 <조선일보> 기자들이 파면되면서 한국의 언론은 암흑기를 이어가게 된다(김민환, 2002).

기자의 청와대 출입증을 통한 정보 접근 조정, 광고주 집중 연계를 활용한 회유 등 다양하게 진행되던 박정희 정부의 언론 통제(이건호, 2013)는 1980년 등장해서, 신문과 방송을 장악하려는 신군부의 대단위 언론인 해직과 언론사 통폐합으로 이어졌고, 기사 검열과 회유는 더욱 적극적인 방법으로 진행되며 친정권 언론을 양산하는 길로 접어든다(한국방송학회, 1998). 이때 TBC가 KBS로 인수되고 중앙일간지와 통신사는 통합되며, 지방에는 각 도에서 하나의 신문사만 운영하게 하는 방침이 수행됐고, 문화공보부 장관이 신문과 통신의 등록을 취소할 수 있는 내용을 담은 언론기본법이 1981년 1월부터 발효되면서, 선거는 물론 정치 전반에 대한 뉴스는 정권의 뜻, 특히 대통령과 그 주변 정당 지도급 인사들의 동정 등으로 수렴하게 된다(김민남 외, 2004).

1987년은 한국 정치사뿐 아니라 언론도 큰 변화를 겪은 해이다. 6·10 민주화항쟁에 이어 대통령 직선제를 이끈 6·29 선언은 개국 후 20여 년간 군사 정치권력의 지원자 역할을 하던 텔레비전을 선거에 출마한 여러 후보자가 적극적으로 활용하게 만들면서 선거 캠페인의 판을 바꾼다(김관상, 2009; 정상대, 2002). 직전인 1986년 '권력과 언론의 음모'라는 제목으로 민주언론운동협의회(민주언론시민연합의 전신)가 월간지 <말>에 폭로한 신군부 '보도지침' 사건의 내용은 6·29 선언과 맞물려 언론 통폐합 당시 폐간됐던 신문들의 복간과 1988년 진보적인 색채의 신문인 <한겨레>의 창간으로 이어졌다(김민환, 2002; 김주언, 2008). 이때부터 한국 언론은 과거와 비교해 다양한 목소리를 터뜨렸고, 재야로 내몰렸던 정치인의 복권도 이뤄지며 이들을 중심으로 한 대통령 후보들의 활동도 활기를 띠었다. 하지만 이 역시 근대의 모습에 국한됐다. 기존 군부에 대항하는 김영삼과 김대중의 '양김(兩金) 시대'가 열렸지만, 이들 소수 정치적 리더에게 권력과 보도가 모두 집중됐다(유일상, 2012).

서구의 경우, 근대적 선거 캠페인의 시발점으로 여겨지는 1960년대부터 그 시기가 마무리되는 1980년대 후반으로 옮겨가는 과정에서 정당의 지도자급 인사에 집중됐던 캠페인 기획력이 개별 후보자에게로 옮겨갔지만, 정당 지도자와 대통령 후보가 같았던 이 시기 한국은 선거 캠페인의 중심 이동이 거의 없었다. 더 정확하게 말하자면, 정당 지도자와 후보자가 같아 정당 지도자나 후보자 중 누가 캠페인을 이끌더라도 결국은 동일 인물이 선거 전략을 총괄했기에, 특별히 그전부터 있었던 정당 지도자급 인사의 선거 기획 주도권의 변화를 논하기 어려운 환경이었다. 1987년 13대 대통령 선거에, 나중에 각각 14대와 15대 대통령을 역임한 김영삼 통일민주당 총재와 김대중 평화민주당 총재가 각 당의 후보로 출마한 것이 이를 보여주는 사례일 것이다(함규진, 2010). 하지만 한국에서도 이 기획력의 핵심이 여론조사 기관이나 정치 컨설팅 담당자 등 외부 전문가 집단으로 넘어가는 현상(Perloff, 1998)이 1980년대 후반부터 나타난다(정대수 외, 1995). 사용 가능 예산 대비 최대의 지지 효과를 얻으려는 노력은 여론조사를 통한 대중 심리 활용 전략으로 이어졌고(김준철, 2015; 최한수·이현출·김학량·구경서, 2000), 과거에 억제되던 정치 광고가 활성화한 1987년 13대 대통령 선거에서

<자료 4-4> 한국 근대 선거 시국 토론회

* 1987년 10월 27일 고려대학교에서 열린 시국 토론회에 참석한 김영삼(오른쪽)과 김대중(왼쪽). 이후 각각 14대와 15대 대통령을 역임하기도 한, 당시 민주화운동의 두 거물은 1987년 13대 대선에서 통일민주당과 평화민주당 대통령 후보로 출마해 정당 중심의 근대 캠페인을 이끌었다.
출처: 2015년 10월 4일 중앙일보 보도(https://news.joins.com/article/18788251).

한국방송광고공사(KOBACO)나 일반 기업 홍보팀 출신 전문가가 각 후보의 선거 기획단 등을 꾸리면서 본격적인 홍보전이 펼쳐진다(정상대, 2002).

그러나 13대 때는 주로 이런 선거 캠페인이 신문 등 인쇄 매체 위주로 진행됐으며, TV 정치 광고는 1992년 개정된 대통령선거법에 따라 그 이후부터 가능해졌다. 하지만 1980년대 후반의 흐름은 한국에서의 전국적 통합 캠페인의 필요성을 확보하고, 비교적 정책이나 이슈 중심의 보도가 주를 이루던 인쇄 매체에서 후보자의 외모나 자질을 부가하는 TV로 선거 홍보의 중심이 옮겨가는 징검다리를 놓았다고 평가할 수 있다(탁진영, 1999). 이와 같은 상황은 이미지를 조작하면서까지 정치 후보자의 능력을 상품처럼 만들고, 그렇게 형성된 모습을 전달하기 위해 TV 황금시간대를 놓고 언론과 정치인이 경쟁을 벌이게 만드는 캠페인 기획 전문가들의 부정적 역할에 대한 비난(McGinnis, 1969; Newman, 1999; Troy, 1996)까지도 일어나게 만드는 계기가 됐다(김관상, 2009).

이런 현상은 결국 공중이 선거나 정치 자체에 대한 흥미를 잃게 만드는 결과를 낳기도 했다(정윤무, 1995). 국내 유권자의 정치 냉소주의가 1990년대부터 활발해진 정치인의 TV 오락 프로그램 진출 등에 의해 심화했다는 주장도 있으나, 1980년대에 이미 TV 뉴스를 활용한 후보자의 이미지 창출이 캠페인 기획 전문가들에 의해 마련되면서 근대 선거 캠페인의 부정적 특성은 한국에서도 여실히 나타난다고 할 수 있겠다(권혁남, 2014). 기술 발달에 근거한 커뮤니케이션 환경 변화에 따라 대중매체를 선거 캠페인에 활용하려는 정치인들의 시도가 증가했고, 결국 정치인들을 직접 만날 기회가 줄어든 한국의 유권자들은 정치의 직접 참여자가 아닌 방관자 또는 관람객으로 전락했으며(김춘식, 2006), 후보자나 정당은 대중매체를 통한 여론 정치에만 집중하면서 정치의 대중영합주의를 이끌었다는 비판도 받는다(김관상, 2009). 표를 좇아 대중의 요구에만 맞추려는 정당의 선거 전략이 후보자를 배출한 정당의 전통적인 정치적 신념과 이념까지 흔들게 되자 정치 커뮤니케이션의 3대 요체 중 하나인 공중은 대의 민주주의의 핵심인 정당에 대한 충성도를 잃게 되었고, 건강한 정치 정보 흐름은 그 맥이 끊길 위험에 처하게 된다. 하지만 1980년대에 한국에서 일어난 민주화운동 등은 기존의 일부 보수적 언론에 대한 저항과 진보적 색채의 신문 창립을 이끌고, 이 과정에서 시민들이 정치적인 목소리를 드러내기 시작하며 더 적극적인 정치 개입을 시도했다는 평도 나온다(강준만, 2019). 또 이 과정에서 기존 정당의 입장 역시 유권자의 다양한 이해관계에 따라 요동치기 시작했다(박주현, 2013).

3) 근대후 선거 캠페인과 매체

1990년대에 들어서면서 광고와 여론, 마케팅 및 전략적 뉴스 생산 전문가 그룹은 단순한 조언 집단에 머물지 않고 정치인과 동등한 입장에서 선거 캠페인을 주도하는 지위에 오른다. 이 과정에서 민초(民草)들의 의견을 가까이서 종합적으로 판단하게 되는 이들은 선거 캠페인을 1년 이내의 단기 또는 획정된 기간 단위를 벗어나 아예 항시적 기획으로 만들면서 선거에 대한 영향력을 키워나간다. 기술적으로 발전한 커뮤니케이션 환경은 더욱 다양한 채널을 양산했고, 선거 정보를 전달하는 매체는 신문이나 공중파 방송 등에 머물지 않고 케이블 TV나 팟캐스트 등으로 잘게 갈라졌다. 유권자들이 이렇게 분화된 정보에 노출되면서 이들이 이전에 보였던 후보자 선택 경향성은 완전히 해체된다. 근대를 통해 일정 정도 규격화됐던 시민들의 투표 성향은 아예 근대전의 모습으로 돌아간 형태를 띠는데, 새로운 기술을 탑재한 뉴스 채널들이 근대전 매체 환경에서 활발했던 후보자와 유권자 사이의 개인 간 커뮤니케이션을 재활했기 때문일 것이라고 해석된다. 노리스(Norris, 2000a)가 근대후의 모습으로 제시한 내용을 최근의 현상까지 포함해 정리한 위 선거 커뮤니케이션의 특성은 다양한 채널을 통한 오락 프로그램으로까지 정치 정보를 전달하려는 정치 컨설팅 전문가들의 전략으로 풀이된다. 유권자 분석 및 관리 방식이 세분화하고 미세화했기 때문에 가능한 일이다. 또 인터넷 등의 기술 발달은 개별 후보자와 유권자들의 상호작용을 극대화했고, 전문가 집단은 상시적 여론조사나 초점집단 인터뷰 등을 통해 이들을 자세히 관찰하면서, 선거 캠페인을 선거 시기에만 머무르지 않는 항시 전략으로 전환했다는 평을 받는다(이강형, 2006).

노리스(Norris, 2000a)가 근대후의 출발점으로 본 1990년대 이후 미국 대통령 선거 환경을 조금 더 자세히 들여다보면, 정당 지도급 인사들의 대통령 후보 지명 권한이 대폭 축소된 것을 확인할 수 있다. 이 과정에서 개별 후보자에게로 유권자의 관심이 더욱 집중됐다. 사실 이런 경향은 노리스(Norris, 2000a)가 근대전으로 본 기간 중 1910년대부터 차츰 시작돼 근대로 지목한 1960년대 이후 가시화했다. 이는 특히 대통령 후보 예비 선거(primary) 또는 경선(競選)이라고 불리는 정당 내 후보 선출과 연결된 현상이다(Wayne, 1996). 1910년대 초반 일부 주에서 시작했던 이 후보 선출 과정은 미국 민주당이 아예 위원회를 꾸려 구체적인 규칙 등 종합적 틀을 제시한 1970년대 초반, 민주당과 공화당 등 2개 거대 정당이 그 내용을 받아들이면서 정착한다. 그 전까지 각 정당의 지도급 정치인들이 가지고 있었던 대통령 후보 결정권이 자연스레 일반 당원 등의 선택으로 넘어가면서 중앙 정당의 힘은 줄어들었고, 일부 학자들은 이 획기적 변화가 제도적으로 마련된 1960년 및 1970년을 아예 현대(contemporary) 캠페인의 시작이라고 보기도 한다(Perloff, 1998). 선택권이 강화된 당원의 관심을 호소하는 후보자와 그런 후보자에 집중하는 당원들의 지지가 전에 없었던 개별 주자의 부상으로 이어지는 특성이 부각했기 때문이다. 비록 시기적으로는 1970년을 전후해 이런 흐름이 체계화하기 시작했지만, 1990년대 이후 일반화한 인터넷이나 SNS 등 새로운 커뮤니케이션 채널의 전략적 활용을 기획하는 캠페인 전문가가 개별 후보의 부상에 힘을 보탰고, 이런 추세가 선거자금법 개정 등 다른 현상들과 맞물리면서 근대후 시점에 더욱 두드러졌다(Norris, 2000a). 결론적으로, 모든 상황이 학자들의 시기 구분에 따라 단절적으로 분리되는 게 아니라 시간의 흐름에 맞춰 점진적으로 변화한다는 점을 생각하면, 이전의 시기에 비롯된 내용이 근대후에서 일상화된 것으로 이해하면 좋을 것이다.

이런 배경과 유사한 맥락에서, 학자들은 앞서 거론한 정당 중앙 권력의 쇠퇴 이유를 다른 곳에서 찾기도 한다. 우선 TV의 확산을 그 첫 번째 이유로 꼽을 수 있는데, 경선 과정의, 또는 경선에서 승리한 후보자들 개인이 직접 유권자들에게 접근할 통로가 탄탄해졌다는 뜻이다. 이미 1968년 미국 전역으로 7천 800만 대가 판매된 컬러 TV를 통해 일부 후보는 자신의 이미지를 유리하게 꾸며 포장할 수 있는 환경을 조성했다(김용일, 2006). 근대후의 TV 활용 전략은 더욱 다양해져 1990년대 이후 후보자들은 TV 오락 프로그램에 거리낌 없이 등장하고, 프로그램을 함께 보는 유권자 가족들의 공동 관심사를 찾아 소구하며 이들 전체 가족 구성원의 정치적 합의를 통해 지지를 얻는 방법을 사용하기도 한다(Trent & Friedenberg, 2008). 두 번째 이유로 꼽을 수 있는 것은 1970년대에 변화한 선거자금법이 부유한 개인이나 기업으로부터 정당이 받을 수 있는 금액의 범위를 대폭 축소하면서, 정당 중앙 지도부의 선거 통제력도 줄었다는 평가이다(김용일, 2016). 개정 선거법은 무차별적 정치 자금 기부를 막기 위해, 후보나 전국 단위 정당위원회 등 기부 대상에 대한 연간 기부 액수 총액을 제한하고, 그 안에서도 특정 수준 이상의 기부나 지출은 반드시 공개해야 하는 등의 틀을 제시해, 비밀스러운 정치 자금의 흐름을 끊는 노력을 보였다. 하지만 사회 변화 과정에서 새롭게 등장하는 집단에 대한 제재, 복잡해지는 국제 관계 속에서 활동하는 외국계 기업의 기부 등에 대한 제한이 완벽하지 않아 연성 자금(soft money)의 유입 가능성 등에 대한 선거자금법의 규제 효율성에 대한 비판도 제시된다(Perloff, 1998). 또 근대전과 근대의 시기를 통과하며 진화한 시민들의 교육 수준이 유권자들로 하여금 정당 단위의 홍보에 휘둘리지 않는 독자적 정치의식을 갖게 했다는 분석도 있다(Ansolabehere, Behr, & Iyengar, 1993). 대통령 선거는 결국 과거에 비해 정당보다는 후보자 중심으로 진행됐고, 이들 후보는 기업가 정신을 극대화해 대중의 인기를 얻는 작업에 열중하게 됐다(Denton & Holloway, 1996).

이와 같은 접근은 당내 상주하기 시작한 마케팅팀의 역할로 곧장 이어진다. 외부 용역이 아닌 인-하우스(in-house) 형태, 즉 당 내 인력으로 구성된 정책 홍보팀은 후보자의 정치적 이념을 실현하는 데 부합하는 표를 얻기 위해 유권자의 성향에 따라 지역을 구분하고, 집중해야 할 곳과 포기해야 할 곳을 선택하는 상업 마케팅 전략을 구사한다(Norris, 2000a). 1980년대 로널드 레이건 후보 지원에 나선 공화당 여론조사 및 정치 컨설팅 전문가팀이 상대 후보와 자기 당 후보의 장단점을 의제 설정 이론을 적용해 구분한 뒤, 약한 점을 보완하고 강한 점을 강조하는 전략을 짠 '위계적 가치 지도(hierarchical value map)'를 만들어 선거에서 승리한 것은 시장 분화, 입장 확립, 목표 설정 등의 마케팅 기법을 성공적으로 활용한 사례로 제시된다(Tarr & Benenson, 2012). 특정 시점과 지역의 물건 판매에 집중하는 상업 마케팅 기법을 적용한 정치 마케팅은 이런 과정을 거치면서 뉴스와 여론의 흐름을 파악하며 초기 조사, 이슈 조사, 추적 조사, 패널 조사 등을 통해 거대한 컴퓨터 데이터베이스를 마련하고, 초점그룹(focus group) 연구 등을 접목하는 등 다양한 접근 방법을 통해 정당의 대통령 후보를 만들어내는 상시(常時) 작업으로 전환된다(Newman, 1999). 이런 전략적 판단은 후보자가 직접 유권자를 만나는 행사를 개최하는 근대전적인 전략을 다시 활용하게도 한다. 실제 '대중 속으로(going public)'라는 기획은 현임 대통령이나 유력한 도전자들이 특정 주제를 다루는 타운홀 미팅(town-hall meeting)을 열어 관련 업계나 주민들을 만나 추구하는 정책을 설명하는 기회를 가지는 동시에, 자신들의 유권자 친화적 이미지를 구축하는 데 활용된다(Kernell, 1997). 하지만 특정 후보에 대한 집중도가 지나치게 커지면서, 현대 민주주의를 대표하는 대의제의 의미가 사라지고, 선거가 정치 엘리트의 인기투표 형식으로 전락한다는 비판이 끊임없이 제기되고 있다(Norris, 2000a).

이런 대중영합주의(populism)적 특성은 결국 TV의 확산으로 시작된 커뮤니케이션 환경 변화와 직결된다(Perloff, 1998). 특히 후보자의 외모와 어투 등 이미지 전달을 극대화하는 텔레비전의 정치 보도는 과거 인쇄 매체가 집중했던 정책 중심의 뉴스를 멀리하게 했지만, 젊은 층의 정치 참여에 긍정적인 역할을 한다는 주장도 있다. 미국 민주당 클린턴 후보가 1992년 전국에 방송되던 야간 오락 프로그램 <아세니오 홀 쇼(Arsenio Hall Show)>에 출연해 선글라스를 끼고 색소폰을 불던 모습이 전파를 탄 것이 대표적 사례인데, 당시 아프리카계 미국인들을 주 시청자로 했던 이 프로그램 출연이 대통령 당선에 도움이 됐을 것이라는 평가도 있다(Copeland, 2010). 이 과정에서 TV와 경쟁하는 신문이나 잡지도 사진과 그래픽을 적극적으로 활용하거나, 후보자는 물론 그 배우자의 모습까지 부각하는 등 TV의 이미지 중심 정치 보도를 좇아가는 현상을 보인다(McNair, 2000). 대통령 선거가 있는 해의 1월이나 2월 시작되는 각 정당 예비 선거에서부터 최종적으로 정당의 대통령 후보가 지명되는 전국 전당대회까지, 여러 선거 관련 행사가 방송사 일정에 따라 시간 계획이 조정되는 등 캠페인 자체가 언론의 가치 기준을 따라가고, TV 방영에 요구되는 매력 등이 득표에 중요한 변수로 작용했다(Perloff, 1998). 광범위한 방송(放送, broadcasting)이 아니라 특정 이슈에 관심을 가지는 일부 수용자를 대상으로 협송(狹送, narrow casting)하는 케이블 TV의 등장 이후 후보자들은 자신의 구미에 맞는 모습으로 스스로를 꾸미고 유권자의 지지를 호소하기도 했다. 1996년 미국의 음악 전문 채널 'M-TV'를 통해 젊은이들의 투표를 독려한 모습이 대표적 사례 중 하나로 꼽힌다(Davis, 2005). 이후 커뮤니케이션 환경이 다변화하면서 기존의 대중매체가 쇠락의 길을 걷지만, '트위터'나 '페이스북', '유튜브' 등의 모습으로 개인화한 정보 채널들은 오락적 요소를 가미한 정치 뉴스를 담고 새로

<자료 4-5> 미국 근대후 대선 후보 빌 클린턴의 CBS <아세니오 홀 쇼> 출연 장면

* 1992년 6월 3일 민주당 대선 후보였던 당시 빌 클린턴 미국 아칸소 주지사가 CBS의 <아세니오 홀 쇼(Arsenio Hall Show)>에 출연해 색소폰을 연주하고 있다.

운 영역을 개척하고 있다(한국언론학회, 2012; 황용석 · 김재영 · 정연정, 2000).

근대후 시기 이런 매체의 기능은 정치에 관심 없는 사람들을 선거에 끌어들인다는 평가도 받지만, 대부분 엄청난 정보 권력을 가진 언론이 자신의 힘을 더 키우면서 선거 캠페인을 너무 부정적이고 피상적으로 만들거나, 후보자의 사적(私的) 이미지만 부각하며 결국 유권자들을 구경꾼으로 만든다는 비판이 나온다(Perloff, 1998). 비록 다양화와 개인화로 무장한 새로운 매체의 출현이 유권자의 적극적인 정치 참여를 이끈다는 평도 등장하지만, 학자들은 그 참여의 모습이 과연 이슈에 대한 이성적 고찰로 후보자의 입장을 확인하고, 결과적으로 정치 과정에 대한 신뢰를 높이는 방식으로 공적 논의를 이끌어가는 성격을 가지는지 비판적 관찰을 요구하고 있다(강준만, 2019; 황용석 · 김재영 · 정연정, 2000; Trent & Friedenberg, 2008). 그러나 대중매체는 아직 정치 커뮤니케이션의 중심 채널로 작용하고 있으며, 주요 의제의 조정, 중요 이슈나 이벤트를 해석하는 주요 구도를 놓고 벌이는 후보자나 정치인과 언론인 사이의 갈등은 현대 선거의 중요한 성격으로 평가된다(Copeland, 2010; Perloff, 1998). 정치 지도자, 대중매체, 공중 등 이 책이 반복해서 강조하는 정치 커뮤니케이션의 3대 요체는 선거 과정에서 각각 후보자, 전통 및 현대 커뮤니케이션 채널, 유권자로 등장해 각자 자신의 목소리를 높이면서 역동적인 소통을 이끄는 중이다(김용일 2016; 한국언론학회, 2012; Davis, 2005; Tarr & Benenson, 2012).

앞서 정리한 현상을 정치 지도자, 대중매체, 공중이라는 정치 커뮤니케이션의 3대 요체에 이어보면, 우선 정치인들은 여론조사, 마케팅, 컨설팅 전문가들과 한 팀이 돼 근대후의 선거를 기획한다는 점을 확인할 수 있다. 이 기획은 선거를 겨냥하지만, 선거 때만 작동하는 것이 아니라 한 선거가 끝나면 차기 선거를 곧장 준비하는 식으로 이뤄져 항시적으로 진행된다. 이를 통해 이슈나 정책 관련 정보를 이미지에 잇는 전략이 활성화되고 특정 개인의 외모나 언행 등의 자질이 후보자가 가져야 할 중요한 요인으로 거론되면서 정당의 지도자급 인사에 집중됐던 후보자 선정 권력은 후보자 개인에게 옮겨가게 된다. 당 내부의 특정 지도자 그룹의 친소관계로 뭉친 조직적 부패를 우려하는 지적에 조응해, 근대 시기에 정당 중심부로 몰리는 선거자금 관련법을 개정한 것도 근대후 시점에 후보자가 개별적으로 더욱 부각하는 효과를 냈다.

선거 정보를 전달하는 매체는 신문이나 공중파 방송 등 기존 전통적 대중매체뿐 아니라 케이블 TV를 위시해 인터넷, '팟캐스트', '유튜브' 등 새로운 커뮤니케이션 환경에서 등장하는 모든 종류의 채널들로 확대된다. 이 채널은 딱딱한 뉴스 정보만이 아니라 음악이나 토크쇼 등 오락물을 매개로 한 정치 정보 전달에도 활기를 넣는다. 이미 전국의 가정에 스며든 전통 대중매체도 이런 흐름을 좇아 더욱 연성화한 정치 정보를 찾게 되고, 이 과정에서 등장한 대중영합주의는 극복해야 할 과제로 논의되고 있다. 또 신뢰도 측면에서 전통적 대중매체의 힘은 여전히 강해, 경선이나 전당대회 등 선거와 관련된 정당의 행사가 TV 프로그램 흐름에 맞춰지는 등의 모습은 아직까지 남아 있다.

유권자는 새로운 채널을 통해 기존의 대중매체를 건너뛰면서 후보자들과 직접 소통하거나, 유권자 사이의 개인 간 커뮤니케이션을 활성화한다. 이런 모습은 근대후 초기 TV의 영향력 확대와 후보자들의 전략 등에 맞물려 선거 과정에서 방관자로 전락한 유권자를 다시 정치의 중심부로 인도한다는 평도 받지만, 서로 유사한 정치 성향의 사람들끼리 의견을 교환하며 기존의 편견만을 강화하고 다른 사람들의 생각을 배척하는 파벌주의를 이끈다는 지적도 있다. 선거를 둘러싸고 벌어지는 이 상황을 긍정적으로 승화하기 위해서는 현상에 대한 비판적 평가가 함께해야 할 것이다.

한국 사회에서 이와 같은 근대후의 특징은 1990년대 초반 새롭게 등장한 문민정부 때부터 가시화한다고 할 수 있겠다. 비록 직선제로 회귀한 1987년 13대 대통령 선거 때부터 미디어를 통한 선거전이 활기를 띠면서 정치 지도자와 대중매체, 공중을 3대 요체로 하는 정치 커뮤니케이션 차원의 선거 양상에 변화가 시작됐다고 보더라도, 1987년 당시의 매체 환경이나 광고 허용 범위 등이 이전 선거 때와 많은 차이를 보이지 않는다는 평가 때문에 정치 전문 컨설팅이나 대중매체 활용 방식, 여기에 연동한 유권자의 모습 등 근대후의 특징을 1980년대 후반부터 적용하기에는 어려움이 있다(정상대, 2002). 그러나 모든 시기를 명쾌하게 분절하기는 어렵기에, 위와 같은 해석에 근거해 1987년에 태동한 변화의 싹이 14대 대통령을 뽑는 1992년 선거에서 개화했다고 여기는 것이 타당할 수 있겠다는 것이다. 즉 1980년대 말의 상황이 한국 선거 캠페인의 성격을 근대에서 근대후로 넘어가게 하는 징검다리 역할을 했다는 뜻이다.

이 징검다리 구도에서 정치 지도자 그룹에 마케팅이나 컨설팅 전문가가 전격적으로 합류하고 정당의 여론조사가 체계적으로 진행되기 시작한다. 서구에서는 정당이 외부 팀과 계약을 맺는 근대의 모습을 거쳐 이들 전문가 그룹이 정당 내부 조직 체계에 흡수되는 근대후로 진입하게 되지만, 우리나라는 이 현상이 1990년대를 전후해 한꺼번에 나타난다고 할 수 있다. 우선 징검다리 단계인 1987년 당시 1천만 대를 넘어선 한국의 TV 수상기 보급률이 직선제와 맞물리면서, 13대 대통령 선거에서 민주정의당의 노태우 후보가 작가, 촬영 기사, 분장사 등으로 분화된 TV 연출팀을 구성하는 등 근대후 특성의 전문적 선거 조직을 꾸렸고, 이 조직은 때맞춰 활발해진 TV 연설을 적극적으로 활용했다(김춘식, 2005; 정상대, 2002). 하지만 통일민주당 김영삼, 평화민주당 김대중, 신민주공화당 김종필 등 다른 후보들은 노태우 후보의 연설에 즉흥적으로 대응하는 수준에 머물러 모든 후보를 포함하는 전체 선거에 이런 구도가 완벽하게 도입됐다고 보기는 어렵다. 또 13대 선거에서 신문 정치 광고는 활발했지만, 아직 TV 정치 광고는 불허된 상태라 선거 후보들이 일상적으로 전략팀을 활용해 TV를 전문적으로 공략하는 근대후의 특성이 두드러진 시기는 1992년 14대 대통령 선거라고 보는 것이 옳겠다. 합법적 TV 광고가 용인되고, 언론 등 커뮤니케이션 관계 업무 종사자나 해외 유학파들이 정치 광고 기획사를 차렸으며, 전문 여론조사 업체들이 선거 과정에 뛰어드는 등 1992년부터 본격적인 전문가의 시대가 열렸기 때문이다(정대수 외, 1995). 이후에는 여론조사 방법이나 이미지 조작 등에 대한 비판에도 불구하고, 각 정당이나 후보자로 나설 계획이 있는 인물이 정치적 이념이나 신념 등을 포장해 내세우는 항시적 기획의 전략을 점차 보편화하기 시작한다(권혁남, 2014).

한국 대통령 선거에서 여론조사가 시행된 것도 1987년 13대 대선부터라는 시각이 일반적이다(정상대, 2002). 특히 언론사와 전문 조사 회사들이 활약하기 시작했다. 하지만 13대 대선의 여론조사는 모집단 설정 오류 등 방법론상의 문제가 많이 나타나고, 지역 기반의 정당 체제가 반영된 작위적 표집이라는 비판이 일었다(김준철, 2015). 이런 상황에도 불구하고 여론조사는 점차 활성화됐는데, 1997년 15대 대통령 선거에서는 선거를 약 5개월 앞둔 7월 말에 주요 정당 후보 공천이 끝나면서 그 직후 전개되기 시작한 실제적인 선거운동에서 적극적인 여론조사가 펼쳐졌으며, 선거일을 한두 달 앞둔 시점에서는 매주 1회 이상 개별 정당이 여론조사 결과를 바탕으로 한 전략 수립에 몰두했다(최한수 외, 2000). 하지만 당시까지 이어진 국내 대선 후보 선정의 환경 특수성과 아직 부정확한 여론조사 방법의 한계는 계속 문제점을 노출했다. 우리나라에서는 15대 대선까지도 정당의 기존 지도급 인사와 후보자가 일치하는 상황이 계속돼, 여론조사 역시 정당과 후보자의 구분이 없이 이뤄졌다는 특징이 있었다(정상대, 2002). 게다가 정당과 후보자를 구분하지 못하는 이런 현상은 완벽하기 어려운 여론조사 방법과 맞물리면서 각종 선거 예측의 실패로 이어졌고, 결국 여론조사 무용론을 불러일으키는 상황에까지 이르기도 한다(권혁남, 2014). 하지만 이런 논란도 정치 컨설팅 전문가들이 활약하기 시작한 1987년 13대 대선을 징검다리 삼아 14대 대선부터 활성화된 국내 대통령 선거의 근대후 특성이 과도기적 단계를 거치며 겪는 진통 중 하나라고 볼 수 있겠다. 새천년민주당이 16대 대선 후보자 선출을 위해 국민참여경선제도를 도입하기 시작한 2002년과 그 이후 각 당에서 변화한 후보자 선정 방식 등(김준철, 2015)은 근대후의 특성이 반영된 논쟁을 통해 또 다른 대안을 찾아간 과정으로 평가될 수 있다.

한편 이 시기 두드러지는 매체의 특징은 한국에서도 역시 텔레비전의 역할이다. 1987년 13대 대선에서 활발해진 TV 연설은 1992년 14대 대선에서 정보 내용에 대한 규제가 완화된 TV 광고로 이어졌고(정상대, 2002), 1997년 15대 대선의 TV 토론으로 발전한다(김무곤, 2008). 사실 국내 정치 후보자의 TV 토론은 1994년 새로 제정된 통합선거법에 따라 1995년 서울시장 선거에서 처음 마련됐다(이종수, 1995). 그 정치적 효용성에 대한 논란도 있었지만, 이후 대선 토론으로 이어질 정도로 역사적 의의가 컸다(권혁남, 2014). 1987년의 징검다리 역할이 선거전에서 TV가 본격적으로 활용되기 시작한 근대후의 특성을 한국에도 부여한 것이다. 특히 문민정부의 등장을 이끈 1992년 대선은 정치 광고뿐 아니라 정치 보도 측면에서도 TV가 신문 등 전통 인쇄매체의 영향력을 압도한 시기로 기록된다(김관상, 2009). 이후 TV의 역할과 관련해서는 지상파 방송사의 선거 보도 등에 대한 논의뿐 아니라, 각종 선거에서의 케이블 TV의 역할도 거론되기 시작했다(송종길, 2008). 과거 유명무실했던 케이블 TV가 1995년 활성화되고, 각종 협송 채널 중 뉴스 관련 채널들이 태동하면서(이준호, 1999) 벌어진 현상으로, TV 중심의 선거 정보 전달이 다변화하는 상황으로 이어진 것이다.

이 과정에서 시청자 확보 전쟁에 들어선 각종 채널은 선거를 둘러싸고서도 수용자의 관심을 끌어오려는 경쟁에 돌입한다. 결과적으로 한국에서도 정치인들이 TV 오락 프로그램에 본격적으로 등장하는 시대를 맞는다. 실례로 김대중 대통령이 2000년을 전후해 KBS의 <거실에서의 대담>과 MBC의 <21세기 위원회>, SBS의 <특집 한선교, 정은아의 좋은 아침> 등에 잇따라 출연하면서 사전 선거운동 등의 논란이 일어날 정도였고(PD 저널, 2000), 이는 공영방송을 비롯한 지상파 방송이 갖춰야 할 자세와 관련한 논의(강형철·양승찬, 2003) 등으로 이어졌다. 정치인의 TV 오락 프로그램 출연이나 이를 통한 사전 선거운동 상시 전략 논란 등은 근대후 선거 커뮤니케이션이 지닌 성격의 하나로, 국내에서도 이와 같은 현상이 벌어진 것이다. 2012년 18대 대선을 앞두고는 박근혜, 문재인, 안철수 등 3대 후보가 <힐링캠프>라는 SBS 프로그램에 번갈아 출연하고, 종합편성채널 등으로 다양해진 케이블 TV의 토크쇼 등에 예비후보라 할 수 있는 정치인들이 등장하면서 이와 같은 근대후 선거 전략의 특성이 일상화됐다(정민경, 2017). 이런 현상은 선거를 둘러싸고 정치인과 언론사가 상호 이익에 따라 전달 내용을 조정하는 과정에서 벌어지지만, 방송의 이 같은 영향력은 결국 후보자가 방송 시스템이나 프로그램 형식에 자신을 맞추는 상황으로 이어지며, 이는 다시 방송사를

<자료 4-6> 한국 근대후 대선 후보 박근혜·문재인·안철수의 SBS <힐링캠프> 출연 장면

* 2012년 18대 대선을 앞두고 SBS <힐링캠프>에 각각 따로 출연한 박근혜(2012년 1월 2일 방영분: 왼쪽), 문재인(2012년 1월 9일 방영분: 가운데), 안철수(2012년 7월 23일 방영분: 오른쪽) 후보의 모습.

위시한 언론의 정보력을 전략적으로 활용하려는 정치인들의 선거 기획력 문제로 연결된다(김관상, 2009).

선거 과정에서 정치 지도자와 매체 사이에 벌어지는 이 게임은 그러나 한국 사회의 유권자를 방관자로 전락하게 만드는 결과를 먼저 낳았다. 미국 등 서구에서 벌어지는 문제가 우리나라에서도 나타난 것이다. 대중매체와 정치인의 경쟁은 정책 이슈보다는 포장을 위한 프레임 싸움으로 치우치면서 후보자의 이미지만 부각하며, 정작 유권자들이 알아야만 하는 쟁점은 멀리하게 만든다(박주현, 2013). 게다가 서로 같은 생각의 사람들끼리만 의견을 공유하며, 기존 성향만을 재확인하는 파벌주의가 양산되기도 한다(강준만, 2019). 새로운 정보로 건강한 논쟁을 유발하면서 민주주의적 정치의 발전을 이끌어야 하는 매체와 정치인의 정치 커뮤니케이션이 또 다른 핵심 요체인 공중을 유리(遊離)하는 상황을 만든 것이다(황용석 · 김재영 · 정연정, 2000). 이는 근대에 이어 근대후 선거에서도 계속 나타나는 특징이다. 하지만 노리스(Norris, 2000a)가 지적하는 이 현상은 또 다른 차원으로 발전한다. 새로운 환경이 유권자의 소외가 아닌 참여의 물꼬를 튼 것이다. 이와 같은 현상은 인터넷으로 시작되는 새로운 커뮤니케이션 환경과도 밀접한 관계를 맺는다.

20세기 말 웹 브라우저의 활성화와 함께 일반인들에게 친숙하게 된 인터넷 환경은 한국인들의 정치적 정보 확인 창구를 기존 전통 매체에서 웹진 등 인터넷상의 정보 채널로 확대했으며, 21세기 초에는 과거 보수적인 색채를 띠던 대중매체의 입장에서 벗어난 진보적 성격의 인터넷 매체들이 자신들의 관점을 주도적으로 전파하면서 정치를 바라보는 시민들이 시각을 다양화했다(김성태, 2006). 또 이들 인터넷 매체는 기존 대중매체의 정치적 의제를 아예 선도하는 상황으로까지 발전했다(이건호, 2006b). 비록 새로운 채널들이 파벌주의를 강화한다는 비판을 받기도 하지만, 과거에는 드러나지 못했던 입장들을 출현시키는 촉매가 되기도 한다(Bennett, Breunig, & Givens, 2008; Weeks, Ardèvol-Abreu, & Gil de Zúñiga, 2017). 이러는 사이 TV 오락 프로그램 등을 통해 수용자 친화적 정치인의 분위기를 만든 후보자들이, 다양하게 분화된 수용자의 의견이 분출하는 '트위터'나 '페이스북', '유튜브' 등 SNS를 이용하면서(금혜성, 2011; 윤선영 · 김수연, 2020; 윤호영 · 박한우 2011; Ott & Dickinson, 2019), 그동안 정치 영역에서 소외된 것으로 평가받던 유권자들을 직접 만나는 기회를 더욱 넓힌 것은 근대후 시기 중 최근에 두드러지는 현상이다. 사람들을 가상공간에서 연결하는 기술들이 다양한 이동 기기와 만나자 개별 유권자와 정치인의 소통은 더욱 활기를 띠었고(Hughes, Rowe, Batey, & Lee, 2012), 이는 근대의 특성이 발현되기 이전, 사람들이 직접 커뮤니케이션을 통해 정치인을 만나던 근대전 모습을 더욱 활성화하는 새로운 형태의 변이를 이끌었다는 평가를 받는다(한국언론학회, 2012). 비록 유통되는 정보의 사실 검증이나 거짓 뉴스에 대한 규제, 집단적 정치 쟁점의 개인적 분석과 이에 따른 이슈별 정치 대립의 개인화 등 새로운 논의가 등장하지만(염정윤 · 정세훈, 2018, 2019; Southwell & Thorson, 2015), 선거를 둘러싸고 근대후 또는 현대의 정치 커뮤니케이션이 창출한 이 현상을 발전적으로 승화하는 문제는 우리 모두의 과제일 것이다.

4) 선거 캠페인의 흐름과 3대 요체

대통령제를 중심으로 진행된 선거 캠페인을 살펴보면 그 특성이 커뮤니케이션 환경 변화와 함께 달라져온 것을 알 수 있다. 정치 엘리트 측면에서는 지도급 인사가 주축이 됐던 캠페인 기획이, 신문 등 인쇄 매체에서 라디오나 텔레비전 등 전자 매체, 또 인터넷을 출발점으로 한 뉴미디어 국면으로 전환된 커뮤니케이션 환경에 맞춰 개인 후보자 중심의 선거 과정으로 바뀌어왔다. 이 과정에서 면대면 중심의 유세는 대중매체를 매개로 한 정치 정보 전달의 모습을 띠다가, 다시 뉴미디어를 활용한 개인 간 커뮤니케이션의 형태로 복귀하는 모습을 보인다. 여기에 정당 외부에서 일회적 또는 단기적 유세 전략에 도움을 주던 여론조사나 마케팅 전문가가 아예 정당에 고용돼 1년 단위를 넘어 상시적 선거 기획을 담당하는 시대로 접어들었다. 과거 인쇄 매체를 통해 전해지던 이슈나 정책 중심 정보들은 후보자의 외모나 어투 등 이미지 관련 내용에 집중하는 모습으로 바뀌고, 이는 정치인의 대중영합주의에 이어지면서 원하는 정보를 얻지 못하는 유권자들을 정치에서 멀어지게 만드는 결과를 낳기도 했다. 게다가 신문

지면이나 TV 화면 확보를 놓고 벌이는 정치인 간의 경쟁, 시청률과 여기에 연관된 광고 수익을 모두 차지하려는 매체 사이의 다툼, 또 시민을 투표율로 환산하는 정치인과 이들을 광고 노출에 연계된 수용자로 보는 매체의 모습은 21세기로 접어든 현재 일상화한 현상이 됐다. 오락 프로그램에까지 출연하는 정치인이나 후보자의 노력은 정치를 시민에게 가까이 전하려는 것으로 여겨지기도 하나, 심각한 정치 정보를 지나치게 연성화해 공동체 구성원이 반드시 고려해야 할 측면을 간과하게 만드는 폐해를 낳기도 한다.

서구에서 정리된 선거 캠페인의 이런 모습은 시기를 약간 달리할 뿐 한국에서도 나타난다. 특정한 정치 상황과 상이한 역사적 배경이 정도의 차이를 보이고, 이 때문에 각 나라의 선거 캠페인이 특정한 형태를 띠기는 하지만, 대부분, 특히 대통령제를 유지하는 국가들은 200여 년간 시행착오를 거치며 민주주의를 유지하고 발전시킨 미국식 모습을 좇아가는 형국이다(Mancini & Swanson, 1996). 우리나라도 예외는 아니라, 큰 흐름에서 보면 선거 캠페인이 후보 중심으로 개인화하면서 정치 정당 지도자급 인사의 영향력이 떨어져가고, 정당의 중요 의사결정이 여론조사에 근거한 과학화로 전환했으나 그 때문에 정치인들이 직접 유권자를 만날 필요성과 기회가 줄면서 시민들은 정치에서 멀어져가며, 뉴스 미디어가 정치인과 시민의 요구를 반영하기보다는 스스로 이익 창출에 급급한 모습을 드러내는 현상으로 요약된다(이강형, 2006).

비록 대통령 선거를 중심으로 선거 캠페인 흐름을 정리했지만, 이와 같은 현상은 국회의원을 뽑는 총선, 지역 단체장이나 지방의회의원을 뽑는 지방선거에도 적용된다. 엄청난 금액이 들어가는 각종 이벤트를 활용하는 현대 마케팅 기술 원칙이 선거 캠페인에 접목되고, 매체는 광고나 보도를 통해 정치인들의 메시지를 전달하며, 연성화한 메시지를 전하는 토크쇼 등 오락 프로그램도 유권자들을 향해 이와 같은 정보 전달과 선거 현상 교육의 역할을 담당한다(Perloff, 1998). 시민들은 이런 정치 메시지에 적극적으로 대응하고, 후보자와 언론에 대한 반응을 보이면서 캠페인 과정을 함께 만들어간다. 비록 긍정적 측면과 부정적 모습이 함께 내재하지만, 이런 상황은 선거 캠페인이 결국 사회의 발전을 지향하는 매우 중요한 대화라는 것을 뜻한다. 다양한 공동체 구성원의 이해관계가 유통되는 정치 커뮤니케이션의 일종으로서 선거 캠페인을 통해 드러나는 대화의 질과 영향력은, 전체 정치 과정을 만들어가는 모든 참여자, 즉 정치 지도자와 매체, 공중의 의무와 책임에 의해 결정된다고 할 수 있겠다.

<표 4-1> 근대전·근대·근대후 캠페인과 정치 커뮤니케이션 3대 요체

시대 \ 3대 요체 \ 시기별 특징 \ 국가		미국		한국	
		시기	특징	시기	특징
근대전	정치 엘리트	19세기 중반 ~ 1950년대 말	• 지도급 인사 캠페인 기획 • 직접 대면 유세	1공화국 (초대 이승만 대통령) ~ 2공화국 (4대 윤보선 대통령 및 장면 총리)	• 정당 중심 선거 • 거리, 학교 운동장 유세
	매체		• 정파적 신문의 편파 보도 • 라디오·TV 등장		• 신문의 정파성과 통제 • 라디오·TV 개국
	공중		• 편견에 따른 몰표 현상 • 높은 투표율과 정치 냉소주의 교차		• 지역주의 소구 • 높은 투표율과 소외층 배제
근대	정치 엘리트	1960년대 초반 ~ 1980년대 말	• 외부 전문가 집단과 캠페인 기획 공조 • 1년 또는 중장기 캠페인 • 개인 후보자 부각	3공화국 (5대 박정희 대통령 정권) ~ 6공화국 (13대 노태우 대통령 정권)	• 캠페인 기획용 외부 전문가 영입 • 약 6개월의 캠페인 기획 • 지도급 인사 개인 부각
	매체		• TV 토론 등 역할 부상 • 이미지 중심 정보 • 정치 광고 확산		• 신문 탄압과 저항 • 인쇄 매체 이미지 광고 • TV 역할 가능성 확인
	공중		• 정당이나 정치 관심 상실 • 관람형 유권자		• 민주화운동과 연관한 정치 방관-몰입 유권자 공존
근대후	정치 엘리트	1990년대 이후	• 항시적 선거 캠페인 기획 • 당내 경선 제도 정착과 개인 후보자 입지 공고화	6공화국 (14대 김영삼 대통령 정권) ~	• 당내 경선 제도 도입 • 본격적 선거 전문가 시대와 항시 캠페인 시동
	매체		• 케이블 TV, 인터넷 등으로 채널 다변화 • 오락 연관 연성 정치 정보 활성화 및 대중영합주의		• TV 연설 및 토론 전개 • 오락물에 후보자 등장 • 대중영합주의를 지향하는 정치 프레임 등장
	공중		• 뉴미디어 통한 직접 소통 • 편견 공고에 따른 파벌화		• 개인의 뉴미디어 정치와 의제 설정 기능 등장 • 정치 대립의 개인화

3. 현대 선거 캠페인과 대중매체

지금까지 서구의 정치 커뮤니케이션 학자들이 제시한 근대의 개념을 중심으로 대통령 선거 캠페인과 그 과정에 참여하는 정치 엘리트, 대중매체, 공중의 역할과 특성을 살펴봤다. 이제 현대로 눈을 돌려, 대통령 선거가 이뤄지는 과정을 조금 더 세밀히 들여다보겠다. 여기서 '현대'는 앞서 근대로 소개된 시기 중 각 정당이 대통령 후보를 뽑는 경선 또는 예비 선거가 본격적으로 정착하기 시작한 시점 이후를 뜻한다. 미국으로 따지면 현행 시스템이 정비된 1970년대 이후(안순철, 2005), 한국은 정당사(政黨史) 최초로 국민참여경선 제도가 도입된 2002년 이후(우승용 · 이준웅, 2002)가 여기에 속한다. 경선을 체계적으로 활용하는 미국도 개별 주 일부가 1910년대부터 이 시스템을 도입하기 시작했지만, 각 정당이 시행착오를 확인하며 본격적인 연구를 거쳐 종합적 규칙을 제시, 전국적으로 적용하기 시작한 시점은 1970년대 초반이다(Perloff, 1998). 이 체계의 설립 및 보완 과정은 위에서 소개한 근대전과 근대, 근대후의 시기를 모두 관통하지만, 결과적으로는 근대에서 체계가 갖춰지고 근대후에 이르면서 더 섬세해지고 있다(Wayne, 1996).

미국의 대통령 선거를 중심으로 앞선 설명을 보면, 결국 1970년대라는 시점이 근대적 성격을 갖는 시기이지만 당시 만들어진 경선 체계가 원형(原型)의 근본을 유지하며 현재까지 이어진다는 사실을 알 수 있다. 대통령 선거 과정을 통해 작금의 정치 커뮤니케이션을 살펴보는 이 장에서는 결국 미국에서 1970년대 이후 벌어진 현상을 현대 시점(Perloff, 1998)으로 보고 논할 것이다. 여기서 현대는 결국 몇 년대라고 불리는 물리적 시기라기보다는 경선을 중심으로 진행되는 정당의 대통령 후보 선정 과정 및 이후 정당의 후보들이 맞붙는 대통령 선거 과정이 현재의 시스템처럼 돌아가는 현상의 기간으로 보면 되겠다. 이런 시각을 적용해, 정당별로 차이는 있으나 우리나라가 2002년부터 도입하고 있는 이 체계(지병근, 2016)를 중심으로 국내의 '현대' 현상도 확인해보겠다. 대통령제를 중심으로 봤을 때 많은 나라가 참고하고 있는 미국 시스템의 근본적 형태(안순철, 2005; Mancini & Swanson, 1996; Smith, 2011)를 우선 소개하고, 그에 비견한 국내 현상을 둘러보겠다는 뜻이다. 특히 이 과정은 경선에 기초한 대통령 후보 선정부터 정당별 대통령 후보들 간 경쟁까지의 현상과 이에 대한 언론 보도를 중심으로 전개된다.

1) 대통령 선거 과정과 언론 보도

미국의 대통령 선거는 크게 정당의 '대통령 후보자 지명'과, 정당별 대통령 후보가 경쟁하는 '대통령 선거 본선' 등 두 가지로 구분할 수 있다. 우선 대통령 후보자 지명 과정은 사전 예비 선거(pre-primary), 예비 선거(primary), 후보 지명 전국 전당대회

(national convention) 등 3단계로 이뤄진다(Perloff, 1998). 사전 예비 선거는 후보자의 출마 선언 후 예비 선거 개시 직전까지의 기간 및 과정을 말하고, 예비 선거는 출마를 최종 결정한 후보자들 사이의 정당 내 본격 경쟁을 뜻하며, 후보 지명 전국 전당대회는 본격 경쟁을 거쳐 취합된 표를 합산해 정당의 공식적인 후보를 천명하는 행사를 의미한다. 경쟁을 통해 후보를 선출한다는 의미에서 이 모든 과정을 경선이라고 하기도 하고, 이 과정의 핵심을 담은 예비 선거만을 경선으로 부르기도 한다.

이 과정을 통해 확정된 정당 소속 후보들이 맞붙는 미국 대통령 선거 본선은 다시 2단계로 구분돼 진행된다. 대통령 선거 본선에는 정당에 적을 두지 않은 무소속 후보도 출마할 수 있다. 2단계로 구성된 본선은 선거인단(electoral college) 제도를 통한 간접 선거 방식을 취한다. 이 선거의 큰 틀은, 사전에 각 주가 인구에 비례해 선거인단을 선출하고, 주마다 주민들이 직접 대통령 후보에 대한 투표를 진행한 뒤, 각 주 주민 투표에서 최고 득표를 한 후보에게 그 주 선거인단 수만큼의 표가 돌아가는 방식을 취한다. 구체적으로 보면 11월 첫 월요일 다음의 화요일에 열리는 선거가 대통령 선거 본선의 첫 단계이다. 여기서 선거인단이 결정된다(Welch, Gruhl, Steinman, & Comer, 1990). 더 정확하게 말하면 선거인단의 투표 방향이라고 할 수 있겠다. 2020년 현재 미국 각 주마다 인구 수 혹은 국회의원 수 등에 연동한 전체 선거인단 수 538명은 1964년 이래 변화가 없다. 인구 변화 등에 따라 각 주별 선거인단 수의 변동은 있었지만, 전체 수는 그대로 유지된다(윤용희, 2008). 1단계 선거에서 주민들은 지지하는 대통령 후보에 투표하고, 이 결과로 각 주의 시스템에 따라 후보들에게 선거인단이 배정된다. 두 번째 단계는 이들 선거인단이 대통령 후보들에게 하는 투표를 뜻한다. 12월 둘째 수요일 다음 월요일에 시행되는 이 선거에서 전체 선거인단 538명 중 과반인 270명의 표를 얻은 후보가 공식적인 대통령으로 확정된다. 2차 투표에 나서는 각 주별 선거인단 전원은 1차 투표에서 일반 주민들로부터 많은 지지를 받은 후보에 대해 투표하는 것이 일반적이다. 주민들의 1차 투표에서 한 표라도 더 많이 받은 후보에게 해당 주 선거인단 모두가 2차 투표에서 몰표를 주는 승자독식(winner-takes-it all) 방식이 대부분 주에서 채택되고 있기 때문이다(Perloff, 1998). 비록 선거인단이 그 규칙을 거스르는 경우가 아예 없지는 않으나 그 사례가 드물어, 2차 투표는 거의 형식적이다. 그래서 11월 초에 열리는 1차 투표가 더욱 주목을 받고, 거기서 결정되는 사안이 실제 대통령 선거의 결과로 여겨진다.

미국 선거는 이렇게 복잡하고 다단하지만 그 역사적 특성에 따라 변형하고 발전해 왔다(윤용희, 2008; Welch et al., 1990). 게다가 그들의 선행적 시행착오가 다른 나라들의 안내판이 되면서 여러 국가가 각각의 형편에 맞춰 큰 틀에서 이를 적용하는 중이다(안순철, 2005; Mancini & Swanson, 1996; Smith, 2011). 특히 대통령 선거 본선에 앞서 예비 선거 또는 경선이라 불리며 개별 주를 돌면서 벌이는 투표 혹은 정치 커뮤니케이션 형태는 국내에서도 변용되고 있다. 미국에서 이 경선은 각 주 정당별 대의원(delegate)의 분할 또는 몰표 현상이라는 상황을 보이면서 대단히 역동적인 상황을 연출한다. 이 과정 중에 후보의 순위가 엎치락뒤치락하는 현상은 결국 국민의 관심을 이끄는 최고의 정치 이벤트로 주목받는다(Wayne, 1996). 이 책은 과거에는 국내에 없었지만 2000년대 들어 우리의 특성과 버무려져 한국에도 적용되고 있는 이 현상(유성진·조성대, 2009; 지병근, 2016)을 원론적으로 짚어본다. 독자들의 날카로운 시선을 통해 우리의 정치적 환경이나 정보통신 기술 발전 등에 따른 새로운 변화 가능성, 그리고 이에 연동한 학문적 연구 문제들이 탄생하기를 기대한다.

사전 예비 선거

미국에서의 사전 예비 선거는 정치인이 개별적으로 대통령 선거에 나서겠다는 뜻을 밝히면서 출발한다. 이런 출마 의사 표명은 예비 선거가 시작되기 1년 전쯤 이뤄진다. 최종 대통령 선거보다는 20~23개월 전이다. 실제 정당이 선출한 후보가 맞붙는 대통령 선거가 11월 첫 월요일의 다음 화요일, 즉 11월 2일부터 8일 사이의 화요일에 치러지고, 그 정당별 후보를 선출하는 예비 선거가 해당 대통령 선거가 있는 해 1월이나 2월부터 시작하는 것을 고려하면, 정치인의 개별적 출마 선언을 뜻하는 사전 예비 선거는 대통령 선거보다 약 2년 앞서 개시된다고 볼 수 있기 때문이다. 비록 약 반년 동안 진행되는 예비 선거나 이를 통해 최종 후보가 확정되는 전국 전당대회처럼 정당 차원의 공식적인 행사 일정으로 규격화하지는 않았으나, 정치인 스스로가 후보자가 되겠다고 '비공식적'으로나마 의사를 개진하는 사전 예비 선거는 정치 자금 모금과 조직 구성, 여론 형성 차원에서 점차 중요한 의미를 지니게 됐다(Perloff, 1998).

우선 미국의 연방선거캠페인법에 따르면, 대통령 선거에 출마하려는 자가 선거가 치러지는 해 1월 1일까지 일정 금액 이상을 선거 목적으로 모금할 경우 그에 상당하는 자금을 국가로부터 지원받을 수 있다. 즉 정당의 공식 후보 선출을 위한 예비 선거가 치러지는 단계에 이미 꽤 넉넉한 선거자금을 확보할 수 있게 되는 것이다(Polsby, Wildavsky, Schier, & Hopkins, 2012). 과거 이 조건을 충족하기 위한 모금 총액은 10만 달러였지만, 총 자금 액수와 기부 자격, 기부 주체에 따른 기부금 액수 제한 등은 시간이 흐름에 따라 논의를 거듭하며 변화의 모습을 보인다(엄기홍, 2009). 더불어 이런 금전 확보는 기본적으로 곧장 조직 구성이라는 목적을 달성하는 데 큰 힘이 된다. 예비 선거 초기 단계에서 주도권을 잡으려면 거대하고 효율적인 조직이 필요한데, 이 자금이 선거 캠프 조성에 큰 힘을 발휘한다(Goldstein, 1995). 또 이런 기금과 캠프를 꾸릴 정도의 지지를 얻으려면 매체로부터 일찍 주목을 받을 필요가 있는데, 미리 출마 선언을 해야 예비 선거 전에 그런 주목을 받을 만큼의 충분한 시간을 벌 수 있다. 비록 애초부터 돈이 많은 사람이거나 다른 이벤트를 통해 대중의 이목을 집중시켰던 사람들은 이와 같은 수고를 덜 할 수는 있으나, 대부분은 기금 조성과 조직 구성, 매체 주목도 확보를 위해 사전 예비 선거를 활용한다(Rosenstiel, 1993). 개별 정치인의 이런 움직임이 포착되면 정당은 '밀짚투표(straw poll)'라고 불리는 비공식 여론조사를 진행하기도 한다. 이 조사 결과가 정당의 공식 입장으로 이어지지는 않지만, 정당으로서는 자기 정당에서 출마 의사를 밝힌 인물이 당 내외에서 얼마만큼의 지지를 받고 있는지를 확인할 수 있고, 나중에 초점그룹 조사 등을 통해 그 인물의 연설 능력이나 통솔력 등을 가늠할 때 참고하는 잣대로 활용할 만한 자료가 된다(Woodward, 1996). 더 중요한 것은 이를 통해 나중에 공식 조사를 담당할 여론조사 전문가나 대중매체의 관심을 미리 끌 수 있다는 사실이다(Perloff, 1998).

이와 같은 개별 정치인이나 정당 등 정치 엘리트들의 사전 예비 선거 움직임은 다가올 선거에서 누가 선두주자가 될 수 있을지를 대중매체가 미리 타진해보게 하는 중요한 요인이다. 언론은 밀짚투표 결과에 대한 보도를 시작하면서, 결과적으로 많은 지지를 받은 인물을 호의적으로 묘사하는 기사를 쓰기도 하고, 그가 중요한 인물로 부상하게 되면 취재를 통해 검증을 시작하며 비판적인 보도를 전개한다. 즉 사전 예비 선거가 전체 선거 과정의 첫발이 되는 것을 공중에게 전달하는 역할을 언론이 담당하게 되는 것이다(Barber, 1978). 하지만 이 과정에서 대중매체의 검증 및 비판이 입법·사법·행정 등 3부를 견제하는 저널리즘의 심각한 실행 가치를 실천에 옮기지 않고 대중의 궁금증을 달래주는 수준에 머물러, 유권자가 반드시 알아야 할 정보를 전달하는 본연의 업무에 소홀하다는 비판도 나온다(Perloff, 1998). 이는 어쩌면 사전 예비 선거가 가진 비공식적 성격에서 비롯된 것일 수도 있다. 즉 정당 등 공식적인 정치 기구마저도 후보자에 대한 지지 등 입장 천명을 조심스러워하는 마당에, 언론이 먼저 나서서 심각한 심판의 잣대를 들이대는 것이 오히려 특정 후보에 대한 지지나 거부를 표현하는 것으로 비칠 수 있어 자칫 편파 보도 등의 오해를 불러일으키게 될 뿐 아니라, 너무 미리 선거 보도에 집중하면 본격적인 예비 선거 때 이미 지치거나 관성에 빠져 대중매체가 옳은 정보를 전달하기 어려운 상황에 빠질 수 있기 때문이라는 것이다.

하지만 이런 우려와 기대 속에서도 사전 예비 선거 단계는 공중이 평소에 관심을 보이던 이슈가 무엇인지를 확인할 계기를 마련한다는 차원에서 긍정적인 평가를 받기도 한다. 잘 알려지지 않은 몇몇 정치인의 출마 선언에 대해서는 유권자들이 큰 관심을 보이지 않지만, 사전 예비 선거 과정에서 출마 선언을 하는 정치 엘리트는 유권자가 걱정하거나 좋아하는 주제가 무엇인지를 찾아 그에 대한 의견을 표명하고, 대중매체는 그 내용을 보도하게 되기 때문이다(Trent, 1994). 이 때문에 이 단계에서는 정치 엘리트나 대중매체가 캠페인 의제를 이끈다기보다, 유권자의 이슈가 선거 캠페인 의제에 영향을 미친다는 주장이 나오기도 한다. 이는 유권자의 표를 갈망하는 정치인, 유권자로 대표되는 수용자의 주목도를 갈구하는 대중매체의 특성과 연관된다. 정치인들은 공중이 중요하게 생각하는 주제에 반응해야 유권자의 지지를 얻을 수 있고, 언론은 이런 이슈를 정치인이 어떻게 생각하고 있는지를 수용자에게 전달해야 공중이 그 매체에 집중하게 될 수 있기 때문이다. 이런 관계는 사전 예비 선거 과정의 캠페인을 이끌어나간다. 하지만 공중 대부분이 이 단계에서는 1년 혹은 그보다도 나중에 진행될 선거에 아직 큰 관심을 보이지 않기 때문에 이런 의제의 교환이 얼마나 명확히 일어나는지는 선명하지 않은 것으로 소개되기도 한다(Perloff, 1998).

미국식 예비 선거가 한국에 도입된 것은 2002년으로 본다(우승용 · 이준웅, 2002). 그 전에도 각 정당이 당원들의 투표로 대통령 후보를 선출하는 기능이 있었지만, 대선 후보를 뽑기 위해 2002년 당시 새천년민주당이 한국 정당사 최초로 국민참여경선을 천명하면서 예비 선거 형식의 경선이 국내에서 시작된 것으로 보고 있다(지병근, 2016). 당시 여당인 새천년민주당의 뒤를 이어 야당이던 한나라당도, 비록 참가 비율에 차이가 있고 이후 이를 계속 유지하는 데 어려움을 겪지만, 대의원뿐 아니라 일반 시민을 대통령 후보 투표에 참여시키려는 국민참여경선을 택했다(김성탁, 2012). 당시 정당법의 제한 때문에 이론적으로 정당원들에게만 선거권이 부여돼 실질적인 '국민참여'가 불가능한 폐쇄형 경선이라는 지적도 받지만(한정훈, 2017), 한국은 일단 '경선'의 시대를 맞았다(박수형, 2014).

그전까지 정당의 대선 후보는 투표를 통해 선출되더라도 이미 강력한 통제력을 가진 당 대표나 절대적 세력을 유지한 정치인이 추대되는 형식이었고, 경선이라는 이름이 붙었어도 당원을 대상으로 하는 폐쇄적 캠페인에 이어 소속 정당의 대의원들이 참여하는 1일 전당대회 등에서 이미 당 내부의 권력이 집중된 인물이 뽑히는 환경이었다(이원종, 2006). 심지어 추후 대통령에 당선됐던 이승만, 박정희, 전두환 후보 등의 경우에는 정당의 최고 실력자인 본인이 자기 자신을 천거한 것과 다르지 않다는 분석도 있다(박홍엽, 2003). 1997년 15대 대통령 선거 당시에도 각 정당에서 국민경선 등의 제안이 있었지만, 정당 내부에서 강한 지지를 받는 인물과 그를 지지하는 세력들의 무관심 대응 등으로 지지부진하며 국민경선은 무산됐고, 당시 야당이었던 새정치국민회의에서는 그해 5월 열린 자유 경선 형식의 전당대회에 2명이 출마해 김대중 후보가 최종 선출됐다(지병근, 2016). 여당이었던 한나라당에서도 1997년 7월 자유 경선 형식의 전당대회에서 이회창 후보가 다른 5명의 후보를 누르고 최종 후보로 뽑혔으나, 이 역시 국민회의와 마찬가지로 하루 만에 진행된 투표로 결정이 나는 승부였다(강재수, 2012; 중앙선거관리위원회, 1998). 2002년 16대 대통령 선거 이전까지는 결국 대부분 당 내에서 거의 전권을 장악하며 독점적인 지위를 확보한 총재나 대표급 인물이 정당 내부 권력의 지원 또는 하루짜리 경선을 통해 정당을 대표하는 대통령 후보로 낙점됐다. 역사의 질곡을 거쳐 김영삼·김대중·김종필로 집약되던 '3김 시대'가 종말을 고한 뒤 벌어진 16대 선거에 와서야 비로소 각 정당 내 후보들 간의 새로운 경쟁이 시작된 것이다(정상대, 2002).

이 경선이 시작되는 2002년 이전에는 결국 한국의 정당에서 개별 정치인이 출마 선언을 하는 것을 현대 선거 캠페인에서의 사전 예비 선거라고 보기 어렵다. 이 책에서 말하는 현대 선거 캠페인의 핵심인 예비 선거가 있어야 '사전' 예비 선거라는 용어를 사용할 수 있고, 국민참여경선이 국내 새천년민주당에 처음 도입된 2002년에 이런 예비 선거 형태가 나타나기에, 한국의 사전 예비 선거는 결국 2002년 16대 대선 때부터 설명이 가능할 것이라는 뜻이다.

2002년 16대 대통령 선거는 12월 19일 시행됐다(중앙선거관리위원회, 2003). 이 선거를 위해 당시 여당이던 새천년민주당은 선거 11개월 전인 1월 7일 기존의 총재 중심 하향식 공천을 포기하고 국민참여경선방식을 도입하며 한국 정당사 최초로 상향식 공천인 예비 선거를 도입, 정당의 대통령 후보를 선출하기로 결정했다(이병완, 2009). 미국처럼 전국을 돌며 진행되는 이 예비 선거는 2002년 3월 9일 제주에서 시작해 4월 26일 서울에서 마무리되는 40여 일간의 일정을 소화했다(지병근, 2016). 16개 시도를 돈 당시 경선 초기에는 한화갑, 이인제, 노무현, 정동영, 김중권, 유종근, 김근태 등 7명이 참여했다(이현우, 2006). 하지만 이때만 해도 미국식 사전 예비 선거의 개념이 부족했던 것으로 보인다. 국민참여경선 도입이 결정된 1월 7일 이후 약 2개월 만에 예비 선거인 경선이 시작되면서, 미국처럼 약 1년 전에 사전 예비 선거라는 형식으로 다양한 정치인들이 출마 선언을 하기가 물리적으로 불가능했다. 하지만 1월 7일 경선 제도 도입 결정부터 4월 27일 전국 전당대회까지 후보 선출 전 과정의 언론 보도를 분석한 연구(김춘식, 2004)를 보면, 당시 2월 말의 경선 후보자 등록을 고려해 1월 7일부터 2월 말까지, 또는 본격적으로 경선이 출발하는 3월 초까지의 약 2개월의 기간을 사전 예비 선거 시기로 인정할 수도 있겠다. 그러나 이런 개념화에도 난점은 있다. 비록 경선 후보 등록을 선거 출마 선언이라고 할 수도 있겠지만, 등록 자체가 이미 출마를 공식화한 것이라, '비공식' 출마 선언이라는 사전 예비 선거에 포함할 수 있을지는 모호하기 때문이다. 추가적인 국내 사례 연구를 위해 경선 후보 등록 시점과 관련한 예비 선거와 사전 예비 선거의 구분을 학술적으로 더 명확히 할 필요도 있어 보인다.

새천년민주당의 국민참여경선 도입 2주가량 후에 유사한 제도 시행을 결정한 당시 야당 한나라당도 사정은 비슷하다. 1월 말 도입이 결정돼, 4월 13일 인천을 시작으로 5월 9일 서울에서 정리되는 약 4주간의 11개 권역별 순회경선(경남신문, 2002)에 출마 선언을 하더라도, 제도 도입 결정부터 실제 경선 시작 시점까지 3개월도 안 되는 시간만 남는다. 이회창, 이상희, 이부영, 최병렬 후보가 참가했지만, 사전 예비 선거에 대한 논의가 정교해지려면 정확한 출마 선언 및 이후 후보 등록과 경선 참여 사이에 나타나는 선거운동 등의 내용이 자세히 탐구돼야 할 것이다.

2007년 17대 대통령 선거 때는 당시 우여곡절 끝에 여권을 대표하던 대통합민주신당 중심으로 국민참여경선이 더 활발해진다. 비록 비율에서는 차이가 있었지만, 16대에 한나라당과 같이 대의원과 당원, 일반 유권자 비율을 할당해 부분 개방형(성치훈·진영재, 2016)을 채택했던 새천년민주당의 승계 주자인 대통합민주신당은 17대에 당원 여부 관계없이 모든 사람이 선거인단에 참여할 수 있는 완전 개방형 체계를 갖춘다(박수형, 2014). 비록 일반 시민들에게 선거인단의 문을 활짝 열지는 않았지만, 그 대안으로 여론조사를 채택한 제1야당 한나라당의 초반 경선 준비도 뜨거웠다. 2007년 12월 19일 치러질 대통령 선거(중앙선거관리위원회, 2008)를 위해 예비 선거 체제 도입을 결정한 한나라당은 3월에 경선 규칙을 마련하고 6월 중순에 경선 후보 등록을 마치면서 본격적인 후보 간 경쟁을 치르게 된다(박찬표, 2016). 그러나 약 한 달 후 제주에서 출발한 전국 순회경선 연설회 일정이 경쟁 과열 등의 사유 때문에 전국 동시 투표로 변경되면서(윤종빈, 2008) 사전 예비 선거라 칭할 만한 개념이나 기간이 애매해졌다. 순회경선의 성격을 가진 예비 선거 자체가 사라졌기 때문이다. 게다가 2005년 정당법 개정에 따라 모든 국민이 선거권자가 될 수 있었으나, 선거인 100%를 일반 국민으로 둬 완전 개방형을 선택한 대통합민주신당과 비교했을 때, 일반 국민에게 선거권 30%만을 할당한 한나라당의 체제(윤종빈, 2008)에서는 국민참여경선이라는 이름의 무게가 가벼울 수밖에 없었다. 전국 순회 계획 변경 등 우여곡절 끝에 8월 20일 치러진 한나라당의 전국 전당대회 또는 결선 투표도 전광석화(電光石火)처럼 지나갔다. 경선 후보 등록부터 최종 대통령 후보 선정까지 걸린 시간은 약 2달에 불과했다. 사실 이때 대통합민주신당도 지역순회에만 집중한 것이 아니라 전국 동시투표를 가미했기에, 미국식 경선이 가진 국민의 정치적 참여 열기를 가늠하려면 당시 상황에 대한 면밀한 검토가 필요할 것이다(한정훈, 2017).

당시 여당인 대통합민주신당도 경선 후보 등록부터 대통령 후보 선출까지 들인 시간은 2개월 정도이다. 그러나 직전 선거에서 경선을 치른 경험이 있는 여당은 8월 하순 예비후보 등록을 시작으로 후보자 자격 심사, 토론회 등의 단계를 두면서 경선에서 경쟁할 후보 선정 방식을 조금 더 체계화했다. 약 5일에 걸쳐 예비 경선 후보를 선정하고 이후 이들 사이의 토론회와 여론조사 결과를 적용해 9월 초 최종 경선 후보를 확정하면서, 대통령 후보가 아닌 경선 후보를 먼저 정비하는 단계를 둔 것이다. 더불어 대의원과 당원 등으로 한정했던 선거권을 당원 여부와 관계없는 사람들에게까지 열면서 완전 개방형 경선으로 체제를 변경했다(박수형, 2014). 하지만 이 과정을 수십 년의 경험을 통해 정비된 미국식 예비 선거나 사전 예비 선거에 비교하기는 어려워 보인다. 우선 경선 본선 후보로 확정된 사람들이 전국을 순회한 건 한 달에 불과했고, 그 직후 전당대회가 치러져 결과적으로 여기에 걸린 시간은 직전 경선과 큰 차이가 없었다(윤종빈, 2008). 여기서 집중하는 사전 예비 선거에 초점을 맞춰보면, 비록 사전 예비 선거와 유사하게 '예비 경선'이라는 체계를 추가했지만, 2002년처럼 아직 공식적인 예비후보 등록 시스템이 남아 있고, 이 등록부터 예비후보 결정까지 걸린 시간 5일은 선행연구(김춘식, 2004)를 기초로 추론한 2개월의 사전 예비 선거 기간보다 오히려 짧다. 이런 체계를 미국처럼 약 1년 동안 비공식적으로 진행되는 사전 예비 선거의 성격으로 볼 수 있을지 애매하다. 앞서 언급한 대로 이런 부분에 대한 분석과 논의가 더 필요할 것으로 보인다. 한편 민주노동당과 민주당도 각각 8월 중순과 9월 말부터 전국 순회경선을 치렀지만, 후보 등록 과정 등이 다른 거대 정당들과 유사해 사전 예비 선거의 의미를 확인하기 쉽지 않다.

17대 대선에서 정비를 거치며 그나마 유지되는 모습을 보였던 예비 선거 체계는 2012년 12월 19일 치러진 18대 대선(중앙선거관리위원회, 2013)에 들어오면서 시행하는 정당의 수가 대폭 줄어든다. 우선 이전과 같이 전국 순회경선 시스템을 유지한 것은 2002년 새천년민주당과 2007년 대통합민주신당의 계보를 이은 민주통합당뿐이었다(박찬표, 2016). 2007년의 한나라당이 17대 대선에서 일부 마찰 때문에 삐걱거리면서도 유지를 시도했던 전국 순회는 그 후신인 새누리당의 2012년 18대 대선에서 완전한 전국 동시투표로 돌아갔다. 사실 보수 성향인 이 정당의 경선은, 순회 연설 등을 시도했으나 완결하지 못한 17대 때부터 결과적으로는 동시투표의 모습이었다(윤종빈, 2008). 다른 군소정당들도 비록 원론적 의미에서 후보 간에 경쟁한다는 경선의 모습은 갖췄지만, 예비 선거의 성격이 남아 있었던 것은 민주통합당이 유일하다고 보는 게 옳겠다. 비록 17대 때 선거권자의 100%가 일반 국민이었던 것과 달리 그 비율을 90%로 줄이고 나머지 10%를 대의원과 권리당원으로 조율하기는 했지만 역시 국민을 대부분 선거권자로 삼았고, 현장 투표와 모바일 투표를 조합하면서도 순회경선 및 순회투표를 유지했기 때문이다(한정훈, 2017).

이렇듯 대부분의 정당이 예비 선거의 형식과 내용을 축소하면서, 18대 때는 자연스레 예비 선거를 전제로 한 사전 예비 선거의 모습도 더 흐려졌다. 박근혜 대통령 탄핵으로 갑작스레 5월에 시행된 2017년 19대 대선(중앙선거관리위원회, 2017)에서는 모든 정당의 경선이 또 다른 모습을 갖춘다. 각각 민주통합당과 새누리당을 계승한 더불어민주당과 자유한국당 등 양대 정당은 물론 여타 정당들까지 전화 자동응답시스템, 인터넷 등을 통한 투표를 진행하면서, 전국의 시도를 순회하던 후보 합동 토론회 등이 권역별 토론으로 변화하며 예비 선거의 성격이 달라진 것이다. 사상 초유의 대통령 탄핵이라는 역사적 특이성도 있지만, 커뮤니케이션 환경에 따른 선거 상황 변화는 국내 사전 예비 선거의 존재를 더 복잡하게 구성하는 모습으로 읽힌다.

사실 들쑥날쑥한 한국의 예비 선거 체계는 지속적인 정비를 거치는 단계로 볼 수도 있다. 이에 따라 사전 예비 선거의 의미도 가변적일 것이다. 이런 상황을 극복하고 정치 환경을 개선하기 위해, 선거자금 제공 및 유권자 검증에 필요한 시간 등을 거론하며 경선 후보 등록일을 경선 4개월 전(대통령 선거) 또는 2개월 전(총선 및 지방선거) 등으로 지정하자는 주장도 나온다(정진민, 2014). 이는 대선의 경우 본 선거 8개월 전, 총선 및 지방선거의 경우 4개월 전까지 후보 등록을 제도적 장치로 마련한다는 취지인데, 결국 사전 예비 선거가 가능한 날짜를 공식화하자는 제안으로도 볼 수 있다. 이런 시도가 정착하려면, 아마도 생물처럼 끊임없이 움직이는 정치 상황을 꾸준히 관찰하며 접근해야 할 것이다. 2002년 한국 정당들이 도입해 확산과 축소를 거듭하는 한국의 예비 선거 현상에서는 우리나라만의 사전 예비 선거의 특성이 보이기도 하는데, 이런 모습들은 더 나은 민주주의를 구축해가기 위해 고찰할 여지를 준다.

먼저 한국적 상황으로 짚을 수 있는 것은 비록 미국에 비해 짧은 기간이기는 해도 공식적인 정당 경선 후보 등록 전에 정치인들의 출마 선언이 일부 등장한다는 점이다.

미국에서의 사전 예비 선거, 즉 개별 정치인의 출마 선언은 비공식적 행보로 거론된다(Perloff, 1998). 이 선언은 대개 예비 선거 개시 1년 전에 이뤄진다. 이런 비공식적 성격의 미국식 사전 예비 선거와 달리, 우리나라의 경우 일부 정당에서 '예비 경선'이라는 이름으로 예비 선거에서 경쟁할 후보들의 등록을 받아 사전 심사를 통해 후보자를 거르거나, 아예 예비 선거와 사전 예비 선거를 나눠 공식화하자는 주장(정진민, 2014)이 나오며 전체 경선 과정을 더욱 체계화하려는 모습도 보인다. 그에 앞서 정치인들이 공식 경선 후보 등록 한두 달 전에 후보 출마 의사를 밝히는 경우도 종종 나타난다. 하지만 이런 상황을 일반적인 흐름으로 정리하고 구체적인 시스템으로 두는 것이 좋을지 판단하려면 시간을 두고 정치 현상을 더 깊이 탐구해야 할 것으로 보인다. 그 탐구의 실마리는 어쩌면 18대 대선의 민주통합당과 19대 대선 때의 민주통합당 후신인 더불어민주당의 경우에서 찾을 수도 있겠다.

2012년 18대 대선 당시 야당이었던 민주통합당은 본격 전국 순회경선을 시작한 8월 25일 4주 전쯤 여론조사 등을 통해 5명의 경선 후보를 선출하고, 이를 위해 예비후보 등록을 7월 20일과 21일 양일간 진행했다. 비록 7월 29일과 30일 벌어진 여론조사 결과 발표 이후 1명의 후보가 사퇴해 4명이 본 경선에 진출했지만, 7월 21일까지 모두 8명이 등록한 예비후보 마감일(김기린, 2012)을 예비 선거의 공식 출발점으로 볼 수 있을 것이다. 6월 17일 서울 서대문구 독립공원에서 출마 선언을 한 문재인 전(前) 대통령비서실장(중앙일보, 2017) 등 8명은 6월 초에서 7월 예비후보 마감 직전까지 출사표를 던진다. 이 책이 일단 예비 선거의 공식 출발점으로 여긴 예비후보 등록 마감일(7월 21일)을 기준으로 하면 정치인들은 한 달여 전에, 그렇지 않고 본격 전국 순회경선 시작일인 8월 25일을 예비 선거의 출발점으로 본다면 두 달여 전에 출마 선언을 한 셈이다. 그러나 당시 여당인 한나라당의 경우, 8월 중순 하루 선거를 통해 대통령 후보를 뽑는 방식으로 선회하면서(신승근, 2012), 4월부터 출마 선언이 시작된 경선 후보 5명에 대해 이 책이 논하는 예비 선거나 사전 예비 선거 개념을 적용하기는 어렵다.

2017년 5월 갑작스레 시행된 19대 대선 때, 더불어민주당은 전신 민주통합당이 18대에 진행했던 방식과 살짝 달라진 접근법을 활용했다. 본 경선 후보 등록을 기준으로 본다면, 최성 당시 고양시장이 1월 5일 출마 선언(노승혁, 2017)을 함으로써 사전 예비 선거가 예비 선거 두 달여 전에 시작된 것으로 볼 수 있겠다. 새누리당의 후신 자유한국당은 경선 방식과 후보 출마 선언 방식이 2012년과 비슷한 상태(안용수, 2017; 조진영, 2017)라, 역시 사전 예비 선거를 논하기 어렵다. 전체 상황을 종합하면 비록 일부 정당에서 발견되는 사례이지만, 한국에서 대통령 선출을 위한 사전 예비 선거는 예비 선거 약 두 달 전에 시작된다고 볼 수 있겠다.

예비 선거 1년 전에 등장하는 미국의 출마 선언과 비교했을 때 그 기간이 2개월 남짓으로 짧은 한국의 사전 예비 선거이지만, 그 과정에서도 일부 정치인들이 출마를 철회한다는 점은 양국이 유사하다. 다만 한국에서는 그 철회가 언론의 검증 등에 의해 이뤄진다기보다 예비 등록 과정에서 진행되는 정당의 사전 심사를 통과하지 못해 이뤄진다는 점(이낙연, 2007)에서 차이가 보인다. 이 상황은 선거 캠페인과 관련된 정치 커뮤니케이션의 입장에서 주목할 만하다. 비록 선거가 개시되는 해 초반부터 경선이 진행되는 시기를 포함한 국내 대중매체의 의제 설정 효과를 확인한 연구 결과가 제시되기도 하나(민영, 2008), 짧은 사전 예비 선거 기간은 한국에서 이 과정에서의 언론 역할이 미국과 비교해 두드러지지 않는다는 식으로 해석될 수 있게끔 한다. 게다가 한두 달의 기간은 너무 짧아, 신문이나 방송 등 대중매체가 출마 선언 초기 해당 정치인들에게 호의적인 보도를 하다가 특정 이슈와 관련해 공격적인 자세로 돌아서는 미국식 언론 행태(Perloff, 1998)를 확인하기도 쉽지 않아 보인다. 하지만 그보다 더 확연하게 눈에 띄는 부분은 오히려 미국과는 다른 식의 언론 역할이다. 본인이 출마 의사가 없다고 밝히는데도 언론이 특정 정치인 등을 미리 유력 후보로 거론하면서 사전 예비 선거의 분위기를 띄운다는 점이다.

이는 예비 선거 이전 단계에서 등장하는 출마 선언이 정치인에 의한 것이 아니라, 그 출마 환경을 언론이 포장하고 조장하는 모습이라고 볼 수 있다. 정치인이 출마를 선언하면 언론이 그에 대한 검증을 진행하는 미국의 사례를 거꾸로 놓은 경우이다. 독특한 한국적 상황으로 해석될 수 있다. 실제 한국의 언론은 정치인의 특별한 출마 선언이 있기 1년 전쯤부터 가상 후보들 간의 여론조사 결과를 발표하면서 이를 둘러싼 정확도를 놓고 논란을 벌인다(나선미, 2002). 학계는 이런 여론조사를 통해 사회 분위기 조성 및 시민들의 정치 참여 여부를 확인하고(양승찬·서희정, 2013), 아예 여론조사를 공천 과정에 긍정적으로 활용하자는 제안(최준영, 2012)까지 나올 정도이다. 이런 상황은 스스로 출마 의사를 밝히면서 사전 예비 선거 환경을 정치인이 부각하는 미국의 경우(Perloff, 1998)와 사뭇 다르다.

이런 현상을 사전 예비 선거의 한 형태로 규정할 수 있다면, 한국에서 대중매체가 선도하는 사전 예비 선거의 분위기는 아예 예비 선거 개시 1년 전을 훌쩍 넘어선 시기에 띄워진다고 볼 수 있다. 2020년 현재 2022년 3월로 예정된 20대 대통령 선거를 한두 해 앞둔 시점에서 언론사는 사회적 주목도가 높은 인사들을 포함한 대선주자 선호도를 보도하고(박태근, 2020), 대통령 적합도가 높게 나타난 당사자가 오히려 자신을 여론조사 대상에서 빼달라고 할 정도이다(김계연, 2020). 언론이 저명인사 등에 대한 대통령 적합도를 대중에게 묻는 과정에서 유권자가 궁금해하는 이슈를 다루기도 하지만 정서적 호감도를 확인하는 정도에 그치는 경우가 많아(김준철, 2015), 언론이 건강한 의제를 선도한다고 말하기도 어렵다. 또 언론이 직접 전문 기관에 조사를 의뢰하기도 해(최한수 외, 2000), 미국에서 출마를 선언한 정치인들이 언론 보도와 유권자의 관심을 끌기 위해 진행하는 밀짚투표 방식의 여론조사(Woodward, 1996)와도 구분된다. 한 국가의 사회적 맥락이나 역사적 배경에 따라 상황이 다를 수 있지만, 사전 예비 선거와 관련해 앞으로 이와 같은 한국의 특징은 계속 관찰해볼 만한 요소로 여겨진다.

한편 미국에서 사전 예비 선거가 활성화할 수 있었던 이유 중 하나로 꼽히는 선거자금의 문제(Perloff, 1998; Welch et al., 1990)는 한국에서 불법적인 모금의 금지나 과다 지출 통제 등의 규제, 또는 이를 통해 공정 선거를 지향한다는 선거법 차원의 제도적 문제로 거론되는 경향이 많았다(이현출, 2008; 호광석, 2004). 대통령 후보 경선 또는 예비 선거와 관련된 연구 역시 앞선 접근과 마찬가지로 정치 커뮤니케이션 차원이라기보다는 선거 제도에 연관한 선거자금법 개선안을 제안하는 정도(모종린 · 전용주, 2004)에 그쳐, 정치 정보 소통과 관련한 시각의 탐구는 더 필요한 것으로 판단된다. 한국에서 의석 수 등에 따라 국가가 정당에 지급하는 경상보조금과 선거보조금 등이 종종 언론으로부터 주목을 받고(박경훈, 2020) 그 용처에 대한 논의도 이어지는 만큼(유현종, 2011), 2000년대 초반 도입돼 변형을 거듭하며 모습을 유지하는 대통령 후보 경선과 사전 예비 선거에 관계된 커뮤니케이션 관련 자금의 역할도 더 활발히 논의될 필요가 있다는 것이다.

예비 선거

예비 선거는 정당의 대통령 후보를 선정하는 것으로, 전체 경선 과정의 꽃이라고 불릴 만하다. 물론 각 정당 후보가 선출된 뒤 그 후보들이 치르는 대통령 선거 본선이 최종적인 주목을 이끌지만, 이 예비 선거 시기에는 대통령 후보가 드러나는 과정에서 이들 후보 사이의 자질 검증이 본격 궤도에 오를 뿐 아니라 각 정당이 표방하는 정책이 수렴되면서 유권자들의 마음이 정해지기 때문이다(Williams, Weber, Haaland, Mueller, & Craig, 1976). 특히 미국에서는 사전 예비 선거에서 출사표를 던졌던 인물 중 적지 않은 사람들이 대중매체의 검증을 통과하지 못하고 낙마하는 경우가 많아, 거기서 살아남은 인물들 간의 경쟁을 의미하는 예비 선거는 본격 승부라는 이름을 얻는다(Perloff, 1998). 이때 같은 당 후보끼리 비판하고 견제하는 사안들은 이후 대통령 선거 본선에서 다시 회자하며 최종 선거로 치닫는 동력을 제공하고, 복잡하기는 하지만 이 과정에서 간접 선거를 통해 직접 대통령 후보를 결정하는 대의원들까지 확정되기 때문에 미국에서의 예비 선거는 전체 경선의 핵심으로 여겨진다(Cohen, 2008; Wayne, 1996).

미국의 예비 선거는 대통령 선거가 있는 해 초반, 주로 2월 초 개시하는데, 종종 그보다 이른 1월에 시작되기도 하며, 예비 선거를 치르는 50개 주의 5분의 3 또는 3분의 2가 예비 선거 시작 후 약 2개월 안에 결과를 낸다(Ginsberg, 2011; Perloff, 1998). 예비 선거는 크게 등록 당원만 참가해 공개적으로 지지 후보를 표명하는 당원대회인 코커스(caucus)와 일반 선거처럼 선거인들이 선거구에서 투표하는 프라이머리(primary) 등 두 가지 형식으로 구분된다(황준범, 2020). 프라이머리는 또 등록된 당원만이 참여하는 폐쇄형 프라이머리, 다른 당적을 가지지만 않으면 당원이 아니더라도 참가할 수 있는 준 개방형 프라이머리, 당적과 무관하게 유권자라면 모두 투표하는 완전 개방형 프라이머리 등으로 세분화한다(이옥진, 2020). 코커스나 프라이머리 중 각 정당과 주, 정확하게 말하면 정당 중앙 지도부와 정당의 지역 지부가 함께 그 형식을 결정하는데, 미국 양대 정당인 공화당과 민주당 모두 90% 정도가 프라이머리를 선택하고 있어, 코커스와 프라이머리를 포함한 후보 경선을 모두 예비 선거, 즉 프라이머리라고 통칭해 설명하기도 한다(Perloff, 1998; Welch et al., 1990).

이 예비 선거는 미국 동부의 아이오와(Iowa)와 뉴햄프셔(New Hampshire)를 필두로 약 4개월에서 6개월 동안의 대장정을 시작한다. 코커스를 실시하는 아이오와에서 주로 첫 경선이 치러지고, 이후 일주일을 전후해 뉴햄프셔에서 프라이머리 형태의 경선이 진행된다(Shafer, 1988). 각 주의 경선에서는 유권자가 자신이 원하는 대통령 선거 후보를 지지하는 일반 대의원(pledged delegate)에게 투표하고, 정당이나 지역에 따라 이 투표 결과에 비례해 연관 후보가 그만큼의 일반 대의원 수를 확보하거나, 이 투표에서 1위를 한 후보가 전체 대의원 수를 모두 가져간다. 대의원에는 일반 대의원 외에도 정당 지도급 인사에게 배정된 지명직 대의원 또는 당 간부 대의원 등이 있으나, 그 수가 적어 대체로 일반 대의원의 투표가 대통령 후보 지명에 결정적 역할을 한다. 전국을 돌며 진행되는 주 경선에서 전체 약 4천 명의 일반 대의원 중 과반의 지지를 얻으면 최종적으로 전당대회를 통해 그 정당의 대통령 후보로 지명된다(이옥진, 2020; 황준범 2020; Shafer, 1988). 아이오와나 뉴햄프셔의 대의원 수는 각각 40명과 25명 내외로 전체의 1% 정도이거나 그에도 못 미치지만, 약 반년의 예비 선거 대장정의 막을 연다는 점에서 이 두 곳의 경선 결과는 전체의 흐름에 막대한 영향을 미칠 정도로 중요하게 여겨진다. 실제로 예비 선거가 본격화한 1972년부터 2020년 전까지 첫 경선이 치러지는 아이오와에서 1위를 차지한 공화당과 민주당 등 양당 후보가 최종 대통령 후보가 된 경우는 60%에 이르며, 특히 민주당은 70% 이상이다(이옥진, 2020).

전국을 돌며 진행되는 예비 선거에서 후보들의 각종 오점이 튀어나오고 상호 비방이 이어지면서 지지층의 두께가 바뀌며 열세였던 후보가 우세로 돌아서거나 앞서나가던 후보가 중간에 경쟁을 접기도 하지만, 이처럼 초반의 경선 결과가 후반까지 영향을 미치는 경향 때문에 대부분 후보가 이들 2개 지역의 경선에 집중하고, 심지어 몇몇 주들은 이들 두 지역보다 더 먼저 예비 선거를 치르거나 적어도 현재보다는 빨리 예비 선거를 진행해 전국적인 관심을 얻으려고도 한다(Cohen, 2008; Perloff, 1998; Shafer, 1988). 많은 주가 이처럼 앞서 예비 선거를 치르려는 현상은 '초기 장전(front-loading)'이라는 이름을 얻으며, 부족한 정보에 비해 지나치게 높은 관심이 집중되면서 후보자에 대한 유권자의 판단과 전체 경선 시스템의 훼손을 이끈다는 비판을 받기도 한다(안순철, 2005). 그러나 너무 많은 주가 전체 경선 과정의 앞에 몰리는 것을 제어하는 방식으로 이 문제를 해결할 수 있다는 대안(DiClerico & Davis, 2000) 등은 결국 뉴햄프셔와 아이오와 2개 지역을 현행대로 전통의 초기 예비 선거 장소로 자리매김하게 하면서 지금의 상황을 유지하게끔 하고 있다(Perloff, 1998; Winebrenner, 1987).

앞선 학자들의 탐구와 언론 보도를 중심으로 뉴햄프셔와 아이오와에 집중되는 이 영향력의 이유를 정리하면, 일반적으로 초기 단계에서의 성과가 이후의 내용을 결정할 정도로 중요하기 때문에 이 두 지역에서의 행사를 위해 후보자들이 엄청난 시간과 돈을 투자하게 되는 현실성, 처음 벌어지는 이들 두 행사가 '최초'의 상황에 더 많은 관심을 보이는 매체의 입맛에 맞을 수밖에 없는 매체의 일상성, 선거 자체가 경쟁이고 전략적인 게임이기에 경선에서 드러나는 갈등과 마찰에 주목하는 매체의 기본적 틀에 부합할 수밖에 없는 매체 스키마, 이 두 이벤트는 이미 많이 보도된 역사를 갖고 있어 하나의 의례처럼 됐기에 이를 보도하지 않을 수 없는 전통적 풍습성 등이 거론된다(Perloff, 1988).

아이오와 코커스가 뉴햄프셔 프라이머리에 영향을 미쳐 두 군데의 경선 결과가 유사하게 나타나기도 하지만, 둘 중 하나, 또는 둘 모두에서 승리하는 후보자는 긍정적인 매체 보도를 얻기 시작한다(Orren & Polsby, 1987). 선두에 나선 후보자를 지지하는 유권자들의 기호에 맞춘 기자들의 초기 보도는 각종 여론조사 전문가나 정당 홍보 담당자들의 분석과 맞물려 이들에 대해 호의적인 정보를 담게 되는데(Mann & Ornstein,

1994), 이런 과정이 과열되면서 후보자들은 점점 초기 결과에 나타난 기대를 부풀리는 방향으로 전략을 짜고, 언론은 차츰 초기의 긍정적 보도에서 한발 물러나서 앞서는 후보, 즉 나중에 대통령이 될 가능성이 큰 정치인의 이면을 캐는 작업에 돌입하게 된다(Robinson & Sheehan, 1983).

이와 같은 언론의 보도 변화는 아이오와와 뉴햄프셔에서 승리한 예비후보자가 최종 후보자 지명에서 유리한 조건을 얻는 일반적 관성에 타격을 주기도 한다. 실제로 1972년부터 2020년 전까지 첫 경선인 아이오와 코커스에서 1위를 했던 공화당 후보 중 최종 대통령 후보가 된 경우가 40%에 못 미치는 결과로 이어진 것이 그 방증이다(이옥진, 2020). 아이오와와 뉴햄프셔 경선 이후 전국을 돌며 진행되는 예비 선거는 후보들에 대한 언론 검증뿐 아니라 후보들 사이의 비방 등으로 이어지면서 관련 내용이 신문 지면과 방송 뉴스 프로그램을 채우게 되고, 여기에 연계한 각종 여론조사 결과는 사실적 정보라는 이름을 달고 유권자들에게 전달된다. 첫 경선이 시작된 후 약 2개월이 지나 벌어지는 '슈퍼 화요일(Super Tuesday)' 투표는 초기 경선의 기대와 이후 진행되는 각종 검증의 조합이 드러나는 결정적 시점 중 대표적인 것으로 꼽힌다(Perloff, 1998).

1980년대 이후 전체 예비 선거 기간 중 가장 많은 대의원이 결정되는 날로 일반화한 이 명칭은 경선이 치러지는 전체 50개 주 중에서 비교적 많은 대의원 수를 가진 주들이 주로 3월 초 화요일에 한꺼번에 예비 선거를 치르면서 부각했다(Phillips, 2020). 선거 때마다 이 시점에 참가하는 주의 숫자가 달라지기는 하지만, 슈퍼 화요일과 관련된 각종 자료에 따르면 230명 내외의 대의원 수를 가진 텍사스가 포함된 남부 주와 270명 정도의 대의원이 있는 동부 뉴욕, 400명 이상의 대의원을 가져 전체 경선의 판도에 가장 큰 영향을 미칠 수 있는 서부의 캘리포니아 등이 주로 참가했다(Norrander, 2015). 앞서 거론한 초기 장전 효과 등을 조절하려는 목적으로 잠시 이탈했던 캘리포니아가 2020년에 다시 3월 3일 열리는 슈퍼 화요일로 경선 날짜를 옮기는 등(Phillips, 2020)의 현상을 보인 것을 보면, 이 특정 날짜의 예비 선거가 아이오와와 뉴햄프셔에서 열리는 초기 경선과 더불어 선거전의 백미로 꼽히는 배경을 가늠할 수 있다. 앞선 경쟁이 크게 뒤바뀔 수도 있는 슈퍼 화요일의 성격은 결론적으로 아이오와와 뉴햄프셔에서의 선전(善戰)이 최종 후보자 지명의 필요조건일 수는 있으나 충분조건은 되지 못한다는 것을 의미한다. 2020년을 예로 들었을 때, 비록 이후 다른 화요일에 미시간(125명), 워싱턴(89명) 등 6개의 주에서 325명의 대의원 선출을 놓고 펼쳐지는 '미니 슈퍼 화요일'의 영향력이 거론되기도 하나(조의준, 2020), 슈퍼 화요일 이후 예비 선거는 일반적으로 후보 지명 전국 전당대회까지 마무리 단계에 접어든다(Perloff, 1998).

예비 선거는 그 열기가 뜨거운 만큼 그에 대한 비판적 시각도 두드러진다. 공동체 발전에 이바지해야 한다는 정치 커뮤니케이션의 당위론적 목표(Kaid, 2004)가 상실될 우려가 나오기 때문이다. 우선 아이오와와 뉴햄프셔 이벤트로 시작되는 예비 선거는, 초기 경선 직후 후보자들이 긍정적인 보도와 정당 주요 인사들의 지지를 더 확보하기 위한 작업에 돌입하게 만든다(Mann & Ornstein, 1994). 이 과정에서 매체는 후보자의 조직과 금전적 능력, 여론조사, 예비 선거에서의 활동과 언행 등에 근거해 어떤 후보에 대해 어떻게 보도할지를 결정하게 되는데(Robinson & Sheehan, 1983; Schwabe, 2015), 이때 매체가 너무 일찍 예비 선거의 승자에 대한 해석을 내리고, 후보자들의 실언 등을 지나치게 부각하면서 정작 중요한 이슈에 대한 논의는 자리를 잃게 되는 경우가 많다는 지적이 나온다(Orren & Polsby, 1987). 이런 경향은 슈퍼 화요일에까지 이어져, 선거 과정에서 드러나는 후보자들의 정보 전체는 공중에게 전해지지 않고, 매체가 선택한 일부 내용, 즉 불완전한 정보만으로 유권자들이 표심을 결정하게 만든다는 비판도 등장한다(Norrander, 2015). 비록 사람들이 정치인들의 개인적 속성을 중요하게 생각하고 이를 통해 거대 이슈에 대한 후보자 입장을 알아보려 노력하지만, 이 역시 매체의 의제 설정이나 틀 짓기에 따라 결정된다는 것(McCombs & Ghanem, 2001)도 유사한 맥락에서 나오는 지적이다. 초반부터 일부 경쟁 주도자들에게만 뉴스가 집중돼 나머지 후보들은 유권자들의 머릿속에서 사라지게 되면서, 신문 지면과 방송 뉴스 프로그램 화면을 놓고 언론인과 후보자 진영이 벌이는 전략 게임 속에서 결국 유권자들은 참여의 기회를 상실하고, 전체 대선 과정에 대한 흥미를 잃게 된다는 비판도 있다(Perloff, 1988).

대통령 후보 선출을 위한 미국식 예비 선거를 도입한 2002년 이전 한국 정당들은 대체로 당내 지명, 합의에 따른 추대 또는 당내 경선을 통해 대통령 후보를 선정했다(박홍엽, 2003). 대통령 직선제가 도입된 1987년 13대 선거 때까지 이어졌던 당내 지명이나 합의는 1992년 14대부터 당내 경선의 모습으로 바뀐다(박수형, 2014). 당내 경선으로 전환되기 전 후보 선정은 추대의 모습을 갖추지만 정당의 유력자가 자기 자신을 천거한 것으로 판단되기도 한다. 그런 경우는 이전의 이승만, 박정희, 전두환 후보뿐 아니라, 1987년 체제에서 야당 총재나 대표였던 김대중, 김영삼, 김종필 후보 등에게도 적용됐고, 당시 여당의 노태우 후보는 후보 지명의 형식으로 대통령 선거에 나섰다(박홍엽, 2003). 1997년 15대 때에 일반적이었던 당내 경선도 미국식 예비 선거라고 보기 어렵다. 당 외부 인사들의 참가가 제한된 정당의 행사였기 때문이다. 사실 정당 외부의 유권자까지 참여를 허가하는 미국식 예비 선거가 시간이 흐르며 다른 국가들에 영향을 미치기 시작했기는 하지만(안순철, 2005; Mancini & Swanson, 1996; Smith, 2011), 민주주의를 표방하는 국가 대부분은 대통령 후보 선출을 정당 내부 행사로 한정했다(Hazan & Rahat, 2006). 즉 15대까지 진행됐던 한국 정당의 대통령 후보 선출이 우리만의 독특한 형식이었던 것은 아니다.

공직선거 후보자 추천이 정당의 자율적 결정일 수 있다는 차원에서, 후보자 선정을 정당 내부에서 결정하는 방식은 한국에서 대통령 선거뿐 아니라 국회의원이나 지방선거 후보 선정에도 적용됐다. 비록 2002년 16대 대통령 후보 선출에 예비 선거 방식이 도입되면서 국내 정당의 2004년 17대 국회의원 후보 선출 과정에 상향식 공천(公薦, candidate selection 또는 nomination)인 경선이 사용됐으나, 전체 후보의 70% 이상은 하향식 공천, 즉 정당의 공천심사위원회나 공직자 후보 자격심사위원회 등을 통한 비(非)경선 방식으로 결정됐다(전용주, 2005). 이후 국회의원 후보 선정에 국민선거인단이나 국민경선 제도를 거치는 방법 등으로 외부 의견을 포함하려는 시도를 넓혀갔지만(이동윤, 2012), 기존 체계가 정계 입문을 원하는 사람들의 배경 확인에 효과적이라는 주장도 만만치 않아 정당의 국회의원 후보 선정 결정권은 계속 격론의 대상이 되고 있다(길정아, 2011; 홍득표, 2000). 2002년 6·13 지방선거에도 경선이 도입되기는 했으나 출마자의 정당 연계 여부를 포함한 제도 개혁 논의 등을 겪는 과정(가상준, 2009; 이승철, 2015)에서 음양(陰陽)으로 출마자 선정에 영향을 미친 정당의 하향식 공천 역할은 상당 부분 유지됐다는 평가가 나온다(전용주, 2010).

다시 대통령 선거로 돌아가보자. 2002년 예비 선거가 도입된 한국은 그 순회경선 기간이 4~6개월 지속하는 미국과 달리 두 달 안에 그쳤다. 그해 야당인 한나라당의 순회경선은 4월 13일 인천에서 시작돼 5월 9일 서울에서 끝나면서 한 달도 걸리지 않았고(경남신문, 2002), 여당인 새천년민주당도 3월 9일 제주를 시작으로 4월 27일 서울의 전당대회까지 약 50일 걸렸다(김춘식, 2004). 2007년 17대 대선 때 치러진 순회경선 기간은 오히려 더 짧아져, 새천년민주당의 후신 대통합민주신당이 9월 15일부터 10월 15일까지의 한 달 동안 진행됐고, 7월 21일부터 8월 18일까지의 30일을 예상한 한나라당은 계획을 바꿔 결과적으로는 8월 20일 하루만의 투표로 정리했다(윤종빈, 2008). 2012년 18대 대선의 경우, 대통합민주당의 후신 민주통합당이 8월 25일부터 9월 16일까지 순회경선을 치러 기간은 약 20일로 더 줄었고, 한나라당의 후신 새누리당은 아예 순회경선을 없애고 선거 방식을 국민참여 선거인단의 전국 동시투표로 바꿔 8월 19일 하루에 후보를 선출함으로써 1일 경선이 됐다(박찬표, 2016).

박근혜 대통령 탄핵 직후 2017년 시행된 19대 대선에서는 민주통합당을 계승한 더불어민주당과 새누리당의 후신인 자유한국당이 전화 자동응답시스템, 인터넷 등을 통한 투표를 진행하면서 시도 순회경선의 형태가 바뀌었다. 비록 다양한 정보통신 기술을 활용해 시민들의 투표 참여를 높였다는 평을 받기도 하지만(한정훈, 2017), 유권자와의 직접 대면이나 정책 연설 등이 줄어든 것은 선거 캠페인에서 유지돼야 할 장점(Kernell, 1997; Perloff, 1998)이 사라져간다는 평을 받을 수 있다. 변화된 환경 속에서 가장 최근 치러져 예비 선거 기간을 정확히 정리할 근거가 더 필요한 19대 대선과 관련해서는 추가 연구 등이 요구된다. 특히 2002년 이후 진행된 한국의 예비 선거 기간이 미국에 비해 짧은 것이 영토의 크기 차이 때문인지, 또는 정보통신 인프라 자체나 시민의 접근성 격차 등의 원인인지 등도 확인할 가치가 있으며, 이와 연동해 순회경선이 있더라도 점점 더 일정이 줄어드는 다른 이유 역시 함께 파악해볼 만하겠다. 더불어 마지막 순회경선과 후보를 최종 결정하는 전당대회 날짜가 겹치거나 아주 근접한 점(김춘식, 2004; 윤종빈, 2008; 한정훈, 2017)도 제도적 측면은 물론, 매체효과론 차원의 의미를 검토해볼 대상일 것이다.

초기 장전(front-loading) 등의 논의를 이끌며 예비 선거 초반부에 관심이 집중되는 미국(안순철, 2005)의 경우를 우리에게도 접목해볼 수 있다. 앞서 소개한 자료들에 따르면, 개혁 정당 계보로 일반화된 새천년민주당(2002년), 대통합민주신당(2007년), 민주통합당(2012년), 더불어민주당(2017년)의 예비 선거는 제주에서만, 또는 제주를 비롯한 다른 지역에서 함께 시작됐다. 2017년 예비 선거에서는 정보통신 기술을 적극적으로 활용하면서 전화 자동응답시스템과 인터넷 투표 및 대의원 현장 투표 등을 연계하고, 10여 개 이상의 지역으로 나뉘어 다양한 목소리를 들을 수 있었던 투표 영역 구분이 수도권, 강원, 충청, 영남, 호남, 제주 등 5~6개의 대권역별로 합쳐지며 이전보다 순회경선의 의미와 횟수 등이 축소됐다. 하지만 비록 그렇다 하더라도 첫날 전국적으로 치러진 현장 투표 이외의 대의원 투표는 제주를 중심으로 개시돼, 개혁 정당의 예비 선거는 전통적으로 제주를 출발점으로 한다고 볼 수 있을 것이다. 즉 추후 연구가 더 필요하겠지만, 대중매체 보도의 집중성, 풍습성 등 정치 커뮤니케이션 차원에서의 미국 아이오와나 뉴햄프셔 같은 초기 경선 효과 등이 제주 등 초기 경선 지역에서 나올 수 있는지는 살펴볼 여지가 있다는 뜻이다.

하지만 보수 정당 계보의 한나라당(2002년과 2007년), 새누리당(2012년), 자유한국당(2017년)의 경우 한나라당 시절에만 순회경선을 진행하고, 이후에는 순회 연설 없는 전국 동시투표로 후보를 뽑으면서 경선 순서에 따른 관찰이 수월치 않다. 게다가 2002년에는 인천에서 출발하고 2007년에는 제주를 출발지로 해 일관적이지 않았고, 2007년에는 첫날 제주 토론 과열로 이후 일정이 잠정 중단되는 등(이종훈, 2007)의 과정을 겪은 끝에 아예 전체 계획을 지역순회가 아닌 전국 동시투표로 수정하면서 한나라당의 정상적인 순회경선은 2002년에만 진행된 것으로 규정(박찬표, 2016)되기도 한다. 비록 대의원과 당원, 시민 유권자를 선거인단에 포함하며 2002년부터 개방형 경선을 이어왔다는 평을 받지만, 이는 선거인단 참여 조건으로 당적 등을 상관하지 않는 개혁 정당의 '완전 개방형'과는 다르며(박수형, 2014), 그나마 한두 차례 진행했던 순회경선의 출발점도 차이가 있어 지역에 따른 국내 보수 정당의 경선 효과를 가늠하기는 어려워 보인다. 하지만 정당 외부로의 선거인단 개방 정도에 따른 후보자 선출의 장단점이 서로 다르고, 커뮤니케이션 환경 변화에 따른 순회경선의 효율성 등이 따로 논의된다는 점을 고려하면(윤종빈, 2008; 한정훈 2017) 보수 정당과 관련해서, 또는 정당의 정파성과는 무관하게 지역에 따른 초기 경선 효과 외의 예비 선거 경향성을 한국적 특성으로 확인할 가능성도 있을 것이다.

한편 이런 초기 경선에 대한 생각과 반대의 시각에서, 마지막 순회경선 날짜와 최종 전당대회의 근접성을 한국 정당의 예비 선거 일정 전체의 촉박함 차원으로 확대한 연구도 가능하다. 특히 앞서 소개한 것처럼 예비 선거 전반부에 진행되는 경선 결과의 영향력과 연관해 거론되는 초기 장전 효과의 장단점(안순철, 2005; Cohen, 2008; DiClerico & Davis, 2000; Shafer, 1988; Winebrenner, 1987)이 예비 선거 기간이 비교적 짧은 한국에서 어떻게 나타나는지를 경선 후반부 상황과 비교하며 판단하는 것은 정치 커뮤니케이션 맥락에서 선거 캠페인의 의미를 짚어보는 데 큰 의미가 있을 것으로 보인다. 즉 후보자나 정당 또는 정치 엘리트들이 예비 선거 초반부에 투자하는 자금과 시간, 일찍 벌어지는 사안이나 갈등 요소에 집중하는 대중매체의 보도 경향성 등(Perloff, 1998)이 우선 논의될 수 있고, 과연 이런 현상이 장기적으로 또는 경선 후반부에도 구동할 것인가의 문제도 가늠해볼 수 있을 것이다. 현재 이 책에서 비견하고 있는 미국식 대통령 후보 선출 과정에서 전체 예비 선거는 6월 말쯤 끝나고 적어도 한 달 이상의 시간이 흐른 뒤 최종 후보 지명 전당대회가 열리는 것에 연결하면, 예비 선거 직후 짧으면 하루나 2~3일, 길어도 10일 정도 안에 진행되는 한국의 전당대회에서 찾을 수 있는 특성 등이 나타날 것으로 추측된다. 게다가 국내에서 각종 정보통신 기술의 발달이 예비 선거의 기간이나 유권자와의 직접 대면 기회 축소로 이어지는 것으로 보이는 점을 이어보면, 한국과 미국 두 나라의 활용 기술 차이 등 다양한 변인들과 함께 그 인과관계를 짚어보는 기회로 삼을 수 있겠다. 이 과정에서 정치 엘리트들이 선거 조직을 점검하고 이를 제도화하는 배경을 정치 커뮤니케이션 차원으로 검토할 수도 있을 것이다.

여러 후보의 낙오 현상도 흥미로운 탐구 주제이다. 예비 선거가 활성화된 미국에서는 사전 예비 선거 과정에서부터 매체의 검증 때문에 출마 의사를 접는 경우가 발생한다(Wayne, 1996). 또 예비 선거 기간 중 여론조사가 진행되는 과정에서도 낙마는 이뤄지며, 이러한 낙마의 원인 연구도 진행됐다(Welch et al., 1990). 우리나라도 예비 선거뿐 아니라 전체 선거 과정에서 출마를 선언했던 정치인들이나 유력 후보자들이 다양한 이유로 경쟁을 접지만(지병근, 2016), 커뮤니케이션 차원에서의 낙마 이유, 즉 언론 보도나 여론조사 등에 연결된 원인이 실증적으로 검증된 사례(Robinson & Sheehan, 1983; Schwabe, 2015)는 찾기 어렵다. 대부분 정치권의 갈등 등으로 체감되는 그 이유를 출마 포기 시기, 보도로 드러난 사실의 무게 등을 계량적으로 측정한 변인 등과 연계해 탐구하면, 커뮤니케이션이나 저널리즘 차원에서 우리 선거에 대한 이해를 넓혀갈 수 있을 것이다. 국내에서도 대통령이나 관련 선거에 대해 적지 않게 이뤄진 언론의 정파성 및 공정성(민영, 2008; 송은지 · 이건호, 2014; 양승찬, 2003; 이구현 · 김덕모, 2002), 여론조사(김준철, 2015; 최한수 외, 2000) 등의 연구는 구체적인 연구문제 제안으로 연결될 수 있다.

낙마와 낙오 문제를 미국식 슈퍼 화요일 개념에 이을 수 있을지도 고민해볼 여지가 있다. 예비 선거의 경험이 3~4차례 정도로 적고 기간도 더 짧아지는 한국의 경우, 초기에 앞서가던 주자들이 경쟁을 접거나, 약세였던 도전자가 승기를 잡는 기회로 여겨지는 슈퍼 화요일(Perloff, 1998; Phillips, 2020)의 의미를 접목하기는 쉽지 않을 수도 있다. 하지만 꼭 유권자와의 직접 대면이 아니더라도 전화 자동응답시스템으로 선거인단의 의견이 결정되는 시점, 또는 아예 시간 개념에 묶이지 않고 인터넷상에서라도 투표가 이뤄지는 지역 등으로 외연을 확대하면서, 언론에 등장하는 후보들의 언행 등과 연계한 지지율 변곡점(Orren & Polsby, 1987), 그에 따라 변화하는 주요 후보들의 언론 및 유권자 홍보 전략(Mann & Ornstein, 1994), 지역이나 각종 이익집단의 반응과 연계한 예비 선거 흐름(Norrander, 2015) 등을 이어 다양한 경선 현상을 파악할 수도 있을 것이다. 여기에 일반 시민에 대한 선거인단 개방의 정도, 즉 개방형이나 준개방형 등에 따른 한국 예비 선거의 형태(박수형, 2014; 박홍엽, 2003)가 더해지면 세밀한 분석도 가능해진다. 이 과정에 전통적 차원의 저널리즘이나 커뮤니케이션 연구, 예를 들어 의제 설정이나 틀 짓기 이론 등에 연결된 신문이나 TV의 뉴스 영향력, 긍정적 보도와 부정적 보도의 시점, 후보자가 제시하는 정책이나 이슈와 후보자의 외모 등 이미지 관련 정보의 유권자 투표 참여 효과, 제한적 정보 전달에 따른 수용자의 정치 정보 외면 현상 등이 추가되면 기존의 연구 결과를 확대하고 재해석하는 흐름으로 이어질 수 있을 것이다.

후보 지명 전국 전당대회 및 대통령 선거 본선

후보 지명 전국 전당대회(candidate nominating national convention)는 예비 선거의 결과가 공식 집계돼 각 당의 대선 후보자를 결정하는 정당 행사이다. 미국에서는 대체로 나흘간 진행되는데, 첫 이틀 동안은 정당이 추구하는 이슈나 전당대회 규칙 정비, 행정 사무직 선출 및 배치 등의 업무가 이뤄지고, 3일째에는 각 주의 선거인단이 예비 선거에서 제시한 투표 결과가 최종 집계돼 대통령 후보를 결정하며, 마지막 날인 4일째에는 후보 공식 지명에 이어 선택된 후보자가 수락 연설을 하게 되는 것이 일반적이다(Perloff, 1998; Welch et al., 1990). 미국의 경우 대통령 선거가 있는 해 7월이나 8월에 개최되는데, 대부분 그전 4개월에서 6개월 동안 전국을 돌며 치러진 예비 선거의 결과가 지역별로 이미 공개되고, 전당대회가 열릴 때쯤이면 선두주자의 윤곽이 드러나기 때문에 전당대회에 큰 의미를 두지 않기도 한다. 전당대회는 결국 전체 경선 캠페인의 부속물로, 커뮤니케이션 차원에서 보면 '대통령 자리를 향한 4일짜리 광고'라는 평가를 받기도 한다(Polsby et al., 2012). 하지만 마지막까지 후보들 간의 차이가 거의 없이 박빙의 승부가 진행될 경우, 최종 후보가 가려지는 전당대회의 마지막 발표는 전체 경선의 백미가 되기도 한다. 실제 2008년 버락 오바마와 힐러리 클린턴이 민주당 후보를 놓고 경쟁할 때 이와 같은 일이 벌어졌다(Makse & Sokhey, 2010; Wichowsky & Niebler, 2010).

비록 순회경선이 중간에서 잠정 중단되며 난항을 겪기는 했지만, 우리나라에서도 이명박 후보와 박근혜 후보가 박빙으로 맞붙은 2007년 한나라당 경선에서 지역별 선거인단 투표가 종합되는 최종 전당대회는 큰 관심을 끌었다(장병희·강형구·정일권·이혜진, 2008). 미국은 전당대회에서 승인을 얻은 대통령 후보의 지명 또는 투표를 통해 부통령 후보를 선택하고, 이들은 러닝메이트로 함께 팀을 꾸려 전당대회 약 3개월 후 11월 첫 화요일에 열리는 대통령 본 선거를 위한 각 당 공식 후보의 전국 유세에 돌입한다(Perloff, 1998). 2002년 예비 선거 제도를 도입해 비교적 미국식 경선의 역사가 짧은 한국은 전당대회와 대통령 선거 본선 사이에 벌어지는 일정을 아직 일관되게 정리하기 어렵다. 다만 앞서 소개한 각종 기사와 정치학 및 행정학 등의 학술연구들을 참고했을 때, 대통령 탄핵 등의 질곡을 겪은 우리나라는 전당대회 후 짧게는 1개월, 길게는 5~6개월 후 치러지는 본선을 위해 각 정당의 대통령 후보가 경쟁을 개시하는 것으로 볼 수 있겠다.

한편 비록 마지막까지 접전을 벌이는 경선이 있기는 해도 대부분 예비 선거 과정에서 후보가 확정된 뒤 치러지는 미국의 전당대회는 '화기애애한 의견 규합(cordial concurrence)'의 장을 제공한다는 평을 받는다(Smith & Nimmo, 1991). 이 행사에서 대중은 공식 대선 후보자의 정견을 들을 기회를 얻고, 후보나 지지자들은 유권자들에게 이성적인 면과 감성적인 면을 동시에 전달하며 단결된 지지를 호소한다(Timmerman & Smith, 1992). 이 모두가 단순한 정치 광고일 뿐이라는 비판(Polsby et al., 2012)에 대해, 정치가 원래 이념과 교육, 오락과 판매기술의 복합체이며, 종합적으로 보면 전당대회는 후보자를 지명하는 공식적인 행사일 뿐 아니라 당원들이 자신들의 위치에 대한 합의에 이르는 과정이고, 대통령 선거 본선 캠페인을 위한 재충전의 기회라는 반론도 나온다(Perloff, 1998). 2020년 기준으로 총 538명의 선거인단 중 과반인 270명 이상의 지지를 확보해야 후보자가 최종 목표에 다다르게 되는 대통령 선거 본선은 11월 첫 월요일 다음의 화요일에 치러지고, 전당대회부터 그때까지는 아직 약 3개월의 치열한 경쟁이 남았기 때문이다(Shaw, 2008). 수개월 동안의 프라이머리와 코커스를 통해 이미 대선 후보의 윤곽이 드러났음에도 양대 정당이 전국 전당대회를 고수하는 이유가 전당대회를 통해 후보 지명자를 홍보하고 상대 당과의 차별성을 부각하며 남은 3개월의 경쟁에 대비하는 기회를 얻기 위해서라는 뜻이다(Welch et al., 1990). 또 후보 지명 전당대회는 미국 전역에 TV나 인터넷 등으로 생중계되고, 본격적인 대통령 선거운동의 시작을 알리는 계기가 되기 때문에 유권자인 국민의 시선을 다시 한번 다잡는 기회가 되기도 한다.

사전 예비 선거를 시작으로 예비 선거와 후보 지명 전국 전당대회를 거쳐 대통령 선거 본선으로 이어지는 미국의 대통령 선거 과정을 보면, 후보들이 선거 2년 전부터 서서히 대선을 위한 캠페인을 시작한다는 점을 확인할 수 있다. 조기 예비 선거의 중요성이 강조되면서 개별 후보의 출마 선언과 함께 매체 보도가 곧장 따라오고, 유권자들은 이를 통해 후보자의 됨됨이, 경쟁력, 정당 내의 인맥 등을 예의주시한다(Schwabe, 2015). 하지만 매체가 선택해 전달하는 정보는 종종 정치 엘리트나 유권자들의 편견 등과 조응하거나 부닥치며 역동적인 커뮤니케이션 과정을 양산하기에, 매체 보도가 후보자 지명을 결정하는 유일한 또는 충분한 조건이라고 할 수는 없다(Mann & Ornstein, 1994; Norrander, 2015). 현행 시스템이 매체와 관계가 좋은 후보에게 유리한 것은 사실이지만, 정당의 지도자급 인사들이 반대하거나 전체 당원들을 아우를 수 있는 메시지가 부족하면 결과적으로 대선 후보에 이르기 힘들기 때문이다(Perloff, 1998). 정당의 후보자 지명은 결국 누가 지도력을 유지하고 다양한 부류의 당원을 광범위하게 대표하느냐를 검증하는 장이며, 나아가 한 나라의 지도자 자질을 공개하는 과정이 된다고 할 수 있다. 다만 이 흐름에서 벌어지는 정치인과 대중매체 사이의 전략적 경쟁에 공중이 소외되는 현상이 일어나지 않도록, 또는 유권자와 정치인 사이의 직접 소통에서 이성적 판단이 아닌 감정적 대중영합주의가 판치지 않도록, 그리고 수용자의 관심을 끄는 것에 매몰된 언론이 대중이 알아야만 할 정보를 버리지 않도록 정치 엘리트와 대중매체, 공중이 서로 비판하며 공조하는 노력이 필요할 것이다.

정치 커뮤니케이션 연구가 활발한 미국에서 위와 같은 학술적 탐구와 관찰은 정당의 경선을 통해 최종 지명된 후보자들이 겨루는 대통령 선거 본선에까지 이어진다(Kaid, 2004). 관련 연구에서 사용되는 미국 대통령 선거 본선은 그 명칭이 갈려 연구 결과마저 다양하게 소개되기도 한다(Perloff, 1998; Welch et al., 1990). 이는 미국 선거제도 자체의 복잡함 때문으로 보인다. 미국의 연방공직자(federal public officials) 선거법에 따라 지정된 대통령 선거일은 11월 첫 월요일 다음의 화요일로, 앞서 대통령 선거 본선이 진행되는 시점이라고 소개한 날짜이다. 일반 주민들의 투표를 통해 특정 후보를 지지하는 선거인단의 비율이 결정되고, 주민 투표와 선거인단 비율이 거의 일치하기 때문에 이날의 선거 결과가 대개 대통령 당선 결정으로 이어진다. 그래서 우리는 이날을 대통령 선거 본선으로 인식하고 많은 매체도 그렇게 보도한다(이옥진, 2020; 황준범, 2020; Phillips, 2020). 하지만 11월의 주민 선거 결과를 반영해 선거인단이 직접 대통령에게 투표하는 때는 12월 둘째 수요일 다음의 월요일이다. 그렇기에 이날을 대통령 선거일로 보는 시각도 있다. 정리하자면, 간단하게 11월의 선거를 대통령 선거로 보거나, 절차를 중시해 11월 투표는 공직자선거법에 따른 일반 선거(general election)로 두고 12월 투표를 대통령 선거(presidential election)로 구분하기도 하며, 학자들은 이 과정에서 활동하는 선거인단의 대표성 등을 중심으로 미국 선거 과정의 장단점에 대한 비판과 지지를 보내면서 격론을 벌인다(Bugh, 2016; Edwards III, 2019). 하지만 여기서 사용되는 일반 선거(general election)는 다시 보통 국회의원 선거를 지칭하는 명사로 사용돼 더욱 복잡한 양상을 띤다(Perloff, 1998).

비록 혼란스럽게 여겨지기는 하지만, 정당 내부의 후보 선출과 정당 후보 사이의 경쟁을 나누고, 정당 후보가 맞붙는 대통령 선거를 일반 선거와 본선으로 세분화하며 진행하는 탐구 풍토(Bennett & Entman, 2000; Copeland, 2010; DiClerico & Davis, 2000;

Jacobson, 2015; Mancini & Swanson, 1996; Perloff, 1998; Polsby et al., 2012; Trent & Friedenberg, 2008; Welch et al., 1990)는 더 세밀하게 선거 과정을 관찰하며 정치 커뮤니케이션 연구의 발전을 꾀하는 것으로 읽힌다. 국내에서도 대통령 선거와 관련된 정치 커뮤니케이션 연구는 적지 않으나, 미국 학계 정도의 시기별 구분에 따른 차별적 연구는 아직 다양하지 않아 보인다. 대부분이 정당별 대통령 후보 간의 본선 관련 관찰(김무곤, 2008; 김용일, 2006; 성지연 · 박정의, 2019; 송은지 · 이건호, 2014; 양승찬, 2003; 이구현 · 김덕모, 2002; 황용석 · 김재영 · 정연정, 2000)에 집중됐고, 대통령 후보 선출 과정(김춘식, 2004; 민영, 2008; 박찬욱, 2008; 우승용 · 이준웅, 2002; 장병희 · 강형구 · 정일권 · 이혜진, 2008)과 관련한 연구도 최근에 등장하기 시작했다. 아마도 미국식 경선 형태를 갖춘 우리나라의 예비 선거 역사가 짧은 것이 그 이유가 될 수 있을 것이다.

서로 다른 정치적 환경 때문에 제도가 차별화하고, 따라서 지역별 특성에 맞춘 탐구들은 그 나름의 의미가 있다. 정치 커뮤니케이션 분야에서 미국과 다른 배경의 고민을 진행해온 유럽의 연구가 하나의 영역을 이루며 성장해온 것이 그 사례이다(Baran & Davis, 2015). 하지만 대통령제를 가장 오래 유지한 미국과 유사한 통치 시스템을 갖고 선거 방식마저 비슷하게 구사하려는 한국의 경우, 우리에 앞서 이 분야를 세밀하게 탐구한 미국의 논문 등을 참고하는 것은 국내 정치 커뮤니케이션 연구 진작에 도움이 될 것으로 여겨진다. 이 과정에서 대통령제 중심 정치 커뮤니케이션의 일반성을 확인하고, 한국만의 독특한 현상을 학문적으로 발전시킬 수 있을 것으로 예상한다. 이제부터는 대통령 선거 과정에 적용돼온 국내외 커뮤니케이션 연구 방향과 그에 따른 주장들을 검토하면서, 미국에서 집중되고 한국에서도 실험적으로 시행되며 변화를 거듭하는 예비 선거 중심의 대통령 후보 선출 과정 및 대통령 선거 본선과 관련해, 앞으로 어떻게 탐구를 발전시킬 수 있는지 고민해보도록 하겠다. 검토는 정치 커뮤니케이션의 요체 중 대중매체를 중심으로 이뤄지는 소통 현상에 집중되며, 여기서 간단히만 거론한 대통령 선거 본선에 대한 논의도 조금 더 확대할 것이다.

2) 대중매체 선거 보도의 성격

인간이 다루는 모든 정보는 이성과 감성의 요소를 포함한다. 동서양을 막론하고 사상가들은 이성과 감성을 따로 또는 함께 고민했으며, 이 과정에서 이들 사이의 관련성을 판단하고자 했다(김정주, 1998; 류근성, 2007; Fricker, 1991; Yiend, 2010). 커뮤니케이션 영역에서 보면, 뉴스 보도의 차원에서 이성적 정보의 중요성이 거론되고, 광고 등에 등장하는 감성적 소구가 탐구되며, 국가 간 소통 전략에서 이성과 감성의 역할이 논의된다(연지영 · 이건호, 2014; 이희복, 2015; Anderson & Baym, 2004; Graham, 2014). 이해 및 가치의 분배를 다루는 정치 영역에서도 정부 정책 집행의 정무적 특성을 이성과 감성의 측면에서 구분하거나, 정당의 전략적 판단을 위해 전통적 시각에서 이들의 조화를 다루는 방법이 무겁게 거론된다(이대희, 2005; Koziak, 2007). 세상사를 다루는 현대 언론 실행 가치의 핵심들이 바로 이성과 감성을 연계한 사상적 고찰에서 비롯되고, 인간 갈등의 시발점이 감성의 영역을 이성적으로 발현하는 과정에서 출발한다는 관찰(Alschull, 1990)을 고려하면, 인류 문명의 역사는 어쩌면 감성에 대한 이성의 도전사(挑戰史)라고 할 수도 있겠다. 즉 우리 역사 자체가 인간의 인식적 구성 능력의 한계 바깥에 있는 감성적 인지 결과를 인류 공동체가 함께 이해할 수 있는 이성의 영역으로 풀이하려는 시도에서 비롯된 발전의 과정일 수 있다는 뜻이다.

이렇게 거대한 담론의 틀을 커뮤니케이션과 정치, 특히 이 장에서 다루는 선거 보도의 범위로 축소하면, 대중매체의 선거 관련 뉴스 역시 이성과 감성의 요소가 녹아든 정보의 집합이라는 것을 알 수 있다. 지배적이건 대안적이건, 커뮤니케이션 연구 패러다임 안에서 진행된 보도 관련 매체효과론은 이런 현상을 사회과학적으로 풀이한 결과물이기도 하다(McQuail, 2000; Severin & Tankard, 2001). 이런 배경을 염두에 두고 인간의 인지와 선호, 행태, 행동 등으로 구분돼 전개된 커뮤니케이션 연구의 틀 안에서 대중매체 선거 보도의 특성을 우선 가늠해보는 것이 현재의 현상을 조망해볼 배경이 될 수 있겠다(이건호 외, 2013; Ball-Rokeach, 2001; Hall, 1980; Kaid, 2004; Lindlof, 1995).

매체효과론 차원에서 살펴본 선거 보도

이 책은 이와 같은 맥락에서 인지, 선호, 행태, 행동 등 네 가지 차원을 중심으로 전개한 대중매체효과론의 연구 경향을 언론의 선거 보도 현상에 우선 이어 설명하겠다. 이론의 핵심을 '설득'에 둔 학자들은 정보에 노출됨으로써 변화하는 수용자의 모습을 설득의 결과물로 보고, 전통적으로 그 변화의 경향성을 관찰하거나 그 크기를 측정함으로써 커뮤니케이션의 효율성을 가늠했다(Hovland, Jannis, & Kelly, 1953). 구체적으로 보자면 먼저 인지(認知, cognition)는 외부 대상 존재에 대한 인식, 선호(選好, affect)는 그 존재에 대한 호불호의 감정, 행태(行態, attitude)는 인지와 선호에 근거해 내리는 종합적 판단, 그리고 행동(行動, behavior)은 그 행태에 기초해 직접 진행하는 행위를 뜻한다(이건호 외, 2013). 매체효과론은 소통의 채널이 발화자의 발언이나 특정 현상에 대한 정보를 전달하면, 수용자는 우선 그 정보와 관련된 외부 대상의 존재를 알게 되고, 그 존재에 대해 좋고 싫음을 결정하게 되며, 그런 결정을 모아 해당 대상과 관련한 판단 근거를 마련한 뒤, 그 대상이 연관된 특정 사안에 대해 행동하게 되는 과정을 설명한다. 이 흐름이 차례대로 나타날 수도 있지만, 즉 인지 후 선호가 생성되고 판단이 뒤따르며 최종적으로 행동에 이르는 것으로 이해될 수도 있지만(McQuail, 2000), 실제 연구 결과는 반드시 그렇게만 나타나지 않는다(Severin & Tankard, 2001). 매체 정보에 노출되는 시점마다 개별 수신자의 편견에 따른 개인 내부의 커뮤니케이션, 주변인과의 대화, 가족이나 조직 내부의 소통 과정에서 나타나는 정보의 변환, 그리고 사회 전체 분위기 등이 매체가 전달하는 정보를 수용자들이 차별적으로 받아들이게 하기 때문이다(이건호 외, 2013). 즉 커뮤니케이션이 가지고 있는 복잡다단한 성격 때문에 매체의 효과는 다양하게 변주된다.

정치 엘리트, 대중매체, 공중이 상호 교환하는 정보를 통해 구현되는 정치 커뮤니케이션은 가치의 분배를 놓고 벌어지는 개별 요체의 이해관계 때문에 더욱 역동적인 과정을 거친다(Perloff, 1998). 정치 주체들이 공동체의 목표를 설정하고 그 목표 달성을 위해 공직의 자리를 확보하는 과정은 현대 민주주의 사회에서 선거를 통해 나타나고, 그 선거에서 승리하기 위한 커뮤니케이션 내용 중 이 책이 집중하는 선거 보도의 모습도 복잡하고 다단하며 격동적인 형태를 띤다. 이강형(2006)은 이 모습을 정책 및 이슈에 대한 정보 제공, 후보에 대한 지각 형성, 정치 시스템에 대한 태도 형성, 정치 참여 동기 제공 등의 네 가지 범주로 나눠 대중매체 선거 캠페인의 역할로 제시한다. 기존 연구들을 종합해 정비된 이 분류는 위에 소개한 인지, 선호, 행태, 행동 등에 이어 설명될 수 있겠다. 앞서 정치 커뮤니케이션 영역을 지식 격차, 침묵의 나선, 3자 효과, 문화 계발, 의제 설정, 이용과 충족 등 여러 가지 매체효과론의 시각에서 소개할 때 거론한 상황들을 이번에는 이들 네 가지 요인을 중심으로 살펴보겠다.

① 선거 캠페인 정보와 인지

먼저 대중매체가 담당하는 '정책 및 이슈에 대한 정보 제공'은 언론의 보도를 통해 수용자가 외부 대상에 대한 존재를 인식하게 되는 인지의 기능으로 풀이될 수 있다. 이 역할은 선거 보도에서 주요 이슈 등과 관련해 출마자들이 가진 입장, 문제를 해결하고자 하는 방법과 그에 연계한 공약, 그가 당선됐을 때 펼치려는 관계 정책 등에 대한 정보를 대중매체가 전달함으로써 유권자인 공중이 나중에 후보자의 자질 등을 평가하는 근거를 제시하고, 최종적으로 내리는 정치적 판단에 도움을 주는 배경이 된다.

유권자들이 평소 접할 수 없는 사안들을 선거 진행 과정에서 매체가 보도하게 되면서 대중이 깨우침을 얻게 된다는 점에서 계몽 가설(Gelman & King, 1993) 등으로 표현되기도 한다(이강형, 2006). 하지만 이런 정보 전달 혹은 계몽 기능은 새롭게 얻는 정보로 공중이 반드시 생각을 바꾸는 것, 즉 관련 정책이나 그와 연계해 입장을 드러낸 후보자에 대한 호불호가 바뀌는 것을 전제로 하지는 않는다(Andersen, Tilley, & Heath, 2005). 즉 '정책 및 이슈에 대한 정보 제공' 기능은 매체의 뉴스로 인해 수용자가 관련 내용을 인지하게 하는 것에 집중한다고 볼 수 있다. 매체효과론 차원에서 보자면, 이 단계에서 일어나는 변화는 정보의 집적이라는 뜻이다. 대체로 인지의 차원에서 선거 캠페인과 관련된 대중매체의 역할은 긍정적이다. 비록 지식 격차 가설의 측면에서 보면 수용자의 사회경제적 위치에 따라 정보 습득의 질과 양에 차이가 벌어질 수 있지만(Tichenor, Donohue, & Olien, 1970), 언론 보도에 노출된 사람이 정보의 집적 면에서 부정적인 영향, 즉 관련 정보가 줄어드는 경험을 하기는 거의 불가능하기 때문이다. 단 여기서 논하는 긍정과 부정은 뒤에서 설명하게 될 호불호나 판단 또는 행위의 영역과는 구분된다. 매체 노출에 따른 선호, 행태, 행동 등의 변화는 개인 편견이나 사회적 분위기 등과 연계해 더욱 복잡하게 전개된다.

② 선거 캠페인 정보와 선호

전해진 정보 때문에 유권자인 공중의 생각 방향에 변화가 생기고, 또는 과거 입장의 강도(强度)에 차이가 생기는 것은 '후보에 대한 지각 형성' 영역에서 일어난다. 설득과 효과 이론의 입장을 적용하면, 이는 대중매체가 전달한 정보 관련 내용에 대한 호불호의 감정, 즉 선호의 범주에 해당한다고 볼 수 있다. 선거 뉴스를 다루는 대중매체는 정보의 존재, 예를 들어 이슈에 대한 출마자의 정책적 입장만을 전달하는 것이 아니라, 정책 실행의 가능성을 비판하거나, 그를 실행하려는 후보자의 자질 문제 등을 기사에서 거론한다. 자질 문제 등은 정치인의 학벌, 지연, 경력과 같은 문제뿐 아니라, 그의 외모나 동작, 성격 같은 문제에까지 이어진다(권혁남, 2014; Nimmo, 1976). 보도에 나타나는 이런 정보는 유권자가 후보자에 대해 갖는 이미지는 물론 그에 기초한 선호도에 영향을 미치게 된다는 것이 '후보에 대한 지각 형성' 영역이 설명하는 주요 내용이다. 매체효과론에서 의제 설정이나 틀 짓기 이론과 가깝게 연계된 이 영역은 매체 보도가 단순히 대상의 존재 차원에 대한 인식뿐 아니라 세상을 어떻게, 또는 어떤 방향으로 바라봐야 하는지를 이끈다고 본다(Entman, 1993; Maher, 2001; McCombs & Ghanem, 2001; Reese, 2001). 하지만 이때 조성되는 지각은 기존 생각의 방향이 반대

쪽으로 바뀌는 식의 변화(change)만 뜻하는 것이 아니라, 과거 편견이 더 굳어지는 강화(reinforcement)의 모습을 모두 아우른다(Himmelfarb & Eagly, 1974). 정치 커뮤니케이션 영역에서 학자들은 이런 현상을 유발하는 변인으로 매체의 정치적 영향력과 더불어 유권자의 성향이나 습관 등에 따른 선택적 정보 노출 등을 제안하며 그 원인 연구를 이어간다(Andina-Díaz, 2007).

③ 선거 캠페인 정보와 행태

'정책 및 이슈'에 대한 정보를 전달하고 '후보자에 대한 지각'을 형성하게 만드는 보도는 유권자들이 '정치 시스템에 대한 태도 형성'의 기능도 하게 만든다. 앞선 두 기능, 즉 '정책 정보 전달'과 '지각 형성'이 각각 매체효과론 차원에서 수용자의 인지와 선호에 대한 대중매체의 영향력에 연결된다는 설명을 여기에 적용하면, 정치 시스템에 대한 태도 형성은 결국 인지와 선호에 근거해 내리는 종합적 판단, 즉 행태의 영역과 연결된다(Iyengar & Kinder, 1987; Lee, 2010). 이강형(2006)은 선행 학자들의 주장을 빌려 정치 시스템에 대한 태도를 내적 효능감(개인의 판단이 정치에 영향을 미칠 수 있다는 개별 유권자의 자각)이나 외적 효능감(정부나 정치권이 시민의 요구에 반응한다는 유권자의 믿음) 등으로 표현되는 '정치 효능감', 또 정치인이나 정치 시스템에 대한 불신을 설명하는 '정치적 냉소주의' 등으로 소개하며, 이를 '정치 제도에 대한 신뢰'에 이어 설명했는데, 이는 결국 정치에 대한 유권자의 판단을 뜻하는 것과 맥락을 같이한다. 선거 캠페인에 이어보자면, 후보자나 그의 이슈 관련 입장 등에 대한 언론 보도는 해당 정치인이 이슈를 다루려는 정책적 입장의 사실적 내용뿐 아니라 그런 방향을 설정하게 된 배경, 나아가 그의 외모나 학력 등을 전달하면서 후보자에 대한 유권자의 판단을 이끌게 되고, 더 나가 선거 체계가 포함된 정치 시스템 전반에 대해 평가하게 만든다는 것을 의미한다(이건호, 2006a; Iyengar, Peters, & Kinder, 1982; Miller & Krosnick, 1997; Scheufele, 2000). 이런 판단과 평가는 앞선 선호와 마찬가지로 한 방향으로 이뤄지지는 않는다. 즉 대중매체의 보도는 선거나 정치 시스템에 대한 불신을 일으킬 수도 있으나, 신뢰를 끌어올릴 수도 있다. 이런 방향의 결정은 정치나 그에 관련된 행위라는 인과관계의 구체적 표현물을 바라보는 시각이 거시적이냐 미시적이냐에 따라 이뤄지기도 한다(이강형, 2006).

④ 선거 캠페인 정보와 행동

매체효과론 차원에서 인지, 선호, 행태에 이어 나타나는 마지막 모습인 행동은 대중매체 선거 캠페인의 시각에서 '정치 참여 동기 제공'의 형태로 나타난다. 정보 존재 인식과 그에 대한 호불호, 그에 기초한 상황 판단 및 평가에 기초해 직접 진행하는 행위(이건호 외, 2013)가 정치 참여 활동의 증가 또는 감소를 이끈다는 뜻이다. 선호 또는 '후보에 대한 지각 형성' 영역, 그리고 행태 또는 '정치 시스템에 대한 태도 형성' 영역에서와 마찬가지로 대중매체가 수용자의 행동 또는 정치 참여 동기 제공에 미치는 영향은 일방적으로 긍정적이거나 부정적이지 않다. 즉 대중매체를 통해 정치 뉴스를 많이 습득한 사람의 정치 참여가 무조건 늘거나 다른 이유 없이 감소하는 경우는 없다는 뜻이다. 이는 앞서 거론한 것처럼 개인의 기존 편견, 주변 지인과의 대화나 전체 사회적 분위기(McQuail, 2000; Severin & Tankard, 2001), 또는 수용자의 매체 이용 방식이나 습관(권혁남, 2014; 이강형, 2006; Andina-Díaz, 2007) 등과 맞물려 일어난다. 정치 뉴스에 접근한 일부는 정치적 의사결정에 참여하려는 의지가 높아졌다는 주장(Semetko & Valkenburg, 1998), 그리고 부정적 정치 광고 등이 시민들의 정치 참여 활동을 감소시킨다는 주장(Norris, 2000a)도 등장한다. 정치 영역 외에도 이처럼 대중매체 노출에 따른 수용자 반응은 일관적이지 않고 다양하게 나타나지만, 특히 이런 현상이 정치 커뮤니케이션 전반은 물론 선거 캠페인 과정에서 두드러지는 것은 정치 엘리트, 대중매체, 공중이라는 3대 소통의 요체가 단순한 메시지 교환의 주체가 아니라 정치, 경제, 사회, 문화 등 여러 측면에서 복잡한 이익을 놓고 다투는 이해당사자이기 때문이며, 메시지가 막연하게 교환되는 것이 아니라 각종 해석을 달고 확장되는 이 분야의 역동적이고 복잡다단한 성격 때문이다(Perloff, 1998). 더불어 고려해야 할 부분은, 비록 매체효과론 차원에서 최종적인 행위의 기능이라고 판단될 수 있는 언론의 정치 참여 동기 제공 역할이 반드시 앞서 거론한 인지, 선호, 행태의 방향과 일치해서 일어나지는 않는다는 점이다(권혁남, 2014; Kaid, 2004). 많은 선행연구가 '행태' 단계에서 마련된 판단과 '행동' 단계에서 발생하는 행위의 연결성을 검증했다고 하지만, 판단이나 행위 등에 대한 학문적 정의 자체에도 논란이 있고, 논문들의 연구 결과도 갈라져 그 타당성을 탐구하는 노력은 계속될 수밖에 없으며, 이 과제는 정치 커뮤니케이션 영역에서도 예외가 아니다.

대중매체 선거 보도의 경향성

지금까지 선거 캠페인과 관련해 매체효과론을 중심으로 정비한 내용은 언론 보도 현장에서 다양한 모습으로 중첩돼 나타난다. 즉 대중매체의 기사가 각각 인지 따로, 행태 따로 수용자에게 영향력을 행사하기 위해 작성되는 것이 아니라, 시리즈로 엮이는 뉴스나 단일 보도 모두에서 인지, 선호, 행태, 행동에 미치는 영향력 요소가 섞여 등장한다는 것이다(남재일 · 박재영, 2007; 안수찬, 2007; 이건호, 2010; Rich, 2003). 스트레이트로 명명되는 단순 사실 보도 중심의 기사나, 기획 또는 탐사 보도의 이름을 달고 미담 및 해설 등을 포함하는 뉴스가 종종 독자 및 시청자의 인지, 선호, 행태, 행동 중 특정 부분을 강조하며 구분되기도 하지만(김예란, 2004; 유선영 · 이오현, 2001; 이건호, 2017; Brooks, Kennedy, Moen, & Ranly, 2002), 대중매체의 뉴스 정보는 대체로 이들을 모두 포함하며 전개된다. 정치 관련 기사도 마찬가지이다(손태규, 2004; Mencher, 1991). 선거 캠페인 보도에서, 수용자의 인지 · 선호 · 행태 · 행동 등에 영향을 미치는 정보로 구성된 뉴스는 후보자 등 정치 엘리트나 정당 조직은 물론 특정 주제나 사안과 관련해 이슈와 이미지를 함께 나열하고, 여론조사 등을 토대로 선거 과정에서 누가 앞서나가는지를 보도할 때 이슈나 이미지에 연결된 정보를 끼워넣는다. 이런 매체 보도의 경향성은 유권자인 공중에게 유익한 정보를 줄 수도 있지만 정치 관련 혐오감을 주는 부정적 결과를 초래하기도 한다.

① 이슈 대 이미지

앞서 논의한 네 종류의 대중매체 보도 효과는 이슈와 이미지 관련 정보가 두드러지는 선거 캠페인 뉴스에서 대단히 중요한 의미를 갖는다(Perloff, 1998). 일반적인 다른 뉴스와 마찬가지로 선거 캠페인과 관련된 기사도 보도 형태에 따라 이슈와 이미지를 따로 또는 함께 전달한다. 그러나 국가의 정치 지도자를 선출하는 선거 관련 보도가 독자나 시청자의 인지, 선호, 행태, 행동에 영향을 미치고, 거기에 담긴 이슈와 이미지가 그 유권자들의 판단 및 행위 근거가 되며, 그 투표 결과가 개인과 공동체 발전의 향배를 결정할 수 있다는 점에서, 선거 보도에 담긴 이슈와 이미지의 의미는 그 중요성이 더욱 크다고 할 것이다.

선거 보도는 다른 일반적 뉴스들과 마찬가지로, 개별 기사에서 이슈나 이미지에 각각 집중하거나 이들을 함께 아울러왔다. 이 과정에서 점차 부각하는 것은 보도 내 이미지의 부상(浮上)이다. 이슈 중심의 뉴스가 줄어들 뿐 아니라, 이슈와 이미지가 혼합된 뉴스까지도 정치 커뮤니케이션의 3대 요체인 정치 엘리트와 대중매체, 공중이 모두 이미지에 집중하게끔 만드는 결과로 이어진다(Parenti, 1993). 다른 종류의 뉴스에도 나타나는 이 경향성이 선거 보도에 등장하는 것에 정치 커뮤니케이션 학자들이 특히 주목하는 이유는 이런 정보 교환과 해석 속에서, 선거에서 자신의 판단을 표로 전달하는 수용자, 즉 공중의 최종 정치 참여 행위가 정확한 내용보다도 포장된 형식에 의해 영향을 받을 수 있기 때문이다(Stroud, 2010).

대중매체는 전통적으로 이슈로 대변되는 사실적 정보를 중요하게 여겨왔고(Brooks et al., 2002), 특정 주제나 인물 또는 그런 대상이 가지고 있는 이슈에 대한 보도에 집중하려 노력해왔다(McCombs & Shaw, 1972; Mencher, 1991). 기자들 역시 이슈를 보도 내용의 중요한 요소로 삼고, 각 이슈와 관련한 후보자들의 입장이 자세히 전달되어야 한다고 생각한다(Rich, 2003). 하지만 수용자의 이목을 놓고 경쟁하는 언론은 사람들이 교육적인 내용보다 새롭고 흥미로운 사안에 관심을 더 보인다는 점을 알고, 이슈 자체에 대해 설명하기보다 이슈를 둘러싸고 있는 자극적인 뉴스를 생산하는 모습을 보인다(Grabe & Bucy, 2009). 또 사안을 복잡하게 나열하면 독자나 시청자가 지칠 수 있다는 생각 때문에 매체들이 아예 이슈를 간단하게 정리하면서 정작 심각한 주제의 표면만 건드리게 되는 경향이 발견된다(Bednarek & Caple, 2012). 게다가 학자들은 선거 캠페인에서 나타나는 이슈 관련 보도가 출마 후보자의 입장이라기보다는 후보자의 입장에 대한 기자의 해석, 즉 정치인을 상황 등에 연계하는 설명에 치우친다고 본다(Graber, McQuail, & Norris, 1998). 이 과정에서 자연스럽게 후보자를 포함한 정치 엘리트들의 이미지가 형성된다. 이슈 보도의 현실적 난제가 결국 언론이 이미지 중심의 뉴스를 생산하게 한다는 것이다. 캠페인 관련 뉴스가 중요한 이슈의 심층적인 내용을 전달하지 못한 채 표면만 건드린다는 비판을 받으면서도, 대중매체가 관련 주제를 자극적으로 해석하고 이를 간결한 방식의 이미지로 포장해 전달하게 된다는 뜻이다(Perloff, 1998).

사실 사람들이 정치나 선거의 이슈 관련 정보를 자세한 내용이 아니라 이미지 형태로 저장하는 것은 인간의 본성일 수 있다. 아무리 언론이 상세하게 보도를 하더라도, 수용자가 그 내용을 그들 자신의 편견이나 기존 주관에 따라 해석하려는 경향, 즉 수용자가 가지는 스키마에 의한 정보 처리 성향 때문에 자연스럽게 이슈 관련 정보가 수용자의 머릿속에서 이미지로 전환될 수 있다는 뜻이다(Axelrod, 1973). 이런 이미지는 일반적으로 개인이 진실이라고 믿는 '주관적 지식'(Boulding, 1956)으로 소개된다. 이 주관적 지식, 즉 이미지의 형성은 개인의 '선택적 정보 처리 과정(selective process of information)'과 밀접한 관계를 맺는다. 자신이 관심을 가지는 정보에 집중하고, 관련 정보만 지각하며, 원하는 정보만을 기억하는 이 선택적 정보 처리 과정(Klapper, 1960)은 결국 사람들이 기존의 편견에 천착함으로써 새로운 정보를 만나더라도 원래 있던 주관적 이미지를 강화하는 원인으로 작용하기도 한다. 이렇게 기존의 편견에 기대 편리하게 정보를 처리하려는 경향성 때문에 정치나 선거와 관련된 정보에 노출된 수용자들이 자신의 정파성을 강화하면서 사회의 전반적인 정치적 판단은 점점 양극화하는 방향으로 흐르게 된다는 분석도 있다(Stroud, 2010).

하지만 그렇다고 대중매체 보도가 이렇게 마련된 사람들의 주관적 지식, 또는 스키마에 의해 성장하는 개인적 편견으로서의 이미지 형성과 무관하다고 말하기도 어렵다. 이미지는 다양한 소통 창구를 통해 얻은 정보에 기초해 유권자가 후보자에 대해 갖는 종합적인 평가(McCroskey, Hamilton, & Weiner, 1974)라는 주장이 있기 때문이다. 특히 선거 캠페인과 관련된 이 해석은 다양한 창구 중 신뢰도 높은 전통적 대중매체의 정보가 사람들의 행태에 큰 영향을 미치고(Severin & Tankard, 2001) 그 행태가 언론 보도에 드러난 이미지에 의해 구축될 수 있다는 점에서 중요하다(Parenti, 1993; Strömbäck & Kaid, 2009). 즉 사람에게 구성되는 세상의 이미지는 사안을 단순한 형상으로 전환하는 수용자 개인의 정보 처리 체계뿐 아니라 매체가 전달하는 정보에 의해 마련되며(Lippmann, 1922/1965), 그 언론 보도가 이슈가 아닌 이미지에 집중할 때, 원래부터 상황을 기존 편견에 맞춰 편리하게 받아들이려는 수용자의 머릿속에서 진행되는 사안의 단순화 작업은 더욱 강화된다(Zelizer, 2010).

정치 커뮤니케이션의 3대 요체 중 위에 거론한 대중매체나 수용자 말고도 정치 엘리트 역시 이와 같은 이미지를 선거 캠페인 과정에서 적극적으로 활용한다(Drake & Miah, 2010; Shyles, 1984). 이미지가 가지고 있는 전통적 속성을 간파하고 있기 때문이다. 대표적인 이미지 속성(Boorstin, 1992)은 인위성(synthetic), 신뢰성(believable), 수동성(passive), 선명성·구체성(vivid and concrete), 단순성(simplified), 모호성(ambiguous) 등 여섯 가지 형태로 소개된다. '인위성'은 이미지가 사람들에게 특정 인상을 주기 위한 목적으로 전문가들에 의해 계획적으로 창조됐다는 것을 뜻하고, '신뢰성'은 그렇게 만들어진 이미지를 사람들이 쉽게 믿도록 하는 특성이며, '수동성'은 한 번 그렇다고 믿게 된 이미지 안에서 사람들이 그 내용에 대해 고민하지 않고 피동적으로 안주하는 현상을 의미한다. 또 사람들이 그렇게 안주하게 하려면 그들의 감각을 직접 자극할 정도로 이미지가 뚜렷한 형상을 지녀야 한다는 것이 '선명성·구체성'이고, 형상화하려는 이미지는 사람들이 다른 해석이나 대안적 측면을 생각할 여지를 남기지 않을 정도로 간단하게 표현돼야 한다는 것이 '단순성'이다. 마지막으로 '모호성'은 사람들이 정보에 노출될 때 실제 느끼는 감각과 머릿속에 구현되는 상상 속 어딘가에 존재하는 이미지의 위치를 뜻하는데, 미래에 상황이 변화할 가능성을 염두에 두고 지나치게 단정적으로 꾸미지는 말아야 한다는 의미이다. 이 점에서 모호성은 앞서 거론한 선명성·구체성이나 단순성과 얼핏 모순되는 것처럼 보이나, 선명하고 구체적

이면서도 단순한 이미지가 나중에 다양하게 해석될 수 있을 정도로 열려 있는 구성력을 갖춰야 한다는 것으로 이해하면 되겠다.

다소 복잡한 특성을 가진 이 이미지는 정치인들, 특히 선거 캠페인 과정에서 후보자들이 유권자를 설득하는 도구로 활용된다. 이런 이미지 구성을 돕는 사람들을 홍보 담당자 또는 공보 담당관(spin doctor)이라 하는데, 이들은 정치인들의 연설문을 다듬거나 언론이 사용하기 편한 보도자료(press release)를 작성하는 역할 등을 담당한다(Sumpter & Tankard, 1994). 앞선 얘기를 선거 캠페인 중심으로 함께 정리하면, 후보자 측은 전문가들을 동원해 대중연설자료 또는 보도자료를 작성하며 자신이 추구하는 이슈와 함께 이미지를 조성해 관리하고, 언론은 이런 후보자를 취재해 보도하는 과정에서 여러 현안과 관련된 정책이나 이슈를 유권자에게 전달하면서 기사 안에서 후보자나 그의 정책에 관련된 이미지를 구축해간다. 이런 정보에 노출된 유권자들은 관련 내용을 받아들이는 동안 자신의 편견에 따라 사안을 선택적으로 수용하고, 이미 개인이 가지고 있는 외부 대상에 대한 자신의 스키마에 맞춰 또다시 상황을 이미지로 전환해 저장하게 된다.

선거 정보를 둘러싸고 벌어지는 이런 전개는 대중매체 선거 보도의 성격 규정으로 이어진다. 간단히 말하면 대중매체는 이슈와 이미지에 대한 정보를 함께 전달한다. 하지만 언론이 이슈를 뉴스에 상세하게 담더라도 이 내용은 유권자들의 머릿속에서 쉽게 이미지로 전환된다. 수용자는 자신과 관련이 있는 이슈라도 복잡하고 시시콜콜한 세부 사안보다 단순하고 명쾌한 이미지를 원한다. 자신이 관심을 가진 이슈 중 이미 확실히 자각하고 있다고 여기는 뉴스 정보는 사실 유권자들에게 별 영향을 미치지 않기도 한다(안서현 · 이건호, 2019; McCombs & Weaver, 1973). 수용자이며 동시에 유권자인 사람들을 위해 언론은 그들이 원하는 메시지, 즉 이미지화한 정보 또는 유권자들이 이미지로 더 쉽게 전환할 수 있는 정보를 전달한다. 그래야 더 많은 독자나 시청자를 확보할 수 있기 때문이다(Choi & Becker, 1987; Croteau & Hoynes, 2013). 이런 사실을 잘 아는 후보자 역시 복잡한 내용보다 단순화한 정보를 마련한다. 수용자의 인지, 선호, 행태, 행동에 영향을 미치는 데 이런 이미지화가 효율적이라는 사실을 간파하고 있기 때문이다. 언론이 이슈와 이미지를 기사에 함께 담으려 하지만 점차 이미지화한 정보가 지면과 TV 화면에 더 많이 등장하게 되는 것(Grabe & Bucy, 2009; McNair, 2000; Miller, Andsager, & Riechert, 1998)이 이런 3대 정치 커뮤니케이션 요체 모두의 경향성과 전략에 의한 것이라는 뜻이다. 하지만 이미지라는 것이 이슈와 완전히 떨어져 별개로 구성되지 않는, 즉 이슈 자체에 녹아 있는 필연적 연관성 때문에 대중매체가 이슈를 보도하더라도 이미지가 구현될 수밖에 없다고 보는 시각도 있다(Bednarek & Caple, 2012). 즉 대중매체의 이런 보도 경향성은 어쩔 수 없는 자연적 결과물이란 주장이다.

② 관행과 편견

필연적 결과물로 여겨지기도 하는 이슈 및 이미지 보도 성향과 비교했을 때, 선거 뉴스에 자주 등장하는 경마 보도(horse race news)나 갈등 집중 경향성은 더 많은 비판을 받는다. 경마 보도는 선거 관련 보도에서 드러나는 대중매체의 대표적인 관행으로 경마 저널리즘(horse race journalism)이라고도 불린다. 이 관행은 선거에서 어떤 후보가 이길 것인가를 다루는 언론 보도의 형태를 뜻한다(이구현 · 김덕모, 2002). 언론이 후보자들의 경쟁을, 마치 경마장 해설자가 앞서거니 뒤서거니 하며 뛰는 말들의 모습을 묘사하는 것처럼 보도하는 행태를 칭한 것이다. 이러한 경마 보도가 갈등에 집중하는 경향과 함께 선거 뉴스에서 비판을 받는 이유는 대중매체의 자구적 노력으로 피하거나 조절될 여지가 많은데도 그렇게 하지 않는다는 의혹 때문이다. 경마 보도나 갈등에 집중하는 뉴스 성향이 자본주의 언론의 한계 때문에 발생하는 구조적 문제라는 시각도 있지만, 이를 극복할 수 있으며 그러려는 노력이 더 필요하다는 지적이 나오는 이유이다. 물론 이미지에 함몰된 뉴스도 비난의 대상이 되지만, 유권자의 선천적 정보 처리 과정 때문에 그런 흐름이 생길 수 있다는 시각과 달리, 정치 엘리트의 전략적 접근이나 대중매체의 습관적 보도 행태가 이 커뮤니케이션 현상을 조성하는 주체의 노력으로 정비될 수 있다는 기대가 나온다는 뜻이다. 그런 비판과 기대가 나올 정도로 선거와 관련한 언론의 경마 보도나 갈등 집중 현상은 대중매체의 선거 보도 경향성 중 하나로 주목받는다. 특히 이런 경향성은 선거 보도에 대한 대중매체의 관행 때문이며, 이 관행은 언론이 정치에 대해 가진 편견에서 비롯된다는 주장도 등장한다(Patterson, 1993).

국내외를 막론하고 공식적인 선거운동이 시작된 이후 또는 그 이전부터 벌어지는 정치 현상과 맞물려 계속되는 경마 보도(김준철, 2015; Littlewood, 1998)는 기자들이 정치를 애초에 개별 정치인이 개인적 발전과 성취, 또는 권력을 위해 벌이는 게임으로 보기 때문(Weaver, 1972)에 나타난다는 시각이 있다. 즉 정치가 원래 '전략적인 게임'이라는 것이 기자들의 기본적인 생각 또는 편견이기에, 언론은 정치를 후보자가 이익을 위해 경쟁하는 틀이라고 해석(Patterson, 1993)하며, 그렇기에 경마 보도는 정치를 그와 같은 입장에서 조망하는 언론의 관행에서 비롯된다는 것이다(Perloff, 1998).

물론 학자들의 표현처럼 정치를 게임으로 보는 것이 언론의 편견일 수도 있다. 하지만 실제로 정치가 이해당사자 혹은 경쟁자 사이의 상호작용을 통한 게임 이론으로 소개되고(Munck, 2001), 이런 현상이 선거에도 적용(Brams, 2011)된다는 시각은 정치나 선거가, 은유나 비유적 표현일 수 있더라도, 게임 자체라는 점을 배제할 수 없다는 사실을 말해준다. 즉 선거를 하나의 게임 또는 경쟁으로 보는 것이 대중매체만의 편견이 아닐 수도 있다는 뜻이다. 그러나 정치를 게임으로 보는 것이 편견인가의 여부는 차치하더라도, 경마 보도가 성행하는 이유는 정치와 게임의 연결 가능성에 대한 실제 현상과 연계해 설명된다. 바로 여론조사 자체의 폭발적 증가이다. 부연하자면 여론조사가 실질적으로 급증했고, 대중매체가 산발적인 의견을 보도하는 것보다 종합된 '사실'로서 여론조사 결과를 전달하는 것을 선호하며, 다양한 정치 사건 때문에 정치인에 대한 언론인의 냉소주의가 커졌고, 그 상황을 잘 아는 정치인은 아예 여론조사 등을 통해 언론을 전략적으로 이용하려 하는 동시에, 대중매체가 유권자들이 개별 이슈에 관심이 없을 것이라고 보고 후보자들 간의 경쟁을 보도하는 것에 집중하려 한다는 점 등이 경마 보도 증가의 배경으로 소개된다는 것이다(Robinson & Sheehan, 1983).

이를 정치 커뮤니케이션의 3대 요체 입장에서 풀어보면, 경마 보도가 과연 대중매체만의 편견에 의한 관행인가를 다시 고찰해볼 여지가 생긴다. 우선 선거를 둘러싼 여론조사의 대대적 증가(최한수 외, 2000; Perloff, 1998)는 언론이 조장한 것이 아니라 사실적 현상이다. 여론조사가 조사 방법의 문제 등으로 현실을 왜곡할 수 있다는 지적도 있고 조사 결과를 보도할 때 그 방법론을 확인할 필요가 제기되기도 하지만(김준철, 2005), 그 결과 자체는 하나의 사실이기에 언론은 여론조사 기관을 밝히면서 그 기관이 내놓는 결과를 보도한다. 단순 의견보다 확실한 사실을 선호하는 언론(Brooks et al., 2002)은 이 과정에서 후보자의 정치적 주장보다는 유권자의 의견을 물어 결과로 도출된 사실을 보도하려는 경향을 보이게 된다. 이런 배경 때문에 정치를 게임으로 보는 '편견'에 빠진 언론이 여론조사 내용을 전달하고, 그것 때문에 경마 보도를 이끈다고 말하기는 쉽지 않다. 즉 경마 보도에 매달리기 위해 대중매체가 여론조사를 활용한다는 식의 해석은 명확하지 않을 수 있다는 뜻이다.

정치나 정치인에 대한 언론의 냉소주의 때문에 후보자들의 일방적 주장을 전달하는 대신 여론조사 결과 중심의 경마 보도를 하게 된다는 시각과 관련해서도 다양한 해석이 가능하다. 경마 보도가 확대되는 이유 중 하나로 거론되는 정치 냉소주의가 정치에 대한 건전한 비판의식을 마모한다는 지적(강준만, 2019; 우승용·이준웅, 2002; Cappella & Jamieson, 1996)도 나오지만, 이 냉소주의는 언론뿐 아니라 전통적으로 일반인들에게도 나타난다(Agger, Goldstein, & Pearl, 1961; Erber & Lau, 1990)는 주장도 있다. 비록 평범한 유권자의 종합적 판단이 언론의 영향력에서 비롯될 수도 있으나(McCroskey, Hamilton, & Weiner, 1974; Strömbäck & Kaid, 2009), 정치나 선거에 대한 냉소주의 자체가 정치인의 그릇된 행동에서 시작되며, 언론 이외의 다양한 통로로 그 정보를 접한 시민의 정보 처리 과정에서 정치인에 대한 불신이나 불만이 증폭될 수 있다는 뜻이다. 게다가 후보자마다 자신에게 유리한 결과가 나온 여론조사를 활용해 스스로의 입장을 부각하거나 여론조사 기관이 이런 정치인들의 입맛에 맞는 조사 방식을 각각 운영하는 것은, 선거 경쟁의 열기를 올리며 대중매체의 시선을 끌려는 정치 엘리트의 전략이기도 하다(김춘철, 2005; 최한수 외, 2000; De Vreese, 2005). 이때 그런 전략을 알면서도 해당 결과를 보도할 수밖에 없는 것이 언론의 규범적 행위로 해석된다(Perloff, 1998). 경마 보도의 원인이 매체가 아닌 정치인에 있다는 것을 보여주는 배경이다. 또 일반 유권자가 상세한 이슈 내용보다는 경쟁의 우위 형태로 이미지화한 경마 보도 내용을 선호한다고 믿는 것이 매체의 편견일 수도 있지만, 이는 정보를 기존의 편견에 의해 단순하게 해석하려는 수용자의 정보 처리 경향성(Axelrod, 1973; Boulding, 1956; Klapper, 1960; Zelizer, 2010)에 호응하려는 매체의 노력(Choi & Becker, 1987; Croteau & Hoynes, 2013)일 수도 있다.

이와 같은 해석은, 경마 보도 자체에 문제가 있지만 그런 뉴스가 확대된 원인이 언론에만 있는 것이 아니라는, 대중매체에 부과된 면죄부처럼 여겨질 수 있다. 그 주요 원인이 결국 여론조사 결과를 활용하려는 정치인과 여론조사 결과로 나타난 이미지를 손쉽게 받아들이려는 유권자에게 있다는 것으로 받아들여질 수 있기 때문이다. 하지만 그렇다고 언론이 그 책임으로부터 자유롭거나, 그에 대한 언론의 책임을 가볍게 여길 수 있다는 의미는 아니다. 물론 정치 커뮤니케이션 자체가 복잡다단하고 역동적이기에, 이 소통의 대표적인 주체 중 대중매체뿐 아니라 정치 엘리트나 공중에게도 경마 보도 현상의 귀책사유는 있을 것이다. 그러나 관련 정보를 보면 정치 엘리트와 공중을 오가는 주요 채널이 대중매체이고, 그 과정에서 정치 엘리트나 유권자에게 형성되는 정치 관련 판단의 근거를 언론이 제공한다는 시각이 우세하기에(Cappella & Jamieson, 1996; De Vreese, 2005; Parenti, 1993), 매체가 가져야 하는 책임은 다른 어떤 소통 주체보다 무겁게 인식돼야 할 것이다. 게다가 선거 뉴스에 자주 등장하는 경마 보도 및 그로 인해 유권자의 머릿속에서 벌어지는 이슈 상실 현상은 언론의 자구 노력으로 개선될 수 있다는 지적(Perloff, 1998)에 이르면 건강한 정치 정보 소통을 위한 대중매체의 의무가 더욱 절실하게 요구된다고 할 것이다. 여기에 여론조사가 대중의 요구를 적극적으로 드러내는 구체적이고 효과적 도구라는 판단(Gallup & Rae, 1940b; Igo, 2006), 즉 건강한 여론조사를 올바르게 활용하면 민주주의를 더 과학적으로 개선할 수 있다는 주장(Hogan, 1997)을 경마 보도에 활용한다면, 어차피 경쟁인 선거 과정 보도를 위해 경마 뉴스를 개선하거나 현재의 비판을 극복하며 더 새롭고 정교한 기사를 제공할 수 있을 것이다. 중요 정책 뉴스를 사라지게 만든다는 부정적 시각과 유권자들의 감정을 제대로 파악하는 도구라는 긍정적 평가를 함께 받는 여론조사 보도 또는 이에 기초한 경마 뉴스(Perloff, 1998)를 긍정적으로 구현하려는 노력이 특히 대중매체에 요구된다는 뜻이다.

경마 보도에 대한 관찰과 유사한 시각에서, 즉 매체가 수용자인 공중의 시선을 끌기 위해 후보자가 서로 경쟁하는 갈등 구도를 전달할 수밖에 없다는 구조적 한계를 바라보는 시각에서, 몇 가지 추가되는 선거 뉴스의 대표적 경향성이 있다. 우선 다른 매체들과 경쟁하는 개별 언론이 기사 흐름과 보도 기법을 특화하는 방식으로 수용자의 시선을 끄는 데서 확인되는 정보 전달 경향성을 들 수 있다(Just et al., 1996). 여론조사 결과와 밀접한 관계를 맺는 이 보도 경향성은 특정 후보에 대한 호의적 보도 여부로 나타나는 '구조적 편견'(Patterson, 1993)으로 소개된다. 여론조사에서 큰 차이로 뒤지고 있는 사람은 '질 것으로 판단되는 경우(likely lose scenario)'로 분류되고, 여론조사에서 갑자기 지지도가 급락하거나 역전당한 후보자는 '판도 상실의 경우(losing ground scenario)'로 구분돼, 매체는 이들에게 덜 호의적인 기사를 쓰는 경향성을 보인다. 반대로 호의적인 보도를 하는 대상은 여론조사에서 급상승하거나 역전한 후보자로, 이들에 대한 뉴스는 '승자편승 보도(bandwagon storyline)'라는 이름을 얻는다. 이들은 모두 자본주의 사회구조상 더 많은 수용자를 확보하기 위해 경쟁하는 언론이 복잡한 문제를 승자와 패자라는 단순 구도로 나눠 전달하는 대표적 편견의 형태로 정비된다(하승태, 2012).

대중매체가 유권자의 이목을 끄는 방식으로 고착화한 편견으로서 후보자의 실수나 사소한 정보를 대단한 이슈나 마찰의 소재로 부풀리는 경우(Perloff, 1998)도 있다. 언론은 중요한 주제라도 후보자들 간에 이견이 없으면 대중이 관심을 보이기 어렵다고 판단해 집중하지 않고, 사소한 내용이라도 후보자들이 서로 다른 관점을 가져 마찰의 기미가 생기면 그 내용을 확대하거나, 후보자가 한 언행의 실수 혹은 꼬투리를 부각하는 방식으로 뉴스를 제작하는 경향성을 보인다는 것이다. 새로운 정보를 좇는 것이 사명인 언론이 과거에 중요했던 사안은 조망하지 않고, 현재 불거진 이슈에만 집중하는 것(Petrocik, 1996)도 하나의 구조적 편견이라는 비판을 받는다. 즉 후보자들이 새롭게 부각하는 주제를 좇을 뿐 이미 오래 축적돼 지금까지 이어지면서 해결되지 않는 이슈들은 신문 지면이나 방송 뉴스 프로그램에 잘 등장시키지 않는다는 뜻이다. 이 밖에도 미국의 경우 대중매체가 대체로 좌파적 또는 진보적 편견에 빠졌다는 주장이 나오고(Perloff, 1998), 한국에서는 선언적으로 특정 정당이나 후보를 지지한다고 드러내지 못하는 신문이 정파성에 따라 호의적 또는 적대적인 기사를 양산(송은지 · 이건호, 2014; 최진호 · 한동섭, 2012)하거나, 국민의 공동 재산인 전파를 사용하기 때문에 공정성에 대한 요구가 더 절실한 TV까지도 지역이나 정권 시기에 따라 편파적인 보도를 내보낸다(김관상, 2009; 김무곤, 2008; 박주현, 2013)다는 비난도 받는다. 나라마다 차이가 있고 이들 사이에 공통점도 발견되지만, 이런 비판 대상인 현상들이 일반적으로 또는 개별적으로 이해되는 대중매체의 편견 및 선거와 관련된 보도의 관행이다.

하지만 이런 편견이나 관행은 대중매체의 정치적 경향성에 따른 것이 아니라는 반론도 있다. 거시적인 관점에서 보면 이념적 지형이 다양한 사회 안에서 각 매체가 자신의 의견을 제시하며 정파적 균형을 맞추고(이건호 외, 2013; Schudson, 2001), 시대에 따라 달리 나타나는 것으로 보이는 매체의 비판 방향도 단지 민주주의를 지향하려는 언론의 시스템적 편견, 즉 권력에 대한 감시라는 저널리스트의 규범에 기인한 것일 뿐 특정 정당이나 후보자를 깎아내리려는 의도에서 비롯된 것은 아니라는 것이다(Kaid, 2004; Strömbäck & Dimitrova, 2006). 게다가 대중매체의 편견이라고 여겨지는 위 요소들은 언론이 가진 것이 아니라, 유권자나 정치인이 그렇게 믿는 경향 때문에 생겼다는 지적도 있다. 대다수 유권자는 자신이 지지하는 후보를 비난하거나, 반대 후보를 선전하기 위해 매체가 뉴스를 왜곡한다고 믿지만, 이는 수용자가 갖는 적대적 매체 지각(hostile media perception)에 따른 것(송인덕, 2014; Gunther & Schmitt, 2004; Wei, Chia, & Lo, 2011)으로, 선거 보도를 하는 대중매체는 불편부당한 정보를 전달하려 노력한다는 의미이다(Brooks et al., 2002, Rich, 2003). 비록 언론인들에게 개인적인 편견이 존재할 수 있지만, 개별 기자가 특정 후보를 지지하거나 비난하기 위해 정보 자체를 왜곡하지는 않으며(Perloff, 1998), 후보자들에 대한 뉴스가 긍정적 또는 부정적으로 갈리는 이유는 앞서가는 후보가 매체를 더욱 현명하게 활용하기 때문이라는 주장도 나온다(Haynes, Flowers, & Gurian, 2002; Tedesco, 2005).

이는 선거 보도 방식에 대한 편견 등이 나오는 이유를 뉴스 매체의 관행으로 보는 것이 아니라, 이를 바라보는 또 다른 정치 커뮤니케이션 주체, 즉 정치 엘리트와 공중의 전략 및 인식에서 찾는 시도이며, 만약 매체의 관행이라고 하더라도 어쩔 수 없는 자본주의 언론의 구조적 규범 때문이라는 설명이다. 하지만 사익과 공익을 동시에 추구하는 자본주의 매체의 한계나 성격이 언론의 이런 편견을 허용하는 특효약이 되지는 않는다(Altschull, 1990). 오히려 대중매체가 어떤 식으로 현상을 전달하더라도 그에 대한 비판은 따라올 수밖에 없는 것이 자본주의 언론의 구조라는 것을 인정하고, 그 비판을 적극적으로 해소할 방안을 마련하려는 노력을 기울이는 것이 필요하다. 대중매체는 소속 공동체의 성격을 조성해온 기존 사회의 규범적 전통 등에 맞추거나, 거꾸로 그에 반하는 도전적 모습을 보이는 방식으로 구동해왔으며, 어떤 경우이든 정치적 편향성을 표출한다는 지적을 받아왔다. 비록 나름의 공정성이나 객관성 규범 등을 통해 이를 극복하려는 노력을 기울였다고 하더라도 완전한 해결책에 대한 동의를 얻기는 어렵다(Kovach & Rosenstiel, 2001; Merrill, 1977, 1990). 꾸준한 자구 노력이 필요할 뿐으로, 다른 누군가에게 문제의 귀책사유를 전가할 수 없다. 예를 들어 젠더(gender) 문제가 정치적 이슈로 부상하는 상황에서 대중매체가 여성 후보자에 대한 특정 편견을 내비치는 것(Kahn, 1994)이나 환경 이슈가 발생했을 때 개별 매체의 틀 짓기에 따라 서로 강조점이 달라지는 상황(Trumbo, 1996) 등은 비난과 지지가 함께하는 결과로 이어졌다. 이는 정보의 선택과 배제를 통해 발생하는 언론의 편견이나 관행의 결과물로, 이런 문제를 정치 후보자나 유권자의 책임으로 돌리기 어렵다는 것이다. 그리고 여기서 발생하는 사회적 격론은 또 다른 정치 커뮤니케이션을 잉태한다. 결과적으로 언론 보도 관행에 대한 비판을 대중매체가 스스로 극복해야 할 문제로 인식하고, 선거 관련 뉴스에서도 유사 문제 해결을 위한 노력을 지속해야 한다는 지적(Carlson, 2009; Lichter & Noyes, 1996; Lusinchi, 2015; Thorson, 2016)에 대해, 이를 건강한 공동체 발전을 위해 어떻게 승화해야 할지 고민할 필요가 있다는 뜻이다.

③ 문제점과 대안

앞서 살펴본 바에 따르면, 선거를 다루는 언론이 이슈를 내세운다 하더라도 수용자들에게는 이미지가 더 부각하는 현상이 나타난다. 아예 매체가 나서서 이슈보다 이미지를 더 드러내는 모습을 보이기도 한다. 여론조사나 갈등 구조에 기대는 보도 관행도 비판을 받는다. 그러나 이는 자본주의 언론이 회피할 수 없는 구조적 한계에 기인한 것이라는 반론도 나왔다. 또 비록 선거 기사가 정치적 편향성이나 편견에 의해 작성되는 것으로 해석되기도 하나, 이는 공정성이나 객관성 등에 기초해 권력을 비판하는 저널리즘 관행에서 비롯된 것이라는 주장도 있다. 더불어 선거 보도를 둘러싼 각종 지적과 그에 대한 변호가 등장하는 과정에서 문제점을 극복할 노력이 꾸준하게 필요하다는 점도 거론됐다. 이 내용을 비판과 반론의 시각에서 정치 커뮤니케이션의 3대 요체

<표 4-2> 대중매체 선거 보도에 대한 비판과 반론

요체 \ 시각	비판	반론
이미지 천착 (정치인)	• 후보 이미지 등 피상적인 면 집중 • 정치와 정치인에 대한 냉소주의 부각 • 후보자의 실수 등 부정적 보도	• 이슈 보도를 통한 이미지의 자체 발현 • 비판적 매체의 비평·분석 역할 • 선거 캠페인 자체가 비교육적
갈등·경쟁 부각 (대중매체)	• 선거를 게임으로 조명 • 여론조사에 따른 경마 보도 천착 • 마찰적 경쟁에 집중한 뉴스	• 정치 자체가 게임 • 사실(fact)로서 여론조사 보도 당연 • 선거 자체가 경쟁을 통한 후보자 선출
유권자 소외 (공중)	• 수용자가 '원하는' 정보 부족 • 왜곡된 선거 정보 전달	• 수용자에게 '필요한' 정보 제공 • 후보자의 주장 자체가 불명확

를 중심으로 간단하게 정리하면 <표 4-2>와 같다.

국내외를 막론하고, 또는 대통령제를 택하건 내각제를 택하건, 선거 보도와 관련해 이와 유사한 비판, 또 그에 대한 반론은 끊이지 않는다(McNair, 2000; Perloff, 1988). 국내에서도 대중매체는, 선거가 시작되기 수개월 또는 1년 전부터 가상 후보자를 중심으로 한 기획 기사를 통해 선거 과열을 조장한다는 점, 자극적인 말장난과 흥미 본위의 가십 및 스케치 기사를 내보낸다는 점, 경마 뉴스로 드러나는 전략적 대결을 보도한다는 점, 언론사 정파성에 따라 편파 보도를 한다는 점, 이미지에 천착해 이슈를 배제한다는 점, 지도자급 인사에 집중하는 정당 수뇌부 중심 보도를 한다는 점, 흑색선전이나 불법 선거 또는 선거 무관심 등에 대한 부정주의가 만연하고, 권역 간 갈등을 부추기는 지역감정을 조장한다는 점, 여론조사 결과를 보도할 때 조사 방법 등의 문제점을 지적하지 않아 그 결과가 부정확하다는 점 등(권혁남, 2006)의 만성적인 비판에 직면해 있다. 이를 극복하기 위해 해설 기사를 통한 기자들의 정치 개입을 줄이고, 후보자가 제시하는 의제보다 시민들이 관심을 가지는 주제에 집중하며, 이벤트나 사소한 마찰 혹은 정치인의 인기나 이미지에 집중하는 것을 피해 핵심적인 이슈와 정치 지도자로서 후보자의 공적 자질 등을 부각하고 사안별 정보가 아닌 연관 정보를 종합적으로 다뤄 유권자가 합리적 결정을 내리도록 돕는 뉴스를 요구(D'Alessio, 2012; Domke & Shah, 1995; Steele & Barnhurst, 1996)해야 한다는 등의 제안도 계속 나온다. 하지만 이런 대안들마저 상충하는 자체 모순이 있고, 뉴스 경쟁을 피할 수 없는 현장의 목소리를 반영하지 못한다는 반론도 만만치 않다. 예를 들어 시민들이 관심을 가지는 이슈가 반드시 공적 목적에 부합한다고 볼 수도 없을뿐더러 개인들의 지엽적인 이기주의에 함몰될 가능성이 있고, 언론의 분석이나 해설은 기자 개인의 목소리가 아니라 다양한 취재원의 의견을 종합해 정치인에게 던지는 되물음이며, 사소한 마찰 집중이라고 비판받는 보도 역시 취재 현장에서 확인된 정치인의 주요한 자질을 보여주는 상징적 사실이라는 주장 등이 있다. 이에 대해서는 학계에서도 자본주의 언론의 변명일 뿐이라는 재비판과, 매체 간 경쟁을 치르면서도 저널리즘 본성을 찾으려는 한계를 인정해야 한다는 등의 의견이 분분하다(Bowler & Farrell, 1992; Niblock & Machin, 2014).

학계와 현장의 견해가 대립하고 반박과 재반박이 이어지면서 한계를 넘을 구체적인 방안이 없다고 주저 물러앉기에는 정치, 특히 우리의 삶에 구체적이고 직접적인 영향을 미치는 선거는 너무 중요하다. 관련된 여러 문제 해결 방안들이 나오려면 비판을 더욱 정교하게 할 필요가 있다. 그리고 그런 비판은 선거나 정치뿐 아니라 거의 모든 영역에서 저널리즘 가치에 대한 당위론과 현장의 한계를 함께 아우르려는 노력을 통해 건강하고 현실적인 대안들로 도출될 수 있다(Clark, 2014). 이런 노력 중 하나로, 최근에는 다양한 정보 채널들이 활동하는 뉴미디어 시대의 상황을 직시하며 뉴스 수용자인 유권자에게 선거 관련 관심을 북돋우고, 매체의 생존을 고려하는 대안(Laitner, 2015)이 언론 현장에서 제기되기도 한다. 선거 보도에 대한 학자들의 비판 차원에서 보면 도발적으로 보일 수 있는 이 제안은 기존 비판을 무시한다기보다 이를 뛰어넘으면서 빠르게 바뀌는 커뮤니케이션 환경에 적응하려는 보도 현장의 고민을 담은 것으로 보인다. 영국 일간지 <파이낸셜타임스(Financial Times)>가 제안한 이 방법은 정치 지도자들의 TV 토론을 중계할 때 각자의 주장을 그래프 등으로 만들어 함께 제공하는 명쾌한 입장 제시(Provide context and be a clear voice), 비(非)구독자에게 초기 기사 무료 제공(Be strategic with your paywall), 온라인 현장 중계에 대한 시청자 참여 유도(Use the election to experiment), 사진과 캐리커처 등 이미지 정보 활용(Tell the story through images), 실시간 의견조사 전달(Make data an anchor of your coverage) 등의 내용을 담고 있다.

조금 더 구체적으로 보자면, '그래프 등을 활용한 명쾌한 입장 제시'는 새로운 발언이 아니라 정치 지도자나 후보자가 기존에 해왔던 주장을 그래프 등으로 미리 만들어 놨다가 생중계 때 관련 발언이 나오면 시청자에게 보여주는 것이다. 경쟁자 간의 견해 차이를 보여줄 수 있을 뿐 아니라 중계를 통해 전달되는 발언과 과거 입장을 비교할 근거를 제시할 수 있다. 게다가 이 방법은 이미 온라인 등으로 신문사까지 스트리밍 비디오 서비스를 하는 상황에서 다른 신문사는 물론 방송사와도 경쟁하는 훌륭한 도구가 된다. '초기 기사 무료 제공'은 기존 구독자를 넘어 새로운 수용자를 포괄하는 전략이다. 정기 구독자는 구독료만으로 제한 없이 매체 정보에의 접속이 가능하지만 그렇지 않은 사람들은 모든 정보에 경비가 요구된다. <파이낸셜타임스>는 이 비구독자에게도 일부 핵심 또는 초기 뉴스를 무료로 제공하는 방안을 제시해, 기본적인 선거 정보는 자신들의 서비스를 통해 접할 수 있게 하고, 이들이 미래 구독자로 전환될 바탕까지 만들 전략을 세운 셈이다. '시청자 참여 유도'는 중계가 진행되는 동안 '트위터' 등 SNS를 통해 실시간으로 수용자들의 의견을 묻는 방식이다. 온라인 중계 시청자를 초점그룹으로 초대해 '누가 정치 지도자로 적합하다고 생각하는지' 등의 질문을 던지고 그 안에서 논의하게 해 저절로 다양한 정치적 의견이 교환되도록 이끌 수 있다. 정치인들은 이 토론을 보며 시민들의 생각을 읽을 수 있고, 유권자는 대중매체와 정치인들 사이에서만 소통이 벌어져 느꼈던 정치 소외 현상을 극복할 수 있게 된다. '이미지 정보 활용'은 대중매체 선거 보도가 이슈를 소홀하게 다룬다는 기존 비판을 더 강하게 만들 위험이 있는 제안이다. 하지만 언론 현장에서는 이런 이미지가 수용자 사이에서 더 수월하게 소통되고, 그런 이미지에 접속하다 보면 자연스럽게 이슈를 접하게 될 것이라는 기대가 있다. 즉 기존 뉴스에서도 이슈가 이미지를 저절로 드러나게 한다는 점을 아예 역이용해, 이미지를 이슈에 대한 안내판으로 만든다는 것이다. 여기에 특정 매체가 생산하는 캐리커처 등의 이미지는 수용자를 해당 언론사에 익숙해지게 만드는 효과를 내, 결과적으로 미래 수용자를 확보할 여지도 마련된다. '의견조사 전달' 역시 여론조사 천착에 따른 지나친 경쟁 조장이라는 기존의 선거 보도 비판을 강화할 염려가 있다. 하지만 빅데이터 활용에 따른 실시간 민심 변화를 확인할 수 있고, 조사 내용도 단순히 차기 리더에 대한 선호도나 지지도만 담는 것이 아니라, 다음에 구성될 정부가 역점을 뒀으면 하는 부분 등을 물어 권력이 관심을 가져야 할 영역을 드러내고, 이 내용이 소통되는 과정에서 정치에 대한 유권자의 이해를 높일 수 있다는 기대도 작동한다.

한 매체의 대안이 모든 문제를 해결할 수는 없다. 다시 시간이 흐르면서 새로운 환경이 도래하고, 그에 맞춘 제안들이 또 등장하며 지적과 반박 등의 변화를 거듭할 것이다. 앞서 거론한 비판과 역비판 그리고 여기에 대한 해결책 논의들도 예상된다. 건강한 판단을 위해 유권자들의 올바른 정치 지식을 담보하는 교육 시스템을 마련하려는 노력도 그중 하나이다. 미국에서 선거 1년 전 국민을 대상으로 하는 정치 지식 테스트는 무엇을 알려야 하는지, 언제 정보를 전달해야 하는지에 대한 고민을 하게 한다. 국민 대부분이 주요 정치인의 공식 직함이나 발생 사건의 장소 등을 확인하는 질문에 대답하지 못하고, 그 오답의 원인으로 그들 자신의 가치나 정치적 관심, 질문자의 배경 등이 다양하게 제시된다(Carpini & Keeter, 1993; Davis & Silver 2003; Elo &

Rapeli, 2010). 평소 정치에 관심을 보이지 않는 일반인들을 대상으로 정치 정보를 효율적으로 전하는 통로나 시점 등을 탐구해야 할 필요성이 논의되는 것은 당위적 저널리즘 규범을 준수하는 것이나 후보자의 전략 등을 거론하는 것과 더불어 유권자의 정치 지식 향상 및 올바른 판단 지원을 위한 현실적 대안을 마련하는 방법이 될 수 있을 것이다.

이 과정에서 사람들의 인지, 선호, 행태, 행동에 영향을 미치는 언론(Iyengar & Kinder, 1987; Maher, 2001; McCombs & Shaw, 1972)의 활용 방안은 다시 한번 그 중요성이 소환된다. 학교를 떠난 성인(成人)들, 특정 나이에 투표권이 주어진 유권자를 대상으로 벌어지는 대규모 교육이나 사회화는 대중매체를 통해 이뤄지기 때문이다(Buckingham, 1997; Frazer, 1999). 하지만 매체 간 경쟁과 이에서 비롯되는 수용자 이목 확보를 위한 시도가 자본주의 언론의 한계 등을 드러낸다는 점, 또 유권자의 자의적 정보 처리 시스템과 이 모든 상황을 이용하려는 정치인들의 전략이 정치적 냉소주의를 이끌 수 있다는 지적(우승용 · 이준웅, 2002; 정윤무, 1995; Cappella & Jamieson, 1996; Johnson-Cartee & Copeland, 2013)은 변화하는 커뮤니케이션 환경에서도 계속 경계해야 할 대목이다. 이와 같은 기존의 지적과 반박, 재비판 등의 순환을 극복하려면 현장에 대한 세밀한 관찰과 확인된 현상의 학문적 개념화, 현장과 학문의 해결책 논의를 체계화할 필요가 있다. 이때 매체에 소속돼 있지만 사회의 구성원이자 한 명의 개인인 언론인 자체에 대한 연구도 추가될 수 있다.

기자들도 인간이기 때문에 호불호가 있으며, 이들의 개인적 성향이 보도에 영향을 미칠 것이라는 점은 피할 수 없는 사실이다(Breed, 1955; Shoemaker & Reese, 1996). 뉴스 편견으로 비치는 것이 기자 개인의 편향성이 아닌 자본주의 매체의 시스템 또는 저널리즘 규범에 의한 자연적 결과물이라는 주장(Patterson, 1993; Perloff, 1998)도 있으나, 기자 또는 저널리스트로 불리는 사람들과 관련한 연구는 현시점에서 더욱 요구되는 과제이다. 시스템으로 분류되던 언론의 의미가 개별 '유튜버'나 '블로거'의 뉴스 제작 행위로 확대되고, 이들 개인의 영향력이 무서운 기세로 확장되고 있기 때문이다(한국언론학회, 2012; 황용석 · 김재영 · 정연정, 2000; Carlson, 2007; Casero-Ripollés, Feenstra, & Tormey, 2016; Coleman & Spiller, 2003; Singer, 2005). 정보통신 기술 발전은 선거 보도와 관련해 기존의 탐구 방향 및 그에 따른 문제 해결책 제시뿐 아니라 더욱 혁신적인, 또는 아예 새로운 대안을 요구하고 있을 수 있다.

올바른 선거 보도를 위한 사회적 규칙과 한계

선거에 나선 정치 후보자의 자질이나 관련 정보 자체를 공중이 옳게 판단하기 위해 언론이 갖춰야 할 자세 및 태도는 아무리 강조해도 지나침이 없다. 개인적 편견과 스키마에 연결된 개별 언론인의 품성이 교육돼야 하고, 사회를 구성하는 조직으로서의 대중매체도 그 업무의 중요성을 자각하며 보편적 언론 윤리와 실천적 규범을 정비하는 모습을 게을리해서는 안 된다. 하지만 가족이나 지역, 출신 학교 등의 배경에서 비롯된 기자 개인의 내적 경향성은 쉽게 조정되지 않고, 자본주의 사회에서 기업으로서 사적 이익을 지향하는 언론사에 공적 목표를 위해 이윤을 포기하라고 강요하기는 어렵다. 그럼에도 사회 내부의 다양한 이해관계를 조정해 구성원의 행복과 안녕을 추구한다는 공동체 존재의 목적은 언론인 개인이나 대중매체의 저널리즘 행위가 방종에 이르는 것을 막아야 할 이유가 된다. 민주공화국에서의 표현 억제는 인정되지 않으나, 언론의 자유를 허가한 헌법의 테두리 안에서 자칫 다른 사람이나 조직의 권리를 침해할 수 있는 요소를 통제하려는 사회적 노력이 따르는 배경이다(김경희, 2009). 선거와 관련해 언론이 올바른 정보를 전달하기 위해 법적 규제가 적용되는 것은, 정치인과 대중매체, 공중이 스스로 선거 보도의 문제점 극복에 나서는 것에 더해, 정치 커뮤니케이션 주체의 해석과 입장에 따라 발생하는 논란을 최소화하려는 공동체의 자구적 대안 마련 행위라 볼 수 있을 것이다.

여기서는 바람직한 언론의 선거 보도를 논하기 위해 공정성에 대한 사회적 규칙을 일부 소개하고자 한다. 뉴스 공정성 혹은 언론 공정성에 대한 종합적 학술 논의는 인문학과 사회과학을 아우르는 방대한 작업이라 또 다른 접근이 필요하다. 따라서 자본주의적 민주주의 언론이 다루는 사실과 의견(Altschull, 1990)을 중심으로, 그에 연관된 선거 보도 현상과 사회적 규칙, 즉 법률적 규제 및 그 한계 등을 간략히 논할 것이다. 우선 언론의 선거 보도에 요구되는 공정성은 뉴스에 담긴 사실과 의견 사이에 자리한다는 점을 확인하고, 이를 법률로 조정하려는 시도의 배경을 살필 것이다. 이후 보도에 나타난 의견(opinion)과 사실(fact)을 분리해, '의견'은 신문 사설 등을 통해 공개적으로 나타나는 언론의 특정 후보 지지 표명을 중심으로 논의하고, '사실'은 앞서 거론한 여론조사 결과 보도에 집중하면서, 올바른 선거 보도를 위해 고민해야 할 요소들을 짚어보겠다. 물론 특정 정파에 속한 후보를 신문 사설에서 선언적으로 지지하는 행위가 언론의 의견 개진 방식을 모두 아우르지 않고, 여론조사 결과 외에도 언론이 선거에 대한 사실적 정보를 전달하는 방식이 많으나, 이후 다룰 내용 일부를 미리 선보이고 앞에 소개한 내용을 연결하는 것이 저술의 전체적 흐름 속에서 공정한 선거 보도를 수월하게 이해하는 데 도움이 되리라는 기대 속에서 이들을 대표적인 사례로 삼았다. 이어서는 언론의 규범적 접근과 사회의 법률적 통제에도 불구하고, 그 사이를 비집으며 나타나는 손해와, 이를 구제하거나 그런 마찰을 미리 피하려는 노력을 들여다보겠다.

① 선거 보도의 공정성: 사실과 의견 사이

대중매체를 통한 선거 정보의 전달 방식은 크게 언론 보도, TV 토론, 정치 광고 등 세 가지로 나뉜다(김춘식, 2006). 세 가지 방법 중 전자인 언론 보도에서 후자인 정치 광고로 갈수록 후보자가 정보를 통제하는 범위가 커진다. 보도는 언론이 보편적인 저널리즘 규범과 개별 매체의 정파성이나 편집 방향 등에 맞춰 정보의 선택과 배제를 결정하는 방식(Breed, 1955; Brooks et al., 2002; White, 1950)으로, 전달되는 내용의 틀 짓기 주체가 언론이기에 기사에 어떤 정보를 담을지는 대중매체가 결정한다(김관상, 2009; Entman, 1993; Reese, 2001). 언론사의 정보 선택 자율성이 큰 만큼 선거 기사의 취재원인 정치인이나 후보자, 그에 대한 의견을 환류 방식으로 전달하는 유권자의 뉴스 개입 여부는 줄어든다.

대부분 생중계로 진행되는 TV 토론에 정치인이나 후보자가 출연해 자신의 정책이나 주장을 직접 전달하는 경우, 공중에게 실시간으로 공개되는 정보를 매체가 중간에서 편집하기는 어렵다(Coleman, 2013; Pfau, 2002). 그만큼 언론이 직접 소통에 관여할 여지가 줄어든다. 하지만 출연한 후보자들에게 던져지는 질문이 미리 마련되고, 질문을 선택하는 과정 등에 매체가 개입하면서 토론 형식 자체가 언론의 틀 짓기에서 완전히 벗어난다고 말하기도 쉽지 않다(Morello, 2005). 또 새로운 매체 환경에서 TV 토론 중계 과정 중에 유권자가 각종 SNS 등을 통해 의견을 교환하는 시도 등이 도입되지만, 그 역시 한정된 시간 안에 토론 주제로 이어질 만한 구체적인 내용은 진행자와 제작자인 TV 방송국에 의해 조율된다(Jungherr, 2016; Papathanassopoulos, 2000). 즉 TV 토론이 비교적 언론 보도보다 기자나 PD 등 대중매체 소속 인물들의 개입이 적고, 토론자인 후보자나 시청자인 공중의 자율성 및 참여도가 높을 수는 있지만, 완전히 언론의 틀 짓기 작업과 무관하게 진행된다고 보기 어렵다는 뜻이다.

이들 두 가지에 비해 정치 광고는 후보자의 정보 선택 자율성이 더 크다. 직접 신문 지면이나 방송 시간을 구매해 자신의 주장을 전달하는 만큼, 매체 등 외부가 개입할 여지가 줄어들 뿐 아니라(Kaid, 2004), 그렇게 자유로운 정보가 유권자에게 잘 전달돼 민주주의 정신을 더 고양할 수 있다는 연구 결과도 나온다(Freedman, Franz, &

Goldstein, 2004). 비록 자금 여유가 없거나 제도적으로 금전적 지원이 빈약한 군소정당 출신 혹은 무소속 후보에게 불리한 조건이라는 비판은 있어도, 정치 광고가 정치인에게 가장 자유로운 의사 표출의 통로라는 것에는 거의 이견이 없다(Perloff, 1998).

이 가운데 매체의 개입 여지가 가장 큰 선거 보도는 그렇게 보장된 언론의 자율성 크기만큼 더 많은 책임이 따른다. 공정하고 정확한 정보를 전달해야 한다는 저널리즘 규범이 크게 작용하는 것이다(Bennett, 1990; Green-Pedersen, Mortensen, & Thesen, 2017). 대중매체의 성격에 대한 일반 시민의 관심과 인지도가 높아지면서, 국내에서도 TV 토론이나 정치 광고와 비교해 언론의 선거 보도에 형평성을 요구하는 공중의 기대치는 더욱 커졌다(김춘식, 2006). 그러나 저널리즘 규범이나 대중매체 자체의 보도 준칙 등에 근거한 뉴스 생산은 기자 개인의 편견이나 매체의 정파성 등이 작용하면서 중립성 및 공정성 등에 대한 수용자의 기대를 충족하기에 난관이 많다(송은지 · 이건호, 2014; Domke & Shah, 1995; Shoemaker & Reese, 1996). 게다가 이해관계가 복잡한 정치 후보자나 일반 유권자의 요구에 무조건 맞추는 것도 바람직한 보도라고 하기는 어렵다(송인덕, 2014; D'Alessio, 2012). 이런 난점을 극복하기 위해 사회는 선거법을 통해 언론의 선거 보도에 대한 공정성 규칙을 제시하려 한다(성낙인, 2002). '규제'라는 성격을 가진 법률 차원의 접근이기에 선거법이 언론 자유를 침해할 여지 등이 거론(김현강, 2017; 이승선, 2015; Graber, 1986)되지만, 대중매체가 저널리즘 규범이나 자체 보도 준칙 등에 따라 작성하는 기사가 사회의 다른 조직이나 구성원의 이해관계를 모두 충족할 수 없고(최진호 · 한동섭, 2012; D'Alessio, 2012), 불완전할 뿐 아니라 편향적일 수 있는 언론의 뉴스 정보가 유권자인 공중의 정치적 판단에 영향(민영, 2008; De Vreese & Boomgaarden, 2006)을 미친다는 이유로 보도 공정성 확보를 위한 법적 통제 관련 논의는 계속되고 있다(김호열, 2002; Durante & Knight, 2012; Strömbäck & Kaid, 2009).

우리나라의 경우, 공직선거법은 8조에 '언론기관의 공정 보도 의무'를 두고 있다(중앙선거관리위원회, 2020). 이전의 대통령 · 국회의원 · 지방의회의원 · 지방자치단체장 선거법을 1994년 3월 16일 '공직선거 및 선거부정방지법'으로 모두 합쳐 소위 '통합선거법'이라고 조정한 국내 선거법(김춘식, 2006)은 이후 21차례의 수정을 거쳐 2005년 8월 4일 '공직선거법'으로 개칭된 것을 포함, 1994년 제정 후 2020년 7월까지 모두 81차례 수정됐다. 1997년 11월 14일과 2005년 8월 4일의 주요 개정을 거쳐 2020년 현재에 이르는 공직선거법 제8조(언론기관의 공정 보도 의무)는 공정 보도 의무를 종합적으로 설명하는 1항을 포함, 모두 9항의 세칙을 두고 언론의 공정성을 요구한다. 중앙선거관리위원회와 국가법령정보센터에서 확인된 선거법 제8조는 아래와 같다.

방송·신문·통신·잡지 기타의 간행물을 경영·관리하거나 편집·취재·집필·보도하는 자와 제8조의5(인터넷선거보도심의위원회) 제1항의 규정에 따른 인터넷언론사가 정당의 정강·정책이나 후보자(후보자가 되고자 하는 자를 포함한다. 이하 이 조에서 같다)의 정견 기타사항에 관하여 보도·논평을 하는 경우와 정당의 대표자나 후보자 또는 그의 대리인을 참여하게 하여 대담을 하거나 토론을 행하고 이를 방송·보도하는 경우에는 공정하게 하여야 한다. <개정 1997. 11. 14., 2005. 8. 4.>

공직선거법 제8조에 등장하는 언론의 형태는 '방송·신문·통신·잡지'와 '인터넷언론사'이고, 언론 관계자로 표현되는 언론 행위의 직접 주체는 '경영·관리' 또는 '편집·취재·집필·보도하는 자'이다. 정치와 관련된 메시지는 '정당의 정강·정책이나 후보자(후보자가 되고자 하는 자 포함) 또는 그의 대리인의 정견'과 '기타사항'이라는 포괄적 모습을 띠고, 이 메시지에 대한 언론의 취급 행위는 '대담' 및 '토론' 진행과 그에 대한 '방송·보도'로 정리됐다. 그리고 이 조항은 이런 행위가 '공정'해야 한다고 규정했다. 이 내용 가운데 이 책이 여기서 논하려는 선거 보도로 범위를 좁히면, 공직선거법은 '방송·신문·통신·잡지'와 인터넷언론사의 '편집·취재·집필·보도하는 자'가 '후보자(후보자가 되고자 하는 자 포함) 또는 그의 대리인'의 '정견'과 선거 관련 '기타사항'을 '방송·보도'하는 내용이 공정해야 한다는 내용을 담았다고 볼 수 있다. 비록 '경영·관리', '정당의 정강·정책', '대담', '토론' 등이 선거와 관련될 수도 있으나, 매체가 정보를 선택해 뉴스 형태로 전달하는 선거 보도 측면을 강조하는 여기의 성격을 명확히 하기 위해 이 표현들은 걷어내 봤다. 선거 보도와 관련된 공직선거법 제8조는 결국 간단히 언론인이 공정하게 선거 관련 내용을 보도하라는 내용을 담고 있다. 간단한 듯 또는 뻔해 보이는 내용을 구구절절 짚어본 이유는 이곳에 나타나는 내용이 상당히 세부적인 규정인 것으로 느껴지나, 그 표현이 광범위해 법으로 언론의 모든 정보를 규제할 수 없다는 점, 또는 거기에 여러 난제가 있다는 점을 확인하기 위해서이다.

정보통신 환경의 변화에 따라 공직선거법은 여러 차례 개정을 거치며 '방송·신문·통신·잡지'와 인터넷언론사를 언론의 형태로 포괄하는 노력을 보이는 등 명확한 규정을 제시하려 했으나, 결정적으로 '공정'이 무엇인지를 설명하지 않는다. 이후 제8조 2항에서 9항까지 신문과 방송, 인터넷언론의 기사 심의, 토론 등에 대한 심의, 정정 보도 및 반론 보도, 선거 여론조사 단체의 등록을 규정하는 조항을 통해 개별적인 영역의 공정성 확보 노력을 제안하기는 하지만, 거기에 등장하는 공정성 역시 개념적 막연함을 극복하지 못하고 있다. 법률적으로 재단하기에 어려움이 있는 철학적 주제인 '공정성'을 그나마 유연하게 판단하기 위해, 공직선거법 제8조는 신문과 방송, 인터넷언론 등을 구분하고, 각각 처한 관습적·전통적·법률적 환경에서 그에 상응하는 공정성을 심의하기 위한 위원회를 둔다고 명시했다. 또 언론학계, 법률 및 시민사회단체가 추천하는 사람들을 심의회 위원으로 구성하고, 위원들의 정당 가입을 금지하는 조치 등을 마련했다. 하지만 동시에 교섭단체 구성이 가능한 정당의 위원 추천 등의 조건을 둬서 소수 정당의 목소리가 배제될 위험은 물론 위원회 구성 당시의 여당이나 거대 정당의 입김이 개입될 여지 등의 우려가 남아, 관련 규정에 대한 위헌성 지적과 비판적 고찰 등(김종철, 2009; 박주민, 2012; 성낙인, 2002; 윤성옥, 2008; 이화행, 2015)이 이어진다.

1987년 11월 28일 '정기간행물의 등록 등에 관한 법률'로 제정된 뒤 조항 및 명칭을 포함한 25차례 개정을 거쳐 2020년 7월 현재에 이르는 '신문 등의 진흥에 관한 법률'(약칭 '신문법')은 광고, 거래, 등록 등에 대한 불공정성 회피를 규정하지만, 여기서도 보도와 관련된 공정성의 개념이 명확히 드러나지 않는다. 신문 등의 자유와 책임을 규정한 제3조에 신문 및 인터넷 신문이 '인간의 존엄과 가치 및 민주적 기본질서를 존중'할 것, 독자의 권리 보호를 규정한 제6조에 '독자의 이익에 충실'해야 할 '편집 또는 제작의 기본방침'을 마련할 것과 '독자가 기사와 광고를 혼동하지 아니하도록 명확하게 구분하여 편집'할 것 등을 정한 것이 포괄적 의미의 공정에 연결되는 것으로 해석될 여지가 있으나, 과연 공정성을 보도와 직접 관련해 연결할 수 있을지는 뚜렷하지 않다. 또 신문법의 용어를 정의한 제2조에서 신문의 목적 또는 역할로 보도·논평·여론 및 정보 등의 전파를 소개하고 있는데, 제3조와 제6조 등에서 거론된 '인간의 존엄', '민주적 기본질서', '독자 이익 충실' 등이 '공정 보도'의 의미로 해석되더라도, 처벌 조항도 없는 신문법이 이를 적용해 사실보다는 의견에 가까운 '논평'까지 공정 보도의 틀로 조정하는 것에는 어려움이 따를 것이라는 신중론도 제기된다(김영주·김춘식, 2005). 특히 정치인과 유권자의 이해관계가 경쟁하고 상충하며, 신문의 의견 개진이 보장될 정도로 복잡한 선거 뉴스 환경을 놓고 진행되는 보도 관련 공정성을 법률로 재단하는 것에는 정치 커뮤니케이션 3대 요체 모두로부터의 반발이 예상되기도 한다.

1964년 1월 1일 제정돼 2020년 7월 현재 70회의 개정을 거친 '방송법'도 사정은 비슷하다. 시청자의 프로그램 기획·편성·제작 등에 관한 의사결정 참여와 방송 결과의 시청자 이익 부합(제3조 시청자의 권익 보호), 인간 존엄과 민주적 기본질서 존중(제5조 방송의 공적 책임) 등은 신문법의 규정과 유사하기에 위에서 거론한 공정성 적용의 어려움은 방송 보도에도 해당한다고 볼 수 있겠다. 전파 공공성의 문제로 의견 개진에 제한을 받는 방송의 경우, 보도 공정성과 객관성 확보 및 의견 다양성과 이해 균형성 유지(제6조 방송의 공정성과 공익성) 등의 규정이 제시돼 공정성을 확보하려는 노력 등이 조금 더 구체화한 모습이지만, 인사권 등의 문제로 정부나 여당의 입김에 더욱 무력하게 노출된 방송은 객관성이나 균형성 등에 대한 정치 세력의 자의적 해석과 압박이 오히려 선거 보도 공정성 훼손의 부메랑이 될 수 있다는 우려가 깊다(김수영·박승관, 2016; 정용준, 2006; 최영묵·박승대, 2009; 최진응, 2014; Hallin & Mancini, 2011). 신문법이나 공직선거법의 심의 규정 등을 통해 선거 보도 등에 있어 공정한 정보 취급을 요청받는 인터넷언론사는 매체 형태의 신규성과 가변성으로 인해 각종 법률 적용이 더 난해한 형편이다(김춘식, 2006; 박주민, 2012; 이화행, 2015).

이상의 현상은 결국 선거 보도에 공정성 잣대를 적용하기가 얼마나 난감한지를 보여준다. 법률은 명쾌한 정의와 개념을 토대로 상황을 정비하려 하지만, 철학적 사유와 복잡한 해석이 연결된 현실의 공정 보도를 규정하고 규제하기에는 한계가 있다. 제한적 법률이 자율적 언론 정보를 모두 통제할 수 없고, 과감한 규제는 자칫 언론이나 표현의 자유를 침해할 우려가 있어 삼가고 유의해야 할 요소가 대단히 많다. 하지만 언론의 방종 또는 의도치 않은 오보도 복잡한 현대사회에서 등장 가능한 유해 요소이고, 그로 인한 피해를 최소화하거나 이미 입은 손해를 상쇄하고 대상자를 구제할 노력이 필요한 것도 사실이다. 이런 환경에서, 선거 보도와 관련된 공정성의 문제는 '편집·취재·집필·보도'를 통해 정보를 전달하는 저널리즘의 전통적 시각에서 우선 거론할 수 있고 이 부분이 소홀해서는 안 된다. 대중매체의 경우, 경영 등 언론사의 업무 관리 영역도 중요하지만 정치 뉴스의 핵심 중 하나인 선거 정보를 사실과 의견에 근거해 다루는 저널리즘은 이 책이 집중하는 정치 커뮤니케이션의 중심을 관통하며, 바로 그 저널리즘이 언론사의 영업 등 경영 및 대중매체 여타 분야의 방향을 결정하는 조타수 역할을 담당하기 때문이다(Bennett & Entman, 2000; Hardt, 1996). 정보를 다루는 뉴스 매체가 사회에서 존재해야 할 이유를 알리고 그 존재의 타당성을 확인하는 핵심이 저널리즘에 있다는 뜻이다.

조금 더 구체적으로 논하자면, 선거 보도는 물론 저널리즘 전반에 적용되는 사실과 의견의 전달은 '스트레이트 형식 등 불편부당한 정보에 집중'하는 뉴스와 '사설이나 칼럼 등 견해가 포함'된 뉴스를 통해 이뤄지고, 공정성 논의는 이들이 보유한 정보의 다양성과 편재성 등에 대한 사회적 타당성의 문제로 귀결된다고 할 수 있겠다. 여기서 사회적 타당성은 뉴스에 거짓이 없고 보도 내용이 사회적으로 유의미한 논의를 이끄는 것, 즉 정보 구성의 진실성과 맥락적 합리성을 뜻한다. 사실과 의견의 전파가 신문의 의무이자 권리라는 설명(Altschull, 1990)이 여기에 접목되고, 비록 전파 공공성의 측면에서 의견을 전달하는 데 한계가 있는 방송일지라도 정보 선택과 배제라는 뉴스 제작의 관행에 따라 그 보도에 일정한 방향성이 포함될 수밖에 없는 현실을 고려할 때, 이 진실성과 합리성이 포함된 정보의 사회적 타당성은 뉴스의 공정성을 논하는 핵심이 된다고 하겠다. 즉 보도에 나타나는 사실과 의견이 사회적 맥락에서 공동체 구성원의 발전을 위한 도구가 될 수 있느냐의 차원에서 이 문제가 논의될 수 있다는 뜻이고, 그런 도구로 쓰일 수 있는 뉴스가 언론과 출판의 자유를 인정하는 자본주의적 민주주의 안에서, 여러 매체가 보편적 언론 규범과 자체적 보도 준칙을 유지하며 공존할 수 있는 환경을 제공한다는 의미이다.

앞서 거론한 공직선거법이나 신문법, 방송법 등에서 보듯이 우리가 속한 자본주의적 민주주의 체제 안에서는 다양한 배경의 사주(社主) 또는 주주(株主)가 매체를 통해 전달되는 정보에 영향을 미칠 수 있다. 기자들이 이런 간섭에서 벗어나 사실 위주의 보도를 하도록 담보하는 편집권 독립 등의 조치도 있으나, 언론사 내부의 사회화 과정은 기자나 사주 등을 모두 포함하는 조직 공동체의 동일 또는 유사 사고 문화를 만들고, 이는 한 매체가 정보 선택과 배제의 과정을 통해 조직 안에서 일관적인 방향의 사실과 의견을 전달하도록 한다(Breed, 1955; Shoemaker & Reese, 1996). 이 중 '사실'은 보도 대상의 존재 여부 및 취재원 발화의 정확성 등에 기초한 스트레이트 뉴스 등에 실려 전달되고(우병동, 2007; 이건호·고흥석, 2009; Brooks et al., 2002), '의견'은 사실에 대한 해석과 논평 등을 담은 사설 또는 칼럼 형태의 정보 꾸러미로 포장돼 전해진다(이원섭, 2010; Rich, 2003).

비록 언론의 틀 짓기 기능과 사회 조직으로서의 매체 존재의 한계성 때문에 이런 '사실' 보도조차 매체가 가진 정파성이나 외부 압력의 영향을 벗어나지 못한다는 지적(Entman, 1993; Reese, 2001; Shoemaker & Reese, 1996)도 있으나, '사실' 보도는 편향성과 무관하게 적용돼야 한다는 규범이 더욱 적극적으로 적용되는 영역이다(Mencher, 1991). 이런 규범은 대상의 존재나 발화의 정확성 등을 따지는 현상에 연결돼, 스트레이트 뉴스 등에서 오보(misinformation)의 확인이라는 차원(윤지희·이건호, 2011)에서 다뤄지기도 한다. 즉 특정 정보의 선택이나 배제를 통해 스트레이트 뉴스 안에서 의견이라 보일 여지가 있는 정보가 나타난다고 하더라도, 그 안에 있는 내용의 정확성 여부는 사실관계 검토를 통해 확인될 수 있다는 뜻이다. 이런 방식으로 이뤄지는 사실 보도에서 공정성을 확인하는 것은, 언론의 이해관계 등에 의한 의도적 해석, 심지어 왜곡이라 여겨질 만한 정보가 강조되기도 하는 의견 뉴스에서 확인하는 것보다 수월하다. 허위 또는 기만정보(disinformation) 등을 통해 기자나 대중매체가 감추거나 왜곡하려는 뉴스(박아란, 2019; 이나연, 2017; Stahl, 2006)가 더 잘 스며드는 의견 보도보다도, 사실 보도가 취재 과정의 검증이나 보도 전 확인 기능을 통해 연관된 인물 및 대상이 입을 수 있는 피해를 비교적 쉽게 최소화하거나 손해를 상쇄할 가능성이 크다는 의미이다. 이와 비교했을 때 다양한 견해가 용인되는 자본주의적 민주주의 매체 환경을 활용해, 과격한 주장으로도 비칠 수 있는 자신의 정파성을 사설이나 칼럼에 담고, 이를 사회적 타당성의 입장, 다시 말해 건전한 논의를 이끈다는 차원에서 언론사가 나름대로 치밀하게 논리를 세워 스스로의 입장을 관철하려는 의견 뉴스의 정보는 그 진위를 가리기 어렵다.

복잡하고 역동적인 선거 보도 전반에서 공정성을 유지하고 회복하는 일은 쉽지 않지만, 결국 사실 뉴스보다 의견 뉴스에서 이 문제를 다루는 것이 더 난해하고 복잡할 여지가 크며, 법률로 통제하려 들 때 비교적 수월하게 정보의 존재나 정확성을 따질 수 있는 사실 보도에 비해, 의도적이거나 확신적인 회피성 및 왜곡이 들어간 의견 기사(Eilders, 1999; McChesney, 2000)는 그 다툼이 심해질 수밖에 없다. 비록 선거 보도의 틀 안에서 특정 이슈와 관련된 사실 뉴스, 대표적으로는 스트레이트 뉴스에 등장하는 정파적 입장 표현 횟수 등과 관련해서도 더 깊은 논의가 필요하지만(최현주, 2010), 논란의 여지가 있고 개념 설명도 불완전한 공정 보도 관련 법률로 사설이나 칼럼이 포함된 의견 기사를 평가할 수 있는가의 의문은 계속된다(김춘식, 2006). 이와 관련해 전통적이고 대표적인 논란이라고 할 수 있는 것이 대중매체, 특히 신문의 특정 후보 지지 표명이다.

② 적극적 의견의 특성: 신문의 후보 지지 표명

언론사의 특정 후보 지지 표명(media endorsement)은 신문이 사설을 통해 선거에 출마한 후보를 공개적으로 지지하는 것을 뜻한다(Erikson, 1976; Hurd & Singletary, 1984; Welch et al., 1990). 최근 '지지(endorsement)'는 소셜미디어 등이 포함된 현대 매체 연구에서 정치인뿐 아니라 공인(公人)으로 취급받는 연예인 등에 대한 소통 채널의 호의적 정보 집중, 혹은 이로 인한 대중과 유명인 사이의 준(準)사회적 상호작용(para-social relationship), 음식점 평가에 대한 지지도나 편향성 등의 영역으로까지 관련 연구의 범위를 넓히고 있지만(Chung & Cho, 2017; Li, 2018), 정치 커뮤니케이션 분야에서는 전통적으로 정치 후보자에 대한 언론, 특히 신문의 지지 표명 또는 그에 의한 영향력을 설명할 때 쓰인다(Brandenburg, 2006; Chiang & Knight, 2011; Dalton, Beck, Huckfeldt, & Koetzle, 1998). 대부분의 국가에서 공공성 높은 전파의 사용자는 정치적 정보를 다룰 때 공평해야 한다는 규칙을 적용하기에, 방송은 뉴스를 통해 전통적으로 어느 후보 한 명을 공개적으로 지지하기 어려운 상황(성낙인 · 권건보, 2006; Blume & Lyons, 1968; Brown, 1988)이다. 따라서 보도를 통한 언론의 후보 지지는 사실과 의견을 보도 형태로 전달할 수 있는 신문 연구에 집중된다. 비록 텔레비전, 라디오 등의 방송이 광고와 토론 등을 통해 정치인의 의견을 전하지만(오택섭 · 박선희 · 이강형 · 민영, 2008; 최용주, 2008; Benoit, 1999; Torres, Hyman, & Hamilton, 2012; Wring & Ward, 2010), 이는 보도의 영역과 다르다. 여기서는 '보도'에 우선 집중하고, TV 토론과 정치 광고 관련 내용은 이후 부연하겠다.

신문이 사설을 통해 특정 후보 지지를 공개적으로 밝히는 후보자 지지 표명(김춘식, 2006)에서 먼저 주목할 부분은 '사설'이라는 의견 기사, 그리고 '공개성'에 대한 부분이다. 우선 신문이 전달하는 뉴스는 앞서 정리한 바와 같이 불편부당한 정보 위주의 사실 기사, 해설과 논평 등을 담는 의견 기사 등으로 크게 나눌 수 있다. 정보 선택과 배제라는 뉴스 제작 관행을 통해 의견이 사실 기사에 스며들 수 있고, 사실로만 구성된 해설 기사가 또 존재하는 것을 보면 기사의 형태와 성격을 명확히 구분하기 어려우나(이건호, 2010; 임영호, 2005), 사실을 담당하는 뉴스는 주로 스트레이트이고, 의견은 대체로 사설과 칼럼에 실린다고 설명할 수 있다. 사실 중심의 스트레이트에서는 기계적 공정성 등으로 거론되는 정보의 균형성 혹은 불편부당성에 집중한다(박형준, 2013; 이건호, 2017; 이재경, 1997). 비록 이 불편부당성이 사실 보도 안에서의 공정성을 담보하지 못한다는 저널리즘 차원의 지적도 있으나, 스트레이트 뉴스에 기자 등 개인 필진 및 신문사 조직이 그들의 주장이나 의견을 공개적으로 담기는 어렵다(Asp, 2007; Boudana, 2016; Flood, Hutchings, Miazhevich, & Nickels, 2011). 기자 개인이나 신문사 등의 견해는 결국 칼럼이나 사설 등의 의견 기사에 실린다.

이 '의견'에는 글로 쓰이는 사설과 칼럼 외에도 만평(editorial cartoon)이라 불리는 만화나 삽화 등이 포함(임영호, 2005; Brinkman, 1968)되고, 사진도 이런 의견을 표현하는 보도 기법으로 소개(Barrett & Barrington, 2005)되나, 만평이나 사진 등 그래픽 요소는 함축적인 내용을 담고 있어 선명함과 명쾌함을 담보하는 선언적 공개성을 드러내는 데 한계가 있다(Bond, 1954; Caswell, 2004). 또 글로 표현돼 적확한 의미 전달이 가능한 사설과 칼럼 중에서도, 칼럼은 신문사 조직 안팎의 필진이 자신의 이름을 달고 작성하면서 개인적 주관을 강조하는 글이고, 사설은 신문사에 소속된 논설위원들이

익명으로 조직을 대표해 의견을 전하는 글이다(임영호, 2005; 정재철, 2004). 사설이 결국 신문사 전체의 의견을 반영한다는 것이다. 특정 후보에 대한 지지를 신문이 '사설'을 통해 '공개적'으로 표명한다는 것은, 결과적으로 개인 필자가 아닌 조직의 주장을 전달하는 의견 기사로서의 사설에 은유적이거나 함축적인 표현 방식이 아닌 선명하고 명쾌한 글로 특정 후보에 대해 공개적인 지지 선언을 한다는 것을 뜻한다.

사설을 통한 후보 지지는 유럽 국가에서도 나타나나 북미, 특히 미국에서 두드러진 현상이다(Perloff, 1998). 그 원인은 미국의 신문 역사에 기초한다. 17세기 유럽에서 미국으로 본격 이주를 시작한 사람들은 국민이 주인이 되는 민주공화정에서 다양한 의견이 제한 없이 개진되는 환경을 꿈꿨고, 그 과정에서 초기의 미국 신문들은 사실보다 의견을 싣는 정파지 또는 특정 정당의 기관지 역할을 했다(Park, 1923). 이후 인쇄술의 발달과 함께 매체 경쟁이 심화하는 과정에서 신문의 독자 확보 다툼이 뜨거워졌고, 더 많은 구독자를 얻기 위해서는 독자들의 신뢰성 확보가 중요하며, 사실적 정보가 그 신뢰성을 높인다는 점을 인식하게 된 신문 경영인들은 의견 중심의 보도에서 사실 중심의 보도로 편집 방향을 선회한다(Altschull, 1990; Kaplan, 2002; Pasley, 2002). 하지만 의견 중심 정보를 전달하는 것에서 출발한 미국의 신문은 정치적 주장을 지면에 담는 것도 포기하지 않았다. 많은 신문사가 부침을 거듭하는 과정에서, 신문에 대한 독자 충성도와 그 독자들의 정치적 성향, 또 이들을 지지자로 삼으려는 정치인들의 이해관계가 연계해, 신문은 구독자 확보와 정치적 입장을 버무린 경영 전략을 세우게 된다(Gentzkow & Shapiro, 2010). 사실적 정보와 정치적 의견을 조합하기 위해 이들이 불편부당한 중립적 정보는 스트레이트 기사에, 정파적 주장은 사설에 담는 방법을 택하면서, 사설에 후보자에 대한 지지를 표명하는 현상이 고착화한 것이다. 신문 조직은 자신들의 정치적 의견 표명을 민주사회의 건전한 대화를 이끌기 위한 언론의 사명이자 의무라고 주장하기도 하지만(Meltzer, 2007), 이런 미국의 전통이 오히려 신문의 편견을 이끈다는 비평도 따른다(Sheppard, 2007).

우리나라는, 결론부터 말하자면 신문의 사설을 통한 공개적 후보 지지가 도입되지 않았다. 우리나라에서도 해방과 6·25 전쟁을 거치며 성립한 민주주의 제도가 유지되는 과정에서 다양한 정파적 신문이 명멸했지만(김민환, 2002; 정진석, 2001), 첨예한 정치적 갈등 구조에 맞닿은 분단 등의 지정학적 환경이 사설을 통한 신문의 특정 후보 지지 표명을 받아들이지 못하게끔 한 것으로 보인다. 우리만의 전통과 관습에 의해 조성된 국내 사회 규범과 그를 규정하고 규제하는 법리적 판단은 언론의 정치적 주장 허용 문제를 놓고 지속적인 논의를 벌여왔으나(강준만, 2019; 김민남 외, 2004), 유사한 논쟁 속에서 도입을 인정한 미국과 달리, 공개적인 정치적 편향성, 특히 의견 기사인 사설에서의 공개적인 후보 지지 천명은 법률로 제한하고 있다(김춘식, 2006).

우리나라의 보도 형태는 개별 매체의 윤리 강령이나 언론사 연합조직의 실천 요강 등으로 구체화하는데, 그중 '언론사의 정치적 평론 자유'를 천명한 신문협회 신문윤리 실천 요강 제9조와 국가가 '언론의 허위 논평 · 보도의 금지'를 못 박은 공직선거법 제96조가 2020년 7월 현재도 언론의 정치적 의견 전달 쟁점을 놓고 부닥친다. 비록 공직선거법 제96조가 여론조사 결과 왜곡이나 허위 사실 보도 금지 등 사실로 판명되지 않은 정보에 보도 제한을 두고 있지만, 여기에 '또는 (허위에 기초한) 논평을 하는 행위'까지 금지 대상으로 추가하면서, 사설을 통한 언론의 공개적인 정치 의사 표명, 특히 특정 후보 지지 표명은 현행법에 따라 불가능한 것으로 해석된다(성낙인, 2002). 공공재로서의 전파를 사용한다는 이유로 보도를 통한 정치적 의사 전개가 거의 원천적으로 차단된 방송(성낙인 · 권건보, 2006; Blume & Lyons, 1968; Brown, 1988)과 달리, 신문은 의견을 전달할 수 있다는 학문적 입장이 존재함에도(이원섭, 2010; Altschull, 1990; Rich, 2003), 사실 보도에 집중하는 스트레이트 뉴스(임영호; Brooks et al., 2002)가 아니라 의견을 담을 수 있는 사설에서의 정치적 논평에 제한이 가해졌다는 평가로 볼 수 있다. 이런 점을 비판하는 일부 학술적 탐구는 아예 언론인의 선거운동 금지가 위헌일 수 있다는 주장(박성철 · 박호경 · 장품 · 구나영, 2013)에까지 이어지나, 가치가 들어간 논평이 허위로 판단될 수 있는 위험 때문에 마련된 공직선거법의 규제는 결국 국내 신문의 사설을 통한 특정 후보 공개 지지를 불법으로 판단하는 방향으로 흐른다(김춘식, 2006).

사실 매체효과론 차원에서 유권자의 행태 변화에 이 후보 지지 현상이 어떤 영향을 미칠지에 대한 판단은 다양하게 나타난다(Welch et. al., 1990). 예를 들어 신문의 후보 지지 표명은 해당 신문에 대한 유권자의 신뢰도, 또는 유권자가 인식하는 신문의 기존 정파성에 따라 다른 영향력을 보인다는 연구(Chiang & Knight, 2011)도 있다. 또, 정보 선택과 배제 등 매체 보도의 경향성을 잘 알고 있는 사람들은 매체의 후보 지지를 하나의 음모 이론으로 보고, 개별 신문의 정파성을 파악하고 있는 사람들에게는 매체의 의견 정보가 특별한 영향을 미치지 않을 수 있다는 점을 확인하기도 했다(Craft, Ashley, & Maksl, 2017). 전자는 신문의 특정 후보 지지가 정치 편향성이 없거나 매체의 정치적 경향성을 잘 모르는 사람에게는 영향력을 행사하지만, 진보적 후보자에 대한 진보 신문의 지지나 보수적 후보자에 대한 보수 신문의 지지는 이들 신문의 정파성을 이미 알고 있는 유권자에게 별다른 반향을 일으키지 못한다는 점을 설명한다. 한편 이런 내용을 일부 담고 있는 후자는 언론이 사설 등의 의견 보도를 통해 특정 후보를 선호한다는 메시지를 보내더라도 편향적 의견 보도가 유권자의 정치적 판단에 영향을 미치기는 어렵다고 보고, 이런 입장은 불편부당한 사실 정보 기사가 의견 기사보다 유권자들에게 더 큰 영향력을 행사한다는 등의 주장으로 이어진다. 다채로워진 매체 환경과 이 배경 속에서 진행되는 관련 연구는 수용자 성향 등에 따른 신문의 후보 지지 영향력을 더욱 다양한 시각에서 확인하고 있다(Borgida & Stark, 2004; Howard, 2006; Siapera, 2017).

이 과정에서 신문의 이런 공개적 의견 표명이 옳은지 아닌지와 관련해 우리가 더욱 숙고해야 할 점 중 하나는 언론의 정치적 판단 공개를 사회가 완충적으로 받아들일 준비가 돼 있는지의 문제이다. 그 고민이 깊어지려면 우리가 현재 처한 매체와 정치의 관계를 냉철하게 바라볼 수 있는 시각이 필요하다. 이때 이 문제에 대한 유럽 언론의 시각도 우리가 참고할 만하다. 비록 선언적으로 특정 정파를 지지하지는 않지만, 매체와 정치에 관심이 있는 우리나라 사람이라면 대부분 느끼고 있을 뿐 아니라, 연구 결과나 학자의 통찰로도 확인되는 국내 언론의 정치적 경향성(강준만, 2019; 이건호·고흥석, 2009; 최진호·한동섭, 2012; 최현주, 2010)과 연계해 숙고할 부분이 있기 때문이다.

유럽에서 영국을 제외하고는 신문의 사설을 통한 미국식 후보 지지가 일반적이지 않다(Bartle, 2005; Wring & Deacon, 2010). 공식적으로 사설을 이용한 지지를 천명하지 않던 독일(Semetko & Schoenbach, 2003)이 최근 미국식 후보 지지 사설을 싣는 시도를 하지만 아직 두드러지지 않고(Esser & d'Angelo, 2006), 프랑스나 스페인, 이탈리아 등 다른 유럽 국가들의 언론을 통한 정치적 의사 표현 방식도 미국과 다르다(Firmstone, 2019; Perloff, 1998). 하지만 그렇다고 유럽의 매체가 정치적 편향성이 없는 것은 아니다. 오히려 미국보다 더 강하다(Hallin & Mancini, 2011; Van Kempen, 2007). 대부분의 유럽 국가 신문들은 사설뿐 아니라 일반 기사에서도 공개적으로, 그리고 적극적으로 특정 이데올로기나 정당을 지지하는 표현을 쓴다. 영국, 프랑스, 독일, 스페인, 이탈리아 등 5개국을 대상으로 한 연구(Belluati, 2016)는 자국 내의 정치 문제에서 정파성을 드러내던 이들 국가의 신문들이 유럽연합(EU)의 수장을 뽑는 선거에서도, 일반 기사와 사설을 막론하고, 각국의 정치적 성향이나 국가 이익에 따라 적극적으로 후보에 대한 지지 내용을 표현한다고 봤다. 이들 국가는 전통적으로 신문뿐 아니라 TV에서까지도 정치적인 색채를 드러내는 데 인색하지 않다(Blumler, Ewbank, Cayrol, Geerts, & Thoveron, 1978). 심지어 세계적으로 객관 보도의 모범으로 알려진 영국의 공영방송 BBC조차도 정파적이라는 비판을 받을 정도이다(Mills, 2016). 이런 경향성이나 매체에 대한 그들의 생각이 우리나라와는 다른 매체 환경에서 나왔다는 점은 추후 더 고민할 필요가 있지만, 언론의 정파성이나 그에 대한 비판적 해석도 다양한 시각에서 무척 활발하다는 점은 기억할 가치가 있다.

한편 유럽 언론의 이런 접근은 공정성을 통한 객관성의 현실적 획득 불가능성(Durham, 1998)에 기인한다. 비록 이 객관성이 '주관성 배제'라는 차원에서 설명되긴 하지만(Donsbach & Klett, 1993), 객관적 존재를 드러내는 방법, 언론 보도로 치면 완벽하게 공정한 실체의 표현을 구현하기 어렵고, 그렇게 구현했다고 주장하더라도 그런 결과물로서의 보도가 공정하고 객관적이라는 동의를 정치인이나 유권자를 포함한 모든 이해관계자로부터 얻기 어렵다는 뜻이다(Ryan, 2001). 유럽에서도 실천적 행위인 보도의 공정성 추구가 존재론적 대상인 객관성의 현시를 목적(Meyer, 1988)으로 하지만, 어차피 주관적일 수밖에 없는 인간의 인지적 한계 때문에 이 절대적 객관성을 얻을 수 없다(Schudson, 2001)고 한다면, 차라리 사안에 대한 편파적 인지 결과를 거짓 없이 드러내는 것이 공정할 수 있다는 주장(Giles, 2010)이다. 사설에서 특정 후보에 대한 지지를 선언하고 일반 뉴스에서는 공정한 보도를 할 수 있다는 미국식 저널리즘의 주장은 실현되기 어려우며, 유럽의 언론처럼 아예 자신의 정치적 정체성을 공개하고, 그 틀 안에서 떳떳하게 정파적인 기사를 쓰는 것이 수용자의 혼란을 줄일 수 있으며, 또 해당 정보에 대한 해석을 수용자 본인의 종합적 스키마에 따라 내리도록 할 수 있다는 것으로, 바로 이것이 언론의 올바른 길이라는 것이다.

여기서 알 수 있는 사실은, 대부분의 유럽 국가는 사설만을 통해 특정 후보를 지지하는 미국식 정치 의사 표명 방식을 따르지 않지만, 우리나라 신문이 미국 신문처럼 특정 후보를 지지하는 사설을 공개적으로 싣지 않는 것과는 그 이유가 다르다는 점이다. 정리하자면, 일반 기사는 사실 중심으로 쓰고 사설에서 정파성을 드러내는 미국(Altschull, 1990; Perloff, 1998), 일반 기사와 사설 모두에서 정치 성향을 선언적으로 표방하는 유럽(Hallin & Mancini, 2011; Van Kempen, 2007), 일반 기사와 사설에서 모두 정치적 성향을 공개적으로 드러내지 않으려는 한국 정도의 비교가 가능하겠다. 단 우리나라의 신문은 그 감추려는 시도가 성공적이지 못해, 일반인의 체감은 물론 학술 연구 결과로도 개별 매체의 정파성이 확인되는 것(강준만, 2019; 이건호 · 고흥석, 2009; 최진호 · 한동섭; 2012; 최현주, 2010)이 특징이다.

매체가 특정 정치인을 지지하면서 그 정치인과 다른 정치인의 경쟁을 불편부당하게 보도하는 문제는 마찰적이다(Sheppard, 2007). 이런 갈등은 '그 마찰을 끌어안으면서 사설을 통해 매체의 사회적 논쟁을 주도하고, 일반 기사를 통해 보도 중립성을 확보한다는 두 마리 토끼를 잡는 것'이 언론의 의무(Meltzer, 2007)라는 주장과, '실체적 진실의 객관 보도 불가능성을 인정(Giles, 2010)한 뒤 일반 기사와 사설을 막론하고 일관적인 정파적 보도를 하는 것'이 수용자에게 정확한 정보를 전달하는 언론의 책무라는 입장의 불일치와 관계된다. 하지만 이런 논쟁과 이를 통한 저널리즘 방식의 채택은 북미 및 유럽 민주주의의 역사적 배경과 사회적 맥락에서 받아들여졌다(Firmstone, 2019; Gentzkow & Shapiro, 2010). 비교적 민주주의의 역사가 짧은 우리나라 역시 이 문제를 놓고 갈등하지만, 아직 어느 쪽을 받아들일 수 있을지 확연하지 않다. 어쩌면 우리만의 방식으로 이 문제를 해소해나가고 있는지 모른다. 단 현재에 머무르건, 기존 해외의 방식 중 무엇을 선택하건, 또는 어떤 결과물을 창조하건 정치와 매체, 유권자에 대한 이해, 그리고 이들 관계에 대한 고민이 충분히 녹아 있어야만 정치 커뮤니케이션의 3대 요체 모두가 그 결정을 받아들일 준비가 될 것이다.

③ 구체적 사실 적시의 환경: 여론조사 결과 보도

여론조사 결과 보도는, 앞에서 다룬 선거 보도 경향성 중 대중매체의 관행과 편견 부분에서 경마 보도의 특성을 설명하며 등장한 내용이기도 하다. 선거와 관련한 여론조사는 주로 유권자들에게 어느 후보자를 지지하는지 묻는 형식을 띠고, 선거 보도는 그 결과물을 담아 공중에게 전달한다(김준철, 2015; Andersen, 2000). 공동체 구성원의 다양한 이해관계를 조정하기 위한 방식을 놓고 경쟁하는 것이 정치이고, 그 경쟁을 구현하는 선거에서 갈등이 표면화하며, 이런 마찰에 집중하는 언론은 선거 과정에서 유권자가 어떤 정치인을 지지하느냐의 현상을 보도하는 데에 큰 관심을 기울인다고 앞서 설명했다(Patterson, 1993). 마찰과 갈등이 접목된 선거 판도를 단순하고 명쾌하게 전달하고, 선두와 후발주자를 극명하게 나타내는 여론조사 결과 보도는, 복잡하고 세세한 이슈를 설명하는 것보다 이미지화한 내용을 선호하는 수용자들에게 흡족한 정보가 되며(Robinson & Sheehan, 1983), 유권자가 원하는 정보를 전달해준다. 이를 통해 더 많은 수용자를 확보함으로써 수익을 창출할 수 있는 언론으로서는 이와 같은 여론조사 결과의 보도를 마다할 리 없다(Gentzkow & Shapiro, 2010). 게다가 사실적 정보의 성격을 띤 결과물을 도출하는 여론조사는 사실 보도 의무를 내세우는 대중매체(Brooks et al., 2002; Mencher, 1991)에는 더없이 좋은 보도 소재가 된다.

그러나 여론조사 결과 보도에 대한 비판과 지적들을 접하면, 언론의 선거 보도에 등장하는 대중의 여론을 그대로 받아들이기 어렵다는 결론에 다다르게 된다. 여론조사는 사람들이 그 결과를 사실적 정보로 인식하지만, 그 조사 방법과 결과의 해석에서 왜곡이 벌어질 수 있고, 이를 보도하는 매체의 편향성이 사실적 결과와 왜곡된 해석을 버무려 경도된 정보를 대중에게 전달할 위험이 있기 때문이다(최한수 외, 2000; Perloff, 1998). 게다가 의견보다 사실로 인지되는 뉴스 정보에 대한 사람들의 신뢰가 높아, 사실적 정보로 알려진 여론조사 결과 보도에 공중이 거의 무방비로 노출돼 있다는 점은 더욱 그 보도에 신중함이 요구된다는 지적으로 이어진다(Sonck & Loosveldt, 2008).

다시 정리하자면, 우선 이 여론조사 결과는 사설을 통한 후보자 지지 표명 등을 포함한 의견 기사와 달리 사실적 정보라는 인식이 강하다. 여론조사 결과는 사람들의 인식을 불편부당하게 물어 확인한 내용이며, 외부의 압박 없이 대중이 스스로 생각을 표명한 결과물(Gallup & Rae, 1940b)이기에, 이 조사 방식이 소개된 20세기 초반과 중반에는 매체가 이를 정교하게 보도하면서 사실 정보 전달의 의무를 행할 수 있다고 봤다(Igo, 2006). 하지만 질문의 형태와 답변의 제한성 등이 버무려진 조사 방법에 문제가 있을 수 있다는 지적과, 그렇기에 그 방법이 공개돼 공신력을 회복해야 한다는 주장들은 여론조사 결과에 대한 신뢰도에 의문이 제기된다는 점을 확인해줬고(김춘철, 2015; Terhanian, 2017), 언론의 정파성이나 정치적 의도 등이 관련 보도에 연결될 수 있다는 의혹도 증가하면서 선거 과정에 나타나는 여론조사 뉴스에 대한 비판이 이어졌다(Andersen, 2000; Tsfati, 2003). 그럼에도 일반 대중은 여전히 여론조사 결과를 불편부당한 사실로 인식하고 자신이 원하는 결과가 나온 여론조사에 만족해하며 그 내용을 진실로 받아들이는 성향이 강해, 공중에 대한 매체의 선거 여론조사 보도 추세나 그 영향력은 계속 강세를 보인다(Ruddock, 2000).

이런 영향력은 매체효과론 연구를 통해 확인돼왔다. 유권자는 언론이 보도하는 여론조사 결과에 노출됨으로써 자신이 지지하는 후보를 바꾸거나, 바꾸려던 마음을 돌려 원래 지지자에 대한 응원을 더 강화하는 모습을 보인다(하승태, 2012; Patterson, 1993). 매체효과론에 근거를 둔 이런 접근은 전자를 기존 지지의 철회를 나타내는 수용자의 행태 변화로, 후자를 원래 입장을 공고히 하는 행태 강화로 설명한다(Andina-Díaz, 2007; Åström, Jonsson, & Karlsson, 2017). 이들은 다수의 응원을 받는 후보를 함께 지지(Marsh, 1985; Nadeau, Cloutier, & Guay, 1993)하는 '승자편승 효과(bandwagon effects)', 혹은 소수 지지자에 대한 동정을 표하거나 다수 지지자를 견제(Goldschmied & Vandello, 2009; Knupfer, 1947)하는 '열패자 효과(underdog effects)' 등 크게 두 가지 이론과 얽히며 등장한다. 사실 서로 다른 방향의 영향력을 보이는 승자편승 효과와 열패자 효과는 결과적으로 상쇄 효과를 일으킬 수 있다. 즉 유권자 그룹이 같은 여론조사 결과에 노출되더라도 어떤 사람은 승자편승 효과 때문에 원래 인기가 많은 후보자를 지지하는 쪽으로 마음을 결정하고, 또 다른 사람은 열패자 효과 때문에 후발주자를 지지하게 되는데, 그 정보가 행태 중 변화나 강화 어느 쪽을 이끌건, 또는 승자 편에 서건 지는 쪽을 동정하건, 그 수는 서로 같을 수 있고, 그렇게 되면 종국의 투표 결과는 여론조사에 노출되기 전과 차이가 없게 된다. 게다가 승자편승 효과와 열패자 효과의 크기 차이, 또는 행태 변화와 강화에 대한 학자들의 주장은 어느 쪽이 더 강하다고 확언할 수 없어 그 방향성을 가늠하기 쉽지 않다(Ceci & Kain, 1982; McAllister & Studlar, 1991). 하지만 그 방향이 어떻든 여론조사 결과는 대중매체를 통해 공개되고(Brookes, Lewis, & Wahl-Jorgensen, 2004; Drew & Weaver, 2006), 대중의 정치적 판단에 대한 매체의 효과는 존재하며(Cappella & Jamieson, 1996; De Vreese, 2005; Parenti, 1993), 특히 여론조사 결과를 전달하는 뉴스가 어떤 식으로든 공중의 투표 행위에 영향력을 미친다는 점(Fan & Tims, 1989; Strömbäck & Kiousis, 2014)은 광범위하게 인정받는다.

이런 매체 영향력의 존재는 결국 여론조사 결과를 사람들이 불편부당한 사실로 인식하는 경향, 사실 정보에 대한 공중의 신뢰, 그런 여론조사의 왜곡 가능성과 그 결과를 보도하는 매체의 정치적 편향성 등과 어우러지면서, 여론조사 결과의 보도에 신중해야 한다는 공감대를 형성하게 했다. 그리고 이는 우리나라에서 선거 기간 중 여론조사 결과의 공표나 이를 인용한 보도를 금지하는 공직선거법 제108조로 이어진다(김춘식, 2006). 2020년 현재 확인되는 공직선거법 제108조(여론조사의 결과공표금지 등)는 '누구든지 선거일 전 6일부터 선거일의 투표 마감시각까지 선거에 관하여 정당에 대한 지지도나 당선인을 예상하게 하는 여론조사(모의투표나 인기투표에 의한 경우를 포함한다. 이하 이 조에서 같다)의 경위와 그 결과를 공표하거나 인용하여 보도할 수 없다. <개정 1997.11.14., 2005.8.4., 2017.2.8., 2017.3.9.>'는 규정이다.

이 규정은 공직선거법이 1994년 3월 16일 '공직선거 및 선거부정방지법'이라는 이름으로 기존에 산개한 선거 관련 법률을 통합해 제정된 후 20여 년 동안 전체적으로 81차례 수정을 거쳐 진화한 내용이다. 물론 이 특정한 제108조를 위해 4차례 개정이 이뤄졌고, 세칙의 추가 및 개정 등과 관련해서 진행된 수정 작업도 전체 81회에 이르지는 않지만, 본문만 모두 17장 279조에 이르는 공직선거법은 서로 유기적으로 연결돼, 이 81차례의 개정 작업이 각 조항에 상호 연관성을 가지고 있다고 보면 되겠다. 다시 제108조를 보면, 여론조사 결과가 꼭 매체를 통해서만 전해지는 것이 아니고, 매체를 통해서 전달되더라도 무한정의 기간 동안 보도가 허용되는 것이 아니라는 것을 알 수 있다. 이는 우리 일상생활에서 신문이나 방송을 통해 여론조사 결과가 전달되는 것 외에, 여론조사 기관이 자체 조사를 통해 여론의 추이를 전하는 것만으로도 확인되는 사실이다. 즉 공직선거법은 여론조사 결과의 공표 자체가 아니라 그 메시지를 전달하는 통로와 시기를 규제하고 있다. 다른 조항을 통해 여론조사 기관의 자격, 공표 허가를 받아야 하는 단체 등의 규정까지 세세히 정하는 공직선거법이 대중매체의 여론조사 결과 보도 등에 제한을 두는 것은 공중의 투표 행태에 대한 언론의 영향력 등을 고려한 것이다(김준철, 2015; 최한수 외, 2000)

우선 공직선거법은, 특정 조건 아래 당내 경선 등 특수한 경우를 제외하고, 선거일 전 6일부터 선거일까지 보편적 의미의 후보자나 정당이 여론조사 자체를 할 수 없도록 하고, 실제 투표와 비슷한 모형으로 벌이는 여론조사는 일반인까지도 하지 못하게 막고 있다. 또 질문 형태에 관한 규정도 갖추는 등 이 법은 앞서 제기한 다양한 학술적 결과물 등을 반영해 세밀한 운영을 시도한다. 매체의 여론조사 결과 보도에 관해 보면, '선거일 전 6일부터 선거일의 투표 마감시각'이 공표 금지 기간이다. 이 6일의 기간이 언론의 여론조사 발표가 제한되는 특정 시점이 된다. 이 '6일'이 공직선거법에 처음 제시된 것은 2005년 8월 4일 개정 때이다. 그 전에는 여론조사 결과 보도가 '선거 기간 개시일부터 투표 마감시각까지'로 규정된 '선거 기간' 내내 금지됐다.

선거 기간은 2020년 7월 현재 대통령(후보자 등록 마감일의 다음 날부터 선거일까지)의 경우 23일, 국회의원, 지방의회의원, 지방자치단체장(후보자 등록 마감일 후 6일부터 선거일까지)은 14일로 돼 있으나, 여기에 등장하는 선거 기간은 1994년 3월 16일 공직선거법 제정 후 두세 차례의 개정을 거쳐 결정된 결과이다. 1994년 공직선거법 제정 당시 '선거 기간'은 '후보자 등록 개시일부터 선거일까지'인데 이때 선거 기간은 대통령의 경우 후보 등록이 시작되는 선거일 전 22일부터 선거일까지 총 23일, 국회와 지방자치단체는 선거일 전 16일부터 선거일까지 총 17일, 지방의회의원은 선거일 전 13일부터 선거일까지 총 14일로 돼 있다. 2005년 8월 4일 선거 기간은 대통령(후보자 등록 마감일의 다음 날부터 선거일까지)의 경우 23일로 유지됐으나, 국회의원, 지방의회의원, 지방자치단체장(후보자 등록 마감일의 다음 날부터 선거일까지)은 모두 통합돼 14일로 정리됐다. 또 국회의원, 지방의회의원, 지방자치단체장의 선거 기간은 14일로 유지됐으나 시작일이 '후보자 등록 마감일의 다음 날'에서 2011년 7월 28일 개정을 거쳐 '후보자 등록 마감일 후 6일'로 조정된 후 2020년 7월 현재에 이른다. 이를 종합하면, 대통령의 경우만 따졌을 때 언론의 여론조사 보도는 1994년 3월 16일부터 2005년 8월 4일 전까지 선거 기간 내내인 23일 동안 금지됐으며, 2005년 8월 4일 개정된 공직선거법에서부터 보도 금지 기한이 6일로 줄었다는 것을 확인할 수 있다. 국회의원, 지방의회의원, 지방자치단체장 등은 선거법 제정 후 변화를 거치는 동안 선거 기간인 14~17일 내내 여론조사 공표가 금지되다가, 역시 2005년 8월 4일부터 그 보도 금지 기간이 6일로 줄었다.

구구절절 이 변화를 소개한 것은 23일, 17일, 14일, 6일에 대해 매체효과론 차원의 고민을 해보자는 취지이다. 언론 보도의 영향력은 이론과 조건에 따라 그 유효 기간이 달리 설명된다(Zillmann & Bryant, 1985). 의제 설정 효과를 예로 들면, 이슈의 성격 등에 따라 매체 영향력과 그 지속 기간이 차이를 보이는데(Soroka, 2002; Wanta, 1997a), 이슈가 구체적(Yagade & Dozier, 1990)이거나 덜 두드러질수록(Zucker, 1978) 그 효과가 확실하게 나타나고, 보도에 나타나는 주제의 성격이나 그에 대한 수용자의 이해 정도 등에 따라 4~6주(Winter & Eyal, 1981)나 2~6개월(Stone & McCombs, 1981) 간 효과의 지속성이 다르게 나타난다. 이와 연계하면, 정당이나 후보자에 따라 각각 집중하는 이슈가 같지 않다는 점, 수용자로 치환될 수 있는 유권자마다 개별 주제에 대한 전문성에 차이가 있다는 점, 이들 중 공통 쟁점을 뽑아 보도하는 매체들의 성격이 정치·경제·문화 환경 등에 따라 다르다는 점 등의 사실 때문에, 특정 시점의 여론조사 보도가 그 조사에 등장하는 이슈나 주제, 쟁점 등에 따라 특정 정치인의 유불리를 결정하게 될 가능성을 생각해볼 수 있다. 한국 공직선거법의 여론조사 결과 공표 보도 기간 제한 조항은 이런 고민과 관련 탐구를 지속한 학계의 연구 결과 등이 복합적으로 적용된 결과이다. 과거에는 대통령과 국회의원, 또는 지방의회의원 등에 대한 정치적 무게감이 선거 기간과 맞물려 여론조사 보도 금지 기한 지정에 영향을 미쳤지만, 이후 위와 같은 견해가 정당에 대한 표현이나 여론조사 기관의 조건 정비 등의 상황과 맞물리면서 현행과 같이 정비됐다. 모든 정치인에 대한 여론조사 결과 보도 금지 기간이 전체적으로 줄어든 것은 결국 선거와 관련된 여러 논란과 판단 속에서 정치 커뮤니케이션의 역동성을 반영했기 때문이라는 뜻이다.

흥미로운 것은 이런 역동성을 적용한 여론조사 결과 공표 금지에 대한 접근이 국가마다 달리 나타난다는 점이다(Lago, Guinjoan, & Bermúdez, 2015). 민주주의가 성립된 역사적 배경과 투표가 진행되는 국가의 사회적 특수성 등이 반영된 결과로 소개되는데, 세계여론조사학회(World Association for Public Opinion Research: WAPOR)가 81개국의 여론조사 결과 공표 금지 추세를 확인한 연구(Chung, 2012)에는 선거 전 발표 금지 기간이 전혀 없는 미국에서부터 45일에 이르는 온두라스에 이르기까지 그 내용이 다양하게 기록돼 있다. 2002년과 2012년 모두 조사에 참여한 나라들을 대상으로 변화 추이를 봤을 때, 우리나라를 포함한 11개국의 발표 금지 기간이 10년 전보다 줄었으나, 13개국은 오히려 늘었고, 10개국은 변화가 없었으며, 26개국은 2002년과 2012년 모두 아예 발표 금지 기간이 없다고 보고했다. 온두라스는 2002년 발표 금지 기간이 없다가 2012년 45일로 늘어난 극단적 사례로 보인다. 이 기간 한국의 금지일 수가 23일에서 21일로 이틀 감소한 것으로 기록된 것을 보면, 대통령과 여타 선출직 공무원 중 누구를 대상으로 한 선거를 지칭한 것인지 등이 더 정확하게 파악돼야 하고, 국내 공직선거법 개정 변화가 더 정확하게 세계 학술 단체에 보고될 필요가 제기되지만, 전반적으로 국가 간 발표 금지 기간에 차이가 있다는 점은 확인된다. 참고로, 미국을 비롯해 영국, 독일, 일본, 호주 등에 공표 금지 기간이 전혀 없다는 것은 선거 하루 전까지도 여론조사 결과를 발표할 수 있다는 의미로 풀이된다. 발표 허용과 금지에 대한 국가 간의 규정 차이는 각 나라가 처한 정치적 환경과 그 역동성에 대한 해석에 기인한다. 또 국민의 알 권리나 표현 자유 등의 명목으로 조사 결과 발표 금지에 대한 저항 및 반박이 나오고, 정보통신 환경 변화에 따른 여론조사 발표 규정의 개정 요구들이 등장하는 것(윤형석, 2019)도 정치 커뮤니케이션의 복잡다단함을 보여주는 또 다른 증거이다. 그리고 매체효과론을 둘러싼 다양한 탐구 결과가 그 역동성의 한 축으로 구동한다.

이런 효과 이론의 영향을 받은 여론 또는 선거 관련 의견의 전달 제한은 '시간'뿐 아니라 '거리'에도 적용된다. 2020년 7월 현재 공직선거법 제58조의 2항(투표 참여 권유활동)은 사전투표소 안 또는 투표소로부터 100m 안에서 특정 정당이나 후보자를 지지·추천·반대하지 못하도록 했고, 제166조(투표소 내외에서의 소란 언동 금지 등)는 투표소 안 또는 투표소로부터 100m 안에서 소란을 피우거나 특정 정당이나 후보자를 지지·추천·반대하는 언동을 하는 자에 대한 제지 또는 제한 거리 밖으로의 퇴거를 규정했다. 제167조(투표의 비밀보장)는 선거 당일 언론사가 선거 결과를 예측하기 위해 투표소로부터 50m 밖에서 투표의 비밀이 침해되지 않는 방법으로 선거인이 투표한 후보자나 정당에 대해 질문하는 것을 허가했으나, 이 경우에도 투표 마감시각까지는 그 경위와 결과를 공표할 수 없도록 했다. 이를 어길 시에는 제241조(투표의 비밀침해죄)를 적용해 3년 이하의 징역 또는 600만 원 이하의 벌금형에 처하도록 했다.

공직선거법 개정의 흐름을 보면 1994년 3월 16일 제정 후 선거운동 관련 제58조(정의)와 제166조(투표소 내외에서의 소란 언동 금지 등)는 대체로 그 내용이 유지됐지만, 2005년 8월 4일 개정과 2014년 5월 14일 신설 등을 통해 각각 위반 사항 제재 주체와 관련한 법령 시행 조건 구체화(제166조), 투표소로부터 100m 이내의 거리에서 투표 권유 불가 등의 제한을 명시한 제58조의 2항(투표 참여 권유활동) 조항 추가 등 세부 사항에 변화가 있었다. 제167조(투표의 비밀보장)는 공직선거법 최초 제정 당시 질문 주체로서의 언론사에 대한 표현, 투표소로부터의 질문 가능 거리 등의 조건이 없다가, 1995년 12월 30일 개정에서 언론사가 투표소로부터 500m 내에서 선거인이 투표한 후보나 정당에 대해 질문을 하도록 허가하면서 질문 주체로서의 언론을 인정하고 500m라는 거리 제한을 제시했다. 이후 이 거리는 2000년 2월 16일에 300m, 2004년 3월 12일에 100m, 2012년 2월 29일에 50m로 줄어 2020년 7월 현재까지 이어진다. 제241조(투표의 비밀침해죄)의 경우 법령 시행 조건 등에 대한 구체화 작업이 적용됐으나, 1994년 3월 16일 제정 당시 징역과 벌금의 무게를 그대로 유지하고 있다.

공직선거법 제166조는 제58조에도 등장하는 특정 정당이나 후보자 지지·추천·반대를 언동의 소란과 같은 의미로 묶고 그 행위의 제한 거리를 투표소로부터 100m로 두면서, 꼭 일반적인 소란이 아니더라도 정당이나 후보에 대한 지지 또는 반대 목소리가 다른 사람에게 영향을 줄 것을 우려한 점을 반영했다. 여론조사가 투표 현장의 출구조사 형태로 나타난 공직선거법 제167조의 수정 흐름을 보면, 그 조사 거리가 20여 년 동안 500m에서 10분의 1인 50m로 줄었다. 이는 타인의 투표 결과를 알고 나서 투표장으로 향하는 사람에게 일어날 수 있는 변화 가능성에 대한 염려가 반영된 결과이다. 즉 타인의 투표 내용을 처음 안 다음 기표소로 걸어가는 동안 사람들의 머릿속에서 일어날 수 있는 생각의 변화 가능성, 출구조사 개시 지점부터 기표소까지의 이동 중에 선거인이 흘려서라도 들을 수 있는 타인의 출구조사 응대 횟수, 그에 따른 선거인의 행태 변화 또는 강화 현상(Ceci & Kain, 1982; McAllister & Studlar, 1991) 등이 고려됐다는 뜻이다. 여기에는 정보를 접한 사람들에게 단 수초 안에도 일어날 수 있는 점화 효과(Lee, 2010; Roskos-Ewoldsen, Roskos-Ewoldsen, & Carpentier, 1994), 출구조사 결과를 흘려서라도 들은 경우 많은 사람이 지지하는 후보에게 투표하려는 승자편승 효과(Marsh, 1985; Nadeau, Cloutier, & Guay, 1993)나 소수 지지자를 동정하려는 열패자 효과(Goldschmied & Vandello, 2009; Knupfer, 1947)도 함께 연결된다. 즉 매체효과론에서 거론되는 많은 영향력 논의들과 그에 연계한 폐해 등을 우려해서 타인의 투표 정보에 대한 노출을 제한한 것이다.

이런 접근은 설문 결과로서의 사실이라는 여론조사 내용이 질문 방식 등에 의해 왜곡되거나, 언론의 정파성에 따른 보도를 통해 매체마다 강조되는 부분이 다르게 나타났을 때, 그 영향력이 얼마나 심대한 오류 또는 잘못된 정치적 판단 결과로 이어질 수 있는지를 보여주는 연구 결과를 반영한 것이다(최한수 외, 2000; Perloff, 1998; Sonck & Loosveldt, 2008). 정치 커뮤니케이션, 그중에서도 선거와 관련된 보도가 의견 기사뿐 아니라 사실을 다루는 영역에서도 소통 주체의 의도와 시각에 따라 달리 해석되고 교환될 소재가 된다는 것은, 사람들이 관련 정보에 얼마나 많은 주의를 기울이고 조심스럽게 그 내용을 받아들여야 하는지를 보여주는 근거라고 할 수 있겠다.

④ 선거 보도에서 비롯된 피해의 사전 및 사후 심의와 구제

대중매체의 정보 선택과 배제 관행은 사실 보도에서도 완전하고 불편부당한 이슈 전달을 어렵게 하고, 의견은 그 자체로 편견이 포함될 수 있어 공정한 보도로서 자격을 의심받는다. 따라서 갈등과 경쟁이 내재한 선거를 보도하는 언론의 기사 정보는 결국 모든 경쟁자가 만족할 수준의 정확성과 공평성을 담보하기 어렵다. 그로 인한 마찰은 분쟁을 부르고, 이를 해소하거나 최소화하려는 사회적 노력이 뒤따른다. 언론 보도로 인한 피해를 줄이려는 시도는 다양한 법적 심의와 구제 형태로 나타나는데, 우리나라 공직선거법은 앞서 소개한 제8조(언론기관의 공정 보도 의무) 아래 2항부터 9항까지 8개의 조항을 추가로 두고 그 내용을 구체화하고 있다. 하지만 여기서 거론되는 사전 규제 방식은 언론과 표현의 자유를 명시한 헌법에 저촉될 수 있다는 비판에 노출됐고, 사후 구제도 내용 확인에 들어가는 시간 등의 문제로 그 실효성이 의심받는다. 8개의 추가 조항 중 선거방송 토론의 구성 형식과 운영 방식을 규정한 '제8조의 7항(선거방송토론위원회)', 선거 여론조사의 객관성과 신뢰성 확보를 위해 마련한 '제8조의 8항(선거여론조사심의위원회)', 선거 여론조사 주관 기관이나 단체의 자격 요건을 제시한 '제8조의 9항(여론조사 기관·단체의 등록 등)'을 제외하고, 신문, 방송, 인터넷 매체의 선거 보도 내용 심의를 담당하는 기구를 소개한 조항은 우선 다음과 같다.

> 제8조의2(선거방송심의위원회) ① 「방송통신위원회의 설치 및 운영에 관한 법률」 제18조 제1항에 따른 방송통신심의위원회(이하 "방송통신심의위원회"라 한다)는 선거방송의 공정성을 유지하기 위하여 다음 각호의 구분에 따른 기간 동안 선거방송심의위원회를 설치·운영하여야 한다. <개정 2010.1.25., 2012.1.17.>

> 제8조의3(선거기사심의위원회) ① 「언론중재 및 피해구제 등에 관한 법률」 제7조에 따른 언론중재위원회(이하 "언론중재위원회"라 한다)는 선거 기사(사설·논평·광고 그 밖에 선거에 관한 내용을 포함한다. 이하 이 조에서 같다)의 공정성을 유지하기 위하여 제8조의2 제1항 각호의 구분에 따른 기간 동안 선거기사심의위원회를 설치·운영하여야 한다. <개정 2005.8.4., 2010.1.25.>

제8조의5(인터넷선거보도심의위원회) ① 중앙선거관리위원회는 인터넷언론사[「신문 등의 진흥에 관한 법률」 제2조(정의) 제4호에 따른 인터넷신문사업자 그 밖에 정치·경제·사회·문화·시사 등에 관한 보도·논평·여론 및 정보 등을 전파할 목적으로 취재·편집·집필한 기사를 인터넷을 통하여 보도·제공하거나 매개하는 인터넷홈페이지를 경영·관리하는 자와 이와 유사한 언론의 기능을 행하는 인터넷홈페이지를 경영·관리하는 자를 말한다. 이하 같다]의 인터넷홈페이지에 게재된 선거 보도[사설·논평·사진·방송·동영상 기타 선거에 관한 내용을 포함한다. 이하 이 조 및 제8조의6(인터넷언론사의 정정 보도 등)에서 같다]의 공정성을 유지하기 위하여 인터넷선거보도심의위원회를 설치·운영하여야 한다. <개정 2005.8.4., 2009.7.31.>

간단히 보면 '방송통신심의위원회' 산하의 '선거방송심의위원회'는 방송 뉴스가 다루는 선거 관련 기사의 심의를 담당하고, '언론중재위원회' 산하의 '선거기사심의위원회'는 신문의 선거 보도 내용 심의를 진행하며, '중앙선거관리위원회' 산하의 '인터넷선거보도심의위원회'는 인터넷 매체를 통해 전달되는 선거 관련 정보를 심의한다. 심의 목적은 모두 전달 정보의 공정성 유지이다. 2020년 7월 현재 기준으로 '선거방송심의위원회'와 '선거기사심의위원회'는 국회 교섭단체 자격을 받은 정당과 중앙선거관리위원회가 추천하는 각 1인, 해당 위원회 관련 매체와 학계, 대한변호사협회 및 언론·시민사회단체 등이 추천하는 사람을 포함해 기본적으로 9인 이내의 위원으로 구성되며, 활동 기간은 임기만료 선거, 즉 일반적인 선거를 기준으로 예비후보자 등록 신청 개시일(대통령 후보는 선거일 전 240일, 지역구 국회의원 및 시·도지사 후보는 선거일 전 120일, 지역구 시·도의회의원, 자치구·시의 지역구 의회 의원·장 후보는 선거 기간 개시일 전 90일, 군의 지역구 의회 의원·장 후보는 선거 기간 개시일 전 60일) 전일부터 선거일 후 30일까지이다. 인터넷선거보도심의위원회는 국회 교섭단체 자격을 얻은 정당이 추천하는 각 1인과 방송통신심의위원회, 언론중재위원회, 학계, 법조계, 인터넷언론·시민사회단체 등이 추천하는 자를 포함해 중앙선거관리위원회가 위촉하는 11인 이내의 위원으로 구성한다.

공정성에 대한 심사 요청이 접수되면 선거방송심의위원회는 심의를 거쳐 방송법에 따라 방송통신위원회에 그 결과를 통보하고, 방송통신위원회는 방송사업자, 중계 유선 방송사업자, 전광판 방송사업자 등에게 해당 방송프로그램 또는 해당 방송 광고의 정정·수정 또는 중지, 방송 편성 책임자와 해당 방송 프로그램·광고의 관계자에 대한 징계, 주의 또는 경고를 명할 수 있다. 같은 상황에서, 선거기사심의위원회는 신문 등의 진흥에 관한 법률, 잡지 등 정기간행물의 진흥에 관한 법률, 뉴스통신 진흥에 관한 법률 등에 따라 언론중재위원회에 통보하고, 언론중재위원회는 신문, 잡지, 정보간행물, 전자간행물, 기타간행물, 뉴스 통신사 등에 정정 보도문 또는 반론 보도문 게재, 경고 결정문 게재, 주의 사실 게재, 경고, 주의 또는 권고를 명할 수 있다. 인터넷선거보도심의위원회는 선거 보도의 내용이 관련 법규나 기준에 위반된다고 인정될 때, 해당 인터넷언론사에 정정 보도문 게재, 경고문 게재, 경고, 주의 등 필요한 결정을 내리고, 직접 그 이행을 명할 수 있다.

이와 같은 위원회 구성 및 활동 규정 등은 계속된 비판과 보완 속에 정비된 것이다. 모든 선거에 대해 '선거일 전 120일'로 획일적이었던 선거방송심의위원회와 선거기사심의위원회의 활동 개시 시점이 지정 근거가 명확하지 않고 대통령·국회의원·지방의회의원 등 선거 유형의 무게가 반영되지 않았다는 비판(김영주·김춘식, 2005)을 반영해, 각 선거별로 개시 시점에 차등을 둬서 정교화한 것이 그 사례 중 하나이다. 하지만 아직 해소되지 않는 부분도 꽤 남았다. 언론 관련이나 일반 시민사회단체의 광범위성, 교섭단체 미포함 정당의 배제 등은 위원회 구성 당시 정부와 여당 또는 거대 정당의 입김에 따른 정파적 성격을 띨 위험이 크고, 학계 범위의 불명확성은 전문적인 판단을 내릴 배경 자체가 모호하다는 비판을 받는다(김춘식, 2006). 인터넷선거보도심의위원회는 신문이나 방송 등 전통 대중매체 심의위원회의 설치를 담당하는 상위조직의 추천을 받은 위원들이 포함돼 담당 영역의 중첩이 문제가 될 수 있고, 새로운 기기의 급속한 대두와 관련된 문제를 쫓아가기에 부적합한 행정적 규제 등이 해결되지 않았다는 지적이 이어진다(한국언론학회, 2012; 황용석·김재영·정연정, 2000). 비록 2016년 1월 15일 시행된 '인터넷선거보도심의위원회의 구성 및 운영에 관한 규칙'을 중앙선거관리위원회 규칙 제444호로 따로 두고, 신문과 방송에서 비롯되거나 그에 유추해 판단할 수 있는 인터넷 선거 보도의 특성 등을 '신문 등의 진흥에 관한 법률', '인터넷 멀티미디어 방송 사업법' 등의 특정 조항에 연결해 확인하며, 인터넷 매체에 대한 정의를 정교화하는 등의 노력이 계속되나, 정보통신 환경의 변화는 이전에는 없었던 관행과 관습을 만들고, 이 상태에서 벌어지는 사안에 대한 법률적 해석이 당국과 관련 사업자의 마찰로 부각하는 상황(김춘식, 2006; 한국언론학회, 2012)은 과거와 다르지 않다.

한편 구체적인 피해 구제 등으로 들어가도 사정은 쉽게 풀리지 않는다. 비록 개선의 노력을 계속 기울이고는 있으나, 구제 시점의 애매함과 그에 따른 효용성 문제 등이 계속 지적된다. 우선 신문이나 방송 등 전통적인 대중매체의 선거 보도에 대한 반론 청구, 그리고 계속 새로운 플랫폼이 등장하지만 비교적 최근에 등장하는, 정보 채널을 한데 뭉친 개념의 인터넷 매체의 선거 보도 반론 청구 관련 내용을 정리한 아래 공직 선거법 제8조의 조항을 통해 살펴보자.

> 제8조의4(선거 보도에 대한 반론 보도 청구) ① 선거방송심의위원회 또는 선거기사심의위원회가 설치된 때부터 선거일까지 방송 또는 정기간행물 등에 공표된 인신공격, 정책의 왜곡선전 등으로 피해를 받은 정당(중앙당에 한한다. 이하 이 조에서 같다) 또는 후보자(후보자가 되고자 하는 자를 포함한다. 이하 이 조에서 같다)는 그 방송 또는 기사 게재가 있음을 안 날부터 10일 이내에 서면으로 당해 방송을 한 방송사에 반론 보도의 방송을, 당해 기사를 게재한 언론사에 반론 보도문의 게재를 각각 청구할 수 있다. 다만, 그 방송 또는 기사 게재가 있은 날부터 30일이 경과한 때에는 그러하지 아니하다. <개정 2002.3.7., 2008.2.29., 2010.1.25.>

> 제8조의6(인터넷언론사의 정정 보도 등) ① 인터넷선거보도심의위원회는 인터넷언론사의 인터넷홈페이지에 게재된 선거 보도의 공정 여부를 조사하여야 하며, 조사 결과 선거 보도의 내용이 공정하지 아니하다고 인정되는 때에는 당해 인터넷언론사에 대하여 해당 선거 보도의 내용에 관한 정정 보도문의 게재 등 필요한 조치를 명하여야 한다. <신설 2005.8.4.>

제8조의 4항(선거 보도에 대한 반론 보도 청구)은 방송과 신문의 선거 보도를 각각 관장하는 선거방송심의위원회와 선거기사심의위원회의 선거 보도 피해 구제를 다루고, 제8조의 6항(인터넷언론사의 정정 보도 등)은 유사한 맥락에서 인터넷 매체의 보도 오류 여부 등을 심사해 구제하는 내용을 담고 있다. 이들은 모두 보도 공정성과 관련해 앞서 거론한 내용 중 오보나 허위정보로 영향을 받는 사람들을 구제하는 방법들을 제기한다. 제8조의 4항 세칙 등을 보면 정당이나 후보자가 오류로 확인된 보도 내용에 대해 10일 이내에 서면으로 신문사 및 방송사 등 언론사에 반론을 청구하면, 언론사는 청구자와 반론 보도의 내용·크기·횟수 등을 협의하고, 언론은 일반적으로 청구 시점에서 48시간 이내에 협의 내용을 이행해야 한다. 협의가 이뤄지지 않았을 때는 해당 내용을 선거방송심의위원회나 선거기사심의위원회에 곧장 접수하고, 각 심의위원회는 48시간 이내에 심의해 각하·기각·인용 등의 결정 내용을 곧바로 관련자 모두에

게 통지해야 하며, 반론 보도 인용이 결정됐을 때에는 관계자들이 반론 보도의 내용·크기·횟수 등을 함께 결정해야 한다. 제8조의 6항 세칙 등에 따르면, 정당이나 후보자가 오류로 확인된 보도 내용에 대해 10일 이내에 서면으로 인터넷언론사에 반론을 청구하면 인터넷언론사는 청구자와 반론 보도의 내용·크기·횟수 등을 협의하고, 언론은 청구 시점에서 12시간 이내 협의 내용을 이행해야 한다. 협의가 이뤄지지 않았을 때는 정당이나 후보자는 즉시 인터넷선거보도심의위원회에 반론 보도를 청구하고, 심의위원회는 각하·기각·인용 등의 심의 결정 내용을 관련자 모두에게 통지하며, 반론 보도 인용이 결정됐을 때는 관계자들이 반론 보도의 내용·크기·횟수 등을 함께 결정토록 하고, 통지를 받은 인터넷언론사는 즉시 이를 이행해야 한다.

앞선 심의위원회 구성이나 활동 등의 내용과 마찬가지로, 반론이나 정정 보도에 대한 대응을 규정한 공직선거법 제8조의 4항과 6항 모두 학계와 현장의 지적 등을 통해 개선되고 있다. 반론 보도 청구 시점을 선거일 전 90일부터로 일괄 적용했던 과거(성낙인, 2002)와 달리 이를 선거 종류에 맞춘 선거방송심의위원회 또는 선거기사심의위원회가 설치된 시점으로 유연하게 한 점이나, 정기간행물법과 방송법 등에서 평상시에 따로 운영되던 반론 보도 청구나 규제 내용(김춘식, 2006)을 선거법에도 연동해 혼란을 줄이려는 노력을 기울인 것이 대표적 사례이다. 하지만 공적 기구의 심의를 통해 반론 보도 인용이 결정됐을 때 즉시 그 결정을 이행해야 한다는 인터넷 심의 규정과 달리, 인용 이후 이행 시점을 명확하게 지정하지 않은 전통 매체 심의 규정의 내용 등은 아직 혼란을 해소하지 못했다는 평을 받을 수밖에 없다.

더 큰 문제는 심의를 통한 결정 내용이 이행되는 과정이 과연 실제로 피해를 구제할 수 있는가이다. 여론조사 결과를 포함해 사실적 정보를 다루는 기사에 오류가 있을 때, 취재원의 발언 등이 연루됐다면 해당 발언자를 다시 찾으려는 과정 등과 관련해 해당 오류의 사실성 여부를 따지는 작업이 간단하지 않을 수도 있다. 또 심의가 요청된 시점이 선거일 하루 전이라면, 48시간이라는 심의 기간 또는 그 이후 반론이 보도될 매체 간행 및 방영의 시기 등이 문제가 될 수 있다. 발언자를 찾지 못하면 사실 여부를 가릴 수 없고, 선거일까지 남은 시간이 얼마 없다면 주간지나 월간지에 실린 오보는 정정되지 못한 채 남는다. 유권자들에게 사실이라고 기억된 이 정보는 결국 유권자들의 실제 투표에 영향을 미칠 수 있고, 그 영향에 따라 선거 결과가 결정될 수 있다. 비록 선거가 끝난 뒤라도 허위정보를 활용해 당선된 사람의 경우 재판 등을 통해 당선 무효 등이 선고될 수 있으나, 이미 치러진 사회적 비용 등은 회수하기 어렵다. 사실 보도에 관련한 정보도 그런데, 사설 등 의견 보도에 연관된 내용은 그 진실성 여부를 판단하는 것이 더 복잡할 수밖에 없다(Donsbach & Klett, 1993; Durham, 1998; Graber, 1976; Ryan, 2001).

모든 것을 다 재단하는 것은 불가능하더라도, 사회의 질서와 안녕을 위해 효율적인 규칙으로 구동하는 것이 법률이다(성낙인, 2002). 하지만 선거와 관련해 사실이나 의견을 전달하는 언론의 보도를 당장 눈에 보이는 효율만으로 규제한다는 것이 옳을지는 계속 고민해야 할 부분이다. 허위정보가 한 국가를 전쟁으로 몰고 갈 위험(Hoyle, 2008)이 거론될 정도로 뉴스의 정확성이 주목을 받는 현시점에서, 잘못된 사실을 바로잡는 것도 중요하지만 천편일률적인 법률적 규제가 단순 실수로서의 오보나 의도적 가짜뉴스를 구분하지 못하게 하고 그로 인해 건강한 정치 참여를 위한 토론을 저해한다면 그 또한 문제가 아닐 수 없다(박아란, 2019; 이나연, 2017). 근본적으로 헌법이 규정한 표현의 자유를 무너뜨릴 수 있고, 그에 기초한 언론의 존재 이유가 사라질 수 있기 때문이다. 이상적인 규범과 현실적인 규제를 통해 올바른 정보가 자유롭게 유통되고, 그에 기초해 시민들이 건강한 지도자를 선출할 수 있도록, 오보나 허위정보가 퍼져가는 방식의 차이, 그리고 그들이 미치는 영향력의 구분 등에 대한 연구(Karlova & Fisher, 2013)를 계속해나가야 할 것이다.

4. 선거와 TV 토론

TV 토론은 국민이 정치 관련 정보를 얻는 주요 통로 중 하나이다(Schroeder, 2008; Pfau & Kang, 1991). 특히 선거 과정의 후보자 TV 토론은 유권자의 정치적 지식 확보 여부와 맞물려 궁극적인 투표 방향 결정에 의미 있는 변수로 작용해왔다(송종길, 2006; Drew & Weaver, 1991; Middleton, 1962). 비록 그 내용에 경쟁자의 무능과 나태함 등을 서로 꼬집는 언어폭력 요소가 담기고, 갈등적 토론 형식이 이를 방조한다는 비판도 있지만(Luginbühl, 2007), 사회자가 던지는 질문이나 후보자의 대응 혹은 후보자 간의 주장과 지적이 주를 이뤘던 TV 토론 형태는 새로운 정보통신 환경과 만나면서 유권자인 수용자를 직접 대화에 끌어들이며 정치적 논의를 더욱 활발하게 만드는 현상으로 진화해왔다(Vergeer & Franses, 2016). 국내에서도 TV 토론과 정치 정보 추구의 관계, 수용자 의제에 대한 TV 토론 주제의 영향력과 유권자 참여 등이 꾸준히 연구됐고, 그 과정에서 이 형태로 매체가 전달하는 선거 관련 정보의 성격에 대한 논의도 활발하게 이어졌다(김인영 · 강태완, 2003; 안종기 · 박상운, 2014; 정성호, 2003; Lee &

Lee, 2015).

이렇게 다양한 연구가 이뤄질 정도로 주목을 받는 TV 토론은 서구, 특히 미국에서 영상을 실은 전파 매체가 일반 가정의 안방을 차지하기 시작한 1960년대 활기를 띠기 시작한다(Schroeder, 2008). 선거를 위한 정치 후보자의 토론과 TV의 접목을 바라보려면, 후보자들의 토론 자체와 정치인들의 TV 활용을 연결할 필요가 있다. 정치인 TV 토론의 틀을 제시한 것으로 소개되는 미국의 경우(국회도서관 입법조사분석실, 1997)를 보면, 선거 토론은 1858년 미국 일리노이주 상원의원 선거를 위해 맞붙은 당시 스티븐 더글라스(Steven A. Douglas) 주지사와 나중에 대통령이 된 에이브러햄 링컨(Abraham Lincoln)이 전개한 공개 및 비공개 질의응답에서 비롯됐다(Benoit & Delbert, 2009; Jamieson & Birdsell, 1988). 정치인의 TV 활용 시작점을 미국에서 대중에게 TV 보급을 개시한 1940년 전후 현직 대통령들의 TV 연설에서 찾기도 하지만(송종길, 2006), 실제 후보 TV 토론은 1960년 방송사들이 민주당의 케네디와 공화당의 닉슨 후보를 초청해 두 사람의 논쟁을 전국에 방영한 것을 처음으로 본다(Welch et al., 1990). 비록 이전에도 1948년 공화당의 대통령 후보자 경선 과정에서 활용된 라디오 토론을 현대식 후보자 토론의 유래로, 같은 해 대통령에 당선된 해리 트루먼(Harry Truman)의 TV 연설 등을 정치인의 본격적인 TV 활용 등의 사례로 연결하며 TV 토론의 활성화 계기를 소개하기도 하나, 현대 후보자 TV 토론의 시발점이 된 것은 '대토론회(great debates)'로 불리는 케네디와 닉슨의 1960년 토론이라고 본다(박영석, 2008).

관련 선거법제의 미비와 정치인 간의 이해관계 상충 등으로 이런 정치 메시지 전달

<자료 4-7> 한국과 미국의 대통령 선거 TV 토론 장면

* 왼쪽은 2017년 4월 23일 진행된 한국 19대 대통령 선거 TV 토론회(왼쪽부터 유승민 바른정당, 안철수 국민의당, 홍준표 자유한국당, 문재인 더불어민주당, 심상정 정의당 후보: SBS 화면)의 장면이고, 오른쪽은 2016년 10월 19일 진행된 미국 45대 대통령 선거 TV 토론회(왼쪽이 공화당 도널드 트럼프, 오른쪽이 민주당 힐러리 클린턴 후보: ABC 화면)의 장면이다.

방법의 도입이 미뤄졌던 우리나라는 미국의 대토론회가 있은 지 45년 만인 1995년 선거 후보자 간 TV 토론을 공식적으로 시작했다(송종길, 2006; 이수범·박정의, 2011). 그 이후 우리나라의 TV 토론은 미국이나 유럽 국가 등을 비롯한 다른 나라의 경우(Luginbühl, 2007; Sampedro & Seoane, 2008)와 마찬가지로 정치 및 선거 정보를 제공하는 자원으로서 활발하게 가동된다(김춘식, 2006; 최윤선, 2005). 이렇게 TV 토론이 활성화한 이유 중 하나로, 대중매체를 통한 선거 정보 전달에서 뉴스 보도보다 언론의 틀 짓기 관여 범위가 좁아, 정보의 선택과 배제를 통한 신문이나 방송의 시각을 우려하는 대중에게 직접적인 정치인의 목소리가 전달될 수 있다는 점이 꼽힌다(이건호 외, 2013). 실제로 국내 유권자들이 선거 관련 정보를 얻는 통로로서 TV 토론은 중요한 위치를 차지해오고 있다. 2004년 국회의원 선거를 예로 들면, 후보자에 대한 정보를 얻는 주요 원천 중 TV 토론회의 비율은 5.4%로, TV 뉴스(34.7%), 신문 보도(20.6%), 주변인과의 대화(9.7%)보다 낮았다(권혁남·김춘식·양승찬·이강형, 2005). 하지만 TV 정치연설(3.7%)이나 인터넷(3.5%), 정치인 웹 사이트(2.2%)보다는 사람들이 더 많은 정보를 TV 토론을 통해 얻을 수 있다고 답했다. 이 위치는 2018년 지방선거 관련 정보 획득 경로에서도 확인된다. 비록 중복 응답이고 다른 형식과 융합되는 모습을 보이지만, 후보자 토론은 TV 대담, 방송 연설과 함께 전체 16개 선택지 중 네 번째 자리(38.6%)를 차지했다(강주현, 2018). 이보다 더 높은 통로는 '가족·이웃·친구와의 대화'(51.5%), '선거 벽보·정당홍보물'(46.3%), '지상파 TV 뉴스(45.2%)'였다. 커뮤니케이션 환경의 변화로 해당 연구의 선택 채널이 종편 TV 뉴스 등으로까지 확대되고, 인터넷 등 온라인 통로가 SNS나 팟캐스트 등으로 분화하는 모습을 보였음에도, 공적인 방송 화면을 통해 후보자나 지지자의 목소리를 언론의 간섭을 최대한 배제하고 들으려는 유권자들의 높은 기대가 반영된 것으로 보인다. 물론 두 조사 모두에서 주변인 혹은 가족, 이웃, 친구와의 대화가 주요 소통 채널로 부각한 것은 메시지 통로의 다각화 및 채널의 성격 등과 더불어 지속해서 주목해야 할 요소이지만, TV 토론의 선거 정보 전달 역할론은 그 힘을 유지하고 있다고 봐야 할 것이다(Heo, Park, Kim, & Park, 2016).

1) 한국의 TV 토론 전개 과정

우리나라의 TV 토론은 1995년 지방의회의원과 지방자치단체장을 뽑는 제1회 전국 동시 지방선거 때 광역자치단체장인 서울시장 후보자들 사이에서 처음 시작됐다.

원래 1987년 13대 대통령 선거를 위한 후보자 대담과 토론 방식의 선거 캠페인 수단으로 TV 토론 도입이 고려됐으나 불완전한 법적 체제와 후보자 간 이해관계 등의 이유로 무산됐다가, 1994년 3월 16일 소위 통합선거법으로 불리는 '공직선거 및 선거부정방지법'이 제정되면서 TV 토론을 위한 법적 토대가 마련됐다(강주현, 2018; 김춘식, 2006; 박영석, 2008; 송종길, 2006; 윤종빈, 2010; 이수범·박정의, 2011; 최윤선, 2005). TV 토론을 소개한 이들 국내 다양한 연구 논문과 저술 등에 따르면 1995년 시행된 첫 TV 토론에는 당시 여당인 신한국당 정원식 후보, 민주당 조순 후보, 무소속 박찬종 후보 등이 언론사 자율로 마련한 절차와 방법에 따라 KBS, MBC, SBS 등 지상파 방송사를 통한 토론회에 5차례 참가했다. 각 지역방송사도 잇따라 해당 구역 지방자치단체장 후보 초청 TV 토론회를 대담이나 토론의 형태로 열어, 제1회 전국 동시 지방선거 때는 전국적으로 광역단체장 선거 34회, 기초단체장 선거 55회 등 모두 89차례의 TV 토론이 개최됐다.

위 연구들에 따르면, 이후 대통령 선거 방송토론위원회가 설치되면서 1997년에는 선거운동 기간 중 공영방송사가 후보자 1인 이상을 초청해 소속 정당의 정강·정책, 후보자 정견 등을 3회 이상의 대담·토론회를 통해 의무적으로 방송하게 됐다. 이를 바탕으로 같은 해 15대 대통령 선거부터 법제화된 후보자 토론이 진행됐으며, 1997년 5월 1일 MBC와 <중앙일보>가 공동 개최한 대선 후보 토론회를 시작으로, 김대중·이회창·이인제 후보의 합동 TV 토론이 3차례 열렸다. 이밖에도 다양한 프로그램과 채널을 통해 대통령 선거 후보의 크고 작은 TV 토론이 83회 더 진행된 것으로 기록됐다. 2004년 17대 국회의원 선거를 앞두고 한시적 기구였던 선거방송토론위원회를 상설기구로 세우면서, 국회의원 후보들의 TV 토론도 법적 토대를 갖췄다. 2000년 진행된 16대 총선 등 그 이전에도 수도권 국회의원 출마자들은 케이블 방송사가 마련한 토론에, 그 외 지역 후보들은 지상파 방송국 지부 등이 마련한 권역별 토론에 참여했지만, 진행 미숙이나 절차·기준 미비 등이 논란이 되면서 구체적인 제도 마련의 필요성이 제기됐고, 이 과정에서 국회의원 선거를 위한 TV 토론 법제화가 이뤄진 것이다. 이 제도에 따라 처음 시행된 17대 총선에서는 전국 243개 지역구 국회의원 후보자를 대상으로 89회의 합동방송연설회, 그리고 161회의 대담·토론회 등 모두 250회의 TV 토론이 진행됐다.

2004년 3월 12일 제8조의 7항으로 공직선거법에 신설된 선거방송토론위원회 규정은 이후 2005년 8월 4일 개정을 통해 대담·토론회 실시 대상을 구·시·군의 단체장 선거로 확대하며 후보자들의 TV 토론 참여를 강제했다. 이후 발전을 거듭해 2010

년 1월 25일, 2015년 8월 13일 등의 개정을 거치면서 중앙선거관리위원회에 대통령 선거와 비례대표 국회의원 선거를 위해 중앙선거방송토론위원회를, 광역자치단체 규모의 특별시, 광역시, 특별자치시 · 도 선거관리위원회에 시 · 도 선거방송토론위원회와 기초자치단체 규모의 구 · 시 · 군 선거방송토론위원회를 두는 전체 10호의 2020년 7월 현재 규정에 이르고 있다. 결과적으로 우리나라는 기초의원 선거를 제외한 대통령, 광역단체장인 시 · 도지사, 기초단체장인 구 · 시 · 군 선출직 공무원 선거와 국회의원 선거의 TV 토론을 법적 제도로 마련한 것이다. 아래는 2005년 8월 4일 개정에서 제8조의 7항을 개괄해 현재까지 이어지는 1호 내용이다.

> 제8조의7(선거방송토론위원회) ① 각급선거관리위원회(읍 · 면 · 동 선거관리위원회를 제외한다. 이하 이 조에서 같다)는 제82조의2(선거방송토론위원회 주관 대담 · 토론회)의 규정에 의한 대담 · 토론회와 제82조의3(선거방송토론위원회 주관 정책토론회)의 규정에 의한 정책토론회(이하 이 조에서 "대담 · 토론회 등"이라 한다)를 공정하게 주관 · 진행하기 위하여 각각 선거방송토론위원회(이하 이 조에서 "각급선거방송토론위원회"라 한다)를 설치 · 운영하여야 한다. 다만, 구 · 시 · 군 선거관리위원회에 설치하는 구 · 시 · 군 선거방송토론위원회(이하 "구 · 시 · 군 선거방송토론위원회"라 한다)는 지역구 국회의원 선거구 단위 또는 「방송법」에 의한 종합유선방송사업자의 방송권역 단위로 설치 · 운영할 수 있다. <개정 2005.8.4.>

공직선거법은 선거방송토론위원회를 법적 독립기구로 상설화한 제8조의 7항을 통해 각급 위원회 위원 3년 임기와 각 11명(중앙선거방송토론위원회) 및 9명(시 · 도선거방송토론위원회와 구 · 시 · 군 선거방송토론위원회)의 정수 등에 관련한 보편 규칙을 마련하고, 제82조 1호를 통해 언론기관이 후보자 등을 초청해 대담 · 토론회를 개최할 수 있도록 했다. 공직선거법 제정 후 2010년 1월 25일까지 8차례의 개정을 거쳐 2020년 현재까지 이어진 제82조는 규정의 2호와 3호를 통해 언론기관이 방송 시간이나 신문 지면 등을 고려해 자율적으로 대담 · 토론회를 개최하되, 그 진행의 공정성을 위한 사항은 중앙선거관리위원회 규칙으로 정할 것을 명시했다. 이때 '대담'은 1인의 후보자 또는 대담자가 소속 정당의 정강 · 정책이나 후보자의 정견 기타사항에 관해 사회자나 질문자의 물음에 답변하는 것으로, '토론'은 2인 이상의 후보자 또는 토론자가 소속 정당의 정강 · 정책이나 후보자의 정견 기타사항에 관한 사회자 주관의 질문에 답변하는 것으로 규정(제81조)된다. 제82조는 질문에 답하는 대담 · 토론회와 달리 일방적으로 후보자나 후보자가 지정한 연설원이 소속 정당의 정강·정책이나 후보자의 정견, 기타 홍보에 필요한 사항을 전달하는 것이, 이와 같은 언론사의 자율성과 진행 공정성에 대한 중앙선거관리위원회의 규칙 등이 준용되는 조건에서, 방송사의 시설을 이용해 전달하는 두 가지 방식, 즉 녹화가 가능한 '후보자 등의 방송 연설'(제71조)과 편집이 허가되지 않는 '방송시설주관 후보자 연설의 방송'(제72조) 등에도 적용될 수 있도록 했다. 제71조와 제72조의 연설 내용은 연설 모습, 후보자 성명, 기호, 소속 정당명, 경력, 연설 요지 및 통계자료로 한정하나, 전자는 외부 간섭 등을 배제하기 위해 그 내용이 녹화 등을 통해 송출될 때는 당해 방송시설을 이용할 것이 명시됐고, 텔레비전과 라디오 방송사가 자체 부담으로 주관하는 후보자 연설인 후자는 언론사 내부의 해석을 피하기 위한 이유 등으로 그 내용이 편집 없이 송출돼야 한다는 제한을 뒀다.

> 제82조(언론기관의 후보자 등 초청 대담·토론회) ① 텔레비전 및 라디오 방송시설(제70조 제1항에 따른 방송시설을 말한다. 이하 이 조에서 같다)·「신문 등의 진흥에 관한 법률」 제2조 제3호에 따른 신문사업자·「잡지 등 정기간행물의 진흥에 관한 법률」 제2조 제2호에 따른 정기간행물사업자(정보간행물·전자간행물·기타간행물을 발행하는 자를 제외한다)·「뉴스통신 진흥에 관한 법률」 제2조 제3호에 따른 뉴스 통신 사업자 및 인터넷언론사(이하 이 조에서 "언론기관"이라 한다)는 선거운동 기간 중 후보자 또는 대담·토론자(후보자가 선거운동을 할 수 있는 자 중에서 지정하는 자를 말한다)에 대하여 후보자의 승낙을 받아 1명 또는 여러 명을 초청하여 소속 정당의 정강·정책이나 후보자의 정견, 그 밖의 사항을 알아보기 위한 대담·토론회를 개최하고 이를 보도할 수 있다. 다만, 제59조에도 불구하고 대통령 선거에서는 선거일 전 1년부터, 국회의원 선거 또는 지방자치단체 의장 선거에 있어서는 선거일 전 60일부터 선거 기간 개시일 전일까지 후보자가 되고자 하는 자를 초청하여 대담·토론회를 개최하고 이를 보도할 수 있다. 이 경우 방송시설이 대담·토론회를 개최하고 이를 방송하고자 하는 때에는 내용을 편집하지 않은 상태에서 방송하여야 하며, 대담·토론회의 방송 일시와 진행 방법 등을 중앙선거관리위원회 규칙이 정하는 바에 따라 관할 선거구선거관리위원회에 통보하여야 한다. <개정 1997.11.14., 1998.4.30., 2000.2.16., 2005.8.4., 2007.1.3., 2008.2.29., 2009.7.31., 2010.1.25.>

한편 중앙선거관리위원회가 제시하는 선거운동 방법으로서의 대담과 토론은 규정에 따라 대담·토론회 개최가 가능한 단체, 개최 횟수 등이 자율적인 언론기관, 의무

<표 4-3> 공직선거법 선거방송토론위원회 주관 TV 토론 법령

위원회(방식)	선거 종류	참가(초청)자	횟수	참가(초청) 자격
중앙 (대담·토론회)	대통령	후보자 1인 이상	3회 이상	• 5인 이상 국회의원을 가진 정당 추천 후보자 • 직전 대통령 및 각종 비례대표 선거에서 3% 이상 득표한 정당 추천 후보자 • 언론사 여론조사 결과 지지율 평균 5% 이상인 후보자
	비례대표 국회의원	후보자 또는 선거운동원 1인 이상	2회 이상	• 5인 이상 국회의원을 가진 정당 대표 지정 후보자 • 직전 대통령 및 각종 비례대표 선거에서 3% 이상 득표한 정당 대표 지정 후보자 • 언론사 여론조사 결과 지지율 평균 5% 이상 정당 대표 지정 후보자
시·도 (대담·토론회)	시·도지사	후보자 1인 이상	1회 이상	• 5인 이상 국회의원을 가진 정당 대표 추천 후보자 • 직전 대통령 및 각종 비례대표 선거에서 3% 이상 득표한 정당 대표 추천 후보자 • 언론사 여론조사 결과 지지율 평균 5% 이상 후보자 • 최근 4년 내 해당 선거구 대통령, 지역구 국회의원이나 지방자치단체장 선거에 출마해 유효투표 총 수의 10% 이상을 득표한 후보자
	비례대표 시·도의원	후보자 또는 선거운동원 1인 이상	1회 이상	• 5인 이상 국회의원을 가진 정당 대표 지정 후보자 • 직전 대통령 및 각종 비례대표 선거에서 3% 이상 득표한 정당 대표 지정 후보자 • 언론사 여론조사 결과 지지율 평균 5% 이상 정당 대표 지정 후보자
구·시·군 (대담·토론회 또는 합동방송 연설회)	지역구 국회의원 및 자치구· 시·군 의장	후보자	1회 이상	• 5인 이상 국회의원을 가진 정당 대표 추천 후보자 • 직전 대통령 및 각종 비례대표 선거에서 3% 이상 득표한 정당 대표 추천 후보자 • 언론사 여론조사 결과 지지율 평균 5% 이상 후보자 • 최근 4년 내 해당 선거구 대통령, 지역구 국회의원이나 지방자치단체장 선거에 출마해 유효투표 총 수의 10% 이상을 득표한 후보자

실시가 명시된 선거방송토론위원회 주관 등 3개 주체가 시행할 수 있는데(이수범 · 박정의, 2011), 공직선거법 제8조의 7항에 소개된 내용은 선거방송토론위원회 주관 대담 · 토론회 성격을 설정한 제82조의 2항과 선거방송토론위원회 주관 정책토론회를 규정한 제82조의 3항을 통해 구체적인 시행 지침이 제시된다. 우선 대담 · 토론회를 설정한 제82조 2항은 중앙, 시 · 도, 구 · 시 · 군 등 선거방송토론위원회의 규모와 분류에 따라 <표 4-3>과 같이 주관하는 선거의 종류, TV 토론 방식, 참가자의 자격이나 토론 횟수 등을 구분하고 있다.

이 규정에 따르면 공영방송사는 자체 부담으로 TV를 통한 대담 · 토론회 중계방송을 해야 하고, 특히 중앙선거방송토론위원회가 주관하는 대통령 선거 후보의 대담 · 토론회는 오후 8시부터 당일 오후 11시 사이에 방송이 이뤄져야 한다. 구·시·군 선거방송토론위원회가 지역구 국회의원이나 자치구·시·군 의장을 대상으로 하는 합동방송연설회를 개최할 경우에는 각 후보자의 연설 시간을 10분 이내로 균등하게 배정토록 했다. 또 구·시·군 선거방송토론위원회가 주관하는 포괄적 의미의 TV 토론을 공영방송사가 중계방송할 수 없는 때는 다른 지상파 방송 사업자나 종합 유선방송 사업자의 방송시설을 이용할 수 있도록 하고, 그때 방송시설 이용료는 국가 또는 당해 지방자치단체가 부담한다고 규정했다. 방송법이 정하는 바에 따른 방송사업자와 중계유선방송 사업자 및 인터넷언론사도 대담·토론회를 중계방송할 수 있으나, 그 부담은 해당 사업자나 언론사가 자체적으로 지며, 중계방송 편집도 불가능하다. 각급 선거방송토론위원회가 <표 4-3>에 제시된 초청 대상에 포함되지 않은 후보를 대상으로 대담·토론회를 개최할 때는 그 시간이나 횟수를 달리 정할 수 있다. 한편 정책토론회를 규정한 제82조의 3항은 중앙선거방송토론위원회가 임기 만료에 의한 선거의 선거일 전 90일부터 후보자 등록 신청개시일 전일까지 월 1회 이상 '5인 이상 국회의원을 가지거나 직전 대통령 및 각종 비례대표 선거에서 3% 이상 득표한 정당'의 대표자 혹은 그가 지정하는 사람을 초청해 해당 정당이나 후보자의 정책과 관련한 토론회를 개최해야 한다고 명시했다. 다만 구체적인 정책토론회의 운영, 진행 절차, 개최 홍보 등 기타 필요한 사항은 중앙선거관리위원회 규칙으로 정한다.

횟수, 시간, 참여나 초청의 자격 등을 놓고 계속된 비판과 논의, 협의 등을 거쳐 개정을 거듭한 공직선거법의 TV 토론 관련 조항은 부족한 부분을 메우고, 상충하는 이해관계를 조정하는 과정이었다. 청각장애인 등을 위한 수화 소통이 삽입되고 정당에 소속되지 않은 후보자들에게 기회를 주는 방편 등이 마련됐으며, TV 토론 내용의 전달이 공영방송이나 지상파 방송사에만 집중돼 시청권이 협소해질 우려는 인터넷 방송사 등의 참여를 허가하면서 해소하려는 모습도 보인다. 토론 내용 전달 과정에 영향을 미칠 수 있는 언론사 외부의 압박을 줄이기 위해 언론의 자율권을 인정하면서도, 언론의 자의적 왜곡 가능성을 최소화하려는 시도로 특정 환경에서는 편집을 허가하지 않는 규정도 뒀다. 하지만 아직도 구체적인 법제 조정을 놓고 정리되지 않은 사안들이 남았고, 앞으로도 정보통신 기술의 변화에 따라 새로운 비판이 생성될 여지가 있다. 이는 국내뿐 아니라 우리보다 먼저 TV 토론을 시작한 해외에서도 벌어지는 사안들이다. 우리보다 45년 앞서 본격적인 TV 토론을 개시한 미국은 공화당과 민주당 등 양당 후보만을 초청한 것이 헌법에 보장된 정치적 평등과 그에 연동하는 '동등시간(equal time)'의 원칙에 어긋난다는 이유로 곧장 후보 간 토론이 방송되지 못하다가 제럴드 포드

(Gerald Ford)와 지미 카터(Jimmy Carter) 후보의 경쟁이 벌어진 1976년에야 16년 만에 재개됐고, 그 후로도 15% 여론조사 평균 지지율에 기초한 TV 토론 참가 기준 등이 계속 논란을 겪으며 조정과 협의의 과정을 거치고 있다(송종길, 2006; Kraus, 2013; Schroeder, 2008). 이런 문제는 선거 과정에서 정치인이나 출마자들의 시각이 언론의 보도보다 강하게 반영되는 TV 토론의 근본적 장단점을 짚어보며 논의해나가야 할 부분이고, 단기적이건 장기적이건 커뮤니케이션 환경에 따라 해결책을 마련해야 할 숙제로 남는다.

2) TV 토론의 쟁점

TV 토론과 관련한 국내외 연구(김환열, 2000; 국회도서관 입법조사분석실, 1997; 권혁남, 2010; 송종길, 2006; Benoit & Delbert, 2009; Jamieson & Birdsell, 1988)는 토론의 형식이나 제도를 탐구한 정책 분야, 토론 내용의 질과 전략 등을 논의한 수사학 차원, 토론에 나타난 이슈나 이미지가 유권자의 인식이나 선호, 행태 및 행동에 미치는 영향력 탐구 등 다양한 갈래로 나뉘고, 이들 영역과 분야는 서로 엮여 TV 토론을 통해 이뤄지는 정치 메시지의 발전적인 소통 등에 대해 논의하고 제안한다.

송종길(2006)은 우선 TV 토론 형식을 매체의 기자들이 돌아가며 개별 후보자에게 질의하고 답을 듣는 공동기자회견형, 후보자들끼리 직접 질의응답을 이어가는 후보자 간 직접토론형, 한 명의 후보자에게 사회자나 패널리스트가 돌아가며 묻는 1인기자회견형, 시민들이 직접 참여해 관심 사안을 묻고 답하는 시민포럼형 등으로 나눠 소개했는데, 이런 형식에서 나타나는 장단점은 제도적 보완을 제시하는 정책 논문과 저술들로 이어진다(김춘식, 2006; 박영석, 2008; 한정택 · 이재묵 · 조진만, 2013; Baines, 2011; Kraus, 2013). 토론이나 정치인의 연설에 등장하는 이슈, 이미지, 사용된 언어 및 문장에 드러나는 공격성과 방어성 또는 언어적 폭력 여부(김춘식 · 송종길 · 이민규 · 전영란, 2004; 염재호, 2005; 이상철, 2015; 허만섭, 2017; Benoit & Brazeal, 2002; Hinck & Hinck, 2002; Luginbühl, 2007) 등이 탐구된 수사학적 접근은, 정치인이 사용하는 설득 기호를 다양한 관찰자 관점과 국가 간 비교 등을 통해 바라보며, 선거 승리 등을 위해 사용되는 정치인의 전략을 논의한다. 유권자 행태에 미치는 TV 토론 영향력의 탐구는 이슈나 이미지에 대한 수용자의 지각이나 학습 효과, 토론 자체에 대한 평가, 투표 의사나 선출 대상에 대한 태도 변화 등을 거론하거나, 토론 내용을 보도하는 매체나 수용자의 정파성 등에 따른 영향력 매개 또는 조절 효과 등을 주요 연구문제로 다룬다(구교태 · 김관규 · 이준웅, 2007; 권혁남, 2011; 박연진 · 김관규, 2014; 이수범 · 박정의, 2011; 정성호 · 이화행, 2006; Benoit, Webber, & Berman, 1998; Heo et al., 2016; Lee & Lee, 2015; Miller & MacKuen, 1979; Sampedro & Seoane, 2008). 이런 탐구 방향은 정치 메시지가 전달되는 TV 토론 역시 정치 지도자, 대중매체, 공중의 상호작용 및 이들 3대 요체의 관계를 탐구하는 정치 커뮤니케이션 연구의 핵심 중 하나가 된다는 사실을 확인해준다.

학계의 이와 같은 접근은 선거 현장의 실천적 논의 등을 통해 TV 토론의 대표적인 장단점 구분으로 다시 소개되고, 장점을 확대하거나 단점을 극복하려는 현장의 노력과 학문적인 차원의 조정이 반복된다. 꾸준하게 거론되는 TV 토론의 특성은 역시 선택과 배제를 통해 정보를 전달하는 언론 해석 등의 외부 개입이 적어, 정치인들이 이슈와 관련해 직접적인 정책 홍보를 할 수 있고, 선거에 나선 후보자들이 자신의 이미지를 구현할 수 있다는 점이다(이건호 외, 2013). 이런 사안은 TV 토론을 이용하는 정치인이나 이를 전달하는 매체, 또 그 정보를 받아들이는 유권자의 관점이나 시각에 따라 장점 혹은 단점으로 나타난다. 그 장단점은 하지만 마치 동전의 양면 또는 사물의 다양한 측면과 같아, 특정 사안을 놓고 마찰이나 문제가 발생했을 때 엉킨 실타래처럼 쉽게 풀리지 않는다. 이는 우리나라뿐 아니라 이미 40~50년 전부터 TV 토론을 시행해온 서구 여러 나라도 겪고 있는 갈등이다(박영석, 2008; Luginbühl, 2007; Sampedro & Seoane, 2008; Schroeder, 2008).

이런 마찰이나 갈등의 대표적인 내용은 1995년 서울시장 선거 때 후보자 간 TV 토론이 처음 시행된 무렵 학계와 정치권에서 논의된 바에도 나타난다. 1997년 5월 22일 국회도서관 입법조사분석실이 국회의원회관 소회의실에서 개최한 '대통령 선거 TV 토론 제도의 도입 방향' 정책세미나를 통해 나타난 쟁점들은 TV 토론의 강제성, 후보자 초청 범위, 주관 단체, 진행 방식, 토론회 횟수, 개최 시기, 발언 제한, 토론 내용, 사회자와 질문자, 토론 시간, 방영 시간, 화면의 공정성, 개최 비용, 방영 방식 등 14가지이다. 'TV 토론의 강제성'은 후보자의 토론 참여 의무화, '후보자 초청 범위'는 거대 정당 외에 군소정당 후보의 참가 여부, '주관 단체'는 국가 기관이나 민간 기구의 토론 주최 또는 새로운 기구의 출범 등을 거론했다. '진행 방식'은 1대 1 토론이나 기자회견 방식 등을, '토론회 횟수'는 2회에서 6회까지 등을 놓고 의견이 대립했고, '개최 시기'에 대해서는 대체로 선거 기간 중으로 제한을 두는 데 동의했으나 아예 선거 기간 확장 방안도 제시됐다. '발언 제한'은 토론 기회와 시간의 형평성 문제, '토론 내용'은 공약의 실천 여부나 후보자의 자질 · 소양, 혹은 정책 중 일부에 집중하거나 모두를 아우르는 방안, '사회자와 질문자'는 전문가나 검증된 방송인 활용 등을 놓고 논의가 진행됐으며, '토론 시간'은 최대 100분으로 제시됐다. '방영 시간'은 황금시간대 혹은 7시에서 10시 사이가 제안되면서 주관 기관과 방송사의 협의가 필요하다는 의견이 나왔고, '화면의 공정성'을 위해 화면에 등장하는 시간을 주최 측과 방송사, 후보자 간의 협의를 통해 마련해야 한다는 주장이 등장했다. 또 '개최 비용'은 국가 또는 방송사의 부담 여부가 논의됐고, 생방송을 통한 '방영 방식'이 제안됐다(국회도서관 입법조사분석실, 1997).

이상에서 보듯이 당시 토론회에서도 발표자나 참가자 등 사이에 서로 시각차는 있었지만 해외에서 고민하던 내용이 계속 논의됐고, 여기서 실타래처럼 등장한 여러 사안은 장점을 부각하고 단점을 보완하면서 앞서 거론한 각종 법적 체제로 진화했다. 하지만 TV 토론의 기본적인 장단점은 거의 그대로 남았다. 학자들(박영석, 2008; 송종길, 2006; Schroeder, 2008; Welch et al., 1990)이 제시하는 TV 토론의 대표적인 장점은 후보자들을 '한 자리'에 모아 정책과 자질에 대한 비교를 가능하게 하고, 유권자가 '직접' 후보자의 강점과 약점을 파악할 수 있다는 점이다. 후보자로서는 TV 토론을 직접적인 정치 메시지 전달 창구로 활용하면서 의제를 조정하고 사안에 대한 해석까지도 전달할 수 있는 점이 유리하다. 유권자와 후보자 모두에게는 서로 만나는 시간과 공간의 제약을 극복할 수 있다는 것이 장점이다. 하지만 학자들은 또 단점으로 유권자가 알아야 할 정책 또는 이슈에 대한 정보는 드러나지 않고 후보자의 외모나 말투 등 이미지만 두드러지게 되며, 소수 개별 후보자의 부각으로 소속 정당의 중요성이 하락하면서 현대 정치의 정수로 불리는 정당정치의 의미가 사라지고, 프로그램 제작진의 의도에 따라 토론이 하나의 정치 쇼로 전락할 수 있다는 우려를 제시한다. 정치인도 스스로 의견을 전달할 기회를 얻는다기보다는 여론조사나 마케팅 전문가 등 TV 제작을 잘 아는 사람들의 전략에 너무 의존하면서 대중영합주의에 빠지게 되고, 이를 이벤트로 만들려는 TV의 상업적 가치 추구에 장단을 맞추며 정치적 정체성마저 잃게 된다는 점이 부정적 요소로 지적된다. TV 토론은 결국 직접 또는 근거리 소통 등을 통해 민주주의가 발전할 것이라는 기대와, 진정하고 의미 있는 의견 소통이 사라지면서 오히려 그 발전을 저해할 것이라는 비난을 함께 가지고 있다.

인터넷 등의 도래와 함께 새롭게 대두된 커뮤니케이션 환경은 이런 단점을 극복하고 장점을 발전시키려고 시도한다. 정치 정보의 수용자인 유권자들이 TV 토론을 보며 실시간으로 의견을 제시하면서 그 토론에 직접 참여하도록 대중매체가 유도하는 것(Kalsnes, Krumsvik, & Storsul, 2014; Laitner, 2015)이 그중 한 사례이다. 전문가와 일반 시청자들의 TV 토론 참여 방안에 대해 논의한 사항들(Livingstone & Lunt, 1992; Llewellyn, 2005)이 새로운 정보통신 환경에서 구체적으로 적용되는 것이다. 국내에서도 TV 토론을 보며 SNS 등을 통해 수용자가 소통하는 상황에 주목하면서 지금껏 나타나는 TV 토론의 단점들을 극복할 수 있다는 기대가 나왔다(김성태 · 김여진 · 최홍규 · 김형지, 2011; 한창진 · 김경수, 2013). 하지만 TV 토론이 가지고 있는 정치 이슈 실종과 이미지 천착 등의 근본적인 문제가 해소되기 위해서는 더 많은 논의와 연구, 이를 통한 제도 정비와 더불어 소통 문화의 계발이 요구된다고 할 것이다.

5. 선거와 정치 광고

정치 광고는 언론 보도, TV 토론 등 대중매체를 통해 정치 메시지가 전달되는 다른 방식보다 화자의 의도와 의지가 훨씬 적극적으로 반영된다(이건호 외, 2013). 언론 보도처럼 대중매체의 틀 짓기 간섭이 강하지 않고, 방송사나 사회자가 질문 방식에 개입할 여지가 있는 TV 토론보다 전달 내용에 대한 외부 관여가 적기 때문이다. 이는 메시지를 전달하려는 당사자가 신문이나 방송 등 매체의 지면이나 시간을 직접 구매하기 때문에 가능한 일이다. '광고'라는 메시지 전달 방식 자체가 금전거래에 기초한 자본주의 경제체제의 소통 현상을 보이는 한 단면이다. 상품에 대한 권리가 광고 구매자에게 있듯이, 광고 시간과 공간을 산 구매자의 의도가 광고 내용을 결정하는 근거가 된다는 뜻이다.

광고에 대한 정의는 다양하고, 그마저 커뮤니케이션 환경에 따라 계속 변화하는 중이다(이시훈, 2007). 전통적으로는 '명시된 광고주가 유료로 아이디어와 제품 및 서비스를 비(非)대인적으로 제시하고 촉진하는 일체의 형태'라는 미국마케팅학회(American Marketing Association: AMA, 1963)의 설명이 광고의 기본 개념 중 하나로 소개된다(김병희, 2013). 한국 마케팅학회의 정리 등을 토대로 전개된 국내의 광고 정의도 '자신의 이름을 밝힌 광고주가, 사람의 대화가 아닌 정보 전달의 매체를 이용하여, 어떤 상품(서비스, 생각, 사람, 조직단체 등 포함)을, 특정 대상에게, 소개하거나 판매를 촉진하는 활동'(박승배 · 김일석, 2008) 등으로 이뤄진다. 종합하면 광고는 결국, 상품을 팔기 위해 광고주가 매체의 전달 방식을 구매해 대중을 설득하는 행위로 집약될 수 있다. 그리고 그 광고의 목적은 상품을 팔아 이익을 얻는 것이다.

상업 또는 경제적 이익 추구의 영역에서 '상품을 팔기 위해 매체를 이용하는 광고주의 설득 행위'가 정치의 영역으로 넘어오면, 즉 상업 광고가 소위 정치 광고로 전환되면 이 집약된 개념의 요소들에도 변화가 생긴다. 간단히 보면, 상품은 정치적 이념이나 구체적 정책 행위 또는 그 집행을 위한 약속이 되고, 광고주는 그 이념이나 정책을 추구하는 정치인 또는 정치집단이 된다. 그리고 그 상업이나 경제의 영역에서 얻는 이득, 즉 광고의 목적이 정치 영역으로 넘어오면 정치인이나 정치집단이 스스로 추구하는 이념을 통해 다양한 이해관계를 조정하는 힘을 얻는 것으로 치환된다. 정치 광고는 결국 이처럼 자유로운 상품 매매가 가능한 자유주의 또는 현대 자본주의 사회 환경에 정치적 메시지를 활용한 광고의 개념이 접목된 것으로, 브랜드로 인식되는 정치나 정치인을 판매할 수 있다는 가정에서 출발한다고 볼 수 있다(김광수, 2006; Mishra & Mishra, 2014). 시장에서 소비자의 선택을 놓고 다투는 상업 광고주의 상품처럼 각 정치집단의 통치 이념과 그 이념에 기초한 정책 수행 방식도 유권자의 지지를 얻기 위해 분투한다. 국가 통치권을 놓고 벌어지는 정치 영역의 경쟁은, 커뮤니케이션 분야 중 광고 전략의 각종 설득 이론을 활용해 정당이나 정치인의 이미지를 부각하며 상대방과의 차별성을 극대화함으로써 호의적인 투표 결과로 그 노력을 보상받으려는 모습으로 나타난다(Hill, 1989). 여기서 등장하는 '투표'에 집중하면 정치 광고가 선거와 깊은 연관을 맺고 있다는 점을 확인할 수 있다.

조금 더 구체화하자면 경제 영역에서는 그 이득을 '돈'으로 환산하고, 정치 영역에서는 '표'로 계산한다, '정치인'이라는 광고주는 '이념, 정책, 이들을 수행하기 위한 약속'이라는 상품을 팔아 표라는 이익을 챙긴다는 뜻이다. 정치 광고는 상업 광고와 마찬가지로 매체를 활용한 설득 작업이고, 정치집단은 자신들의 상품을 팔기 위해 매체가 보유한 방송 시간이나 신문 지면 등을 구매하는 광고비 투자를 하게 되며, 설득의 성공 여부는 상품을 구매하는 정도, 즉 대중의 지지로 표현된다. 그리고 이 대중의 지지는 표라는 이익 지표로 드러난다. 이 표를 주고 '이념, 정책, 이들을 수행하기 위한 약속'이라는 상품을 사는 사람들은 대중, 즉 유권자이다. 이 표는 선거를 통해 구체적인 수치로 확인된다. 이 구체적 결과물을 확인하는 선거에 정치 광고가 집중적으로 전개되는 이유이다.

선거에서 자주 활용되는 정치 광고는 결국 '이념, 정책, 이들의 수행을 위한 약속'이라는 상품을 부각하는 현상으로서, 이 상품은 공약이나 이를 설명하는 이슈와 이미지 등으로 구체화한다. 정치 지도자, 대중매체, 공중이라는 정치 커뮤니케이션의 3대 요체가 각각 광고주, 광고 메시지 전달 통로, 상품 구매자로 나타나는 것이 정치 광고를 둘러싼 정치 메시지 소통 현상이라고 볼 수 있겠다. 그리고 이런 현상은

SMCR이라는 기본적인 커뮤니케이션 개념에 기초해 '발화자(보통 정치 후보자나 정당)가 의도적으로 수신자의 정치적 행태나 신념 그리고/또는 행동에 영향을 미치기 위해 대중 채널을 통해 정치적 메시지를 수신자에게 노출할 기회를 구매하는 소통 과정[the communication process by which a source (usually a political candidate or party) purchases the opportunity to expose receivers through mass channels to political messages with the intended effect of influencing their political attitudes, beliefs, and/or behaviors"]'(Kaid, 1981; Kaid, 2004에서 재인용)이라는 전통적인 정치 광고의 정의로 구체화한다.

경제와 상업 영역에서 광고 자체의 개념이 정보통신 환경의 발전에 따라 달라져왔고, 그 구현의 형식도 변화해온 것(이승선, 2010; 이건호 외, 2013)처럼, 정치 영역에서도 광고 형태와 과정에 많은 변동이 있었다. 비용을 대고 광고 전문 업체에 광고 제작 등을 맡기는 광고주가 대기업뿐 아니라 중소기업이나 특정 목적을 가진 이익단체 등으로 확대하고(이시훈, 2010), 광고 제작 등을 담당하는 광고대행사가 독립적으로 활동하거나 아예 대기업 안에 소속된 형태 등으로 분화한 것(정연승 · 김종무, 2013)처럼, 정치 광고를 발주하는 주체도 정당이나 정치인뿐 아니라 선거 등 정치 과정 참여를 독려하는 국가 기관이나 시민사회단체 등으로 그 범위가 넓어졌으며(김광수, 2006), 정치 광고 제작자들이 아예 정당에 소속돼 활동하는 상황도 늘고 있다(Norris, 2000a). 이 과정에서 상업 영역에서 사용되던 시장 분화, 목표 설정 등의 세밀한 마케팅 기법이 성공적으로 정치 광고에 접목됐다(Newman, 1999; Tarr & Benenson, 2012). 이후 상업 영역의 광고 채널이 신문이나 방송 등 기존 전통매체를 벗어나 인터넷이나 SNS 등으로 다변화하면서 광고주가 비싼 비용을 치르지 않고도 상품을 홍보하는 방법을 찾고 있는 것(Schumann, von Wangenheim, & Groene, 2014)처럼, 정치 영역 역시 이와 유사한 방식을 추구하면서 유료가 아닌 통로로 정치적 이슈나 이미지를 전달하려는 노력을 기울이는 현상도 나타난다(Kaid, 2004).

이런 모습은 정치인과 정당의 득표를 위해, 금전적인 구매를 통해 진행하는 소통이라는 전통적 '정치'나 '광고'의 모습을 벗어나 사회 통합 등 공적인 목적을 위해 관련 기관의 메시지를 전달하는 행위로 전개되고, 선거의 경우에는 그런 목적을 위해 개별 후보자나 정당뿐 아니라 국가 행정 조직이 투표 참여 독려 등의 정치적 메시지를 전달하는 행위까지 포함하는 포괄적 의미의 정치 광고 개념이 제시되기도 한다(김광수, 2006). 즉 비용 부담의 주체를 막론하고 선거 출마자, 정당, 선거관리위원회 등이 의도적으로 유권자에게 전달하는 일련의 메시지를 정치 광고의 내용으로 삼으며, 신문이나 텔레비전 등 전통 매체뿐 아니라 인터넷이나 휴대전화, SNS 등 모든 가능한 채널이 그 소통 통로로 활용되는 것을 정치 광고의 틀로 설명하게 된 것이다. 결론적으로 정치 광고의 개념은 발화 주체의 형태, 정치 메시지나 그 전달 통로의 성격, 통로 사용의 유료 여부나 가격 범위 등에 따라 세밀한 변화를 거치고 있다는 뜻이다. 하지만 근본적으로 '공중 설득을 목표로 특정 주체가 매체를 활용해 정치 메시지를 전달하는 것'이라는 틀은 유지한다고 볼 수 있겠다.

1) 정치 광고의 성격

광고와 마케팅은 소비자에게 상품과 서비스를 판매한다는 목적을 공유한다. 하지만 마케팅이 해당 상품과 서비스를 특정 소비자가 그들 자신에게 필요한 것으로 받아들이게 만드는 전반적인 과정을 아우른다면, 광고는 매체를 통해 그 상품과 서비스를 소비자에게 효과적으로 알리는 표현에 집중한다는 점에서 차이가 있다(Stanton, 1984). 간단히 보면, 광고는 마케팅의 한 요소로, 마케팅 과정을 통해 확보한 각종 데이터나 정보를 이용해 해당 상품과 서비스의 장점을 부각하는 소통 방식이다. 정치 영역에 접목하자면 정치 마케팅은 정치인이나 정당이 의정 활동이나 정책 소개, 또는 그 결정이나 수행 등의 일상적인 정치 행위를 통해 스스로 추구하는 이념과 정책의 타당성을 드러내 시민들로부터 근본적인 지지를 이끄는 과정이고, 정치 광고는 그 이념 등을 특정 시점에 매체를 통해 특정한 표현 방법으로 드러내는 커뮤니케이션 방식이라 볼 수 있겠다(Gordon & Hartmann, 2016; Robinson, 2010). 이를 종합하면 정치 광고는 결국 선거라는 특정 시점에 유권자의 표를 얻기 위해 후보자나 정당이 다양한 매체를 통해 자신의 이념이나 신념, 그를 수행할 정책을 두드러진 이슈나 이미지로 부각해 전달하는 행위가 된다.

마케팅이 광고보다 더 큰 의미를 담는 그릇이라는 점에 연결해 '비대인적 채널인 대중매체의 유료 활용' 등이 포함된 고전적인 광고의 정의(김병희, 2013)를 이으면, '선거 마케팅'과 '선거 광고'의 구분도 가능하다. 선거운동원을 동원해 유권자를 설득하는 것을 '정치 마케팅'으로 정리한 김광수(2006)의 개념 등을 보면 종종 관련 연구 분야에서 정치와 선거가 뚜렷이 구분되지 않은 경우도 등장하나, 이런 접근 중 선거에 집중해 현상을 보자면, 매체를 통하지 않고 직접 유권자를 만나는 상황을 포함하는 선거운동원의 활용은 '선거 마케팅'으로, 구매한 매체의 지면이나 방송을 통해 효과적으로 포장한 공약 등의 정보를 전달하는 것은 '선거 광고'로 설명할 수 있겠다. 정치 광고를

'공중 관계(Public Relations: PR)'의 영역에 이어 더 깊고 복잡하게 탐구할 수도 있다. 앞서 마케팅을 소개할 때 제시한 '소통을 통해 근본적인 지지를 끌어내는 행위'의 차원에서 보자면, 특정 상품과 서비스 판매라는 궁극적 목적을 위해 시장을 공략하는 마케팅보다 상품 소비자뿐 아니라 이들을 포함하는 공중과 소통하며 쌍방향 대화를 통한 상호 이해를 추구하는 PR의 범위가 더 넓다(Grunig, 2013). '정치'를 대통령이나 정당의 행위라는 협의의 개념을 거쳐 행정부와 사법부, 시민사회단체를 아우르는 광의의 범주로 넓히고, '광고'를 마케팅을 넘어 PR 수준의 소통으로 변화 또는 확장하면 정치 광고는 표로 나타나는 집단의 이익을 겨냥한 것이 아니라 공익을 추구하는 '정부'의 광고로까지 확대된다(김영욱, 2010). 그러나 매체를 통한 선거 정보 전달에 집중하는 이 장에서는 선거 마케팅이나 선거 광고 등의 세세한 구분 또는 PR을 연계한 정부 광고로의 개념 확장 등은 하지 않고, 우선 큰 틀에서 선거라는 특정 시점에 유권자의 표를 얻기 위해 다양한 매체를 통해 정책의 이슈나 이미지를 전달하는 행위를 정치 광고의 성격으로 규정하고 이에 기초해 설명하겠다.

선거에서 정치인이나 정당이 특정 이슈나 이미지를 부각해 유권자 지지를 확보하려는 정치 광고 행위는 설득을 중심으로 이뤄진다. 기존 성향의 변화나 강화는 설득이라는 외부 자극을 통해 촉발되며(Severin & Tankard, 2001), 원래의 지지층을 유지하는 동시에 더 많은 표를 얻으려는 정치 광고의 목표 달성은 이 설득 작업을 얼마나 효율적으로 행하는가에 달렸다고 할 수 있다. 정치 광고라는 소통 과정이 수용자의 인식·선호·판단에 대한 영향력을 거쳐 결국 지지 투표라는 행동에 이르게 만드는 작업은 전통적인 커뮤니케이션 효과 이론으로 설명될 수 있다(김하나, 2012; 민영, 2006; 이경탁, 2008; 이수범·문원기, 2016; Atkin & Heald, 1976; Franz, Freedman, Goldstein, & Ridout, 2009; Garramone, 1983). 경제와 상업 영역에서 사용되던 데이터베이스 구축이나 초점그룹 연구 등을 통한 시장 분화, 목표 설정 등의 세밀한 마케팅 기법이 이 효과 이론 일반에 접목되면서 정치 광고의 영향력이 확인되고 해당 기법은 적극적인 전략으로 이용됐다(Tarr & Benenson, 2012). 여기서 특히 주목하고자 하는 것이 바로 이 시장 분화나 목표 설정 등으로 구체화한 정치 광고의 전략적 성격이다.

매체 보도나 TV 토론은 언론의 틀 짓기 시도나 방송의 질문 조정 개입 여지 등에 의해 비판을 받기는 해도 정보 전달 통로로서 공적 이익을 추구하는 채널로 기능한다는 평가를 받는다(이건호 외, 2013; Perloff, 1998). 이와 달리 정치 광고는 일반적으로 정보 전달 '주체'인 정치인이나 정당 등이 자신들의 이익을 위해 전략적으로 정보를 기획하는 것으로 이해되며, 이 기획에는 심지어 왜곡이나 조작의 의혹을 무릅쓰고 행하는 정보의 자의적 해석이나 강조가 포함되기도 한다(김관상, 2009; McGinnis, 1969; Newman, 1999; Troy, 1996). 대중매체를 매개로 하는 다른 정치 메시지 전달 방식에 비해 정치 광고에 대한 비판적 지적이 두드러지는 이유이다. 수용자 시장을 분화하기 어려운 방송보다 음악이나 음식, 자연 현상 등 특화된 정보에 집중하는 협송 채널의 시간대를 구매해 특정 취향의 유권자를 공략하는 정치 광고의 기법(Perloff, 1998)은 선동적 설득 방식으로 여겨지기도 한다. 케이블 TV 채널 등이 제공하는 한정된 정보에만 빠져 다양한 사안에 둔감한 일부 시청자를 목표로, 이슈나 주제의 한쪽 측면만을 강조하거나 그들에게 익숙하지 않은 정치 정보를 일반적 감성에 호소하는 메시지에 연결해 부각할 수 있기 때문이다. 이런 방식으로 사람들을 설득하려는 정치 광고의 시도는 유권자의 건강한 판단을 저해한다는 지적이 나온다(김광수, 2006; 탁진영, 1999; Hakan, 2016; Johnson-Cartee & Copeland, 2003). 사실 이런 식의 비판을 받는 정보 전달의 모습은 '선전(propaganda)'이라는 이름으로 꽤 오랫동안 우리와 함께해왔으며(Severin & Tankard, 2001), 이는 세계 여러 나라의 현대 선거 공약 등에서도 자주 보이는 형식이다(Fell, 2006; Håkansson & Naurin, 2016; Scammell, 2016; Webster, 1999).

선전은 '선전가가 자신이 욕망하는 바를 얻기 위해 사람들의 지각을 형성하고 인식을 조작하며 행동을 유발하는 의도적이고 체계적인 시도'(Jowett & O'Donnell, 1986)라고 정의되는 적극적 설득 방식이다. '말이나 글, 그림 또는 음악의 형태로까지 나타나는 표상(representation)의 조작(manipulation)을 통해 인간 행위에 영향을 미치는 기술'이라고 설명(Lasswell, 1937)되기도 하는 선전은 '중요한 기호(symbol)를 통한 의견 조정(control of opinions)'이라는 간결한 개념(Lasswell, 1927)에 기초한다. 제1차 세계대전 후 해소되지 않거나 새롭게 불거진 갈등이 극대화하며 제2차 세계대전으로 가는 길목에서, 선전은 일부 정치 지도자들의 극적인 메시지 표현 방식으로 드러나는데, 이 선전의 목적으로 '적에 대한 증오, 동료 간의 우애, 유동층 또는 중간층의 협조, 적의 사기 저하 유도' 등 네 가지(Lasswell, 1927)가 제시되기도 한다. 선전은 결국 전쟁 등 위기가 극에 달해 정보에 대해 정상적인 판단이 적용되기 어려운 상황에서 권력가들이 그들 자신의 목표를 효과적으로 달성하기 위해 사용하는 설득 방식이라는 평을 받는다(Severin & Tankard, 2001).

정보 내용에 대한 다각적 검토가 힘든 환경에서 영향력을 발휘하는 이 선전은 무비판적인 소통이라는 점에서 일방적이라는 특성을 가지며, 이런 소통 방식은 과거 전통적인 전체주의 국가 또는 전체주의 색채가 농후한 현대 공산주의 국가가 1당 체제나 집권 세력의 이념 및 정책 내용을 전달하려는 시도에서 자주 드러난다(Perloff, 1998).

특정 이념이나 정책을 부각해 유권자에게 표를 구하려는 자본주의 정치 광고의 개념을 적용해보면, 선전은 결국 전통적인 전체주의 또는 현대 공산주의 국가에서 진행되는 정치 광고라고 볼 수 있겠다. 비록 제시된 정보를 비교해 다양한 상품과 서비스 중 자신에게 맞는 것을 고르려는 소비자를 대상으로 자유로운 소통 경쟁을 벌이는 과정인 자본주의 사회 상업 광고와는 다르지만, 위기 혹은 갈등 상황이나 독재적 통치를 활용하는 체제에서는 선전이 하나의 정치 광고 형식을 띠게 된다는 것이다.

최근에는 국제 정세나 특정 국가의 내부 변화에 따라 위와 같은 주장에 조금 더 면밀한 검토가 필요하다는 지적도 나온다. 1당 체제의 공산국가인 북한에서도 자본주의식 광고 환경이 새롭게 대두된다는 연구(김병희, 2008)가 발표되고, 과거 냉전이 사라지는 시점에 공산주의 국가 광고와 PR에 변화가 발견된다는 주장(Hiebert, 1994)이 등장한다. 하지만 여전히 권력 집중이 강한 현대 공산주의 국가에서는 홍보용 벽보를 통해 전달되는 이미지와 구호 등에 나타나는 선전 요소가 두드러지고(육영수, 2013), TV의 일반 광고에 스며든 선전 내용이 권력에 대한 지지로 이어진다는 탐구 결과(Esarey, Stockmann, & Zhang, 2017)도 제시된다. 즉 일부 변화가 있고 새로운 현상에 대한 고찰이 더 요구되지만, 선전은 아직 이들 국가에서 정치적 이념이나 정책 수행 홍보 등에 사용되는 정치 광고의 핵심적 형태라고 여길 수 있다는 것이다. 흥미로운 것은 정보 왜곡의 일종일 수 있다는 비판까지 받는 이 선전의 모습이 우리나라를 포함한 자본주의 국가에서도 정치 광고 안에서 언어와 디자인 등 다양한 기호 형태로 오랫동안 존재했고, 최근까지도 어렵지 않게 발견된다는 사실이다(김연주, 2013; Bernays & Miller, 2005). 이는 선전의 설득 효과가 정치 체제나 시대를 불문하고 대단히 크고 효율적이라는 것을 웅변하는 결과로 보인다.

비판과 검토 없이 일방적으로 전달되는 선전은 설득자에게 유리하지만, 설득 작업에 노출된 수용자에게는 최고 이익이라고 할 수 없는 소통(Brown, 1958)이다. 선전은 특히 해당 정보가 자신에게 이로운지를 따질 수 없이 긴박하게 돌아가는 위기 환경에서 사람들이 권력이나 집단적 사고를 좇게 만든다. 이런 선전은 특정 대상이나 상황을 또 다른 무엇인가에 연결하는 방식으로 사람들을 설득하지만, 그 이성적 연결 고리가 취약하다는 특성을 갖는다. 즉 뭔가 논리를 갖춘 듯 보이나 그 방식이 촘촘하지 못하고 성긴 선전은 결국 객관적 실체로부터 설득자가 원하는 가상의 세계로 사람들을 끌어가는, 진실에 대한 기만적 왜곡일 수 있다는 뜻이다. 이렇게 선전을 부정적으로 평가하는 배경은 1622년 종교개혁에 반대하는 로마 천주교회의 집회[Congregation for the Propagation of Faith(Congregatio de propaganda fide)] 성격에서 비롯된 것으로 전해진다(Severin & Tankard, 2001). 당시로 치면 기존의 전통적 가톨릭 종단을 비판하며 새로운 교파가 돌출하는 '위기'의 시대였다. 때를 같이해 등장한 갈릴레오(Galileo Galilei)의 '과학적' 지동설을 '종교적' 천동설이 이단으로 몰며 퇴출했다. 전통 교단의 해체 위기를 더욱 가속화할 위력의 '이성적' 지동설이, 부족한 논리 고리로 연결된 '비이성적' 천동설의 '선전'에 의해 묻힌 것이다. 수백 년이 지나 이런 설득 현상에 주목한 인문학과 사회과학 연구자들은 이를 부정적 의미의 선전으로 연결하고(Brown, 1958; Jowett & O'Donnell, 1986; Lasswell, 1927), 정치 커뮤니케이션 학자들이 그 성격을 정치 광고 등의 영역에 이으며 다시 설명하고 있다.

선전의 설득 기법은 수십 가지로 소개되기도 하지만(Conserva, 2003), 미국의 선전분석연구소(Institute for Propaganda Analysis)가 1937년 편집해낸 『선전 기술(*The Fine Arts of Propaganda*)』의 일곱 가지 내용(Lee & Lee, 1939)이 기본적인 도구로 알려졌다(이건호 외, 2013). 특정 대상을 욕하거나 나쁜 뜻의 말과 연결해 해당 대상을 폄훼하는 '매도하기(name calling)', 이와 반대로 특정 대상을 칭찬하거나 좋은 뜻의 말과 연결해 그 대상을 추어올리는 '미사여구(glittering generality)', 특정 대상을 말보다는 일정 상황에 반복적으로 연계해 사람들이 그 대상의 이미지를 해당 상황에 이어 생각하게 만드는 '전이(transfer)', 사람들에게 잘 알려진 대중적 인물이 특정 대상을 소개하게 해 그 대중적 인물을 좋아하는 사람들이 해당 대상을 지지하게 만드는 '증언(testimonial)', 특별하지 않은 평범한 사람들이 함께한다는 점을 강조해 보통이 아닌 이상한 사람이 되고 싶지 않으면 그 정보를 받아들이라고 몰아가는 '서민적 이미지(plain folks)', 마술사가 카드의 특정 패를 보여주는 방식으로 좋은 점이나 나쁜 점 가운데 한 가지만 반복적으로 드러내 그 사안만이 전체인 것처럼 여기게 만드는 '카드 속임수(card stacking)', 평범하거나 이상하거나의 구분 없이 모든 사람 또는 대부분이 다 하니 소외되지 않으려면 참여하라고 부추기는 '부화뇌동(bandwagon)'이 그 일곱 가지 도구이다. 이들은 사람들이 비판 없이 정보를 받아들이게 된다는 점에서 전통적으로 강한 매체 영향력을 설명하는 기제로 소개되기도 하며, 다양한 매체가 범람하는 현대 인터넷 환경에서까지도 그 도구적 위력이 확인된다(박민경 · 이건호, 2011). 다만 진행 중인 사안 등과 관련해 현대 정치 광고에서 사용되는 선전 내용의 진위는 그 검증이나 판단에 시간이 걸릴 것으로 여겨진다.

정치 광고 영역에서 이들은 다양한 설득 도구로 변주되면서 후보자나 정당 등에 대한 선거 정보 전달의 효과 변인으로 작동하기도 한다. 예를 들어 '카드 속임수'는 단면(one-sided) 또는 양면(two-sided) 메시지의 효과로 확장돼 정치 광고나 정치 메시지에 나타나는 일면적 혹은 다면적 정보의 영향력을 보인다(김무곤, 2005; 문재학, 2014; Hmielowski, 2012; Lavine, 2011). 일반적인 탐구 결과는 한쪽만 강조하는 단면 메시지가 해당 메시지를 원래부터 선호하거나 사회경제적 지위가 낮은 사람들에게 효과적이며, 논쟁의 양쪽을 소개하면서 그중 한쪽 측면을 더 강조하는 방식의 양면 메시지는 강조된 측면의 메시지에 원래부터 반대하는 사람들 마음에 변화를 주거나 사회경제적 지위가 높은 사람들에게 영향력을 발휘한다는 식으로 전개된다. '증언'에 소개된 '대중적 인물'은 '신뢰도 높은 정보원' 또는 '신뢰도 높은 광고 정보' 등으로 변형(탁진영, 1999; 홍문기, 2011; Kaid & Postelnicu, 2005; O'cass, 2002)돼 활용된다. 단순히 유명한 사람뿐 아니라 해당 영역에 대해 경험이 많은 전문가나 관련 정보를 체계적으로 알고 있는 지식인이 특정 후보자를 후원하면 사람들이 정치 광고에 나타난 정보를 더 믿게 되고, 그 정보로 인해 사람들이 관련 후보자를 더 많이 지지하게 된다는 주장들이 소개된다. 한편 위와 같은 선전 요소가 위기 상황에서 전달되더라도, 지나친 공포 효과는 오랫동안 영향력을 발휘하기 어려우며 원래 정치 광고가 의도했던 바와 달리 오히려 반감을 불러올 수 있고, 보수나 진보 등 유권자의 정치적 성향에 따라 그 효과의 정도가 달리 나타난다는 연구 결과도 등장한다(이영화·전승우, 2013; Johnson-Cartee & Copeland, 2013; Murphree, 2012). 비록 이와 같은 탐구들의 결론이 기존의 선전 효과를 일방적으로 지지하지 않거나, 다른 변인들과 맞물려 다소 복잡한 해석들을 내놓기는 하지만, 다양한 정보 기획을 통해 마련된 정치 광고는 이들 선전 도구들과 연계하며 전반적으로 작지 않은 영향력을 발휘하는 것으로 귀결된다(Perloff, 1998).

<자료 4-8> 각종 정치 광고의 선전 기법들

• 매도하기

2007년 17대 대선 때 대통합민주신당 정동영 후보가 한나라당 이명박 후보의 BBK 연루 의혹을 담아 신문에 게재한 광고. 이 후보의 'BBK' 회사 주가조작 연계설을 떠올리게 하면서 BBK는 '나쁜 의미'의 용어로 받아들여졌다.

• 미사여구

2002년 16대 대선에서 새천년민주당 노무현 후보가 각종 신문에 게재한 광고. 21세기라는 미래지향적 단어를 사용해 희망적 인상과 연결했다.

• 전이

2017년 19대 대선 때 새누리당 홍준표 후보가 제작한 광고. '안보' 문구와 '태극 문양'을 배치하면서 애국 이미지를 담았다.

• 증언

2007년 17대 대선 때 한나라당 이명박 후보 찬조연설을 하는 배우 유인촌의 모습. 당시 한나라당은 이 후보를 모델로 한 드라마 <야망의 세월>의 주인공 역할을 하며 다양한 팬을 확보한 유 배우의 발언을 통해 이 후보 지지를 호소했다.

• 서민적 이미지

2016년 미국 45대 대선 때 민주당 힐러리 클린턴 후보가 제작한 광고 동영상 이미지. 평범한 시민들과 함께하는 친근한 모습을 연출하며 보통 사람들의 지지를 호소했다.

• 카드 속임수

2016년 미국 45대 대선 때 공화당 도널드 트럼프 후보가 제작해 자신의 홈페이지에 올렸던 이미지. 미국을 다시 '위대하게(great)' 만들자는 이 메시지는 여러 광고를 통해 반복적으로 한쪽 면만 보여주며 제시돼 그를 대표하는 문구가 됐다.

• 부화뇌동

1968년 미국 37대 대선 때 공화당 리처드 닉슨 후보의 포스터. 운동선수, 연예인, 시위 참가 시민 등 다양한 유권자가 자신을 지지하는 모습을 담아 모든 사람의 동참을 호소했다.

2) 정치 광고의 현상

정치 광고는 TV의 출현과 함께 폭발적으로 증가했다(Diamond & Bates, 1992). 그 전에는 신문 등 인쇄 매체를 통한 선거 출마자들의 공약 홍보가 있었고, 간판이나 벽면에 포스터 형식으로 붙이는 옥외 광고도 성행했으며, 지역을 열차 등으로 순회하며 벌이는 선거 캠페인에서는 기차나 차량에 거는 플래카드 등을 통해 후보자의 입장을 천명하는 광고가 유행하기도 했다(김광수, 2006; Norris, 2000a). 국내에서도 1948년 5·10 총선에서 최초로 신문 정치 광고가 등장했고, 대통령 투표에서는 1952년 2대 선거에서 처음 사용됐으나, 성명서나 공약을 신문에 게시하는 수준의 초보적 단계였다는 평을 받는다(탁진영, 1999). 이후 1963년 12월 5대 대통령 선거에서 신문 정치 광고의 법적 토대가 마련됐지만 국내의 정치적 환경 때문에 1972년 유신헌법 선포와 더불어 대통령 선거 신문 정치 광고가 금지됐다가 1981년 12대 대통령 선거부터 부분적으로 재개됐다(김춘식, 2005). 이런 환경은 정치 광고의 형태 및 관련 연구 등에 영향을 미쳤다(이수범, 2008). 공개 장소에 고정돼 정보가 전달된다는 점에서 공공성이 있다고 평가받았으나 이동성에서 약점을 보이던 전통적 의미의 옥외 정치 광고와, 후보의 정보를 명함형으로 축소된 지면에 담던 당시의 시대적 상황은 광고의 형식과 내용의 의미를 살피는 연구에 연결됐고(김인경·박진우, 2008; 박원준·박승대·김광석, 2008; Baker, 2007), 이후 신문 정치 광고 연구는 매체의 광고 내용 활용 방식이나 유권자에 대한 광고 영향력을 중심으로 전개됐다(유종숙, 2005; 이경탁·이수형, 2010; Bowers, 1973; Roberts & McCombs, 1994).

하지만 이런 정치 광고가 선거 캠페인의 주요 요소로 부상하며 서구에서 본격적으로 집중 조명을 받은 것은 1952년 미국 대통령 선거에서 아이젠하워 공화당 후보가 '아이젠하워가 미국에 답한다(Eisenhower answers America)'라는 최초의 TV 선거 광고를 내보내면서부터이다(Kaid & Holtz-Bacha, 2006). 그해는 우리나라가 대통령 선거의 신문 정치 광고 게재를 처음 법적으로 허용한 해로, 한국에서는 그로부터 40년이 지난 1992년의 14대 대통령 선거부터 라디오나 텔레비전 등 방송을 통한 정치 광고가 시작됐다(김춘식, 2005). 1950년대부터 활성화한 미국 정치 광고는 이후 매체효과 등과 관련한 신문과 텔레비전의 비교연구 대상이 됐으며(Diamond & Bates, 1992; Fowler & Ridout, 2009), 1990년대부터는 한국에서도 유사한 연구가 활기를 띠었다(유종숙, 2005; 이수범, 2008; 전승우·이영화·차태훈, 2010). 인터넷 등 뉴미디어 환경이 도래하면서는 신문이나 텔레비전 등 전통매체와 새로운 커뮤니케이션 채널을 통해 전달되는 정치 광고 메시지의 형태 및 효과 비교 등의 연구가 미국이나 한국뿐 아니라 세계적으로도 꾸준히 이어진다(김춘식, 2013; Kaid & Postelnicu, 2005; Vesnic-Alujevic & Van Bauwel, 2014). 하지만 정보통신 기술의 발전과 함께 커뮤니케이션 환경이 격변하는 과정에서 정치 광고 정보를 기획하는 전문가들의 영역이 다변화했고, 이 '기획'의 측면에서 정보의 과장이나 축소, 왜곡 등을 의심받는 경우가 발생하며, 광고 정보의 진실성에 대한 논의도 끊이지 않았다(Kaid, 2004). 정치 행위의 공적 의무가 공공성과 공정성을 담보해야 한다는 대의(김경희, 2009; 김충렬, 1992; Strauss & Cropsey, 1987)와, 광고주 이익을 추구하는 광고의 목적(김병희, 2013; Stanton, 1984) 사이의 마찰을 어떻게 조정해야 하느냐의 문제가 심각해진 것이다. 이런 논란은 정치 광고에 대한 규제의 문제로 이어진다.

정치 광고의 법적 규제

정치 광고의 내용에 대한 규제는 결국 정치 광고 정보의 제한과 표현의 자유 사이의 대립으로 집중된다(Jones, 2004). 김광수(2006)는 TV를 통한 정치 광고의 폭발적 증가로 더욱 뜨거워진 이 논의를 중심으로 자본주의적 민주주의 국가에서 허용되는 정치 광고 표현의 배경을 구분했다. 이 구분을 보면 1956년 제기된 언론의 4대 이론 시각(Siebert, Peterson, & Schramm, 1956) 중 자유주의와 사회책임주의적 접근이 각각 미국과 유럽의 정치 광고 정보에 적용된 것으로 보인다. 미국과 유럽의 자본주의적 민주주의는 모두 표현의 자유를 인정하지만, 광고 정보의 허용 범위를 결정하는 실제 법 적용에서 둘 사이에 미묘한 차이가 드러난다는 것을 이 구분이 보여준다.

김광수(2006)에 따르면, 우선 유럽의 광고 관련 법제는 유럽 인권법(European Court of Human Rights) 제10조에 기초한다. 이 조항은 각 국가의 국민이 이 법에 따라 의견을 자유롭게 표현할 수 있다는 조건에서 비밀투표에 의한 자유 선거를 시행할 것을 명시했다. 수정헌법 제1조(First Amendment)에 기초한 미국의 법제는 의회가 표현이나 언론의 자유, 그리고 결사의 자유 등을 제한하는 법을 만들 수 없다고 적시한다. 두 지역 정치 광고 표현의 근거가 되는 법 모두 '자유 표현'을 중시한다. 그런데 이 자유에 대한 해석에서 약간의 차이가 생긴다(Johnson & Youm, 2008-2009).

유럽은 비밀·자유 투표를 통해 의견을 자유롭게 표현할 수 있는 '조건'을 제시하며, 표현 자유의 제한이 정당화될 수 있는 것은 민주사회에서 필요한 경우로 한정한다고 했다. 이를 뒤집어 보면 민주사회가 필요하다고 판단한다면 표현의 자유가 제한될 수 있다는 뜻이다. 유럽 국가들이 사상적 뿌리를 두고 있는 자유 논쟁은 토론 참여자의 주장이 다른 어떤 것에 의해서도 저해되지 않아야 한다고 보며, 이는 논쟁가의 금전적 또는 사회적 배경에 의한 토론 방해가 있어서는 안 된다는 정신으로 이어진다. 즉 사회책임주의 아래 인정되는 기본적인 인권은 금전 등 다른 요소에 의해 저해되지 않아야 하고, 그런 방식으로 표현 자유가 방해받는다면 이는 민주주의를 위협하는 것이며, 이런 시도는 제한될 수 있다고 보는 것이다(Curran, 2011). 다시 말해 유럽 인권법은 모든 발언 기회가 공정해야 하며, 우월한 금전적 배경이나 지위를 업고 이런 공정성을 방해하는 경우가 생기면 진정한 자유 표현이 성립할 수 없다고 해석한다(Kaid & Holtz-Bacha, 2006). 하지만 미국의 입장은 다르다. 정치 광고도 상업 광고와 마찬가지로 그 활용에 비용이 들어가는 것은 당연하고 그 커뮤니케이션을 위해 돈을 사용하느냐 마느냐는 개인의 자유의지에 따른 것이며, 그렇기에 정당 등에 합법적으로 금전을 기부할 수 있는 단체들이 광고 등의 형식으로 제한 없이 특정 후보를 지지할 수 있다고 보고 그것을 허용하는 것이 미국식 자유주의의 해석이다(Perloff, 1998). 즉 그런 조건적 제한을 두는 것 자체가 자유 표현을 막는다고 보는 것이다.

비록 그 내용의 세부적 보완이 계속되지만, 기본적으로 표현의 자유를 허가하는 두 접근은 큰 틀에서 나름대로 합리적 타당성을 인정받는다. 우선 유럽 국가는 모든 정치 주체의 정치 광고 표현을 막는 금전적 또는 사회적 배경의 범위를 자의적으로 재단하지 않고, 미국도 정당의 기부금 모집을 무제한으로 허용하지는 않는다. 유럽은 방송을 통한 무상 또는 유상 정치 광고의 규칙을 마련하는 등 그 안에서 논쟁의 자유를 허용하는 기본 틀을 마련하고, 미국은 정당에 대한 개인이나 기업 등의 기부 금액 등에 제한을 두고 이를 정당이 사용하는 목적 등에 대해 명시토록 하고 있다(박찬표, 2004; 탁진영, 1999). 유럽은 각 정당이 정치 광고의 양과 횟수를 조정해 정치 주체의 금전적 부담을 줄이려는 모습을 보이기도 한다. 이 규정은 모든 정당의 정치 광고 횟수나 분량을 일률적으로 제한하거나, 과거 정당별 의석 수에 따라 할당하는 등의 방식으로 나타났다. 하지만 이런 제한과 할당이 타당한가에 대한 비판도 따른다(Kaid & Holtz-Bacha, 2006). 튼튼한 자료와 근거에 기초해 구체적이고 실용적인 공약 등을 마련한 정당과, 대중영합주의나 부실한 정세 판단만으로 급조된 정당에 같은 시간을 할애하는 문제, 혹은 기존 다수당의 실정(失政)에도 그 정당에 기존 의석 수가 많다는 이유로 더 많은 공약 발표나 광고 기회를 주는 것이 옳은 것인가의 논쟁은 계속됐다. 비교적 자유로운 광고 방송 시간 구매를 허용한 미국은, 거꾸로 많은 사람이 바람직하게 생각할 수 있는 대의에 기초한 소수 정치단체가 광고 시간을 살 자금이 없다는 이유로 정치 소통에서 배제되는 것에 대한 비판을 받는다. 비록 동일 시간 할당 제도를 통해 방송사가 같은 분량의 시간을 팔도록 제한을 두고 있지만, 그마저 구매할 능력이 안 되는 정치집단의 소외는 피하기 어렵다(김광수, 2006). 게다가 정치자금법이 연성화하면서 익명으로 이뤄지는 정치 광고 후원 등의 문제는 그나마 목적 경비의 투명성에 뿌리를 둔다는 제도의 실효성에 의혹을 제기한다(Dowling & Wichowsky, 2013). 이런 와중에 내용 제한 규정이 빈약해 왜곡 정보 전달의 염려가 해소되지 않는다는 지적도 계속된다(Curran, 2011).

양측의 이런 시각은 방송 자체나 그 경영 방식에 대한 공동체의 지지에서도 차이를 유발한다. 방송을 공공 서비스로 보는 시각이 강한 유럽은 비록 1980년대 시장주의 입장을 강화하는 자세를 취하지만 표현의 자유나 방송의 다양성은 정부가 보장한다는 사회책임주의적 성격이 강하고, 그런 차원에서 공영과 민영방송 모두 정치 광고 시간과 횟수 등에 대한 정부의 규제를 받아들인다(김광수, 2006). 비록 약간씩 국가별 차이는 있지만, 일반적으로 민영방송은 공영처럼 정당에 무료로 정치 광고를 제공하지는 않으나 일정 정도 공정성 기준에 따른 시간 배분에 나서고, 공영방송은 '정당'에는 광고 기회를 주지만 모든 '개인' 후보자에게 일률적으로 그 기회를 주지 않는 방식 등의 규칙에 동의하는 것이다(Jones, 2004). 하지만 미국은 정부의 방송 개입이 표현의 자유에 대한 권력의 침해라고 본다. 정치 광고 역시 의견 표명의 자유 원칙에 의해 보호받아야 하고, 광고에서 표현되는 아이디어의 다양성은 정부의 개입이 배제된 시장에서 자유롭게 경쟁해야 하며, 그 안에서 구성원이 제한 없이 원하는 정치 정보를 얻을 수 있게 된다고 본다. 이런 시장주의는 결국 미국에서 민영 또는 상업 방송의 활발한 정치 광고 송출로 이어졌고, 교육 관련 프로그램 제공을 목적으로 1960년대 탄생한 미국의 비영리 공영방송이 이런 유통 구조를 갖는 정치 광고와 큰 관계를 맺지 못한 배경이 되기도 한다(Kaid & Holtz-Bacha, 2006).

공직선거법 등에 의해 규제를 받는 우리나라의 정치 광고에도 균형성이나 공정성 등에 관련된 서구식 논의가 일부 적용된 것으로 보인다. 하지만 신문(제69조)과 방송(제70조), 인터넷(제82조의 7)을 통한 정치 광고 게재 또는 실시를 정비한 공직선거법은 표현의 자유 등 정치인의 소통 권리나, 정확한 정보 이해 등 유권자의 판단 근거에 대한 '근본적' 가치가 각각 어떻게 반영됐는지 확인이 쉽지 않다. 방송·신문 등에 의한 광고의 금지(제94조), 규정 이외의 인터넷 광고 시행을 불허한 제82조의 7항 5호 등을 통해 각종 매체를 통한 광고 제한을 설명하고 있으나, 언론 보도나 TV 토론 실시 관련 조항보다 매체를 통한 광고 게재 자체와 관련된 조항의 세밀함이 덜하기 때문이다. 정치 광고가 가진 정보 기획의 의미, 여기에 참가하는 컨설팅 전문가와 그들의 자질 문제, 비용, 이로 인한 정보 정확성 문제 등이 학계의 연구와 함께 조정될 여지가 있다는 뜻이다. 게다가 광고 횟수나 지면 크기 규정, 또는 방송 시간의 제한, 광고 근거 제시 등에 초점을 맞춘 내용이 후보자 모두의 사진, 성명, 학력, 경력을 일정한 규정에 따라 알리게 한 선거 벽보(제64조)나 선거 공보(제65조) 등 전혀 다른 방식의 광고 방식과 유사한 배경에서 마련된 것으로 여겨져, 커뮤니케이션 환경 변화에 따른 고민이 더 필요할 것으로 보인다. 그리고 이런 내용에 법률적 제한을 둘 것인지, 또 매체의 자율에 맡길 부분은 무엇인지 등도 더 확인돼야 할 사안이다. 아래는 이런 논의를 진행할 때 기초가 될 2020년 7월 현재 공직선거법의 신문 및 방송, 인터넷 광고 규정의 각 도입부와 그 주요 내용이다.

제69조(신문광고) ① 선거운동을 위한 신문광고는 후보자(대통령 선거에 있어서 정당추천후보자와 비례대표 국회의원 선거의 경우에는 후보자를 추천한 정당을 말한다. 이하 이 조에서 같다)가 다음 각호에 의하여 선거 기간 개시일부터 선거일 전 2일까지 소속 정당의 정강·정책이나 후보자의 정견, 정치자금모금(대통령 선거에 한한다) 기타 홍보에 필요한 사항을 「신문 등의 진흥에 관한 법률」 제2조(정의) 제1호 가목 및 나목에 따른 일간신문에 게재할 수 있다. 이 경우 일간신문에의 광고 회수의 계산에 있어서는 하나의 일간신문에 1회 광고하는 것을 1회로 본다. <개정 1997.11.14., 2004.3.12., 2005.8.4., 2009.7.31.>

1. 대통령 선거: 총 70회 이내
2. 비례대표 국회의원 선거: 총 20회 이내
3. 시·도지사선거: 총 5회 이내. 다만, 인구 300만을 넘는 시·도에 있어서는 300만을 넘는 매 100만까지마다 1회를 더한다.

제70조(방송광고) ① 선거운동을 위한 방송 광고는 후보자(대통령 선거에 있어서 정당추천후보자와 비례대표 국회의원 선거의 경우에는 후보자를 추천한 정당을 말한다. 이하 이 조에서 같다)가 다음 각호에 따라 선거운동 기간 중 소속 정당의 정강·정책이나 후보자의 정견 그 밖의 홍보에 필요한 사항을 텔레비전 및 라디오 방송시설[「방송법」에 의한 방송사업자가 관리·운영하는 무선국 및 종합유선방송국(보도 전문 편성의 방송 채널 사용사업자의 채널을 포함한다)을 말한다. 이하 이 조에서 같다]을 이용하여 실시할 수 있되, 광고 시간은 1회 1분을 초과할 수 없다. 이 경우 광고 회수의 계산에 있어서는 재방송을 포함하되, 하나의 텔레비전 또는 라디오 방송시설을 선정하여 당해 방송망

을 동시에 이용하는 것은 1회로 본다. <개정 1997.1.13., 1997.11.14., 1998.4.30., 2000.2.16., 2004.3.12., 2005.8.4., 2010.1.25.>

1. 대통령 선거: 텔레비전 및 라디오 방송별로 각 30회 이내
2. 비례대표 국회의원 선거: 텔레비전 및 라디오 방송별로 각 15회 이내
3. 시 · 도지사 선거: 지역방송시설을 이용하여 텔레비전 및 라디오 방송별로 각 5회 이내

제82조의7(인터넷광고) ① 후보자(대통령 선거의 정당추천후보자와 비례대표 국회의원 선거 및 비례대표 지방의회의원 선거에 있어서는 후보자를 추천한 정당을 말한다. 이하 이 조에서 같다)는 인터넷언론사의 인터넷홈페이지에 선거운동을 위한 광고(이하 "인터넷광고"라 한다)를 할 수 있다.

② 제1항의 인터넷광고에는 광고 근거와 광고주명을 표시하여야 한다.

③ 같은 정당의 추천을 받은 2인 이상의 후보자는 합동으로 제1항의 규정에 따른 인터넷광고를 할 수 있다. 이 경우 그 비용은 당해 후보자 간의 약정에 따라 분담하되, 그 분담 내역을 광고계약서에 명시하여야 한다.

④ 삭제<2010.1.25.>

⑤ 누구든지 제1항의 경우를 제외하고는 선거운동을 위하여 인터넷광고를 할 수 없다.

⑥ 광고 근거의 표시 방법 그밖에 필요한 사항은 중앙선거관리위원회규칙으로 정한다. <개정 2010. 1. 25.>

[본조신설 2005.8.4.]

정치 광고의 종류

더 많은 논의를 위해 어떤 부분을 추가로 고민해야 하는지는 현재 정치 광고 내용을 살펴보는 데서 그 실마리를 찾을 수도 있다. 기본적으로 일반적인 정치 광고 종류, 그 안에 드러나는 이슈와 이미지, 그리고 최근 더욱 큰 논란으로 불거지는 부정적 공격 광고의 성격 등이 검토될 수 있겠다. 여기서는 먼저 유형별로 나뉠 수 있는 정치 광고의 종류를 확인하고, 거기에 이어지는 내용의 차원에서 이슈와 이미지의 문제를 거론해보겠다. 여기에 간간이 등장하기도 하는 부정적 광고는 별도로 떼어 설명한다.

국내외 학자들(탁진영, 1999; Devlin, 1995; Johnson-Cartee & Copeland, 2013; Perloff, 1998)은 수십 년간 가장 활발하게 활용된 TV 정치 광고 유형으로 후보자 등장(talking head spots), 다큐멘터리(documentary), 사실주의 극영화(cinema verite) 또는 후보자 행동(candidate-in-action), 증언(testimonial), 대리(surrogate) 또는 행인(man-on-the-street), 창조(creative idea spots) 또는 제작 아이디어(production idea), 전망(prospective), 회상(retrospective), 신속대응(quick-on-the-feet) 등을 소개한다. '후보자 등장'은 후보자가 TV 화면에 나와 시청자들에게 직접 연설하는 것을 말한다. 이 기법은 미국 대통령 선거에서 처음 TV 광고를 활용한 1952년의 아이젠하워 후보부터 거의 모든 후보가 사용하고 있고, 한국에서는 방송을 통한 정치 광고가 시작된 1992년 이후 여러 선거 관련 법령이 1994년 현행 공직선거법으로 통합된 뒤인 1996년 15대 대통령 선거부터 일부 거대 정당 후보를 중심으로 이 기법이 사용돼왔다(박찬표, 2004). '다큐멘터리' 유형은 후보자의 지도자 자질과 성취를 드러내는 유형이다. 미국 42대 대선에서 빌 클린턴 후보가 젊은 시절에 당시 케네디 대통령과 백악관에서 악수하는 사진 등을 보여주거나, 한국의 17대 대선에서 이명박 후보가 현대건설 회장 당시 이룬 업적 등을 강조하는 것이 사례이다. '사실주의 극영화' 또는 '후보자 행동'도 다큐멘터리와 비슷하게 후보자가 화면에 등장하지만, 과거의 경험이나 성취보다는 출마 당시의 실생활 속에서 유권자와 만나거나 접촉하는 모습을 보여줌으로써 후보자의 친밀감을 부각하는 목적을 가진다. 앞서 살펴본 선전 기법의 서민적 이미지 전략과 밀접하다고 볼 수 있겠다.

'증언'은 후보자가 화면에 직접 등장하지 않더라도 유명인사나 신뢰도 높은 전문가가 특정 후보를 지지하거나 상대방 후보를 공격하는 모습을 담은 것으로, 선전 기법에 등장하는 증언을 정치 광고에서 활용하는 것이라 이해하면 되겠다. '대리' 유형도 후보자가 직접 나타나지 않으나, 독립적인 단체가 후보자의 주장을 전달하면서 간접적으로 후보자를 지지하는 유형이다. 유사한 방식인 '행인' 유형은 평범한 사람들이 등장해 특정 후보를 지지하거나 반대하는 의사 표명을 하는 것인데, '대리'는 후보자의 주장에 대해 말하고 '행인'은 후보자 자체를 거론하는 것에서 구분되기도 한다. '창조' 또는 '제작 아이디어' 유형은 찬성과 반대를 선명하게 할 수 있도록 강력한 가상의 이미지나 부드러운 유머 등을 활용하는 것이다. 법적 또는 윤리적 논란으로 단 한 번만 공개되고 방영되지 못했으나 큰 효과를 본 1964년 미국 대통령 선거 민주당 후보 존슨의 '데이지' 광고가 대표적이다. 이 광고는 상대방인 공화당 골드워터 후보에게 투표하면 냉전 상황에서 핵전쟁이 발발할 수 있다는 공포감을 유발했다.

'전망' 광고는 주로 도전자의 위치에서 제작하는 광고인데, 현대 미국에서처럼 연임제가 허용된 경우, 현임 대통령과 맞붙게 되는 상대 후보가 발전을 지향하는 미래 대통령의 모습을 부각하는 방식으로 제작한다. 단임제인 우리나라에서는 야당 후보가 사용하는 기법이라 이해할 수 있다. '회상'은 거꾸로 현임 대통령이 지난 임기 동안의 업적을 자찬하는 모습을 담아 다음 임기에서도 같은 선상에서 발전을 지속할 것이라는 이미지를 전달한다. 우리나라의 경우 여당 후보가 사용할 만한 방식이다. '전망'이나 '회상'은 앞서 소개한 '다큐멘터리' 방식과도 어우러져 제작된다. 여기서 보듯 한 정치 광고에 특정 유형 하나만 사용되지 않고 여러 기법이 혼용되는 경우가 많다. '전망', '회상', '다큐멘터리' 등이 후보자의 오랜 성장 과정이나 장기적인 발전을 강조하는 것에 초점이 맞춰져 있다면, '신속대응' 유형은 선거 막바지에 예기치 않은 상황이 발생했을 때 급하게 제작해 공개하는 것을 말한다. 주로 상대방에 대한 공격이나 상대의 공격에 대한 반응으로 이뤄지며, 여기에는 후보자가 직접 등장한다는 차원에서 '후보자 행동', 그리고 유명인이나 독립적 단체가 발언을 대신하는 '증언' 혹은 '대리' 등의 전략이 함께 활용될 수도 있다.

이와 같은 정치 광고를 다양한 규정으로 제한하고 그 규제 범위나 방법에 연계해 논란이 이어지는 것은, 앞서 거론한 바와 같이 메시지의 과장, 심지어 왜곡을 통해서라도 선거에서 승리하려는 정보 전달자의 의도가 광고에 깊숙이 개입되기 때문이다. 의도된 메시지 기획이 잘못된 정보를 전달하고 그로 인해 유권자들의 오판이 발생할 수 있다는 우려가 그런 제도 마련의 필요성 논의로 이어진다는 것이다. 하지만 이와 같은 염려에도 불구하고 그 영향력을 평가하는 기준이나 그에 의한 판단 결과가 일관적이지 않아, 세밀한 규제나 정교한 규칙이 마련되기는 어렵다(Johnson-Cartee & Copeland, 2013). 정치 광고 관련 법령이 미국이나 유럽처럼 헌법 수준의 상위법 해석에 집중되고, 우리나라의 공직선거법에서처럼 아주 기본적인 방향만 제시되며, 제작에 대한 현실적이고 미세한 조정을 정치집단과 대중매체의 자율 규제에 기대는 배경이기도 하다.

정치 광고 효과 일반론은 그 메시지를 통해 평범한 후보를 갑자기 매력적이거나 카리스마 있는 인물로 인식시키기는 어렵지만, '정치 정보'라는 이유로 그 내용에 공정성과 공공성이 전제됐을 것이라는 기대가 생기게 하면서, 유권자의 인식과 행태에 광고 정보가 영향을 미칠 개연성을 높인다는 것으로 정리된다(Perloff, 1998). 실제로 정치 광고를 통해 이슈에 대한 후보자의 정견이나 입장을 배운다는 선거 캠페인 학습(campaign learning) 효과도 거론되고(김춘식, 2013; 민영, 2006; Norris, 2000a; Ridout, Shah, Goldstein, & Franz, 2004), 인식뿐만 아니라 판단 기준이나 직접적인 행동에 대한 효과까지 나타난다는 주장도 제시된다(문재학, 2014; Boyle, 2004; Valentino,

Neuner, & Vandenbroek, 2018). 그러나 정보의 긍정적·부정적 성격에 따라, 또는 정치 광고 제공자에 대한 수용자의 선호에 따라, 또 유권자가 가지고 있는 편견에 따라 이런 영향력의 성격이나 크기가 복합적으로 나타나, 법으로 일관적인 제재나 규제를 가하기는 쉽지 않다. 예를 들어 정치 광고 효과를 대표적으로 구분하는 방식 중 하나인 '비(非)동원(demobilization) 가설'과 '자극(stimulation) 가설'은 상반되거나 조응하는, 혹은 보완하는 해석을 동반한다(Clinton & Lapinski, 2004). 주로 부정적인 정치 광고를 중심으로 전개되는 이들 가설 중 전자는 그런 광고가 유권자의 참가 가능성을 떨어뜨린다고 주장하고, 후자는 유권자의 정치적 판단을 돕는다고 설명한다.

광고의 부정적 정보 때문에 특정 후보에 대해 확신이 강해진 사람들이 더 많이 투표장으로 향할 수 있다는 '자극 가설'과, 이런 공격적 광고에 피로감을 느낀 유권자의 투표 참가율이 떨어질 수 있다는 '비동원 가설'은 우선 대응 구조로 보인다. 그러나 연구마다 나름대로 설명력을 갖춘 이 가설들은 실제 투표 현장에서 어느 쪽으로 나타나는지 확인이 어렵다(김광수, 2006). 이런 광고가 뚜렷한 결정을 못 내린 유동층을 자극하는 데 힘을 발휘한다거나 합리적인 반대 정보에도 마음을 바꾸지 않는 사람들의 기존 편견만을 강화한다는 설명도 있지만, 유동층의 범위나 성격, 유권자의 기존 편견 강도(强度) 등을 규정하기 쉽지 않아 이 가설들이 중첩되거나 조응하며 복잡한 결과를 내기 때문이다. 그런 가운데 이런 부정적 공격 광고들은 메시지의 과장이나 왜곡에 연결될 염려가 커 건강한 정치 정보 유통의 걸림돌이 된다는 지적이 계속된다(Curran, 2011; Kaid, 2004). 정리하자면, 부정적 공격 광고 내용의 영향력에 대한 염려는 이어지지만, 그런 광고 정보 효과의 방향성이 모호하기 때문에 일관적인 규제나 제재를 시행하기 어렵다는 뜻이다.

이런 이유로, 특정한 내용을 담은 광고의 횟수와 분량 등에 일률적 제한을 두는 것도 쉽지 않다. 그래서 국가에 따라 접근 방식도 다르다. 예를 들어 일부 유럽 국가들은 공정성에 기초해 정치 광고 길이나 비용 등에 대한 규칙을 제시하고, 우리나라도 유사한 방식을 채택하고 있으나(박찬표, 2004), 자유주의 사상에 입각한 미국의 경우는 아예 시장의 흐름에 그 운용을 맡기는 경향을 보인다. 그 흐름을 보면, 1950년대에 30~60초짜리 짧은 메시지로 시작된 정치 광고는 이후 1960년대로 넘어가는 과정에서 30분짜리 자서전적 광고로 확장되다가 비용 등의 문제로 1970년대에 4분짜리 광고로 시간이 줄고, 긴 광고 효과에 버금가는 짧은 광고의 효율성을 확인한 정치권은 1980년대 이후 30~60초짜리 선거 광고를 만들기 시작했다(Perloff, 1998). 그 과정에서 프로그램 자체와 광고 시간의 관계에 따른 공적인 규제도 제시됐고, 1분 이내의 광고가 성행하던 1990년대에 들어서는 자산가이자 무소속 대통령 후보였던 로스 페로(Ross Perot)가 다시 30~60분짜리 정보 광고(infomercial)형 연설을 등장시키는 등의 모습도 나타났다. 그러나 이와 같은 변화는 내용의 공공성 등을 고민한 정책적 정치 광고의 강제적 규제의 결과라기보다, 비용을 고려한 방송 및 광고계의 상업적 이해관계가 맞물리면서 복합적으로 진행된 현상으로 해석된다(Chapman & Beltramini, 2000).

한편 이와 같은 규제의 어려움은 다시 정치 광고가 가지고 있는 내용의 측면, 특히 이슈와 이미지 정보가 혼재한 특성에도 연결돼 나타난다. 보도를 포함한 거의 모든 매체의 정치 정보 문제에 연관되는 이슈와 이미지의 관계는 정치 광고 영역에서도 뜨거운 주제이다. 이미지의 모호성(Boorstin, 1992) 때문에 정확한 이슈 관련 메시지는 옳고, 흐릿한 이미지 정보는 그르다는 일반론이 광고에 적용되기도 한다(Perloff, 1998). 하지만 사람들의 시선을 끄는 데 이슈보다 이미지가 더 효과적이라는 연구 결과와 주장들(Curran, 2011; Garramone, 1983)은 선거 현장에 이미지 정치 광고가 범람하는 현상으로 이어졌다(Kaid, 2004; Perloff, 1998). 1960년부터 25년 동안 미국의 TV 정치 광고를 분석한 연구(Joslyn, 1986)는 이미지 광고(57%)가 정책 광고(15%)보다 훨씬 많이 등장했다고 보고했다. 그 이유로 광고 효율성과 시간, 비용 등을 고민하던 정치권이 결국 30초짜리와 그보다 긴 광고의 효과에 차이가 없다는 연구 결과를 토대로 30~60초짜리 광고를 선호하게 됐고, 이렇게 결정된 짧은 광고 시간 안에 정책 정보를 담아내기 어렵다는 현실적 장벽에 부닥친 점이 제시된다. 이후 광고는 효과가 불분명하거나 저조하고, 사람들이 지루하다고 여기기까지 하는 이슈 광고를 더욱 멀리하고 유권자의 감성에 호소하는 전략에 집중하게 되면서, 1990년대 이후에는 대통령 선거 정치 광고 중 이미지가 차지하는 비중이 80%를 넘어서는 등 점점 이미지 광고의 추세가 강화하고 있다(Scammell & Langer, 2006). 국내의 사정도 비슷해, 2004년 17대 총선에 등장한 TV 정치 광고의 이미지 활용은 전체의 60%, 감성적 호소는 92.3%로 나타나 이슈나 이성적 광고 정보를 압도하는 형세를 보였다(이희복, 2005).

대다수 연구는 이런 결과를 놓고 이성적인 이슈 정보에 집중하지 않고 감성적 소구에 집착하는 이미지 광고의 범람에 경고를 보내지만, 과연 이미지 광고는 나쁘고 이슈 광고는 좋다는 이분법적 구분이 옳은가에 대한 반론도 등장한다(Kaid, 2004). 이미지는 실제로 후보의 성품이나 품격, 도덕성 등에 근거한 것으로 이들 요소는 리더의 정치적 자질에 연결될 수밖에 없으며, 이미지는 가상으로 만들어지는 것이 아니라 이슈 자체에서 유추되기 때문에 이미지를 이슈로부터 떼어내 구분하는 것 자체가 불가능하다는 지적 등이 나오는 것이다(Curran, 2011). 실제로 1980년대 미국 공화당의 선거 참모들이 만들어 당시 레이건과 부시 후보의 이미지를 형성한 '위계적 가치 지도(hierarchical value map)'는 유권자들이 알고자 하는 이슈들을 파악한 것에 기초했다. 후보의 정책을 유권자들이 이해하기 쉽게 알리는 전략으로 채택한 '이슈의 이미지화'는 선거에서의 승리로 이어졌고, 이런 기법은 이후 정당을 떠나 많은 후보자가 애용하는 정치 광고 방식으로 자리매김했으며, 이 과정에서 이슈와 이미지에 대한 선악 이분법을 비판하는 목소리도 커졌다(Perloff, 1998). 하지만 이미지의 모호성이 유권자를 현혹할 수 있다는 비판과 함께, 표현 자유라는 헌법적 가치를 훼손하지 않는 범위에서 정확한 정보 전달의 책무를 정치 광고에 부과하는 방법이 논의돼야 한다는 주장이 쉬지 않고 이어진다(Johnson-Cartee & Copeland, 2013).

부정적 광고

위와 같은 비판과 주장이 끊이지 않는 이유를 학자들은 부정적 광고 또는 공격 광고의 확대에서 찾는다(김무곤, 2005; 김하나, 2010; Kaid, 2004). 부정적 광고는 긍정적 광고(정책과 관련한 후보자 입장을 강조하거나 후보자의 지도자적 자질을 홍보하는 전략적 메시지)와 달리, 쟁점 정책에 대해 상대 후보를 공격하거나 그 후보의 인간적 측면을 비난해 해당 후보에 대한 지지 철회를 부추기는 언어적·비언어적 전략(Johnson-Cartee & Copeland, 2013)으로 소개된다. 널리 활용되는 이 정의에서도 보이듯이, 학자들 사이에서도 이미지라는 차원으로 부각할 수 있는 비언어적 부분까지 활용하는 광고가 부정적일 수 있다는 관념이 통용된다. 비록 긍정적 광고에 대한 설명에서도 '지도자적 자질'이라는 부분이 이미지와 연결될 여지가 있으나, 일반적으로 광고 메시지 자체의 모호성에 이어 '이미지' 측면을 부정적 광고의 특성으로 보려는 입장이 강하다. 이미지를 둘러싼 정치 광고에 대한 비판이 부정적 광고를 중심으로 확산하는 이유이다(Kern & Wicks, 1994).

1950년대에 시작한 TV 정치 광고를 기준으로 볼 때 비교적 새로운 유형으로 꼽히는 부정적 광고(negative advertisement)는 공격 광고(attack advertisement)라고도 불리면서, 도전자 위치에 있는 후보자들이 더 많이 사용한다고 소개된다(Hale, Fox, & Farmer, 1996). 또 이런 광고는 수용자에게 해당 광고를 시행하는 주체나 상대방 모두에 대해 부정적인 인상을 심어주고(Merritt, 1984), 유권자의 투표 의지를 감소시킨다는 주장(Ansolabehere, Iyengar, Simon, & Valentino, 1994)도 나온다. 하지만 그런 결론은 유권자 개인이 처한 조건에 따라 달리 나타나기에 수용자의 정치적 판단에 대한 부정적 광고 영향력의 일관적 결론을 단정할 수 없다는 반론(Wattenberg & Brians, 1999)도 있다. 복잡한 진단에도 불구하고, 1960년대부터 1980년대까지 비율 면에서 그 횟수가 5배 이상으로 치솟는 등 부정적 광고의 증가세 자체는 엄연한 사실(Jamieson, 1986)로 받아들여진다. 역효과를 우려해 과거에는 잘 사용되지 않던 부정적 광고가 늘어가는 이유는 정보를 강조하는 방법이 창조적이고 그 내용이 상징적이라 수용자가 메시지의 핵심을 기억하기 쉽고, 그 안에 담긴 정치 정보가 마치 신뢰도 높은 뉴스처럼 비쳐 여론에 영향을 쉽게 미친다고 여겨지기 때문이다(Devlin, 1995).

특히 승자와 패자가 갈리는 선거에서 이와 같은 부정적 광고는 전략적 유용성이 높다는 평가를 받는다. 열세에 놓인 후보는 잃을 것이 없어 무조건 상대방을 공격해도 손해볼 일이 적고, 앞서가는 후보도 아예 선제공격으로 기선을 제압하며 승기를 유지할 수 있다고 믿기 때문이다. 그뿐 아니라 상대방의 공격을 받고도 반응하지 않으면 그 비난을 인정한다는 인상을 심어줄 수 있어, 공격 광고에 대한 침묵은 패배로 직결된다는 두려움을 만든다(김광수, 2006). 치열한 선거 경쟁에서 열세이건 우세이건 모두가 부정적 광고를 사용할 수밖에 없는 여건에 놓이는 것이다(Perloff, 1998). 게다가 부정적 내용은 그 자체로 갈등을 내포하고 사람들은 그 마찰에 주목하는 특성이 있어, 광고 기획자들은 갈등과 마찰을 창의적으로 부각하고 곧장 그 내용이 유권자들의 입을 타고 번지게 해 메시지 전달 효과를 얻으려고 노력한다(Kaid, 2004). 부정적 정치광고는 한국에서도 꾸준한 증가 추세를 보인다(탁진영, 2004). 세계적으로도 그 수가 늘어나고 공격 광고를 전달하는 미디어 채널도 다양해져, 관련 연구 범위도 확장하고 있다(Lau, Sigelman, & Rovner, 2007; Vesnic-Alujevic & Van Bauwel, 2014).

자신의 장점을 부각하기보다 상대의 약점을 비난하는 부정적 광고 유형은 그 내용이나 형식에 따라 구분된다. '직접 지칭 광고'(Surlin & Gordon, 1977), '비교 광고'(Pinkleton, 1997) 등으로도 표현되는 부정적 광고는 '직접(direct)'과 '암시(implied)'의 방법으로 '공격(attack)'과 '비교(comparison)'의 전략을 쓴다고 소개되는데, 이를 혼합한 뒤 다시 분류해 상대 후보의 인격이나 품성 등을 드러내놓고 비난하는 '직접 공격', 자신과 상대의 정책이나 업적을 나란히 놓고 자기의 우월성을 보여주는 '직접 비교', 비유 등을 통해 자신과 상대방의 차별성을 나타내는 '암시적 비교' 등 세 가지로 정리되기도 한다(Johnson-Cartee & Copeland, 2013). 비슷한 차원에서 상대의 약점을 적극적으로 드러내지 않고 은근히 암시하는 함축(implicative) 광고, 자신과 경쟁 후보 사이의 장단점을 직접 보여주는 비교(comparative) 광고, 상대의 인성이나 의도, 주변 관계, 행동 등을 비난하는 공격(assaultive) 광고로도 나뉜다(Gronbeck, 1992). 또 아예 공격 내용에 따라 서로 무관한 이미지들을 병렬함으로써 잘못된 추론을 유도하는 '개념적 광고', 일반 유권자가 상대 후보에 대해 부정적 의견을 진술토록 하는 '개인적 증언 광고', 언론 기사와 같이 불편부당한 사실을 제공함으로써 유권자가 경쟁자를 판단하도록 하는 '중립적 보도형 광고' 등으로 분류되기도 한다(Jamieson, 1986).

부정적인 공격 광고가 전략의 측면에서 활용되는 만큼 이에 대응하는 방법도 유사한 맥락에서 전개된다. 인간의 성품 연구나 수사학, 정치 커뮤니케이션 효과, 정치 광고와 TV 토론 전략 등에서 활용되는 내용(Benoit & Harthcock, 1999; Curran, 2011; Kaid, 2004; Lariscy & Tinkham, 1999; Roddy & Garramone, 1988; Weiner, Graham, Peter, & Zmuidinas, 1991)은 이미지 회복을 위해 잘못된 부분을 직접 언급하는 '고백', 상대방의 공격이 타당하지 않다는 점을 드러내는 '부정', 상황을 다른 차원의 문제로 돌려 다른 문제로 부각하는 '이슈 재해석', 상대방의 약점을 찾아 부정적 광고로 되돌려주는 '역공격' 등으로 정리될 수 있다(Perloff, 1998). 위 저술 등의 내용을 종합적으로 적용해보면 사용 시기에 따라 이들 대응 전략의 성공 확률이 달라진다는 추론도 가능하다. 우선 '고백'은 이미지 회복에 걸리는 시간 때문에 투표 시점이 멀리 떨어져 있을 때, '부정'이나 '이슈 재해석'은 유권자가 해당 내용을 이해하고 받아들이는 정도에 따른 시간을 고려해야 할 때, 그리고 '역공격'은 광고 내용을 유권자가 이성적으로 판단할 만한 충분한 시간이 없을 때, 즉 투표 시점에 가까울 때 활용할 여지가 높다.

실제로 공격받을 수 있는 내용 중 소소한 정보를 먼저 유권자들에게 알려주면 유권자들에게 면역 효과(inoculation effects)가 생기기 때문에, 상대방이 이를 공격해와도 유권자들이 큰 영향을 받지 못한다는 주장(Pfau, Park, Holbert, & Cho, 2001)이 '고백'의 시간적 여건에 이어질 수 있다. 즉 어느 정도 시간이 지나면 사람들이 폭로된 사안에 익숙해질 뿐 아니라, 사안이 발생한 배경에 대한 이해도가 높아지면서 공격을 당한 후보자에 대해 부정적 시각이 무뎌질 수 있기에, 고백은 선거 시점을 오래 남기고 있는 상태에서 선택할 수 있는 전략이라는 뜻이다. 또 앞에서 거론한 '신속대응(quick-on-the-feet)' 광고가 선거 막바지에 상대 후보의 예기치 못한 공격에 곧장 반응하는 방식으로 활용되는 것을 '역공격' 시점에 대한 근거로 들 수 있다(탁진영, 1999). 선거 종료 시점에 등장한 비난을 이성적으로 판단할 여유 없이 받아들이는 일반 유권자의 상태를 고려해, 유사한 정도의 공격 광고로 반격함으로써 상대방도 같은 처지에 놓이게 하면서 위기를 돌파하는 시도를 후보자들이 전략적으로 고려할 수 있다는 것이다. 이들은 부정 또는 이슈 재해석에 걸리는 시간을 확인하는 탐구 등과 함께 부정적 정치 광고의 효과 연구를 확대하는 도구로 쓰일 수 있고, 그 결과물은 공정성과 공공성이 함께해야 하는 정치 정보의 영역에서 부정확하거나 무책임한 주장들에 대한 견제 수단을 마련하는 배경이 될 수 있을 것이다.

부정적 공격 광고에 대한 학계의 염려, 그리고 그 우려를 넘어 이를 활용하려는 정치권 현장의 전략은 지금도 마찰과 상호 견제를 통과하는 과정에 있다. 그 내용의 복잡함과 공동체 구성원의 정보 추구 및 이해 권리 사이를 일관적으로 관통하는 해결책은 아직 구현되지 않았다. 앞으로도 그런 묘약이 등장할 수 있을지의 가능성도 가늠하기 어렵다. 하지만 학계에서도 무조건 부정적 광고를 비판하지는 않는다. 바로 위에서 제기한 시도와 같이, 불편부당한 현상에 대한 탐구를 통해 드러나는 내용을 긍정적으로 활용하자는 제안에 이르기도 한다. 김광수(2006)는 이와 같은 시각에서 국내외 연구를 통해 나타난 내용을 종합하며, 공격 광고의 폭로 내용이 비록 부정적인 측면을 안고 있다고 하더라도 유권자들이 선거에서 효율적인 판단을 내릴 수 있게 만든다고 정리한다. 복잡한 정치 현장은 유권자들이 어차피 완벽한 선(善)을 선택하는 것을 불가능하게 하기에, 그나마 덜 부정적인 후보, 즉 차악(次惡, lesser evil)에 투표하는 결정을 내리는 데 공격 광고를 활용할 수 있다고 본 것이다. 여기에는 유권자들이 정보 제공자를 쉽게 잊는 수면 효과(sleeper effects)가 공격 광고 '주체'와 '대상'을 오래 기억하지 못하게 하고, 결국 이들이 다양한 통로를 통해 얻은 사실적 정보와 융합해 광고 폭로 '내용'을 저장할 것이라는 기대가 포함돼 있다. 그는 또 공격 광고의 효과도 유권자의 기존 태도에 의해 달리 나타나고, 유권자의 학습이나 경험 등에 의해 저장된 지식구조 또는 편견으로서의 스키마에 따라 광고 효과는 상이하며, 부정적 광고마다 달리 구현되는 공격의 유형 및 내용은 바로 그런 유권자의 기존 태도나 스키마에 의해 또 한 번 여러 갈래로 해석될 수 있다면서, 부정적 공격 광고의 영향력을 천편일률적으로 판단하는 우를 피할 것을 당부한다. 즉 부정적 광고가 사람들의 마음을 바꾸는 것이 아니라 기존의 태도를 강화할 수도 있고, 정치인에 대한 지식의 정도나 광고 내용의 진실성 여부에 대한 판단의 다양성 등이 광고 효과 자체를 다각적으로 분산할 것이기 때문에, 일관적인 잣대로 공격 광고를 재단하는 시도는 조심스러워야 한다는 것이다.

이런 접근은 오랫동안 정치 광고를 탐구하면서 장단점을 거론한 선행연구들의 일반론을 되돌아보고 새로운 논의를 쌓아가는 과정에서 그 의미를 확대해나갈 수 있도록 한다. 특히 선거에 등장하는 정치 광고가 후보자의 배경, 업적, 인격뿐 아니라 한 사회가 안고 있는 현안이나 이슈를 바라보는 후보자의 입장과 그를 해결하려는 구체적 정책을 소개하는 통로가 되며, 언론 보도나 TV 토론보다 훨씬 적은 외부 개입 속에서 후보자 자신이 강조하고자 하는 내용을 드러내 유권자들의 지지를 호소하는 설득의 채널이 된다는 장점은 주목할 만하다. 다만 이 통로를 정치인이 활용하는 과정에서 나타나는 단점이 무엇인지를 확인하는 작업은 계속돼야 할 것이다. 이런 시도는 정치 광고의 이미지와 이슈 문제, 선거를 둘러싼 정치 구조 변화, 그에 연동하는 선거자금 등과 관련된 논의를 다채롭게 잇는 고리가 될 수 있다. 20세기를 정리하며 21세기로 접어드는 시점에 학자들 사이에서 거론되는 정치 광고 비판과 이에 대한 반박 논점을 11가지로 정리한 내용(Henneberg, 2004)은 이런 차원에서 숙고해볼 만하다. 부정적 공격 광고를 포함해 정치 광고 전반에 쏟아지는 지적을 포괄적 의미의 정치 마케팅 시각에서 현장 및 이론의 관점을 아울러 조망한 이 논점은 여섯 가지 관행 비판과 다섯 가지 연구 비판으로 구성됐다.

우선 여섯 가지 관행 차원의 정치 광고 관련 논점은 부자 승리(Elections can be bought), 내용 없는 포장(Packaging without content), 대중영합주의(Populism and no leadership), 비매품 정치(Politics is not about selling), 광고 무시 투표(Voters vote differently), 개인적·부정적 성격(Campaigns have become personal and negative) 등으로 소개됐다. '부자 승리'는 정치 광고를 구매하거나 전문적 정치 캠페인 자문가를 고용해 매체 정보 조정을 할 수 있을 정도의 금전적 여유가 있는 후보만이 승리할 수 있다는 점을 비판한다. 즉 재정적 여유가 없으면 정치 지도자가 되기 어렵다는 뜻이다. 하지만 이에 대해 돈과 선거 승리의 상관관계가 약하다는 반론이 제기된다. 내각제인 영국의 경우 총선에서 돈을 덜 쓴 정당이 승리하기도 하고, 국가가 주요 정치자금원이 되는 독일 체제 등에서는 이런 비판의 설득력이 떨어진다는 것이다. 1992년 미국 대선에서도 억만장자인 페로 후보가 천문학적인 광고 비용을 쓰고도 낙선했다. '내용 없는 포장'은 비어 있는 커뮤니케이션을 비판한다. 정보를 일부만 강조하면 왜곡이 발생하거나 옳지 않은 이미지가 만들어지고, 그런 이미지를 사용해 국가나 정치를 브랜드화하려는 시도는 결국 유권자를 기만하게 된다는 지적으로 이어진다. 이에 대한 반박으로 이미지 자체가 이슈나 정책으로부터 떨어져 발생할 수 없고, 만약 그렇게 만들어진 정치 브랜드가 기만적이라는 것이 밝혀진다면 유권자는 장기적으로 그런 정치 주체로부터 등을 돌리게 된다는 점이 제시된다. 즉 이미지와 브랜드는 실체가 있으며, 실체 없는 이미지나 브랜드는 실패할 것이라는 반론이다.

'대중영합주의'는 정치 지도자가 굳건한 정치 철학에 기초해 시민을 이끌어가는 것이 아니라, 더 많은 표를 얻어 선거에 승리하고자 대중이 원하는 내용을 충족시키는 데만 급급한 점을 비판한 것이다. 하지만 대중이 원하는 이슈가 무엇인지를 파악하는 것만도 장기적인 조사와 연구를 통한 결과이며, 민주주의 자체가 대중이 필요로 하는 요소를 찾아 그들의 요구를 듣고 완성해가는 것이라는 반박도 나온다. '비매품 정치' 영역은 상품처럼 팔 수 없는 정치를 정치 광고가 표를 얻고 판매하는 재화로 전락시킨다고 비판한다. 마치 상점에서 돈을 주고 소비자가 음식을 구매하는 것처럼 정치를 살 수 있다고 생각하게 만드는 것은 정치를 왜곡하는 것이라는 지적이다. 하지만 정치를 사고파는 문제로 보는 시각 자체가 잘못됐다는 반론이 제기된다. 정치 광고에 등장하는 공약을 상업 광고를 통해 이익을 따지는 상품 차원으로 볼 것이 아니라, 비영리적·사회적 차원의 약속처럼 장기적으로 유용한 가치를 추구하는 시도로 보는 것이 옳다는 것이다.

'광고 무시 투표'는 정치 광고에 나타나는 내용이 이미지로만 채워져 사람들에게 정작 필요한 사실적 정보를 주지 못하기 때문에, 유권자들은 투표에 필요한 중요한 정치 정보를 얻지 못한 채, 즉 정치 광고 내용과는 무관하게 '묻지 마 투표'를 하게 된다는 것을 지적한다. 이에 대해 사람들의 의사결정은 사실적 정보에 의해서만 이뤄지는 것이 아니라 활용 가능한 모든 내적 커뮤니케이션 통로의 유통에서 발생하는 것으로, 기존 경험에 속해 있던 개인 정보와 정치 광고 내용이 결합하는 과정에서 투표권 행사의 방향을 정하기 때문에, 정치 광고는 그 자체로 선거에 도움이 된다는 반론이 나온다. '개인적·부정적 성격'은 정치 광고가 지나치게 후보자 위주로 이뤄지며 대의정치의 핵심인 정당정치의 퇴보를 불러올 뿐 아니라, 개인 후보에 대한 공격이 인격 살인에 가까울 정도로 지나치게 전개돼 민주주의의 본령을 퇴색하게 하고 유권자의 올바른 선택을 저해하는 유해 요소로 작동한다는 비판이 중심이 된다. 이에 대해 선거에 출마하는 후보자는 그 정당의 이념을 이해하는 인물로 정당정치를 대표하는 표상이기에 정치 광고에서 드러나는 후보자의 정보가 대의정치의 뜻에 반한다고 할 수 없고, 긍정적 광고보다 부정적 광고를 통해 이슈에 대한 정보가 더 확실하게 유권자들에게 부각한다는 연구 결과들은 공격 광고에 대한 맹목적 비난 자체에 문제점이 있다고 본다. 위와 같은 순서로 제시된 논점을 정치 광고의 상품 가치, 정보 내용, 후보와 유권자 관계로 재구성하면 <표 4-4>와 같은 비판과 재반박으로 정비할 수 있겠다.

이상의 여섯 가지 논점 혹은 개념은 서로 완벽하게 구분되지는 않고, 저자(Henneberg, 2004)가 설명하듯 서로 중첩되며 정치 광고의 장단점을 동시에 설명한다. 김광수(2006)는 위 사안을 더욱 간략하게 통합해 정치 광고에 대한 비판적 요소를 근본적인 정치 현상 훼손, 대중영합주의 천착, 지나친 고비용 선거 등 세 가지로 소개한다. 후보자가 정치적 이슈나 신념 등 기본적인 정치 정보보다는 이미지 전달이나 화젯

<표 4-4> 헨네버그(Henneberg, 2004)의 정치 광고 관행 비판과 반박

구분 / 논점	관행	비판	반박
상품 가치	부자 승리	광고 구매나 정치 자문가 영입 능력이 있는 후보만이 승리	부와 승리의 상관관계 입증 및 실증 빈약
	비매품 정치	정치를 브랜드화해 파는 상품화는 부당	정치 광고는 상업적 판매 기법 아닌 비영리적·사회적 마케팅
정보 내용	내용 없는 포장	빈약한 정보, 사실 왜곡, 이미지 강조로 유권자 기만	이미지는 이슈에 기초하고, 그릇된 포장은 유권자가 회피
	개인적·부정적 성격	후보자 집중으로 정당정치 퇴보 / 인격 살해 공격 난무	인물 자체가 정당 대표 / 부정적 광고가 더 이슈에 집중
후보·유권자 관계	대중영합주의	정치 철학과 무관한 대중 요구에 천착하며 지도력 상실	장기간의 마케팅 조사에 따른 대중 요구 존중
	광고 무시 투표	유권자는 사실적 정보가 사라진 광고와 관계없이 투표	의사결정은 사실 외에도 여러 정보를 비교·통합하여 진행

거리 혹은 말장난에 치중하면서 바람직한 정치 현상을 망가뜨리고, 확고한 정치 신념보다는 표가 많이 몰리는 대다수 유권자의 변덕스러운 성향만 좇으면서 대중영합주의의 함정에 빠지기 쉬우며, 돈 있는 후보만 유리하게 되거나 돈을 따르는 정치 홍보 전문가들에 의해 선거 시장이 좌우될 위험이 크다는 것이다. 하지만 정치 현상을 고취하는 필수 정치 커뮤니케이션 요소로서 정치 광고가 전달하는 이미지는 정책 신념이나 이슈 등과 떨어질 수 없는 관계이며, 정치 발언은 말장난이 아니라 '수사학'이라는 점이, 정치 현상 훼손이라는 비판에 대한 반박으로 제시된다. 또 대중영합주의라는 비판에 대해서도 정치 시장 검토 및 여론조사 등은 영합이 아니라 유권자의 필요 욕구를 충족하는 기제로서 마케팅 철학에 뿌리를 둔 것이라는 반박이 등장한다. 고비용 선거에 대한 비난은 광고에 사용되는 비용과 선거 당락이 꼭 일치하지는 않으며, 홍보 전문가는 오히려 효과적으로 정보를 정비할 수 있도록 돕는 역할을 하게 된다는 반박으로 맞선다.

현장의 관행을 탐구하는 정치 광고 또는 정치 마케팅 연구 자체에 대한 다음의 나머지 다섯 가지 지적(Henneberg, 2004)은 학문의 영역에서 비판적으로 극복될 여지를 남긴다. '정치 의미 소홀(Too much communication focus)'은 역동적인 정치 커뮤니케이션 차원에서 정치와 소통이 함께 탐구돼야 하는데, 정치의 근본적 의미보다는 효과론이나 방법론으로서의 소통 내용만 부각하는 점이 재고돼야 한다고 지적한다. '광고의 일부 요소에만 치중(Research insinuates management practice)'은 전체 정치 정보 경영을 포괄적으로 다루는 것이 아니라 광고, 특히 그중 일부 요소만 연구의 초점으로 사용하면서 협소한 결과만 내놓는 연구 풍토를 비판한다. 또 정치 과정과 선거 결과를 따로 떼어 보는 등 지나친 단절적 접근으로 연결망에 근거한 관계지향적 결과를 설명하지 못한다는 '단순 연구(non-sophisticated research)'도 비판을 받는다. 또 정치 마케팅이나 광고가 연계한 비영리 또는 사회적 마케팅 및 광고의 의미를 살리지 못해, 전체 마케팅 영역을 기존의 연구가 포괄하지 못한다는 '마케팅 의미 실종(not a marketing domain)'이나 도덕 · 윤리 차원의 문제의식 없이 해당 영역에 단순 상업 마케팅이나 광고 차원만 접목한다는 '피상적 가치 추구(value discussion are not grounded)'도 정치 광고 분야 연구가 극복해야 할 과제로 제시된다.

다양한 접근법이 적용되는 정치 광고 영역에서 이들 11가지 논점이 모든 문제를 포괄하거나 종합한다고 보기는 어렵다. 하지만 반복적으로 제기되는 이들 내용이 꾸준히 비판을 받고 이들을 극복하려는 방법이 계속 거론되는 것은 정치 광고라는 소통 방식에 근본적인 논의 요소가 있다는 방증일 것이다. 특히 커뮤니케이션이라는 방법을 활용해 공동체 구성원의 다양한 이해관계를 조율하는 정치는 그 근본 취지를 유지하고 목적을 달성하기 위해 필요한 요소들을 끊임없이 고민해야 한다는 지적이 위 11가지 논점을 관통하고 있다. 이들은 앞서 소개된 언론 보도, TV 토론 등 대중매체를 통한 정치 정보 전달과 연계해 역동적 커뮤니케이션 안에서 3대 요체가 구동해야 할 방식을 숙고하는 자극제로 활용될 수 있을 것이다.

Media and Politics

5장

대중매체와 대통령

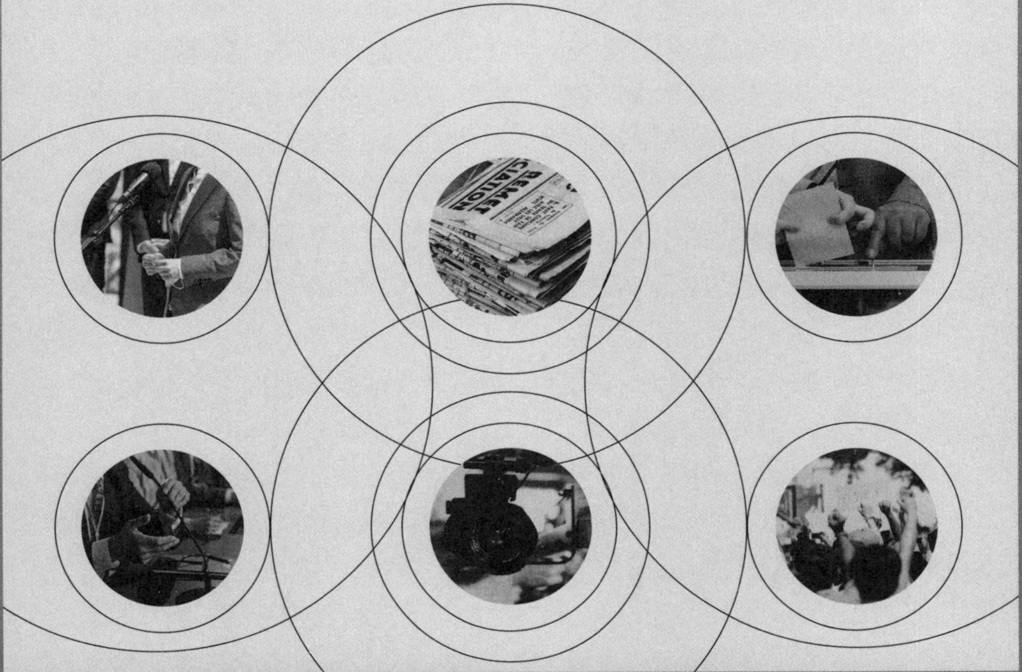

국가 최고지도자의 소통 내용은 정치 커뮤니케이션 영역의 정점에 있다. 그 인물의 발언이나 행동은 국민의 다양한 이해관계를 최종적으로 조정하는 신호가 되기 때문이다. 우리나라나 미국식 정치 시스템의 대통령, 영국이나 일본이 실행하는 내각제의 수상 또는 총리가 국정과 관련해 입법부와 소통하는 모습은 모두 통치의 과정으로 이해되고, 그 커뮤니케이션 내용은 국민의 삶과 직결되는 결과물로 나타난다. 범위를 넓혀 보면, 행정부에 내리는 명령, 사법부와 벌이는 견제와 균형, 혹은 경제나 문화, 사회 각 분야 단체와 주고받는 대화, 소통을 통한 국민과의 교감 등도 국가 최고지도자가 전개하는 정치적 행위가 되며, 국가를 대표해 해외 지도자 등과 진행하는 커뮤니케이션은 국제적 협조를 통한 국민 안전과 국가 번영을 지향하는 정치적 목적의 수단으로 인정된다. 이 장은 정치 커뮤니케이션의 3대 요체 중 정치 엘리트를 국가 최고지도자와 그 주변으로 한정하고, 이 정치 엘리트와 외부 사이의 소통을 대중매체가 매개하는 현상에 대해 설명한다. 특히 우리나라 정치 시스템이 적용 중인 대통령제를 중심으로 관련 내용을 짚어본다. 앞서 소개한 선거 과정을 거친 이후, 즉 당선돼 임기 중에 있는 현임 대통령(Incumbent President)의 커뮤니케이션 내용 및 정치 행위를 대중매체가 공중에게 전하는 현상에 특화한 논점이 주가 될 것이다. 이를 위해 대통령제 국가의 정치 커뮤니케이션 연구가 활발했던 미국의 사례를 참고하고, 그에 기초해 한국의 상황을 소개하는 방식으로 설명을 전개하겠다.

1. 국가 최고지도자와 언론의 관계

대통령제 국가에서 최고지도자의 위치는 정치인과 행정인 사이에 있다고 소개된다(송인수·김진구, 1996). 대통령은 입법을 관장하는 정당 소속이라는 점에서는 정치인이지만, 국무회의를 주재하는 역할에서는 행정부 수장이다. 동시에 사면권은 물론 사법부 통솔자인 대법원장 임명권에까지 연계된 역할은 입법·사법·행정을 총괄하는 우리나라 대통령의 제왕적 측면을 보여준다(고문현, 2007). 그러나 헌법 수호와 법원 독립이 입법과 행정이 뿌리를 둔 법치주의의 근간이 된다는 점에서, 국가 수립 시점부터 자주성과 독자성을 유지해온 사법 영역은 정치인이나 행정가가 침범할 수 없는 분야로 인정된다(한인섭, 2019). 따라서 대통령의 위치는 주로 행정 수반과 정당 지도자의 이중적 지위로 대표된다고 볼 수 있겠다(박명림, 2005). 간단히 보면, 선거 기간 중 정당을 대표해 출마한 대통령 후보자는 정치인이며, 당선된 후 청와대에서 국정을 총괄하는 대통령은 행정가라고 할 수 있다. 현임 대통령의 커뮤니케이션 현상을 설명하는 이번 장은 결국 국무(國務)를 담당하는 행정가로서의 모습을 중심으로 진행되며, 대통령과 매체의 관계도 이런 차원에서 다뤄진다.

이 논의에 따르면 대통령은 정부를 이끄는 책임자로 규정할 수 있다. 그리고 권력을 견제하는 언론의 역할은 대통령을 위시한 정부 관련 정보를 공중에게 전달하며, 행정부의 관력 남용을 감시하는 것이라 보겠다. 이 장에서 전개하려는 한국 대통령과 언론의 관계는 우리나라가 대통령제를 도입한 건국 시점, 즉 1948년부터 시작된다. 설명의 효율성과 일관성을 위해 앞서 선거 현상에 대한 이해를 돕기 위해 활용한 근대전과 근대, 근대후의 구분을 적용하고, 그에 준거해 대통령을 중심으로 한 미국 정치 커뮤니케이션 현상을 비교하며 국내의 정치 엘리트와 대중매체의 관계를 논하겠다. 앞선 내용을 다시 정리하자면, 역사가 단절적이지 않아 시대를 칼로 무 자르듯 구별하지 못하기에 시기별로 중첩되는 현상들이 발견되나, 미국의 근대전, 근대, 근대후는 각각 19세기 중반~1950년대 후반, 1960년대 초반~1980년대 후반, 1990년대 이후로 나누고(Norris, 2000a), 우리나라는 선거 환경에 따른 이들 특성을 반영해 앞선 장에서 구분한 것처럼 근대전을 1공화국(초대 이승만 대통령 정권)~2공화국(4대 윤보선 대통령 및 장면 총리 정권), 근대를 3공화국(5대 박정희 대통령 정권)~6공화국 초기(13대 노태우 대통령 정권), 근대후를 6공화국 초기 이후(14대 김영삼 대통령 정권부터)로 분류한다.

1) 근대전의 국가 최고지도자와 언론

대통령과 언론의 관계에 대한 연구가 활발해지면서 19세기 중반을 미국 근대전의 시작으로 보는 시각(Norris, 2000a)이 소개되지만, 해당 환경이 조성되는 바탕으로 그 이전 미국 대통령과 신문의 관계도 살펴볼 만하다. 유럽에서 건너온 이민자들은 자신들이 살았던 왕정의 단점을 탈피하고자 하는 열망 속에서 조지 워싱턴(George Washington)을 신대륙의 초대 대통령으로 선출한다(Welch et al., 1990). 의견 표명을 억압하던 절대권력에 비판적인 미국 국민의 정서가 독립전쟁을 거치면서 적극적으로 부상했고, 이는 자연스레 다양한 견해를 자유롭게 피력하는 정당 기관지들에 의해 표면화했다(Altschull, 1990). 최초의 대통령 선거에서부터 부각한 이런 정파적 신문들의 공격적 비판은 워싱턴의 임기 내내 이어졌으며, 당시 언론의 권력 견제 수준은 이후의 어느 대통령보다 높았을 것이라는 평가를 받는다(Wolfson, 1985). 사실(facts)보다 의견(opinion)이 팽배했던 당시 지면의 비판은 인신공격까지도 서슴지 않았지만, 초대 대통령 워싱턴은 표현의 자유를 담은 미국 헌법을 수호하려는 의지를 보였고 이는 후임 대통령들이 넘보지 못하는 대통령 정신의 귀감이 됐다(Tebbel, Watts, & Bolam, 1985).

하지만 2대 대통령 존 애덤스(John Adams) 때는 아직 안정기에 접어들지 못한 미국이 외부적으로는 프랑스와의 전쟁 위기, 내부적으로는 영국과 아일랜드 출신 이민자들의 반란 조짐 등에 직면하면서, 국회가 전쟁과 반란에 동조하는 모습을 보이려는 일부 언론을 통제하기 위해 보안법(Sedition Act)을 통과시킨다. 1798년 설치된 이 법은 미국 정부나 의회, 대통령 직위의 파괴를 위해 '거짓, 물의, 악의적 보도'를 하는 자에게 당시 2천 달러 이하의 벌금과 2년 이하의 징역을 명시했다. 동시에 국회는 체제 전복을 시도하는 외국인의 추방을 명하는 외국인(관계)법(Aliens Act)도 만들었다(Emery & Emery, 1984). 비록 이들 법안은 전시 상황에서 발효된 안보 관련법 중 비교적 온건하다는 평을 받기도 하지만, 미국 대통령과 정치권력이 국민과 대중매체의 입을 막으려 한 최초 시도로 여겨지며, 이후 정치 엘리트들의 언론 통제 활로를 열었다는 점에서 미국 언론사의 조롱거리로 불리기도 한다(Perloff, 1998).

표현 자유를 명시한 미국의 수정헌법 1조가 신문의 거짓 정보 보도까지 보장하는 것은 아니라는 당시 해석은 언론에 대한 명백한 탄압이라는 지적과 충돌한다. 그러면서 1801년 3월 3대 토머스 제퍼슨(Thomas Jefferson) 대통령 취임과 함께 이들 법은 폐기된다. 하지만 신문 없는 정부와 정부 없는 신문 중 하나를 택해야 하는 경우 후자를 선택하겠다며 언론 자유 수호자를 자처한 제퍼슨도 자기가 속한 정당을 대변하는 신문에 정부 인쇄 계약 특혜를 주고, 임기 말로 갈수록 비판적 매체의 공격에 곤혹스러워하는 등 언론과 정부 사이의 갈등으로부터 자유롭지 못했다(Altschull, 1990). 이후 신문은 표현의 자유를 지지한 4대 제임스 매디슨(James Madison), 유럽과의 분쟁 회피를 통해 미국의 자치권 확보 선언에 대한 매체 지지를 얻으려던 5대 제임스 먼로(James Monroe), 언론에 대해 비타협적인 자세를 견지한 6대 존 퀸시 애덤스(John Quincy Adams) 대통령에 이르기까지 정권 핵심과의 관계에서 냉·온탕을 오가며 언론 자유를 위한 질곡의 과정을 거치게 된다(Welch et al., 1990).

미국의 후임 대통령들은 신문을 적극적으로 활용하려는 커뮤니케이션 전략을 선보인다. 1814년 뉴올리언스에서 영국을 상대로 한 전투를 지휘하며 승리로 이끈 앤드루 잭슨(Andrew Jackson)은 고집불통 이미지의 애덤스를 꺾고 7대 대통령에 당선되는 과정에서, 유복자 출신이라는 평민 이미지와 전쟁 영웅의 서사를 엮은 선전 기법을 구사하며 미국 대선에서 처음으로 언론의 도움을 받아 대중 캠페인을 시도한 후보자라는 평을 받는다(Perloff, 1998; Wilentz, 2007). 인쇄기의 발전과 더불어 점차 보급가가 저렴해진 신문의 확산은 대중의 뉴스 접근을 수월하게 하면서 이와 같은 선전의 활성화에 기름을 부었고(Schudson, 1981), 이를 통해 후보자의 선거 캠페인에 도움을 준 언론인들은 애덤스의 임기 중 행정부의 기관지 역할을 하는 신문사를 설립하게 됐으며, 57명의 기자들이 연방정부로부터 월급을 받는 상황으로 이어졌다(Bonafede, 2002). 이때 신문이 미국 정치의 한가운데에 있었다는 평가를 받으나, 국민의 세금으로 기자에게 봉급을 주는 행위는 결국 대통령과 정부가 언론을 조정하는 새롭고 명백한 의미의 매체 통제라는 비판도 함께한다(Baldasty, 1984). 하지만 이 와중에 대중의 삶을 파고든 값싼 신문의 정보 파급력은 더 많은 독자를 정치 커뮤니케이션에 노출시켰다(Emery & Emery, 1984).

미국 대통령과 언론의 관계는 전신(telegraph)이 발명되고 확산하던 1840년대에 큰 변화를 맞으며 한 번 더 요동친다. 빠른 정보 전달력은 미국 최초의 대중매체 대상 언론사인 미국 연합통신사(Associated Press: AP)의 발족을 이끌었으며, 비슷한 시점에 등장한 <뉴욕헤럴드(New York Herald)>와 <뉴욕트리뷴(New York Tribune)> 등 저가의 대중지들은 통신사 뉴스를 포함해 먼 거리의 다양한 소식들을 전신을 통해 담으며 독자들을 빨아들였고, 신문사의 자체적인 뉴스 인프라 확충은 정보 인쇄 계약을 독점하던 정부기관의 쇠락을 이끌면서, 결국 시혜적 계약에 매달려 정파지 역할을 할 수밖에 없었던 신문이 정당과의 연계로부터 탈피하도록 이끌었다(Perloff, 1998). 즉 신문은 빠른 정보 전달력에 연계해 급상승하는 광고 수익으로 매체 경영의 부담을 덜었고, 이

덕에 정부에 대한 금전적 예속성을 벗어나게 되면서 대통령과 권력을 향한 비판의 날을 세우기 편해졌다는 것이다.

이런 시대를 맞기 전 마지막으로 신문을 자신의 선거 캠페인 및 임기 중 파트너로 삼았던 인물로 11대 제임스 포크(James Polk) 대통령이 꼽힌다. 7대 잭슨 대통령의 선전 기법을 화려하게 복원했다는 평을 받는 포크는, 선거 캠페인 전 참전해 임기 중 승리를 거둔 미국-멕시코 전쟁에서 텍사스를 영입하며 영토를 넓히는 과정이 언론을 통해 상세하게 보도되면서 영웅으로 떠오른다(Welch et al., 1990). 특히 이 시기에는 앞서 언급한 전신의 발달 및 대중지 확산과 맞물려, 관련 정보의 공중 파급력이 과거에 비할 수 없었다(Schudson, 1981). 포크는 결국 신문이 정당 기관지로부터 대중지로 변해가는 과정에서 공중에 대한 자신의 매력 호소를 가장 효율적으로 한 대통령인 동시에, 대통령과 언론의 파트너 관계가 서서히 멀어지는 시대를 산 인물이기도 하다. 이후 신문은 정권에 대한 비판의 영역을 더욱 확대했고, 당시 노예제를 둘러싼 정쟁과 이에 대한 매체의 부정적 보도가 격해지던 시대를 거치면서 매체 통제력이 약해진 대통령들은 사회의 분화를 그대로 지켜보게 된다. 이 과정에서 미국의 대통령과 언론의 관계는 1861년 취임한 16대 에이브러햄 링컨(Abraham Lincoln) 대통령에까지 이르게 되고, 이 시점을 전후해 본격적인 근대전의 시기로 진입한다(Welch et al., 1990).

노예제 폐기를 통해 위인의 반열에 오른 링컨은 미국 언론사 관점에서 다소 복잡한 평가를 받는다. 사회 내부의 매체 시스템이 조직적 체계를 갖추기 전이라는 의미에서 근대전의 성격을 띠던 1850년대(Norris, 2000a), 의견 기사 등을 이용해 정치인들을 장막 뒤에서 지지했던 신문은 당시 노예 해방을 주장하던 명망가 링컨에 대해 상세히 보도하며 그의 정치적 행보에 힘을 보탰고, 언론의 힘을 잘 알던 링컨은 신문과의 우호적인 관계를 활용하며 1861년 대통령에 당선된다(Perloff, 1998). 하지만 취임 후 노예제 등을 둘러싸고 불거진 남북전쟁은 각종 정파적 이유로 갈라진 언론의 자유를 보호하는 문제와, 분쟁의 와중에 국가 안보를 지켜야 하는 이슈 사이의 갈등을 키우면서 표현 자유와 국가 안위 중 하나를 선택하게 만드는 상황으로 링컨을 몰아간다(Welch et al., 1990). 우호적 언론 관계를 유지했던 링컨은 대체로 신문 보도의 자율성을 인정했지만, 자신이 주도하던 전쟁을 격렬하게 반대했던 당시 <뉴욕데일리뉴스(New York Daily News)>의 우편특권을 박탈함으로써 초헌법적인 결정을 내렸다는 비판을 받는다. 당시 신문들의 배달체계가 우편을 통해 이뤄졌고 우편 수송에 대한 허가권을 정부가 가지고 있었기에, 이를 취소한 것은 언론 자유를 억압한 것으로 취급됐다. 링컨이 남북전쟁을 비판한 대다수 신문들의 자율성을 인정한 것은 제2차 세계대전 때 미국 주요 도시에서 나치 독일을 지지하는 신문 발행을 허가한 정도의 언론 자유 수호라는 평가를 받기도 하지만, 결국 일부 비판적 신문에 대한 탄압은 링컨 언론 정책의 오류로 회자된다(Emery & Emery, 1984; Tebbel, Watts, & Bolam, 1985).

한편 전쟁 과정에서도 발달을 거듭한 전신은 이후 19세기 말까지 미국 저널리즘 체계에 획기적인 변화를 가져온다. 비싼 전신 사용료를 줄이려는 신문사의 노력은 간결한 보도로의 전환을 이끌면서 기사 머리에 전체를 요약하는 '리드(lead)' 문장의 탄생을 유도했고, 동시에 현대 경성(硬性) 뉴스의 전형으로 알려진 '스트레이트(straight)' 기사가 성행하기 시작한 계기가 됐다(이건호, 2017; Schudson, 1981). 함께 발달한 인쇄기술은 뉴스의 정기적 발행을 가능케 했고, 정치 정보는 더욱 쉽게 대중의 품으로 스며들게 됐다(Bonafede, 2002). 하지만 '리드'를 장착한 '스트레이트' 뉴스가 사실에 기초한 정보로 기능한다기보다 매체나 언론인의 편견에 기댄 의견 보도 형태로 흐른다는 의심이 커졌고, 이는 링컨의 후임인 17대 앤드루 존슨(Andrew Johnson) 대통령과 신문 사이의 마찰로 격화한다. 존슨을 주정뱅이로 묘사한 보도 등이 대중과 경쟁 정치인들의 무기로 사용되면서 존슨은 탄핵 위기에 직면하기도 했다(Tebbel, Watts, & Bolam, 1985). 인신공격에 가까울 정도로 격했다는 평가를 받는 당시 대통령 보도는 이후에도 끊이지 않고 이어지다가 점점 공인 관련 뉴스의 성격을 규정하는 국면으로 옮아간다.

22대와 24대 미국 대통령을 역임한 그로버 클리블랜드(Grover Cleveland)는 22대 임기 중이던 49세에 당시 21세였던 프랜시스 폴섬(Frances Folsom)과 결혼을 하게 되는데, 신문은 이 사실에 대한 보도 여부를 놓고 심각한 고민에 빠졌다. 비록 정치인에 대한 비판이 의견에 기댄 격론이기는 했어도 공적인 정치 분야와 관련된 것이었기에 그 보도의 당위성이 인정되는 분위기였지만, 개인적으로 조용히 치르려는 대통령의 결혼을 보도해야 하는지, 즉 공인의 사적 영역 보도에 대해 모든 언론이 공통으로 인정할 만한 관행이 없던 것이다(Perloff, 1998). 하지만 대중적 관심이 높은 공인이라면, 폭발하는 공중의 정보 욕구를 신문이 감당할 만한 여건 내에서 그의 개인적 영역을 보도할 수 있다고 당시 언론이 판단하면서 그의 결혼 소식은 신문 지면을 대대적으로 장식한다(Tebbel, Watts, & Bolam, 1985). 이 변화는 이후 대통령의 사적 영역을 언론이 보도하는 것은 대중을 선도하는 공인 자격을 판단하는 환경이 된다는 공감대를 이끌면서, 다양한 정치인의 행태를 전달하는 현대 언론의 기준 중 하나로 발전한다(Perloff, 1998). 여러 사건과 사안들이 맞물리며 진행된 미국의 언론 환경은 <뉴욕타임스>의 탄생 등으로 이어지며 19세기가 막을 내린다(Bonafede, 2002; Emery & Emery, 1984;

Schudson, 1981).

20세기에 들어서면서, 미국 대통령 집무실과 그를 견제하는 언론은 이전 100여 년 사이 진행된 질곡의 관계를 거듭하면서도 각각 규모와 체계 면에서 성장의 속도를 높여갔다. 계속된 상호작용 속에서 더욱 강화한 갈등을 극복하려는 서로의 노력이 시스템 구축을 향해가는 단계를 맞이했다는 것이다(Orren, 1986). 20세기 초반 50년의 기간은 결국 많은 것들이 체계화하는 근대의 모습을 갖추는 데 큰 역할을 한다. 1901년 취임한 26대 시어도어 루스벨트(Theodore D. Roosevelt) 대통령은 기자들 사이에서 신망이 높았지만, 이 관계를 활용해 대중 의견을 조정하려 했던 인물로 그려진다. 백악관 기자실을 넓히고 전화기를 놓으면서 취재 및 보도 환경을 개선하며 언론의 환심을 사기도 했으나, 그는 자신에 대한 지지파와 반대파 기자들을 나누고 지지파에게만 대통령 접근을 허용해 자신에 대한 비판에 귀를 기울이지 않고 여론을 조작하려 했다는 비판을 받는다(Tebbel, Watts, & Bolam, 1985). 하지만 이때 대통령을 취재하는 백악관 출입 기자단의 형태가 점차 모습을 잡아간다.

프린스턴대학 총장 출신의 28대 대통령 우드로 윌슨(Woodrow Wilson)은 자기 부인의 건강 문제나 딸들의 연애 문제 등을 게재한 언론에 불쾌감을 드러내며, 공인으로서 대통령의 사적 영역을 보도한 기자들의 지적(知的) 능력을 질타하는 등 언론에 불편한 심기를 보이는 것을 넘어 교만한 자세를 취했다는 평을 받는다(Perloff, 1998). 교육자로서의 자존감에 기초해 자신이 대통령으로서 규정한 국가의 이익을 신문은 그대로 '인쇄'해야 한다고 믿었던 인물이기도 했지만(Troy, 1996), 그의 이런 입장은 신문이 함몰될 수 있는 과다한 '의견' 보도 경쟁을 피하고 공식 발표를 '사실'로 전달하게 하는 정기 기자회견(press conference)의 규칙 마련으로 이어진다. 비록 대통령 본인의 허가를 전제로 하긴 했지만, 그는 임기 초반 약 30개월 동안 백악관 출입 기자 전원을 대상으로 매주 한 차례씩 기자회견을 열어 기자단과 만남을 정례화한 최초의 대통령으로 기록된다(Perloff, 1998).

이런 그의 '정보 전달' 태도는 제1차 세계대전 발발과 함께 더욱 극적으로 전개되는데, 개전 초기 전쟁 개입에 소극적이었던 미국이 참전을 결정하면서 윌슨은 징병을 위해, 그리고 대중의 지지를 얻기 위해 공공정보위원회(Committee on Public Information: CPI)를 창설하고 정부에 의한 미국 최초·최대의 선동 캠페인을 진행했다는 평가를 받는다(Jowett & O'Donnell, 1986). 대통령과 위원회의 허가 아래 최초의 국가 발행 신문까지 찍어낸 윌슨 행정부는 '군사 작전을 방해하는 의도적 오류 정보 제한'이라는 목적으로 간첩법(Espionage Act)을 통과시키고 19세기 입법됐다 폐기된 보안법(Sedition Act)을 부활했다. 이와 같은 시도는 전시 또는 위기 상황에서 국가 지도자가 시행해야 하는 소통 방식의 하나로 자리 잡는 동시에 자유언론 저해라는 끊임없는 비판의 고리를 만드는 전형으로 소개된다(Tebbel, Watts, & Bolam, 1985).

이후 제1차 세계대전이 끝나면서 20세기 초반의 미국 대통령들은 언론 관계의 틀이 정형화하는 근대화 과정의 징검다리를 놓게 된다. 윌슨을 승계한 29대 워렌 하딩(Warren Harding) 대통령은 언론과의 관계 개선에 나서면서 전쟁 중에 사라졌던 기자회견을 복원했고, 30대 캘빈 쿨리지(Calvin Coolidge) 대통령은 이 전통을 이어 임기 중 매달 약 8회에 달하는 기자회견을 열기도 했다(Perloff, 1998). 쿨리지는 이밖에도 공중과의 직접 소통을 위해 1920년대 대중의 가정으로 스며들던 라디오를 활용, 최초로 정기적인 담화를 발표한 국가 지도자로 기록됐다(Cornwell, 1979). 하지만 하락 추세가 내재한 경제 상황에서 31대 대통령에 당선된 허버트 후버(Herbert Hoover)는 백악관 정책에 우호적인 기사를 쓰는 기자에게만 개인적 인터뷰를 허락하고 기자회견을 취소하거나 대중매체 질문에 대한 답변을 거절하는 등의 행동으로 언론 대부분과 불편한 관계를 조성하면서, 언론으로부터 나중에 맞은 대공황을 제대로 예견하지 못했을 뿐 아니라 대처에도 미숙했다는 평가를 받았다(Whyte, 2017). 개인적으로 보수와 진보를 아우르려던 인도주의적 성향의 모습이 발견되지만, 언론과의 관계가 불편했던 후버 대통령은 일반 대중으로부터도 긍정적인 평을 받지 못하고 중임에 실패하면서 미국 역사에서 또 한 명의 위대한 지도자로 알려진 프랭클린 루스벨트에게 대통령직을 내주게 된다(Jeansonne, 2016).

미국의 32대 대통령 루스벨트가 보여준 정치 커뮤니케이션 분야 업적은 소통 방식의 체계화라는 차원에서 근대의 특성을 보이지만, 이 책이 활용하고 있는 근대전과 근대의 시기적 구분(Norris, 2000a)으로 보면 1950년 이전, 즉 근대전에 속한다. 아직 조직화하지 못한 전임 대통령들의 언론 관계가 빠르게 시스템 안으로 녹아들며 현대 대통령의 정치 커뮤니케이션 속성을 구체화하는 모습은 근대전의 성격으로 남겨두기 어려울 정도로 체계적이다. 따라서 그를 이후의 대통령과 묶어 현대를 아우르는 의미의 근대 대통령으로 소개한 학자들도 있다(Perloff, 1998). 이와 같은 상황 때문에 어쩌면 루스벨트의 언론 정책을 시기상 근대전의 시점에 정리하는 것이 어색할 수도 있으나, 이후 더욱 세밀한 과정을 거치며 구조적인 특성을 보이는 근대로 넘어가는 커다란 계단으로 그의 업적을 이해하면 되겠다. 이를 특징적으로 보여주는 것이 언론을 위한 정보 공개 규칙 마련이다(Winfield, 1994).

1933년 대통령에 오른 루스벨트는 취임 직후 열린 첫 기자회견에서 백악관 대통령실에서 나온 정보에 대한 인용 금지, 언론 담당관이 배포한 서면 보도자료 내용만 직접 인용 허용, 배경 사실로 제공되는 정보의 대통령 인용 적시 금지, 전체적인 경향을 이해하기 위해서만 제공되는 정보의 비밀 유지 등 언론 보도의 네 가지 규칙을 제안했다(Tebbel, Watts, & Bolam, 1985). 여기서 제시된 배경 사실 정보(background information)나 전체 경향 이해를 위한 정보(off-the-record) 등은 이후 일부 '인용 적시(quotation attribution)'를 통한 취재원 공개 제한이나 전달된 정보 자체의 보도 금지 등 구체적인 방식으로 정비돼 언론 현장에서 사용되고 있다(이건호, 2010). 그 이후 4선에 성공한 뒤 1945년 사망으로 퇴임하기 전까지 이어진 12년의 재임 동안 최장수 대통령 임기를 보낸 그는, 기념비적인 네 가지 규칙 외에도 대공황 극복을 위한 뉴딜 정책을 국민에게 설명하고 지지를 얻기 위해 시작한 노변담화(爐邊談話, fire-side-chat), 임기 내내 함께하며 광범위한 권한을 부여한 '언론 보좌관(또는 언론 비서관, press secretary)' 제도, 이를 중심으로 전개한 백악관 홍보 담당 체제 등을 시행하며 대통령 정치 커뮤니케이션 역사에 큰 획을 긋는다(Perloff, 1998). 그의 노변담화는 30대 대통령 쿨리지가 시도했던 라디오 담화를 보다 체계적으로 활용한 것이고, 그가 초석을 닦은 백악관 홍보 시스템은 1960년대 말 백악관 소통 사무국(White House Office of Communication: WHOC) 창립으로 가는 길을 닦았다(Bonafede, 2002). 이들은 근대 전을 근대로 잇는 루스벨트식 정치 커뮤니케이션 역할의 대표적 사례로 볼 수 있다.

하지만 루스벨트의 정치 커뮤니케이션 성격이 모두 긍정적인 평가를 받는 것은 아니다. 네 가지 보도 규칙이나 언론 보좌관을 통한 보도자료 배포 등은 대통령의 선전(propaganda) 전략이라는 비난을 받았고(Winfield, 1994), 백악관 홍보 담당 체제는 루스벨트 임기 중 일어난 제2차 세계대전 당시 전쟁 정보국(Office of War Information)과 검열국(Office of Censorship) 창설로 이어지면서 강압에 의한 행정부의 정보 통제라는 비판을 피하지 못했다. 제1차 세계대전 때 28대 윌슨 대통령이 개설한 공공정보위원회(CPI)에 대해 이뤄졌던 비판이 재현된 것이다. 또 비록 이와 같은 지적 속에서도 비교적 언론과 우호적인 관계를 맺었다는 평을 받지만, 퇴임 직전인 1944년 1월까지 흑인 기자의 기자회견 출입을 허가하지 않는 모습도 드러난다(Perloff, 1998). 그러나 위대한 대통령의 또 다른 역할 모델인 16대 대통령 링컨의 '국민의, 국민에 의한, 국민을 위한(Of the People, By the People, For the People)'이라는 발언을 제목으로 삼은 CBS 프로그램에서 루스벨트의 뉴딜 정책을 긍정적으로 평가(Steele, 1985)하는 등 언론은 대체로 그를 호의적으로 묘사했다. 당시는 물론 이후 정치와 매체 영역에서도 큰 발자취를 남긴 루스벨트는 대중매체가 대통령의 통치에 주요 도구가 되고 뉴스 매체가 대중의 의제를 설정한다는 사실 등을 통찰한 인물로, 국가 최고지도자와 언론의 관계를 현대화한 대통령이라는 평을 받는다(Perloff, 1998).

뉴스를 중심으로 한 미국의 근대전 임기 중 대통령과 언론 사이의 관계는 32대 루스벨트 대통령 시기에 정비가 완료된다고 볼 수 있다. TV를 통해 최초로 대통령 연설을 한 인물로 기록된 33대 해리 트루먼(Harry Truman) 대통령은 제2차 세계대전 종전에서 한국의 6·25 전쟁으로 이어지는 냉전 개막의 시대에 언론과 거리를 두거나 적대적인 관계를 조성하는 태도를 보였지만(Tebbel, Watts, & Bolam, 1985), 8년의 임기 동안 334차례의 기자회견을 여는 등 전임 대통령이 축적한 언론 정책을 크게 변화하지 않고 유지한 것으로 평가된다(Perloff, 1998). 그 후임인 34대 드와이트 아이젠하워(Dwight Eisenhower) 대통령은 미국 역사상 최초로, 녹화 방송이기는 해도 기자회견의 TV 보도를 허가한 것으로 기록되지만, 뉴스에 대한 대응보다는 TV 정치 광고를 활용한 선거 캠페인을 처음 시작한 대통령 후보의 모습이 강해(Bonafede, 2002) 역시 언론 보도와 관련한 그의 정책은 32대 루스벨트 대통령 때까지 정리된 틀을 벗어나지 못한 것으로 이해할 수 있다.

지금까지 살펴본 임기 중 미국 대통령과 언론 간 관계의 근대전 모습은, '의견' 기사를 통한 신문의 표현 자유 확보 노력과 인쇄권을 장악한 대통령의 언론 통제 시도, 전신 기술 등의 발달로 인한 언론의 경제적 독립과 그에 따른 권언(勸言) 파트너 관계 쇠락(18세기 후반~19세기 중반), 뉴스의 정기화와 스트레이트 뉴스의 탄생, 정파적 신문의 인신공격적 보도와 이로 인한 대통령과 언론의 마찰 전개, 공인 보도의 틀 마련과 대중 일간지의 확산(19세기 중반~19세기 후반), 백악관 출입 기자단의 형태 조직화, 정기 기자회견 및 언론을 위한 정보 공개 규칙 마련, 전시 및 위기 상황의 정보 통제, 라디오를 활용한 정기 담화와 TV 이용의 시작(20세기 초반~20세기 중반) 등으로 나타난다. 이 과정에서 외국인(관계)법, 간첩법, 보안법 등 국가 안위를 위한 각종 법안이 언론 자유와 계속 충돌했고, 취임 전 선대 대통령들의 언론 관계를 경험한 후임 대통령들의 정책 조정이 이어졌다. 결과적으로 근대전으로 분류할 수 있는 미국 정치 커뮤니케이션 흐름(Norris, 2000a)에서 초기 언론은 뉴스와 사설의 구별이 없을 정도로 쓰고 싶은 것을 다 썼던 당파적 모습을 보였고, 이런 상황을 통제하려 했던 국가 최고지도자는 언론과 불편한 관계를 맺을 수밖에 없었다(Perloff, 1998). 이를 바라보는 학자들은 자유국가에서 정부 통제를 뛰어넘는 언론의 존재는 유지 가능하다는 희망론(Tebbel, Watts, & Bolam, 1985)과, 자본이나 정치력에 의해 견제를 받는 언론의 자유는 완전할 수 없다는 제한적 시각(Altschull, 1984; Merrill, 1977, 1990)을 함께 제시한다. 앞서 정리했듯, 이런 과정에서 대통령과 언론의 관계는 점점 더 체계화하며 근대의 세계로 넘어간다.

선거를 둘러싼 정치와 언론 간 관계의 특성을 중심으로 미국의 근대전을 19세기 중반에서 1950년대까지로 본 것처럼(Norris, 2000a), 같은 기준을 적용해 앞서 우리나라의 근대전을 1공화국(초대 이승만 대통령 정권)에서 2공화국(4대 윤보선 대통령 및 장면 총리 정권)까지로 제시할 수 있다. 비록 '선거'라는 특수 상황을 잣대로 분류했지만, 앞서 제기한 임기 중 대통령과 언론 사이의 관계는 이 시기 국내에서도 일부 비슷하게 등장한다. 전체적으로는 건국과 정부수립 과정에서 격렬했던 정파적 신문의 등장, 전쟁 등을 겪으며 진행된 권력의 언론 통제, 초대 대통령의 하야와 함께 다시 쏟아진 표현 자유의 물결 등 독립적 언론과 정치적 억압의 반복 및 긴장이 연속되는 점이 유사한 특징으로 나타난다. 다만 미국에서는 약 200년 가까이에 걸쳐 나타난 현상이 한국에서 15년 정도의 기간에 함축되면서 여러 상황이 중첩돼 전개된다.

김민환(2002)이 정리한 한국 언론사(言論史)에 따르면 우리나라가 해방을 맞은 1945년 이후의 시기가 '현대'라는 명칭을 갖는다. 19세기 말 개화기 이전을 전근대, 개화기부터 일제 치하까지를 근대로 분리하면서 나온 결과이다. 비록 대통령 체제의 출발을 기점으로 대통령과 언론의 관계를 드러나는 특징에 따라 정비하는 차원에서 근대전·근대·근대후를 설명하는 이번 장의 용어와 다르기는 해도, 김민환의 '현대'는 그가 소개한 전근대나 근대와 다른 시기로, 대통령 체제가 한국에서 마련되는 배경에서 시작해 이 책이 설명하는 근대전·근대·근대후를 포괄하는 때이다. 일부 다른 접근도 있다. 전근대는 김민환의 구분과 같은 시기로 보고 이후를 근대의 출현과 전개, 일제식민지, 미군정기 등으로 나눈 뒤 한국 정부수립 이후를 최근의 언론 상황으로 소개(김민남 외, 2004)하거나, 개화기부터 해방 공간까지의 언론 형태를 특화(정진석, 2001)하고, 개화기-일제강점기-미군정기로 건국 이전을 구분하면서 건국과 정부수립 이후를 대통령별로 나눠 설명(강준만, 2019)하는 등의 시도는 김민환의 '현대'를 따로 떼어 정리한 것으로 볼 수 있다.

지금부터는 미국의 대통령제에서 확인된 정치 커뮤니케이션 현상을 근거로 한국의 임기 중 정치 최고지도자와 언론의 관계를 조망하며, 앞서 소개한 여러 가지 분류 방법 중 김민환(2002)이 국내에서 대통령제가 마련되고 시작된 시기로 규정한 '현대'에 초점을 맞추고, 이를 근대전, 근대, 근대후로 나눠 정리하겠다. 그의 접근이 다른 저술에 비해 한반도의 언론 현상을 특정 시기에 집중하지 않고 통사적으로 정비하면서도 한국에서 대통령제가 출발하는 배경을 큰 틀에서 묶어, 이 장이 소개하려는 언론과 대통령의 관계를 서술하는 맥락에 가장 어울린다고 여겨지기 때문이다. 특히 독립 후 19세기 중반까지 60~70년 동안 진행된 격랑을 미국의 근대전 시기를 마련하는 기간으로 정리한 서구 학자들의 설명이, 1945년 해방 후 1948년 건국 및 정부수립 시기까지 벌어진 한국의 격동을 풀이하는 것과 맞물릴 수 있다는 점에서 대통령제가 출발하기 전 3년을 아울러 '현대'로 포괄한 김민환의 구분은 이 장에서 전개하려는 한국적 상황을 이해하는 데 도움이 될 것이다.

김민환(2002)은 1945년 해방 시점부터 1948년 건국 및 정부수립 때까지인 3년 동안을 '미군정기', 이후 5 · 16 군사정변이 발생한 1961년까지를 '우파(右派) 단정' 시기로 규정하고, 그 뒤를 '군사혁명' 이후의 시기로 정리했다. 이 가운데 우파 단정 시기는 이 책이 소개하는 우리나라 근대전인 1공화국(초대 이승만 대통령 정권)에서 2공화국(4대 윤보선 대통령 및 장면 총리 정권)까지와 일치한다. 하지만 이 시기 대한민국의 정치 커뮤니케이션 현상을 이해하기 위해서는, 미국의 근대전을 확인하기 위해 독립 후 19세기 중반까지 진행된 60~70년 동안의 격동기를 알아본 것처럼, 건국과 정부수립을 지향하는 과정에서 나타난 해방 후 3년의 국내 언론 상황을 정리할 필요가 있다.

일제강점기를 거쳐 미군정의 통치가 시작된 1945년 이후 우리나라에는 다양한 정파의 신문들이 등장했다(정진석, 2001). <해방일보>, <독립신보>, <노력인민> 등은 공산주의를 지지하는 목소리를 냈고, <조선인민보>, <자유신문>, <중앙신문> 등은 통일운동을 지향하는 진보주의 노선에 속했으며, <조선일보>와 <동아일보>, <민중일보>, <한성일보> 등은 보수적 자유주의 노선으로 분류됐다(김민환, 2002). 당시 신문은 극좌-좌익-중립-우익-극우 등 5갈래로 나뉘기도 하지만, 좌익-중립-우익이나 공산주의-진보주의-자유주의로 구분돼 각각 적극적으로 정치적 목소리를 내면서, 일제 치하에서 억눌렸던 언론 자유가 꿈틀되게 만들었다(김민남 외, 2004). 그러나 신탁통치 논란 국면에서 북위 38선 이남 지역에 대한 관할권을 행사한 미군정은 표면적으로 언론에 대한 불간섭 정책을 표방하면서도 동시에 곧장 치안을 침해하는 범위까지의 보도를 허용하지 않겠다는 점을 내비쳤다(계훈모, 1987; 정진석, 2001). 이후 미군정은 허가제나 등록제를 통해 신문 등의 출판물에 대한 통제를 진행했으며, 군사정부의 행정을 비판하는 기사를 게재한 매체를 폐간하는 결정을 내리거나, 관련 내용을 취재하는 단계에 있던 신문 기자를 구속하기도 한다(최준, 1977). 이 과정에서 신문들은 미군정의 정책에 저항하거나 호응하는 모습 등으로 갈리며, 정파 신문(party press)의 모습을 확연하게 드러낼 뿐 아니라(강준만, 2019) 사설 등을 통한 언론 사이의 이념 투쟁도 노골화하게 된다(김민환, 2002). 미국 근대전 시기처럼 '의견' 기사가 활성화하고 표현 자유 노력이 나타난 것과 동시에 허가권 등 각종 권한의 독점을 이용한 정치권력의 언론 통제도 이루어진 것이다.

미국의 근대전 시기 신문 독립성 확보의 촉매 역할을 했던 전파 및 전신 기술 등의 발달 모습은 해방 후 3년 동안 미군정 치하의 한국에서 달리 나타난다. 미국에서처럼 기술 발달이 경영 독립을 통한 대중매체의 자유언론 의지를 강화했다기보다, 이 전파 및 전신 기술이 깊게 연루된 통신사의 경우를 보면, 자체의 이념적 갈등을 드러내고, 종국에는 정부 통제를 받게 되는 방향으로 흐른 것이다(박용규, 2000). 일제강점기에 탄생했던 '동맹통신'이 해방 후 한인 근무자들에 의해 접수되면서 '해방통신'으로 이름을 바꿨으나, 조직의 좌익노선 표방에 반대했던 무리와 다툼 속에 폐간됐고, 다시 '국제통신'으로 개명해 부활하면서 미군정에 귀속되는 관영화 과정을 거친다(김민환, 2002). 이후 이 '국제통신'이 1945년 말 민영통신사로 창간한 당시 '연합통신'과 합병하면서 '합동통신'이 탄생하고, 1946년 5월과 7월 해외 통신사인 미국 'INS(International News Service)' 및 영국 '로이터(Reuter's News Agency)'와 각각 송수신 계약을 맺게 된다(박영상, 1998). 한국의 통신사는 이후 미군정 말기까지 지역 통신사를 포함해 전국에 8개 조직이 활동했다(김민환, 2002). 하지만 통신사의 설립 및 운영 등은 대부분 미군의 출판물 등록제나 허가제 등을 통해 이뤄지면서 언론 자유의 폭은 제한적이었다(이문호, 2012). 전파의 공공성 때문에 국가 통제력이 강한 방송은 아예 미군정의 공보부에 소속되면서 프로그램 내용과 편성의 제약이 컸다(김민남 외, 2004). 일제강점기 '경성중앙방송국'과 16개 지방 방송국을 운영했던 조선방송협회에 대한 감독권을 미군정이 가지게 됐고, 이후 방송국의 소유권이 대한민국 제헌국회가 수립된 1948년에 한국 정부로 넘어왔으나 이 역시 그해 수립된 초대 정부의 공보처로 흡수되면서 방송은 신문보다 더욱 강력한 정부 통제를 받게 됐다(김민환, 2002).

이 시점, 혼란한 분위기 속에서 미군정은 사령부의 공보부(公報部, Department of Public Information: DPI) 산하에 공보원(公報院, Office of Civil Information: OCI)을 따로 두면서 그 이전부터 여타 기구 등을 통해 실시하던 한국인 대상의 선전전을 강화하기도 했다(박수현, 2010). 미국의 윌슨 대통령이 제1차 세계대전 당시 공공정보위원회(CPI)를 창설하고 국가 주도의 신문을 만들어 대중매체가 전달하는 정보에 대응하며 정책 홍보를 진행하던 방식과 유사하다고 볼 수 있다. 해방 후 건국 및 정부수립 시점까지 진행된 한반도 남단의 미군정 정보 통제 아래서 국내 신문의 지형은 정파성에 따라 저항과 호응의 형태로 갈라지지만, 정치권력과 언론의 관계는 전체적으로 매체의 표현 자유의지와 행정력이 충돌하는 갈등의 모습으로 나타난다고 할 수 있겠다. 그 사이, 통신이나 방송은 신문보다 정치권력에 대한 예속성이 강해졌다.

한국의 언론은 1공화국(초대 이승만 대통령 정권)에서 2공화국(4대 윤보선 대통령 및 장면 총리 정권) 사이 본격적인 근대전 시기에 접어들면서 더욱 복잡하고 격렬한 상황을 맞는다. 1948년 건국과 초대 정부수립 직후 벌어진 정책적 시행착오와 더불어 2년 후 맞이한 6·25 전쟁으로 3년간 전국을 휩쓸며 지나간 격랑은 언론에 대한 정치권력의 통제력을 강하게 만들었고, 이에 저항하거나 순응할 수밖에 없던 언론의 제한적 자유 시대를 열었다. 휴전과 함께 재개한 헌정사는 정치권의 반목과 갈등 격화, 7~8년 동안 이어진 권력 집단의 압제, 1960년 시민의 저항에 의한 체제 전복, 후임 정치권의 무능 등으로 이어졌고, 이 시기 언론과 정치 세력의 관계는 협조나 견제 등의 단어가 무색할 정도의 혼란을 겪는다. 다만 변화의 시기마다 나타난 신문의 정파적 색채, 위기와 전쟁 과정에서 기구나 법제를 통해 등장한 권력의 언론 통제 시도 등은 미국의 근대전 상황을 닮았다. 또 정기화한 신문을 피난 지역에서도 발간하려는 노력은 언론이 정기간행물 유지를 통해 스스로 위상을 확인하려는 모습으로 평가되고, 라디오 등 방송을 활용하려는 정치권의 소통 시도 역시 한국과 미국 모두에서 나타나는 근대전의 특징이라 할 수 있겠다.

1948년 7월 17일 최초의 헌법이 제정되고 8월 15일 대한민국 정부가 수립되면서 한국 정부에 권력을 이양한 미군정은 한반도 남단에 세워진 독립 국가에 우파적 이념이 확산한 언론 환경까지 전수한다(강준만, 2019). 미국과 우호적 관계에 있던 이승만 초대 대통령은 표현 자유를 천명하면서도 대한민국 국시 위반과 공산주의 동조 보도를 금지하는 언론단속 사항을 발표하며 실제적인 언론의 독립을 억압하는 정책을 펴나간다(김민환, 2002). 이를 통해 공산 또는 진보 계열의 신문들이 사라졌으나, 우익 성향의 당시 신문들마저 지나친 탄압에 저항할 정도로 전반적인 언론 자유는 통제되는 상황에 이른다(김민남 외, 2004). 건국 시기, 다양한 목소리의 신문들이 존재했던 점은 미국과 한국의 공통적 상황이지만, 초대 대통령이 매체를 탄압하지 않았던 미국과 달리 한국의 초대 대통령은 신문의 자유를 억압하는 모습을 보였고, 비록 통제가 거셌지만 이에 저항하는 언론이 권력과의 마찰을 드러낸 것으로 평가된다. 심화하던 정권과 언론의 대립 구도는 1950년 6·25 전쟁 발발과 더불어 새로운 국면으로 접어든다. 전쟁 발발 직후 2~3일 만에 종간한 신문 대부분은 피난 후 9·28 서울 수복과 더불어 환도한 뒤 10월 초를 전후해 복간했으나, 중공군의 개입으로 다시 남하해 부산 등 영남 지역에서 속간 지면을 발행하고, 이후 전황에 따라 지역을 바꿔가며 신문을 발간했다(강준만, 2019). 정부 통제가 아닌 전란 속에서 언론의 존립 자체를 유지하려는 대중매체의 노력이 이어진 것이다.

이 과정에서 이승만 정권은 건국 초부터 언론 정책을 시행하던 공보처가 전쟁 중에도 정기간행물에 대한 관리와 감독을 담당하게 하면서, 국방부 정훈국 보도과나 계엄사령부의 검열을 추가로 시행하며 전시 정보 통제를 강화했다(김영희, 2012). 그러나 전쟁 중 검열을 통한 매체 통폐합 등으로 정부에 비판적인 언론을 제거하려던 시도는 오히려 휴전 후 정권의 압박에 저항하는 언론의 활동을 늘어나게 했다(김민남 외, 2004). 어려운 경제 상황 속에서도 휴전 1년 후인 1954년 8월에 공보처에 등록된 정기간행물은 일간지 56개, 주간지 124개 등 모두 411개가 있었고, 이 중 약 70%인 277개가 서울에 몰려 있었다(강준만, 2019). 정권은 6 · 25 전쟁 와중에 언론 · 출판에 대한 특별조치령 제정, 정기간행물 법안 개정 시도 등을 진행했고, 휴전 후에는 편파 보도를 금지한다는 명목으로 선거 기간 뉴스 내용을 제한하는 협상선거법 설치, 국가 기밀 누설을 금지한다는 명목으로 언론 보도에 제약을 둔 국가보안법 개정 등을 진행했다(송건호, 1990). 언론인들은 이에 대응해 1957년 7월 4일 한국신문편집인협회를 결성, 각종 시국강연회나 궐기대회를 열면서 정부의 언론 탄압에 반대하는 운동을 펼친다(김민남 외, 2004). 하지만 해방 직후 진보적 민주주의를 지향하던 <서울신문>이 이승만 자유당 정권의 발행정지 처분을 이기지 못하고 정부 기관지로 개편되는 동시에 몇몇 신문들이 여당을 지지하는 기사와 사설을 싣게 되고, <조선일보>, <동아일보>, <경향신문> 등이 정부에 맞서는 야당지의 역할을 하면서 신문 영역이 다시 이념을 기준으로 분화하는 현상도 벌어졌다(강준만, 2019). 정치적 논조를 지양하고 무당파의 자세를 견지하겠다며 1954년 창간한 <한국일보>도 정부 비판의 기조를 유지하는 등 언론의 반발이 거세지자 정권은 1959년 비판적이던 신문 중 <경향신문>을 폐간하기에 이른다(김민환, 2002).

이 시기 정치권력과 대립했던 언론은 대부분 신문 중심의 인쇄 매체들이었고, 라디오나 텔레비전은 전파를 통제하는 정부의 정책을 거스르기 어려워 적극적인 대립각을 세우지는 못했다. 일제강점기 '경성방송국'으로 출범해 해방 및 건국을 거쳐 현재의 '한국방송(KBS)'으로 개칭한 국영방송은 전쟁 후 1954년과 1959년 각각 개국한 '기독교방송' 및 '부산문화방송'과 더불어 방송 영역을 확장했으나, 정부 시책에 맞춘 대북 방송 등을 실시하는 등 정부 비판보다는 정책 호응의 모습을 보인다(김민남 외, 2004). 라디오 중심이던 이 영역에 TV 방송이 선을 보인 것은 호출부호 'HLKZ'를 받은 한국 RCA 연합회사 'KORCAD-TV'가 1956년 6월 텔레비전 송출을 개시하면서부터이다(강준만, 2019). 그러나 당시 전국에 보급된 수상기의 총 수가 300대 정도에 불과해 제대로 된 방송은 불가능했고, 약 1년 만에 <한국일보>가 이를 인수하며 '대한방송주식회사(DBC-TV)'로 전환했지만 다시 1년 반 만에 화재로 시설이 불에 타 역시 정상적인 방송이 어려웠다(김민환, 2002). 이런 방송계가 언론 자유를 외치며 정권과 정치 커뮤니케이션 차원의 소통을 진행하기는 쉽지 않았다.

한편 이승만 대통령은 1954년 초대 대통령에 한해 3선 제한을 푸는 '사사오입(四捨五入)' 개헌 통과, 1958년 북한 위협을 핑계 삼아 언론 봉쇄를 시도한 보안법 파동, 1960년 공권력을 동원해 자유 및 비밀투표를 노골적으로 방해한 것으로 규명된 3·15 부정 선거 등을 밀어붙이다가 결국 1960년 언론의 저항과 시민들의 4·19 혁명에 부닥쳐 하야했고, 이 정권과 치열하게 다퉜던 언론은 그해 허정 과도정부를 거쳐 윤보선 대통령-장면 국무총리 체제의 내각제를 맞으며 새로운 시대를 연다(강준만, 2019). 하지만 과거 탄압에 대한 반대급부로 봇물 터지듯 쏟아진 목소리는 8월 말 새 정부가 출범한 지 4~5개월 만에 일간지가 41종에서 398종으로 10배 가까이, 통신사는 14개에서 20배 정도인 274개로 늘어나는 등의 기록을 보이며 무분별한 의견 표출에 의한 공론장 혼란의 환경을 만들었고, 언론은 다시 1년 만에 사회적 비난을 받으며 1961년 5·16 군사정변의 빌미 중 하나를 제공하게 된다(김해식, 1994).

결과적으로 이념으로 무장한 정파적 신문의 활동, 의견과 표현의 자유를 내세운 언론이 법안과 규칙 등 각종 조정권을 장악한 정치권력과 벌이는 다툼, 전시 및 위기 상황에서 권력의 정보 통제와 이에 대응하는 방법을 둘러싼 언론의 분화, 다양한 기술 도입 및 발전과 통신사의 부침, 대중지의 확산 및 뉴스 정기화의 노력 등은, 200년 정도의 기간에 형성된 미국 근대전 시기의 특성 중 일부가 약 15년 동안 진행된 한국의 근대전 시기에서도 나타나는 모습이다. 하지만 공인 보도의 틀 마련, 백악관 출입 기자단의 형태 조직화, 정기 기자회견 및 언론을 위한 정보 공개 규칙 마련, 라디오를 통한 정치권의 정기 담화나 TV 활용 등의 모습은 한국에서 아직 선연하게 드러나지 않는다. 이런 형태는 이후 근대를 맞으며 점차 규격화하여 모습을 갖춰나가게 되고, 근대후까지 변화를 거듭해간다.

2) 근대의 대통령과 언론

근대는 규격화의 시대라는 의미(Eisenstadt, 2003; Zygmunt, 2000)를 담는다. 미국 사례를 중심으로 한 임기 중 대통령과 언론의 관계 차원에서 보면, 근대전 마지막 시절에 32대 루스벨트 대통령이 제시했던 네 가지 언론 보도 규칙 등이 근대에 들어서 점차 세밀해지고, 언론에 대응하는 정치권력의 기구도 더욱 정형화되는 특성을 보인다. 이 시기에는 근대전 언론을 대표했던 신문보다 TV의 영향력이 강해지면서, 과거 신문을 축으로 형성됐던 언론과 권력의 긴장 및 그를 둘러싼 뉴스 생산 경향성이 TV로 옮겨가며 조금 더 복잡하고 정교한 규범이나 관행으로 드러나게 된다. 즉 미국 대통령과 언론 간 관계의 거시적 틀은 근대전과 근대를 잇는 징검다리 단계인 32대 루스벨트 대통령 임기 중 대부분 마련됐고, 근대 시기에는 이를 미시적으로 다듬는 과정을 거치게 됐다는 것이다. 선거를 둘러싼 정치와 언론 간 관계의 특성을 중심으로 규정(Norris, 2000a)한 미국의 근대는 1960년대 초반에서 1980년대 후반까지이다. 대통령으로 따지면 1961년 취임한 35대 존 케네디(John F. Kennedy) 대통령부터 41대 조지 부시(George H. W. Bush) 대통령까지의 기간이다. 41대 부시 대통령은 1989년에서 1993년까지 재직했는데, 그의 임기는 새로운 매체 환경의 도래와 맞물리며 근대에서 근대후로 넘어가는 과도기적 성격을 띤다.

암살이라는 비극으로 2년 10개월의 짧은 기간만 재직했지만, 35대 케네디 대통령이 맞은 정권과 언론의 관계는 그 전과 비교했을 때 극적인 변화를 이룬다. 전반적으로 매체와 부드러운 끈을 만들었던 그의 정책은 특히 텔레비전을 정치의 중심에 놓았다는 점이 두드러진 특성으로 부각한다(Tebbel, Watts, & Bolam, 1985). 대통령 후보 시절, 나중에 37대 대통령에 오르는 리처드 닉슨(Richard Nixon)과 벌인 최초의 TV 토론을 시작으로 임기 중에도 TV를 통해 젊은 정치인의 매력을 소구한 그는 전국 지상파 방송의 황금시간대 뉴스 시간을 15분에서 30분으로 늘리게 했고, TV로 대국민 연설 중계를 시행했으며, 과거에는 녹화만 허용됐던 대통령의 기자회견 생방송을 최초로 허용했다(Perloff, 1998). 텔레비전뿐 아니라 신문이나 잡지 등 인쇄 매체와의 관계도 좋았다. 비록 권력 견제라는 틀에서 공인의 사적 공간 보도가 인정되기는 했지만 이를 뉴스화하는 것이 일반적이지 않았던 당시, 그는 사진 기자들을 백악관 집무실뿐 아니라 가족이 생활하는 공간으로 부르거나 언론이 대통령의 휴가지까지 접근할 수 있도록 허용해, 친밀하고 소박한 정치인의 모습을 국민에게 전달하게 했다(Deakin, 1984).

매체 친화적이었던 이 행동은 그러나 언론을 교묘하게 이용하는 전략이었다는 평가도 받는다. 특히 이런 방식으로 가까워진 매체 중 특정 언론에 먼저 정보를 흘려 특종을 준 뒤, 낙종 매체에는 나중에 다른 정보로 특종을 얻게 유도하면서 언론 사이의 경쟁과 갈등을 촉발하기도 했다. 이는 결과적으로 매체들이 그가 주는 정보에 매달리도록 만들었고, 이런 방식의 정보 조정은 결국 새로운 형태의 언론 통제라는 비난을 받기도 한다(Smith, 1990). 이런 지적은 냉전시대 외교 문제를 다루는 점 등에서 드러난 패착 등과 더불어 케네디 대통령 백악관과 행정부를 비판하는 목소리로 이어진다(Kern, Levering, & Levering, 1984). 하지만 그는 법안 등을 통한 억제 방식이 아니라 친화 관계를 통한 언론 조정이 가능하다는 점을 보여준 인물로서, 기자회견 생방송을 감행하는 등의 모습으로 TV를 이용한 정치 대가의 전형이라는 평을 얻었다(Perloff, 1998).

전임 대통령의 갑작스러운 죽음으로 잔여 임기를 부통령 승계 형식으로 이어받아 업무를 시작한 36대 린든 존슨(Lyndon Johnson) 대통령은 언론 관계 측면에서 전임 케네디와 확연히 다른 평가를 받는다. 공인으로서의 자질과 개인으로서의 자신감이 부족하고, 매체를 다루는 기술이나 언론의 특성을 몰라 기자들을 기만하려 했다는 혹평(Goldman, 1969)이 대부분이다. 검토 중이던 연방 공무원 임금 인상, 남미나 아시아 지역에서의 미국 군사 행동 계획 등에 대한 언론의 질문에 시치미를 떼다가 나중에 그의 발언이 거짓으로 드러나면서 곤욕을 치르는 등, 종국에는 언론의 신뢰를 잃었다는 기록이 등장한다(Hallin, 1989; Goodwin, 1991; Kearns, 1976). 하지만 존슨은 휴가지에서 늘 휴대용 라디오를 듣고 다니고, 대통령 집무실에서는 황금시간대 공중파 뉴스를 한꺼번에 틀어놓고 시청하면서 대중매체가 전달하는 뉴스에 항상 촉각을 세우고 있었다(Miller, 2018). 그는 언론과의 관계 설정에 특정한 보탬은 없었지만, 그렇다고 근대전에 세워진 관계의 큰 틀을 무너뜨리는 일도 하지 않았다.

언론으로부터 비우호적 평가를 받았다는 점에서 36대 존슨 대통령과 유사하지만, 대통령과 언론의 관계 설정에 가시적 영향을 미쳤다는 점에서 큰 차이를 보이는 리처드 닉슨(Richard Nixon)은 1969년 37대 미국 대통령으로 취임한다. 35대 대선에서 TV 토론을 거치며 케네디에 패했던 닉슨은 언론이 자신에게 늘 공정하지 못하다고 믿었다(Ambrose, 1989). 이런 성향은 그를 뉴스에 집착하게 했으며, 그는 보도된 정보를 믿지 않고 어떤 매체가 자신을 적대시하는지를 확인하는 통로로 뉴스를 이용했다(Maltese, 2000). 닉슨은 이에 더해 미국의 베트남 전쟁 개입 원인을 추적하려는 신문 보도를 검열로 저지하려고까지 하면서 언론계 전반의 저항에 직면했다. 대중매체가 자신과 무관한 전임 대통령 때의 정책 결정을 주요 취재 대상으로 하고 있었음에도, 닉슨이 '펜타곤 보고서(Pentagon Papers)' 기획으로 알려진 이 보도를 막으려고 한 사실은 매체를 극도로 불신했던 그의 성정이 드러난 사건으로 인식된다(Tebbel, Watts, & Bolam, 1985). 이후 중임을 향한 대선 경쟁 과정에서 워터게이트(Watergate) 빌딩에 마련된 상대 민주당 후보 측 전략을 도청하려는 시도가 <워싱턴포스트>에 의해 보도되면서 닉슨은 결국 두 번째 임기를 마치지 못하고 중도에 하야한다(Wicker, 1991).

이렇게 불편한 언론과의 관계 속에서 닉슨이 마련한 백악관 소통 사무국(White House Office of Communication: WHOC)은 제1차 세계대전 당시 28대 윌슨 대통령이 개설한 공공정보위원회(CPI), 제2차 세계대전 당시 32대 루스벨트 대통령이 창립한 전쟁 정보국(Office of War Information)과 검열국(Office of Censorship)을 잇는 대통령 직속의 중앙 정보 통제 기구로 평가된다(Perloff, 1988). 단 평화의 시기, 또는 적어도 세계적 규모의 전쟁이 없는 상황에 대통령이 직접 정보를 조정하는 조직을 설립하고 운영했다는 것은 전임 대통령들이 제1차·제2차 세계대전이라는 극단의 위기 속에서 이들 기구를 활용한 것과 확연한 차이를 보인다. 닉슨은 1969년 개소한 이 사무국을 통해 행정부에 대한 매체의 보도를 모니터하고 언론의 비우호적인 뉴스를 반박하기 위해 직접 여론조사를 진행하는 등 적극적인 언론 대응 전략을 펼친다. 근대전에 조직됐던 전시(戰時) 기관이 상시(常時) 기구로 변화하면서 대중 마케팅을 통한 공중 의제 설정 기법이 도입되는 등 정보 통제에 대한 정권의 구체적 방안이 마련된 것이다(Maltese, 2000). 사무국의 활동은 이후 일일 브리핑을 통해 매체에 정보를 전달하며 뉴스 의제를 선점하는 언론 보좌관 제도, 대통령이 이슈와 이미지를 조정하며 직접 언론과 소통하는 기자회견과 더불어 미국 대통령이 언론에 대응하는 3대 전략으로 평가되기도 한다(Perloff, 1998). 이 전략은 현대 대통령이 신문이나 방송, 인터넷 매체 등을 대할 때 메시지를 하나의 패키지로 구성해 언론으로부터 긍정적인 보도를 유발하고, 매체의 의제를 선도해나가는 방안을 모색하는 기법으로 지금까지 이어진다.

비록 언론과 대립각을 세웠으나 적극적인 언론 대응을 했다고 평가되던 닉슨의 전략은 이후 40대 로널드 레이건(Ronald Reagan) 대통령 때 더욱 빛을 발한다. 근대의 끝자락을 향하던 그의 임기에서 닉슨 시기 적대적이었던 언론 관계는 더욱 정교화된 기법들을 통해 우호적인 설정으로 변화한다(Hertsgaard, 1988). 하지만 이런 상황이 전개되기 전까지 6~7년 동안 권력과 언론 간 관계는 레이건 이전의 두 대통령에 의해 바닥으로 떨어졌다는 혹평을 받는다. 닉슨의 사임 후 부통령 승계 형식으로 대통령직을 인수한 38대 제럴드 포드(Gerald Ford) 대통령은 전임 닉슨의 하야로 만신창이가 된 정치권 이미지를 추스르지 못하고 흐르는 대로 내버려뒀다는 비판을 받고(Maltese, 2000), 조지아 주지사 출신으로 민주당으로의 정권 교체를 이룬 39대 지미 카터(Jimmy Carter) 대통령은 지역의 참모들을 대거 수도로 불러 기용했으나 워싱턴 정치에 익숙하지 않은 모습을 보이며 제대로 된 정책을 시행하지 못했다는 평가를 받는다(Perloff, 1998). 포드 대통령의 패착은 취임 직후 취한 전임 닉슨 대통령 사면 결정으로 논란을 자초하며 시작됐고, 매체에 최대한 접근권을 준다는 명목으로 실시한 카터

행정부의 탈(脫)백악관적 언론 대응 전략은 오히려 체계적이지 못한 시스템으로 이어져 매체의 정확한 정보 확보에 걸림돌이 되면서 호혜적 관계를 유지하려던 의도의 발목을 잡았다(Smoller, 1990). 이렇게 관계의 틀이 허물어지며 나락으로 떨어졌던 대통령과 언론의 관계는 '위대한 소통가(great communicator)'로 불리는 40대 레이건 대통령(Holden, 2013; Lewis, 1987) 임기 때 반전을 맞는다.

레이건이 언론과의 관계 회복 또는 더 나아가 대통령 정책 정보의 백악관 주도를 위해 시도한 것은, 역설적이게도 언론과의 적대적 관계 형성을 위해 닉슨이 창설한 백악관 소통 사무국(WHOC)을 활용하는 것이었다. 백악관 공보실(이병국, 1999)이라고도 불리는 이 기구는 TV를 통한 적극적인 정부 홍보 채널로 전형화하는데, 발언 내용뿐 아니라 화면을 통해 전달되는 발언 스타일도 중요하다는 점을 인지한 레이건과 그의 보좌관들은 대통령을 최적의 상태로 보여주는 전략을 정교화한다(Welch, 2003). 그가 선택한 뉴스 경영 전략은 크게 전략적 원칙(strategic principles) 수립, 당일 핵심 일정(line of the day) 공개, 비주얼 강조(emphasis on visuals), 정보 조정(spin control) 등으로 정리되고, 그의 백악관 소통 사무국(WHOC)은 이 전략을 짜고 실행에 옮기는 역할을 담당했다(Perloff, 1998).

전략적 원칙 수립은 정보 공개를 결정할 때 한발 앞서 계획을 세우고, 백악관은 수세적 모습을 뛰어넘어 공격적 자세를 유지하며, 정보 통제를 위해 기자들의 직접적인 대통령 접근을 제한하면서 백악관 전체가 한목소리를 내야 한다는 방침이다. 여기에 정보 담당 보좌관이나 대통령은 자신이 원하는 이슈에 집중해 반복적으로 같은 내용을 발언해야 한다는 조언도 뒤따른다(Hertsgaard, 1988). 당일 핵심 일정 공개도 이와 같은 맥락에서 진행되는데, 백악관 수뇌부가 모이는 오전 회의에서 대통령 이미지 향상을 위해 언론이 보도해줬으면 하는 주제를 선정해 이를 당일 일정으로 매체에 전달하는 전략이다(Perloff, 1998). 비주얼 강조는 TV에 나타나는 대통령 모습을 백악관 관리들이 선제적으로 기획하는 것으로(Deaver & Herskowitz, 1987), 레이건 대통령이 한국의 비무장 지대를 방문했을 때 방탄조끼를 입고 북녘을 응시하는 장면을 연출한 기법 등도 이 전략에서 비롯했다(Hertsgaard, 1988). 정보 조정은 정치 커뮤니케이션 3대 요체 중 정치 엘리트들이 활용하는 전형적인 메시지 통제 전략이다(McNair, 2000). 전달 정보 중 특정 내용에의 집중과 강조 또는 배제와 회피 등을 통해 메시지 제공자의 입장을 설득력 있게 전개하는 이 방식은 우호적 대리인을 앞세우거나 라디오 실황 방송 또는 보도자료 등을 통해 정보를 꼬면서 가장 긍정적인 시각을 얻도록 하는 등의 다양한 방법으로 레이건 백악관에서 진화한다(Maltese, 2000). 특히 선전 기법을 활용하면서까지 적극적으로 매체 보도에 영향을 미치려는 이 방식은 기사 조정(story spinning) 등의 이름을 얻으면서, 매체뿐 아니라 행정부 내외의 유관 조직들이 사안에 관련한 판단을 내리기 전에 백악관 참모들이 먼저 의미를 전달하며 정보 해석의 우위를 점하는 것을 목표로 한다(Perloff, 1998). 이와 같은 그의 방식이 과연 국민에 대한 백악관의 정보 통제력에 영향을 미쳤는가, 또는 그 정보가 올바르게 전달됐는가는 논란으로 남는다(Welch, 2003). 하지만 최소한 이런 전략을 통해 대통령의 이미지가 긍정적으로 TV 화면에 공개됐다는 점은 확인된다(Paletz & Guthrie, 1987; Rozell, 1995).

닉슨이 체계를 가다듬었던 언론 보좌관 제도 역시, 레이건 시대에 더욱 적극적으로 활용된다. 언론 보좌관은 앞서 소개한 백악관 소통 사무국(WHOC)의 업무를 효율적으로 지원하는 채널로서, 대통령과 언론을 잇는 주요 통로로 평가된다. 브리핑을 통한 정보 전달 역할을 맡는 언론 보좌관은 매일 뉴스를 찾아야 하는 언론의 특성을 이용해 그날의 의제(agenda)를 선정하는, 백악관 정보 조정의 첨병이다(Wolfson, 1985). 권력이 국민 안녕과 국가 발전을 위해 공동체 구성원의 다양한 이해관계를 조정하는 정치 활동을 전개하는 과정에서 언론 보좌관의 역할은 국익과 정권의 이익을 버무리며 국민의 지지를 얻는 데 절대적인 영향을 미친다. 대통령의 결정을 단순히 전달만 할지, 아니면 그 내용을 선명히 해석하고 포장할지 등은 언론 보좌관의 능력에 달렸다(Grossman & Kumar, 1981). 전달되는 정보가 국익을 위한 것인지 정권의 이익을 위한 것인지에 대한 문제는 계속 논란이지만, 거짓 없이 정확한 정보를 전달하는 가운데 그 사이의 균형을 유지해야 한다는 점은 이 능력에 요구되는 핵심이다(Perloff, 1998).

백악관 소통 사무국, 언론 보좌관의 활동과 더불어 미국 대통령의 3대 언론 대응 전략으로 평가되는 기자회견은 공식적으로 대통령과 기자들 사이의 직접 상호작용이 일어나는 유일한 통로이다. 자신이 추진하는 정책에 대해 국민을 설득하려는 대통령의 전략과 그런 정책의 적절성을 따지려는 언론의 의무는 기자회견에서 충돌하고, 케네디 대통령 이후 관행이 된 생방송을 통해 그 상황이 국민에게 그대로 전달되기에, 매체의 질문과 대통령의 답변 수준은 권력에 대한 즉각적인 판단 기준으로 작용한다(Orr, 1980). 하지만 기자회견이, 더 많은 수용자를 확보하려는 언론과 감성적 지지에 기대려는 대통령이 각자 자기의 이미지를 잘 보이게 하고자 하는 TV 이벤트로 전락하면서, 대통령의 국민 설득과 언론의 권력 견제, 그리고 이를 통한 정보 공개라는 원래 취지와 의미가 쇠락한다는 지적도 나온다(Smith, 1990). 동시에 정보통신 기술의 발달에 따라 TV를 통한 기자회견의 전성시대가 지나간다는 주장도 있다. 그러나 앞서 설명한 비주얼 강조 방식 등을 통해 레이건 정부에서 효율적으로 활용된 기자회견은 그의 임기 후에도 세부적인 언론 전략의 요소로 여겨지고, 이를 비롯한 3대 언론 대응 전략은 새로운 매체 환경 속에서도 권력의 강력한 커뮤니케이션 도구로 평가받는다(Perloff, 1998).

권력의 정보 조정 시도와 이에 대응하는 언론의 관계가 규격화 또는 체계화한 레이건 시대의 정치 커뮤니케이션 결과물은 후임인 41대 부시 대통령을 맞으며 흔들린다. 부시 대통령은 소련과의 대화를 이끌며 냉전 종말을 향하던 전임 레이건 대통령처럼 큰 규모의 뉴스를 선도하지 못했고, 기자들과의 개인적인 접촉을 선호한 그의 소통 스타일은 언론과 공식적인 만남을 주도하던 백악관 소통 사무국(WHOC) 활동이 축소되는 결과로 이어졌다(Maltese, 2000). 비록 1991년 걸프전 참전을 결정하고 실행에 옮길 무렵, 한목소리로 같은 메시지를 반복하며 정부발(發) 정보를 효과적으로 전달하는 소통 규격화의 근대적 특성을 보이기는 했지만(Perloff, 1998), 신기술을 통해 폭격 장면을 공개하는 등의 상황은 보도 윤리 측면의 논란을 낳으며 발전된 정보통신 환경을 뉴스에 적용하는 문제의 기준을 마련해야 한다는 필요를 잉태하기도 했다(Bennett & Paletz, 1994). 40대 레이건 대통령 임기를 거치며 정비된 근대 규격의 와해 또는 재조정의 움직임이 새로운 커뮤니케이션 환경의 도래와 함께 41대 부시 대통령 임기에 드러나기 시작했으며, 이 과도기는 권력과 언론의 관계를 곧 근대후의 시대로 밀어넣게 된다. 즉 1960년대부터 1980년대 말에 걸친 30년 동안, 전시 등 위기 상황에서 설립된 기구를 통해 구동하던 권력의 정보 통제가 백악관 소통 사무국(WHOC)을 통한 상시 체제로 전환되고, 언론 보좌관의 역할이나 기자회견의 성격이 구체화하며, 이에 대응하는 언론의 성격도 체계화하던 근대는 새로운 커뮤니케이션 환경을 맞으면서 기존 관습의 파행 또는 해체의 모습을 띤 시기로 접어든다.

선거를 둘러싼 언론과 권력의 관계로 정비된 기준(Norris, 2000a)에 따르면, 우리나라의 근대는 앞서 정리한 바와 같이 3공화국(5대 박정희 대통령 정권)부터 6공화국 초기(13대 노태우 대통령 정권)까지로 볼 수 있다. 이 시기 국내 언론과 임기 중 대통령 간 관계의 성격은 미국의 근대전과 근대의 특성을 아우르며 진행된다. 미국 백악관에 비견되는 청와대 출입 기자단 형태의 조직화, 기자회견 정례화 등의 정보 공개 규칙 마련, 정치권의 적극적인 TV 활용 시도 등 미국에서 근대전에 진행된 현상과, 대통령 관련 정보 통제 기구가 상시 체제로 마련되는 등의 미국 근대의 현상이 함께 맞물리며 대통령과 언론의 관계가 구체적 규격의 형태로 한국에 등장한다는 것이다. 규격화라는 근대적 특성이 나타난다는 점에서는 미국과 같지만, 이러한 권력과 언론의 관계가 군사정권에 의한 억압적 언론 통제 환경에서 이뤄졌다는 점(강준만, 2019; 김민환,

2000)은 이 시기 한국만의 특징으로 볼 수 있다.

언론과 권력의 관계 차원에서 본 한국의 근대는 군사정권의 도래와 함께 시작됐고, 군부독재의 퇴장 시점과 함께 막을 내린다. 김민환(2002)은 13대 노태우 대통령이 1988년 2월 취임하기 직전인 1987년에 민중의 저항과 함께 집권 세력의 폭압 정치가 접혔다고 보고, 강준만(2019)도 1980년대 들어 신군부의 언론 통제에 활용된 언론기본법이 1987년 폐지되고 이듬해 개혁적 성향의 <한겨레신문>(이후 '한겨레'로 개칭)이 창간되는 현상을 정리하며 기존과 다른 흐름의 언론 환경이 이뤄지고 있다고 설명했다. 하지만 이런 상황은 노태우 대통령 역시 전임 전두환 대통령과 같이 군 출신이라는 사실과 1992년 취임한 14대 김영삼 대통령이 문민정부의 개시를 알렸다는 점(김영삼, 2000)과 맞물리면서, 군사정권과 군부독재의 끝을 언론 환경의 변화가 시작된 노태우 대통령 임기 초로 봐야 할지 아니면 그의 임기 말로 봐야 할지 모호하게 만든다. 한국 언론의 근대적 규격화가 군사정권의 매체 통제 환경 속에서 이뤄졌다는 위의 소개가 정확하게 연결되기 어려운 배경이기도 하다. 노태우 대통령 시기는 결국 군사정권이 마무리되는 시점으로, 한국에서 언론의 근대적 특성이 정비되면서 근대후로 넘어가는 과도기적 상태였다고 보면 타당할 것이다. 이 책에서는 일단 앞서 정비한 선거 중심의 언론과 권력 간 관계 기준에 따라 3공화국(5대 박정희 대통령 정권)부터 6공화국 초기(13대 노태우 대통령 정권)까지를 근대로 규정하고 설명을 이어가겠다.

1961년 5·16 군사정변 이후 1963년 대선을 통해 같은 해 12월 5대 대통령에 취임할 때까지 약 2년 동안 한국의 행정권을 장악하며 국가재건최고회의 의장을 역임한 박정희는 직전 윤보선 대통령-장면 국무총리 체제에서 봇물 터지듯 늘어난 각종 매체의 통폐합을 진행한다(김해식, 1994). 이 과정에서 공갈, 사기 등을 저지른 파렴치범 수준의 사이비 언론인을 정리하는 성과도 있었으나, 동시에 정부 비위에 거슬리는 언론인들의 구속 및 신문 발행 중단, 언론사 창립 규제 등을 결정하며 언론에 대한 강압적인 통제를 시행했다는 비판도 함께한다(김민남 외, 2004). 이와 같은 통제를 위해 1961년 발표한 '신문통신사 시설 기준령'은 그가 대통령에 취임한 이듬해에 언론 자율 규제 명목으로 국회를 통과한 언론윤리위원회법의 설치로 이어졌고, 이와 같은 언론 억압은 한국신문편집인협회 등의 반발로 이 법이 철회될 때까지 극도의 혼란을 불러왔다(강준만, 2019).

언론에 대한 정권의 탄압 우려를 내세우며 언론윤리위원회법에 적극적인 반대 의사를 보였던 당시 <조선일보>, <동아일보>, <경향신문>, <대구매일> 등은 정부기관의 광고 금지, 금융기관의 대출금 회수 지시 등을 통한 정권의 압박을 받았고, 언론은 다시 한국기자협회 창립 등으로 이런 권력에 맞섰다(김민환, 2002). 이 법은 결국 언론의 저항에 동참하는 각종 시민사회단체의 반발이 확산하면서 그 시행이 보류된다. 이와 같은 혼란 속에서 박정희 정권은 신문과 방송의 겸영이나 언론사의 타 업종 진출, 대기업의 언론사 소유를 허가하는 등 언론기업의 육성과 집중화 작업을 이어가며 권력에 협조적인 언론을 길들이려는 당근 전략도 구사했다(김왕석 · 이동욱, 1990). 이 과정에서 점차 언론은 권력에 순종적인 자세를 취하게 된다. 이런 가운데 1960년대 말 박정희 정부가 추진한 3선 개헌에 반대하는 대학생들의 시위가 결국 권력 견제 기능을 상실한 언론에 대한 규탄으로 이어졌으며, 신문의 자성 분위기가 높아지면서 1971년 <동아일보> 기자들을 필두로 한 언론 자유 수호 운동이 시작됐다(강준만, 2019). 하지만 집권 세력에 대한 전반적인 저항 분위기는 더욱 강력한 권력의 탄압을 불러오며, 박정희 정권은 1972년 유신헌법 제정으로 언론을 비롯한 사회 전체의 자유의지를 억압하고 나섰다(김민남 외, 2004).

이 과정에서 청와대와 행정부에 대한 언론의 취재는 일종의 '규격화' 모습을 갖춘다. 대표적인 것이 정부 출입 기자단의 구성이다. 유신헌법 제정 약 10개월 전인 1971년 12월 정부 압박으로 한국신문협회가 프레스 카드제, 즉 권력에 대한 언론의 접근 및 취재를 정부가 허가하는 제도의 도입을 발표하면서 1972년 초부터 중앙행정 부처 기자실과 출입 기자의 수는 이전의 4분의 3가량으로 축소된다(김민환, 2002). 우리나라 기자단은 일제강점기인 1920년 한글 신문 <조선일보>와 <동아일보>가 생기면서 각 취재 권역별 친목회 형태로 구성돼 특정 영역을 함께 담당하는 모습을 띠었지만(이건호, 2008), 해방과 6 · 25 전쟁을 거치며 일선 경찰서와 국회 등의 출입처를 취재하는 공식적 모습으로 확대됐다가(강준만, 2019) 1963년 3공화국의 출발과 더불어 청와대 출입 기자실을 마련하는 것으로 이어졌다(김남석, 2001). 그리고 유신헌법 제정을 전후해 발급된 프레스 카드가 중앙행정 부처는 물론 청와대 기자실의 출입을 정권의 뜻에 따라 제한하는 도구로 사용되며, 대통령 취재를 더욱 간소하게 규격화하는 역할을 하게 된다. 미국에서 근대전과 근대를 거치는 동안 국민 정서를 가늠하며 정치권과 언론이 협상을 통해 마련한 취재 규범이, 한국에서는 독재 정권의 통제 하에 체계화한 것이다(이건호, 2008). 프레스 카드 제도는 13대 노태우 대통령이 취임한 1988년까지 약 15년간 이어지다 폐지됐지만(김민환, 2002), 당시 형성된 청와대 출입 기자단 형태는 2020년 현재까지 명맥을 유지한다. 지금의 청와대 취재 구조는 결국 근대의 우리나라 권력과 매체 간 관계에 의해 조성된 것으로 볼 수 있다.

유신헌법 제정 이후 정권의 언론 규제는 1973년 각 부처 대변인인 공보관 직제를 개설하며 취재 창구를 단일화하는 방식으로 더욱 형식화하고, 언론인 13명을 각 부처 대변인으로 발탁하면서 권언 관계의 획일화를 이루며 공고화한다(김민환, 2002). 개별 부처를 포괄하는 전체 국정의 대(對)언론 홍보는 1961년 5·16 군사정변 직후 설치한 공보부가 시행하면서 체계를 갖추다가 1968년 문화공보부를 통해 이뤄졌으며, 국내 권력과 언론의 근대적 관계가 마무리되던 시점인 1990년 문화공보부에서 문화부를 떼어낸 공보처로 해당 업무가 넘어간다(하태수, 2011). 해방 공간에서 반공 선전 역할을 담당한 미군정 공보부와 공보원이 이승만 정권의 '안전'을 주무한 공보처 등을 거쳐(김학재, 2011), 박정희 시대에 공보부와 문화공보부라는 적극적 정책 홍보 기구가 들어서면서 체계화된 정보 조정 조직으로 전환한 것이다. 제1차·제2차 세계대전을 겪으며 미국이 창설했던 공공정보위원회나 전쟁 정보국, 또는 검열국이 평시 백악관 소통 사무국(WHOC)으로 변화한 것처럼, 6·25 전쟁 이전의 공보처가 전쟁 중 활동한 국방부 정훈국 보도과와 계엄사령부의 정보 통제기관(김영희, 2012)과 합해진 뒤 근대 시점에 이르러 점차 한국만의 국정 정보 조정 기구 설립으로 이어진 것이라고 볼 수 있는 대목이다.

이 과정에서 건국 초기의 행정 부처 담당 기자들이 당시 청와대 격인 경무대까지 취재하던 체계(남시욱, 1997)가 점차 분화했고, 청와대의 언론 대응도 3공화국에 와서 현재까지 이어지는 틀이 마련된다(최영재, 2011). 초대 이승만 대통령이 경무대에 공보 비서를 뒀고, 윤보선-장면 정권 때 대변인을 추가로 임명(최평길, 2002)했다가, 박정희 대통령 시기부터 다수의 담당 비서관이 근무하는 공보수석실을 운영(최영재, 2011)한 이래 최근의 국민소통수석실로 이어지는 형태(강준구, 2019)가 등장한 것이다. 비록 미세한 경영의 차이는 있지만, 백악관 공보실로 불리는 백악관 소통 사무국(WHOC)이 기자실(Press Office)에 대응하는 미국의 구조처럼, 청와대의 공보나 소통 수석실이 기자단이 머물며 취재하는 춘추관에 조응하는 현재의 청와대 취재 구조(문동성, 2017; 심홍식·이영희·박현아·남인용, 2018)는 3공화국 때부터 기초를 다진 것으로 볼 수 있겠다.

미국에서 28대 윌슨 대통령이 20세기 초 개시한 것으로 알려진 기자회견은 한국에서 이승만 초대 대통령도 활용했으나, 대통령과 기자들의 직접 소통 방식으로 띄엄띄엄 있던 이 회견이 정례화된 것은 박정희 대통령이 1968년 시작한 '연두 기자회견'으로 소개된다(석진환, 2015). 사실 1963년 대통령에 취임한 이후 매년 정초에 국민이나 언론 훈시의 내용을 담아 발표하던 '대통령 연두 교서'가 5년 만에 그 형식을 바꾼 것에 불과하다는 평(박현모, 2007)도 받지만, 1979년 김재규의 총격에 의한 사망으로 박정희 대통령 시대가 끝날 때까지 매년 '회견'의 이름을 단 채 한 번도 거르지 않고 치러진 것(전재호, 1999)은 그 이전과 확연히 다른 모습이었다. 미국 대통령의 연두 국정연설(State of the Union Address)과 유사한 내용의 이 기자회견(김영준 · 김경일, 2019; 이종혁 · 길우영, 2019)은 이후 10대 최규하 대통령 임기 7개월의 짧은 과도기를 거쳐 신군부 출신 11대 · 12대 전두환 대통령과 13대 노태우 대통령으로 이어지는 근대의 종료 시점까지 녹화나 생방송 등 다양한 형태의 변형을 거치면서도 대통령의 기본적인 직접 소통 창구로 기능했다(석진환, 2015).

전두환 대통령 시기는 특히 권력의 적극적인 TV 활용이 두드러지는 때로 정리될 수 있다. KORCAD-TV가 화면 송출을 시작했으나 300대 정도에 머물던 전국 수상기 보급 환경 등의 이유로 정상적인 방송이 어려웠던 1956년(김민환, 2002)을 뒤로 하고, 1961년 12월 31일 KBS가 TV 송출을 한 이후 한국에도 본격적인 텔레비전 시대가 도래했다(미디어미래연구소, 2015). 근대적 한국 언론과 권력 간 관계의 출발점인 박정희 대통령의 3공화국 출범 직전이자 그 모태가 된 5 · 16 군사정변 직후 시작된 TV 시대는 1962년 2만 대, 1969년 22만 대, 1979년 600만 대로 수상기 보급이 급증하면서 활기를 띠고(정순일 · 장한성, 2000), 1980년 KBS 1TV의 컬러 방송 전환을 시작으로 또 한 번의 도약기를 맞는다(이건호 외, 2013).

하지만 물리적 환경의 변화는 정치적 억압에 부닥쳐 언론 자유 확대로 승화하지 못했다. 같은 해 취임한 11대 전두환 대통령은 박정희 전 대통령의 암살과 10대 최규하 대통령의 전환기에 짧은 자유를 누린 언론의 통폐합을 시도하며 매체에 대한 권력의 통제를 강화했고, 신문이나 통신의 등록과 발행을 관장하고 방송 표현물을 압수할 수 있는 언론기본법까지 제정하며 강력한 언론 압박 정책을 편다(김민환, 2002). 물리적 환경의 확대와 정치적 억압의 확장이라는 부조화는 권력이 자신의 입장을 전파하기 위해 적극적으로 TV를 활용하는 형태로 흘렀다(김민남 외, 2004). 심지어 황금시간대 뉴스 프로그램이 시작되는 오후 9시 시보(時報)의 '땡' 소리와 함께 보도 첫머리에 무조건 '전(全)' 대통령 관련 정보가 전달된다는 의미에서 '땡전 뉴스'라는 말이 나돌기도 했다(강준만, 2019). 매체에 대한 유화적 접근으로 방송을 이용한 미국의 케네디 대통령과 방식은 다르지만, 컬러 TV 시대가 도래한 한국에서도, 비록 강압적이기는 하나 권력이 전략적으로 TV를 이용하는 상황이 나타난 것이다.

언론기본법 제정과 언론 통폐합 강행, TV의 권력 도구화 등으로 점철된 언론 통제는 약 6개월의 짧은 11대 임기를 거쳐 7년 단임의 12대 대통령까지 역임한 전두환 정권의 임기 말에 대대적인 국민의 저항을 맞는다. 1970년대 박정희 대통령의 언론 탄압과 1980년대 전두환 대통령의 언론 통폐합 때 해직된 기자 등을 중심으로 1984년 말 발족한 민주언론운동협의회의 기관지 <말>이 전두환 정권의 언론 통제 방침에 따라 매체 정보를 억압한 '보도지침' 사건을 1986년 9월 보도했다. 이는 국민의 공분을 자아냈고, 이 분노는 1987년 폭로된 서울대생 박종철의 고문치사 사건과 맞물리면서 정권 퇴진과 대통령 직선제 개헌을 요구하는 6 · 10 항쟁의 도화선이 됐다(김민남 외, 2004). 권력의 탄압에 목소리를 내지 못했던 제도권 언론을 뛰어넘은 당시 비주류 매체의 정권 견제 보도는 결국 언론 자율권을 보장한다는 내용을 포함하는 6 · 29 선언, 그리고 표현 자유를 탄압하던 언론기본법의 폐지 등으로 이어지고, 언론과 권력의 관계는 같은 해 대통령 선거를 거쳐 이듬해인 1988년 취임하는 13대 노태우 대통령의 시기로 접어들게 된다(김민환, 2002).

한국 근대의 마지막 대통령인 노태우 정권의 언론 환경은 1960년대 초부터 약 30년간 이어진 규격화 흐름의 급변을 예고한다. 이 시간 동안 국내에서도 청와대나 행정부 등 권력의 정보 노출을 조율하는 기구들이 체계화하고, 이를 담당하는 언론 관련 비서관들의 직책이 정형화하며, 대통령이 직접 소통하는 기자회견 등이 틀을 갖춰왔지만, 억압적 권력에 대한 저항의 승리가 노태우 대통령 시기에 접어들면서 매체와 정치 세력 간 관계의 변화를 가져오기 시작한 것이다. 1988년 개혁 성향인 <한겨레신문>의 창간, 개별 언론사 노동조합의 창립과 이들의 연합체인 전국언론노동조합연맹의 탄생, 권력과의 구조적 결합에 예속된 방송에 조직적으로 저항하는 시민언론 운동의 확대 등은 과거와 차별화해 노태우 대통령 임기 중에 나타난 대표적 언론 현상이다(김민남 외, 2004). 즉 권력을 보도하는 언론의 기계적 규격화의 모습은 유지되면서도, 내면적으로 권력의 억압에서 벗어나려는 변화의 싹이 트고 있었던 것이다. 그러나 미국의 근대전부터 등장했던 체계적 공인 보도의 형식, 라디오를 통한 정기 담화 등의 모습은 한국의 근대에서도 뚜렷이 찾아보기 어렵다. 그럼에도 비교적 짧은 기간 동안 서구 민주주의에 기초한 모습들을 소화한 것처럼, 이후 전개될 근대후의 시기에 유사한 사안들이 등장한다. 그리고 이런 상황들의 종합은 1990년대 중반부터 생활 속으로 들어온 인터넷 환경 등에 맞물리며 기존 관습의 파행 또는 해체의 모습을 띤 시기로 전환하는 계기가 된다(이건호 외, 2013).

3) 근대후의 대통령과 언론

정파적 신문 활동, 대중지 확산, 공인 보도 규범 생성, 정부 출입 기자단 조직화, 언론의 정보 공개 규칙 형성, 라디오 활용 등 언론과 권력 간 관계의 거시적 틀을 마련한 미국의 근대전 모습, 그리고 TV 보급이 확대되는 과정에서 기존의 틀을 정교하게 다듬고 언론 보좌관과 기자회견을 연계하며 최고 권력의 상시 홍보 기구를 체계화한 미국식 근대의 발전은 근대후 시기에 들어서며 점차 해체되는 상황을 맞는다. 약 200년 동안 진행된 미국의 근대전과 근대의 전개 순서와 차이는 있지만 40~50년에 걸쳐 나타난 한국적 근대전과 근대도 결과적으로는 미국과 대략 유사한 모습을 갖췄고, 미국과 비슷한 시점에 시작된 한국의 근대후 역시 기존 체계의 분화 또는 변화의 형태를 보였다. 한국에서의 변화는 공인 보도의 형식 마련이나 라디오를 통한 정기 담화의 출현 등 미국에서 근대전부터 등장했던 형태를 아우르는 모습을 보이기도 한다. 근대에 정비됐던 형태가 새로운 커뮤니케이션 환경과 맞물린 근대후로 접어들면서, 한국과 미국 모두 근대전의 모습을 현대식으로 부활시키거나 아예 과거에 못 보던 현상을 드러내고 있다는 것이다. 이는 근대를 거치며 세밀하게 체계화했던 규범들이 기존의 장단점을 보완 또는 확대하거나 극복하며, 새 매체 기술의 환경에 조응하기 시작한 것으로 볼 수 있다. 대통령 등 최고위 권력이 대중이나 그 대표들과 직접 소통할 수 있었던 근대전 모습이, 근대 시기 정형화한 매체를 통한 정치 엘리트와 공중 사이의 간접 소통으로 변화했다가, 인터넷이나 웹 사이트 등을 갖춘 근대후 시점에 온라인을 통해 다시 근접 소통으로 진화한 것이 그 사례 중 하나이겠다(Kernell, 1997). 이런 현상은 대중매체 보도에 요구되는 기본 틀이 유지되는 중에 대중매체 이외의 소통 채널 활용이 확산하고, 이 모습이 다시 기존의 보도 형식에 영향을 미치는 방식으로 진행된다. 그리고 이런 변화는 대통령 등 최고 권력의 기존 소통 전략과 언론의 보도 원칙 등이 새로운 매체 환경에 적응하는 과정에서 형성된다.

대통령과 언론의 관계를 중심으로 한 미국의 근대후 시기는 41대 부시 대통령의 과도기를 거쳐 1990년대에 시작된다고 볼 수 있다. 특히 1993년 취임한 42대 빌 클린턴 대통령은 선거 캠페인에서부터 TV 오락 프로그램에까지 출연하는 등 근대 시기에 덜 부각해 잘 볼 수 없었던 매체 전략의 시대를 연다(Copeland, 2010). 하지만 근대까지 정교한 체계화 과정을 거친 백악관 보도 사무국(WHOC) 시스템의 와해도 시작된다(Perloff, 1998). 이와 함께 전개된 신구 매체의 동시 활용 시도 등 다소 복잡하고 일관적이지 않은 클린턴의 소통 전략은 대통령과 언론의 근대후 관계 시작을 알리는 징후가 된다고 볼 만하겠다.

그의 임기 초반, 대통령을 지원하는 백악관 소통 사무국(WHOC)은 당일 핵심 일정을 언론에 선도적으로 전달하는 메시지를 수립하지 못할 정도로 구체적인 정책이 없었다는 지적을 받거나 이 때문에 정책 혼란이 커졌다는 평을 얻는다(Drew, 1995). 자신이 소속된 민주당의 개혁적 이념과 당시 야당인 공화당의 보수적 목소리 중 어느 것도 택하지 못한 채 우왕좌왕했다는 평가도 함께했다. 대변인이나 언론 보좌관을 내세우는 대신 자신이 스스로 나서는 것을 선호했던 그의 업무 스타일은 아예 백악관 보도 사무국의 조직 체계를 약화했다는 지적까지 받는다(Perloff, 1998). 미국의 3대 공중파 방송사 중 하나인 ABC 앵커 출신으로 선거 캠페인부터 클린턴의 소통을 책임졌던 조지 스테파노파울루스(George Stephanopoulos)가 백악관 소통 사무국(WHOC) 국장이 되면서, 이전 20년 동안 자유롭게 정보를 확인하러 드나들던 기자들의 사무국 출입이 봉쇄돼 대중매체의 권력 취재 규범이 무너지고 언론 자유가 쇠퇴했다는 비판도 나왔다(Rosenstiel, 1994). 이후 클린턴 대통령은 방송과 인쇄 매체를 넘나들던 저널리스트 출신이자 공화당 소속 대통령을 보좌했던 데이비드 거겐(David Gergen)을 영입하면서 당시 확산하던 이메일을 통해 일반 대중과 소통하고, 기자들과 화상 기자회견을 하는 등 새로운 정보통신 기술을 활용했을 뿐 아니라 전통적인 라디오 인터뷰에까지 적극적으로 참여하며 다양한 소통 전략을 구사했는데, 이 과정에서 초기의 소통 실수를 만회하려 했다는 평도 받았다(Kurtz, 1996). 하지만 이 모든 시도가 특정한 일관성을 유지한 것은 아니라는 지적으로 이어진다(Perloff, 1998). 이후 대통령들의 소통 전략은 2000년대 들어 급변하는 매체 환경 기술과 함께 변화를 거듭한다. 언론과 대통령이 정보 공개 우위 선점을 위해 경쟁하는 과정에서 진행되는 이 변화는, 대통령이 언론의 틀 짓기를 우회해 국민에게 직접 다가가는 전략을 세우거나 그렇게 전달되는 정보의 진위 및 의도를 확인해 이를 다시 수용자에게 전하는 언론의 역할로 소개된다. 대통령과 언론이 중요한 정치적 사안을 두고 사실 정보의 공개와 확인이라는 전통적인 규범 유지에는 동의하면서도, 각각 강조하고자 하는 관련 정보에 초점을 맞춰 이를 전달하는 방식을 다변화한 것이다.

41대 부시 대통령의 아들로 43대 대통령에 오른 조지 부시(George W. Bush)는 2001년 임기 개시 8개월도 안 돼 벌어진 9 · 11 테러와 그에 대한 대응을 중심으로 그의 언론 관계가 정리된다고 해도 과언이 아니다(Coe, 2011). 이에 대한 평가는 정파적 모습에 기초한 정보 통제와 그에 따른 유연성 상실 등으로 나타난다(Coe, Domke, Graham, John, & Pickard, 2004; Klein, 2008). 피해 당사자인 미국이 자국 중심의 테러

응징을 기획하면서 결과적으로 기존 국제정치 협력 규범은 약화하고(Hurrell, 2002), 그 정책의 당위성을 설파하기 위해 적극적인 정보 조정에 나선 부시 행정부는 대통령의 언론 인터뷰 등을 통제하며 집합적인 TV 회견 등을 통해 매체 이벤트를 주도해나갔다(Fritz, Keefer, & Nyhan, 2004). 이전 대통령들을 겪으며 보도 규범을 장착한 매체의 견제도 가볍지 않았으나(Greenstein, 2003), 9 · 11 사안 자체의 충격은 레이건 대통령부터 축적된 공화당의 미국 중심 보수 이데올로기의 강화와 이에 연계한 정파적 대통령의 통솔력으로 귀결됐다(Skinner, 2008).

이 과정에서 매체 대응은 목표 설정, 과정 통제, 책임 귀속이라는 부시 대통령의 3대 백악관 정보 조정 전략에 기초하게 된다(Kumar, 2003). 이 전략은 일단 전달하려는 핵심 정보를 결정(set the goals)하면, 그 목표로 가는 과정을 하나하나 정립하고(establish how to get from point A to point B), 백악관 관료 중 각 과정의 책임 담당관을 배치(assign specific tasks and responsibilities to staff members)해 그 성과를 확보해나가는 것을 뜻한다. 마치 근대에 나타난 대통령과 언론 간 관계의 규격화처럼 보이는 이 접근은 그러나 지나친 당파주의에 뿌리를 두면서 이후 대통령에 이르러 다시 부각하지 않을 뿐 아니라 오히려 정치인들이 피하는 방식이 되고, 대통령의 강압적 정보 통제 시도 중 하나로 치부되면서, 권력과 언론의 건강한 견제로서의 기존 규범을 저해한 사례로 해석되기도 한다(Milkis, Rhodes, & Charnock, 2012). 인터넷을 자신의 선거 캠페인에도 활용하면서 42대 클린턴 대통령과 함께 뉴미디어를 적극적으로 사용해 백악관에 입성한 인물로 소개되는 부시 대통령이지만, 9 · 11 테러 직후 백악관 웹 사이트 접근을 통제하는 등 임기 중 새로운 매체 활용에 효과적이지 못했다는 평을 받는다(Owen & Davis, 2008). 이후 웹 사이트 방문자 확보 등에 대한 노력을 다시 기울이긴 했으나(Scacco & Coe, 2016), 뉴미디어는 국민과 대중매체를 향한 대통령 메시지의 새로운 통로라는 의미만 가졌을 뿐 그 내용 자체에서는 근대에 마련된 선악의 이분법적 구분이 반복돼, 부시는 다양한 목소리가 나오는 새 매체 환경에 효과적으로 반응한 대통령으로 묘사되지 못한다(Hartnett & Mercieca, 2007; Merskin, 2004).

근대후 초기 취재원 활용이나 대중매체 접근 등 언론 보도와 연관한 도구로 거론되던 월드와이드웹, 인터넷, 이메일 등의 뉴미디어(Holtz, 2002; Houston, 2014)는 '트위터', '페이스북', '유튜브' 등으로 이어지며 44대 버락 오바마(Barack Obama) 대통령 시대에 와서 정치 커뮤니케이션 채널로서 그 범위를 더욱 확산하고(Cogburn & Espinoza-Vasquez, 2011), 새 매체를 이용한 권력과 언론의 관계는 국가를 막론하고 '뉴노멀(new normal)'의 시대로 가는 장을 연다(Bettridge & Whiteley, 2016; Chong,

2012; Etzioni, 2017; Paulussen & Harder, 2014; Tan, 2012). 특히 새로운 채널을 통해 친근한 이미지를 성공적으로 확립했다는 평을 받는 오바마의 소통 방식은 뉴미디어 시대에 최고 권력자의 새 기준을 마련할 수 있다는 메시지를 주기도 했다(Hendricks & Denton, 2010). 하지만 이것이 새로운 규칙으로 자리 잡았는지는 미지수다. 정보통신 기술의 급속한 발전과 함께 다양한 매체들의 융합 등으로 이뤄지는 소위 '뉴미디어'의 전개 및 명멸 속도가 과거와 비교할 수 없을 정도로 빨라, 특정한 규범 형성을 위해 충분한 시간을 벌기 어렵기 때문이다(Lehman-Wilzig, & Cohen-Avigdor, 2004; Scolari, 2013; Peters, 2009). 새 시대가 열려 그에 맞는 규범으로 향하는 장을 열었을 뿐, 우리는 아직 그 규칙을 확정하지 못했을 수 있다는 것이다. 새 환경은, 하지만 소통의 측면에서 접근 가능하며(accessible), 인간적이고(personal), 다원적(plural)인 대통령의 전형을 구현했다는 분석도 있다(Scacco & Coe, 2016). 어디에나 존재하는 대통령(ubiquitous presidency)이라는 이 모습은 사람들이 SNS 등을 통해 대통령에게 다가가기 쉬워졌고, 최고 권력자는 부드러운 비공식적 모습을 견지하며 다양한 생각의 사람들에게 마음의 문을 열게 됐다는 것을 의미한다.

하지만 이 모습이 늘 일관적으로 나타나는 것도 아니다. 2017년 취임한 미국의 45대 도널드 트럼프(Donald Trump) 대통령은 '트위터'를 통한 새로운 소통 형태를 보이며 비공식적인 정치 행동을 취하는 것으로 나타나지만(Kreis, 2017), 예측 불가능한 그의 모습은 부드럽고 다원적이라기보다 국수적이고, 인간적이라기보다 대중영합주의적이라는 평가를 받는다(Jotzo, Depledge, & Winkler, 2018). 또 다른 사람들의 견해에 개방적이지 않은 그가 매체를 통하지 않고 국민에게 직접 접근해가는 방식은 걷잡을 수 없을 정도로 무모해 정신병리학자들이 위험한 경우라고까지 지적한다(Lee, 2019). 즉 '목표 설정, 과정 통제, 책임 귀속'이라는 일관적 소통 전략을 마련해 권력과 언론의 상호 견제라는 근대적 규범을 지키려 했던 43대 부시 대통령의 접근은 정파적인 색채가 지나치게 강화하면서 오히려 건강한 대(對)언론 긴장을 해치는 결과를 낳았고, 한편 과거 형식을 탈피해 새로운 매체 환경을 이용하며 이런 모습을 극복하려고 '접근 가능하며, 인간적이고, 다원적인 모습'을 구현하면서 '어디에나 존재하는 대통령'의 특성을 정형화하려 했던 44대 오바마 대통령의 시도는, 결국 같은 소통 채널을 활용하면서도 국수적이고 대중영합주의적이며 예측 불가능한 45대 트럼프 대통령의 출현으로 귀결됐다는 것이다. 이는 새로운 환경에서 나타나는 대통령과 그의 소통이 새로운 규칙을 마련한 것이 아니라, 그런 소통 방식의 결과가 어디로 튈지 모르는 상황에 놓인 현상을 관찰할 만한 조건만이 전개된 것으로 해석할 수 있다.

근대후 매체 환경 패러다임의 변화는 현재 진행 중이다. 끝나지 않은 상황의 평가는 쉽지 않다. 특히 살아 숨 쉬는 생명체 같은 정치, 그중에서도 관심의 초점이 돼 예민한 최고 권력과 언론의 관계를 규정하기 위해서는 시간이 필요할 것이다. 위와 같은 미국 대통령과 언론의 모습은 최근 학자들의 연구 등에 등장하지만, 오랜 기간 규범과 관습이 형성된 근대전이나 근대의 현상처럼 뚜렷한 경향성을 언급하려면 더 다채로운 평가와 분석이 종합돼야 할 것이라는 뜻이다. 한국도 마찬가지이다. 비록 이 책이 군부독재 등 강압적인 정치권의 통제가 물러난 뒤 맞은 14대 김영삼 대통령의 취임(강준만, 2019; 김민환, 2002)을 한국 근대후의 개시로 놓지만, 때맞춰 시작된 정보 혁명은 권력 자체에 대한 설명이 난감해질 정도로 역동적인 정치와 매체의 변화를 이끌며(김상배, 2010), 이후 전개된 권력과 언론의 관계를 특정한 경향성의 틀로 소개하기 어렵게 만든다. 그러나 현재 상황은 40~50년에 걸친 한국식 근대전과 근대의 기간에 나름대로 정리된 언론과 권력의 위치를 재점검하고, 그간 다양한 구성원의 이해관계를 조정하려는 정치권의 시도, 그리고 이를 견제하는 언론의 역할 속에 마련된 규범이 새로운 매체 환경에 적응하며 변화하고 개선하는 과정을 관찰할 만한 조건을 제시하고 있다.

국내 정치 커뮤니케이션 연구 분야는 정치적 해빙기와 더불어 권력 자체나 언론과 정치권의 관계를 학문적으로 탐구하는 역량을 점차 강화하면서 새로운 환경을 조사할 준비를 차근차근 갖춰온 것으로 보인다. 한국언론학회의 전신인 한국신문학회가 창설되며 언론학 연구가 본격화한 1959년 이후 약 40년이 지난 1997년까지 31.6%에 불과하던 정치 커뮤니케이션 분야 논문 누적 백분율이 5년 만인 2002년 51.8%까지 치솟은 점(최선열, 2009)은 이런 관측을 대변한다. 50년의 연구 경향을 검토한 최선열의 관찰 이후 약 10년 동안 국내 언론학계 대표 학술지인 <한국언론학보>를 대상으로 살펴본 정치 커뮤니케이션 연구의 열기 역시 유사한 양상을 띠었으며, 이 과정에서 수용자의 미디어 이용 등과 관련된 논문의 비율이 그 이전 50년에 비해 2배 이상 증가했다는 것(양승찬, 2019)은 학계가 커뮤니케이션 환경 변화에 적극적으로 반응하며 그 외연을 더욱 확대해가는 증거로 보인다. 특히 과거에 정치 커뮤니케이션 과정에서 소외됐다고 평가받던 유권자로서의 수용자 관련 탐구가 늘어가는 것은 새로운 현상을 학문적으로 정립하기 위한 고무적 노력이라 할 것이다.

이런 상황을 대통령과 매체, 그 사이의 개입 또는 참여가 늘어가는 시민들의 소통 차원에서 조금 더 구체적으로 살펴보자. 1993년 14대 김영삼 대통령의 취임과 함께 시작한 한국의 근대후는 급변하는 정보통신 환경과 맞물리며 다소 혼란스러운 정치권력과 언론 관계의 변화를 예고한다. 복잡한 상황은 청와대 취재 관행의 빠른 변화에서도 나타나는데, 근대에서 근대후로 넘어오는 과도기인 13대 노태우 대통령 시기부터 16대 노무현 대통령 시기까지 청와대 출입 기자들의 취재 환경을 탐구한 연구(남재일, 2006)는 군사정권의 마지막 단계였던 노태우 대통령 시기를 '정권일방적 협조', 김영삼 대통령 시기를 '정권중심적 유착', 김대중 대통령 시기를 '갈등적 유착', 노무현 대통령 시기를 '자율적 긴장' 관계로 설명했다. 5년 임기의 정권마다 권력과 언론의 관계가 요동친 것이다. 이는 독재적 강압 시기 직후 자유화의 물결로 인한 급변 과정이라고 볼 수도 있으나, 결과적으로 언론과 권력 간 관계의 성격을 일관적으로 규정하기 어려운 시기의 현상으로 해석할 수도 있다.

1988년 개혁적 성향의 <한겨레신문>이 창간하고 <경향신문>도 1998년 진보적 성향으로 색채를 전환하는 등 과거 보수 일변도이던 신문의 매체 지형이 보수와 진보로 갈리며 비교적 다양한 목소리를 내는 환경으로 바뀌었고, 이 시기 보수에서 진보로 정권 교체가 이뤄지면서 정치적 배경이 다변화한 것이 정권과 언론의 유동적 관계를 등장시킨 것으로 보인다(송은지 · 이건호, 2014). 더불어 보수와 진보 매체가 각각의 대통령 선거 캠페인 기간 중 자신들의 정치적 지향점과 맥을 같이 하는 권력을 창출하는 데 개입하려는 현상을 보이고(최진호 · 한동섭, 2012), 팟캐스트 등의 형태로 새롭게 등장한 정보 채널이 기존 매체와 궤를 달리하는 대항 권력의 모습을 띠며 더욱 복잡한 언론 환경을 노출한 것(권규상, 2012)도 이런 현상의 출현에 일조했다. 개혁적 노무현 대통령에서 보수적 이명박 대통령 정권으로 다시 넘어가면서 각각의 진영에 대한 보도 빈도가 상위 권력기관일수록 높다는 공통적 특징이 나타나기도 했지만, 각 언론의 정치적 보도 프레임이 이명박 대통령의 정부에서 더 두드러지게 부각했다는 점은 정권별로 서로 다른 정파적 언론의 보도 태도를 보여준다고 할 수 있다(박치성 · 남기범 · 오재록, 2012).

매체 환경을 조금 더 들여다보면, 14대 김영삼 대통령 취임 2년 전인 1991년 개국한 민영 서울방송(SBS)은 한국방송(KBS)과 문화방송(MBC) 양대 체제였던 지상파 방송 지형을 바꿔놓고, 이 변화가 취임 2년 후인 1995년 케이블 TV의 탄생, 여러 자치단체의 지역 방송국 설립 등과 연계하면서 오락물의 대대적 파급으로 이어졌다는 사실을 확인할 수 있다(강준만, 2019). 즈음해서 증폭한 인터넷 확산 열기와 그로 인한 자극적 정보 유통 확대(여국현, 1997)는 국민의 관심을 여러 출구로 분산했고, 500만 명을 돌파한 휴대전화 개통과 함께 각각의 개인이 주변인과의 소통 반경을 넓히는 새로운 대인 커뮤니케이션 시대도 열었다(황유선 · 김주환, 2009). 상황은 다시 시민의 정치 정보 관심 저하 또는 정치 과정 참여 군중의 폭발 등 여러 갈래로 분화하면서 일관적으로 예측하기 어려운 변화에 대한 사람들의 우려와 기대가 교차했고, 정치 관련 정보의 소통과 그를 둘러싼 환경의 급변을 예고했다(김성태 · 김여진 · 최홍규 · 김형지, 2011; 이효성, 2008). 이런 매체 기술의 격변 속에서 권력의 회유에 자발적으로 협조하는 언론의 '정권중심적 유착'(남재일, 2006)이 김영삼 정권에서 형성된다.

개혁 성향 정당 정치인으로서는 한국 최초로 1998년 청와대에 입성한 15대 김대중 대통령은 임기 동안 언론과 첨예한 갈등을 겪는다(김재홍, 2003; 정태환, 2009). 특히 이 마찰은 <조선일보>, <동아일보>, <중앙일보> 등으로 대표되는 당시 주류 보수 신문과의 사이에서 두드러졌는데, 이는 11대와 12대를 역임한 전두환 대통령의 강압적 언론 정책 추진 과정에서 더욱 공고해진 이들 매체의 보수 성향이 최초의 개혁 성향 대통령과 만나면서 예견된 결과일 수도 있다. 정권은 대통령의 유화적인 대북 정책 등에 비판적 논조를 보였던 이들 세 언론사에 대해 2001년 2월 세무조사를 시행했고, 이들 매체는 언론 탄압이라며 강력하게 반발했다(조항제, 2003). 상황은 이들 매체의 신문 시장 독과점 현상에 대한 반발로서 언론개혁시민연대 등 수용자 중심 언론 견제 단체가 등장하는 것으로 이어지며, 이는 시민 참여 범위가 정치와 언론 간 관계의 영역으로 더 넓어지는 계기 중 하나가 된다(조의진, 2007). 김대중 대통령이 정책적으로 정보 산업화에 집중하고 정보통신 환경의 급격한 변화를 조율하는 과정(최영훈 · 김용순, 2005; 황종성, 2007)에서, 언론과 정치권의 영역에 주로 머물던 정치 커뮤니케이션의 장에 시민들이 적극적으로 합류하게 된 것이다(김종길, 2005; 임혁백, 2009; 허태회 · 장우영, 2009). 그러나 이 상황에서 더욱 자신들의 정파성을 확실히 나타낸 이들 보수 성향 주류 매체의 높은 신문 시장 점유율은 유지되고, 다른 목소리를 내는 매체들도 함께 성장하면서 다양성을 장착한 언론계가 정치적 이슈를 이끄는 최고 권부의 위치를 차지하게 됐다는 평도 나온다(강준만, 2019). 1950년대 정당 가입과 1961년 민의원 당선 등을 시작으로 50년 이상의 정치 인생을 거친 김대중 대통령(손세일, 1994)의 노련미는 이런 갈등 속에서도 언론과 부분적 우호 관계를 맺게 하지만(남재일, 2006), 이런 권언 관계는 16대 노무현 대통령 때 더욱 극단적인 갈등으로 전환된다.

2003년 2월 25일 취임 이틀 전, 노무현 대통령은 전임 대통령들이 전통 매체인 신문과 첫 취임 인터뷰를 하던 관행을 깨고 인터넷 신문인 <오마이뉴스>와의 면담 취재 자리를 마련하면서 당시 주류 언론과의 적극적인 마찰을 예고했다(강준만, 2019). 기성 언론의 틀 짓기 등에 강한 불만을 표명하던 노무현 대통령과 주류 신문의 갈등은 이후 신문법과 취재지원 선진화 시스템 등을 둘러싼 논란 속에서 더욱 깊어졌다(문재완, 2013). 정권이 추진한 신문법은 경영상 어려움을 겪는 신문들, 즉 소위 비주류 신문에 대한 지원 등의 조항을 담았지만, 시장에서의 자유경쟁을 국가가 통제한다는 이유로 기존 보수 성향 중심의 주류 매체로부터 반발을 샀다(손태규, 2008; 신정록, 2007). 청와대와 정부 인사들의 업무권을 보호하고 투명한 정보 공개를 추구한다는 명목으로 진행된 취재지원 선진화 시스템도 기존 기자실의 일부 폐쇄와 브리핑 제도를 통한 정권의 일방적 통제라는 언론의 비판을 부르게 됐고, 노무현 대통령은 임기 말까지 뉴스 매체와 불편한 관계를 이어갔다(김영욱 · 임유진, 2009; 이건호, 2013). 특히 각 정부 부처 37개 기자실을 서울 세종로 중앙청사, 경기 과천청사, 대전청사 등 3곳으로 통폐합하는 등의 조치로 이어진 취재지원 선진화 시스템은 아예 보도 단계 이전인 취재에까지 정권이 개입하는 언론 자유 통제라는 지적(염강수, 2007; 유신모, 2008)을 받으며 큰 논란을 불렀다. 이 시스템은 결국 근대전과 근대를 거치며 규범화한 한국의 출입처별 기자단 체계에 변화를 준 시도로 기록될 수 있을 것이다.

17대 이명박 대통령은 전임 노무현 대통령과 정치적 성향이 달랐지만, 그의 언론 대응 등이 많은 논란을 불렀던 점은 전임 대통령과 크게 차이가 없어 보인다. 다른 길로 갔으나 비판과 반박은 계속됐다. 우선 그는 2008년 취임 직후 전임 노무현 대통령이 통폐합했던 기자실을 부처별로 복원한다(이건호, 2008). 이는 대선 과정에서부터 약 40명의 언론인 출신 공보조직을 운영하고 나중에 그 수가 88명까지 늘어난 이명박 대통령식 언론 관리(강준만, 2019)의 결과물로 볼 수도 있다. 주류 매체의 간부 등으로 구성된 이들은 나중에 정치권에 진출하면서 정치인과 언론인을 엮은 조어 '폴리널리스트(polinalist)'로 불리며 이명박 대통령 임기의 권력과 언론 유착 성향을 설명하는 요인으로 정리되기도 한다(김세은, 2017; 박영환, 2008). 또 기존 방송위원회 등을 확대해 2008년 취임과 함께 발족한 대통령 직속 기구 방송통신위원회는 정권이 공영방송 등을 장악하려는 시도라는 비판을 받았다(강승묵, 2019; 김재영 · 이남표 · 양선희, 2008). 더불어 2011년 12월 기존 주류 신문들을 모체로 하는 종합편성채널이 개국하면서, 기존 지상파 방송 종사자들의 입지가 축소되고 보수적 성향의 정권에 친화적인 방송 지형을 만들어 언론을 조정하려 한다는 평가(최영묵, 2012; 한진만 · 김연식 · 박승현, 2014)까지 나오는 등 이명박 대통령은 차별적인 언론 정책으로 적극적인 방송 통제를 시도(강준만, 2019)했다는 지적도 받는다. 한편 임기 중이던 2008년 미국산 쇠고기 수입을 둘러싸고 나타난 진보와 보수 신문의 정파적 보도는 한국 신문들의 정치적 성향을 재차 드러냈고(이건호 · 고흥석, 2009), 이 과정에서 특히 인터넷 포털의 토론방 등 다양한 온라인 프로그램으로 소통하며 반정부 시위에 나섰던 사람들의 모습은 뉴미디어 환경에서 시민의 정치 참여 열기가 더욱 확산하는 현상을 확인하는 기회가 됐다(고경민·송효진, 2010; 송경재, 2009; 유영철, 2012).

이후 '뉴미디어'를 통한 정치 커뮤니케이션 과정으로의 시민 유입은 더욱 두드러진다. 비록 정치와 자본 권력으로부터의 독립을 추구하는 시민들의 소통 운동이 일부 활동가들을 중심으로 진행된 한계도 있으나, 새로운 매체 환경에서 정권의 언론 통제 시도를 극복하고 시민들의 주체적인 언로(言路) 확보를 지향하는 시도는 이명박 정권을 거쳐 2013년 취임한 18대 박근혜 대통령 시기에도 계속 이어졌다(정연구, 2017). 추후 추가적인 분석 등을 통해 더 자세한 논의가 이뤄질 필요가 있겠지만, 이와 같은 시민들의 언론 운동은 박근혜 대통령의 통치 방식에 대한 저항으로 이어져, 시민의 적극적 참여로 이뤄진 온라인 공론장의 등장과 제도적 숙의 절차의 연계를 통한 오프라인 촛불 집회의 등장, 뒤따른 박 대통령의 탄핵으로 귀결된다는 주장도 나온다(홍성구, 2018). 이는 근대전과 근대, 근대후를 거치며 정형화했던 기자실의 부처별 설치·통폐합·복원, 그리고 공보부(1961년), 문화공보부(1968년), 공보처(1990년), 국정홍보처(1999년), 문화체육부 제2차관 국민소통실(2008년) 등으로 이동하는 과정에서도 큰 틀에서 차이가 없던 정권의 대(對)언론 창구 운용 등 권력과 기존 언론에 집중됐던 정치적 정보 소통(김학재, 2011; 남시욱, 1997; 이건호, 2013; 최영재, 2011; 하태수, 2011)에 큰 변화가 생긴 것이라고 볼 수 있다(배성인, 2016).

사실 새로운 매체 환경을 활용한, 또는 여기서 파생한 정치 정보 소통 양상의 변화 모습은 시민의 참여를 통한 공중의 공간에서뿐만 아니라 정치 엘리트의 영역에서도 나타난다. SNS 등을 통해 권력이 기존 매체를 우회해서 시민과 소통하려는 전략은 인터넷이 확산하던 노무현 대통령 당선 시기의 선거에 이어 이명박·박근혜·문재인 정권의 시대를 관통하고, 그 방식은 계속 진화한다(강준만, 2019; 남현주·김하나, 2014). '발전의 지속'이라는 유사성 속에서도 이명박 정권 이후 박근혜 대통령과 문재인 대통령의 소통 방식을 구분하려는 평가나 그 방식에 대한 발전적 기대가 등장하기도 한다. 임기를 다 마치지 못하고 4년여 만에 물러난 박근혜 대통령의 퇴임 배경을 해방 이후 이어진 보수 정치 세력의 불통을 심판하는 탄핵으로 보고, SNS 토론 등을 거쳐 반정부 시위에 참여한 공중의 지지가 반영돼 2017년 19대 대통령에 취임한 문재인 대통령에게 더 나은 화법과 소통이 요구된다는 주장(김귀옥, 2018)이 한 사례이다. 특히 문재인 대통령 시절의 권력과 기자들 간 관계(김태경, 2017)나 국민의 목소리를 정책에 반영하는 정도(신현기·우창빈, 2018)가 전임 박근혜 대통령 시기보다 더 원활하고 좋았다는 청와대 출입 기자 및 연구자들의 관찰이 나오면서, 정치 커뮤니케이션의 성격이 지난 경험의 시행착오를 거쳐 맞은 새로운 매체 환경과 맞물리며 기존 매체와 권력 간의 관계뿐 아니라 정치 엘리트와 기성 언론, 시민들이 모두 참여하는 단계로 확장하고 평가받는 단계로 진입했다고 보기도 한다(강준만, 2019).

하지만 이들 두 대통령의 임기는 이 책이 쓰이는 현재 그 종료 시점이 오래되지 않았거나 아직 진행 중이라, 급변하는 정보통신 환경과 그를 둘러싼 대통령의 소통 방식 경향성을 확정적으로 평가하거나 판단하기는 어렵다. 2017년 임기를 마친 미국 44대 버락 오바마 대통령이 새로운 형태의 매체를 활용해 '어디에나 존재하는 대통령'으로 소통하며 접근 가능하고, 인간적이며, 다원적인 지도자로 평가되는 반면(Scacco & Coe, 2016), 2020년 현재 임기를 거치고 있는 45대 트럼프 대통령이 같은 매체를 사용하면서도 비공식적이고 예측 불가능하며 국수적이고 대중영합주의적이라는 비판을 받는다는 연구 결과(Jotzo, Depledge, & Winkler, 2018; Kreis, 2017)는 매체 환경만을 변인으로 최근 대통령의 커뮤니케이션 현상을 일반화해 평가하기 쉽지 않음을 시사한다. 어쩌면 이는 근대후 시기의 세계 각국 최고 정치 지도자 모두에게 해당하는 점일 수 있다. 이 같은 상황에서도 큰 틀에서 논할 수 있는 근대후의 특징은 우선 매체와 정치 엘리트 중심으로 벌어지던 정치 커뮤니케이션 현상에 공중의 역할이 두드러지게 등장한다는 점이다(김상배, 2010). 소통을 중심으로 한 거버넌스 혹은 정치나 통치의 역량이 정치 엘리트나 언론의 정보 경쟁에서만 비롯되는 것이 아니라, 새로운 매체 환경에서 인터넷, SNS 등을 통해 다양한 의견을 적극적으로 개진하는 시민의 참여로 다각화한 것이다(윤석민, 2020; 한국언론학회, 2012; 황용석, 2001). 하지만 동시에 한국 근대후 시기에는 공인 보도 규범을 정착하려는 노력이 이뤄지거나 라디오 정치 방송이 전개되는 등 미국에서 근대전과 근대를 거치며 경험한 요소들이 복합적으로 펼쳐지기도 한다.

구체적으로는 명예훼손의 관점에서 공인 개념의 자의성과 무원칙 등을 거론(차용범, 2001)하거나, 판례나 수사 기준을 분석하고(심석태, 2011; 장호순, 2005), 혹은 법원과 언론사, 언론인의 시각이나 인식(이재진 · 이창훈, 2010; 이재진 · 진승현, 2018) 정도 등을 논하며 공인 관련 논의를 통사적으로 검토(이승선, 2017)하는 노력 등이 적극적으로 나타났다. 또 1960년대에 정권의 정책 홍보를 위해 보급됐던 라디오(김희숙, 2016)가 2008년 10월부터 2012년 8월까지 약 2주 간격으로 95차례 이뤄진 이명박 대통령의 주례 연설 창구로 활용(박영환, 2013; 임명진 · 전영석, 2011)되는 모습도 보였다. 어쩌면 이와 같은 모습은 근대후의 새로운 모습이라기보다 우리나라에도 해방 이후부터 간간이 있었거나 논의됐던 경험이 다시 등장하거나 발전적으로 진화한 현상이라고 여겨질 수 있다. 그러나 이들이 과거부터 존재했던 매체 정파성 등의 모습이나 인터넷 혹은 SNS 등 새로운 정보통신 환경과 맞물리며 어떤 방식으로 전개될지는 조금 더 시간을 두고 지켜볼 일이다.

특히 이런 요소들을 특정한 경향성으로 판단하려면 더 많은 자료 탐구와 이를 통한 정형화의 검증이 요구된다. 언론 정파성의 부각, 보수와 진보 정권에 대한 보도시각이나 프레임의 적용 차이 등은 언론 자유도가 높아진 근대후에도 계속 유지되거나 재등장 또는 강화하는 과거의 특징으로, 이들이 현재에 어떤 모습을 갖는지는 근대전이나 근대의 시대적 특성과 비교해가며 그 연구를 진행할 필요가 있다. 이런 현상의 배경이 되는 사실과 의견의 다양성은 궁극적으로 정치권과 언론 위주이던 소통 현상에 공중이 적극적으로 뛰어든 상황과도 연관이 깊을 것이다. 근대후의 특성으로 여겨지는 이 부분에 대해서는 시민의 참여를 중심으로 뉴미디어와 정치를 거론하는 마지막 장에서 더 부연하겠다. 이제 이 장의 뒷부분에서는 근대전과 근대를 거치며 정형화하고, 현재를 포함한 근대후에도 나타나는 언론과 대통령의 소통 방식을 '보도 경향성'과 '수사학'의 시각에서 소개하겠다.

2. 정형화한 언론 보도와 대통령의 소통 방식

정치는 '사회를 위한 가치의 권위적 배분'(Easton, 1965)이며, 사회를 위한 '가치'는 존재의 의미나 대상에 대한 신뢰 등과 함께 세계관 혹은 계급이나 계층의 관점 등을 구성하는 '이념(ideology)'의 요소이다(Williams, 1977). 이념은 정치 운동의 지향성을 합리화하는 철학(이극찬, 1991)으로, 결국 대통령을 포함한 정치 엘리트가 사회를 위한다는 명목으로 가치를 배분하는 방식의 정당성을 설파하는 배경이며, 구성원의 다양한 이해관계를 조정하는 도구로 사용하는 신념이 된다. 우리나라나 미국처럼 자본주의적 민주주의 사회의 정치 지도자는 보통·평등·직접·비밀 투표를 통해 선출되는 과정에서 사회적 가치를 배분하거나 구성원의 이해관계를 조정하는 방식에 대한 권위를 부여받는다. 한국이나 미국의 대통령은 바로 그런 정치 엘리트의 핵심으로, 모든 정치 과정의 정점에 서 있는 인물 또는 기구이다. 그리고 자본주의적 민주주의의 매체들은 선거를 통해 선택된 인물이나 기구가 그 가치를 반영하거나 강화하는 일련의 과정을 뉴스에 담는다(Perloff, 1998).

정치 지도자와 대중매체, 공중 모두가 각각 특정한 시각을 가지고 평가하는 정치 영역(Schudson, 1995)은, 이들 3대 정치 커뮤니케이션 요체가 이런 이념과 가치를 인정하고 인정받고자 하는 충돌의 장이다. 근대전과 근대를 거쳐 다다른 현대에서는 특히 공중 앞에서 매체와 정치 엘리트가 이 갈등과 마찰의 현장을 드러내는 주연 역할을 했다(Hallin & Mancini, 2004; Kriesi, Lavenex, Esser, Matthes, Bühlmann, & Bochsler, 2013). 이들 두 주연은 정치 커뮤니케이션 과정을 통해 현재의 '지배적 질서가 그 통제력 유지의 수단으로서 누리는 패권'(Shoemaker & Reese, 1996)이 공중을 위한다는 민주주의의 본래 가치를 지향하는지, 또는 헤게모니로 불리는 이 사회적 주도권의 정당성이 공동체 안에서 수용될 수 있는지를 놓고 경쟁했다(Perloff, 1998). 특히 구성원의 다양한 이해관계를 조정한다는 정치 영역을 견제하는 모습으로 기능한 언론은 마찰과 비판이 합법적 논쟁의 장(sphere of legitimate controversy)에서 인간의 기본적인 가치를 추구하는 합의의 장(sphere of consensus)으로 연결되는지를 판단하고, 이런 기준에 기초한 정치적 합의를 파기하는 사람들이 드러나는 일탈의 장(sphere of deviance)을 노출하면서, 그렇게 불합리한 행위를 하는 사람들을 정치의 영역에서 끌어내리는 역할을 담당했다(Hallin, 1989).

하지만 이 역동적인 과정에서 정치인과 언론의 역할에 긍정적인 평가만 가해진 것은 아니다. 바람직한 사회적 가치를 위한다는 정치인의 전략은 그 도덕성이나 정직성의 결격 문제 등으로 비판을 받기도 했고(Copeland, 1969; Luhmann, 1994), 대중매체의 보도 공정성 문제 등도 끝없는 지적을 불러왔다(Iggers, 2018; Paletz & Guthrie, 1987). 특히 시민의 눈과 귀가 돼 불편부당하게 권력을 비판한다고 자평하는 언론의 역할은 뉴스에 스며든 기자와 매체의 편견을 의심하는 공중의 비난에 직면하곤 한다(Weaver & Wilhoit, 1996). 사실 기자도 다른 사람들처럼 자신이 성장한 가족 환경이나 사회 관행 등으로부터 영향을 받기에(Donsbach, 2004; Shoemaker & Reese, 1996) 이런 비판을 완전히 해소하기는 어렵다. 그들이 기사에 드러내는 편견은 대부분 개인 성향이라기보다 소속된 언론사나 취재 및 보도 관행 등의 규범에 따른 것으로, 매체 간 경쟁이나 업무 관습 등에 기인한다는 평가(박재영 · 전형준 · 이규연 · 이진영, 2008; 손영준, 2004; Breed, 1955; Scheufele, 2006)도 있으나, 대통령 보도를 포함한 마찰적 정치 관련 뉴스에서는 추가로 매체나 소속 기자의 당파적 편견이 나타난다는 지적(Bennett, 2016; Coffey, 1975; Weidmann, 2016)에서 자유롭기 어렵다(Bradlee, 2011; Himmelman, 2012). 특히 근대 시점이 마무리된 1980년대 말 새로운 정치적 시각을 가진 매체들이 등장한 이후의 한국에서 이와 같은 성향이 과거보다 두드러진다는 평(김수정 · 정연구, 2018; 송은지 · 이건호, 2014; 원희영 · 윤석민, 2015)은 우리 사회가 다채로운 논의를 통해 공동체의 안녕을 지향하는 민주주의 언론의 토대를 확보한 것인지, 아니면 사실과 의견의 건강한 다양성으로 포장된 새로운 정파적 마찰에 노출된 것인지를 깊이 고민할 필요가 있음을 시사한다.

여기에서 파생하는 여러 마찰과 갈등을 풀기 위해 언론 보도의 공정성이 요구되고, 언론이 그래야만 한다는 윤리적인 당위론은 비교할 수 없을 정도로 고결한 지향점이지만 과연 현실적으로 완벽한 공정성을 획득할 수 있을 것인가에 대한 염려는 사라지지 않는다. 인류 역사와 함께 '객관(objectivity)'에 대한 존재와 인식의 문제(Earle, 1955; Hess, 1938; Oizerman, 1981)를 삶 속에서 고민하는 것은 고무적이나, 이에 기초해 드러나고 어느 영역에서도 아직 해소하지 못한 것으로 여겨지는 인간의 편견 관련 논쟁(Novak, 1993)을 언론 보도의 영역에서 궁극적으로 해결할 수 있을지는 미지수다(Gauthier, 1993; Godler & Reich, 2013; Niblock, 2012). 정치 관련 뉴스에 이처럼 다양한 종류의 편견들이 등장하는 이유는 이 근본적 문제에 연결됐을 것이며, 관련 정보의 생성 과정을 둘러싸고 인간 사회가 복잡다단하게 구동하는 방식과도 무관하지 않을 것이다. 이런 흐름 속에서 언론은 꾸준하게 정치 현상과 그 안의 대통령을 보도해왔고, 대통령은 이런 대중매체의 뉴스에 반응해왔다. 대통령은 정치 정보를 표현하는 수사 기법을 활용해 언론과 대중에게 메시지를 전달했고(김연종, 2008; 이귀혜, 2007; 최평길 · 백정미, 2005; Cohen, 1995; DiMaggio, 2015; Kuypers, 1997; Shavelson, Baxter, & Pine, 1992), 언론은 공정 보도에 대한 비판과 격려 속에 이를 대중에게 전해온 것이다(김춘식 · 이강형, 2008; Cotter, 2010; Durham, 1998; Giles, 2010; Jones, 2010; Kovach & Rosenstiel, 2001; Muñoz-Torres, 2012). 여기에서는 이런 배경에 근거해, 기자나 매체의 개인적 또는 조직적 편견 등이 기사에 노출되는 경우를 포함해서 근대 전과 근대를 통해 확인되는 대통령 보도의 전형적 모습들을 둘러보고, 이런 보도 방식과 서로 영향을 주고받거나 언론의 프레임을 넘어 대중을 직접 설득하려는 대통령의 정치적 행위 중 '말의 정치(logocracy)'로 평가받는 수사학적 측면(Looby, 1996; Silverstein, 2010)을 들여다본다.

1) 대통령에 대한 언론 보도

뉴스의 형식은 정보통신 기술 특성 등에 맞춰 변하기도 하지만, 관행적인 기본 틀은 쉽게 바뀌지 않는다(Rich, 2003). 그 사회의 문화 안에서 전체 또는 특정 이슈나 사안에 대한 보도는 수용자와의 지속적 교감을 통해 이뤄지고, 반복을 통해 늘어나는 보도량은 뉴스의 전형을 서서히 정비하며, 그렇게 만들어진 형식은 상당히 오랫동안 유지된다(임영호, 2005; Brooks et al., 2002; Schudson, 1981). 특히 200년 이상의 저널리즘 경험을 통해 스트레이트나 기획 보도 등 뉴스 구성의 형식을 주도해온 미국 저널리즘은 이와 같은 현상을 잘 드러내고 있다(이건호, 2017; Mencher, 1991). 100년 역사의 신문이 유지되는 국내의 상황도 다르지 않아 뉴스에 등장하는 취재원이나 인용 활용 등에서 독자적인 구조를 이루고 있다(이건호 · 정완규, 2008; 이재경, 2006). 개별 국가는 각자의 보도 특성을 구축하는 동시에 사실 보도라는 저널리즘의 공통 규범에 기초해 상당한 유사성도 함께 보유한다(Hanitzsch, Hanusch, Mellado, Anikina, Berganza, Cangoz, Coman, Hamada, Hernández, Karadjov, Moreira, Mwesige, Plaisance, Reich, Seethaler, Skewes, Noor, & Yuen, 2011). 대통령 보도도 그런 영역 중 하나이다(Perloff, 1998).

미국에서 수용자와의 교감을 통해 반복적으로 진행되며 대통령 보도의 틀을 마련하게 한 관련 뉴스의 수는 20세기 초 28대 윌슨 대통령이 기자회견을 정례화한 이후 꾸준히 증가했다(Cornwell, 1959; Grossman & Kumar, 1981). 1969년부터 1985년까지 CBS 저녁 뉴스 프로그램 중 97%가 적어도 한 차례는 대통령을 언급할 정도였고(Smoller, 1990), 클린턴 대통령의 임기 초반 18개월 동안 전체 보도의 57%가 대통령을 다뤄, 15개 뉴스마다 하나씩이 대통령 관련 소식이었던 것으로 정리된다(Perloff, 1998). 수억 명의 인구 중 한 사람 또는 그를 둘러싼 그룹의 정보가 이런 빈도로 소개되는 추세는 궁극적으로 대통령 업무 자체가 국가적 관심사에 연결돼 있다는 사실에 이어지지만, 방송 뉴스의 경우는 특히 대통령과 그 보좌진이 매체의 보도 체계에 맞춰 정보를 전달하는 경향을 보인다는 점도 이유로 제시된다(Smoller, 1990). 이 시스템은 결국 관련 내용이 반복되면서도 중요한 정보이기에 언론이 꼭 보도해야 하는 당위성 구도에서 정비된다(Shoemaker & Reese, 1996). 전통 언론을 중시하던 정치권의 시야를 새로운 매체 환경이 더 넓게 했다는 최근의 관찰(Ragas & Tran, 2013)은 백악관이 신문이나 방송 등의 채널을 넘어 뉴미디어를 통한 대통령 관련 정보 전달에도 힘을 쏟으며 해당 뉴스의 폭증을 이끈다는 설명으로 나타난다.

한국의 대통령 보도도 다르지 않다. 초대 이승만 대통령부터 17대 이명박 대통령까지 60년 동안 간행된 <조선일보>와 <동아일보> 1면을 대상으로 매년 한 달을 무작위로 선택해 대통령 관련 뉴스를 분석한 최영재(2011)의 연구는 평균적으로 매해 한 달 동안 20건의 대통령 관련 뉴스가 등장했다고 밝혔다. 매달 4~5차례의 휴간 일을 제외하면 거의 매일 대통령 뉴스가 신문의 얼굴이라 할 수 있는 1면에 등장한 것이다.

특히 전두환 대통령 때는 가장 많은 평균 37건을 기록해 '땡전 뉴스'라고 불리던 당시의 언론 통제 상황(강준만, 2019)이 드러나는 것으로 읽힌다. 가장 적은 횟수(10건)는 노무현 대통령 때였다. 과거 20명 내외를 유지하던 경무대 또는 청와대 담당 기자 수는 민주화 바람이 상승세이던 2000년 전후의 김대중 정권 때 80명으로 늘었다가, 온라인 매체의 급속한 확산 등과 더불어 노무현 대통령부터 300명가량을 유지했으며, 문재인 대통령 초기에는 300여 명의 등록 기자를 포함해 출입 비표를 받은 언론인만 400명에 이른다(김태경, 2017; 최영재, 2011). 새로운 정보통신 환경을 맞아 다양해진 소통 채널 중 온라인 신문과 포털 등에서도 정치 관련 뉴스 중 대통령 관련 정보가 국회나 정당 정보와 함께 상위를 기록한다는 연구(강주현 · 이인욱, 2014)는 신생 매체에서도 대통령에 대한 주목도가 줄지 않는다는 것을 보여준다.

이와 같은 관심과 그에 따른 뉴스의 집중은 취재와 보도의 측면에서 매체의 대통령 관련 정보 생산의 관행을 제시했다. 대통령 뉴스의 틀이 마련된 것이다. 비록 새로운 매체 환경의 도래로 또 다른 변화가 진행 중이고 미국과 한국의 문화적 특성에 따라 차이도 있지만, 국가를 막론하고 기본적인 사실 보도의 틀은 신문과 방송 등 전통적인 매체에 내재한 형식을 유지하며, 그들 사이의 공통점을 드러낸다(이건호, 2017; 임종수, 2006; Graves, 2016; Konieczna, 2014). 그리고 이런 상황에서 등장하는 보도의 공통적 성격은 기자 개인이나 매체의 당파적 성격보다는 언론이라는 조직의 메커니즘에 기인하며(손영준, 2004; Breed, 1955; Scheufele, 2006), 대통령의 말과 행동은 매체의 취재 및 보도 체계 정형화에 영향을 미치는 요소로 작용한다(Perloff, 1998). 기사 내용에 사회의 개인 또는 조직 구성원으로서 기자나 매체가 가지는 편견도 나타날 수 있지만, 업무적 관행이 기사 형식으로서의 이런 뉴스 생산 양식을 구조화했다는 것이다(Shoemaker & Reese, 1996).

대표적으로 소개되는 일반적 양식은 취재원과 취재 통로에서 찾을 수 있다. 대통령 관련 취재를 하는 한국의 청와대나 미국의 백악관 출입 기자들은 효율적인 정보 확인을 위해 수석 비서관이나 담당관들을 근거리에 둔다(Bennett, 2016; 손태규, 2008; 신정록, 2007). 상황을 직접 주무하거나 목격한 인물들이 정확한 정보를 주는 취재원이기 때문이다(Sigal, 1973). 한국의 경우, 노무현 정권 때처럼 청와대 관리들의 업무권을 보호한다는 명목하에 기자들의 청와대 관료에 대한 접근을 제한한 때도 있으나(염강수, 2007; 유신모, 2008), 이는 곧장 후임 이명박 대통령 때 해제되면서 청와대 출입 기자와 관료들의 거리가 최소한 '물리적'으로는 다시 가까워졌다(이건호, 2008). 또 온라인 신문 등 새로운 형태의 매체 기자들이 청와대를 출입하고 있지만, 이들의 취재 형태도 기존 전통 매체 기자들의 모습과 다르지 않다(김태경, 2017).

대통령제가 확립된 미국과 한국의 취재 통로도 유사하다. 거의 매일 전달되는 대통령이나 비서실의 공식 일정, 이를 정리한 보도자료, 정기적인 행사, 또 자주 있지는 않지만, 기자단과 대통령이 직접 대면하는 기자회견 등은 공식적인 취재 채널이다(Perloff, 1998). 브리핑에 대한 인식은 양국에서 약간의 차이를 보이는데, 한국에서는 이를 청와대와 기자들 사이의 공식적인 채널로 여기나(박승희, 2014; 송의호 · 이상식, 2009), 미국은 종종 정보의 배경을 부연할 때 비공식적으로 활용하기도 한다(Perloff, 1998). 하지만 대면 또는 온라인을 통한 비대면 정책 설명 때 대변인 등이 등장해 정보원 실명과 함께 인용 가능한 정보(on-the-record)를 전하는 경우에는 이 브리핑이 한국이나 미국은 물론 다른 국가에서도 모두 공식적인 소통 창구로 인정된다(심홍식 · 이영희 · 박현아 · 남인용, 2018; Bonafede, 2002). 브리핑이 공식과 비공식의 경계에 있는 것은 결국 정보원의 모든 신상과 함께 정보를 투명하게 공개(on-the-record)하는 것이냐, 아니면 이름이나 직책을 가린 채 제한적인 정보 인용만 허용되는 배경(background 또는 deep-background) 설명이냐에 따라 결정된다고 보면 되겠다.

또 비공식적이지만 일반화한 취재 경로로서 기자와 정보원의 네트워크나 관계에 따라 발생하는 정보 누설(leak)이 있는데, 기자가 더 많은 정보를 캐낼 수 있도록 자료 일부를 건네는 정책(policy) 누설, 나중에 기자와의 호혜적 관계 조성을 위해 던지는 호의(goodwill) 누설, 타인에게 해를 끼치기 위해 흘리는 적대(animus) 누설, 언론의 도움을 받아 잘못된 정책을 바로잡으려는 내부고발(whistle blower) 누설 등으로 분류되기도 한다(Hess, 1991). 이밖에 기자의 발품으로 대통령 혹은 그 주변의 비리나 오류 등

<자료 5-1> 한국과 미국의 대통령 기자회견 장면

* 왼쪽은 2020년 1월 14일 청와대 영빈관에서 열린 한국 문재인 대통령 신년 기자회견 장면이고, 오른쪽은 2013년 12월 20일 백악관 James S. Brady 언론 브리핑실에서 열린 미국 오바마 대통령 송년 기자회견 장면이다.

을 파고들어 탐사하는 기획(enterprise) 채널은 공식과 비공식의 구분이 어렵지만, 닉슨 대통령의 하야를 부른 워터게이트 사건 등으로 더욱 부각한 취재 통로로 설명된다(Foerstel, 2001; Sigal, 1973). 국내에서는 매체의 정파성과 관련해 연구가 진행된 각종 권력 관련 '게이트' 사건(고영신, 2007; 이동근, 2018)이 이런 기획 채널을 통한 보도의 결과물로 소개된다.

한편 이런 취재 형식을 규정하는 배경으로 연결되는 대통령 보도의 내용적 측면도 살펴볼 만하다. 이는 갈등, 논쟁, 새로운 사건을 쫓는 저널리즘의 가치나 기본적 업무(Mencher, 1991; Rich, 2003) 또는 자본주의 사회에서 사익과 공익을 동시에 추구하는 저널리즘의 존재 방식(Altschull, 1990; Schudson, 1981)에도 이어진다. 대통령을 중심으로 벌어지는 마찰은 공동체 구성원의 삶에 직접 영향을 끼치는 공적 문제이기에 많은 사람의 관심을 끌 수밖에 없어 언론은 이를 보도해야 하며, 매체는 이런 수용자의 시선을 끌어 더 많은 정보를 구매하도록 함으로써 스스로 이익도 챙기게 된다는 것이다(McManus, 1992). 또 이런 경쟁에서 비주류 매체들이 유력 언론사의 보도 내용이나 방식을 모방함으로써 정치 커뮤니케이션 환경에서 도태되지 않고자 몸부림 치는 모습도 보인다(Shoemaker & Reese, 1996). 정치 정보 내용을 둘러싼 다양한 환경, 그리고 그 안에서 벌어지는 매체 간의 경쟁은 서로 비슷한 취재 형태와 보도 형식을 양산했고, 근대전과 근대를 지나면서 고착화한 이런 모습이 대통령에 대한 언론 보도를 정형화한 것이다(Perloff, 1998).

보도 내용이나 형식과는 약간 다른 차원이지만, 대통령과 언론 간 관계의 성격에 대한 시각에서 정형화의 또 다른 모습을 찾을 수도 있다. 동지(alliance) → 경쟁(competition) → 이탈(detachment)의 순서로 진행되는 관계(Grossman & Kumar, 1981)가 대표적으로 소개되는데, 이는 대통령 취임 초기에 언론이 정권에 대해 호의적인 보도를 하다가, 이후 대통령이 제시하는 정책 등을 놓고 옳고 그름을 따지는 뉴스를 생산하는 단계를 거쳐, 임기 말에는 정책은 물론 대통령의 인성이나 이미지에 대해 비판하는 보도를 많이 한다는 점을 보여준다. '동지' 관계는 언론과 대통령이 서로 협조하는 기간을 뜻하고, '경쟁' 기간에는 대통령과 언론이 각자 자신이 옳다고 생각하는 이슈들을 전달하며, 이런 다툼에 서로 지친 언론과 대통령은 '이탈' 단계에서 형식적이고 구조적인, 즉 서로가 무심한 모습을 보인다. 이밖에도 관계를 적대, 견제, 공생, 유착, 일체화 등 5개로 늘려 이런 단계가 반복된다고 보는 진자운동 논의(유재천·이민웅, 1994)도 소개된다.

언론사의 규모나 재정 여건 등에 따라 언론의 대통령 보도가 달라질 수 있어 이 관계의 기간이나 흐름을 특정 공식처럼 여기기는 어려우나, 이 안에서 비교적 일관되게 전달되는 대통령 뉴스의 내용으로는 냉소주의 부상, 좁은 정치적 이슈 천착, 마찰과 논쟁 조명, 비주얼 강조, 개인적인 측면 부각 등이 거론된다(Fallows, 1997; Paletz & Guthrie, 1987; Smoller, 1990). 시간이 흐를수록 뉴스에 대통령의 개인적인 측면이 조명되면서 체계적이고 본질적인 정치의 의미는 퇴색하는 모습을 띤다는 것이다. 임기 후반부 '이탈' 단계로 갈수록 잦아지는 이 현상과 더불어 임기 전반 '동지' 또는 이 중에서도 서로 상황을 예의주시하는 단계로서 협조 관계가 특히 돈독한 임기 초반 1개월을 표현하는 '밀월(honeymoon)' 기간 등이 점차 축소되는 것도 대통령에 대한 비판적 보도가 늘어난 결과로 볼 수 있다(최평길·백정미, 2005; Perloff, 1998). 한국에서도 이 호의적 관계의 시기가 짧게 나타난다. 근대후 초기로 볼 수 있는 문민정부, 즉 김영삼 대통령부터 이명박 대통령까지 4명의 대통령에 대한 언론 보도를 살펴본 김민혜(2011)의 연구는 4년 임기의 미국 대통령에게서 약 1년간 지속하는 '동지' 기간이 5년 임기의 한국 대통령에게서는 평균 6개월로 줄었다는 점을 확인했다. 하지만 긴밀한 관계의 지속 시간이 줄거나 사라진다는 지적과 달리 이 관계가 부활한다는 주장(Farnsworth & Lichter, 2012)도 등장하면서 이와 관련해 더 상세한 검토가 필요해 보인다.

한편 전술한 바와 같은 언론의 대통령 보도 현상은 권력과 매체의 관계를 적대적으로 봐야 하느냐, 아니면 공생적 관계로 여겨야 하느냐의 학술적 논의로 이어진다. 정치 엘리트에 대한 견제를 의무로 하는 언론이 그 정점인 대통령을 공격적으로 보도하는 경향은 일반적으로 이 관계를 적대적으로 규정했다(Blumler & Gurevitch, 1981). 이때 언론은 권력에 대한 적극적 감시견(watchdog)으로 묘사된다. 이 시각은 종종 대통령을 포함한 정치 엘리트를 나쁜 대상으로 두고 언론을 좋은 존재로 보지만, 이에 대해서는 사익과 공익을 동시에 추구하는 대중매체가 언제나 선한 주체인 것은 아니며, 특정 이념을 무기로 공동체 구성원의 안녕과 복지를 추구하는 정치인이 무조건 권력을 남용하는 악인으로 비치는 것도 적절한 관찰은 아니라는 비판이 따른다(Perloff, 1998). 이런 입장에 기초해 이 관계를 상호 교환 모델(exchange model)로 볼 수 있다는 설명이 나왔다(Weaver & Wilhoit, 1996). 대통령과 언론은 각각 자신의 업무에 충실한 존재로 각자의 '필요'나 '이익'을 충족시키기 위해 서로 의존한다는 이 주장은, 비록 이들이 의도적으로 손발을 맞춰가지는 않으나, 암묵적인 파트너의 관계가 성립한다고 본다. 정치인은 보도자료 생산 및 특정 매체를 향한 정보 누설 등을 통해 기자를 활용하고, 매체는 정치인의 생각을 전달하며 수용자를 확보하는 이득을 얻는다는 것이다(Altschull, 1990; Smith, 1990).

하지만 이 모델은 표면적으로 나타나는 정치인과 언론 사이의 적대성을 규명하지 못하고, 각자 서로 다른 일의 규범이나 역할에 대해 제대로 조명하지 못한다고 비판하며, 이들의 상호 존재 방식을 공생적 관계(symbiotic relationship)로 설명하는 것이 더 적절하다고 주장하는 연구도 있다(Weaver & Wilhoit, 1996; Perloff, 1998). 대통령과 주변 관리들은 기자와 서로 의존하지만, 필요나 이익만을 위해서라기보다 각각 '책임'지는 분야를 완수하기 위해서라는 부분이 그 이유로 강조돼야 한다는 것이다. 각자의 업무를 존중하고 그 일이 원래의 목적에 맞게 진행될 수 있도록 그들의 관계가 짜이게 된다는 뜻이다. 이 모델은 적대적 갈등도 그 과정에서 표출되는 자연스러운 결과물 중 하나로 본다. 이밖에도 정치 엘리트나 공중, 대중매체 등 3대 정치 커뮤니케이션 요체 중 어느 곳에 중점을 두느냐에 따라 정부주도적 공생 관계, 대중의식적 견제 관계, 미디어주도적 견제 관계 등을 제시(김기정 · 김용호 · 정병석, 2000)하거나, 관계의 주도권 소재에 따라 정치권력 우위 또는 언론 우위 모델 등이 논의(최경진, 2003)되기도 한다.

이런 관점들은 기자나 매체를 정치 엘리트의 정치적 성과물 선전을 위한 애완견(lapdog), 그런 정치인의 노력을 무시하고 무조건 공격하는 잡종견(junkyard dog), 공동체 이익을 위해 정부나 대통령의 행동을 독립적으로 조사하고 견제하는 감시견(watchdog) 중 어느 위치에 놓느냐에 따라 구분되는데, 이 위치는 다시 대통령의 성격이나 그의 정치적 소명과 역할에 대한 언론의 기대, 그리고 그 시대를 통과하는 역사적 정황 등에 의해 규정된다(Sabato, 1991). 이런 성격이나 소명, 기대나 정황을 아우르는 요소 중 하나로 주변을 통합하는 대통령의 통솔력이 거론되는데, 구체적으로 대통령이 자신의 정책에 대한 정치권 안팎 다양한 분야 지도자들의 동의를 얼마나 얻느냐의 정도로 나타나는 그 능력은 국가 지도자에 대한 언론의 비판 정도와 방식을 조율하는 잣대가 된다(Alexseev & Bennett, 1995; Bennett, 2016). 대통령에 대한 호의적 또는 부정적 보도는 기자의 냉소적 속성이나 정치인의 선동적 언행 등에 기인할 수도 있지만, 그 이외에 다양한 이유로 경쟁하는 매체와 정치 엘리트 사이의 복잡한 상호관계 속에서 정치권 내외의 이견들을 조율해가며 이를 전달하는 통솔력과 이를 바라보는 크고 작은 여론의 향배에 따라서도 결정될 수 있다(최평길 · 백정미, 2005; Bennett & Paletz, 1994; Blumler & Gurevitch, 1981; Paletz & Guthrie, 1987; Perloff, 1998). 그리고 이런 통솔력을 정치 커뮤니케이션의 영역에서 드러내는 대표적 현상은 언어 등 각종 기호로 표출되는 대통령의 수사학이라고 소개된다(김연종, 2008; 이귀혜, 2007; Looby, 1996; Silverstein, 2010).

2) 대통령의 수사학

국립국어원 표준국어대사전에 따르면 수사(修辭)는 '말이나 글을 다듬고 꾸며서 보다 아름답고 정연하게 하는 일 또는 그런 기술'이고, 수사학(修辭學)은 '사상이나 감정 따위를 효과적·미적으로 표현할 수 있도록 문장과 언어의 사용법을 연구하는 학문'이다. 또 미국 메리엄 웹스터 사전은 수사나 수사학에 해당하는 '레토릭(rhetoric)'을 '효과적으로 말을 하거나 글을 쓰는 방법 또는 효과적인 연설(speech) 기술, 고대(古代) 비평가들이 정형화해 사용한 작법(composition)의 원칙과 규칙에 대한 학문, 소통과 설득의 방법으로 사용하는 말이나 글에 대한 학문' 등으로 설명한다. 이들 사전적 정의는 수사나 수사학을 문학의 차원에서 거론하거나, 단순 기술(skill)로 소개하면서도 그 범위를 넘어서는 예술(art)의 단계에 연결하기도 한다.

'문학 영역에서의 상황 분석과 그에 기초한 설득'이라는 사전적 의미를 지니는 수사학은 다양한 학문의 분야에서 전개된다. 철학을 배경으로 하는 수사학을 존재나 상황에서 설득력 있는 요소를 확인해 활용하는 논법으로 정리하는 아리스토텔레스의 설명(한석환, 2003)은 경험을 기초로 실천에 접근하려는 소피스트의 수사학(김혜숙, 2003)으로 연결된다. 이런 시각을 활용한 문학의 영역은 상징으로서의 텍스트를 체계적으로 분류해 문장과 글을 구성하는 작법 탐구(노대원, 2016; Connors, 2000)를 다루고, 글이나 언어의 표현 방식을 넘어 이미지의 정보 기능을 분석하는 디자인 등의 미술(강현주, 2002; Buchanan, 2001), 가사 등과 무관하게 음을 분리해 의미를 구축하는 방법 등을 논하는 음악(정경영, 2006; Buelow, 1973) 등 예술 분야에서도 수사학의 의미는 중요하게 다뤄진다. 법학은 수사학을 활용해 배심원을 설득하고 법관의 판결에 영향을 미치는 논증 방법 등을 검토하고(김상희, 2008), 경제학은 자본주의 경쟁의 당위성을 인간의 도덕적 측면에 연결하는 데에 수사학의 설득을 사용한다(김광수, 2018). 정치학은 철학과 더불어 고대로부터 수사를 펼치고 검증하는 전통의 영역이었다(곽준혁, 2007).

효과적 설득을 통해 세상에 대한 이해의 확대를 추구하는 수사학은 결국 소통을 다루는 커뮤니케이션 분야로 이어질 수밖에 없으며, 사전적으로 문학 또는 평론 등에 집중했던 수사학은 공론장에 나타나는 개별 상징(text)과 맥락(context)에 모두 주목해야 하는 정치 커뮤니케이션 현상에서도 그 중요성이 확인된다(Foss, 2017). 말과 언어로 대표되는 이 상징은 기호들의 연합으로 이뤄진 표현의 의미로 드러나고, 특히 공동체 구성원이 공유하는 기호의 의미는 그들이 함께 활동하는 공론장의 소통을 탐색하는 수사학 영역에서 다뤄지며(Zernicke, 1994), 그 탐색의 결과는 사람들의 이해관계를 조정하는 정치 영역에서 핵심적인 기능을 하게 된다. 이런 맥락에서 학자들은 정치 자체를 '말하기'(Hall, 1972)나 '거시적인 말의 게임'(Graber, 1981)으로 소개한다. 대표적인 '말의 정치(logocracy)'로 설명(Rodgers, 1987)되는 대통령의 수사학은 선거 과정이나 통치 행위를 통해 드러나는 대통령의 말과 언어, 또는 문자 기호를 넘어 표현되는 각종 상징을 아우르며, 대통령이 의회와 대중을 설득하는 소통 방식을 탐구하는 학문(Campbel & Jamieson 1990, Hart, 1984; Looby, 1996; Tulis, 2007)을 가리킨다.

대통령이 의회와 대중을 설득하기 위해 이런 기호와 상징을 구사하는 매개물이 대중매체(Smith & Smith, 1985)라는 점, 즉 대중 또는 대중을 대표하는 의회에 대통령의 생각이나 정책을 효과적으로 피력하기 위해 언론을 활용한다는 점은 대통령의 수사학을 대통령의 권력과 언론 간 관계라는 정치 커뮤니케이션의 틀로 검토해볼 이유가 된다. 게다가 보도를 통한 언론의 틀 짓기 시도를 극복하거나 우회해 대중을 직접 설득하려는 대통령의 정치 행위로서 수사학은 다양한 공동체 구성원의 이해관계를 조율하기 위해 매체와 경쟁하는 최고지도자의 정치 커뮤니케이션 전략을 확인하는 지점이다(Euchner, 1997; Hart, 1984; Kernell, 1997; Wills, 1992). 여기서는 대중매체와 현임 대통령의 관계를 다루기 위해 앞서 소개한 언론의 대통령 견제 보도 전형에 대한 조응으로, 그런 언론을 활용하거나 대중매체에 대응하는 대통령 수사학의 형태와 내용을 짚어본다.

대통령의 수사학은 대통령제가 발달한 미국에서 선도적 발전을 거듭했다(박성희, 2009; Silverstein, 2010). 하지만 미국에서도 18세기 말 독립 이래 미디어와 정치 간 관계의 거시적 틀이 마련되기 시작한 근대전의 출발까지는 대중을 향한 대통령의 연설이 일반적이지 않았다(Windt & Ingold, 1987). 이 책이 규정하는 미국 근대전 초기인 1861년의 16대 링컨 대통령 취임 연설이, 미국을 하나로 묶기 위해 수사적 화법을 사용한 최초의 정치적 발언 중 하나로 평가되면서(Wills, 1992) 대통령의 수사학이라는 개념이 정립되기 시작했다. 이후 대중 설득을 대통령의 권한 중 하나라고 믿은 26대 루스벨트, 권력은 여론 선도 능력에 기인한다고 본 28대 윌슨, 라디오를 통한 노변담화로 국민의 신뢰를 구축한 32대 또 다른 루스벨트 대통령 등을 거치며 대통령의 수사학은 그 역사적 배경이 확고해진다(Euchner, 1997). 이후 근대로 접어든 시기, 이들 최고지도자들은 보급이 확대된 TV 화면을 통해 적극적인 이미지 고양과 직접적인 대중 호소 기회를 넓히면서 대중 대통령(public presidency), 대중 접근(going public) 대통령, 수사학의 대통령(rhetorical presidency) 등으로 묘사된다(Kernell, 1997; Tulis,

2007).

전반적인 흐름을 보면, 라디오나 텔레비전 등 전자 매체의 확산으로 과거 제한적 인쇄 매체만을 활용했을 때보다 최고지도자가 직접 대중에게 다가갈 기회가 많아지기 시작했고, 각종 온라인 매체 등 뒤이어 등장한 뉴미디어 채널의 폭발적 증가와 이를 활용하려는 이익단체의 성장이 기성 언론을 우회해 공중의 지지를 얻으려는 대통령에게 더욱 다양한 채널을 제공하게 됐다는 점이 대통령 연설과 이에 따른 수사 활용 증가의 배경이라고 할 수 있겠다(Perloff, 1998). 비록 정당정치가 퇴보하고 개인화된 정치를 부추기며 실체 없는 이미지 확보에 치중한 수사적 기법의 과다 사용을 비판하는 목소리(Lowi, 1985)도 나오지만, 적절한 언어 구사력을 동원해 간결하고 현실적이며 희망적인 메시지를 전하는 대통령의 수사학은 국민 단합과 국가 발전의 동력을 제시하는 통솔력의 필수 요소이며, 현대사회에서 의제 설정 능력이 강화한 매체의 자의적 해석과 경쟁하면서 직접 대중을 설득하기 위해 요구되는 대통령의 권한으로 설명되기도 한다(김혁, 2014; 임순미, 2009; Hart, 1984; Kernell, 1997; Windt & Ingold, 1987).

1948년 건국 및 정부수립 이후 권위적 행정 체제가 수십 년간 지속했고, 그런 체계 속에서 대통령의 화법 등을 탐구할 기제가 충분치 않았다는 점 등이 한국 대통령의 수사학 연구 열기가 높지 않았던 배경으로 제시된다(구세진, 2007; 허만섭 2017). 이런 환경이 정치적 지지를 얻기 위한 매체 노출 활용(박종득, 1993), 언론 대응을 전략적으로 판단하는 정치권과 대통령의 노력(남재일, 2005; 박종화, 2005) 등 대통령과 언론의 관계를 구조화하는 정치 커뮤니케이션 일반의 탐구(권혁남, 2014; 김무곤, 2008; 유일상, 2012)에 비해 수사학 관련 연구가 적었던 이유로 보인다. 하지만 2000년을 전후하면서부터는 업적 평가를 위한 공약 분석에 집중한 행정학, 그리고 어휘나 문장 등을 층위에 따라 구분한 언어학 분야 등에서 대통령의 발언 등을 검토한 경우와 함께, 대통령 메시지에 등장하는 상징이나 맥락을 수사학적 측면에서 다루는 연구가 정치 커뮤니케이션 영역에서도 활발해진 것으로 평가된다(강태완 · 김은정, 2004). 권위주의 시대를 벗어나 문민정부가 들어선 시점, 즉 이 책에서 논하는 근대후 초기를 전후한 시점부터의 대통령 화법 등 수사학 관련 탐구가 적극적으로 이뤄진 것이다(이창수, 2008). 정보통신 기술의 급격한 발전과 정치 환경의 변화가 맞물리면서 국내 수사학 열기가 확대된 것으로 여겨진다.

이런 과정에서 나타난 국내의 대통령 수사학 연구 중 우선 눈에 띄는 것은 관련 영역을 오래 탐구한 미국과의 대조 또는 비교이다. 한국과 미국의 장르와 상황에 따른 정치권 및 대통령의 사과문 비교를 통해 각각 '자기변론을 통한 책임 소재 확인'과 '용서를 통한 오류 탕감' 등의 특성 차이를 보인다고 귀결한 연구(박성희, 2001)나, 여론 설득에 집중한 미국 대통령의 수사 특징, 그리고 이념과 정체성을 드러내는 한국 대통령의 소통 기법 차이를 소개한 연구(허만섭, 2017) 등이 그 사례이다. 비록 근대후의 출발을 기점으로 한 연구들이 많지만, 초대 이승만 대통령부터 17대 이명박 대통령까지 취임사, 신년사, 주요 기념사, 국회 연설, 대국민 담화 등 주요 연설문을 분석해 이념 성향과 국정 철학에 따른 강조 지점의 차이 등을 확인한 연구(김혁, 2014) 등 그전 시대를 포함한 국내 대통령들의 화법도 이런 비교를 통해 통사적으로 탐구됐다. 근대와 근대후를 잇는 연구로는 11대와 12대를 거친 전두환 대통령부터 16대 노무현 대통령까지 만찬사나 환영사, 기념사, 경사스러운 일에 대한 치사(致辭), 성명이나 담화문, 국회 연설과 신년사 등의 유형, 그리고 외교통상, 산업경제, 정치사회, 행정 등 정책 분야, 일상성과 특정 사건 혹은 국가 중대사 등의 주제 등으로 연설문을 구분하고, 집권 후반부로 갈수록 연설이 증가한다는 점을 확인한 연구(황창호 · 이혁우 · 임동완, 2015)도 있다.

그러나 1980년대부터 간간이 눈에 띄기 시작하던 수사학 연구들은 한동안 석사나 박사학위 논문 차원에서 대부분 정리됐다(강태완 · 김은정, 2004). 이들에게서는 주로 미국에서 발달한 분석 틀을 연역적으로 활용해 근대전과 근대 또는 일부 근대후 시기 국내 대통령들의 화법을 비교 방식으로 조사하거나, 한국과 미국 대통령의 수사학도 같은 방식으로 탐구하는 모습이 보인다. 전문 학술지 저술 등을 통한 국내 대통령 수사학의 본격 연구는 위에 소개한 논문 대부분을 포함해, 결국 김영삼 문민정부 출범 전후를 대상으로 한 시점부터 활발해졌으며, 이들 연구가 사용한 방법론도 기존 틀을 사용하는 단계에만 머물지 않고, 상세한 특성을 새롭게 도출하는 귀납적 분석에 집중하거나 연역과 귀납 방식을 혼용한 복합적 기법을 적용하는 쪽으로 발전했다. 전문 학술지 등에 게재된 논문들은 근대후 대통령의 수사학에 집중하는 경우가 많지만, 그 이전 대통령들을 연구에 포함해 비교하더라도 깊은 해석을 제시하려 시도한다.

구체적으로 보면, 방송 출연, 언론 회견, 해외 순방 연설 등 세 종류의 대통령 화법에 대해 횟수 등을 기준으로 14대 김영삼, 15대 김대중, 16대 노무현 대통령을 비교 분석한 연구(구세진, 2007)가 한국 대통령은 다원주의적 미국 정치 체계의 대통령이 구사하는 '흥정'이 아닌 '직접 호소' 전략을 택한다고 정리한 것이 그 사례이다. 이밖에도 13대 노태우 대통령부터 노무현 대통령까지 정치적 위기에 대응하는 대국민 메시지를 분석해 국내 대통령은 아리스토텔레스의 설득 기법을 파토스, 에토스, 로고스의 순으로 많이 사용한다고 정리한 연구(이귀혜, 2007), 김영삼 대통령부터 17대 이명박 대통령까지의 위기 대응 전략에 집중한 분석(권향원 · 최도림, 2013), 김대중 대통령과 이명박 대통령 취임사에 드러난 리더의 가치 프레임에 대한 고찰(임순미, 2009), 박정희 · 박근혜 부녀 대통령의 방미 연설에 대한 탐구(박성희 · 이자원 · 석지윤, 2013), 18대 박근혜 대통령과 19대 문재인 대통령의 유엔총회 기조연설문에 등장하는 평화 관련 발언을 조사한 연구(박성희 · 이자원, 2019) 등은 장르나 분야에 따라 여러 대통령의 수사 기법을 비교했다.

비교뿐 아니라 특정 대통령에 집중한 경우도 등장한다. 노무현 대통령을 예로 들면, 연설문을 분석해 사회구조와 연계한 최고지도자의 태도 및 정체성 측면을 확인한 연구(이창수, 2008), 탄핵 정국에 부각한 정치 화법을 컴퓨터 언어 분석 기법을 통해 본 고찰(이귀혜 · 강남준 · 이종영, 2008), 상황과 청중, 연설 의도와 논거 등을 연결해 취임사의 짜임새를 검토한 탐구(이범수 · 김민영, 2006) 등이 소개됐다. 2008년 10월 13일 시작해 2012년 8월 말까지 대체로 2주마다 총 95차례에 걸쳐 이루어진 이명박 대통령의 라디오 연설은 미국 32대 루스벨트 대통령의 노변담화에 견줘지며 특정 대통령에 연계해 이뤄진 수사학 연구의 또 다른 대상이었다(박영환, 2013). 비록 근대후 이전이지만, 약 20년 가까이 권력을 잡은 박정희 대통령의 연설문을 유신 개헌을 전후한 두 시기로 나눠 분석한 결과, 그의 화법을 통해 '민족적 공화주의자'에서 '공화적 민족주의자'로 그의 정치적 변신이 확인된다는 수사학 연구(박현모, 2007)도 나왔다. 2000년을 전후해 대통령의 수사학과 관련된 연구들이 늘어나면서, 국내 연구자들은 한국 대통령의 호소 또는 소통 전략이 대중영합주의로 비칠 수 있는 우려 속에서도 점차 증가하는 추세에 있다는 점을 확인하고, 커뮤니케이션 환경 변화에 맞춘 수사적 대통령 화법의 제도적 정비가 필요함을 주장하기도 한다(구세진, 2007).

한국과 미국을 막론하고 대통령의 수사학 연구에서 공통으로 확인되는 점은 대통령의 연설이 정책만큼 중요하고, 대통령의 말(words)은 곧 행동(deeds)이며, 현대 마케팅 기술을 장착한 직접 연설뿐 아니라 기자회견과 보도를 통해 공개되는 대통령의 메시지가 대중과 언론을 설득하지 못하면 대통령의 지시는 목적을 달성하기 어렵다는 사실이다(Perloff, 1998). 이런 설득 작업을 효과적으로 수행하기 위해 아주 일반적인 인간의 행복, 분노, 공포 등의 요소를 많은 시민이 주목하는 드라마나 노래 등에 연결하고, 이를 다시 일반 대중의 삶에 등장하는 실제 사례에 접목해 정치적 이슈를 전달하는 방식이 소개되는데, 이런 기법을 성공적으로 활용한 미국의 40대 레이건 대통령은 '위대한 소통가'로 평가받는다(Jamieson, 1988). 백악관의 소통 전문가들은 짧은 문장과 긍정적 표현, 소도구나 시각적 장치까지 준비하며 레이건의 설득을 도왔다. 이런

<자료 5-2> 뛰어난 연설가로 소개되는 한국의 김대중 대통령과 미국의 로널드 레이건 대통령

* 왼쪽은 김대중 대통령의 자서전으로, 표지에 1971년 서울 장충단공원에서 대통령 선거 유세 연설을 하는 모습이 담겨 있으며, 오른쪽은 '위대한 소통가'로 평가받는 로널드 레이건 대통령의 임기 당시 백악관 전략관이던 리처드 워슬린(Richard B. Wirthlin)이 출간한 책으로, 표지에 레이건 대통령의 모습이 담겨 있다.

수사학이 더욱 효과를 발휘하려면 대중의 지지나 깨끗하고 일관된 대통령의 정책 이미지가 필요하고, 특히 정치권은 물론 다양한 분야 엘리트들의 동의가 있을 때 그 효과는 극대화한다(허만섭, 2017; Cohen, 1995). 이를 통해 이슈에 대한 사람들의 정치적 인식이 증가하면서 대중의 느낌과 태도 변화를 이끌 수 있고, 이런 변화는 대통령 주변의 정치적 동지 결속과 헌법적 지위의 강화로 이어져, 자연스레 각종 이해집단과 언론의 지지로 승화될 수 있기 때문이다(Perloff, 1998; Zarefsky, 2004).

이런 대통령의 수사학이 등장하는 대표적인 영역은 취임 및 이임식, 기자회견, 외교적 관례나 기념식, 사면, 충고, 위기 등 각종 시점에 등장하는 공개 전언 혹은 치사 등을 포함한 연설이다(Perloff, 1998). 특히 청중 통합, 공동체 가치 강조, 정치 원칙 천명에 집중하는 취임 연설은 제의적 또는 의례적 성격을 띠면서 극적인 측면을 강조하고(박성희 · 이윤지, 2011; Campbell & Jamieson, 1990), 대통령에게 주어진 권한에 의해 수인의 범법 행위를 용서하는 사면 연설은 사회 통합과 발전을 위한 당위성은 물론, 발언 시기 및 과거와의 일관성 등을 조절해야 하는 특징을 갖는다(Smith & Smith, 1985). 수사학이 발휘되는 또 다른 대표적 연설은 국가 안팎의 원인으로 인해 발생한 비극이나 위기 상황에 진행되는데, 매체 접근이 통제되고 거의 모든 정보가 대통령에게 집중되는 이런 시점에 내려지는 국가 최고지도자의 독자적 결정과 이에 연계한 수사학은 추후 전개되는 상황에 따라 대통령의 진퇴는 물론 국가 전체의 운명으로 이어질 수 있기 때문에(Baum, 2004; Kuypers, 1997), 대통령은 발생 사실의 위협 내용을 국민에게 확인시키고, 상황 극복을 위해 필요한 행동을 구체적으로 전달할 필요가 강조된다(이귀혜, 2007; 이귀혜 · 강남준 · 이종영, 2008; Kiewe, 1994).

수사학의 성격이나 특성에 대한 연구와 함께 나타나는 것이 이렇게 증가한 대통령의 수사학, 특히 대통령이 국민에게 '직접' 전달하는 메시지에 대한 긍정적 또는 부정적 평가이다. 최고지도자가 대중매체의 틀 짓기를 우회해 공중에게 직접 다가가는 수사학은, 그것을 통해 청자인 시민이 직접 대통령에 대해 평가할 수 있고, 화자인 대통령은 국민의 평가를 가까이 확인할 수 있으며, 이들이 서로 주어진 메시지의 무게를 실감하고 그 내용을 심사숙고할 기회를 얻는다는 장점을 가지고 있다(Kernell, 1997; Windt & Ingold, 1987). 하지만 지나치게 늘어난 대통령의 직접 연설은 그 내용을 정책에 반영할 틈이 없어 결국 비현실성만 키우게 되고, 대통령보다는 주변 참모들에 의해 작성되는 연설문의 성격 때문에 대통령이 관련 정책을 직접 판단하고 수행할 능력을 방해받으면서 이것이 민주주의의 퇴보로 이어질 수 있다는 비판도 나온다(구세진, 2007; Hart, 1984; Ivie, 2007; Zarefsky, 2004). 그러나 단점을 극복하고 장점을 활용한다면 대중과 다양한 영역의 엘리트뿐 아니라 언론의 지지를 이끌며 건강한 국가 의제를 선도할 수 있다는 점에서 대통령의 수사학은 정치 커뮤니케이션의 정수가 될 수 있기에, 이에 대한 비판적 검토가 계속 요구된다(박성희 · 이자원, 2019; Baum, 2004; Young & Perkins, 2005).

Media and Politics

6장

뉴미디어와 정치

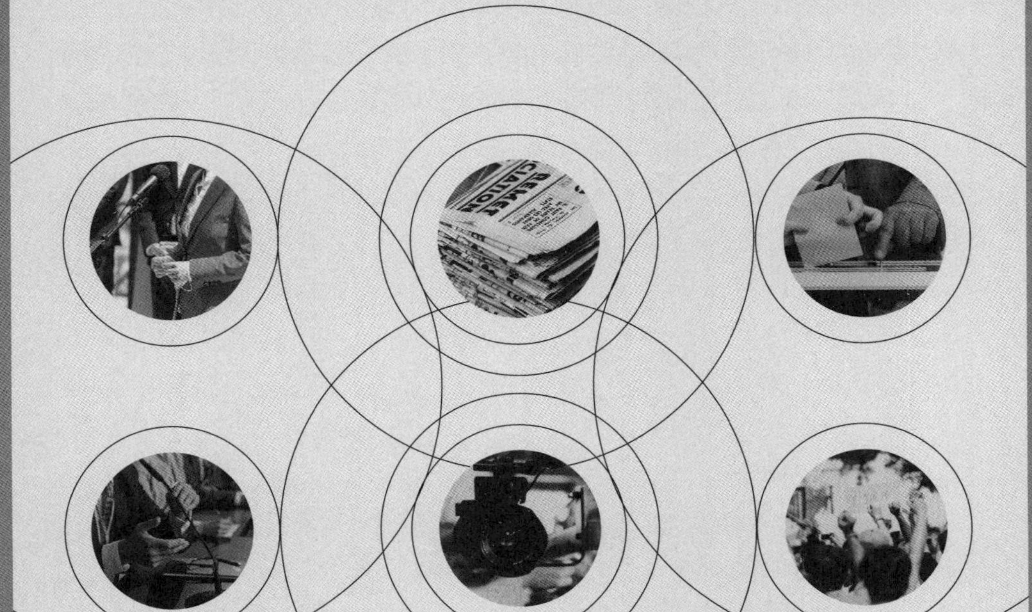

5장에서는 3대 정치 커뮤니케이션 요체 중 대통령 중심 정치 엘리트와 대중매체 사이의 관계를 설명하는 데 집중했다. 이 책에서 소개하는 근대전과 근대의 기간에 정치 정보의 사실성 및 그와 관련한 의견 구성이 이들 두 요체를 중심으로 이뤄졌고, 그 과정에서 정형화한 정보 형식 및 내용의 체계가 그간의 정치 커뮤니케이션을 판단하는 데 큰 기둥이 됐던 점을 소개한 것이다. 하지만 근대후 시점부터는 대통령과 언론 사이에 구축됐던 기존의 정치 정보 생성 시스템만으로 정치 커뮤니케이션을 이해하기는 어려워진다. 정치 정보 형성 및 공유 과정에 공중이 더 적극적으로 참여하기 시작하면서 앞서 체계화한 정치 정보 구성 배경이 흐트러지는 모습을 보이기 때문이다. 수용자를 위한다는 대의 아래 언론과 정치 엘리트가 경쟁하며 마련했던 정치 커뮤니케이션 구도에 아예 수용자가 직접 뛰어드는 상황(김상배, 2010; 황용석, 2001; Lee & Kwak, 2012)은 과거 언론과 권력 사이에서 정형화했던 정치 메시지의 변화를 이끌고 있다. 이번 장에서는 수용자, 즉 정치 커뮤니케이션 3대 요체 중 나머지 한 축인 공중의 역할을 중심으로 근대후 현상에 대한 논의를 진행하겠다.

근대전과 근대 시기에 정치 엘리트와 기성 언론의 몫이었던 정치 정보 경쟁의 형식과 내용은, 새로운 커뮤니케이션 형태를 장착한 근대후 시기에 이르러 공중의 참여가 확대되면서 변화를 겪는다(윤석민, 2020; 한국언론학회, 2012; Smith & Gallicano, 2015). 이 환경은 공개되거나 누출된 정보가 다양한 해석으로 이어지는 공론의 '분화'(Geiger, 2009; Papacharissi, 2002) 또는 더욱 활발한 의견 교환을 거쳐 새롭게 결집하는 개인들 간의 '연합'(Park, Kim, & Na, 2015; Soon & Kluver, 2014) 등 서로 다른 현상과 이에 대한 분석을 이끈다. 즉 근대전에서 출발해 근대에 이르는 동안 대통령의 수사학이나 언론의 틀 짓기 사이에, 또는 강압적인 권력의 선전과 이에 대한 대중매체의 견제 속에서 조성되거나 드러나던 정치적 사실이 정치 엘리트와 언론 관계의 규범에 따라 '구성된 정보'였다면, 현대에는 정치 엘리트, 대중매체, 공중이 함께 격론의 장에서 부딪치며 생산하는 '해체된 정보', 또는 이렇게 분산한 정보가 다시 소규모 공동체에서 함께 인식되며 해석되는 '새로운 합의'의 모습 등으로 다채롭게 구현되고 있는 것이다(Ess, 2001). 사실을 독점하거나 공유하던 권력 및 대중매체가 정형화된 틀로만 전달하던 뉴스 정보의 이면이 다양한 통로로 공개되면서, 언론의 틀 짓기나 권력의 선전 요소에서 드러나지 않던 모습이 사회 안에서 공유되고, 틀 짓기나 선전으로 '구성된 현실(constructed reality)'의 실체적 모습이 조금 더 선명하게 나타나게 됐다는 뜻이다. 전통 매체나 정치권의 정보 독점에 가렸던 뒷모습이 드러나면서, 기존 방식으로 정보가 유통되던 과거에는 대중의 인식 속에 없었을 '비(非)구성적 현실(unconstructed reality)'이 구현(방성현 · 이건호, 2013)되는 것으로 볼 수 있다.

과거의 전통이 해체되며 새롭게 나타난 상황을 검토하는 데는 연역과 귀납의 방법을 함께 사용하는 것이 유용하다(채오병, 2007; Penty, 1917; Sorokin & Merton 1937). 새롭게 등장한 근대후 정치 커뮤니케이션의 모습을 기존의 틀로 우선 살펴보고 그 틀로 해석이 되지 않는 내용을 따로 드러내 심도 있게 관찰하는 방식이, 폭발적으로 산개하며 퍼져가는 현상들을 무작정 좇아가다 방향을 잃는 것보다 훨씬 효율적일 것이기 때문이다(Graber & Smith, 2005). 과거부터 유지되고 인정됐던 공유 규범의 공과(功過), 또 정형화한 틀이 붕괴하며 등장한 마찰이 가져올 장단점 등을 검토하는 과정은 커뮤니케이션을 통해 이루는 사회적 가치의 올바른 배분 방식을 발전적으로 고민하게 해줄 것으로 기대된다. 정치 정보를 생성하던 언론과 권력의 틈 속에서 수동적인 수용자로 소외됐던 개인들이 사이버 공간 등에서 마련한 이념적 연대의 틀, 그리고 이렇게 형성된 그룹들에 의해 또다시 분산하는 개별적 공론들이 어떤 모습을 보이는지 확인할 이유는 그런 배경에서 마련된다. 과거 언론이 역사의 질곡 속에 구축한 사실 적시라는 원칙적 규범의 의미는 현대에 어떤 형태로 구현될지, 이런 사실들이 각종 채널을 통해 전개할 때 이를 해석하고 바라보는 개별적 또는 소규모 집단의 의견이 타당성을 갖는지, 또 이들 정보를 전달하는 새로운 통로들이 어떤 자격을 갖는지 등(Ess, 2001; Geiger, 2009; Park, Kim, & Na, 2015)을 함께 논의할 시점이라는 것이다. 이런 관찰과 고민을 통해 새로운 현상을 귀납적으로 정비하고 이해할 장이 마련될 것으로 기대한다. 이번 장에서는 이런 생각을 바탕으로, 근대후 등장한 다양한 '뉴미디어'의 종류, 이를 통한 일반 시민의 정치 참여, 그리고 그에 동반하는 현상 등을 짚어보며, 새로운 매체 구도 속에서의 정치 커뮤니케이션의 모습을 점검해보겠다.

1. 뉴미디어를 통한 민주주의 기대

'뉴미디어(new media)'는 오래된 개념이다(Lister, Dovey, Giddings, Grant, & Kelly, 2009). 1950~1960년대 서구의 학자들이 전자적인(electronic) 정보 수집과 이와 연계한 지구촌 개념을 소개하면서 등장한 이 용어는 이후 '인터넷이나 CD-ROM(판독 전용 데이터 저장 디스크) 등 새로운 방법을 이용한 대중 커뮤니케이션 수단'이라는 사전적 정의를 가지게 된다(Peters, 2009). 뉴미디어라는 용어가 새롭게 제시됐던 20세기 중반은 TV가 서구에서 일반 가정의 필수품으로 안착하던 시절이었고, 이전에 없었던 형태와 분량의 메시지를 전하게 된 TV는 '새로운 매체'의 자격을 얻었다(Altschull, 1990). 매체의 기능적 특성이 메시지의 성격을 규정한다는 사상적 시각(McLuhan, 1994)이 내재한 이 개념은 컴퓨터와 웹 브라우저가 일상화한 1990년대부터 '디지털 미디어(digital media)'라고 불리며 21세기로 건너왔고 새롭게 등장하는 매체 형태를 모두 포괄하는 의미로 사용되고 있다(Manovich, 2001; Pooley, 2005). 텔레비전부터 디지털 미디어 그리고 최근의 인공지능 매체까지 이어지는 뉴미디어의 공통점은, 심오한 철학적 의미까지 거론하지 않더라도, 그전과 비교했을 때 엄청나게 커진 분량의 메시지를 경험하지 못하던 형식으로 전한다는 특성에 있다고 할 수 있겠다(Lehman-Wilzig & Cohen-Avigdor, 2004; Scolari, 2013).

인류 역사에서 이런 채널의 변화 경향성은 늘 존재했다. 돌에 새겨지던 정보가 양피지와 종이로 옮겨져 적혔고, 인쇄 기술의 발전은 필사(筆寫)의 한계를 넘어 정보를 대량으로 찍어낼 수 있도록 했으며, 목소리뿐 아니라 화면으로까지 영역을 넓힌 기록 역량은 이미지를 새로운 형태의 정보로 포함했고, 이를 무선으로 전달하게 한 기술은 정보의 전파 속도와 범위를 더욱 빠르고 넓게 확장하면서 뉴미디어의 역사를 새로 썼다(임영호, 2005; Severin & Tankard, 2001). 뉴미디어의 특성을 과거와 다른 방식으로 확대된 분량의 메시지를 전달하는 것으로 정리한 시각(Lehman-Wilzig & Cohen-Avigdor, 2004; Scolari, 2013)을 적용하면, 특정 소통 채널이 처음 등장한 시기에 그 통로는 모두 뉴미디어가 된다는 것을 뜻한다. 이 책이 쓰이는 2020년을 기점으로 했을 때 결국 '뉴미디어'는 최소 60~70년 된 용어이지만, 그 안에 담긴 내용은 계속 바뀌더라도 '새로움'이라는 연속성은 수천 년이나 유지된 '오래된' 개념이라고 볼 수 있다. 이 시각에서 보자면, 현재 고도로 발달한 인공지능(artificial intelligence)을 장착한 기기가 공동체 구성원 사이의 공공 정보 채널로 등장하고, 사람과 컴퓨터 간 소통을 넘어서 대중매체의 기능을 대체할 '새로운' 뉴미디어로 소개되기도 하나(한재희, 2020; Guzman &

Lewis, 2020; Warren, 2020), 이 역시, CD-ROM의 '뉴미디어' 인식이 퇴화하는 것처럼, 얼마간의 시간이 흐르면 '오래된' 뉴미디어가 될 것이다.

'새로운 형식'과 '대량 정보'라는 뉴미디어의 성격에 정치 커뮤니케이션 차원의 특성을 하나 추가하자면, 이들의 출현을 통해 한껏 높아진 '직접 민주주의 실현 또는 민주주의 발전에 대한 기대'를 들 수 있다(이건호 외, 2013; Severin & Tankard, 2001). 더 정확히 말하자면 새로운 형태의 모든 뉴미디어가 우리 삶에 들어올 때 그런 희망이 커졌고, 그 매체가 '오래된' 뉴미디어가 되는 과정에서 예상치 못했던 부작용 등에 연계한 허망함을 확인해왔다고도 할 수 있겠다(황용석, 2006; Chester, 2007; Jenkins, Thorburn, & Seawell, 2004). 이 책은 그러나 이와 관련한 사상적 또는 철학적 논쟁을 깊게 하지는 않는다. 새로운 기술을 장착한 매체가 엄청난 변화를 이끌었는지에 대한 판단은 통사적으로 탐색할 만큼 충분한 시간이 흐른 뒤로 미루고, 그런 기대와 실망 속에서도 뉴미디어가 가져온 새로운 정치 커뮤니케이션 현상이 무엇인지를 살펴보는 것에 집중한다. 이를 통해 특정 시대 공동체 구성원의 정치 참여의 양과 질에 변화를 준 미디어의 형태를 고찰하는 이 책의 시도가 추후 더 사려 깊은 논의 속에 정치 커뮤니케이션을 통한 긍정적 사회 발전의 도구가 될 수 있기를 기대한다. 이런 배경에서 이 책이 바라보고자 하는 뉴미디어 현상은 이 논의를 제기하는 현대를 포함한 근대후 시점, 간단히 보면 1990년대 초중반 우리의 일상적 삶에 인터넷 기술이 접목된 때부터 등장한 현상이다(Davis, 2010; Tambini, 1999; Van Aelst & Walgrave, 2002).

정치 커뮤니케이션 시각에서 이 책이 거론하는 근대후 또는 현대의 뉴미디어에 대한 기대의 근원을 이해하려면 과거 뉴미디어를 통해 민주주의의 발전을 꿈꿨던 경험들을 짚을 필요가 있다(Gurevitch, Coleman, & Blumler, 2009). 18~19세기 인쇄 기술의 발달과 함께 정보 전달에 들어가는 비용이 큰 폭으로 떨어지면서, 사람들은 그 이전에 비해 더 많은 대중에게 배포되는 신문이 엘리트 중심의 중앙 정치에 일반 시민을 잇는 역할을 하리라고 봤다(McNair, 2000). 당시 뉴미디어였던 신문을 통해 일반 대중이 국가의 수도 등 원거리에서 벌어지는 정치 정보를 더 쉽게 얻을 수 있게 되면서, 정치에 대한 시민의 심리적 거리감이 줄어들 것이라는 기대가 싹튼 것이다. 하지만 정치적 관심이 폭발하고 그만큼 시민의 정치 참여가 늘 것이라는 기대를 좇아가기에는 당시 신문 활동이 활발했던 서구에서 시민들의 교육 수준과 문자 해독률은 높지 않았다(Kozol, 2011; Milner, 2002). 글을 읽지 못하더라도 듣기만 하면 정보를 접할 수 있었던 20세기 초 라디오의 등장은 신문이 가졌던 한계를 극복하고 고대 그리스가 누렸던 직접 민주주의의 재현을 상상하게 했으나, 인지적 정보에 근거해 냉철한 판단을 내릴 수 있으리라 기대했던 시민들은 정보 자체보다는 처음 듣는 정치인의 말투나 억양에 더 천착하면서 그들에게 매료되거나 실망하는 모습을 보인다(Crook, 1998; Mattelart, 1994). 20세기 중반 일반 시민 가정의 거실 필수품으로 등장한 TV는 이런 이미지 중심 정보의 폐해를 심화했다(Barnhurst & Steele, 1997; Robinson, 1976; Rusi, 1988). 신문이나 라디오보다 더 적극적으로 원격민주주의의 실현을 완성할 수 있으리라 봤던 TV의 영상(Arterton, 1988)은 부정적인 정치 광고의 확대, 개별 정치인의 사적 정보와 외모 등에 천착한 뉴스, 방송사의 이익을 중심으로 편성되는 정치 프로그램 등과 맞물리며 유권자를 위한 이슈가 점차 사라지게 만드는 등 이전에 생각하지 못했던 문제점 등을 드러내면서, 정치 정보의 대중조작에 염증을 느낀 공중의 정치 무관심을 증폭하며 오히려 시민들의 정치 참여를 저해한다는 우려까지 나타나게 만들었다(황용석, 2006; Denton, 2000; Luginbühl, 2007; Perloff, 1998).

비록 이와 같은 문제점이 드러나긴 하지만, 이런 내용이 특히 부각한 것은 그만큼 새로운 매체에 대한 기대가 있었기 때문일 것이다. 실제로 가격을 낮춘 신문은 더 많은 수용자를 정치 정보에 노출시켰고, 라디오와 텔레비전은 문맹률과는 무관한 방식으로 정치인이나 선거 후보자의 소식을 더 수월하게 유권자에게 전달했다(강준만, 2019; Arterton, 1988; McNair, 2000; Severin & Tankard, 2001). 그만큼 공중은 더 많은 정치 정보를 얻게 됐고, 계속되는 기대와 낙심 속에서도 정치 관련 관심의 폭과 깊이가 확대됐으며, 자신이 직접 참여하는 민주주의의 발전 또는 직접 민주주의 실현을 상상하게 된 것이다(Curran, 2011; McChesney, 2000). 그리고 신문과 라디오, 텔레비전 등 주로 일방적 정보 전달의 모습을 보이던 기성 매체의 시대를 넘어, 인터넷과 웹 브라우저 등 새로운 기술을 장착하며 쌍방향 또는 다방향 소통을 더욱 활성화한 근대후의 도래는 또 다른 기대를 잉태했다. 수동적인 메시지 수신자에 불과했던 수용자들이 스스로 정치 관련 정보를 찾아 나설뿐 아니라 직접 이를 만들어 배포하거나, 정치 엘리트의 행동과 기성 매체의 보도에 항의하고 추가 의견을 개진하는 경우가 늘어나면서 이전까지와는 비교가 안 될 정도로 활발해진 모습이 가시화했다(나은경·이강형·김현석, 2009; 조화순·이병재·김승연, 2018; Borgida & Stark, 2004; Valentino, Hutchings, Banks, & Davis, 2008). 아예 스스로 만들거나 확보한 의사소통 채널을 통해 온라인상에서만이 아니라 직접 거리에서 만나며 정치적 의사 표명을 하는 등의 활동을 함으로써 시민의 정치 참여 가능성은 커졌고, 이는 결과적으로 현실에서 체감된다는 평을 받는다(민영·주익현, 2017; 오대영, 2018; Park, 2013). 그러나 '현재의 뉴미디어'가, 큰 기대 속에 출발했으나 생각지도 못했던 부정적 현상을 드러내며 실망을 안겨줬던 '과거의 뉴미디어'와 달리 우리의 희망을 채워줄 수 있는가에 대해서는 앞으로 경험적 검증이 필요할 것이다.

근대후 시대, 앞으로 이런 구체적 검증 대상이 되는 환경은 인터넷의 도래와 더불어 전개돼 디지털 미디어로 불리는 매체(Peters, 2009)가 만든 일련의 정치 커뮤니케이션 현상이다. 여기서 말하는 뉴미디어는 결국 컴퓨터와 웹 브라우저 기반의 인터넷에서 시작해 SNS로 이어지는 정보 통로를 뜻한다. 이 책이 거론하는 정치 커뮤니케이션 흐름에서 보자면, 한국은 1992년 취임한 14대 김영삼 대통령, 미국은 41대 조지 부시 대통령의 과도기를 거쳐 1993년 취임한 42대 빌 클린턴 대통령 임기 때부터 이들 채널이 형성한 사회적 상황이 검토 대상이 된다. 1990년을 전후해 보이던 커뮤니케이션 환경 변화의 조짐은 한국과 미국을 막론하고 정치 엘리트, 대중매체, 공중의 역할에 영향을 미쳤으며, 특히 시민들의 정치 참여를 촉발한 계기로 평가된다(Chester, 2007; Curran, 2011; Smith & Gallicano, 2015)

인터넷이 일상적인 우리의 삶에 들어온 근대후 정치 환경의 특성을 황용석(2006)은 과거 정치 정보를 얻는 데 필요했던 시간적·공간적 이동의 감소로 인한 비용 축소, 손쉬운 정치 엘리트 능력 평가가 가능해짐으로써 발생한 통치자와 피통치자의 관계 재편, 온라인상에 수월하게 만들어진 토론 공간에서 형성되는 정치적 담론 또는 공공 의제의 형성 등 세 가지로 정리했다. 이를 시민이 중심이 되는 '인터넷 매개 정치 참여' 상황으로 해석한 그는 이에 참여하는 핵심 주체로 정당, 선거 과정에 참여하는 개별 정치인 또는 후보자, 시민사회단체를 제시하고, 바로 앞서 정비한 세 가지 특성을 '정보 습득', '정부와 시민의 상호작용적 관계 형성', '공공 토론의 장 형성' 등으로 조명했다. 이는 다시 '매개집단 강화론'과 '민중주의적 전망' 등 새로운 시대에 나타나는 정치 참여 구조 변화의 모습을 분석 또는 예측하는 두 가지 형태로 구분되는데, 매개집단 강화론은 인터넷을 통해 기존 이익집단 등이 정보를 집적하고 여론을 형성하면서 정치적 역할을 강화하는 모습을 설명하고, 민중주의적 전망은 역시 인터넷을 통해 일반 시민이 정보를 얻고 정치인과 직접 소통하면서 스스로 역량을 키워나간다는 것을 뜻한다.

선행연구에서 드러난 주장들(Bimber, 2001; Davis, 1999; Rheingold, 2000)을 토대로 제기한 황용석(2006)의 접근은 대단히 흥미로우나, 정치 정보를 '정책' 정보로 한정하고, 그 '정책' 정보를 '매개'하는 집단 안에 관련 정보를 '생산'하는 정치 정당을 포함하거나, 정치 커뮤니케이션 3대 요체 중 하나로서 정보 매개를 담당하는 '언론'이 정치 정보 흐름의 주체로 선연하게 드러나지 않는 등 전통적 의미의 분류를 적용하기는 쉽지 않다. 비록 근대후의 정치 현상을 기존의 틀로 해석하기에 무리가 따르겠지만, '매개집단 강화론'과 '민중주의적 전망' 등 2개 입장을 대척점에 놓고 시민의 정치 참여 강도 변화를 설명하기 위해서는 그동안 축적된 정치 커뮤니케이션 시각을 대입함으로써 그의 접근에 대한 이해를 도울 수 있으리라 본다.

우선 황용석(2006)이 제시한 인터넷 정치 커뮤니케이션의 주체인 정당, 선거 과정에 참여하는 개별 정치인 또는 후보자, 시민사회단체를 크게 '전통적 정치 엘리트'와 '시민사회단체'로 구분할 수 있겠다. 여기서 '전통적 정치 엘리트'는 정당과 정치인 및 후보자 등을 포함하고, '시민사회단체'는 과거 공중 영역에 속했으나 근대후 시기 인터넷의 도래와 함께 더욱 체계화하고 조직이 커진 이익집단 등을 뜻한다. 여기에 과거에는 정치 정보의 흐름에서 소외됐으나 '인터넷 매개 정치 참여'의 중심으로 황용석이 주목한 '개별 시민'을 또 다른 주체로 추가할 수 있다. 즉 '매개집단 강화론'과 '민중주의적 전망' 등에 등장하는 주체를 '전통적 정치 엘리트'와 '시민사회단체', '개별 시민' 등 세 가지로 나눌 수 있다는 뜻이다. 전통적인 정치 커뮤니케이션 3대 요체 중 '대중매체'가 제외된 상태에서, 전통적 '정치 엘리트'는 그대로 두고 '공중'이 '시민사회단체'와 '개별 시민'으로 분화한 모습이다. 이 상태에서 '시민사회단체'를 중심으로 황용석(2006)의 '매개집단 강화론'을 대입하면 인터넷이 기존 시민사회단체에 매개집단의 역할을 부여하고, 이 집단이 정치 정보를 집적하고 여론을 형성하는 역할을 강화하는 것으로 해석할 수 있다. 거꾸로 '민중주의적 전망'에서는 인터넷을 통한 시민과 정부와의 직접 의사소통으로 이런 '시민사회단체'의 매개 역할은 약화하고 그 존재의 의미가 감소할 수 있는 것으로 풀이된다. 물론 이 해석이 다양한 주체를 '매개집단'에 포함한 황용석(2006)의 의도와 다르고, 정치 커뮤니케이션 과정에 드러난 주체들의 역할에도 차이가 있겠으나, '매개'의 의미를 고민할 여지를 줄 수 있다는 점에서 이런 접근을 시도할 가치는 있어 보인다.

특히 이런 접근은 정치 엘리트와 대중매체, 공중 등 이 책에서 거론하는 정치 커뮤니케이션 3대 요체(Perloff, 1998)를 근대후의 시각에서 고찰할 근거도 제시한다. 정보 '매개'의 차원에서 전통적 정치 커뮤니케이션의 대중매체를 '매개집단'으로 상정하면, 황용석(2006)의 '매개집단 강화론'은 인터넷이 신문이나 방송 등 기존 전통 매체의 역할을 확대하고, '민중주의적 전망'은 이들의 정치 정보 조절에 대한 틀 짓기 능력을 약화한다고 볼 수 있다. 매개집단의 역할 강화는 인터넷을 통해 과다 또는 포화할 정도로 늘어난 정보 중 시민에게 필요한 내용을 추려내는 전문적 정보 선택의 중요성을 부각함에 따른 것이고, 민중주의적 전망은 정치 엘리트와 공중의 직접적인 커뮤니케이션 확대로 기성 매체의 역할이 축소되는 것이라고 해석할 수 있다. 물론 이 접근도 디지털 미디어 환경에서 어느 한쪽으로 치우치기 어려운 분석이나 예측일 수 있지만, 실제 정치 커뮤니케이션의 3대 요체 중 하나인 대중매체의 역할이 다양한 심리적 변인에 의해 구분되는 수용자들의 특성과 연계해 '매개집단 강화론'이나 '민중주의적 전망'의 형태로 확인되는 것(강내원, 2004; 류석진 · 이원태 · 이현우, 2005; 이재신 · 이영수, 2009; 이효성, 2003, 2008; Althaus & Tewksbury, 2002; Kenski & Stroud, 2006; Ku, Kaid, & Pfau, 2003; Maier, 2010; Meraz, 2011; Yang & Lan, 2010)은 이런 상황을 예의 주시해야 할 이유가 될 것이다.

2. 시민의 정치 커뮤니케이션 참여

'새로운 형식'을 통해 '대량 정보'를 유통하는 뉴미디어의 시대, 정치 커뮤니케이션 차원의 두드러진 특성으로 나타나는 '민주주의 발전에 대한 기대'는 공중의 참여에 기초한다고 볼 수 있다(Gurevitch, Coleman, & Blumler, 2009; McNair, 2000). 민주주의의 발전을 직접 민주주의의 실현 또는 이에 최대한 접근하는 것이라고 보고, 시민들이 민주적 정치 과정 또는 이를 위한 소통에 직접 관여함으로써 이 목적을 달성할 수 있다는 시각이 힘을 얻기 때문이다(Bimber, 2001; Chester, 2007; Curran, 2011; McChesney, 2000). 이 내용을 살펴보기 위해서는 참여나 정치 참여, 정치 커뮤니케이션 참여의 관계를 우선 검토할 필요가 있겠다.

참여(participation)는 인간의 생존적 실재와 실존을 나타내는 방식으로, 주변 생태에 적응하는 협동적 관계로서 삶을 규정하는 행위이다(Reason, 1994). 사회적 동물인 사람이 자신의 삶을 보존하고 영위하며 인간으로서의 기본적 가치를 획득하기 위해 타인과 함께 행동하는 모습을 참여라고 볼 수 있다는 뜻이다. 특히 함께 행동하는 상황에서 사람들의 직접적인 관여를 매개하는 촉매는 언어 등 기호를 통해 메시지를 교환하는 상호작용이며, 대화로 대표되는 이 작용은 여기에 연루된 화자와 청자의 상호 적응을 유발한다(Goodwin & Goodwin, 2004). 소통으로부터 참여가 시작되고, 이후 사람들은 각자의 생존을 위해 서로를 이해하고 맞춰가려 부단히 노력하는 과정에 돌입하게 된다는 의미이다. 소규모 집단에서 출발해 점점 몸집을 불려가는 인간 사회는 결국 거대 공동체 안에서의 공존을 목표로 서로의 이해관계를 조정하는 행위, 즉 정치(politics)에 동참하게 된다. 정치 참여(political participation)는 큰 틀에서 이런 정치에 영향을 미치는 시민의 행동으로 소개되며, 구체적으로는 자신의 요구 사항을 명확하게 규정하고 이를 성취하기 위해 스스로 능력을 향상하는 모습으로 구현된다(van Deth, 2016). 특히 공동체 구성원이 자유롭게 소통하며 자기 목적 달성을 위해 타인과 상호작용하는 민주사회에서의 참여는 독재나 권위주의의 강압에 의한 동원(mobilization) 등과 구분된다(Pateman, 1970). 이런 민주사회는 모든 영역에서 시민 참여가 허가되는 과정에서 조성되며, 개인과 모든 사회 기구가 자유롭게 상호작용하는 환경을 마련한다. 공유라는 의미의 라틴어 'par'에 기초해 정의한 참여민주주의의 '참여'를, 사회의 보통 구성원이 공동체의 의사결정 결과에 영향을 미치려는 목적으로 취하는 행동이라고 보는 시각(김대환, 1997)은 시민의 정치 참여를 더 적극적으로 설명하고 있다. 여기에 소통(communication)이 행위로서의 참여를 촉발하는 기본 조건으로 구동한다는 주장(Goodwin & Goodwin, 2004; Reason, 1994)을 다시 이으면, 결국 정치 참여는 정치 커뮤니케이션 참여(political communication participation)를 토대로 한다고 볼 수 있겠다. 이 책이 이번 장에서 집중하는 근대후는 뉴미디어를 통해 바로 이런 정치 참여 또는 정치 커뮤니케이션 참여가 과거보다 훨씬 활발해진 시기이다. 정리하자면, 근대후 시기 역동적인 시민들의 정치 커뮤니케이션 참여는 공동체의 집합적 의사결정에 영향을 미치기 위한 소통에 관여하는 행위로서, 자신들의 생존과 안녕을 달성하기 위한 시민의 적극적 행동이라는 성격을 갖는다.

이상의 논의는 공동체 구성원의 정치 참여와 정치 커뮤니케이션 참여가 근본적으로 같은 출발점을 공유한다는 설명을 가능케 한다. 특히 정치 커뮤니케이션 차원에서 시민의 참여를 논하는 이 책의 입장에서는 그 특성을 더욱 강조할 수 있겠다. 실제로 입법부나 사법부 또는 행정부의 정치나 정책, 혹은 법안 등 공동체의 집합적인 결정 내용에 직간접적으로 영향을 미치는 시민의 인지적 또는 행동적 활동을 정치 참여로 소개하는 선행연구들(Conway, 2000; Milbrath & Goel, 1972; Verba & Nie, 1987)은 소통의 역할을 부각하면서 커뮤니케이션을 광의의 정치 참여 모습으로 설명한다(황용석, 2006; McLeod & Sotirovic, 2001). 이런 추세는 20세기 중반 뉴미디어라는 용어가 출현해 점차 우리 삶의 영역에 자리를 잡아가는 과정에서 점점 더 두드러진다(Altschull, 1990; McLuhan, 1994; Peters, 2009; Pooley, 2005). 아직 인터넷 환경이 일반 시민의 생활에 연결되기 전, 즉 신문이나 텔레비전 등 전통 매체가 정치 정보를 포함한 뉴스를 전달하던 시기의 정치 참여는 정당이나 단체 참여, 투표, 정치적 무관심 등으로 구분되는 경향을 보인다(Milbrath & Goel, 1972). 이 책에서 근대로 소개하는 1970년대에 나타난 이 설명은 정당이나 넓은 의미의 정치적 목적을 위해 구성된 사회 조직에 몸담는 것을 능동형, 선거 시점에 자신의 의견을 표로 내비치는 것을 수동형 등으로 구분하고, 아예 정치에 관심을 보이지 않는 것을 소극적 행동을 의미하는 비(非)활동형으로 분류했는데, 여기에서의 시민은 '행동' 위주의 참여 모습을 보인다. 하지만 조직에 소속된 것은 적극적인 정치적 소통을 기본으로 하고, 투표하거나 투표하지 않는 모습 자체도 자신의 정치적 지향을 '표현'한다는 차원에서 모두 커뮤니케이션의 성격을 갖는다고 볼 수 있겠다.

이렇게 '행동'에 내재했던 소통이 더욱 적극적인 정치 참여의 형태로 드러나는 것은 그 이후의 분류에서 두드러진다. 앞선 능동형 정치 참여를 특정 정치인이나 정당을 위한 선거운동이나 공동체 활동 외에도 자신의 견해를 적극적으로 피력하며 사회 지도자나 시민 대표 등을 만나는 행위 등으로 구체화한 주장(Teorell, Torcal, & Montero, 2007; Verba & Nie, 1987)은 의견 표명이라는 차원의 소통을 부각하고 있다. 민주사회에서의 자발적 또는 합법적 참여를 설명한 이 분류 역시 투표를 자유 '표현'의 차원에서 소개한다. 인터넷이 일상생활에 접목돼 뉴미디어를 대표하는 정보통신 기술로 나타나기 시작한 1990년대 중반 이후에는 정치인들의 직접적인 정치 활동이나 유권자들의 투표 외에 시민들이 정치 정보를 찾는 행위로서의 정보 추구와, 주변인과의 정치적 토론 등 인지적이고 목적적인 소통을 하는 행위들이 더욱 확연하게 정치 참여로 등장한다(Hagen, 2000). 비록 이런 다양한 매체를 통해 정치 정보에 주목하는 것을 능동적인 투표, 선거운동, 공적 기구 감시 등의 행위보다 수동적인 모습으로 간주하기는 해도, 분명한 정치 참여 형태로 분류하는 경향은 계속 이어진다(Conway, 2000).

정치 정보를 전달하는 프로그램의 성격이나 매체의 특성, 수용자의 기존 정치의식이나 매체 활용도, 유권자의 사회경제적 위치나 정당 충성도, 스스로 목소리를 냄으로써 정치 영역에서 얻을 수 있는 성취감에 대한 시민의 기대 등은 서로 맞물리며 소통을 통한 정치 과정에 사람들이 얼마나 참여할 수 있는지 등을 여러 갈래로 설명하지만, 결국은 토론이나 논쟁 등 서로 마찰을 빚는 소통마저도 능동적인 정치 정보 추구로 이어진다는 연구는 근대후 다채로운 메시지 채널을 통해 여러 종류의 목소리가 분출하면서 야기될 참여 형태의 분화를 예견한다(Hill & Hughes, 1998; McLeod & Sotirovic, 2001). 이런 예측은 정당 가입 혹은 정치권에 대한 저항적 시위 등의 적극적 행동을 포함하는 확연한(manifest) 정치 참여(political participation), 매체를 통한 정치 정보 추구로 대표되는 잠재적(latent) 시민 관여(civic engagement) 등으로 구분돼 나타나기도 한다(Ekman & Amnå, 2012). 이 중 시민 관여는 자신의 이념과 가치에 맞는 정보 채널을 일부러 찾아가는 일반 시민의 탐색 노력은 물론, 아예 이런 정보에 기초해 사회적 약자를 직접 지원하는 활동 혹은 채식주의, 환경 보호 등 기성 정치와는 다른 차원의 사회운동으로 진화해가는 양상도 보인다(van Deth, 2016).

여기서 보이는 현상은 과거 정치 엘리트와 기성 언론이 독점했던 정치 정보가 다양한 채널을 통해 공개되고 이에 기초한 공중의 참여가 확대되는 과정(한국언론학회, 2012; Smith & Gallicano, 2015)에서 활발한 의견 교환을 거쳐 새롭게 결집하는 개인들 간의 '연합'(Park, Kim, & Na, 2015; Soon & Kluver, 2014)과 다양한 해석으로 나뉘는 공론의 '분화'(Geiger, 2009; Papacharissi, 2002) 등의 모습으로 이해할 수 있겠다. 이런 흐름 속에서 정치 엘리트와 언론은 기존의 전략을 수정하고, 변화한 환경에 맞춰 공중의 지지를 확보하며 새로운 수사학과 틀 짓기를 시도하는 경쟁의 장을 열고 있다(윤석민, 2020; Ess, 2001). 정치 정보 추구, 정치적 의견 표명이나 토론, 공동체 구성, 공직자와의 직간접적 접촉을 통한 압력 행사, 정치 헌금 모금이나 투표 설득을 포함한 선거 관련 활동, 거리에서 벌이는 정치적 항의나 저항 등 근대전과 근대에도 있었으나 비교적 어렵게 구현되던 모습은 과거보다 훨씬 적극적으로 변한 공중의 참여를 통해 더욱 수월하게 이뤄지고, 이 모습은 격렬한 완충작용 속에서 조심스레 정치 커뮤니케이션의 틀을 바꿔나가는 중이다(황용석, 2006).

이상의 논의를 정치 참여에 대한 기존의 시각으로 확인해보는 것도 의미가 있다. 앞서 언급한 것처럼 기능주의적 분석(functional analysis)을 통해 과거의 전통에 기초한 연역의 틀로 새로운 현상을 검토하고, 그것으로 설명되지 않는 영역은 상세한 관찰 기법을 사용해 귀납적으로 정리하면 효율적인 분석을 이끌 수 있기 때문이다(채오병, 2007; Graber & Smith, 2005; Sorokin & Merton 1937). 이를 위해 이 책이 근대전·근대·근대후를 구분하는 데 기초를 제시한 노리스(Norris, 1999)의 정치 참여 구분을 활용해보겠다. 그의 접근은 매체 역사에서 뉴미디어(new media)가 올드 미디어(old media)로 변화해가는 과정에서 드러나는 현상을 인터넷으로 대표되는 디지털 미디어 환경(Peters, 2009)에 접목한 것으로, 새로운 매체의 등장과 함께 상승했던 민주주의의 발전에 대한 기대와, 시간이 지나면서 그 기대에 못 미치는 정치 상황을 겪은 과거 경험을 토대로 했다. 즉 역사에서 얻은 교훈에 기초해 낙관적 기대와 비관적 실망이라는 연역적 구분을 제시하고 이 분류가 근대후의 뉴미디어 환경에서 어떻게 나타나는지를 살펴본 것이다.

황용석(2006)이 낙관적 관점으로 소개하는 노리스(Norris, 1999)의 동원 이론(mobilization theory)은 뉴미디어 시대에 확장된 시민의 정치 참여가 건강한 민주 공동체를 이끌 것이라는 기대를 보여준다. 이 기대는 디지털 미디어 환경에서는 보통 시민이 인터넷 등을 통해 각종 이슈에 대한 정치적 견해를 피력하거나 이렇게 공개된 정보를 활용해 공동체를 이롭게 하는 정확한 판단과 행동을 하면서 민주주의에 긍정적인 영향을 미칠 것이라는 희망을 뜻한다. 입법 · 사법 · 행정의 영역에서 활동하는 전통적 의미의 엘리트가 정치 정보를 독점하고, 이를 견제하는 기존 매체의 보도가 정보 편집을 통한 틀 짓기로 정치 뉴스를 전달하는 등 정치 엘리트와 언론이 민주주의 자체에 대한 해석을 과점(寡占)하는 과정에서 직접 민주주의가 제한됐던 과거 현상을 뛰어넘는 환경이 마련됐다는 의미로 볼 수 있다. 가까이는 사람들의 다양한 관심을 반영한 케이블 TV의 활성화가 제시한 원격민주주의(teledemocracy)가 이런 기대의 모습을 보였고(Arterton, 1988; Becker, Becker, & Slaton, 2000; Dutton, 1992; Kinder, 2002), 멀게는 19세기에서 20세기를 거치면서 그 이전보다 더 많은 정보를 전달하며 새로운 매체로 등장한 신문과 라디오, 텔레비전이 이 희망의 원형을 제시했다고 할 수 있겠다(이건호 외, 2013; McNair, 2000; Severin & Tankard, 2001). 인터넷의 등장과 함께 가상공간에서 촉발한 사이버 민주주의(cyber-democracy)는 디지털 미디어가 활동하는 근대후 시점에서 이런 기대와 희망을 이어받은 것이라고 볼 수 있다(Ferber, Foltz, & Pugliese, 2007; Grossman, 1995).

이런 낙관적 관점은 결국 새로운 매체가 인터넷 라인을 통해 대량 정보를 저렴한 가격에 전달하면서 일반 시민이 관련 소식을 접하기 위해 이동하거나 비싼 돈을 내는 시공간적 비용을 줄였다는 사실에 기인한다(Norris, 1999). 그러나 이는 인터넷을 위시한 디지털 미디어 매체에 특화한 배경은 아니다. TV가 각 가정의 안방에 놓이며 선거 후보자들의 토론이 화면에 공개되는 과정에서도 확인됐고, 훨씬 전에 인쇄 기술의 발전으로 신문 구독료가 떨어진 시점에도 나타난 모든 '새로운' 매체의 장점이었다(김춘식, 2006; 임영호, 2005; 최윤선, 2005; Altschull, 1990; Vergeer & Franses, 2016). 이런 내용과 비교했을 때 근대후 성격과 맞물려 낙관적 관점의 배경으로 조금 더 관찰할 만한 부분은 정보 '활용'에 있어서 늘어난 시민 참여라고 할 수 있겠다. 이런 경향의 '확대'는 신문이나 TV 등의 전통적인 매체 시대에 정치 엘리트나 언론에 집중됐던 정치 정보를 개별 시민이 직접 생산하고 이런 소식에 자신을 노출하는 경우가 더 많아졌다는 것을 뜻한다(Bimber, 2001: Rheingold, 2000). 이는 사이버 공간에서의 토론 규모가 확장되며 일반 시민들 사이의 상호작용이 더욱 활발해진 현상으로 이어진다(박민경 · 이건호, 2011; Bryan, Tambini, & Tsagarousianou, 2002). 근대후 디지털 미디어 시대를 바라보는 낙관적 관점은 결국 수백 년간 지속한 매체 경험에 공중의 참여 증대라는 성격이 강조되고 부각한 배경에서 찾을 수 있을 것으로 보인다.

하지만 역사의 경험은 이런 희망이 헛될 수 있다는 점을 경고한다. 아무리 매체 환경이 변하더라도 사회경제적 지위 등에 기초한 자본주의적 민주주의 사회의 체계 또는 계급 질서에는 변동이 없기에, 많은 사람의 참여를 이끄는 인터넷 이용도 이런 기존 균형을 바꿀 수 없을 뿐 아니라 오히려 사회 불평등을 더욱 심화할 것이라는 강화 이론(reinforcement theory)이 그 요지를 설명한다(Norris, 1999). 황용석(2006)이 비관적 관점이라 정리한 이 시각은 디지털 미디어 환경에서도 민주주의의 발전 또는 직접 민주주의의 구현이 요원할 것이라는 점을 드러낸다. 이 절망적 주장의 배경으로 우선 꼽을 수 있는 것은 수용자가 낮게 느끼는 정치효능감이다(Kenski & Stroud, 2006). 정치 정보 관련 관심이나 지식, 정파성 등과 연계했을 때, 정치 참여와 인터넷 이용 등이 비록 상관관계를 보인다 하더라도 그 참여로 인해 정치 변화를 이끌 수 있다는 대중의 신뢰는 대단히 낮게 나타난다는 것이다. 또 인터넷 환경에서도 과거 전통 매체를 사용해 정치 정보를 찾던 사람들만 관련 뉴스에 노출되면서, 정치 참여도 증가는 역시 한정된 그룹에서만 제한적으로 나타나 많은 사람의 동참을 기대하기 어렵다는 시각도 있다(Coleman, 1999; Hill & Hughes, 1998). 이는 전통적인 커뮤니케이션 현상의 하나로 거론되는 '선택적 정보 처리 과정'이 인터넷 환경에서 그대로 유지된다는 점으로도 연결된다. 사람들이 자신이 원하는 정보만을 찾고 집중하며 기억하는 이 정보 선택 경향성이 일반적으로 원래 정치에 관심이 없는 시민의 정치 참여 확대를 가로막는 요소가 된다는 것이다(Scheufele & Nisbet, 2002).

게다가 사람들이 인터넷에서 진행되는 토론을 지켜보거나 그것에 참여하더라도, 그 안에서 벌어지는 저급한 논의 수준은 시민들을 오히려 정치로부터 떨어지게 만드는 결과를 가져온다는 지적도 나온다(Dahlberg, 2007; Geiger, 2009). 인터넷이 토론을 활성화해 시민의 참여를 이끌 것이라는 낙관적 관점(Bryan, Tambini, & Tsagarousianou, 2002)을 정면으로 반박하는 이 지적은 사실 '공론장(public sphere)' 개념의 도입으로 시사된 중세 살롱 시대 이후 시점에 이미 드러난 현상이다(Habermas, 1962/1989). 봉건 사회 극복을 위한 계몽적 토론에 참가자가 늘어나자 논의의 질이 떨어지는 담론 퇴화(discourse degeneration)의 모습이 보이고, 이를 통해 부각한 계급적 불평등과 이해관계 분화는 결국 그룹별 결속으로 이어지는 모습을 칭하는 재봉건화 현상이 나타났다(이건호 외, 2013; Calhoun, 1993). 이 모습이 인터넷 환경에서도 재현한다는 것이다(Wessler, 2019). 인터넷에서 공유되는 뉴스가 기성 매체가 누렸던 신뢰도를 확보하는 데 필요한 조건을 충족하지 못해 해당 정보를 중심으로 사람들의 정치 참여를 이끌기에 역부족일 수 있다는 비판(Van Laer & Van Aelst, 2010)이 이런 비관적 관점의 배경이 되기도 한다.

여기서 특히 눈여겨볼 점은 근대후 매체 환경에서 뉴미디어 정치 정보의 신뢰성에 대한 의심, 담론 수준의 저하, 공동체의 분화 현상이 등장하고, 특히 이들이 서로 맞물려 나타난다는 사실이다. 낮은 정치효능감이나 선택적 노출에 의한 정치 정보 회피는 과거 종이 신문이나 텔레비전이 지배적 매체였던 시대에도 대중이 정치 참여를 꺼리는 대표적 이유로 확인된 바이다(Chan & Lee, 2014; Eveland & Scheufele, 2000; Graber, 2012). 하지만 놀라운 속도로 사람들의 삶에 파고들어 전통 언론만큼, 또는 그보다 많은 대중이 활용하고 있는 인터넷 채널 환경에서 뉴미디어의 정치 정보에 대한 신뢰도가 전통 언론의 그것보다 낮고, 온라인에 떠도는 일탈적·극단적 의견이 이런 불신을 키우며, 이런 상황이 시민의 정치 참여를 줄인다는 지적(Corrado & Firestone, 1996; Melican & Dixon, 2008)은 숙고할 만하다.

사실 디지털 미디어의 초기 모습 중 하나로 근대후 뉴미디어의 창을 연 인터넷과 온라인 신문의 정보 신뢰도에 대한 의심과, 이로 인한 정치 참여 쇠락 주장은 점차 시간이 지나면서 다양한 결과를 내고 있다(Ksiazek, Malthouse, & Webster, 2010). 종이 신문이나 텔레비전, 잡지 등 전통 매체보다 인터넷 매체 정보를 믿지 못한다는 연구도 적지 않으나(Park, 2005), 온라인 뉴스 생산자들은 자신들이 스스로 제공하는 정보에 높은 신뢰도를 보이고(Cassidy, 2007), 수용자들도 종이 신문을 제외한 텔레비전 등의 전통 매체보다 인터넷 신문의 온라인 뉴스를 신뢰하는 것으로 확인되거나(Flanagin & Metzger, 2000), 주류 매체와 기성 정치 엘리트의 담합 등에 저항하는 수용자가 다양한 의견의 확산에 대한 기대와 함께 온라인 뉴스에 더 높은 신뢰를 보낸다는 탐구 결과가 나오는 것(Choi, Watt, & Lynch, 2006)은 온라인 매체가 기성 매체와 경쟁하며 정치 참여를 이끌 수 있다는 기대의 근거가 된다(Shah, Cho, Eveland, & Kwak, 2005). 게다가 정보의 신뢰도를 담보하는 취재원의 투명도나 인용의 객관성 차원에서 온라인 신문이 오프라인 신문보다 더 높은 수준의 보도를 하고 있다는 연구(Lee, 2017) 등은 아예 기대나 희망이 아닌 구체적 결과물을 제시하기도 한다. 즉 디지털 미디어가 다채로운 견해를 이끌며 민주주의 발전에 긍정적인 요소로 작용할 수 있다는 해석이 힘을 얻는 것이다.

하지만 사람들이 인터넷상에서 본 정보의 사실 여부를 제대로 확인하지 않는다는 점을 지적하는 연구(Flanagin & Metzger, 2000) 등은 온라인 정보에 대한 사람들의 무조건 신뢰가 선택적 정보 노출과 맞물려 공론장을 극단적인 정치적 파당으로 나눌 위험을 노출한다고 본다. 실제로 온라인 매체의 뉴스가 인종주의 등 일탈적 의견을 양산하는 출발점이 될 수 있다는 비판(Melican & Dixon, 2008)이 나오면서, 온라인 정보를 믿으려던 수용자들을 인터넷 매체의 뉴스 신뢰도에 높은 점수를 주지 않는 방향으로 되돌리게 만들 수 있다는 경고가 등장한다. 온라인 미디어 활용이 선택적 정보 처리 과정에 이어져 맹목적 믿음에 빠질 수 있다는 위험을 시사하는 이 현상은 양식 있는 시민의 건전한 대화가 아닌 담론 저질화의 문제(Dahlberg, 2007; Geiger, 2009; Wessler, 2019)와 연결돼, 다른 생각의 사람들을 인정하지 않는 극단적인 의견 분화(Ksiazek, Malthouse, & Webster, 2010; Prior, 2007)가 확산하도록 만든다. 온라인 뉴스 등에 대한 반사회적 또는 비윤리적 댓글과 그에 따른 토론 문화의 저질화가 뉴미디어 환경에서 민주주의를 저해하는 요소로 작동하는 것이다(Hlavach & Freivogel, 2011; Hughey & Daniels, 2013).

지금까지 살펴본 상황은 뉴미디어 환경이 직접 민주주의를 활성화하는 동력이거나, 거꾸로 민주주의를 저해하는 장애물일 수 있다는 양쪽의 측면을 모두 보여준다. 그만큼 근대후는 어떤 경향성을 특정화할 만큼 정형화되지 않은 성격을 띤다고 할 수 있겠다. 실제로 하나의 연구(Flanagin & Metzger, 2000)에서 온라인 매체에 대한 신뢰도가 높아지는 것이 정치 참여를 촉발할 수 있으나 그 신뢰가 맹목적이라는 점이 우려된다는 결과가 동시에 나오고, 정치 참여를 이끄는 뉴스의 신뢰도 확보 조건이 디지털 미디어 환경에서 일관적이지 않게 확인된다는 탐구 결과(Van Laer & Van Aelst, 2010)가 제시되는 것은 우리가 경험 중인 정치 정보 흐름과 그에 따른 정치 과정 참여가 다양하게 발생할 수 있다는 점을 시사한다. 심지어 학자들이 뉴미디어 시대의 긍정적 요소로 꼽는 인터넷의 대중 동원(mobilization) 능력을 독재나 권위주의의 강압에 의한 모집과 구분되는 시민의 자발적인 참여의 모습으로 해석할 수 있는지 비판하는 시각까지 등장한다. 전통적 커뮤니케이션 이론인 침묵의 나선(Noelle-Neumann, 1974)이나 3자 효과(Davison, 1983) 등이 경고하는 것처럼, 자칫 과거 권위주의가 자행했던 억지 참여가 가상공간에서 다수로 '여겨지는' 사람들의 여론몰이나 이를 활용한 특정 정치집단의 전략을 통해 재현되며, 파당적 분화가 노골화한 뉴미디어 환경이 공동체 구성원의 자유로운 소통과 자기 목적 달성을 근거로 타인과 상호작용하는 민주사회의 참여(Pateman, 1970)를 오히려 저해할 수도 있기 때문이다. 신뢰할 수 있는 정보라고 믿는 디지털 미디어 정보가 유도하는 시민들의 정치 참여가, 도리어 대중영합주의를 뒤에 감춘 인터넷 시대의 군중 동원 등의 모습일 수 있다는 지적이 나오는 것이다(Groshek & Engelbert, 2013; Hirzalla, Van Zoonen, & de Ridder, 2011; Karp & Banducci, 2007).

<자료 6-1> 진보와 보수 세력의 거리 집회

* 조국 전 민정수석의 법무부 장관 임명과 사퇴를 놓고 진보와 보수 양측으로 갈라져 벌어진 거리 집회를 편집해 함께 게재한 사진이다. 뉴미디어 환경에서 시민들의 정치 참여가 늘어난 가운데, 2019년 9월 28일 서울 대검찰청 앞에서는 진보세력의 7차 '검찰개혁 촛불문화제'(왼쪽)가 열렸고, 10월 3일 서울 광화문광장에서는 보수 세력의 '문재인 정권의 헌정 유린 중단과 위선자 조국 파면 촉구 광화문 규탄대회'(오른쪽)가 진행됐다.

출처: 2019년 10월 16일 한국일보 보도(https://www.hankookilbo.com/News/Read/201910161127318838).

사실 이렇게 경향성에 대한 예측이 어려울 정도로 복합적인 정치 참여의 모습은 근대후의 뉴미디어가 날개를 펴기 시작한 21세기 전환기에 이미 예측됐다. 대표적 대중 커뮤니케이션 이론 중 하나인 이용과 충족 논리 등에 따라 애초에 정치에 관심이 없던 사람은 그런 정보를 찾지 않아 정치 참여에 대한 의욕을 더 잃을 수 있지만 원래 관심이 높은 사람이 관련 정보를 찾으면서 정치 참여 욕구가 더욱 강해진다는 약한 매체효과의 시각(Hwang, Schmierbach, Paek, Gil de Zuniga, & Shah, 2006; Whiting & Williams, 2013)과, 원래 정치에 관심이 없었던 사람이라도 새로운 매체 정보에 노출되면 적극적으로 정치 과정에 참여할 수 있다는 강한 매체효과의 시각(Krueger, 2002; Norris, 2006; Tolbert & McNeal, 2003)이 각각 '선택적 효과'와 '미디어 효과' 등의 이름으로 정치 참여에 대해 서로 다른 방향의 뉴미디어 영향력을 설명한 것이다(황용석, 2006). 하지만 이런 성향은 선순환(virtuous cycle) 구조를 이룰 수 있다는 희망으로 이어지기도 한다(Norris, 1999; 2000a). 과거 근대전과 근대 역사의 흐름 속에서는 누가 어떻게 뉴미디어를 사용하는가에 따라 대중의 정치 참여 성격이 달리 나타났지만, 결과적으로는 기대만큼 크지는 않았더라도, 정치 참여에 대한 커뮤니케이션의 역할이 긍정적인 쪽으로 선회하며 정치 발전을 이끄는 동력으로 작용했던 경험이 있기 때문이다(Severin & Tankard, 2001).

하지만 이전에는 경험하지 못했던 전혀 새로운 형태의 대중 소통 채널의 출현은 과거의 긍정적 경험이 반복될 수 있을지에 대한 확신을 어렵게 하기도 한다. 디지털 미디어 시대에는 인터넷 매체뿐 아니라 '트위터'나 '페이스북', '유튜브' 등 사회관계망서비스(SNS)라는 개인 매체의 활성화가 정치 정보에의 관심 정도에 따라 수용자의 관련 정보 접근이나 활용에 대한 차이를 더 벌리면서, 공중의 '민주주의 격차(democratic divide)'가 더 커질 수 있다는 우려(Norris, 2000b)가 상존한다. 더불어 과거 정치 엘리트와 전통 매체에 집중됐던 정치 정보가 다양한 채널을 활용하는 공중에게 공유되는 상황이 확산하는 과정에서, 커뮤니케이션을 통한 공동체의 정치 지형은 민주주의 발전의 희망이나 실망이라는 단순한 양극화의 문제를 넘어 기대와 낙담 스펙트럼의 세분화로 이어진다는 주장들(한국언론학회, 2012; Geiger, 2009; Papacharissi, 2002; Park, Kim, & Na, 2015; Smith & Gallicano, 2015; Soon & Kluver, 2014)도 주목할 만하다. 뉴미디어 환경이 긍정적 협의와 합의의 장으로 시민들을 끌어내 공동체 구성원의 다양한 이해관계가 조정될 수 있도록 하기 위해서는, 여러 갈래로 나뉜 정치적 견해의 진지화 또는 진영화가 맹목적 비방이나 상호 파괴적 행위를 양산하는 시민사회의 황폐화로 진행되지 않도록 경계해야 한다는 주장(Dahlberg, 2007; Ksiazek, Malthouse, & Webster, 2010; Prior, 2007; Wessler, 2019)을 유념해야 할 필요가 있기 때문이다.

3. 새로운 환경과 공중, 정치 엘리트, 매체

이제 위의 논의를 바탕으로 정치 엘리트와 대중매체, 공중 등 3대 정치 커뮤니케이션 요체, 특히 공중을 중심으로 2020년을 전후한 시점의 시각에서 뉴미디어가 어떻게 활용됐고, 또 활용되고 있는지 그 상황을 살펴보겠다. 설명을 이어가기 위해서는 우선 뉴미디어의 의미를 다시 한번 짚어볼 만하다. 이 책에서 근대후 시기 시민 참여의 확장을 이끄는 특성과 맞물려 소개하는 뉴미디어, 그리고 뉴미디어와 교차하며 사용하고 있는 디지털 미디어의 개념적 한계를 고민해야, 이 책이 조작적(operationally)

으로 적용하는 단어인 '뉴미디어'의 활용을 이해하는 데 도움이 될 수 있기 때문이다.

실체적 관점에서 보면, '영원한' 의미의 뉴미디어는 우리가 '무엇이라고 논의해야 할지 아직 모르는' 매체로, 새로운 정보통신 기술과 매체가 접목됐을 때 그 사용이나 목적, 영향력이 완벽하게 이해되지 않는 소통 채널이다(Peters, 2009). 사회가 이런 매체 사용에 익숙해져가고 이를 활용하는 사람들의 목적에 따라 메시지 운용 등이 정형화하는 과정에서 이들은 오래된 매체로 변화해간다(Lister et al., 2009; Severin & Tankard, 2001). 즉 '새로운(new)'이라는 의미는 한때 처음 등장했더라도 시간이 흐르면서 사람들의 삶에 스며드는 모든 사물이나 현상에 '영원히' 적용되는 것이 아니며, 새롭게 등장한 특정 형태의 매체에 '종속'되는 '뉴미디어'라는 단어의 의미는 '한시적' 성격에 불과하다는 뜻이다. 이런 '제한적' 의미의 뉴미디어는 새로운 매체가 기존 매체에 없었던 추가적 성격(old plus)으로 희소(稀少)하게 인식되는 기술적 발명(technical invention)을 거치고, 해당 매체의 새로운 사회적 사용을 개발해가는 문화적 혁신(cultural innovation)을 넘으며, 그 영향력을 놓고 관계 집단이 경쟁하고 협상하는 법적 규제(legal regulation) 과정을 지나 그 매체가 확산하는 경제적 유통(economic distribution)을 거친 후, 그리고 그 사용이 더는 새롭지 않아 해당 매체가 사회적 주류(social mainstream)가 되는 다섯 가지 단계를 밟으면서 성장하는 것으로 소개되기도 한다(Peters, 2009). 신문이나 라디오, 텔레비전 등 우리에게 이미 익숙한 많은 매체가 바로 이런 과정을 겪은 것이다(임영호, 2005; Lehman-Wilzig & Cohen-Avigdor, 2004; Scolari, 2013).

이 책은 1990년을 전후한 인터넷의 도래와 함께 디지털 미디어로 불리는 매체(Davis, 2010; Manovich, 2001; Peters, 2009; Tambini, 1999; Van Aelst & Walgrave, 2002) 일반을 뉴미디어로 부른다. 이 책이 제시하는 정치 커뮤니케이션 시대 구분 측면에서 보면 이 시점은 이런 형태의 매체가 도입된 근대후가 되며, 한국으로서는 1992년 취임한 14대 김영삼 대통령 임기 개시 전후, 미국은 1989년 취임한 41대 조지 부시 대통령 임기 중반과 1993년 취임한 42대 빌 클린턴 대통령 임기 개시 전후에 출발한다. 이때부터 나타난 대표적 현상은 그 이전인 근대전이나 근대보다 더 많은 정보가 새로운 채널에 담겨 유통되면서 직접 민주주의 실현 또는 민주주의 발전에 대한 기대가 다시 높아진 점이다(이건호 외, 2013; Altschull, 1990). 이 기대는 특히 정치 엘리트나 전통 매체의 활동보다 공중의 참여가 두드러지며 확산했다는 주장(Chester, 2007; Curran, 2011; Smith & Gallicano, 2015)을 배경으로 한다. 그리고 약 30년 동안, 공중의 정치 참여는 검색 등을 활용해 정보 습득에 집중하는 컴퓨터와 웹 브라우저 기반의 초기 인터넷을 넘어 메시지로 사람들의 관계를 구축하는 '트위터'나 '페이스북', 매체 자체가 공유되는 '유튜브' 등 SNS의 정보 통로를 통해 확산하는 중이다(Peters, 2009).

이 기간의 경험을 위에 소개한 뉴미디어 성장 경로 5단계(Peters, 2009)에 비춰보면, 근대후 시기에 확산한 인터넷이나 SNS 등의 채널도 어떤 의미에서는 이미 오래된 미디어이며 다른 의미에서는 아직도 새로운 미디어이다. 어느 통로는 그들의 기능이 이미 너무 잘 알려져 벌써 오래된 매체로 여겨지나 그 안에서 신선한 기법과 내용을 개발하며 계속 새로운 모습을 유지하려 한다는 차원에서 뉴미디어일 수 있고, 다른 채널은 그 새 기능이 대다수 시민에게 아직 익숙하지 않기에 그 자체로 뉴미디어이다. 우선 인터넷과 웹 브라우저를 기초로 한 온라인 뉴스 매체(Manovich, 2001; Stephens, 1997)는 이들 뉴미디어 중 가장 오래된 미디어로 볼 수 있겠다. 1990년대 초반 등장해 온라인 채널을 통해 뉴스를 전달하는 인터넷 매체(Severin & Tankard, 2001)는 이미 희소한 형태로 보기 어렵고 사회적 사용 방식을 개발해가는 단계도 지났을 수 있기 때문이다. 이들 뉴미디어 성장 경로 단계의 후속으로 소개된 법적 규제도 이미 마련됐거나 보완 중이다. 한국이나 미국의 선거법 등에 여러 사회 구성원의 이해관계를 반영한 인터넷 매체 등의 활용에 대한 규칙 등이 적용되고 있다는 점이 그 사례이다(김춘식, 2005, 2006; Bartle, 2005). 인터넷 신문 등으로 대표되는 이들 온라인 매체는 소통정보를 통한 수익성 등에 대한 일부 검증이 완료됐을 뿐 아니라, 기성 언론을 제치고 대통령과의 첫 인터뷰에 성공하거나 전통 매체에 대한 의제 파급 영향력 등이 확인되면서(강준만, 2019; 이건호, 2006; Bucy, 2003; Shah et al., 2005) 매체로서 안정화 단계에 접어들며 사회적 주류 자격도 인정받은 것으로 여겨진다. 하지만 온라인 신문들은 그 안에서 계속 콘텐츠를 개발하고 후발 기술과 접목하며 새로움을 유지하는 노력을 기울이기도 한다(Boczkowski, 2005; Chung, 2008).

인터넷 뉴스 매체 등과 비슷한 시기에 태어났거나 후발주자로 등장한 채널들 역시 유사한 과정을 겪는 중이다. 근대후 초기 온라인 매체와 함께 나타났으나 조직적으로 정보를 전달하는 이들 인터넷 신문과 달리 계속 개인 차원의 의견을 공유하거나 가상공간에서 함께 지식을 축적해가는 '블로그(blog)'나 '위키(Wiki)'는 메시지 교환과 정보의 공동 구축 등을 통해 사람들을 연결하는 소셜미디어(social media)의 원형으로 소개되고, 특정 영역 안에서 대인관계를 쌓아가는 '페이스북'과 '링크드인(LinkedIn)' 혹은 짧은 메시지를 통해 생각과 상황을 공유하는 마이크로블로깅 시스템인 '트위터', 개인의 사진이나 동영상 등을 올리면서 아예 매체 자체를 공유하는 '유튜브' 등은 사람들의 SNS로 특화하며 뉴미디어 환경에서 차별적 위치로 성장하고 있다(Dewing, 2010). 이들은 서로 '광역 띠(broad band)'로 불리는 인터넷 연결망에 기초한다는 공통점을 가지면서도 각각의 영역에서 개별적 특성을 유지하고 발전시키며 공동체 구성원의 관계를 구축해나간다(Kolko, 2010). 그리고 이런 차별성은 그 출발의 공통점 때문에 유사한 모습을 보이면서도 각각의 성격을 미세한 영역에서 구분하는데, 뉴미디어가 민주주의의 발전을 촉진한다는 정치 커뮤니케이션 시각에서의 시민 참여도 그에 따라 조금씩 다른 모습으로 나타난다(한국언론재단, 2012; Bouvier, 2015; Lee, Choi, Kim, & Kim, 2014; Van Dijck, 2013).

이상의 논의는 이 책이 설정한 뉴미디어의 형태가 이미 새롭지 않을 수 있으며 서로 구별된 특성마저도 유사한 성격으로 정리될 수 있다는 점(Peters, 2009)을 시사한다. 하지만 이는 오히려 이들 매체 사이에서만 발견되는 유사한 성격이 근대전이나 근대의 전통 매체와 근대후 시기 뉴미디어를 종합적으로 구분하는 특성이 될 수 있으며, 이들 사이에서 발견되는 차별점은, 비록 그 유사성에 대한 해석의 다양성 때문에 일반화하기는 어려워도 근대후 시점에 이미 오래된 뉴미디어와 아직 신선한 뉴미디어를 구별하는 기제가 될 수 있을 것이다. 하지만 앞선 설명에서 이미 소개한 바와 같이, 이들 뉴미디어가 근대후 시기 정치 커뮤니케이션 과정에서 구동하는 방식과 그로 인한 결과물들은 대단히 복잡하며, 아직 정형화하지 않은 모습을 보여준다. 이 책에서는 근대후 시기 기본적인 뉴미디어의 특성으로 '새로운 형식'을 통해 '대량 정보'를 유통하면서, 사람들에게 '직접 민주주의 실현에 대한 기대'를 높여주는 모습 등(윤석민, 2020; 이건호 외, 2013; Lehman-Wilzig & Cohen-Avigdor, 2004; Scolari, 2013; Severin & Tankard, 2001)이 거론됐고, 그런 민주주의 발전의 동력으로 여겨지는 시민 참여 형태로 직접적인 행동뿐 아니라 소통 행위가 더욱 강조된다는 점(Conway, 2000; Goodwin & Goodwin, 2004; ; Hagen, 2000; Reason, 1994)이 부각했다. 하지만 이와 더불어 뉴미디어로 유통하는 정치 정보에 대한 낮은 신뢰도(Corrado & Firestone, 1996), 그에 연계한 담론 수준의 저질화(Dahlberg, 2007; Wessler, 2019), 타인을 무시하는 극단적 의견(Ksiazek, Malthouse, & Webster, 2010; Prior, 2007) 등이 개인 간 소규모 '연합'에 따른 공론의 '분화'(김대환, 1997; 한국언론학회, 2012; Geiger, 2009; Papacharissi, 2002; Park, Kim, & Na, 2015; Smith & Gallicano, 2015; Soon & Kluver, 2014; van Deth, 2016)로 이어지면서, 과연 이런 현상이 직접 민주주의 실현이나 민주주의 발전을 이끄는 힘이 될 수 있는가에 대한 비판적 시각(황용석, 2006; Norris, 1999)도 논의됐다.

이런 뉴미디어의 제한적 개념과 복잡다단해 그 경향성을 판단할 수 없는 현상 등을 고려하면서, 이제부터는 이들 뉴미디어 중에서 비교적 오래된 채널인 인터넷 뉴스 매체, 그리고 상대적으로 나중에 등장한 메시지 공유 중심의 '트위터'와 '페이스북', 매체 자체를 공유하는 '유튜브' 등의 SNS의 역할을 정치 커뮤니케이션 3대 요체와의 관계를 중심으로 살펴보겠다. 특히 이들 요체 중 공중이 뉴미디어에 어떻게 참여하고 반응하는지가 이 관찰의 주축을 이룬다.

1) 인터넷 뉴스 매체와 공중

권만우(2003)는 온라인 저널리즘 매체를 기성 언론이 활동 영역을 가상공간으로 확장한 경우와 가상공간에만 존재하는 형태로 나눴다. 이들의 성격을 고찰하면, 뉴미디어 중 비교적 오래된 정치 정보 소통 채널인 인터넷 뉴스 매체는 결국 '전통 언론의 플랫폼 확대'와 이에 대응하는 '공중의 시민 미디어 모습'으로 크게 구분된다고 할 수 있겠다. 전통 매체들은 1990년대 중반부터 인터넷상에서 개인적으로 정보를 취합하고 전달하는 '블로그'를 사용하거나, 축적된 지식을 공유하는 '위키' 등을 통해 직접 정보를 생산하면서 기성 매체로부터 멀어져가는 수용자(이건호, 2013)를 확보하려는 노력을 기울였다. 더 많은 사람을 자기의 독자나 시청자로 끌어들이며 그 규모를 확장하거나 적어도 기존 수용자군을 유지하기 위해, 신문이나 방송 등 전통 미디어는 종이와 TV 스크린에서 웹 브라우저와 연동한 온라인 사이트로 뉴스 정보를 연계하는 작업에 돌입한다(Barnhurst, 2010; Bush & Gilbert, 2002). 동시에 '블로그' 등을 통해 개인적 정보와 의견을 전달하던 시민 등이 아예 기존 매체의 피동적 수용자로 남는 것에서 탈피해 가상공간에서만 활동하는 언론을 조직하면서 역시 인터넷을 통해 정보를 찾는 독자 및 시청자 확보에 나선다(윤영철, 2001). 비록 가상 영역으로 산개하는 유권자나 시민들에 접근하려는 시도를 위해 대통령 등 정치 엘리트도 직접 정치 정보 웹 사이트를 구축하며 뉴스 생산을 시도하지만(강준만, 2019; Farnsworth, 2015), 이 시기 목격된 인터넷상에서의 정치 정보 유통의 모습은 대개 원래 있었던 기존 매체와 새로 생성된 온라인 채널이 가상공간으로 확산해가는 개별 수용자를 잡기 위한 경쟁 속에 나타난다고 정리될 수 있겠다(오연호, 2006; 윤영철 · 나승안, 1999).

기성 매체의 플랫폼 확대가 아닌 인터넷 소통 채널로 일반 시민들이 제작한 웹 사이트들은 웹(web)과 잡지(magazine)의 합성어인 '웹진(webzine)' 또는 온라인 신문 등으로 불리며 그 역할을 확대해갔다(김인숙, 2000). 그중 종합일간 인터넷 신문을 표방하며 '모든 시민은 기자다'라는 표어를 걸고 2000년 창간한 '오마이뉴스'는 일부 대학

신문들이 가장 많이 방문하는 뉴스 사이트로 인기를 끌었을 뿐 아니라, 진보적 목소리로 대한민국의 정치판을 뒤흔들며 저널리즘의 지형에 큰 영향을 준 인터넷 매체로 <뉴욕타임스>에 소개되는 등 당시 세계 인터넷 인프라를 선도하던 한국의 기술과 맞물리며 국내외에서 큰 반향을 일으켰고, 2001년 전통 매체 출신 언론인들이 창간한 온라인 신문 <프레시안>과 함께 가장 영향력 있는 2대 인터넷 매체로 활동하기도 했다(이건호, 2006; French, 2003).

1990년대 중반 이후부터 등장하기 시작한 이들 인터넷 매체들의 활동은 국내의 경우 10여 년 동안 활발히 이어지다가 2010년대에 들어서면서 '트위터'나 '페이스북', '유튜브' 등 그 이후 전개된 새로운 뉴미디어의 출현과 함께 조금씩 위축되기 시작한다. 특히 2012년 57.4%였던 인터넷 뉴스 이용률이 꾸준히 하락하며 2019년 그 절반 이하인 21.1%로 떨어지는 등 10년 남짓 인터넷을 통한 뉴스의 영향력을 반영하는 것으로 보이는 그 이용률 축소 폭이 작지 않다(한국언론진흥재단, 2019). 전반적으로 구독률 등의 차원에서 강세를 보인 기성 매체의 보수적 정파성에 대항하는 대안 매체로서의 매력과 수용자와의 역동적인 상호작용 등을 장점으로 삼았던 웹진 또는 인터넷 신문들이, 다양한 정보 선택, 더 빠른 반응 속도, 정보의 지속적 확인, 추가할 수 있는 정보량의 증가, 개인 커뮤니케이션의 수준 확대 등 그 역동성을 가늠하는 기준(최영·김춘식, 2004) 면에서 더 새롭고 기민한 의견 전달이 가능한 대안적 소통 채널에 자리를 내준 것으로 여겨진다.

활발한 활동을 펼쳤던 기간의 정치 정보 웹 사이트들을 보면 일부 매체가 가상공간에서의 수용자들을 집중적으로 흡수했고, 그중에서도 개혁적인 성향을 보인 매체의 활동이 약간 더 적극적이었던 모습을 확인할 수 있다. 김성태(2006)가 방문자 수를 기준으로 국내 웹 사이트 순위를 산정하는 '랭키닷컴'의 자료를 참조해 <표 6-1>과 같이 제시한 2005년 11월 23일 정치 웹진 순위와 성향에 따르면, 우선 당시 활동했던 50여 개의 관련 사이트 중 상위 5개가 전체 점유율의 83% 이상을 차지했다. 특히 '정치 포털/칼럼 뉴스, 서민이 주인이 되는 세상'을 표방한 '서프라이즈'가 점유율 1위(43.67%)를 기록했는데, 그 비율은 '자유를 지키는 사실과 논리'를 내세우며 2위(11.64%)에 오른 '기자 조갑제의 세계'의 약 4배에 달해, 일부 웹진의 집중도가 확연한 모습을 보인다. 이 관찰을 보면, 10위 안에 드는 사이트 중 6개는 당시 개혁적 성향인 노무현 대통령의 정치적 의견에 가까운 친노 혹은 같은 정치 색채의 민주당 지지의 모습이었고 나머지 4개는 그 입장에 반대하는 보수적 성향을 나타내며 의견이 분화한다. 하지만 총 사이트 수에서는 개혁 성향의 웹진이 약간 더 많은 것으로 확인

<표 6-1> 정치 웹진 순위와 성향 (2005년 11월 23일 기준)

순위	사이트명	사이트주소	정치성향
1	서프라이즈	http://www.seoprise.com	친노 개혁 성향
2	기자 조갑제의 세계	http://www.chogabje.com	보수 반노 성향
3	노하우21	http://knowhow21.co.kr	친노 개혁 성향
4	프리존	http://www.freezone2005.com	보수 반노 성향
5	뉴라이트	http://www.new-right.com	보수 반노 성향
6	남프라이즈	http://www.namprise.com	친민주당 개혁 성향
7	이너모스트	http://www.innermost.com	친민주당 개혁 성향
8	폴리티즌	http://politizen.org	친민주당 개혁 성향
9	참여정치연구회	http://modni.net	친노 개혁 성향
10	다요기	http://www.dayogi.or.kr	보수 반노 성향

출처: 랭키닷컴(www.rankey.com/); 권혁남·오택섭·김성태(2006)에서 재인용.

된다. 점유율 1위와 2위인 '서프라이즈'와 '기자 조갑제의 세계'도 각각 개혁과 보수의 성향으로 구분됐다. 한편 2020년 7월 현재 이들 10개 사이트 중 접속이 가능해 활동이 확인된 사이트는 2005년 당시 순위 1위와 2위를 각각 기록했던 '서프라이즈'와 '기자 조갑제의 세계'뿐이며, 나머지는 당시 웹 주소로 접속이 안 돼 새로운 플랫폼으로 옮겨갔거나 정치 정보 소통 활동을 중단한 것으로 추정된다.

비록 웹진으로 대표되는 인터넷 매체들이 시간의 흐름에 따라 명멸했어도 활동이 활발했던 시점에 이들의 영향력은 작지 않았던 것으로 나타난다. 특히 당시 주류 매체였던 신문 등 전통 언론과의 의제 형성 경쟁에서 인터넷 매체들이 우위를 보이는 모습이 종종 확인되는데, 전통 매체와 인터넷 매체 사이의 매체 간 의제 설정 효과를 점검한 연구(이건호, 2006)는 전통 매체가 인터넷 매체의 의제를 선도하는 힘보다 인터넷 매체가 전통 매체의 의제를 설정하는 경우가 더 많다는 사실을 밝혔다. 또 인터넷 언론이 온라인상에서 초기 발화된 정보가 퍼져나가는 것을 보도하며 공공의 이슈로 만들고, 이를 전통 미디어가 받아 전달해서 정부 정책에 영향을 미치는 메커니즘을 의제 파급 또는 역(逆)의제 설정이라 명명하며, 온라인 매체가 기존과는 다른 사회 의제 구축 방향을 제시한다는 주장도 등장했다(김성태 · 이영환, 2006). 이와 같은 온라인 뉴스 매체의 영향력 연구 추세는 국내에만 머물지 않고(Ku, Kaid, & Pfau, 2003), 이후 '트위터' 등 새로운 뉴미디어 환경 등으로 확산해 미국(Conway, Kenski, & Wang, 2015),

영국(Ragas, Tran, & Martin, 2014), 중국(Jiang, 2014) 등 전 세계 각지에서 유사한 현상이 확인된다. 아예 이렇게 새로운 환경에서 나타나는 여론 구축의 모습을 의제 융합(agenda melding)으로 부르면서 과거에 없었던 상황이라고 설명하기도 한다(Ragas & Roberts, 2009; Shaw, McCombs, Weaver, & Hamm, 1999). 이상에서 보듯, 디지털 미디어 중심의 뉴미디어 시대를 연 근대후 초기의 현상은 정치 엘리트나 기성 매체 등 기존의 정치 뉴스 생산 및 전달자에 집중됐던 관련 정보가 인터넷 매체를 활용한 대중의 직접 참여를 통해 공중의 힘으로 생성되고 전파되는 방향으로 확산하는 경향성을 보인다.

이처럼 실제적 현상으로 확인되는 사안들은 사실 근대를 마무리하던 1980년대 말, 급변하는 정보통신 환경이 새로운 정치 상황을 구현할 것이라며 제기된 학자들의 기대와 연결된다. 특히 웹 브라우저의 혁신으로 인터넷이 일상생활에 접목될 것을 예상했던 사람들은, 공중과 정치 엘리트의 정보 교환을 원활하게 하는 인터넷 기술의 활용으로 시민의 참여가 확대할 것이라는 전자 민주주의의 시대를 예견했다(Arterton, 1987). 김용철과 윤성이(2005)는 당시부터 거론된 이 시각을 '전자적 정보·서비스 제공(electronic information-service provider)', '전자투표(electronic voting)', '전자적 협의(electronic conference)' 등 크게 세 가지 유형으로 정리해 이론적 지향과 정책 과정의 정당성, 시민과 공직자의 역할, 정책 실행의 효과 및 그에 따른 문제점 등의 차원에서 제시했는데, 그 내용은 관련 논의를 고찰하는 데 큰 도움이 된다.

이들의 구분을 구체적으로 살펴보면, 우선 분별력 있는 시민에게 정보를 투명하게 전달하는 공직자의 자세를 기초로 한 '전자적 정보·서비스 제공' 모델은 경제적 자유주의와 합리적 선택 이론을 적용한 소비자 민주주의를 지향한다. 정보 전달자와 소비자의 상호 존중과 책임성이 전제돼야 하는 이 모델은 공직자의 투명한 정보 제공이 시민의 올바른 판단 배경을 제공한다고 보는 유형이다. 하지만 제공할 정보를 공직자가 모두 확보하고 있어야 한다는 점에서 국가가 통제적 감시자(big brother)가 될 위험성이 있다. 두 번째 온라인 투표를 통해 시민이 정책 결정 과정에 참여토록 하는 '전자투표' 모델은 다수결이라는 정당성에 근거한 직접 민주주의를 지향한다. 지금처럼 자신을 대변하는 정당이나 의원 등을 통해 간접적으로 의사를 표명할 필요가 없이 시민이 직접 정책 결정자가 되며 공직자는 이렇게 결정된 내용을 수용해 집행하면 된다. 공중의 광범위한 참여가 가능하다는 장점이 있지만, 옳은 결정을 위해서는 모든 시민의 정치 지식이 엘리트 수준에 다다라야 한다는 부담이 있고, 실제로 일반 시민의 정치 지식 습득에 한계가 있어 이 점을 악용하는 엘리트들의 대중영합주의 전략에 빠질 우려가 상존한다. 이런 단점을 지양하기 위해 제시된 '전자적 협의' 모델은 단순한 투표가 아닌 정책적 '합의'를 존중한다. 신공화주의적 민주주의에 연계한 이 접근은 숙고를 통한 공적 논의를 추구한다는 점에서 정당성을 부여받고, 시민은 이를 통해 여론을 구축하며 공직자는 이에 기초해 선택된 정책을 집행할 수 있다. 합의된 정책이라는 점에서 그 결정을 따를 근거가 충분하다는 장점이 있지만 논의에 드는 사회비용이 부담스럽고, 여론 동원 능력이 큰 일부 엘리트 의견 선도자의 영향력에 취약할 수 있다는 단점도 등장한다.

김용철과 윤성이(2005)가 위와 같이 설명한 이 접근 방식은 각 유형에 대한 뉴스 매체의 역할도 생각하게 해준다. 우선 국가가 통제적 감시자가 될 우려가 있는 '전자적 정보·서비스 제공' 모델에서는 관련 정보를 시민에게 모두 노출할 수 있도록 매체가 권력을 감시하고, 해당 정보를 전자적으로 모든 시민에게 전달할 방안도 마련토록 할 수 있다. 전통 매체의 기존 역할과 별 차이가 없는 기능으로 보일 수도 있지만, 국가에 구속되지 않는 민간 기업으로서 공익과 사익을 동시에 추구하는 언론은 인터넷 환경에서 그런 시스템을 구축하는 업무를 더욱 적극적으로 담당할 수 있다. 즉 국가가 점유하는 정보 자체에 대한 감시뿐 아니라 이를 관리하고 전달하는 체계에 대한 견제도 수행할 필요가 있다는 것이다. 이 과정에서 이를 실정법적 제도로 구현할지, 아니면 표현과 언론의 자유라는 기존의 헌법 구도 아래 자율적으로 조율할지 등에 대한 논의도 이어갈 수 있다(성낙인, 2009; 이승선, 2014).

효율적 다수결을 지향하는 '전자투표' 모델을 위해서는, 시민들의 정책 결정을 위해 참고할 만한 정보를 충분히 전달하는 노력을 언론에 요구할 수 있다. 사실 이런 노력은 국가나 정부가 기울일 필요가 크지만, 정보 노출과 접근은 달리 볼 여지가 있고, 중요 사안에 사람들의 이목을 집중시키고 그 내용을 시민이 이해하기 좋게 만드는 기법은 대중매체가 계속 개발해온 방식이다(이건호, 2010). 자극적 정보와 필수적 정보를 구분할 뿐 아니라, 하이퍼링크 등 인터넷 환경에서 마련된 기법들을 활용해 공동체의 다양한 이해가 효과적으로 조정될 수 있는 정보 노출 방법을 고민하는 것이 언론의 역할일 것이다. 이런 의견 조정의 효율성이 특히 더 요구되는 모델은 '전자적 협의' 유형일 수 있다. 깊숙한 토론과 협의, 그를 통한 합의의 과정은 엄청난 시간과 인내를 요구한다. 또 직접 얼굴을 마주하지 않는 인터넷 공간에서의 논의는 오히려 개인의 고정관념 고착화와 파벌화를 유발할 수도 있다(이동훈, 2009; Dahlberg, 2007). 이를 극복하기 위해서는 소규모 영역으로 분화할 가능성이 큰 분야를 계속 노출해 공공의 장으로 이끌고, 텍스트와 영상 등 정확한 기호를 사용해 그 마찰의 이유와 소지를 공유하며,

그로 인해 촉발될 정보 유통의 자유도를 계속 확대해가야 한다(Simone, 2010).

여기에 거론한 접근법이 현실적으로 어떻게 가능할지의 방법론은 시행착오를 겪으며 조성될 것이고, 이에 대한 지속적인 관찰도 필요할 것이다. 엄청나게 확대된 가상공간의 정보를 기존 전통 매체나 이미 오래된 뉴미디어인 인터넷 매체가 감당하기 어려울 수 있지만, 새로운 커뮤니케이션 환경은 이 문제를 지혜롭게 풀 기회를 언론에 제공했다고 볼 수 있다. 그리고 이런 모습은 사실 매체가 홀로 감당하고 풀어갈 숙제가 아니라, 책임감 있는 공중이 해결책을 함께 제시하고, 이 소통에 정치 엘리트까지 참여하면서 모든 정치 커뮤니케이션 요체가 동참해야 하는 과제일 것이다. 여기서 보듯, 인터넷 시대의 개막과 함께 과거에 소외됐던 시민은 더욱 주목받는 참여의 주체로 부각한다. 즉 시민의 참여가 근대후를 규정하는 열쇳말이 될 수 있다는 뜻이다. 그리고 이 모습은 더욱 다채로워진 소셜미디어 환경을 맞으며 다양한 현상으로 확대돼가고 있다.

2) 사회관계망서비스와 정치 커뮤니케이션 3대 요체

사회관계망서비스(SNS)는 인터넷을 사용하는 사람들이 가상공간에서 네트워크(network), 즉 연결망을 형성할 수 있도록 돕는 시스템이다(최민재 · 양승찬, 2009). 이런 시스템이 만들어낸 사람들의 연결망은 인터넷이 웹 브라우저의 발전 등과 더불어 일반인의 삶에 파고들기 시작한 1990년대부터 서서히 그 맹아가 보이다가, 2000년을 즈음해 각종 모임을 추구하는 네티즌들의 욕구와 만나면서 '구체적인 모습'이 나타났다. 이후 이 연결망은 장소에 구애받지 않고 일을 한꺼번에 효율적으로 처리할 수 있는 스마트 미디어(smart media)의 도래와 함께 다른 사람들의 관계 유지나 확장을 위해 '두드러진 역할'을 하기 시작했으며, 아예 온라인 서비스를 통해 사회적 상호작용을 하도록 만들어진 미디어라는 의미가 담긴 소셜미디어의 확산과 더불어 '현대 생활의 한 단면'으로 자리 잡았다(이건호 외, 2013).

전 세계 인터넷 인프라를 선도했던 국내 상황을 시기에 따라 보면, 1999년 8월 대표적 검색 엔진 또는 포털 중 하나인 '다음'이 '카페(Cafe)'라는 이름으로 다양한 관심을 가진 사람들이 모여 정보를 교환할 수 있는 온라인 공간을 만들어 이를 사업 확장의 주력으로 삼았고, 비슷한 시기 출범해 이후 '미니홈피'라는 형식으로 인터넷상에서 사람들이 모일 수 있는 장소를 제공하기 시작한 '싸이월드(Cyworld)'가 수천만 개의 가상공간을 제시한 것(최민재 · 양승찬, 2009)을 '구체적인 모습'의 사례로 들 수 있겠다. 스마트폰 또는 태블릿 PC 등으로 대표되는 스마트 기기의 출현은 이런 연결망을 무선으로 이으며 가상 영역에서 사람들과의 관계 유지나 확장을 위한 장소 제약을 크게 줄였고(이건호 외, 2013), 이는 관계망이 사람들의 연결을 위해 더욱 '두드러진 역할'을 하는 시기를 열었다. 스마트 미디어 시대가 사람들이 원하는 정보를 쉽게 얻을 수 있게 하는 '즉시성', 제한된 시간에 더 많은 일을 할 수 있게 하는 '효율성', 물리적 장소의 구애를 탈피하는 '휴대성', 여러 서비스를 함께 사용할 수 있는 '다기능성', 다른 소통 기기와 정보를 호환할 수 있는 '연결성', 타인과 관계를 맺는 '관계 형성과 유지', 자신에게 맞춘 기능에 집중할 수 있는 '개인 중심성' 등 여러 성격(심미선·김은미·오하영·김반야, 2012)을 설명하는 것에 비해, 소셜미디어는 특히 사람들 간의 관계 유지 및 형성에 집중하는 특성을 보인다고 할 수 있다. 사실 이런 관계 형성을 '현대 생활의 한 단면'으로 자리 잡게 한 소셜미디어는 그 형태를 '구체적인 모습'으로 출현시킨 초기 인터넷이나 이런 관계를 이끄는 데 '두드러진 역할'을 한 스마트 미디어 등의 '기기적' 모습과는 다른 의미를 지닌다. 유무선을 막론하고 온라인상에서의 각종 연결망 기술이 발전하면서, 초기 인터넷이나 스마트 미디어 시점에도 있었던 '연대'의 모습을 더욱 확대하고 강화하는 '문화적' 특성이 그것이다. 인터넷을 사용하는 사람들이 가상공간에서 연결망을 형성할 수 있도록 돕는 시스템인 SNS를 적극적으로 구현하는 매체를 통칭해 소셜미디어라고 부를 수도 있다는 뜻이다.

다양한 기기적 특성이 결합한 소셜미디어를 간단히 정의하기는 어렵지만, 위와 같은 접근 외에도 '개인과 집단의 상호작용이나 상호 의존적 관계를 형성하는 매체' 또는 '웹 2.0에 기초한 쌍방향적이고 개방적인 소통 형식' 등 광의와 협의의 개념들이 그 의미로 제시되기도 한다(설진아, 2012). 여기서 웹 2.0은 인터넷상에서도 특정 인물이나 집단이 정보를 독점적으로 소유해 배포하거나 전달하는 것이 아니라 누구나 데이터를 생산하고 공유하는 환경을 뜻한다. 이런 환경에서 사람들이 더욱 서로 의존적으로 상호작용하는 관계를 맺게 하는 매체가 소셜미디어라는 의미가 되겠다. 특정 인물이나 집단 또는 사업자가 정보의 생산이나 관리, 보급을 주도하던 웹 1.0은 결국 초기 인터넷 시기에 나타나던 활동 중에서도 앞서 언급한 웹진 등 인터넷 뉴스 매체에 집중된 현상이며, 소셜미디어의 특성을 강조하는 웹 2.0은 사람들의 연결과 연대가 확장되고 강화한 모습을 보여주는 환경이라고 보면 될 것이다(이석용·정이상, 2010). 이런 소셜미디어의 특징은 특히 참여, 공개, 대화, 커뮤니티, 연결성 등으로 정리되는데(이건호 외, 2013), 이들 성격은 정치 커뮤니케이션 차원에서 과거 정치 엘리트와 언론 매체의 정보 경쟁에서 소외돼 피동적 수용자에 머물렀던 공중을 적극적인 정보 창출자의 모습으로 변화시키는 결정적 역할을 한다.

앞서 설명한 바와 같이 '민주주의 발전에 대한 기대'를 이끄는 공중의 '정치 참여'(김대환, 1997; Bimber, 2001; Chester, 2007; Curran, 2011; Gurevitch, Coleman, & Blumler, 2009; McChesney, 2000; McNair, 2000)는 정치 행위에 직간접적으로 영향을 미치는 인지적 · 행동적 활동을 아우르며(Conway, 2000; Milbrath & Goel, 1972; Verba & Nie, 1987), 여기서 정보를 적극적으로 찾거나 공유하려는 소통의 역할이 부각한다(황용석, 2006; McLeod & Sotirovic, 2001). 특히 정보를 '공개'하고 타인과 '대화'하며 이를 통한 '연결성'에 기초해 '커뮤니티'를 형성하는 시민들의 적극적 '참여' 모습은, 한정된 그룹에 정보가 집중되고 관리된다는 측면에서 신문이나 텔레비전 등 전통 매체와 큰 차이를 보이지 않는 웹 1.0 시대의 인터넷 뉴스 매체와 달리, SNS가 더욱 활성화한 웹 2.0 시대 소셜미디어 상황에서 우리 일상생활의 단면이 될 정도로 구체화하고 두드러진다(이건호 외, 2013; 이석용 · 정이상, 2010; 최민재 · 양승찬, 2009).

사실 매체 기술의 발전이 단절적이지 않고 학자들이 연구를 위해 이들을 정의하는 시기나 강조하는 성격 등에 따른 접근이 달라 위에 소개된 내용을 학문적으로 구분하기는 쉽지 않다. 기존의 정형성이 와해하고 지금도 상황이 변화하는 근대후 시점의 소셜미디어, SNS, 웹 1.0이나 웹 2.0 등은 그 용어 사용에 혼란이 더하다. 하지만 여기서 SNS와 공중의 연결을 시민 참여의 시각에서 살펴보는 이 책은, 우선 위의 논의 일반에 따라 웹 1.0을 온라인상에서도 특정 집단에 정보 소유와 배포가 집중되는 인터넷 뉴스 매체 현상으로 정리하고, 웹 2.0은 인터넷을 통해 누구나 데이터를 생산하고 공유하는 환경으로 본다. 또 SNS는 초기 인터넷이 웹 브라우저의 발전과 맞물려 일반인의 삶에 스며든 2000년 즈음에 시작해 여러 기기적 발전 속에 현재까지 확대한 네트워크 형성 시스템을 말하고, 소셜미디어는 같은 기간 동안 기기적 특성과 무관하게 사람들이 상호작용하는 그 연결망을 문화적으로 강화 · 확대하는 모든 매체라고 정비한다. 앞서 인터넷 뉴스 매체와 공중의 관계를 정리하면서 '웹 1.0'의 요소는 소개했기에, 여기서는 웹 2.0의 특성을 장착한 소셜미디어의 SNS에 집중해 공중의 정치 참여를 살피겠다.

2000년을 즈음한 시기 국내에 처음 등장한 SNS는 1999년 8월 서비스를 개시한 포털 '다음'의 '카페', 비슷한 시점에 출범한 '싸이월드'의 '미니홈피' 등 앞서 소개한 그룹과 더불어, 역시 1999년 10월 온라인상에서 동창 모임을 추진해 단기간에 수백만의 가입자가 참여한 '아이러브스쿨' 등이 그 초기 모습을 대표한다고 볼 수 있다(최민재 · 양승찬, 2009). SNS의 성장은 1기(1999년부터 2002년까지), 2기(2003년부터 2007

년까지), 3기(2007년부터 2010년까지) 등 3개로 나뉜 소셜미디어의 변천으로 소개되기도 한다(김은미 · 이동후 · 임영호 · 정일권, 2011). 2011년 발간돼 2010년까지로 시기를 정리한 선행 탐구의 3기를 2007년 '이후'로 확대하고 이 책이 전달하고자 하는 내용을 대입해 재정비해보면, 비록 원래 소개된 기별 사례나 해석과 약간의 차이는 있으나, '카페'나 '미니홈피' 등은 1기 현상에 해당한다. 이때는 온라인상에서도 특정 집단에 정보 소유와 배포가 집중되는 인터넷 뉴스 매체, 즉 웹 1.0의 활동이 활발했던 시기이기도 해, 인터넷을 통해 누구나 데이터를 생산하고 공유하는 웹 2.0의 성격이 웹 1.0과 맞물려 성장하는 시점으로 볼 수 있다. 이 책이 각종 모임을 추구하는 네티즌들의 욕구와 인터넷 서비스가 만나 SNS의 '구체적인 모습'이 드러나기 시작한 시기라고 소개하는 때이다. '아이러브스쿨'처럼 온라인상에서 학교 동창을 찾아 연결해주는 서비스는 한국뿐 아니라 미국에서 1995년 즈음 시작해 활동이 만개한 '클래스메이트' 등도 있으며, 이 시기 SNS는 과거 지인을 연결하거나 유사한 취미 등에 기초해 사람들을 잇는 기능에 집중했다는 평가를 받는다(김은미 외, 2011; 이건호 외, 2013; Boyd & Ellison, 2007). 즉 이들 서비스는 가입 목적이 사회 공동체 구성원의 다양한 이해관계 조정에 있다기보다는 개인의 친목 도모 등에 놓였다고 볼 수 있다.

하지만 이 시기 모든 SNS가 정치적 소통을 배제했다고 하기는 어렵다. 국내의 경우를 정치 커뮤니케이션의 차원에서 우선 보면, '카페'라는 이름으로 사람들의 연결 서비스를 제공하는 포털 '다음'이 토론방 형식으로 운영하던 '아고라'의 소통 혹은 정치 참여 활동을 확인할 수 있다. '아고라'는 포털 '다음' 이용자들이 자신들의 의견을 자유롭게 주고받는 인터넷 게시판(bulletin board system) 형태의 토론방으로 출발했으나, 점차 사회 이슈와 관련된 논쟁의 장으로 활용됐고, 이 안에서 주제별 논의를 이어가거나 정치적으로 뜻을 함께하는 사람들이 따로 '카페'를 만듦으로써 온라인상의 소통은 물론 오프라인에서의 정치 행동을 견인하는 역할을 했다(장우영, 2012). 토론 참여는 선거나 행정(권은낭, 2018; 박민경 · 이건호, 2011) 등 협의나 광의의 정치 분야뿐 아니라 경제(강대중 · 최선주 · 이승협, 2012; 최선정, 2012), 다문화(김현희, 2014; 한희정, 2016) 등 다양한 영역에서 이뤄졌으며, '아고라'는 한 시기를 풍미하는 하나의 문화로 자리 잡았다(이윤정 · 지정훈 · 우균 · 조환규, 2009).

그러나 무엇보다 이 시기를 대표하는 정치적 연결망으로 '노무현을 사랑하는 사람들(노사모)'의 등장을 꼽지 않을 수 없다. '노사모'는 2000년 4월 13일 16대 국회의원 선거에서 부산 북강서을 지역에 출마했던 노무현 후보가 낙선하자 온라인상에서 네티즌들이 지역주의 타파를 외쳤던 노 후보에 대한 동정과 지지를 표현하며 같은 해 6월

6일 발족한 자발적 결사체이다(이성철 · 백운순, 2002; 전홍기혜, 2002). 우리나라 최초의 정치인 팬클럽으로 평가받는 이 단체는 인터넷 연결망을 통해 전국 단위 시민 조직으로 성장했고, 2002년 새천년민주당의 대통령 후보 경선 승리는 물론 같은 해 대선에서 16대 노무현 대통령의 탄생에 큰 힘을 보탠 것으로 인정받는다(가상준 · 노규형, 2010; 노혜경, 2003). 이후 '노사모'는 언론 및 정치 개혁 운동과 더불어 불우이웃 돕기 등 다양한 사회 활동을 펼치다가 2009년 노 전 대통령 급서 10주년인 2019년 노무현재단에 운영비와 서버를 기증하며 공식 활동 종료를 선언했다(노사모, 2019). 2019년 해산 때까지 꾸준히 활동을 펼쳤던 '노사모'는 이 책이 활용하는 SNS 1기에 탄생했지만, 이후 뉴미디어 전개와 더불어 다양하게 진행되는 시민들의 각종 정치 참여에 큰 이정표를 세웠다고 볼 수 있겠다. 이 같이 2000년을 즈음해 활기를 띤 정치 관련 인터넷 토론 등과 여기에 이어지는 현실 참여 문화는 한국에만 국한되지 않아, 미국이나 영국 역시 정치 토론방 등을 통해 사람들의 의견을 분화하거나 결집하며 공론장을 만들고, 오락 등과 관련된 인터넷 토론장에서 파생된 의견들이 정치적 문제로 확산해 논의되거나 직접 연결망을 구성해 현실 참여의 목소리를 내는 경우도 나타났다(Graham, 2012; Graham & Hajru, 2011; Wojcieszak & Mutz, 2009).

앞서 소개한 소셜미디어 변천 과정(김은미 외, 2011)을 기준으로 1기에 이어 2기(2003년부터 2007년까지)에 등장하는 대표적 SNS로는 2004년 2월과 2006년 3월 미국에서 각각 개발된 '페이스북(Facebook)'과 '트위터(Twitter)'를 들 수 있다(Arceneaux & Schmitz, 2010; Boyd & Ellison, 2007). 한국에서 2000년 즈음 인터넷 기반으로 시작된 초기 서비스들이 2기에 들어서며 스마트 기기로 플랫폼을 확장하거나 대기업으로 인수되면서 내국인들을 대상으로 한 연결망 구축에 집중하는 동안, 미국에서 새롭게 탄생한 이들 서비스는 전 세계적으로 관계망을 넓히며 사업을 확장했고, 그 위세는 한국에까지 이어져 기존 국내 소셜미디어의 영향력을 순식간에 압도했다(김은미 외, 2011; Edosomwan, Prakasan, Kouame, Watson, & Seymour, 2011).

이 책이 SNS가 '두드러진 역할'을 한다고 본 이 시기의 정치 커뮤니케이션이 갖는 특성은, '즉시성'과 '휴대성', '다기능성' 등에 연계한 '관계 형성과 유지'가 확장(심미선 외, 2012)하면서 고정적 PC에 연결된 인터넷 기반의 1기에 비해 정치인들의 소셜미디어 활용이 확연히 증가한다는 점이다. 즉 1기에 인터넷 게시판에 뿌리를 두고 출발한 한국의 아고라나 미국의 토론방이 과거 근대전이나 근대에 소외됐던 공중의 참여를 이끄는 동력으로 작용한 점이 부각했다면, '페이스북'이나 '트위터'는 여기에 정치 엘리트들을 끌어들이는 역할을 한 것으로 여겨진다(금혜성, 2011; 윤선영 · 김수연, 2020;

윤호영 · 박한우 2011; Ott & Dickinson, 2019). 물론 이 시점에도 '트위터'나 '페이스북' 등이 일반 시민의 정치 참여를 계속 북돋운 것은 사실이지만(김은이, 2015; 문원기 · 이수범, 2015; 민정식, 2012; 신소연 · 이상우, 2012; 황유선, 2011; Di Gennaro & Dutton, 2006; Gil de Zúñiga, Jung, & Valenzuela, 2012), 일반 시민 위주였던 이들 가상공간 모임에 정치 엘리트들이 나타나기 시작한 것이다. 이 책이 저술되는 시점에도 진행되는 현상이라 더 자세한 연구가 필요하겠지만, 전통적 의미의 정치 커뮤니케이션 3대 요체 중 기존 대중매체를 제외한 2개 요체, 즉 정치 엘리트와 공중이 함께 소통하며 움직이는 장이 더 활성화했다고 볼 수 있겠다.

시민 위주의 공론장으로 여겨졌던 이 지점에 정치인들이 뛰어든 이유로 지금까지 연구에서 제시된 내용은, 시민들이 정치인의 메시지를 손쉽게 전파하며 공유할 수 있는 즉시성이나, 텍스트 이외의 이미지를 탑재하는 데 있어서의 수월성 등이다(윤선영 · 김수연, 2020; 장우영 · 김석주, 2014). 공백과 기호를 포함해 한 번에 140자만 올릴 수 있는 '트위터'는 친구로 연결된 사람의 메시지를 자동으로 받게 되는 기능('following')과 이를 타인에게 재전송하는 기능('retweet') 등이 간결해, 지지자를 통한 정치인의 메시지 파급력이 크다는 점(Coesemans & De Cock, 2017; Weaver, Williams, Cioroianu, Williams, Coan, & Banducci, 2018)이 구체적 원인으로 나타난다. 서비스 개시 직후 정치인들에 의해 사용되기 시작했고, 선거 기간은 물론 임기 중에도 미국의 트럼프 대통령이 하루에 수십 개씩 공개하고 지지자들에 의해 전파되는 '트위터' 메시지는 그 위력을 그대로 보여준다(Enli, 2017; Ott & Dickinson, 2019). '좋아요(like)'나 '공유(share)' 등 간결한 표현으로 정치인에 대한 지지가 쉽게 드러나는 '페이스북' 역시 같은 정파성의 유권자를 결집하거나 시민들의 정치효능감을 끌어올리는 도구로 기능하며, 정치인들의 가상 공론장 참여를 이끌고 있다(Chan, & Guo, 2013; Larsson, 2015; Pennington, Winfrey, Warner, & Kearney, 2015). '트위터'를 사례로 들면, 국내에서도 추종자를 의미하는 '팔로워(follower)'의 수나 전송 및 재전송 횟수 등을 총합해 '트위터' 영향력이 상위권인 정치인들이 집계되는 등 SNS를 활용하는 정치인들의 모습이 계속 노출되며 소셜미디어 전개 과정 2기 이후 벌어지는 현상들이 소개되고 있다(장덕진 · 김기훈, 2011; 한국언론학회, 2012).

1기와 2기에 이어 전개되는 3기(김은미 외, 2011)는 고정된 PC 기반의 1기 SNS가 웹 1.0 성격의 인터넷 뉴스 매체와 함께 서서히 그 위력을 잃어가고, 2기의 '페이스북'이나 '트위터'와 비슷한 시기에 등장한 '유튜브(YouTube)'가 정치 커뮤니케이션의 새 동력으로 떠오르는 시점으로 볼 수 있다. 국내에서는 '트위터'와 유사한 형식을 반영해 150자까지 적을 수 있는 '미투데이'가 2007년 생겨서, 국내 최대 포털인 '네이버'에 2009년 인수되며 활로를 키우다가 세계적으로 영향력을 넓히던 '트위터' 등의 미국 SNS와의 경쟁에서 밀리며 2014년 6월 서비스를 종료한 기간이기도 하다(김예지 · 김승인, 2014; 이수영 · 내가영, 2011). 이 시기에는 1기 때 취미나 동창 등을 매개로 SNS의 서막을 열었던 '싸이월드', '아이러브스쿨' 등이 경영난을 겪으며 폐쇄되거나 이에 버금가는 문제로 소송 등을 거쳐 실질적인 서비스를 접고(김진주, 2020; 남형도, 2020), 정치 커뮤니케이션 차원에서 시민들의 높은 참여도와 동원 능력을 보여준 '다음'의 '아고라'도 온라인 환경 변화 등을 이유로 2019년 초 폐쇄된다(박태우, 2018). 종합하자면, 이 책이 활용하는 소셜미디어 시기 구분(김은미 외, 2011)을 적용했을 때, 2007년 또는 그 이후에 출발하거나 활성화한 3기는 2000년 즈음 고정 PC 기반에서 시작해 시민의 정치 참여 시대를 열었던 1기(1999년부터 2002년) 서비스가 사라지고, '트위터'나 '페이스북' 등 미국 기반의 메시지 전달 및 공유 채널이 개별 국가의 유사 서비스를 잠식하면서 세계적인 파급력을 이어가는 2기(2003년에서 2007년)를 거쳐, 텍스트나 영상 메시지 전달에 집중하던 다른 서비스와 달리 매체 자체를 공유하는 온라인 동영상 플랫폼의 등장과 확산이 두드러진다는 점을 그 특징으로 삼는다. 이 책이 SNS가 '현대 생활의 한 단면'으로 자리 잡는다고 본 3기의 특성은 바로 이런 1기와 2기의 경험을 통해 형성됐다고 할 수 있겠다.

국내의 온라인 동영상 플랫폼 확장세를 예로 들면, 2018년부터 1년 동안 '유튜브'로 대표된 이 플랫폼의 사용률은 약 1.5배 급증해, 이전 10년 동안 큰 폭의 증가세를 보이다가 주춤한 여타 서비스와는 그 성장 속도를 비교하기 어려울 정도이다(한국언론진흥재단, 2019). 비록 전체 이용률은 47.1%로 다른 SNS의 49.2%에 비해 낮으나 그 증가세는 같은 기간 150% 이상을 기록했으며, 중복 응답률 등이 적용된 온라인 동영상 플랫폼 조사에서 '유튜브' 이용자가 98.1%로 확인돼, 25%에 못 미치는 한국의 '네이버TV' 등을 4배 이상 앞서면서 이 분야에서도 국내 플랫폼에 대한 해외 서비스의 압박이 강한 것으로 파악된다. 이와 같은 '유튜브'의 정치 커뮤니케이션 역량은 시민들의 정치사회화나 그로 인해 구성되는 공론장 성격, 이를 둘러싼 정보 공개 및 규제에 대한 논의, 정치 정보 채널로서의 효용성 탐구(오대영, 2018; 함민정 · 이상우, 2020; Halpern & Gibbs, 2013; Vesnic-Alujevic & Van Bauwel, 2014) 등으로 이어지며 그 영향력의 가능성이 타진된다. '관계'라는 문화적 특성에 초점을 두면서도 다양한 기기나 기술이 혼재하는 소셜미디어의 시각에서 보자면, 매체를 공유하는 '유튜브'의 정치 커뮤니케이션 현상은 3기의 시점에서도 영향력이 건재한 '트위터'나 '페이스북' 등 2

기 SNS와의 비교를 통해 정치 참여 동력의 효과나 양극화 등이 논의되며(박상운, 214; Bouvier, 2015; Loader, Vromen, & Xenos, 2014; Trottier & Fuchs, 2014), 비록 사라지고 있으나 토론방이나 '블로그' 등에 기초해 2007년 이후에도 한동안 지속한 1기 서비스의 영향력도 2기 및 3기 소셜미디어와 비교의 대상이 되고 있다(정낙원, 2013; Gillespie, 2010).

3기의 두드러진 특성으로 볼 수 있는 '유튜브'의 정치 커뮤니케이션 현상은, 국내 사정을 들여다보면 그 내용 측면에서도 독특한 성격이 확인된다. 우선 1기 때 시민 위주의 공론장이었던 SNS와 달리 '트위터'나 '페이스북'을 통해 정치인들의 참여가 확인되는 2기의 성격(금혜성, 2011; 윤선영 · 김수연, 2020; 윤호영 · 박한우 2011; Ott & Dickinson, 2019)이 '유튜브'가 확산한 3기에도 나타난다(박영득, 2019; 원성심 · 김경호, 2020). 이들이 이전의 1기나 2기와 다른 점은 이 매체 공유 서비스를 활용해 적극적으로 정치 정보를 찾는 사람들의 시청 채널의 정파성이 보수 쪽에 치우쳐 있다는 점이다. 온라인상에서 활동 중인 웹페이지 정보를 토대로 '유튜브' 사용 정도를 공개하는 사이트 중 '유튜브 랭킹'에 2020년 7월 15일 오후 2시 현재 나타난 '뉴스/정치/사회' 범주의 구독자 순위를 보면, 특정 언론사가 조직적으로 운영하는 채널이나 교양 사이트를 제외하고 개인이나 시민 조직 등의 자격으로 정치 관련 정보를 전달하는 '유튜브' 10위까지의 성향은 70%가 보수적인 색채를 띤다. <표 6-2>에서 해직 언론인 출신 등이 주축이 돼 창립했으나 일부 운영진이 현직으로 복귀한 '뉴스 타파'를 '언론사 연계 가능성' 등의 이유로 제외하고 구독자 수 53만 명과 View 수 2억 1천 227만 명의 '고성국 TV'를 넣으면, 보수 성향의 '유튜브' 비율은 80%로 올라간다. 점유율이나 사용률 등을 기준으로 1위부터 10위까지를 봤을 때, 2005년 11월 23일 현재 인터넷 뉴스 매체의 60%가 개혁적인 정파성을 띠었던 점(김성태, 2006), 그리고 2012년 5월 12일 현재 '트위터' 영향력을 보인 정치인의 90%가 개혁 또는 진보 정당 소속이었던 점(한국언론학회, 2012)과 비교해보면 '유튜브'의 정치적 색채는 과거와 반대의 방향에서 나타난다고 할 수 있겠다.

물론 이들을 비교할 때 '보수'나 '개혁'에 대한 과학적 개념이 선명해야 하고, 이 책이 활용하는 시기 구분 기준(김은미 외, 2011)도 더 정교하게 개발될 필요는 있다. 하지만 인터넷 뉴스 매체는 1기 SNS인 '다음 아고라' 등과 활동 시점과 배경이 겹치고, '트위터'는 2기 SNS의 대표적 채널이며, '유튜브'는 3기 SNS의 특성을 나타내는 통로라는 점에서 이들의 위치를 고찰할 수 있겠다. 또 여기서 정파성이 제시된 인터넷 뉴스 매체는 '온라인' 언론의 입장을 대표하고, '트위터'는 정치인의 의견을 담으며, '유튜브'는 매체나 현장 정치인이 배제된 시민의 시각을 담는다는 차원에서도 세 시기를 구분할 수 있다. 물론 이들은 단순하게 표면적으로 나타난 내용이라, 이들의 정파성이 과연 정치 커뮤니케이션의 3대 요체와 SNS의 성격에 연동해 등장하는 것인지 등은 철저한 검증이 필요하다. 조사가 진행된 시점의 정치사회적 분위기나 집권 정당의 성격, 특정 정책에 대한 공동체 구성원의 인구통계학적 변인 등 고려해야 할 요소가 대단히 많다. 이 시점에서 확실한 것은 새로운 환경이 무척 흥미로운 연구문제들을 제시하고 있다는 점이다. 이런 연구들이 한국적 상황에서 과학적 함의를 드러낸다면, SNS 활용이 세계화한 시점에서 이와 같은 현상이 다른 국가에서도 나타나는지, 또 국가 간 차이가 있는지 등도 확인하는 작업이 가능할 것이다.

조금 다른 차원에서 여기에 추가할 수 있을 만한 내용은 '유튜브'가 활성화하는 시점에 기존 언론의 새로운 채널 활용도 확산하고 있다는 점이다. 앞선 논의를 살펴보면, 근대전과 근대의 시점에 정치 정보 유통을 주도했던 정치 엘리트와 언론은 뉴미디어 환경이 도래한 근대후 초기 시점에 과거 이 유통 과정에서 소외됐던 공중에게 그 주도권을 내주는 듯한 모습을 보였다. 소셜미디어 1기 시점 또는 웹 1.0의 시기에 등장한 인터넷 뉴스 매체들이 시민 저널리즘이라는 이름으로 정치 정보를 생산하며 공중의 정치 커뮤니케이션 참여를 활성화한 모습이 그 사례이다(오연호, 2006; 윤영철·나승안, 1999; 윤영철, 2001). 정치 정보 생산이나 유통의 시각에서 이 근대후 초기 현

<표 6-2> '유튜브'의 '뉴스/정치/사회' 범주 순위와 성향 (2020년 7월 15일 기준)

순위	사이트명	구독자 수 / View 수	정치 성향
1	신의 한 수	124만 / 8억 6천 311만	보수 성향
2	사람사는 세상 노무현재단	118만 / 1억 325만	개혁 성향
3	진성호 방송	87만 / 5억 3천 619만	보수 성향
4	딴지 방송국	77만 / 1억 2천 510만	개혁 성향
5	신인균의 국방TV	74만 / 2억 5천 965만	보수 성향
6	펜 앤드 마이크 TV	63만 / 4억 533만	보수 성향
7	가로세로 연구소	61만 / 2억 6천 6만	보수 성향
8	이봉규 TV	59만 / 2억 7천 82만	보수 성향
9	뉴스 타파	56만 / 1억 9천 560만	개혁 성향
10	배승희 변호사	54만 / 1억 4천 351만	보수 성향

출처: 유튜브 랭킹(https://youtube-rank.com/board/bbs/board.php?bo_table=youtube&sca=뉴스/정치/사회)에서 사이트명과 '구독자 수/View 수'만 내용을 일부 인용하여 재구성.

상은 앞선 근대전과 근대의 역전(逆轉)이라 볼 만하다. 정치 커뮤니케이션 3대 요체 중 과거 소외됐던 공중이 이 정치 정보 흐름의 주도권을 쥐고, 과거 이 흐름의 주체였던 정치 엘리트와 언론 등 다른 2개 요체가 오히려 소외되는 듯한 모습을 보이기 때문이다. 물론 실제적인 주도권의 크기와 영향력 정도는 더 세밀한 검증이 필요하겠지만, 이들 3대 요체가 과거에 가진 정치 정보 노출 및 생산력의 상대성을 고려하면 이 상황 역전 주장에 어느 정도 힘이 실리는 것으로 보인다.

그런데 이 초기 단계를 넘어 2기 시점에 들어서면, 시민이 주체가 된 온라인 공론장에 정치 엘리트가 들어서며 그 영향력을 넓히는 것으로 여겨진다. '트위터'나 '페이스북'의 기기적 성격을 이용해 정치인이 소셜미디어 2기 시점에 SNS를 통한 소통에 적극적으로 참여한다. 1기 시점에서도 가상 영역에 산개한 유권자나 수용자 확보를 위해 정치 엘리트와 언론이 웹 사이트를 활용했지만(강준만, 2019; Farnsworth, 2015), 정파성에 따라 연결망을 구축하고, 지지하는 정치인의 메시지를 퍼서 나르며 공유하는 '트위터'나 '페이스북'의 기능은 시민들의 정치 참여 효능감을 높이면서 정치 엘리트가 시민들과 소통하는 장으로서 더욱 적합한 환경을 제공했다. 그리고 이 틈을 정치인이 언론에 앞서 발 빠르게 활용했다(윤선영 · 김수연, 2020; 장덕진 · 김기훈, 2011; 장우영 · 김석주, 2014; Ott & Dickinson, 2019; Weaver et al., 2018).

또한 매체 자체를 공유하는 '유튜브'의 확장 시기에는 이 공론장에 언론의 역할이 추가되는 모습이 나타난다(양선희, 2020). 특정 정치 관련 텍스트나 이미지, 동영상 등 메시지 중심의 공유보다 형식과 이슈를 모두 아우르는 종합적 모습으로 '매체'를 공유한다는 점은 기존의 대중매체에 유리한 환경을 제공할 수 있기 때문이다. 실제로 위에 제시된 뉴스/정치/사회 범주의 '유튜브' 순위는 국회의원 등 현장 정치인과 전통 언론사가 운영하는 채널을 제외한 결과이다. 같은 날 해당 범주의 전체 순위를 10위까지 살펴보면 'MBC entertainment', 'JTBC Entertainment', 'SBS NOW', 'YTN NEWS', 'TV CHOSUN', 'JTBC News', '채널A Home', '신의 한 수', 'EBS Culture', '사람사는 세상 노무현재단' 등이었다. 비록 1위('MBC entertainment')와 2위('JTBC Entertainment')가 예능과 오락 위주의 채널이고, 3위('SBS NOW')부터는 오락 이외에도 교양 및 시사를 다루는 전통 매체 운영 채널이지만, 이들 전통 매체의 '유튜브'가 전체 순위 10위 중 8개를 차지하는 것은 눈에 띈다. 오락과 정치가 혼재하는 현상(정민경, 2017; Copeland, 2010; Davis, 2005; Perloff, 1998)에 이들 매체의 채널이 또 어떤 변수로 작용할지 지켜볼 이유가 되기 때문이다. 한편 표에 등장한 '신의 한 수'와 '사람사는 세상 노무현재단'은 전체 순위에서 각각 8위와 10위에 머물렀다.

사실 1990년을 전후해 출발한 근대후, 즉 이 책이 활용하는 뉴미디어의 도래와 시점이 겹치는 이 시기에 정치 엘리트와 언론이 정치 커뮤니케이션에서 '절대적'으로 배제 또는 소외됐던 상황은 없었다. 근대후 시기의 도입부인 1기에도 정치인과 기성 언론이 인터넷에 기초한 플랫폼을 활용해 정치 정보 생산 및 유통 경쟁에 나섰고(권만우, 2003; 강준만, 2019; 윤영철, 2001; Barnhurst, 2010; Bush & Gilbert, 2002; Farnsworth, 2015), '트위터'나 '페이스북'의 기능이 부각한 2기에도 정파성에 따라 정치인의 메시지를 퍼서 나르며 공유하고 연결망을 구축하는 시민을 이용한 정치인의 참여(윤선영 · 김수연, 2020; 장덕진 · 김기훈, 2011; 장우영 · 김석주, 2014; Ott & Dickinson, 2019; Weaver et al., 2018)가 나타났다. 또한 2기에서는 '트위터'나 '페이스북' 등 여타 SNS 활용 등과 연결한 전통 언론의 정치 정보 전파력 등(금준경, 2018; 양선희, 2020; 황유선, 2012; Paulussen & Harder, 2014)도 확인된다. 다만 과거 근대전 및 근대와 비교했을 때 대폭 확대된 공중의 정치 커뮤니케이션 참여 때문에 이들의 역할이 '상대적'으로 왜소해 보였을 수 있다. 그리고 앞선 사례에서 보듯, 근대후가 성장하는 과정에 이들 정치 엘리트와 전통 매체가 새로운 형태의 채널들과 어울리며 다시 정치 커뮤니케이션의 중심으로 돌아오는 모양새다.

이 현상은 19세기 중반의 기술 혁신과 더불어 신문이 원초적인 의미의 뉴미디어로 등장하며 민주주의의 발전을 더욱 기대하게 만든 상황과 얼마나 다른 환경을 제시하게 될지 주목하게 만든다. 그동안 커뮤니케이션 연구가 발전함에 따라 정보 전달과 공동체 관계 형성, 문화 전수, 오락 또는 현실 회피의 기제를 제공하는 것으로 알려진 매체 자체가 근대후 시점에 새로운 성격을 얻었으며, 이 과정에서 정치 엘리트와 공중 등 정치 커뮤니케이션의 다른 요체들도 그 효과와 역효과를 학습하며 진화했기 때문이다(이건호 외, 2013). 이제 수백 년에 걸쳐 구축돼 정형화한 정치 커뮤니케이션의 모습이 흩어지고 새로운 모습이 생성될 것으로 기대되는 이 시기에, 인류는 과거의 갈등 속에 이미 치렀던 사회비용을 반복해 소비하며 낭비의 시간을 보낼지, 아니면 더욱 효율적으로 공동체 구성원의 다양한 이해관계를 조율하는 지혜를 선보일지 지켜보며 관찰할 일이다.

맺는말

저술을 마무리하는 2020년 겨울, 국내외 정치 상황은 들끓으며 흘러간다. 부동산과 세금 등 정책 집행과 관련해 여야가 맞서고, 서울과 부산 등 거대 자치단체장 추문과 여성 인권 문제는 사회 세력 간의 담론 싸움으로 번졌다. 70여 년간 계속된 북한과의 긴장은 과거와 그 색채가 다르다. 미국 대통령 선거를 둘러싼 환경은 한반도 정세 예측을 불가능하게 만들었다. 연초부터 계속된 신종코로나바이러스의 대유행은 끝이 안 보이고, 방역 성과를 놓고 정치적 셈법이 분주하다. 몇 달 전인 4월 15일 치러진 21대 국회의원 선거는 여당인 더불어민주당의 압승으로 끝났으나, 이후 현실은 '일당 독재'와 '무능한 야당' 프레임으로 나뉘어 또 다른 갈등의 장을 열었다.

생물과 같은 정치는 원래 이런 모습이었을지 모른다. 하지만 정치를 바라보는 시각은 점점 차가워진다. 사람들은 과거보다 지금의 정치가 더 타락했다고 느끼고, 미래에 대해 품었던 희망은 그 시간이 현재가 되는 순간 낙담으로 변해왔기 때문이다. 신문, TV, 인터넷 등으로 발전해온 대중매체가 우리 사회를 민주주의에 한 발 더 다가서게 할 것이라던 기대도 허망해졌고, 활발한 소통을 통해 시민들의 참여를 독려한 정보통신 기술의 발달은 오히려 분파를 만들어 갈등을 키우는 요인이 되고 있다는 지적을 받는다. 또 이를 이용해 개인과 정당의 단기적 이익을 불리려는 정치인들에 대한 실망은 더 커지는 중이다. 정치적 관심은 계속 식어간다.

하지만 정치에 무관심할 수는 없다. 구성원의 다양한 이해관계를 조정하며 공동체의 안녕과 번영을 기획하는 일은 복잡한 현대사회가 생존하고 발전하는 데 절대적이기 때문이다. 특히 민주공화국이라는 대한민국 헌법 가치를 위해서라면 서로 조금씩 양보하더라도 함께 이득을 얻을 수 있도록, 그리고 이 일이 공정하고 정의롭게 진행될 수 있도록, 그래서 그 결과가 모두가 인정하는 이상에 도달할 수 있도록 노력해야 한다. 이 책이 정치 커뮤니케이션의 3대 요체라고 소개한 정치인과 매체, 공중은 공동체의 구성원으로 그런 결과를 지향해야 할 의무가 있고, 그래야 이들에게 그 결과를 누릴 권리가 생긴다. 그러려면 모두가 정치에 주목해야 한다.

이 차원에서, 실망과 낙담 속에서도 정치에 관심을 유지하려는 이들 요체의 노력은 지켜볼 만하다. 21대 총선 참패를 극복하려는 미래통합당이 국민의힘으로 당명을 바꾸는 길목에서 정치에 대한 국민의 관심을 높이기 위해 한동안 방기했던 대통령 후보 경선 재개 카드를 암시한 것이 눈에 띈다. 정책 집행 등에 대한 실망이 커지는 민심을 추스르고 이념의 스펙트럼을 넓히려는 더불어민주당의 노력 향배가 여야의 경쟁 속에 국민의 정치 관심을 어떻게 띄울지도 눈여겨볼 대목이다. 부정적 정치 보도로 비난을 받던 언론은 정치권에 대한 비판과 견제를 유지하면서도 학계와 사회의 지적 속에 다양한 기획기사 등을 통해 공동체 발전을 위한 뉴스 생산 방식의 전환을 고민하고, 시민들은 가짜뉴스(fake news) 선별 등에 대한 인식을 높여가며 장기적인 정치 신뢰 회복의 활로를 기대케 한다. 이들 요체의 노력과 그에 기초한 행위가 정치 발전과 공동체 번영의 길로 사회를 안내하기 위해서는 결국 '동물적 이기심'과 '사회적 이타심'의 조화가 필요하다. 동양과 서양의 현인들이 수천 년 동안 추구해온 실천적 가치이기도 하다.

그동안 노력했음에도 이루지 못한 것을, 더욱이 이런 실망과 낙담이 커진 현실에서 당장 얻기는 쉽지 않을 것이다. 그러나 인간의 역사가 그런 과정을 통해 조금씩 발전해왔다는 점을 주목할 필요가 있다. 특히 새로운 미디어의 도래와 함께 민주주의의 실현을 기대하고, 다시 이런 희망이 꺾이는 현상이 거듭되는 것은 역설적으로 이런 가치가 더 정교화하며 정비될 것이라는 예측을 이끌기도 한다. 정치는 원래 타락할 수밖에 없으며 상황은 점점 더 악화한다고 보는 우리의 시각이, 그런 소통 채널의 확대와 더불어 정치를 더욱 예민하게 바라보게 된 결과에서 비롯됐을 수 있기 때문이다. 그리고 현재 주어진 교육 시스템과 새롭게 등장한 소통 채널은 우리가 기대하는 가치의 확산 속도와 정도를 배가하고 있다. 이 상황이 긍정적으로 발현되기 위해서는 그동안 거쳐온 정치 커뮤니케이션 3대 요체의 노력이 선순환을 이룰 수 있도록 해야 한다. 그러려면 모든 구성원이 정치에 관심을 유지하는 것은 기본적인 요건이다.

이 책은 그런 기대 속에서 기획됐다. 지금까지의 상황을 파악하고, 그 현상에 내재했던 구성원들의 시행착오와 발전 방향성을 커뮤니케이션 차원에서 고민해보자는 취지였다. 그래서 사회적 동물로서 인간이 가진 권리와 의무가 타당하고 합리적인 구조 안에서 구현되고, 다음 세대의 성장이 가능하길 바란다. 다양한 논의 주제와 이슈가 제시돼 우리 공동체가 그런 방향으로 이행하는 데 도움이 된다면 이 책의 의미는 온전히 세워진 것이다.

참고 문헌

가상준 (2009). 지방선거에서 정당 공천제: 새로운 변화를 위한 올바른 선택. <OUGHTOPIA>, 24(1), 207-232.

가상준 · 노규형 (2010). 지지율로 본 노무현 대통령의 임기 5년. <한국정당학회보>, 9(2), 61-86.

강내원 (2004). 인터넷과 대중매체 이용이 참여에 미치는 영향에 관한 연구: 세대 집단 간 비교. <한국언론학보>, 48(3), 116-143.

강대중 · 최선주 · 이승협 (2012). 자력학습 인터넷 논객들의 학습생활 연구-'아고라 경제토론방 고수'를 중심으로. <평생교육학연구>, 18(4), 33-63.

강승묵 (2019). 방송 외주제작 정책 관련 학술논문의 메타 분석: 이명박 · 박근혜 정부에서 발간된 논문을 중심으로. <한국콘텐츠학회논문지>, 19(12), 289-298.

강원택 · 유진숙 (2018). <시민이 만드는 민주주의: 민주주의 그리고 시민교육>. 서울: 박영사.

강재수 (2012). 대통령 후보 국민경선의 선관위 위탁관리 방안에 대한 연구: 제17대 대통령 후보 국민참여경선을 중심으로. <선거연구>, 2, 285-292.

강정인 (2008). 민주화 이후 한국 정치에서 자유민주주의와 법치주의의 충돌. <서울대학교 법학>, 49(3), 40-75.

강주현 (2018). 2018 지방선거 중앙선거관리위원회 홍보활동 및 영향력 평가. <연구방법논총>, 3(2), 1-32.

강주현 · 이인욱 (2014). 포털뉴스에서 많이 읽힌 정치뉴스의 의제와 정파성: 온라인 신문에서 많이 읽힌 정치뉴스와 비교연구. <사이버커뮤니케이션학보>, 31(2), 5-44.

강준구 (2019). 청와대 취재 방식과 소통 구조의 변화. <관훈저널>, 61(2), 41-47.

강준만 (1995). <김대중 죽이기>. 서울: 개마고원.

강준만 (2019). <한국언론사: 한성순보에서 유튜브까지>. 서울: 인물과사상사.

강천석 (2020. 1. 18). 대통령 비서실, 어쩌다 범죄혐의자 집합소 됐나. <조선일보>, A30면.

강태완 · 김은정 (2004). 역대 대통령의 연설문에 나타난 수사적 특징과 역할규정. <사회과학연구>, 30(2), 53-89.

강현주 (2002). 디자인 수사학의 논의와 전망. <디자인학 연구>, 15(3), 181-190.

강형철 · 양승찬 (2003). 공영 방송의 위기: 한국에서의 대응. <한국언론정보학보>, 22, 7-38.

경남신문 (2002). 한나라당 대선후보 경선일정 확정. [On-Line] Retrieved on 2/27/20 from http://www.knnews.co.kr/news/articleView.php?idxno=323692

계훈모 (1979). <한국언론연표 2>. 서울: 관훈클럽 신영연구기금.

고경민 · 송효진 (2010). 인터넷 항의와 정치 참여, 그리고 민주적 함의: 2008년 촛불시위 사례. <민주주의와 인권>, 10(3), 233-269.

고문현 (2007). 제왕적 대통령제의 특징의 일환으로서 사면권 행사의 통제방안. <세계헌법연구>, 13(2), 1-36.

고성국 (2012). <대통령이 못된 남자: 고성국의 대선리뷰>. 서울: 정은문고.

고영신 (2007). 정권의 성격 변화와 언론 보도: 대통령 친인척 비리 보도의 뉴스프레임을 중심으로. <커뮤니케이션 이론>, 3(1), 156-196.

고종석 (2006). 안티조선의 추억. <한국일보>. [On-Line] Retrieved on 1/27/20 from https://www.hankookilbo.com/News/Read/200608022389102535.

고흥석 · 이건호 (2010). 한국 신문 과학 보도에 나타난 취재원 분석: 조선일보와 한겨레신문의 미국 쇠고기 수입 관련 과학 중심 기사의 경우. <사회과학연구논총>, 24, 29-73.

곽준혁 (2007). 키케로의 공화주의. <정치사상연구>, 13(2), 132-154.

구교태 · 김관규 · 이준웅 (2007). 선거방송토론의 효과에 대한 연구: 2006년 대구시장 후보 토론방송을 중심으로. <한국언론학보>, 51(2), 203-225.

구세진 (2007). 한국 대통령의 대중 호소 전략: '제왕적 대통령제'의 쇠퇴와 대중적 리더십의 부상에 관한 제도적 접근. <한국정치연구>, 16(1), 217-256.

국회도서관 입법조사분석실 (1997). <대통령 선거 TV 토론 제도의 도입 방향>. 서울: 국회도서관.

권규상 (2012). 정보사회의 권력 관계와 대항 권력의 형성: '나는 꼼수다'를 사례로. <정보사회와 미디어>, 23, 35-79.

권오근 (2006). 선거 보도의 공정성 확보를 위한 제언. <관훈저널>, 98, 158-164.

권만우 (2003). 인터넷 신문의 기사 편집 경향에 관한 연구: 종이신문과 인터넷신문의 기사 배치 비교를 중심으로. <언론과학연구>, 3(2), 5-34.

권은낭 (2018). 온라인 공론장에서 참여와 다양성의 실현과 숙의적 합의의 가능성: 제19대 대선 기간 '다음 아고라'를 중심으로. <정치커뮤니케이션연구>, (50), 125-171.

권향원 · 최도림 (2013). 역대 정권의 정책 위기 시 대통령의 수사적 대응전략에 대한 비교연구: 역대 김영삼, 김대중, 노무현, 이명박 정권을 중심으로. <한국정책학회보>, 22(4), 225-251.

권혁남 (2006). 한국언론의 선거보도 특성. 오택섭 · 권혁남 · 김성태 (편). <현대 정치 커뮤니케이션 연구> (389-410쪽). 서울: 나남출판.

권혁남 (2010). 유권자 밀착형 선거방송토론 방안 연구. <언론과학연구>, 10(2), 5-38.

권혁남 (2011). 2010 지방선거에서 미디어 이용과 TV 토론 관심 시청이 정치 효능감, 투표 행위에 미치는 효과연구. <한국언론학보>, 55(6), 126-151.

권혁남 (2014). <미디어 정치 캠페인>. 서울: 커뮤니케이션북스.

권혁남 · 김춘식 · 양승찬 · 이강형 (2005). <미디어와 유권자: 미디어의 영향에 관한 이론적 접근>. 서울: 커뮤니케이션북스.

권혁남 · 오택섭 · 김성태 (2006). 『현대 정치커뮤니케이션 연구』. 파주: 나남.

금준경 (2018). 국내 언론사의 유튜브 생존 전략. <신문과 방송>, 570, 11-15.

금혜성 (2011). 정치인의 SNS 활용: 정치적 소통 도구로서의 트위터. <한국정당학회보>, 10(2), 189-220.

금희조 · 조재호 (2010). 스마트폰, 커뮤니케이션 격차, 그리고 정치 참여: 소셜 미디어 효과에 대한 스마트폰 이용의 조절 역할을 중심으로. <한국언론학보>, 54(5), 348-371.

길정아 (2011). 국회의원후보자 선정과정의 동학: 제18대 총선에서 한나라당과 통합민주당의 공천을 중심으로. <한국정치연구>, 20(1), 291-316.

김경희 (2009). <공화주의>. 서울: 책세상.

김계연 (2020. 2. 2). 윤석열 검찰총장 "대선 여론조사 후보서 빼달라". <연합뉴스>. [On-Line] Retrieved on 2/27/20 from https://www.yna.co.kr/view/AKR20200202045300004.

김관상 (2009). <TV 저널리즘과 대통령 선거>. 서울: 역락.

김광수 (2006). 정치 광고의 주요 쟁점. 오택섭 · 권혁남 · 김성태 (편). <현대 정치 커뮤니케이션 연구> (257-274쪽). 서울: 나남출판.

김광수 (2018). 애덤 스미스의 수사학 방법론 및 도덕철학과 [국부론]. <국제경제연구>, 24(3), 57-89.

김구 (2005). U-시대의 로컬거버넌스의 방향과 준비. <한국지역정보화학회지>, 8(2), 1-26.

김귀옥 (2018). 적폐 청산의 시대, 화해와 소통을 위한 사회운동의 방향. <통일인문학>, 76, 123-159.

김기린 (2012. 7. 28). 민주통합당 대선 예비 경선 후보 8명의 면면은? <조세일보>. [On-Line] Retrieved on 2/27/20 from http://www.joseilbo.com/news/htmls/2012/07/20120727149022.html.

김기정 · 김용호 · 정병석 (2000). 김대중 정부의 외교정책과 언론: 관계유형의 모색과 사례분석을 중심으로. <국제정치논총>, 40(4), 363-397.

김남석 (2001). 출입기자단-기자실 제도의 형성과정과 현황. <관훈저널>, 79, 185-196.

김대중 (2010). <김대중 자서전>. 서울: 삼인.

김대환 (1997). <참여의 철학과 참여민주주의. 참여민주주의와 한국사회>. 파주: 창작과 비평사. [On-Line] Retrieved on 6/9/20 from http://civilpower3.ivyro.net/wp-content/uploads/2015/11/%EC%B0%B8%EC%97%AC%EC%9D%98_%EC%B2%A0%ED%95%99%EA%B3%BC_%EB%AF%BC%EC%A3%BC%EC%A3%BC%EC%9D%98.pdf.

김동노 (2013). 시민운동의 정치 참여를 통해 본 시민운동의 성장과 한계. <현상과 인식>, 120, 59-85.

김무곤 (2005). 부정적 정치 광고의 효과 연구: 공격강도와 긍정-부정 복합 사용이 후보자 이미지 변화에 미치는 영향. <한국언론학보>, 49(6), 85-108.

김무곤 (2008). <미디어 정치와 민주주의>. 서울: 푸른세상.

김민남 · 김유원 · 박지동 · 유일상 · 임동욱 · 정대수 (2004). <새로 쓰는 한국언론사>. 서울: 아침.

김민혜 (2011). <정권과 언론의 밀월기간(honeymoon period)에 대한 연구: 김영삼, 김대중, 노무현, 이명박 정권 정치기사 헤드라인 분석을 중심으로>. 이화여자대학교 대학원 석사학위 논문.

김민환 (2002). <한국언론사>. 서울: 나남출판.

김병희 (2008). 북한의 광고환경에 관한 탐색적 분석. <커뮤니케이션 이론>, 4(1), 150-174.

김병희 (2013). 광고의 새로운 정의와 범위: 혼합연구방법의 적용. <광고학연구>, 24(2), 225-254.

김상배 (2010). <정보 혁명과 권력변환>. 서울: 한울.

김상희 (2008). 설득적 소통으로서의 법정 담론-변론문에 나타난 수사학적 논증 기법을 중심으로. <법학연구>, 3(1), 195-224.

김성탁 (2002. 1. 24). 한나라당도 국민참여경선. <중앙일보>. [On-Line] Retrieved on 2/27/20 from https://web.archive.org/

web/20190306042649/https://news.joins.com/article/4214418.

김성태 (2006). 인터넷을 통한 정치 의제 형성과 파급: 온라인의제 파급사례 및 정치웹진 분석. 오택섭 · 권혁남 · 김성태 (편). <현대 정치 커뮤니케이션 연구> (485-515쪽). 서울: 나남출판.

김성태 · 김여진 · 최홍규 · 김형지 (2011). 뉴미디어를 통한 소통 채널의 확장과 정치 참여 변화 연구: 인터넷과 소셜미디어를 주목하며. <평화연구>, 19(1), 5-38.

김성태 · 이영환 (2006). 인터넷을 통한 새로운 의제설정 모델의 적용: 의제 파급 (Agenda-Rippling)과 역의제 설정(Reversed Agenda-Setting)을 중심으로. <한국언론학보>, 50(3), 175-204.

김세은 (2017). 한국 '폴리널리스트'의 특성과 변화: 언론인 출신 국회의원을 중심으로. <한국언론학보>, 61(3), 7-54.

김수영 · 박승관 (2016). KBS와 BBC의 경제 뉴스 성격 비교연구: 공보 방송 모형과 공영 방송 모형. <미디어 경제와 문화>, 14(1), 39-84.

김수정 · 정연구 (2018). 한국 언론의 정치편향 성격에 관한 연구: 제19대 대선 보도 분석을 중심으로. <한국언론정보학보>, 88, 110-145.

김아연 (2017). [예능史④] '우리 회장님', 한국형 시사 풍자 코미디의 시작. <YTN>. [On-Line] Retrieved on 1/29/20 from https://www.ytn.co.kr/_ln/0117_201711060953092235

김연종 (2008). 제17대 대선 합동선거방송토론회의 설득 커뮤니케이션 효과. <스피치와 커뮤니케이션>, 9, 167-206.

김연주 (2013). 정치 포스터에 나타난 프로파간다 유형과 시각적 수사 접근 연구. <디자인지식저널>, 26, 201-210.

김영래 (2003). 한국 시민사회운동의 현황과 발전과제. <NGO연구>, 1, 5-33.

김영삼 (2000). <김영삼 회고록: 민주주의를 위한 나의 투쟁>. 서울: 백산서당.

김영욱 (2010). 선전인가, 공익인가?: 우리나라 정부 광고 집행의 문제점과 대안. <커뮤니케이션 이론>, 6(1), 295-336.

김영욱 · 임유진. (2009). 언론의 정부-언론 관계와 언론 정책에 대한 담론 변화 분석: 노무현, 이명박 정부에 대한 보도 이데올로기 차원 비교 평가. <한국언론학보>, 53(4), 94-115.

김영주 · 김춘식 (2005). <미디어 정치 시대의 미디어와 선거법>. 서울: 한국언론재단.

김영준 · 김경일 (2019). 대한민국 대통령의 언어스타일: 연설문에 나타난 언어적 특성과 심리적 특성. <인지과학>, 30(3), 105-132.

김영희 (2012). 한국전쟁기 이승만 정부의 언론 정책과 언론의 대응. <한국언론학보>, 56(6), 366-390.

김예란 (2004). <경성 뉴스와 연성 뉴스, 그 효용의 실제>. 서울: 미디어연구소.

김예지 · 김승인 (2014). 소셜 네트워크 서비스 문화적 특성 연구: 페이스북과 카카오스토리를 중심으로. <한국디지털디자인협의회 Conference 발표자료>, 309-312. 한국디지털디자인협의회: 경기 성남.

김왕석 · 이동욱 (1990). <한국 언론의 정치경제학>. 서울: 아침.

김용민 (2008). 키케로에 있어서 수사학과 정치. <한국정치연구>, 17(1), 217-239.

김용일 (2006). <선거와 언론: 선거에서 언론을 활용하는 방법>. 서울: Darby & Joan.

김용일 (2016). <대통령과 정치>. 서울: 다비앤존.

김용철 · 윤성이 (2005). E-Governance 구축의 전략적 모색: 정책 결정 과정의 관점에서. <한국정치학회보>, 39(5), 199-214.

김은미 · 이동후 · 임영호 · 정일권 (2011). <SNS 혁

명의 신화와 실체: '토크, 플레이, 러브'의 진화>. 서울: 나남.

김은이 (2015). SNS(트위터 · 페이스북) 가 시민 정치 참여에 미치는 영향: 한 · 미 비교연구. <정치커뮤니케이션 연구>, 37, 81-113.

김은이 · 최지향 (2015). 정향욕구와 정치 참여에 관한 연구: 참여적 뉴스 사용의 매개효과를 중심으로. <한국언론학보>, 59(3), 7-28.

김인경 · 박진우 (2008). 옥외 정치 광고가 유권자에게 미치는 효과: 명함형 정치 광고와 벽보용 정치 광고를 중심으로. <옥외광고학연구>, 5(1), 157-171.

김인숙 (2000). 웹진, 짧은 역사 불구 '제3의 매체 역할 톡톡히'. <Digital Contents>, 11, 36-42.

김인영 · 강태완 (2003). 제15, 16대 대통령 선거 TV 토론에 나타난 후보자 논증 전략. <스피치와 커뮤니케이션>, (2), 4-37.

김재영 · 이남표 · 양선희 (2008). 공영방송의 정체성 탐색과 이명박 정부의 방송정책에 대한 비판적 고찰. <방송문화연구>, 20(1), 69-95.

김재홍 (2003). 김대중 정부의 대북 포용정책에 대한 언론 논조와 국민 여론의 비교분석. <한국정치학회보>, 37(2), 197-218.

김정인 (2013). 해방 전후 민주주의'들'의 변주. <개념과 소통>, 12, 197-234.

김정주 (1998). 칸트의 [순수이성비판]에서의 통각 이론. <철학연구>, 42, 101-126.

김종길 (2005). 사이버 공론장의 분화와 숙의민주주의의 조건. <한국사회학>, 39(2), 34-68.

김종철 (2009). 공직선거법상 인터넷 언론규제에 대한 비판적 고찰. <언론과 법>, 8(2), 1-27.

김주언 (2008). <한국의 언론 통제: 언론 통제에 대한 마지막 기록이길 염원하며>. 서울: 리북.

김준철 (2015). <여론조사로 대통령 만들기>. 서울: 북앤피플.

김진주 (2020. 5. 21). '아이러브스쿨' 창업자, 300억대 주식 처분금 19년 만에 받는다. <한국일보>. [On-Line] Retrieved on 6/21/20 from https://www.hankookilbo.com/News/Read/202005201795724561.

김춘식 (2004). 선거 캠페인 환경 변화와 후보자의 부정적 캠페인 사용: 2002년 민주당 대통령 후보 국민경선제 캠페인 사례 분석. <한국언론학보>, 48(6), 343-369.

김춘식 (2005). <대통령 선거와 정치 광고>. 서울: 한국방송광고공사.

김춘식 (2006). 한국의 미디어 선거 캠페인과 법적 규제. 오택섭 · 권혁남 · 김성태 (편). <현대 정치커뮤니케이션 연구> (275-315쪽). 서울: 나남출판.

김춘식 (2013) 선거 뉴스와 미디어 선거 캠페인 노출이 정치 지식과 정치 참여에 미치는 영향: 오프라인 · 온라인 시민 정치 커뮤니케이션의 매개 역할 검증. <언론과학연구>, 13(3), 215-250.

김춘식 · 송종길 · 이민규 · 전영란 (2004). 제16대 대통령 선거 후보자의 TV 토론 수사 분석: Benoit의 정치 캠페인 수사 분석 틀 적용. <방송문화연구>, 16(2), 139-171.

김춘식 · 이강형 (2008). 언론의 선거보도에 나타난 캠페인 관련 인용구: 2007년 대통령 선거에 관한 신문보도 분석을 중심으로. <한국언론학보>, 52(4), 377-400.

김춘옥 (2005). <방송 저널리즘>. 서울: 커뮤니케이션북스.

김충렬 (1992). <동양사상산고 II>. 서울: 예문지.

김태경 (2017). 청와대 소통 방식 어떻게 달라졌나. <관훈저널>, 144, 66-72.

김하나 (2010). 미국의 부정적 정치 광고 정책이 정치 광고 효과에 미치는 영향. <광고연구>, (85),

78-102.

김하나 (2012). 유머 소구를 이용한 부정적 정치 광고의 효과연구: 인지적, 감정적, 행동적 효과를 중심으로. <광고연구>, (92), 209-235.

김학재 (2011). 정부수립 전후 공보부·처의 활동과 냉전 통치성의 계보. <대동문화연구>, 74, 61-97.

김해식 (1994). <한국언론의 사회학>. 서울: 나남.

김혁 (2014). 대통령의 리더십과 정책 의제설정 양태에 대한 연구: 역대 대통령들의 주요 연설문에 대한 내용분석을 중심으로. <한국정치연구>, 23(2), 77-102.

김현강 (2017). 언론 자유의 의미에 대한 담론적 접근. <언어 사실과 관점>, 40, 117-146.

김현희 (2014). 인종주의와 한국사회의 법문화: "다문화 사회"의 법의식. <비교문화연구>, 20(2), 5-46.

김혜숙 (2003). 어학: 소피스트 수사학에 나타나는 인식론 및 언어관. <독일어문학>, 23, 299-324.

김혜정 (2010). 시민의 참여동기와 정치 참여. <한국지방자치학회보>, 22(3) 83-104.

김호열 (2002). 선거 보도의 법률적 한계. <관훈저널>, 43(1), 153-162.

김호진 (1995). <한국정치체제론>(전정5판). 서울: 박영사.

김호진 (2006). <대통령과 리더십>. 서울: 청림출판.

김홍우 (2007). <한국 정치의 현상학적 이해>. 고양: 인간사랑.

김환열 (2000). <TV 토론의 이해>. 서울: 커뮤니케이션북스.

김희숙 (2016). 라디오의 정치: 1960 년대 박정희 정부의 농어촌 라디오 보내기 운동. <한국과학사학회지>, 38(3), 425-451.

나선미 (2002. 1. 3). [대선 여론조사 언론사마다 왜 다를까] 질문 내용 따라 결과 차이. <동아일보>. [On-Line] Retrieved on 2/27/20 from http://www.donga.com/news/article/all/20020102/7774980/1.

나은경·이강형·김현석 (2009). 댓글 읽기/쓰기를 통한 온라인 소통이 대의민주주의 사회에서 갖는 의미: 인터넷 뉴스 댓글 이용과 사회 신뢰, 정치 신뢰, 언론 신뢰, 그리고 정치 지식. <한국언론학보>, 53(1), 109-132.

나은영 (2012). SNS 중이용자와 경이용자의 현실인식 차이: 배양효과와 합의착각효과. <한국심리학회지: 사회 및 성격>, 26(3), 63-68.

남시욱 (1997). <체험적 기자론>. 서울: 나남.

남재일 (2006). 1987년 민주화 이후 취재관행에 나타난 정권-언론 관계 변화. <한국언론학보>, 50(4), 95-124.

남재일·박재영 (2007). <한국 기획 기사와 미국 피처스토리 비교분석>. 서울: 한국언론재단.

남현주·김하나 (2014). 정치적 소통 도구로써의 SNS 활용: 제18대 대선 후보자를 중심으로. <공공정책과 국정관리>, 8(1), 31-68.

남형도 (2020. 6. 3). "싸이월드 안돼요ㅠㅠ" 답답해서 본사 직접 찾아가 봤더니. <머니투데이>. [On-Line] Retrieved on 6/21/20 from https://news.mt.co.kr/mtview.php?no=2020060216225152317&type=1.

노대원 (2016). 체계 수사학을 이용한 문학 텍스트 분석과 작문 교육. <한국문학이론과 비평>, 20(4), 31-55.

노사모 (2019). '노사모' 민주주의 역사에 가장 빛나는 별이 되다. <사람 사는 세상 노무현재단>. [On-Line] Retrieved on 7/24/20 from https://www.knowhow.or.kr/web/board/boardView.php?pri_no=999448617&menuId=01010101&meta_id=found_news.

노승혁 (2017. 1. 5). 최성 고양시장, 민주당 대선 후보 경선출마 선언(종합). <연합뉴스>. [On-Line] Retrieved on 2/27/20 from https://news.naver.com/main/read.nhn?mode=LSD&mid=sec&sid1=100&oid=001&aid=0008937862.

노혜경 (2003). 노사모의 길을 묻다. <인물과 사상>, 2, 106-112.

동아일보 (2019. 12. 21). 국민 아랑곳 않는 '4+1' 누더기 선거법. <동아일보>, A27면.

류근성 (2007). 맹자 도덕철학에서 이성과 감성의 문제. <동양철학연구>, 52, 277-301.

류석진 · 이원태 · 이현우 (2005). 인터넷의 정치적 이용과 정치 참여: 제17대 총선에서 대학생 집단의 매체 이용과 투표 참여를 중심으로. <국가전략>, 11(3), 141-169.

모종린 · 전용주 (2004). 후보 경선제, 본선경쟁력 그리고 정당 민주화. <한국정치학회보>, 38(1), 233-253.

문동성 (2017). 청와대 취재 시스템의 변화와 평가. <관훈저널>, 143, 74-80.

문원기 · 이수범 (2015). 소셜미디어가 정치 참여에 미치는 영향: 국내 문헌 연구에 대한 메타분석. <한국언론학보>, 59(4), 133-162.

문재완 (2013). 언론법과 사회통합. <저스티스>, 134(2), 534-555.

문재학 (2014). 정치 광고의 메시지 유형이 설득 효과에 미치는 영향: 설득지식의 조절 효과. <한국콘텐츠학회논문지>, 14(5), 380-389.

미디어미래연구소 (2015). <대한민국 유료방송 50년사> 대전: 한미디어.

민영 (2006). 정치 광고의 이슈 현저성과 후보자 선호도에 대한 효과: 이슈소유권(issue ownership)과 네거티브 소구(negative appeals)를 중심으로. <한국언론학보>, 50(5), 108-131.

민영 (2008). <미디어 선거와 의제설정>. 파주: 나남.

민영 · 주익현 (2007). 사회자본의 민주주의 효과: 미디어 이용과 사회자본이 정치적 관심과 신뢰 및 참여에 미치는 영향. <한국언론학보>, 51(6), 190-217.

민정식 (2012). 트위터(Twitter) 이용과 정치 참여: 트위터 이용 형태를 중심으로. <언론과학연구>, 12(2), 274-303.

박경훈 (2020. 2. 4). [팩트체크] '손학규 1인 정당' 된다면…125억 '허공으로'. <이데일리>. [On-Line] Retrieved on 2/27/20 from https://www.edaily.co.kr/news/read?newsId=03545686625667240&mediaCodeNo=257&OutLnkChk=Y.

박명림 (2005). 헌법, 헌법주의, 그리고 한국 민주주의: 2004 년 노무현 대통령 탄핵사태를 중심으로. <한국정치학회보>, 39(1), 253-276.

박민경 · 이건호 (2011). 온라인 오피니언 리더의 담론 유형 탐구: '세종시' 관련 인터넷 토론방 다음 아고라 '선도의견'을 중심으로. <언론정보연구>, 48(1), 114-149

박상운 (2014). 왜 SNS에서 정치 양극화가 지속되는가?: 의사소통 대상, SNS 정보 신뢰도, 타인 신뢰도를 중심으로. <사회과학연구>, 30(1), 235-252.

박상필 (2001). <NGO와 현대사회>. 서울: 아르케.

박상필 (2002). <NGO와 정부 그리고 정책>. 서울: 아르케.

박상훈 (2013). <만들어진 현실: 한국의 지역주의, 무엇이 문제이고, 무엇이 문제가 아닌가>. 서울: 후마니타스.

박성철 · 박호경 · 장품 · 구나영 (2013). 언론인 선거운동 금지조항의 위헌성: 공직선거법 제60조 제1항 제5호 중 제53조 제1항 제8호를 중심으로. <언론과 법>, 12(2), 115-146.
박성희 (2001). 공론으로서의 사과문(apologia)의 수사학적 상황 비교분석. <사회과학연구논총>, 7, 215-234.
박성희 (2009). 대통령 취임 연설의 제의적(Epideictic) 특성 수사 분석: 버락 오바마 미국 대통령 취임연설문을 중심으로. <스피치와 커뮤니케이션>, 11, 195-222.
박성희 · 이자원 (2019). 대통령 유엔총회 기조연설문 평화 레토릭 비교분석-박근혜 대통령과 문재인 대통령 연설을 중심으로. <수사학>, 36, 117-143.
박성희 · 이윤지 (2011). 미국 대통령 취임 연설문의 제의성(祭儀性)과 가치지향: 토마스 제퍼슨에서 버락 오바마까지 11개의 취임연설문을 중심으로. <사회과학연구논총>, 26, 53-81.
박성희 · 이자원 · 석지윤 (2013). 수사적 상황과 역할에 따른 대통령 수사학 장르 분석: 박정희 전 대통령과 박근혜 대통령의 방미 연설을 중심으로. <수사학>, 19, 75-104.
박수현 (2010). 미(美) 군정(軍政) 공보기구(公報機構) 조직의 변천(1945.8~1948.5). <한국사론>, 56, 367-436.
박수형 (2014). 대통령 후보 선출제도 변화 연구: 한국 정당은 왜 그리고 어떻게 '국민경선제'를 도입하게 됐나? <한국정치학회보>, 48(4), 197-223.
박승관 · 장경섭 (2000). 한국의 정치 변동과 언론권력: 국가-언론관계 모형 변화. <한국방송학보>, 14(3), 81-113.
박승배 · 김일석 (2008). 광고와 커뮤니케이션의 기호학에 관한 연구. <정보디자인학연구>, 11, 35-46.
박승희 (2014). 청와대 취재와 보도. <관훈저널>, 133, 27-34.
박아란 (2019). '가짜뉴스'와 온라인 허위정보(disinformation) 규제에 대한 비판적 검토. <언론정보연구>, 56(2), 113-155.
박연진 · 김관규 (2014). TV 토론의 후보자 설득 전략과 효과에 관한 연구: 2012 년 제18대 대통령 선거 TV 토론을 중심으로. <언론과학연구>, 14(4), 77-105.
박영득 (2019). 유튜브에 나타난 정치의 사인화와 정당정치의 미래. <글로벌정치연구>, 12(2), 1-29.
박영상 (1998). 한국 통신의 어제와 오늘. <관훈저널>, 68, 38-50.
박영석 (2008). <선거와 TV 토론>. 서울: 커뮤니케이션북스.
박영환 (2008). 폴리널리스트. <관훈저널>, 107, 39-45.
박영환 (2013). 대통령의 레토릭과 한국 대통령의 지지도. <한국정치연구>, 22(3), 63-94.
박용규 (2000). 한국 통신사의 구조적 특성의 형성과정: 1945~1980의 시기를 중심으로. <한국언론정보학보>, 14, 150-181.
박용수 · 정소성 · 이적 · 이선관 · 노가원 · 장정임 · 정인화 · 이소리 · 유순하 · 허수정 · 육봉수 · 김기홍 · 최명학 · 오하룡 · 이하석 · 김태수 · 이완규 (1995). <김대중 살리기>. 서울: 시와사회사.
박원준 · 박승대 · 김광석 (2008). 대학생들의 정치관여도와 정당 선호도에 따른 옥외정치 광고효과에 관한 연구. <옥외광고학연구>, 5(3), 69-90.
박재영 · 전형준 · 이규연 · 이진영 (2008). 황우석 사건의 교훈: 기자들은 무엇을 배웠으며 과학보도는 어떻게 변했다고 인식하는가? <한국언론학보>, 52(2), 226-253.
박종민 (1993). 정치적 지지의 근원으로서의 매체노출. <한국정치학회보>, 27(1), 305-330.

박종화 (2005). <한국의 정치는 신문이 죽인다>. 서울: 커뮤니케이션북스.

박주민 (2012). 인터넷을 통한 선거운동과 공직선거법. <법학연구>, 15(1), 149-184.

박주현 (2013). <이것이 미디어 정치다>. 파주: 한국학술정보.

박찬욱 (2008). <제17대 대통령 선거를 분석한다>. 서울: 생각의 나무.

박찬표 (2004). 미디어의 정치적 기능과 제도화에 관한 연구-정치 광고를 중심으로. <아세아연구>, 47(2), 149-181.

박찬표 (2016). 국민참여경선제의 제도 차이의 발생 배경에 대한 연구: 16~제18대 대선후보 경선 제도 비교. <미래정치연구>, 6(1), 65-87.

박치성 · 남기범 · 오재록 (2012). 관료 권력과 언론 보도의 상관관계에 관한 탐색적 연구: 정부 부처들의 실제 업무 관계와 언론 보도에 나타난 업무 관계 비교분석. <한국정책연구>, 12(2), 147-165.

박태근 (2020. 2. 1). 윤석열 대선주자 선호도 2위 급부상…무당층 높은 지지. <동아일보>. [On-Line] Retrieved on 2/27/20 from http://www.donga.com/news/article/all/20200131/99477890/2.

박태우 (2018. 12. 3). 다음 아고라, 내년 1월 역사 속으로. <한겨레>. [On-Line] Retrieved on 6/21/20 from http://www.hani.co.kr/arti/economy/it/872853.html.

박현모 (2007). 박정희의 '민주공화주의'관 변화 연구: [박정희 대통령 연설문집]을 중심으로. <한국동양정치사상사연구>, 6(2), 71-93.

박형준 (2013). '공정성' 개념과 평가에 대한 기자들의 인식 연구. <언론과학연구>, 13(1), 262-289.

박홍엽 (2003). 대통령 후보 결정 요인에 관한 연구. <한국정책연구>, 3(1), 1-19.

방성현 · 이건호 (2013). 일간지 기사와 보도자료 프레임 비교를 통한 비구성적 현실 탐색: 4대강 사업 사례 분석. <한국언론학보>, 57(1), 163-186.

배성인 (2016). 촛불 항쟁과 박근혜 퇴진의 정치사회학. <진보평론>, (70), 13-34.

배찬복 (2006). <한국 정치: 그 원인과 처방>. 파주: 법문사.

백승권 (1998). 먼저 조사받아야 할 여론조사. <저널리즘 비평>, 23권, 31-35.

서복경 (2016). <한국 1세대 유권자의 형성: 제1 · 2 공화국의 선거>. 파주: 마인드탭.

서울대학교 정치학과 (2002). <정치학의 이해>. 서울: 박영사.

서중석 (2008). <대한민국 선거 이야기: 1948 제헌 선거에서 2007대선까지>. 서울: 역사비평사.

석진환 (2015). 정부수립 이후 '대통령 기자회견'변천사: 질문하는 방법을 망각해버린 한국 언론 60년. <관훈저널>, 134, 18-27.

설진아 (2012). <소셜미디어와 사회 변동>. 서울: 커뮤니케이션북스.

성낙인 (2002). 선거법과 언론. <서울대학교 법학>, 43(3), 229-264.

성낙인 (2009). 인터넷과 표현의 자유. <언론과 법>, 8(1), 98-128.

성낙인 · 권건보 (2006). 선거방송심의제도의 헌법적 검토. <서울대학교 법학>, 47(1), 155-214.

성지연 · 박정의 (2019). 빅데이터 분석을 이용한 제19대 대통령 선거 언론 보도 연구. <커뮤니케이션학 연구>, 27(3), 75-104.

성치훈 · 진영재 (2016). 한국 정당의 국민참여경선제 도입 적실성과 보완점: 제도와 유권자문화를 중심으로. <의정연구>, 49, 83-114.

손세일 (1994). <김대중과 김영삼>. 서울: 일월서각.

손영준 (2004). 언론의 구조적 요인이 선거 보도에 미치는 영향: 미국 대통령 선거 취재기자들의 인식을 중심으로. <한국언론학보>, 48(4), 102-125.

손태규 (2004). <서술적보도와 해석적보도: 신문 정치면 비교분석>. 서울: 미디어연구소.

손태규 (2008). '좋은 뉴스'가 '좋은 비즈니스'인데… <관훈저널>, 108, 3-7.

송건호 (1990). <한국현대언론사>, 서울: 삼민사.

송경재 (2009). 네트워크 시대의 시민운동 연구: 2008 촛불 집회를 중심으로. <현대정치연구>, 2(1), 55-83.

송은지 · 이건호 (2014). 대통령 선거개입 이슈 보도: 김영삼~이명박 대통령 시기 신문과 정권의 정파성에 따른 뉴스 분석. <한국언론학보>, 58(3), 228-250.

송의호 · 이상식 (2009). 참여정부의 브리핑제도 시행 전후의 보도행태 비교연구. <정치커뮤니케이션연구>, 12, 127-167.

송인덕 (2014). 언론사의 정파성 인식과 수용자의 정치성향에 따른 편향적 매체지각: 신문사설을 중심으로. <커뮤니케이션 이론>, 10(3), 222-257.

송인수 · 김진구 (1996. 2. 9). 법 조항 따로… 현실 따로/선거법 혼선 증폭. <동아일보>, 3면.

송종길 (2006). 공직후보 TV 토론. 오택섭 · 권혁남 · 김성태 (편). <현대 정치 커뮤니케이션 연구> (207-256쪽). 서울: 나남출판.

송종길 (2008). <미디어 선거와 케이블TV: 동시 지방선거를 통해 살펴본 케이블TV 선거방송의 역할과 영향력>. 서울: 커뮤니케이션북스.신두철 (2016), <권위주의 시대 선거: 제3공화국과 유신체제>. 파주: 마인드탭.

신소연 · 이상우 (2012). 트위터와 페이스북 이용자들이 형성하는 사회자본 유형이 정치 참여에 미치는 영향. <사이버커뮤니케이션학보>, 29(4), 191-232.

신승근 (2012. 8. 20). 새누리 경선 투표율 41% '역대 최저' 기록. <한겨레>. [On-Line] Retrieved on 2/27/20 from http://www.hani.co.kr/arti/politics/politics_general/547685.html#csidx14e0c7df288d34d88a45313ad0271f9.

신정록 (2007). 노무현 대통령과 언론 기사. <관훈저널>, 105, 13-19.

신현기 · 우창빈 (2018). 대통령은 국민의 목소리에 어떻게 반응하나: 대선공약, 국정과제, 예산의 관계를 중심으로. <한국사회와 행정연구>, 29(3), 1-24.

심미선 · 김은미 · 오하영 · 김반야 (2012). 스마트함이란 무엇인가?: 이용자의 스마트 미디어에 대한 인식을 중심으로. <한국방송학보>, 26(3), 255-297.

심석태 (2011). 공인 개념의 현실적 의의와 범위에 대한 고찰: 법무부 '수사공보준칙'에 나타난 공인 개념을 중심으로. <언론과 법>, 10(2), 207-236.

심홍식 · 이영희 · 박현아 · 남인용 (2018). 청와대 대변인실의 소통 방식에 대한 연구: 주요국 정부 대변인 제도에 대한 비교분석을 중심으로. <정치커뮤니케이션연구>, 48, 37-78.

안서현 · 이건호 (2019). 인지적 · 정서적 차원의 정향욕구 탐색: 의제설정효과 발생 원인의 개념 정교화. <한국언론학보>, 63(5), 367-399.

안수찬 (2007). <스트레이트를 넘어 내러티브로: 한국형 이야기 기사 쓰기>. 서울: 한국언론재단.

안순철 (2005). <미국의 예비 선거: 비교정치학적 접근>. 서울: 단국대학교출판부.

안용수 (2017. 1. 15). 이인제, 네 번째 대선 도전… "집권 시 6개월 내 개헌"(종합). <연합뉴스> [On-Line] Retrieved on 2/27/20 from https://news.naver.com/main/read.nhn?mode=LSD&mid=sec&sid1=100&oid=001&aid=0008960524.

안정윤 · 이종혁 (2015). ‘네트워크 의제설정의 출현’: 뉴스 매체와 온라인 게시판 간 이슈 속성 네트워크의 유사성 분석. <한국언론학보>, 59(3), 375-394.

안종기 · 박상운 (2014). TV 토론 시청이 선거 과정에 대한 인식과 숙의적 대화 참여에 미치는 영향. <사회과학연구>, 40(2), 183-208.

양선희 (2020). 유튜브 저널리즘의 시대, 전통적 저널리즘의 대응현황과 과제. <사회과학연구>, 31(1), 245-262.

양승목 (1997). 여론조사와 제3자 효과. <언론과 사회>, 18, 6-28.

양승찬 (1998). 제3자 효과 가설과 침묵의 나선 이론의 연계성: 여론조사 보도에 대한 제3자 효과 지각과 공개적 의견 표명과의 관계를 중심으로. <한국언론학보>, 43(2), 109-141.

양승찬 (2003). <대통령 선거와 미디어>. 서울: 한국언론재단.

양승찬 (2019). 정치커뮤니케이션 연구회 60년: 최근 10년의 연구 동향을 중심으로. <한국언론학연구 60년: 성과와 전망> (187-224쪽). 서울: 한국언론학회.

양승찬 · 서희정 (2013). 대통령 선거 후보 지지도 조사 결과에 대한 여론 분위기 지각과 감정 반응이 유권자 정치 참여에 미치는 효과연구. <언론과학연구>, 13(2), 227-260.

양정애 · 이현우 (2013). 크로스 플랫폼 뉴스 소비 유형에 따른 커뮤니케이션 효과 격차: 정치지식, 정치효능감, 정치 대화를 중심으로. <한국방송학보>, 27(5), 162-203.

엄기홍 (2009). 2008년 미국 대통령 예비 선거. 미국정치연구회 (편) <2008년 미국 대선을 말한다: 변화와 희망> (227-252쪽). 서울: 오름.

여국현 (1997). ‘사이버 문학’과 사이버 시대의 텍스트 짜기: 「사이버 문학의 도전」에 대한 비판을 중심으로. <문화과학>, 11, 204-213.

연지영 · 이건호 (2014). 성과 정치 리더십에 대한 언론 프레임 연구: 18 대 대통령 선거 보도를 중심으로. <한국언론학보>, 58(1), 199-225.

염강수 (2007). 역대 정부의 언론 정책 변화와 취재 관행 변화. <관훈저널>, 103, 91-97.

염재호 (2005). 정책 토론의 논리와 수사: 사회자의 관점에서 본 시사 토론의 설득과 수사. <수사학>, 2, 81-94.

염정윤 · 정세훈 (2018). 가짜뉴스에 대한 인식과 팩트체크 효과 연구: 기존 신념과의 일치 여부를 중심으로. <한국언론학보>, 62(2), 41-80.

염정윤 · 정세훈 (2019). 가짜뉴스 노출과 전파에 영향을 미치는 요인: 성격, 뉴미디어 리터러시, 그리고 이용 동기. <한국언론학보>, 63(1), 7-45.

오대영 (2018). 유튜브 정치 동영상 이용이 정치사회화에 미치는 학습효과: 정치효능감, 정치관심도, 정치 참여를 중심으로. <교육문화연구>, 24(1), 97-115.

오연호 (2006). 상호작용성의 두 차원과 인터넷저널리스트의 변천. <커뮤니케이션 이론>, 2(2), 104-149.

오택섭 · 강현두 · 최정호 · 안재현 (2009). <뉴미디어와 정보사회>. 서울: 나남.

오택섭 · 박선희 · 이강형 · 민영 (2008). 텔레비전 후보자 토론회와 적대적 매체지각: 제17대 대통령 후보 토론회를 중심으로. <한국방송학보>, 22(4), 127-164.

우승용 · 이준웅 (2002). <선거 보도와 정치적 냉소주의: 2002년 대통령 후보 경선 보도를 중심으로>. 서울: 한국언론재단.

우형진 (2006). 문화계발이론의 ‘공명효과’(resonance

effect)에 대한 재고찰. <한국언론학보>, 50(6), 254-276.

원성심 · 김경호 (2020). 유튜브를 통한 정치인의 자기표현: '인플루언서' 채널의 특성을 중심으로. <한국방송학보>, 34(3), 137-173.

원희영 · 윤석민 (2015). 종합편성채널의 보도 공정성에 관한 연구: 제18대 대통령 선거에 대한 메인 뉴스 분석을 중심으로. <한국방송학보>, 29(1), 117-148.

유선영 · 이오현 (2001). <새로운 신문 기사 스타일: 역피라미드 스타일의 한계와 대안>. 서울: 한국언론재단.

유성진 · 조성대 (2009). 2008년 미국 대통령 예비선거. 미국정치연구회 (편) <2008년 미국 대선을 말한다: 변화와 희망> (25-64쪽). 서울: 오름.

유세경 · 이지영 (2004). 다 사용자 온라인 게임 이용이 이용자의 현실인식에 미치는 영향. <사회과학연구논총>, 12, 417-437.

유신모 (2008). 기자실 중심의 취재문화를 어떻게 볼 것인가. <관훈저널>, 107, 220-233.

유영철 (2012). 소셜네트워크 (SNS) 상에서의 정보전달과 시민 참여의 권유 및 참여 결정 특성에 관한 연구: 촛불 집회 참여와 On-Line 커뮤니티 단체들의 성격 분석. <한국지역정보화학회지>, 15(2), 103-120.

유인환 (2004). <선거 캠페인>. 서울: 토파민.

유일상 (2012). <양김시대 한국언론>. 서울: 시간의 물레.

유재천 · 이민웅 (1994). <정부와 언론>. 서울: 나남출판.

유종숙 (2005). 우리나라 정치 광고 연구의 동향 및 과제. <한국광고홍보학보>, 7(5), 98-133.

유현종 (2011). 선거운동 규제의 제도적 변화와 지속성: 국회의원 선거운동 관련 제도를 중심으로. <한국정치학회보>, 45(1), 87-111.

유홍식 (2010). 악성 댓글에 대한 제3자 효과 연구. <한국방송학보>, 24(5), 238-278.

육영수 (2013). 이미지와 슬로건으로 읽는 북한의 정치 문화: 포스터 분석을 중심으로, 1990-2000. <역사와 경계>, 86, 131-158.

윤석민 (2007). <커뮤니케이션의 이해>. 서울: 커뮤니케이션북스.

윤석민 (2020). <미디어 거버넌스: 미디어 규범성의 정립과 실천>. 파주: 나남.

윤선영 · 김수연 (2020). 선거기간 동안 정치인의 커뮤니케이션 방향성과 메시지 유형을 활용한 페이스북 커뮤니케이션 전략이 유권자의 정치 참여 의도에 미치는 영향. <광고 PR 실학연구>, 13(1), 103-129.

윤성옥 (2008). 국내 선거방송심의규정에 위헌성에 관한 연구. <한국방송학보>, 22(5), 170-209.

윤성이 (2009). 촛불과 정치 참여 특성의 변화: 행위자, 구조, 제도를 중심으로. <세계지역연구논총>, 27(1), 315-334.

윤영철 (2001). 온라인 저널리즘과 뉴스 패러다임의 변화. <사이버커뮤니케이션학보>, 7, 182-213.

윤영철 · 나승안 (1999). 신문뉴스의 '가상공간 저널리즘' 활용. <언론과 사회>, 24, 108-146.

윤용희 (2008). <미국의 대통령 선거>. 파주: 살림출판사.

윤종빈 (2008). 2007년 대선과 정당의 후보 선출: 대통합민주신당과 한나라당을 중심으로. <세계지역연구논총>, 26(1), 31-55.

윤종빈 (2010). 선거방송 TV 토론의 현황 연구. <대한정치학회보>, 18(2), 149-167.

윤지희 · 이건호 (2011). 한국 5개 종합일간지 오보 정정의 특성에 대한 고찰: 2000~2009년 정정보도 유형에 따른 빈도, 형식, 내용을 중심으로. <한국언론학보>, 55(4), 27-53.

윤형석 (2019). 선거여론조사결과 공표금지 조항

의 위헌성 및 입법적 대안. <언론과 법>, 18(3), 81-108.

윤호영 · 박한우 (2011). 한국 정치인들의 트위터 활용 방식: 정치인 트위터 메시지 및 이름 언급 연결망 분석. <동아인문학>, 20, 559-582.

이강형 (2006). 현대 선거에서의 매스미디어 캠페인 역할. 오택섭 · 권혁남 · 김성태 (편). <현대 정치 커뮤니케이션 연구> (179-205쪽). 서울: 나남출판.

이건호 (2006a). 디지털 시대 의제 설정 효과로서의 점화 이론: 인터넷 매체가 수용자의 인식과 가치 판단 설정에 미치는 영향 연구. <한국언론학보> 50(3), 367-392.

이건호 (2006b). 한국 인터넷 매체들의 상호 의제 설정 효과: 8개 온라인 신문을 중심으로. <한국언론학보>, 50(4), 200-227.

이건호 (2008). <기자실의 효율적 운영을 위한 진단과 제언>. 한국기자협회 · 한국방송학회 "이명박 정부, 새 언론 관계의 모색: 출입처와 기자실 개선 방안" 세미나. 서울: 프레스센터.

이건호 (2010). <언론 글쓰기, 이렇게 한다: 예비 언론인을 위한 기획기사 작성 방법>. 서울: 한울.

이건호 (2012). 포털 그리고 저널리즘. <관훈저널>, 124, 11-18.

이건호 (2013). 기자실의 의미와 역할. <관훈저널>, 126, 243-249.

이건호 (2017). <스트레이트 뉴스, 이렇게 쓴다: 개념과 함의, 그리고 공식>. 서울: 이화여자대학교출판문화원.

이건호 · 고흥석 (2009). 취재원 활용을 통해 살펴본 한국 신문의 보도시각 고찰: 미국 쇠고기 수입 관련 기사에 나타난 취재원 신뢰도와 유인가(Valence) 분석을 중심으로. <한국언론학보>, 53(3), 347-369.

이건호 · 유찬윤 · 맥스웰 맥콤스 (2007). 의제설정이론의 정향욕구 개념에 대한 탐구적 제언. <한국언론학보>, 51(6), 411-438.

이건호 · 정완규 (2008). 한국과 미국 신문의 1면 기사 비교: 취재 영역 및 보도 형태별 취재원 출현에 따른 심층성 분석. <한국언론학보>, 52(4), 25-49.

이건호 · 최윤정 · 안순태 · 차희원 · 임소혜 (2013). <커뮤니케이션과 사회>. 서울: 이화여자대학교출판문화원.

이경탁 (2008). 정치 광고에 대한 인지적 반응과 정서적 반응: 광고 태도의 매개 효과를 중심으로. <광고학연구>, 19(5), 283-303.

이경탁 · 이수형 (2010). 한국 대통령 선거에서 부정 정치 광고의 사용에 관한 연구. <마케팅논집>, 18(1), 61-79.

이구현 · 김덕모 (2002). <대통령 선거 보도 연구: 공공성 제로를 위한 제도적 개선 방안>. 서울: 한국언론재단.

이귀혜 (2007). 한국 대통령들의 설득 수사학: 에토스 · 파토스 · 로고스 개념을 중심으로. <스피치와 커뮤니케이션>, 8, 276-312.

이귀혜 · 강남준 · 이종영 (2008). 탄핵 시기 노무현 대통령의 수사학 연구: 컴퓨터 언어 분석 기법을 중심으로. <한국언론학보>, 52(5), 25-55.

이극찬 (1991). <정치학>(제4전정판). 서울: 법문사.

이나연 (2017). 미디어 이용에 따른 오정보(誤情報 · misinformation) 습득이 정치 참여 의도에 미치는 영향에 대한 연구. <한국방송학보>, 31(6), 118-151.

이낙연 (2007). 대통합민주신당 대변인 [브리핑] 예비 후보자 확정 및 본경선 후보인 수 확정. <더불어민주당 대선 자료실>. [On-Line] Retrieved on 2/27/20 from https://web.archive.org/web/20190726003902/http://theminjoo.kr/President/briefingDetail.

do?bd_seq=7930.

이대희 (2005). 감성 정부와 이성 정부의 비교론적 고찰. <한국사회와 행정연구>, 16(1), 1-34.

이동근 (2018). 주요일간지의 '최순실 게이트' 사건 보도 고찰: 미디어의 이념적 성향에 관한 미디어 사회학적 연구. <언론과학연구>, 18(3), 92-128.

이동윤 (2012). 한국 정당의 후보공천과 대표성. <정치정보연구>, 15(1), 93-126.

이동훈 (2009). 숙의적 공론장으로서 블로그 공간의 의사소통적 관용에 대한 연구. <한국언론학보>, 53(4), 27-49.

이문수 (2009). 통치(Government), 통치성(Governmentality), 거버넌스 그리고 개인의 자유. <한국거버넌스학회보>, 16(3), 71-91.

이문호 (2012). <뉴스 통신사 24시>. 서울: 커뮤니케이션북스.

이민우 (2017. 9. 18). 한국은 북한 두려워하지 않는 유일한 나라. <시사저널>. [On-Line] Retrieved on 1/28/20 from http://www.sisajournal. com/news/articleView.html?idxno=171337

이범수 · 김민영 (2006). 연설텍스트의 수사적 체계 분석: 노무현 대통령 취임사를 중심으로. <수사학>, 4, 179-209.

이병국 (1999). 한 · 미 양국의 대통령 홍보. <관훈저널>, 71, 290-298.

이병완 (2009). <박정희의 나라 김대중의 나라 그리고 노무현의 나라>. 서울: 나남.

이상철 (2003). <파이드로스>에 나타난 플라톤의 설득 커뮤니케이션. <한국언론학보>, 47(5), 115-141.

이상철 (2015). 2008년 미국 대통령 후보자 TV 토론의 수사 기법과 전략 분석: 오바마와 맥케인 후보의 언어와 비언어 텍스트 중심으로. <수사학>, 24, 181-224.

이석용 · 정이상 (2010). 웹 2.0 시대의 SNS(Social Network Service)에 관한 고찰. <경영과 정보연구>, 29(4), 143-167.

이성철 · 백운순 (2002). 한국 시민사회운동의 정치기회구조에 관한 비교연구: 총선시민연대의 낙천, 낙선 운동과 노사모 운동을 중심으로. <지역발전연구>, 2(2), 277-293.

이수범 (2008). 제17대 대통령 선거의 정치 광고에 관한 연구. <정치커뮤니케이션 연구>, 8, 87-113.

이수범 · 문원기 (2016). 정치 광고의 효과에 대한 메타분석. <한국광고홍보학보>, 18(2), 182-212.

이수범 · 박정의 (2011). 텔레비전 토론의 효과연구. <선거연구>, 2, 109-132.

이수영 · 내가영 (2011). 마이크로 블로그 이용자의 능동성에 관한 탐색적 연구: 트위터와 미투데이 이용자의 생산적 활동을 중심으로. <방송통신연구>, 73, 171-200.

이숙정 · 백선기 · 한은경 (2013). 교육 수준에 따른 정치 참여 격차: 뉴스 미디어, 사회적 연결망, 정치 사회적 대화를 중심으로. <한국언론학보>, 57(5), 113-136.

이승선 (2010). 인터넷 광고 심의에 대한 법적 고찰. <한국광고홍보학보>, 12(4), 400-437.

이승선 (2014). 언론법제와 규제: 표현의 자유 논의의 흐름 및 주요 쟁점을 중심으로. <사회과학연구>, 25(4), 473-498.

이승선 (2015). 언론학적 관점에서 본「부정청탁 및 금품 등 수수의 금지에 관한 법률」의 위헌성: 취재의 자유와 언론환경 변화를 중심으로. <언론과 법>, 14(3), 81-113.

이승선 (2017). 한국 공인 연구 30년: 누가, 언제 '공인'에 대해 무엇을 연구했는가?. <언론과 법>, 16(1), 1-51.

이승철 (2015). 기초의회 의원 지방선거에서 정당 공천제의 효과성 분석. <한국지방자치학회보>, 27(4), 1-21.

이시훈 (2007). 광고의 개념 재정립과 이론화: 상호 작용 광고의 영향을 중심으로. <커뮤니케이션 이론>, 3(2), 153-188.

이시훈 (2010). 온라인 행태정보 분석에 기반한 맞춤형 광고의 규제 정책에 관한 연구. <언론과 법>, 9(2), 49-73.

이영화 · 전승우 (2013). 정치적 이념성향과 일치하는 공포 소구 정치 광고의 설득 효과. <광고학 연구>, 24(7), 39-65.

이옥진 (2020. 2. 5). 코커스는 당원만 참여… 프라이머리는 일반 유권자도 가능. <조선일보>, A18면.

이원섭 (2010). 국내 신문의 사회칼럼과 사설 논조의 상관관계 분석. <언론과학연구>, 10(2), 421-469.

이원종 (2006). <국민 참여 시대의 한국 정당>. 파주: 나남.

이원태 (2013). 스마트 모바일 환경에서 참여격차의 개념화와 정책과제. <21세기정치학회보>, 23(2), 371-395.

이윤정 · 지정훈 · 우균 · 조환규 (2009). 인터넷 게시물의 댓글 분석 및 시각화. <한국콘텐츠학회논문지>, 9(7), 45-56.

이재경 (1997). 기계적 공정성이 문제 되는 이유. <신문과 방송>, 323, 138-139.

이재경 (2006). 한 · 미 신문의 대통령 취재 관행 비교: 조선일보와 뉴욕 타임스. <언론과 사회>, 14(4), 37-69.

이재신 · 이영수 (2009). 정치 정보 습득, 관여도, 정치적 불만과 정치 참여 유형의 관계. <한국언론학보>, 53(2), 183-205.

이재진 · 이창훈 (2010). 법원과 언론의 공인 개념 및 입증 책임에 대한 인식적 차이 연구. <미디어 경제와 문화>, 8(3), 235-286.

이재진 · 진승현 (2018). 공인에 대한 언론사와 언론인의 인식 연구. <언론과 법>, 17(1), 1-50.

이종수 (1995). TV 토론과 미디어 정치: 95년 서울시장 선거 후보 TV 토론회를 중심으로. <저널리즘 비평>, 16, 4-17.

이종수 · 윤영진 외 (2012). <새 행정학>. 서울: 대영문화사.

이종혁 · 길우영 (2019). 토픽모델링을 이용한 뉴스 의제 분류와 미디어 다양성 분석: 대통령 신년 기자회견 관련 뉴스 분석을 통해. <한국방송학보>, 33(1), 161-196.

이종훈 (2007. 7. 24). 한나라 "경선과열" 합동유세 잠정 중단. <동아일보>. [On-Line] Retrieved on 2/29/20 from http://www.donga.com/news/article/all/20070724/8470187/1.

이준웅 (2006). 정치 커뮤니케이션의 주요 변수와 연구방법. 오택섭 · 권혁남 · 김성태 (편). <현대 정치 커뮤니케이션 연구> (59-103쪽). 서울: 나남출판.

이준호 (1999). <미디어 환경 변화와 케이블TV>. 서울: 커뮤니케이션북스.

이창수 (2008). 노무현 전 대통령의 연설문에 나타난 정체성 연구: 비평 담화분석 관점에서. <담화와 인지>, 15(2), 143-161.

이현우 (2006). 16대 대통령 선거에서 나타난 이슈와 후보자 전략. 어수영 (편). <한국의 선거 V: 제16대 대통령 선거와 제17대 국회의원 선거> (39-74쪽). 서울: 오름.

이현출 (2008). 제18대 총선과 지방행정: 개정된 선거법의 고찰. <지방행정>, 57(653), 45-54.

이화행 (2015). 선거 보도 심의기구의 역할에 대한 탐색적 연구: 인터넷선거보도심의위원회를 중심으로. <지역과 커뮤니케이션>, 19(3), 169-

190.
이효성 (2003). 전통 뉴스 매체와 뉴스 웹 이용이 이민자들의 주류 정치사회화에 미치는 매개적 역할: 정치지식, 정치관심, 정치활동 참여 변인 예측. <한국언론정보학보>, 22, 211-247.
이효성 (2008). 인터넷과 모바일 매체를 이용한 참여 군중(smart mobs)의 정치 참여 가능성과 한계. <사회과학연구>, 24(4), 203-219.
이희복 (2005). 정치 광고의 이미지 소구: 17 대 총선 TV 광고를 중심으로. <스피치와 커뮤니케이션>, (4), 179-212.
임명진 · 전영석 (2011). 대통령의 에너지 관련 라디오 인터넷 연설 분석: 에토스 · 파토스 · 로고스 개념을 중심으로. <에너지 기후 변화 교육>, 1(1), 73-80.
임순미 (2009). 정치리더의 가치프레임: 김대중 대통령과 이명박 대통령의 취임사 비교. <국가정책연구>, 23(4), 35-66.
임영호 (2005). <신문원론>. 서울: 한나래.
임종수 (2006). 온라인 뉴스 양식과 저널리즘의 변화. <커뮤니케이션 이론>, 2(2), 37-73.
임혁백 (2009). 민주화 이후 한국 시민사회의 부활과 지속적 발전: 동원적 시민사회에서 제도적 시민사회로의 전환과 신유목적 시민사회의 출현. <OUGHTOPIA>, 24(1), 137-169.
장덕진 · 김기훈 (2011). 한국인 트위터 네트워크의 구조와 동학. <언론정보연구>, 48(1), 59-86.
장병희 · 강형구 · 정일권 · 이혜진 (2008). 대통령 후보 경선 관련 방송 뉴스 보도와 후보자 지지도 간 시계열적 관련성 분석: 2007년 한나라당 대통령 후보 경선을 중심으로. <한국방송학보>, 22(4), 355-400.
장우영 (2012). 온라인 공론장과 정치 참여: 2008년 촛불시위에서의 "아고라". <한국정치연구>, 21(1), 1-26.
장우영 · 김석주 (2014). 트위터 선거캠페인과 정치동원: 2011 년 서울시장 재보궐선거 사례를 중심으로. <한국지역정보화학회지>, 17(1), 93-123.
장호순 (2005). 언론 · 출판의 자유와 사생활 침해: 국내 사생활 침해 판례의 유형별 분석. <언론과학연구>, 5(3), 614-657.
전승우 · 이영화 · 차태훈 (2010). 조절초점에 따른 대통령 선거 정치 광고 메시지 내용분석: 1997/2002/2007년 신문과 TV 정치 광고를 중심으로. <광고학연구>, 21(5), 199-223.
전용주 (2005). 후보공천과정의 민주화와 그 정치적 결과에 관한 연구: 제17대 국회의원 선거를 중심으로. <한국정치학회보>, 39(2), 217-236.
전용주 (2010). 한국 정당 후보 공천제도 개혁의 쟁점과 대안. <현대정치연구>, 3(1), 37-69.
전재호 (1999). 박정희 체제의 민족주의: 담론의 변화와 그 원인. <한국정치학회보>, 32(4), 89-109.
전홍기혜 (2002. 3. 25). 노무현 바람의 진원지 '노사모': 회원 1만 9천여 명인 최초의 정치인 팬클럽. <프레시안>. [On-Line] Retrieved on 7/24/20 from https://www.pressian.com/pages/articles/69906.
정경영 (2006). 음악 수사학(rhetoric)에 대한 수사학(historiography)적 접근. <낭만음악>, 18(4), 49-66.
정낙원 (2013). 대학생들의 소셜미디어 이용의 정치참여 효과 메커니즘 분석: '친구들'을 통한 정보 습득과 규범 인지를 중심으로. <사회과학연구>, 24(2), 273-294.
정다은 · 정성은 (2018). 우리는 언제, 누구에게 자신의 의견을 말하는가? 논쟁 사안에 대한 의사표현 결정요인으로서의 동의 가능성 지각과 주장의 상대적 견고성. <한국언론학보>, 62(1), 98-

128.
정대수 · 김병국 · 백선기 · 류한호 (1995). <선거와 홍보전략>. 서울: 한울아카데미.
정민경 (2017. 2. 14). 힐링캠프에 출연했던 박근혜 대통령을 기억하시나요. <미디어오늘>. [On-Line] Retrieved on 2/17/20 from http://www.mediatoday.co.kr/news/articleView.html?idxno=135089.정상대 (2002). <한국 대통령 선거와 커뮤니케이션>. 서울: 커뮤니케이션북스.
정성호 (2003). TV 토론에 나타난 의제가 수용자의 의제에 미치는 영향 연구: 제 16 대 대통령 선거 TV 합동토론을 중심으로. <홍보학 연구>, 7(2), 5-42.
정성호 · 이화행 (2006). TV 토론이 유권자의 인지 효과에 미치는 영향 연구: 광역단체장 선거 경선 TV 토론을 중심으로. <정치커뮤니케이션 연구>, 4, 63-87.
정순일 · 장한성 (2000). <한국 TV 40년의 발자취: TV 프로그램의 사회사>. 서울: 한울.
정연승 · 김종무 (2013). 국내 인하우스 광고대행사의 경쟁우위 전략. <대한경영학회지>, 26(5), 1103-1121.
정연우 (2017). 한국 시민언론 운동의 특성과 전망: 이명박 · 박근혜 정권 시기를 중심으로. <한국언론정보학보>, 81, 122-152.
정용준 (2006). 시민사회와 국가/시장의 관계 분석: 김대중/노무현 정부의 방송정책갈등을 중심으로. <언론과학연구>, 6(2), 356-379.
정윤무 (1995). <미디어 정치론>. 서울: 정우당.
정일권 (2006). 지각대상자에 따른 제3자 효과 지각 변화의 원인: 수용자와 지각대상자의 관계와 관여도를 중심으로. <한국언론정보학보>, 35, 362-393.
정일권 · 김지현 · 이연주 (2009). 여론조사 보도가 여론지각과 의견표명에 미치는 효과에 관한 연구: 성형수술을 중심으로, <스피치와 커뮤니케이션>, 11, 157-194.
정재철 (2004). 한국신문의 유전자 연구 프레임 비교 분석: 조선일보, 국민일보, 한겨레신문을 중심으로. <한국언론정보학보>, 25, 135-162.
정진민 (2014). 정당경선의 제도화 모색: 개방형 경선과 정치 자금을 중심으로. <한국정치외교사논총>, 36(1), 183-207.
정진석 (2001). <언론과 한국 현대사>. 서울: 커뮤니케이션북스.
정진석 (2009). 한국언론학회 50년: 성장과 변화의 역사(1959~2009). <한국언론학회 50년사: 1959~2009> (33-96쪽). 서울: 한국언론학회.
정태환 (2009). 김대중 정권의 성격과 개혁정치: 모순과 한계. <한국학연구>, 31, 387-416.
정효명 (2012). 동질적인 대인커뮤니케이션과 침묵의 나선: 2007년 대통령 선거를 중심으로. <한국언론학보>. 56권 3호, 85-109.
조광 (2020. 1. 29). 열린 민족주의를 향한 '오래된 미래의 길'. <동아일보>, A27면.
조의준 (2020. 3. 11). 바이든, 미니 화요일서 대세론 굳히나. <조선일보>, A20면.
조의진 (2007). 언론개혁 운동을 위한 언론개혁시민연대의 커뮤니케이션 전략에 대한 연구: 2000년 이후의 활동을 중심으로. <방송과 커뮤니케이션>, 8(2), 192-215.
조재희 (2019). 언론인의 이직 의도 결정요인 분석 : 직무만족도와 직무피로도의 매개 효과를 중심으로. <한국언론학보>, 63(4), 83-119.
조진영 (2017. 3. 26). 자유한국당 경선 현장 투표율 18.7%… 당 대표 선출 때 수준. <이데일리>. [On-Line] Retrieved on 2/27/20 from https://www.edaily.co.kr/news/read?newsId=02279606615867256&mediaCode

No=257.
조항제 (2003). <한국의 민주화와 미디어 권력>. 서울: 한울아카데미.
조화순 · 이병재 · 김승연 (2018). 인터넷 뉴스 댓글을 통한 정치 커뮤니케이션. <한국정치학회보>, 52(5), 115-139.
중앙선거관리위원회 (1998). 제15대 대통령 선거총람: 1997.12.18. 시행. 서울: 중앙선거관리위원회.
중앙선거관리위원회 (2003). 제16대 대통령 선거총람: 2002. 12.19 시행. 서울: 중앙선거관리위원회.
중앙선거관리위원회 (2008). 제17대 대통령 선거총람: 2007. 12.19 시행. 서울: 중앙선거관리위원회.
중앙선거관리위원회 (2013). 제18대 대통령 선거총람: 2012. 12.19 시행. 서울: 중앙선거관리위원회.
중앙선거관리위원회 (2017). 제19대 대통령 선거총람: 2017. 5.9 시행. 서울: 중앙선거관리위원회.
중앙선거관리위원회 (2020). 공직선거법: 2021. 2.9 시행. 서울: 중앙선거관리위원회. [On-Line] Retrieved on 7/15/20 from http://www.law.go.kr/%EB%B2%95%EB%A0%B9/%EA%B3%B5%EC%A7%81%EC%84%A0%EA%B1%B0%EB%B2%95.
중앙일보 (2017). 2012년 제18대 대선, 문재인 후보 출마 선언. [On-Line] Retrieved on 2/27/20 from https://news.joins.com/article/21443543.
지병근 (2016). <김대중 · 노무현 정부 시기의 선거>. 파주: 마인드탭.
차용범 (2001). 공인의 명예훼손에 대한 사법적 논의의 한계. <한국언론학보>, 45(2), 387-421.
채오병 (2007). 실증주의에서 실재론으로: 역사연구 논리의 전환. <한국사회학>, 41(5), 249-283.
최경진 (2003). 한국의 정부와 언론의 갈등적 관계에 관한 일 고찰: 참여정부의 언론 정책적 행위를 중심으로. <언론과학연구>, 3(3), 195-132.
최민재 · 양승찬 (2009). <인터넷 소셜미디어와 저널리즘>. 서울: 한국언론재단.
최선정 (2012). 미네르바 신드롬과 '시민 지성'의 조건: 세계화와 정보화의 교차로에서. <언론정보연구>, 49(1), 145-177.
최선열 (2009). 정치커뮤니케이션 연구 50년. <한국언론학회 50년사: 1959~2009> (717-790쪽). 서울: 한국언론학회.
최영 · 김춘식 (2004). 온라인 시민 저널리즘 실천에 관한 한미 간 비교연구. <한국언론학보>, 48(5), 110-137.
최영묵 · 박승대 (2009). 방송의 정치적 독립성 확보를 위한 미디어 정책 방향 연구. <한국언론정보학보>, 46, 590-626.
최용주 (2008). 정치 마케팅 관점에서의 정치 광고에 관한 연구: 대통령 선거 TV 정치 광고를 중심으로. <한국광고홍보학보>, 10(1), 229-267.
최원석 · 반현 (2005). 공중 의견과 행동에 대한 의제설정 모형의 검증: 부동산 이슈 보도를 중심으로. <한국언론학보>, 50(1), 406-452.
최윤선 (2005). 미국, 프랑스, 한국의 정치담화 내용분석: 대통령 선거 TV 토론을 중심으로. <언론과학연구>, 5(3), 658-681.
최영묵 (2012). 이명박 정부 언론장악 실패 '전말기': 시장의 배반과 새로운 주체의 반란. <황해문화>, 75, 10-27.
최영훈 · 김용순 (2005). 김대중 정부의 정보통신정책의 성과와 과제. <한국지역정보화학회지>, 8(2), 27-51.
최영재 (2004). 정치인의 이미지 형성에 관한 실험연구. 2차 의제설정이론의 검증과 확장. <언론

과 사회>, 12(4), 117~144.
최영재 (2011). 대통령 커뮤니케이션과 대통령 보도: 1948년-2008년 대통령과 언론 관계 분석. <언론과학연구>, 11(3), 349-380.
최장집 (1994). 한국 민주주의와 언론. <언론과 사회>, 6, 146-169.
최준 (1977). <한국신문사>. 서울: 일조각.
최준영 (2012). 한국 공천제도에 대한 연구 동향과 향후 연구과제. <한국정당학회보>, 11(1), 59-85.
최진웅 (2014). 민주화 이후 한국방송제도의 변화와 지속: 이명박 정부를 중심으로. <아세아연구>, 57(1), 166-201.
최진호 · 한동섭 (2012). 언론의 정파성과 권력 개입: 1987년 이후 13~제17대 대선캠페인 기간의 주요일간지 사설 분석. <언론과학연구>, 12(2), 534-571.
최평길 (2002). <대통령학>. 서울: 박영사.
최평길 · 백정미 (2005). 대통령과 언론: 대통령과 언론미디어의 관계 실증모형을 중심으로. <한국행정학보>, 39(4), 389-409.
최한수 · 이현출 · 김학량 · 구경서 (2000). <현대사회와 여론>. 서울: 건국대학교출판부.
최현실 · 최자영 (2018). 지젝의 평등민주주의에 대한 반론으로서의 절차민주주의. <사회과학연구>, 34(4), 229-247.
최현주 (2010). 한국 신문 보도의 이념적 다양성에 대한 고찰: 6 개 종합일간지의 3개 주요 이슈에 대한 보도 성향 분석을 중심으로. <한국언론학보>, 54(3), 399-426.
탁진영 (1999). <정치 광고의 이해와 활용>. 서울: 커뮤니케이션북스.
탁진영 (2004). 부정적 정치 광고가 정치 체제에 미치는 부정적 영향에 관한 연구: 메타분석을 이용한 평가를 중심으로. <광고학연구>, 15(4), 73-98.
피용익 (2010). [특파원리포트] 충격 휩싸인 뉴욕 한인사회. <이데일리>. [On-Line] Retrieved on 1/28/20 from https://www.edaily.co.kr/news/read?newsId=02154966593169000&mediaCodeNo=257&OutLnkChk=Y
하승태 (2012). 선거여론조사와 후보별 보도량 분석: USA Today의 미대선 경선 보도를 중심으로. <지역과 커뮤니케이션>, 16(2), 115-140.
하은빈 · 이건호 (2012). 한국 중앙 일간지에 투영된 민족주의 프레임 연구: G20 관련 보도를 중심으로. <한국언론학보>, 56(6), 75-100.
하태수 (2011). 노태우 정권의 정부조직법 개정 분석. <한국사회와 행정연구>, 22(1), 1-26.
한국방송학회 (1998). <한국방송 70년의 평가와 전망>. 서울: 커뮤니케이션북스
한국언론진흥재단 (2019). <2019 언론수용자 조사>. 서울: 한국언론진흥재단.
한국언론학회 (2012). <정치적 소통과 SNS>. 서울: 나남.
한국여성유권자연맹 (2000). <여성 유권자 운동과 정치발전>. 서울: 시공사.
한국정치학회 (1975). <정치학 대사전>. 서울: 박영사.
한겨레 (2019. 12. 24). '4+1 선거법' 본회의 상정, 연내 입법 끝내야. <한겨레>, 27면.
한석환 (2003). 아리스토텔레스 수사학의 철학적 기초. <철학>, 74, 25-51.
한인섭 (2019). 제1공화국에서 사법과 정치-김병로 대법원장의 역할을 중심으로. <강원법학>, 58, 433-476.
한재희 (2020). 엔씨소프트 'AI 기자' 상용화 성공. <서울신문>. [On-Line] Retrieved on 6/9/20 from http://www.seoul.co.kr/news/newsView.php?id=20200604021013#csidx9

f1fd88ca96dcb19315211b129185e8.

한정택 · 이재묵 · 조진만 (2013). 제18대 대통령 선거 후보자 TV 토론회 분석: 제도, 현실, 효과. <한국정당학회보>, 12(2), 37-72.

한정훈 (2017). 정당의 후보 경선과 유권자 인식: 제19대 대선의 주요 정당을 중심으로. <한국과 국제정치>, 33(3), 61-91.

한진만 · 김연식 · 박승현 (2014). 종합편성채널의 콘텐츠 운용과 비대칭규제에 대한 지상파 종사자들의 인식. <미디어 경제와 문화>, 12(1), 74-118.

한창진 · 김경수 (2013). TV 토론회에서 트위터가 선거에 미치는 영향: 제18대 대통령 선거 TV 토론회를 중심으로. <한국디지털콘텐츠학회 논문지>, 14(2), 207-214.

한희정 (2016). 이주여성에 관한 혐오 감정 연구: 다음 사이트 '아고라' 담론을 중심으로. 한국 <언론정보학보>, 75, 43-79.

함규진 (2010. 4. 1). 1910~2010년 가상역사 '만약에: 1987년 YS · DJ 후보 단일화가 됐다면'. <한겨레21>, 804. [On-Line] Retrieved on 2/17/20 from http://h21.hani.co.kr/arti/special/special_general/27042.html

함민정 · 이상우 (2020). 유튜브 정보 규제에 대한 이용자들의 인식 연구. <한국콘텐츠학회논문지>, 20(2), 36-50.

행정안전부 국가기록원 (2020). 기록으로 만나는 대한민국. [On-Line] Retrieved on 7/6/20 from http://theme.archives.go.kr/next/koreaOfRecord/viewMain.do

허동현 (2009). 한국 근대에서 단일민족 신화의 역사적 형성 과정. <동북아역사논총>, 23, 7-35.

허만섭 (2017). '수사적 대통령' 요소의 한국 적용 가능성에 관한 탐색: 한 · 미 대통령 연설 연구 비교. <커뮤니케이션 이론>, 13(2), 37-78.

허태회 · 장우영 (2009). 촛불시위와 한국 정치: 원인과 과제. <현대정치연구>, 2(1), 33-53.

호광석 (2004). 개정 선거법과 공명선거. <사회과학연구>, 11(1), 263-287.

홍득표 (2000). 정당의 공직후보 결정 모형에 관한 연구. <한국정치학회보>, 34(3), 173-191.

홍문기 (2011). 메시지 정보원으로서 유명인과의 결합 관계가 정치적 이슈(이민문제)의 인식에 미치는 영향. <홍보학 연구>, 15(3), 178-205.

홍성구 (2018). 박근혜 탄핵 촛불 집회의 민주적 함의: 숙의민주주의와 파수꾼 민주주의를 중심으로. <한국언론정보학보>, 89, 149-178.

황용석 (2000). 중앙일간지의 초판 신문 비교관행에 관한 연구: 기사 표준화에 미치는 영향을 중심으로. <한국언론학보>, 44(4), 201-247.

황용석 (2001). 인터넷 이용과 정치 참여에 관한 탐색적 연구: 제16대 총선 기간 동안 인터넷 정치사이트 이용을 중심으로. <한국언론학보>, 45(3), 421-456.

황용석 (2006). 인터넷과 정치 참여. 오택섭 · 권혁남 · 김성태 (편). <현대 정치 커뮤니케이션 연구> (459-483쪽). 서울: 나남출판.

황용석 · 김재영 · 정연정 (2000). <인터넷 시대의 새로운 정치 환경과 언론: 제16대 총선에서 언론과 정치 집단의 인터넷 활용 분석>. 서울: 한국언론재단.

황유선 (2011). 트위터 이용이 사회 정치 참여에 미치는 영향: 전통 미디어 이용, 정치 관심, 트위터 이용 패턴의 효과를 중심으로. <한국언론학보>, 55(6), 56-81.

황유선 (2012). 보수 언론과 진보 언론의 트위터 정보 전파력 비교 분석. <한국언론학보>, 56(5), 350-372.

황유선 · 김주환 (2009). 대인 커뮤니케이션 능력이 휴대전화 사용과 대인관계 유지에 미치는 영향. <언론과학연구>, 9(3), 687-719.

황종성 (2007). 한국식 정보화 모델의 탐색. <정보화정책> 14(4), 4~19.

황준범 (2020. 2. 4). 코커스는 당원들만 현상서 '공개투표' 프라이머리는 비당원 포함 선거처럼. <한겨레>, 14면.

황창호 · 이혁우 · 임동완 (2015). 역대 대통령 연설문의 유형과 특징에 대한 비교연구: 연설문의 유형, 분야, 주제, 시점을 중심으로. <한국공공관리학보>, 29(4), 27-50.

PD 저널 (2000). 대통령 방송 출연 너무 잦다: <21세기위원회> 등 두달 새 네 번 사전 선거 운동 비난. [On-Line] Retrieved on 2/17/20 from http://www.pdjournal.com/news/articleView.html?idxno=1514.

Aalberg, T., Blekesaune, A., & Elvestad, E. (2013). Media choice and informed democracy: Toward increasing news consumption gaps in Europe? *The International Journal of Press/Politics, 18*(3), 281-303.

Abrams, B. A. & Settle, R. F. (1976). The effect of broadcasting on political campaign spending: An empirical investigation. *Journal of Political Economy, 84*(5), 1095-1108.

Adorno, T. (1975). Culture industry reconsidered. *New German Critique, 6*, 12-19.

Adorno, T. (1991). *The culture industry: Selected essays on mass culture*. London, UK: Routledge.

Agarwal, R. & Karahanna, E. (2000). Time flies when you're having fun: Cognitive absorption and beliefs about information technology usage. *MIS Quarterly, 24*, 665-694.

Agger, R. E., Goldstein, M. N., & Pearl, S. A. (1961). Political cynicism: Measurement and meaning. *The Journal of Politics, 23*(3), 477-506.

Alexseev, M. A. & Bennett, W. L. (1995). For whom the gates open: News reporting and government source patterns in the United States, Great Britain, and Russia. *Political Communication, 12*(4), 395-412.

Alleyne, B. W. (1999). Cultural politics and globalized infomedia: C. L. R. James, Theodor Adorno and mass culture criticism. *Interventions: International Journal of Postcolonial Studies, 1*(3), 361-372.

Almond, G. A. (1983). Communism and political culture theory. *Comparative Politics, 15*(2), 127-138.

Althaus, S. L. & Tewksbury, D. (2002). Agenda setting and the "new" news: Patterns of issue importance among readers of the paper and online versions of the New York Times. *Communication Research, 29*(2), 180-207.

Altschull, J. H. (1984). *Agents of power: The role of the news media in human affairs*. New York: Longman.

Altschull, J. H. (1990). *From Milton to McLuhan: The ideas behind American journalism*. New York: Longman.

Ambrose, S. E. (1989). *Nixon: The triumph of a politician* (1962-1972). New York: Simon and Schuster.

Andersen, R. (2000). Reporting public opinion polls: The media and the 1997 Canadian election. *International Journal of Public Opinion Research, 12*(3), 285-298.

Anderson, J. A. (1996). The pragmatics of audience in research and theory. In J. Hay, L. Grossberg, & E. Wartella (Eds.). *The audience and its landscape* (pp. 75~93). Boulder, CO: Westview Press.

Andersen, R., Tilley, J., & Heath, A. F. (2005). Political knowledge and enlightened preferences: Party choice through the electoral cycle. *British Journal of Political Science, 35*(2), 285-302.

Anderson, J. A. & Baym, G. (2004). Philosophies and philosophic issues in communication, 1995-2004. *Journal of Communication, 54*, 589-615.

Andina-Díaz, A. (2007). Reinforcement vs. change: The political influence of the media. *Public Choice, 131*(1-2), 65-81.

Andsager, J. L. (2000). How interest groups attempt to shape public opinion with competing news frames. *Journalism and Mass Communication Quarterly, 77*(3), 577-592.

Ang, I. (1985). *Watching dallas*. London/New York: Methuen.

Ang, I. (1991). *Desperately seeking the audience*. London, UK: Routledge.

Ansolabehere, S., Behr, R., & Iyengar, S. (1993). The media game: American politics in the television age. New York: Macmillan.

Ansolabehere, S., Iyengar, S., Simon, A., & Valentino, N. (1994). Does attack advertising demobilize the electorate? *American Political Science Review, 88*(4), 829-838.

Antoine, L. (2016). Cross-border externalities and cooperation among representative democracies. European Economic Review, 91, 180-208.

Arato, A. & Gephardt, E. (1978). *The essential Frankfurt School reader*. New York: Urizen.

Arceneaux, N. & Schmitz Weiss, A. (2010). Seems stupid until you try it: Press coverage of Twitter, 2006-9. *New Media & Society, 12*(8), 1262-1279.

Arterton, F. C. (1987). *Teledemocracy: Can technology protect democracy?* Newbury Park, CA: Sage.

Arterton, F. C. (1988). Political participation and "teledemocracy". *PS: Political Science & Politics, 21*(3), 620-627.

Asp, K. (2007). Fairness, informativeness and scrutiny: The role of news media in democracy. *Nordicom Review, 28*, 31-49.

Åström, J., Jonsson, M. E., & Karlsson, M. (2017). Democratic innovations: Reinforcing or changing perceptions of trust?. *International Journal of Public Administration, 40*(7), 575-587.

Atkin, C. & Heald, G. (1976). Effects of political advertising. *Public Opinion Quarterly, 40*(2), 216-228.

Axelrod, R. (1973). Schema theory: An information processing model of perception and cognition. *American Political Science Review, 67*(4), 1248-1266.

Baines, P. (2011). Political public relations and election campaigning. In J. Stromback & S. Kiousis (Eds.), *Political public relations: Principles and applications* (pp. 124-146).

New York: Routledge.

Baker, L. E. (2007). Public sites versus public sights: The progressive response to outdoor advertising and the commercialization of public space. *American Quarterly, 59*(4), 1187-1213.

Baldasty, G. J. (1984). The press and politics in the age of Jackson. *Journalism and Communication Monographs, 89*, 1-28.

Ball-Rokeach, S. (2001). The politics of studying media violence: Reflections 30 years after the violence commission, *Mass Communication & Society, 4*(1), 3-18.

Bandura, A. (1969). Social-learning theory of identificatory processes. In D. A. Goslin (Ed.). *Handbook of socialization theory and research* (pp. 213-261). Chicago, IL: Rand McNally.

Banning, S. A. (2001). Do you see what I see?: Third-person effects on public communication through self-esteem, social stigma, and product use. *Mass Communication & Society, 4*(2), 127-147.

Banning, S. A. (2006). Third person effects on political participation. *Journalism & Mass Communication Quarterly, 83*(4), 785-800.

Barabas, J. & Jerit, J. (2009). Estimating the causal effects of media coverage on policy-specific knowledge. *American Journal of Political Science 53*(1), 73-89.

Baran, S. J. & Davis, D. K. (2015). *Mass communication theory: Foundations, ferment, and future* (7th ed). Stamford, CT: Cengage Learning.

Barber, J. D. (1978). *Race for presidency: The media and the nominating process*. Englewood Cliffs, NJ: Prentice-Hall.

Barnhurst, K. G. (2010). The form of reports on US newspaper Internet sites, an update. *Journalism Studies, 11*(4), 555-566.

Barnhurst, K. G. & Steele, C. A. (1997). Image-bite news: The visual coverage of elections on US television, 1968-1992. *Harvard International Journal of Press/Politics, 2*(1), 40-58.

Barrett, A. W. & Barrington, L. W. (2005). Bias in newspaper photograph selection. *Political Research Quarterly, 58*(4), 609-618.

Bartle, J. (2005). The press, television, and the Internet. *Parliamentary Affairs, 58*(4), 699-711.

Bartsch, A. & Schneider, F. M. (2014). Entertainment and politics revisited: How non-escapist forms of entertainment can stimulate political interest and information seeking. *Journal of Communication, 64*(3), 369-396.

Baum, M. A. (2004). Going private: Public opinion, presidential rhetoric, and the domestic politics of audience costs in US foreign policy crises. *Journal of Conflict Resolution, 48*(5), 603-631.

Becker, T. D., Becker, T. L., & Slaton, C. D. (2000). *The future of teledemocracy*. Westport, CT: Greenwood Publishing Group.

Bednarek, M. & Caple, H. (2012). 'Value added': Language, image and news values. *Discourse, Context & Media, 1*(2&3), 103-113.

Bekkers, V. & Homburg, V. (2007). The myths

of e-government: Looking beyond the assumptions of a new and better government. *The Information Society, 23*(5), 373-382.

Belluati, M. (2016). Signs of Europeanization?: The 2014 EP election in European newspapers. *Italian Political Science Review/ Rivista Italiana di Scienza Politica, 46*(2), 131-150.

Bennett, W. L. (1990). Toward a theory of press-state relations in the United States. *Journal of Communication, 40*(2), 103-127.

Bennett, W. L. (2016). *News: The politics of illusion*. Chicago, IL: University of Chicago Press.

Bennett, W. L., Breunig, C., & Givens, T. (2008). Communication and political mobilization: Digital media and the organization of anti-Iraq war demonstrations in the U.S. *Political Communication, 25*(3), 269-289.

Bennett, W. L. & Entman, R. M. (2000). Mediated politics: An introduction. In W. L. Bennett & R. M. Entman (Eds.). *Mediated politics: Communication in the future of democracy* (pp. 1-30). Cambridge, UK: Cambridge University Press.

Bennett, W. L. & Paletz, D. L. (Eds.). (1994). *Taken by storm: The media, public opinion, and US foreign policy in the Gulf War*. Chicago, IL: University of Chicago Press.

Benoit, W. L. (1999). Seeing spots: A functional analysis of presidential television advertisements, 1952-1996. New York: Praeger.

Benoit, W. L. & Brazeal, L. M. (2002). A functional analysis of the 1988 Bush-Dukakis presidential debates. *Argumentation and Advocacy, 38*(4), 219-233.

Benoit, W. L. & Delbert. J. (2009). A functional analysis of the Lincoln-Douglas debates. *Argumentation and Advocacy, 46*(2), 110-115.

Benoit, W. L. & Harthcock, A. (1999). Functions of the great debates: Acclaims, attacks, and defenses in the 1960 presidential debates. *Communication Monographs, 66*(4), 341~357.

Benoit, W. L., Webber, D. J., & Berman, J. (1998). Effects of presidential debate watching and ideology on attitudes and knowledge. *Argumentation and Advocacy, 34*(4), 163-172.

Berger, C. R. & Chaffee, S. H. (1987). The study of communication as a science. In C. R. Berger & S. H. Chafee (Eds.). *Handbook of communication Science* (pp. 15~19). Beverly Hills, CA: Sage.

Berlo, D. K. (1960). *The process of communication*. New York: Holt, Rinehart, and Winston, Inc.

Bernays, E. L. & Miller, M. C. (2005). *Propaganda*. Brooklyn, NY: IG Publishing.

Bettridge, N. & Whiteley, P. (2016). *New normal, radical shift: Changing business and politics for a sustainable future*. New York: Routledge.

Bimber, B. (2001). Information and political engagement in America: The search for effects of information technology at the individual level. *Political Research Quarterly,*

54(1), 53~67.

Blake, R. H. & Haroldson, E. O. (1975). *A taxonomy of concepts in communication*. New York: Hasting House.

Blume, N. & Lyons, S. (1968). The monopoly newspaper in a local election: the Toledo Blade. *Journalism Quarterly, 45*(2), 286-292.

Blumler, J. G., Ewbank, A., Cayrol, R., Geerts, C., & Thoveron, G. (1978). A three-nation analysis of voters' attitudes to election communication. *European Journal of Political Research, 6*(2), 127-156.

Blumler, J. & Gurevitch. M. (1981). Politicians and the press: An essay in role relationships. In D. Nimmo & K. Sanders (Eds.). *Handbook of political communication* (pp. 467-493). Newbury Park, CA: Sage.

Blumler, J. G. & McQuail, D. (1968). *Television in politics: Its uses and influence*. London, UK: Faber & Faber.

Boczkowski, P. J. (2005). *Digitizing the news: Innovation in online newspapers*. Cambridge, MA: MIT Press.

Bonafede, D. (2002). *The president and news media: Guide to the presidency*. Washington, DC: CQ Press.

Bond, F. (1954). *An introduction to journalism*. New York: Macmillan.

Bonfadelli, H. (2002). The internet and knowledge gaps: A theoretical and empirical investigation. *European Journal of Communication, 17*(1), 65-84.

Boorstin, D. J. (1992). *The image: A guide to pseudo-events in America*. New York: Vintage.

Borgida, E. & Stark, E. N. (2004). New media and politics: Some insights from social and political psychology. *American Behavioral Scientist, 48*(4), 467-478.

Boudana, S. (2016). Impartiality is not fair: Toward an alternative approach to the evaluation of content bias in news stories. *Journalism, 17*(5), 600-618.

Boulding, K. E. (1956). *The image: Knowledge in life and society*. Ann Arbor, MI: University of Michigan Press.

Bouvier, G. (2015). What is a discourse approach to Twitter, Facebook, YouTube and other social media: connecting with other academic fields? *Journal of Multicultural Discourses, 10*(2), 149-162.

Bowers, T. A. (1973). Newspaper political advertising and the agenda-setting function. *Journalism Quarterly, 50*(3), 552-556.

Bowler, S. & Farrell, D. M. (1992). The study of election campaigning. In S. Bowler & D. M. Farrell (Eds.). *Electoral strategies and political marketing* (pp. 1-23). London, UK: Palgrave Macmillan.

Boyd, D. M. & Ellison, N. B. (2007). Social network sites: Definition, history, and scholarship. *Journal of Computer-Mediated Communication, 13*(1), 210-230.

Boyle, T. P. (2004). Presidential priming: Incumbent and challenger advertising. *Atlantic Journal of Communication, 12*(4), 200-215.

Bradlee, B. (2011). *A good life*. New York: Simon and Schuster.

Brams, S. J. (2011). *Game theory and politics*.

North Chelmsford, MA: Courier Corporation.

Brandenburg, H. (2006). Party strategy and media bias: A quantitative analysis of the 2005 UK election campaign. *Journal of Elections, Public Opinion and Parties, 16*(2), 157-178.

Braudel, F. (1980). *History and the social sciences: The longue durée* (S. Matthews, Trans.). Chicago, IL: The University of Chicago Press. (Original work published 1958).

Breed, W. (1955). Social control in the newsroom. *Social Forces*, May, 326-335.

Brinkman, D. (1968). Do editorial cartoons and editorials change opinions? *Journalism Quarterly, 45*(4), 724-726.

Brookes, R., Lewis, J., & Wahl-Jorgensen, K. (2004). The media representation of public opinion: British television news coverage of the 2001 general election. *Media, Culture & Society, 26*(1), 63-80.

Brooks, B., Kennedy, G., Moen, D., & Ranly, D. (2002). *News reporting and writing* (7th ed.). New York: Bedford/St. Martin's Press.

Brown, R. (1958). *Words and things*. New York: Free Press.

Brown, R. (1988). Ad hoc access: The regulation of editorial advertising on television and radio. *Yale Law & Policy Review, 6*(2), 449-479.

Bryan, C., Tambini, D., & Tsagarousianou, R. (Eds.). (2002). *Cyberdemocracy: Technology, cities and civic networks*. New York: Routledge.

Buchanan, R. (2001). Design and the new rhetoric: Productive arts in the philosophy of culture. *Philosophy & Rhetoric, 34*(3), 183-206.

Buckingham, D. (1997). News media, political socialization and popular citizenship: Towards a new agenda. *Critical Studies in Media Communication, 14*(4), 344-366.

Bucy, E. P. (2003). Media credibility reconsidered: Synergy effects between on-air and online news. *Journalism & Mass Communication Quarterly, 80*(2), 247-264.

Buelow, G. J. (1973). Music, rhetoric, and the concept of the affections: a selective Bibliography. *Notes, 30*(2), 250-259.

Bugh, G. (2016). *Electoral college reform: Challenges and possibilities*. New York: Routledge.

Burnheim, J. (1985). *Is democracy possible? The alternative to electoral politics*. Cambridge, UK: Polity Press.

Bush, V. D. & Gilbert, F. W. (2002). The web as a medium: an exploratory comparison of internet users versus newspaper readers. *Journal of Marketing Theory and Practice, 10*(1), 1-10.

Calhoun, C. J. (Ed.). (1993). *Habermas and the public sphere*. Cambridge, MA: MIT Press.

Camaj, L. & Weaver, D. H. (2013). Need for orientation and attribute agenda-setting during a u.s. election campaign. *International Journal of Communication, 7*, 1464-1463.

Campbell, K. K. & Jamieson, K. H. (1990). *Deeds done in words: Presidential rhetoric and the genres of governance*. Chicago, IL: University of Chicago Press.

Cappella, J. N. & Jamieson, K. H. (1996). News

frames, political cynicism, and media cynicism. *The Annals of the American Academy of Political and Social Science, 546*(1), 71-84.

Carey, J. (1989). *Communication as culture: Essays on media and society*. Winchester, MA: Unwin Hyman.

Carlson, J. M. (1993). Television viewing: Cultivating perceptions of affluence and support for capitalist values. *Political Communication, 10*(3), 243-257.

Carlson, M. (2007). Blogs and journalistic authority: The role of blogs in US election day 2004 coverage. *Journalism Studies, 8*(2), 264-279.

Carlson, M. (2009). Media criticism as competitive discourse: Defining reportage of the Abu Ghraib scandal. *Journal of Communication Inquiry, 33*(3), 258-277.

Carpini, M. X. D. & Keeter, S. (1993). Measuring political knowledge: Putting first things first. *American Journal of Political Science, 37*(4), 1179-1206.

Casero-Ripollés, A., Feenstra, R. A., & Tormey, S. (2016). Old and new media logics in an electoral campaign: The case of Podemos and the two-way street mediatization of politics. *The International Journal of Press/Politics, 21*(3), 378-397.

Cassidy, W. P. (2007). Online news credibility: An examination of the perceptions of newspaper journalists. *Journal of Computer-Mediated Communication, 12*(2), 478-498.

Caswell, L. S. (2004). Drawing swords: War in American editorial cartoons. *American Journalism, 21*(2), 13-45.

Ceci, S. J. & Kain, E. L. (1982). Jumping on the bandwagon with the underdog: The impact of attitude polls on polling behavior. *Public Opinion Quarterly, 46*(2), 228-242.

Chapman, P. S. & Beltramini, R. F. (2000). Infomercials revisited: Perspectives of advertising professionals. *Journal of Advertising Research, 40*(5), 24-31.

Chan, M. & Lee, F. L. (2014). Selective exposure and agenda setting: exploring the impact of partisan media exposure on agenda diversity and political participation. *Asian Journal of Communication, 24*(4), 301-314.

Chan, M. & Guo, J. (2013). The role of political efficacy on the relationship between Facebook use and participatory behaviors: A comparative study of young American and Chinese adults. *Cyberpsychology, Behavior, and Social Networking, 16*(6), 460-463.

Chen, G. M. (2011). Tweet this: A uses and gratifications perspective on how active twitter use gratifies a need to connect with others. *Computers in Human Behavior, 27*(2), 755-762.

Chester, J. (2007). *Digital destiny: New media and the future of democracy*. New York: New Press.

Chiang, C. F. & Knight, B. (2011). Media bias and influence: Evidence from newspaper endorsements. *The Review of Economic Studies, 78*(3), 795-820.

Cho, H,, Lee, J-S. & Chung, S. (2010). Optimistic bias about online privacy risks: Testing the moderating effects of perceived controllability and prior experience. *Computers in Human Behavior, 26*(5), 987-995.

Choi, H. C. & Becker, S. L. (1987). Media use, issue/image discriminations, and voting. *Communication Research, 14*(3), 267-290.

Choi, J. H., Watt, J. H., & Lynch, M. (2006). Perceptions of news credibility about the war in Iraq: Why war opponents perceived the Internet as the most credible medium. *Journal of Computer-Mediated Communication, 12*(1), 209-229.

Chong, T. (2012). A return to normal politics: Singapore general elections 2011. *Southeast Asian Affairs, 2012*(1), 283-298.

Chung, D. S. (2008). Interactive features of online newspapers: Identifying patterns and predicting use of engaged readers. *Journal of Computer-Mediated Communication, 13*(3), 658-679.

Chung, S. & Cho, H. (2017). Fostering parasocial relationships with celebrities on social media: Implications for celebrity endorsement. *Psychology & Marketing, 34*(4), 481-495.

Chung, R. (2012). *The freedom to publish opinion poll results: A worldwide update of 2012*. Lincoln, NE: World Association for Public Opinion Research.

Clark, R. P. (2014). The pyramid of journalism competence: what journalists need to know. *Poynter Institute*. [On-Line] Retrieved on 3/12/20 from https://www.poynter.org/reporting-editing/2014/the-pyramid-of-journalism-competence-what-journalists-need-to-know/.

Clinton, J. D. & Lapinski, J. S. (2004). "Targeted" advertising and voter turnout: An experimental study of the 2000 presidential election. *The Journal of Politics, 66*(1), 69-96.

Coe, K. (2011). George W. Bush, television news, and rationales for the Iraq War. *Journal of Broadcasting & Electronic Media, 55*(3), 307-324.

Coe, K., Domke, D., Graham, E. S., John, S. L., & Pickard, V. W. (2004). No shades of gray: The binary discourse of George W. Bush and an echoing press. *Journal of Communication, 54*(2), 234-252.

Coesemans, R. & De Cock, B. (2017). Self-reference by politicians on Twitter: Strategies to adapt to 140 characters. *Journal of Pragmatics, 116*, 37-50.

Coffey, P. J. (1975). A quantitative measure of bias in reporting of political news. *Journalism Quarterly, 52*(3), 551-553.

Cogburn, D. L. & Espinoza-Vasquez, F. K. (2011). From networked nominee to networked nation: Examining the impact of Web 2.0 and social media on political participation and civic engagement in the 2008 Obama campaign. *Journal of Political Marketing, 10*(1-2), 189-213.

Cohen, J. E. (1995). Presidential rhetotic and the public agenda. *American Journal of Political Science, 39*(1), 87-107.

Cohen, J. & Davis, R. G. (1991). Third-person effects and the differential impact in negative political advertising. *Journalism Quarterly, 68*(4), 680-688.

Cohen, J., Mutz, D., Price, V., & Gunther, A.(1988). Perceived impact of defamation: An experiment on third-person effects. *Public Opinion Quarterly, 47*, 1-15.

Cohen, M. (2008). *The Party decides: Presidential nominations before and after reform*. Chicago, IL: University of Chicago Press.

Coleman, S. (2011). Representation and mediated politics: Representing representation in an age of irony. In K. Brants & K. Voltmer (Eds.). *Political communication in postmodern democracy: Challenging the primacy of politics* (pp. 39-56). New York: Palgrave Macmillan.

Coleman, S. (2013). Debate on television: The spectacle of deliberation. *Television & New Media, 14*(1), 20-30.

Coleman, S. & Spiller, J. (2003). Exploring new media effects on representative democracy. *The Journal of Legislative Studies, 9*(3), 1-16.

Conners, J. L. (2005). Understanding the third-person effect. *Communication Research Trends, 24*(2), 3-22.

Connors, R. J. (2000). The erasure of the sentence. *College Composition and Communication, 52*(1), 96-128.

Conserva, H. T. (2003). *Propaganda techniques*. Bloomington, IN: AuthorHouse.

Conway, M. M. (2000). *Political Participation in the United States* (3rd ed.). Washington, DC: CQ Press.

Conway, B. A., Kenski, K., & Wang, D. (2015). The rise of Twitter in the political campaign: Searching for intermedia agenda-setting effects in the presidential primary. *Journal of Computer-Mediated Communication, 20*(4), 363-380.

Coleman, S. (1999). Can the new media invigorate democracy. *Political Quarterly, 70*(1), 16-22.

Cook, T. D., Appleton, H., Conner, R. F., Shaffer, A., Tamkin, G., & Weber, S. J. (1975). *"Sesame Street" revisited: A case study in evaluation research*. New York: Russell Sage Foundation.

Copeland, M. (1969). *The game of nations: The amorality of power politics*. New York: Simon and Schuster.

Copeland, D. A. (2010). *The media's role in defining the nation: The active voice*. New York: Peter Lang.

Cornwell Jr., E. E. (1959). Presidential news: The expanding public image. *Journalism Quarterly, 36*(3), 275-283.

Cornwell Jr., E. E. (1979). *Presidential leadership of public opinion*. Westport, CT: Greenwood Publishing Group.

Corrado, A. & Firestone, C. (Eds.). (1996). *Elections in cyberspace: Toward a new era in American politics*. Washington, DC: Aspen Institute.

Cotter, C. (2010). *News talk: Investigating the language of journalism*. Cambridge, UK: Cambridge University Press.

Craft, S., Ashley, S., & Maksl, A. (2017). News media literacy and conspiracy theory endorsement. *Communication and the Public, 2*(4), 388-401.

Crook, T. (1998). *International radio journalism: history, theory and practice*. London, UK:

Routledge

Croteau, D. & Hoynes, W. (2013). *Media/society: Industries, images, and audiences*. Los Angeles, CA: Sage Publications.

Curran, J. (2011). *Media and democracy*. New York: Routledge.

Curran, J., Iyengar, S., Lund, A. B., & Salovaara-Moring, I. (2009). Media system, public knowledge and democracy: A comparative study. *European Journal of Communication, 24*(1), 5-26.

D'Alessio, D. (2012). *Media bias in presidential election coverage, 1948-2008: Evaluation via formal measurement*. Lanham, MD: Lexington Books.

Dahlberg, L. (2007). The Internet, deliberative democracy, and power: Radicalizing the public sphere. *International Journal of Media & Cultural Politics, 3*(1), 47-64.

Dalton, R. J. (2013). *Citizen politics: Public opinion and political parties in advanced industrial democracies*. Washington, DC: CQ Press.

Dalton, R. J., Beck, P. A., Huckfeldt, R., & Koetzle, W. (1998). A test of media-centered agenda setting: Newspaper content and public interests in a presidential election. *Political Communication, 15*(4), 463-481.

David, P., Liu, K., & Myser. M. (2004). Methodological artifact or persistent bias?: Testing the robustness of the third-person and reverse third-person effects for alcohol messages. *Communication Research, 31*(2), 206-233.

Davis, A. (2010). New media and fat democracy: the paradox of online participation. *New Media & Society, 12*(5), 745-761.

Davis, D. W. & Silver, B. D. (2003). Stereotype threat and race of interviewer effects in a survey on political knowledge. *American Journal of Political Science, 47*(1), 33-45.

Davis, F. D. (1989). Perceived usefulness, perceived ease of use, and user acceptance of information technology. *MIS Quarterly, 13*, 319-340.

Davis, R. (1999). *The web of politics: The internet's impact on the American political system*. New York: Oxford University Press.

Davis, R. (2005). *Politics online: Blogs, chatrooms, and discussion groups in American democracy*. New York: Routledge.

Davison, P. W. (1983). The third-person effect in communication. *Public Opinion Quarterly, 47*(1), 1-15.

Day, A. (2008). Out of the living room and into the voting booth: An analysis of corporate public affairs advertising under the third person effect. *American Behavioral Scientist, 52*(2), 243-260.

Deakin, J. (1984). *Straight stuff: The reporters, the White House, and the truth*. New York: William Morrow.

Deaver, M. K. & Herskowitz, M. (1987). *Behind the scenes*. New York: William Morrow.

de Beer, A. S. & Merrill, J. C. (2008). *Global journalism: Topical issues and media systems* (5th ed.). New York: Pearson.

Dennis, E. E. (1989). *Reshaping the media: Mass communication in the an information age*. Newbury Park, CA: Sage.

Denton Jr., R. E. (Eds.). (2000). *Political communication ethics: An oxymoron*. Westport, CT: Praeger.

Denton Jr., R. E. & Holloway, R. L. (1996). *The Clinton presidency: Images, issues and communication strategies*. Westport, CT: Praeger.

Dervin, B. (1980). Communication gaps and inequities: Moving toward a reconceptualization. In B. Dervin & M. J. Voight (Eds.). *Progress in communication sciences*, vol. 2 (pp. 73-112), Norwood, NJ: Ablex.

Deudney, D. H. (2008). *Bounding power: Republican security theory from the polis to the global village*. Princeton, NJ: Princeton, University Press.

Devlin, L. P. (1995). Political commercials in American presidential elections. Political advertising in western democracies. In L. L. Kaid & C, Holtz-Bacha (Eds.). *Political advertising in western democracies: parties & candidates on television* (pp. 186-205). Thousand Oaks, CA: Sage.

De Vreese, C. H. (2005). The spiral of cynicism reconsidered. *European Journal of Communication, 20*(3), 283-301.

De Vreese, C. H. & Boomgaarden, H. (2006). News, political knowledge and participation: The differential effects of news media exposure on political knowledge and participation. *Acta Politica, 41*(4), 317-341.

Dewing, M. (2010). *Social media: An introduction*. Ottawa, Canada: Library of Parliament.

Dhal, R. A. (1989). *Democracy and its critics*. New Haven, CT.: Yale University Press.

Diamond, E. & Bates, S. (1992). *The spot: The rise of political advertising on television*. Cambridge, MA: MIT Press.

DiClerico, R. E. & Davis, J. W. (2000). *Choosing our choices: Debating the presidential nominating process*. Lanham, MD: Rowman & Littlefield.

Di Gennaro, C. & Dutton, W. (2006). The Internet and the public: Online and offline political participation in the United Kingdom. *Parliamentary Affairs, 59*(2), 299-313.

Dilliplane, S., Goldman, S. K., & Mutz, D. C. (2013). Televised exposure to politics: News measures for a fragmented media environment. *American Journal of Political Science, 57*(1), 236-48.

DiMaggio, A. R. (2015). *Selling war, selling hope: Presidential rhetoric, the news media, and US foreign policy since 9/11*. New York: SUNY Press.

Dobek-Ostrowska, B. (2016). 25 years after communism: Four models of media and politics in Central and Eastern Europe. In B. Dobek-Ostrowska & M. Głowacki (Eds.). *Democracy and media in cand eastern Europe 25 years on* (pp. 11-44). Bern, Switzerland: Peter Lang Edition.

Doll, W. J., Hendrickson, A., & Deng, X. (1998). Using Davis's perceived usefulness and ease-of-use instruments for decision making: A confirmatory and multigroup invariance analysis. *Decision Sciences, 29*, 839-869.

Domke, D. & Shah, D. V. (1995). Interpretation of issues and voter decision-making strategies: A new perspective on "issue-oriented" election coverage. *Journalism & Mass Communication Quarterly, 72*(1), 45-71.

Donsbach, W. (2004). Psychology of news decisions: Factors behind journalists' professional behavior. *Journalism, 5*(2), 131-157.

Donsbach, W. & Klett, B. (1993). Subjective objectivity: How journalists in four countries define a key term of their profession. *Gazette, 51*, 53-83.

Dowling, C. M. & Wichowsky, A. (2013). Does it matter who's behind the curtain? Anonymity in political advertising and the effects of campaign finance disclosure. *American Politics Research, 41*(6), 965-996.

Drake, P. & Miah, A. (2010). The cultural politics of celebrity. *Cultural Politics, 6*(1), 49-64.

Drew, E. (1995). *On the edge: The Clinton presidency*. New York: Simon & Schuster.

Drew, D. & Weaver, D. (1991). Voter learning in the 1988 presidential election: Did the debates and the media matter?. *Journalism Quarterly, 68*(1-2), 27-37.

Drew, D. & Weaver, D. (2006). Voter learning in the 2004 presidential election: Did the media matter? *Journalism & Mass Communication Quarterly, 83*(1), 25-42.

Druckman, J. N. (2005). Media matter: How newspapers and television news cover campaigns and influence voters. *Political Communication, 22*(4), 463-81.

Dunn, J. (1994). *Democracy: The unfinished journey 508 BC-1993 AD*. Oxford, UK: Oxford University Press.

Durante, R. & Knight, B. (2012). Partisan control, media bias, and viewer responses: Evidence from Berlusconi's Italy. *Journal of the European Economic Association, 10*(3), 451-481.

Durham, M. (1998). On the relevance of standpoint epistemology to the practice of journalism: The case for 'strong objectivity'. *Communication Theory, 8*, 117-140.

Dutton, W. H. (1992). Political science research on teledemocracy. *Social Science Computer Review, 10*(4), 505-522.

Earle, W. A. (1955). *Objectivity*. New York: Noonday Press.

Easton, D. (1965). *A framework for political analysis*. Englewood Cliffs, NJ: Prentice-Hall.

Ebersole, S. (2000). Uses and gratifications of the web among students. *Journal of Computer Mediated Communication, 6*(1), 1-17.

Edosomwan, S., Prakasan, S. K., Kouame, D., Watson, J., & Seymour, T. (2011). The history of social media and its impact on business. *Journal of Applied Management and Entrepreneurship, 16*(3), 79-91.

Edwards III, G. C. (2019). *Why the electoral college is bad for America*. New Haven, CT: Yale University Press.

Eilders, C. (1999). Synchronization of issue agendas in news and editorials of the prestige press in Germany. *Communications, 24*(3), 301-328.

Eisenstadt, S. N. (2003). *Comparative civilizations and multiple modernities, 1*. Leiden and Boston, Netherlands: Brill.

Ekman, J. & Amnå, E. (2012). Political participation and civic engagement: Towards a new typology. *Human affairs, 22*(3), 283-300.

Elo, K. & Rapeli, L. (2010). Determinants of political knowledge: The effects of the media on knowledge and information. *Journal of Elections, Public Opinion and Parties, 20*(1), 133-146.

Elvestad, E. & Blekesaune, A. (2008). Newspapers readers in Europe. A multilevel study of individual and national differences. *European Journal of Communication, 23*(4), 425-447.

Emery, E. & Emery, M. (1984). *The press and America: An interpretative history of the mass media* (5th ed.). Englewood Cliffs, NJ: Prentice-Hall.

Enli, G. (2017). Twitter as arena for the authentic outsider: exploring the social media campaigns of Trump and Clinton in the 2016 US presidential election. *European Journal of Communication, 32*(1), 50-61.

Entman, R. M. (1993). Framing: Toward clarification of a fractured paradigm. *Journal of Communication, 43*(4), 51-58.

Erber, R. & Lau, R. R. (1990). Political cynicism revisited: An information-processing reconciliation of policy-based and incumbency-based interpretations of changes in trust in government. *American Journal of Political Science, 34*(1), 236-253.

Erikson, R. S. (1976). The influence of newspaper endorsements in presidential elections: The case of 1964. *American Journal of Political Science, 20*(2), 207-233.

Esarey, A., Stockmann, D., & Zhang, J. (2017). Support for propaganda: Chinese perceptions of public service advertising. *Journal of Contemporary China, 26*(103), 101-117.

Ess, C. (Ed.). (2001). Culture, technology, communication: Towards an intercultural global village. Albany, NY: State University of New York Press.

Esser, F. & d'Angelo, P. (2006). Framing the press and publicity process in US, British, and German general election campaigns: A comparative study of metacoverage. *Harvard International Journal of Press/Politics, 11*(3), 44-66.

Ettema, J. S. & Whitney, D. C. (1994). *Audiencemaking: How the media create the audience*. Thousand Oaks, CA: Sage.

Etzioni, A. (2017). *The new normal: finding a balance between individual rights and the common good*. New York: Routledge.

Euchner, C. C. (1997). *Selecting the President: From 1789 to 1996*. Washington, DC: CQ Press.

Evatt, D. S. (1998). Measuring public knowledge through open-ended questioning. *Southwestern Mass Communication Journal, 14*(1), 61-71.

Eveland Jr., W. P. & Scheufele, D. A. (2000). Connecting news media use with gaps in knowledge and participation. *Political Communication, 17*(3), 215-237.

Fallows, J. M. (1997). *Breaking the news: How the media undermine American democracy*. New York: Vintage.

Fan, D. P. & Tims, A. R. (1989). The impact

of the news media on public opinion: American presidential election 1987-1988. *International Journal of Public Opinion Research, 1*(2), 151-163.

Farnsworth, S. J. (2015). *Spinner in chief: How presidents sell their policies and themselves*. New York: Routledge.

Farnsworth, S. J. & Lichter, S. R. (2012). News coverage of new presidents in the New York Times, 1981-2009. *Politics & Policy, 40*(1), 69-91.

Fell, D. (2006). *Party politics in Taiwan: Party change and the democratic evolution of Taiwan, 1991-2004*. New York: Routledge.

Ferber, P., Foltz, F., & Pugliese, R. (2007). Cyberdemocracy and online politics: A new model of interactivity. *Bulletin of Science, Technology & Society, 27*(5), 391-400.

Firmstone, J. (2019). Editorial journalism and newspapers' editorial opinions. *Oxford Research Encyclopedia of Communication*. [On-Line] Retrieved on 3/17/20 from https://oxfordre.com/communication/view/10.1093/acrefore/9780190228613.001.0001/acrefore-9780190228613-e-803.

Fishbein, M. & Ajzen, I. (1975). *Belief, attitude, intention and behavior: An introduction to theory and research*. Reading, MA: Addison-Wesley.

Flanagin, A. J. & Metzger, M. J. (2000). Perceptions of Internet information credibility. *Journalism & Mass Communication Quarterly, 77*(3), 515-540.

Flood, C., Hutchings, S., Miazhevich, G., & Nickels, H. (2011). Between impartiality and ideology: The BBC's paradoxical remit and the case of Islam-related television news. *Journalism studies, 12*(2), 221-238.

Foerstel, H. N. (2001). *From Watergate to Monicagate: Ten controversies in modern journalism and media*. Westport, CT: Greenwood Publishing Group.

Foss, S. K. (2017). *Rhetorical criticism: exploration and practice* (5th ed.). Long Grove, IL: Waveland Press.

Fowler, E. F. & Ridout, T. N. (2009). Local television and newspaper coverage of political advertising. *Political Communication, 26*(2), 119-136.

Fraile, M. (2011). Widening or reducing the knowledge gap? Testing the media effects on political knowledge in Spain (2004-2006). *International Journal of Press/Politics, 16*(2), 163-184.

Fraile, M. (2013). Do information rich contexts reduce knowledge inequalities? The contextual determinants of political knowledge in Europe." *Acta Politica, 48*, 119-43.

Franz, M. M., Freedman, P. B., Goldstein, K. M., & Ridout, T. N. (2009). *Campaign advertising and American democracy*. Philadelphia, PA: Temple University Press.

Frazer, E. (1999). Introduction: the idea of political education. *Oxford Review of Education, 25*(1-2), 5-22.

Freedman, P., Franz, M., & Goldstein, K. (2004). Campaign advertising and democratic citizenship. *American Journal of Political Science, 48*(4), 723-741.

French, H. (2003. 3. 6). Online Newspaper Shakes

Up Korean Politics. *New York Times*. [On-Line] Retrieved on 6/14/20 from https://www.nytimes.com/2003/03/06/world/online-newspaper-shakes-up-korean-politics.html.

Fricker, M. (1991). Reason and emotion. *Radical Philosophy 57*, 14-19.

Fritz, B., Keefer, B., & Nyhan, B. (2004). *All the president's spin: George W. Bush, the media, and the truth*. New York: Simon and Schuster.

Gallup, G. & Rae, S. F. (1940a). Is there a band-wagon vote? *Public Opinion Quarterly, 4*(2), 244-249.

Gallup, G. & Rae, S. F. (1940b). *The pulse of democracy: The public-opinion poll and how it works*. New York: Simon and Schuster.

Gamson, W. (1999). Policy discourse and the language of the Life-World. In J. Gehards & R. Hitzler (Eds.). *Eigenwilligkeit und Rationalität sozialer Prozesse* (pp. 127-144). Opladen, Germany: Westdeutscher.

Gans, H. J. (1979). *Deciding what's news: A study of CBS Evening News, NBC Nightly News, Newsweek and Time*. New York: Pantheon Books.

Garramone, G. M. (1983). Issue versus image orientation and effects of political advertising. *Communication Research, 10*(1), 59-76.

Gastil, J., Reedy, J., & Wells, C. (2018). Knowledge distortion in direct democracy: A longitudinal study of biased empirical beliefs on statewide ballot measures. *International Journal of Public Opinion Research, 30*(4), 540-560.

Gauthier, G. (1993). In defence of a supposedly outdated notion: The range of application of journalistic objectivity. *Canadian Journal of communication, 18*(4), 497-505.

Gaziano, C. (1997). Forecast 2000: Widening knowledge gaps. *Journalism & Mass Communication Quarterly, 74*(2), 237-264,

Gaziano, C. (2017). Knowledge gap: History and development. In P. Roessler (Ed.). (2017). *International encyclopedia of media effects* (pp. 840-850). Hoboken, NJ: Wiley-Blackwell.

Geiger, R. S. (2009). Does Habermas understand the internet? The algorithmic construction of the blogo/public sphere. Gnovis. *A Journal of Communication, Culture, and Technology, 10*(1), 1-29.

Gelman, A. & King, G. (1993). Why are American presidential election campaign polls so variable when votes are so predictable? *British Journal of Political Science, 23*(4), 409-451.

Gentzkow, M. & Shapiro, J. M. (2010). What drives media slant? Evidence from US daily newspapers. *Econometrica, 78*(1), 35-71.

Gerbner, G. (1967). Mass media and human communication theory. In F. E. X. Dance (Ed.). *Human communication theory* (pp. 40~57). New York: Holt, Rheinhart and Winston.

Gerbner, G. (2001). The cultural arm of the corporate establishment: Reflection on work of Herb Schiller. *Journal of Broadcasting and Electronic Media, 45*, 186-190.

Gerbner, G. & Gross, L. (1976). Living with

television: The violence profile. *Journal of Communication, 26*(2), 173-199.

Gerbner, G., Gross, L., Jackson-Beeck, M., Jeffries-Fox, S., & Signorielli, N. (1978). Cultural indicators: Violence profile no. 9. *Journal of Communication, 28*, 176-206.

Gerbner, G., Gross, L., Morgan, M., & Signorielli, N. (1980). The "mainstreaming" of America: Violence profile no. 11. *Journal of communication, 30*(3), 10-29.

Ghanem, S. (1997). Filling the Tapestry: The Second Level of Agenda-Setting. In M. McCombs, D. Shaw, & D. Weaver (Eds.). *Communication and Democracy* (pp. 3-14). Mahwah, NJ: Lawrence Erlbaum.

Gil de Zúñiga, H., Jung, N., & Valenzuela, S. (2012). Social media use for news and individuals' social capital, civic engagement and political participation. *Journal of Computer-Mediated Communication, 17*(3), 319-336.

Giles, B. (2010). Fairness as an essential ingredient in news reporting. *Nieman Reports*. [On-Line] Retrieved on 10/5/15 from http://niemanreports.org/articles/fairness-as-an-essential-ingredient-in-newsreporting/.

Gillespie, T. (2010). The politics of 'platforms'. *New Media & Society, 12*(3), 347-364.

Gillian, R. (1976). How is critical theory possible? Theodor W. Adorno and concept formation in sociology. *Political Studies, 24*(1), 69-85.

Ginsberg, B. (1986). *The captive public: How mass opinion promotes state power*. New York: Basic Books.

Ginsberg, B. (2011). *We the people: An introduction to American politics*. New York: W.W. Norton & Co.

Gitlin, T. (1985). *Inside prime time*. New York: Pantheon Books.

Glynn, C. J. & McLeod, J. (2001). Public Opinion du Jour: An examination of the spiral of silence. *Public Opinion Quarterly, 48*, 731-740.

Glynn, C. J. & Ostman, R. E. (1988). Public opinion about public opinion. *Journalism & Mass Communication Quarterly, 65*(2), 299-306.

Godler, Y. & Reich, Z. (2013). How journalists "realize" facts: Epistemology in practice at press conferences. *Journalism Practice, 7*(6), 674-689.

Goldman, E. F. (1969). *The Tragedy of Lyndon Johnson*. New York: Alfred A. Knopf.

Goldschmied, N. & Vandello, J. A. (2009). The advantage of disadvantage: Underdogs in the political arena. *Basic and Applied Social Psychology, 31*(1), 24-31.

Goldstein, M. L. (1995). *Guide to the 1996 presidential election*. Washington, DC: Congressional Quarterly.

Goodwin, C. & Goodwin, M. H. (2004). Participation. In A. Duranti (Ed.). *A companion to linguistic anthropology* (pp. 222-244). Malden, MA: Blackwell.

Goodwin, D. K. (1991). *Lyndon Johnson and the American dream: The most revealing portrait of a president and presidential power ever written*. New York: Macmillan.

Gordon, B. R. & Hartmann, W. R. (2016).

Advertising competition in presidential elections. *Quantitative Marketing and Economics, 14*(1), 1-40.

Grabe, M. E. & Bucy, E. P. (2009). *Image bite politics: News and the visual framing of elections*. London, UK: Oxford University Press.

Graber, D. A. (1976). Press and TV as opinion resources in presidential campaigns. *Public Opinion Quarterly, 40*(3), 285-303.

Graber, D. A. (1981). Political languages. In D. Nimmo & K. Sanders (Eds.). *Handbook of political communication* (pp. 195-224). Newbury Park, CA: Sage.

Graber, D. A. (1984). *Processing the news: How people tame the information tide*. New York: Longman.

Graber, D. A. (1986). Press freedom and the general welfare. *Political Science Quarterly, 101*(2), 257-275.

Graber, D. A. (2004). Mediated politics and citizenship in the twenty-first century. *Annual Review of Psychology, 55*, 545-71.

Graber, D. A. (2005). Political communication faces the 21st century. *Journal of Communication*, September, 479-507.

Graber, D. A. (2012). *Processing politics: Learning from television in the Internet age*. Chicago, IL: University of Chicago Press.

Graber, D. A., McQuail, D., & Norris, P. (1998). *The politics of news: The news of politics*. Washington, DC: CQ Press.

Graber, D. A. & Smith, J. M. (2005). Political communication faces the 21st century. *Journal of Communication, 55*(3), 479-507.

Graham, S. E. (2014). Emotion and public diplomacy: Dispositions in international communications, dialogue, and persuasion. *International Studies Review, 16*(4), 522-539.

Graham, T. (2012). Beyond "political" communicative spaces: Talking politics on the Wife Swap discussion forum. *Journal of Information Technology & Politics, 9*(1), 31-45.

Graham, T. & Hajru, A. (2011). Reality TV as a trigger of everyday political talk in the net-based public sphere. *European Journal of Communication, 26*(1), 18-32.

Graves, L. (2016). *Deciding what's true: The rise of political fact-checking in American journalism*. New York: Columbia University Press.

Green-Pedersen, C., Mortensen, P. B., & Thesen, G. (2017). The incumbency bonus revisited: Causes and consequences of media dominance. *British Journal of Political Science, 47*(1), 131-148.

Greenstein, F. I. (Ed.). (2003). *The George W. Bush presidency: an early assessment*. Baltimore, MD: Johns Hopkins University Press.

Griffin, E. (2004). *A first look at communication theory*. New York: McGraw-Hill.

Gronbeck, B. E. (1992). Negative narratives in 1988 presidential campaign ads. *Quarterly journal of Speech, 78*(3), 333-346.

Groshek, J. & Engelbert, J. (2013). Double differentiation in a cross-national comparison of populist political movements and online media uses in the United States and the

Netherlands. *New Media & Society, 15*(2), 183-202.

Grossman, L. K. (1995). *The electronic republic: Reshaping democracy in the information age*. New York: Penguin.

Grossman, M. B. & Kumar, M. J. (1981). *Portraying the president: The White House and the news media*. Baltimore, MD: Johns Hopkins Press.

Grunig, J. E. (2013). *Excellence in public relations and communication management*. New York: Routledge.

Grusec, J. E. (1992). Social learning theory and developmental psychology: The legacies of Robert Sears and Albert Bandura. *Developmental Psychology, 28*, 776-786.

Gunther, A. C. (1991). What we think others think: Cause and consequence in the third-person effect. *Communication Research, 18*(3), 355-372.

Gunther, A. C. (1995). Overrating the X-rating: The third-person perception and support for censorship of pornography. *Journal of Communication, 45*(1), 27-38.

Gunther, A. C. & Schmitt, K. (2004). Mapping boundaries of the hostile media effect. *Journal of Communication, 54*(1), 55-70.

Guo, L. (2012). The application of social network analysis in agenda setting research: A methodological exploration. *Journal of Broadcasting & Electronic Media, 56*(4), 616-631.

Guo, L. & McCombs, M. (2011). *Network agenda setting: A third level of media effects*. Paper presented at the annual conference of the International Communication Association. Boston, USA.

Gurevitch, M., Coleman, S., & Blumler, J. G. (2009). Political communication-Old and new media relationships. *The ANNALS of the American Academy of Political and Social Science, 625*(1), 164-181.

Guzman, A. L. & Lewis, S. C. (2020). Artificial intelligence and communication: A Human-machine communication research agenda. *New Media & Society, 22*(1), 70-86.

Ha, L. & James, L. (1998). Interactivity reexamined: A baseline analysis of early business web sites," *Journal of Broadcasting and Electronic Media, 42*(4), 457-474.

Ha, S. (2004). Who accepts the news?: News coverage of presidential campaigns, voters' information processing ability, and media effects susceptibility. Unpublished doctoral dissertation, University of Texas at Austin, USA.

Habermas, J. (1962/1989). *The structural transformation of the public sphere: An inquiry into a category of bourgeois society*. Cambridge, MA: MIT Press.

Hagen, M. (2000). Digital democracy and political systems. In K. L. Hacker & J. van Dijk (Eds.). *Digital democracy: Issues of theory and practice* (pp. 54-69). London, UK: Sage.

Hakan, A. L. P. (2016). Political advertising and propaganda within spiral of silence-agenda setting theory. *Journalism, 6*(1), 12-18.

Håkansson, N. & Naurin, E. (2016). Promising ever more: An empirical account of Swedish parties' pledge making during 20 years.

Party Politics, 22(3), 393-404.

Hale, J. F., Fox, J. C., & Farmer, R. (1996). Negative advertisements in US Senate campaigns: The influence of campaign context. *Social Science Quarterly, 77*(2), 329-343.

Hall, P. M. (1972). A symbolic interactionist analysis of politics. *Sociological Inquiry, 42*(3-4), 35-75.

Hall, S. (1980). Encoding/decoding. In S. Hall, D. Hobson, A. Lowe, & P. Willis (Eds.). *Culture, media, language: Working papers in cultural studies, 1972~79* (pp. 128-138). London, UK: Hutchinson.

Hallin, D. C. (1989). *The uncensored war: The media and Vietnam*. Berkeley, CA: University of California Press.

Hallin, D. C. & Mancini, P. (2004). *Comparing media systems: Three models of media and politics*. Cambridge, UK: Cambridge University Press.

Hallin, D. C. & Mancini, P. (Eds.). (2011). *Comparing media systems beyond the western world*. Cambridge, UK: Cambridge University Press.

Halpern, D. & Gibbs, J. (2013). Social media as a catalyst for online deliberation? Exploring the affordances of Facebook and YouTube for political expression. *Computers in Human Behavior, 29*(3), 1159-1168.

Hanitzsch, T., Hanusch, F., Mellado, C., Anikina, M., Berganza, R., Cangoz, I., Coman, M., Hamada, B., Hernández, M. E., Karadjov, C. D., Moreira, S. V., Mwesige, P. G., Plaisance, P. L., Reich, Z., Seethaler, J., Skewes, E. A., Noor, D. V., & Yuen, E. K. W. (2011). Mapping journalism cultures across nations: A comparative study of 18 countries. *Journalism Studies, 12*(3), 273-293.

Hardt, H. (1996). The end of journalism media and newswork in the United States. *Javnost-The Public, 3*(3), 21-41.

Hargittai, E. & Walejko, G. (2008). The participation divide: Content creation and sharing in the digital age1. *Information, Communication & Society, 11*(2), 239-256.

Haridakis, P. M. & Rubin, A. M. (2005). Third-person effects in the aftermath of terrorism. *Mass Communication & Society, 8*(1), 39-59.

Hart, R. P. (1984). *Verbal style and the presidency: A computer-based analysis*. Orlando, FL: Academic Press.

Hartnett, S. J. & Mercieca, J. R. (2007). "A discovered dissembler can achieve nothing great"; Or, four theses on the death of presidential rhetoric in an age of empire. *Presidential Studies Quarterly, 37*(4), 599-621

Hawkins, R. P. & Pingree, S. (1990). Divergent psychological processes in constructing social reality from mass media content. In N. Signorielli & M. Morgan (Eds.). *Advances in cultivation research* (pp. 35-50). Newbury Park, CA: Sage.

Hayes, A. F. (2007). Exploring the forms of self-censorship: On the spiral of silence and the use of opinion expression avoidance strategies. *Journal of Communication, 57*, 785-802.

Haynes, A. A., Flowers, J. F., & Gurian, P. H.

(2002). Getting the message out: Candidate communication strategy during the invisible primary. *Political Research Quarterly, 55*(3), 633-652.

Hazan, R. Y. & Rahat, G. (2006). Candidate selection: Methods and consequences. In R. S. Katz & W. Crotty (Eds.). *Handbook of party politics* (pp. 109-21). London, UK: Sage.

Heeter, C. (1989). Implications of new interactive technologies for conceptualizing communication. In J. L. Salvaggio & J. Bryant (Eds.). *Media use in the information age: Emerging patterns of adoption and consumer use* (pp. 217-236). Hillsdale, NJ: Lawrence Erlbaum Associates.

Heeter, C., D'Alessio, D., Greenberg, B., & McVoy, S. (1988) Cableviewing behaviors: An electronic assessment, In C. Heeter & B. Greenberg (Eds.). *Cableviewing* (pp. 51-66) Norwood, NJ: Ablex.

Heider, F. (1958). *The psychology of interpersonal relations*. New York: John Wiley & Sons.

Hendricks, J. A. & Denton Jr., R. E. (Eds.). (2010). *Communicator-in-chief: How Barack Obama used new media technology to win the White House*. Lanham, MD; Lexington Books.

Henneberg, S. C. (2004). The views of an advocatus dei: Political marketing and its critics. *Journal of Public Affairs, 4*(3), 225-243.

Heo, Y. C., Park, J. Y., Kim, J. Y., & Park, H. W. (2016). The emerging viewertariat in South Korea: The Seoul mayoral TV debate on Twitter, Facebook, and blogs. *Telematics and Informatics, 33*(2), 570-583.

Herman, E. S. & Chomsky, N. (1998). *Manufacturing consent: The political economy of the mass media*. New York: Pantheon.

Hertsgaard, M. (1988). *On bended knee: The press and the Reagan presidency*. New York: Farrar, Straus, Giroux.

Herzog, H. (1942/1943). What do we really know about daytime serial listeners? In P. F. Lazarsfeld & F. N. Stanton (Eds.). *Radio research* (pp. 3-33). New York: Duell, Sloan and Perce.

Hess, M. W. (1938). Objectivity in moral philosophy. *The Journal of Philosophy, 35*(14), 381-386.

Hess, S. (1991). *Live from Capitol Hill!: Studies of Congress and the media*. Washington, DC: Brookings Institution Press.

Heywood, A. (1994). *Political ideas and concepts: An introduction*. London, UK: Macmillan.

Hiebert, R. E. (1994). Advertising and public relations in transition from communism: The case of Hungary, 1989-1994. *Public Relations Review, 20*(4), 357-369.

Hill, K. A. & Hughes, J. E. (1998). *Cyberpolitics: Citizen activism in the age of the Internet*. Lanham, MD: Rowman & Littlefield Publishers, Inc..

Hill, R. P. (1989). An exploration of voter responses to political advertisements. *Journal of Advertising, 18*(4), 14-22.

Himmelfarb, S. & Eagly, A. H. (1974). *Readings in attitude change*. New York: John Wiley & Sons.

Himmelman, J. (2012). *Yours in truth: A personal portrait of Ben Bradlee, legendary editor of the Washington Post*. New York: Random House.

Hinck, E. A. & Hinck, S. S. (2002). Politeness strategies in the 1992 vice presidential and presidential debates. *Argumentation and Advocacy, 38*(4), 234-250.

Hirst, P. (1990). *Representative democracy and its limits*. Cambridge, UK: Polity Press.

Hirzalla, F., Van Zoonen, L., & de Ridder, J. (2011). Internet use and political participation: Reflections on the mobilization/normalization controversy. *The Information Society, 27*(1), 1-15.

Hlavach, L. & Freivogel, W. H. (2011). Ethical implications of anonymous comments posted to online news stories. *Journal of Mass Media Ethics, 26*(1), 21-37.

Hmielowski, J. D. (2012). Intramedia moderation, electoral ambivalence, and electoral decision making. *Mass Communication and Society, 15*(3), 454-477.

Ho, S. S. & McLeod, D. M. (2008). Social-psychological influences on opinion expression in face-to-face and computer-mediated communication. *Communication Research, 35*(2), 190-207.

Hoffer, E. (1966). *The true believer*. New York: Harper & Row/Perennial Library.

Hoffman, D. L. & Novak, T. P. (1998). Bridging the digital divide: The impact of race on computer access and internet use. Project 2000, Vanderbilt University. [On-Line]. Retrieved on 2/22/08 from http://www.cybercultura.it/pdf/1998_Bridging_Digita_Divide.pdf

Hogan, J. M. (1997). George Gallup and the rhetoric of scientific democracy. *Communications Monographs, 64*(2), 161-179.

Holbert, R. L., Shah, D. V., & Kwak, N. (2004). Fear, authority, and justice: Crime-related TV viewing and endorsement of capital punishment and gun ownership. *Journalism and Mass Communication Quarterly, 81*(2), 343-363.

Holden, K. (2013). *Making of the Great Communicator: Ronald Reagan's transformation from actor to governor*. Lanham, MD: Rowman & Littlefield.

Holtz, S. (2002). *Public relations on the Net: Winning strategies to inform and influence the media, the investment community, the government, the public, and more!* New York: Amacom Books.

Horkheimer, M. & Adorno, T. W. (1944/1972). *Dialectic of enlightenment*. New York: Continuum.

Houston, B. (2014). *Computer-assisted reporting:* A practical guide. New York: Routledge.

Hovland, C. I., Jannis, I. L., & Kelly, H. H. (1953). *Communication and persuasion*. New Haven, CT: Yale University Press.

Howard, J.. Rothbart, G., & Sloan, L. (1978). The response to 'Roots': A national survey. *Journal of Broadcasting. 22*, 279-88.

Howard, P. N. (2006). *New media campaigns and the managed citizen*. Cambridge, UK: Cambridge University Press.

Hoyle, R. (2008). *Going to war: How misinfor-*

mation, disinformation, and arrogance led America into Iraq. New York: Thomas Dune Books.

Hughes, D. J., Rowe, M., Batey, M., & Lee, A. (2012). A tale of two sites: Twitter vs. Facebook and the personality predictors of social media usage. *Computers in Human Behavior, 28*(2), 561-569.

Hughey, M. W. & Daniels, J. (2013). Racist comments at online news sites: a methodological dilemma for discourse analysis. *Media, Culture & Society, 35*(3), 332-347.

Hur, K. K. & Robinson, J. P. (1978). The social impact of 'Roots'. *Journalism Quarterly, 55*, 19-24.

Hurd, R. E. & Singletary, M. W. (1984). Newspaper endorsement influence on the 1980 presidential election vote. *Journalism Quarterly, 61*(2), 332-338.

Hurrell, A. (2002). There are no rules(George W. Bush): International order after September 11. *International Relations, 16*(2), 185-204.

Hwang, H., Schmierbach, M., Paek, H. J., Gil de Zuniga, H., & Shah, D. (2006). Media dissociation, Internet use, and antiwar political participation: A case study of political dissent and action against the war in Iraq. *Mass Communication & Society, 9*(4), 461-483.

Hwang, Y. & Jeong, S-H. (2009). Revisiting the knowledge gap hypothesis: A meta-analysis of thirty-five years of research. *Journalism & Mass Communication Quarterly, 86*(3), 513-532.

Iggers, J. (2018). *Good news, bad news: Journalism ethics and the public interest*. New York: Routledge.

Igo, S. E. (2006). "A gold mine and a tool for democracy": George Gallup, Elmo Roper, and the business of scientific polling, 1935-1955. *Journal of the History of the Behavioral Sciences, 42*(2), 109-134.

Isaak, A. C. (1985). *Scope and methods of political science: An introduction to the methodology of political inquiry* (4th ed.). Homewood, IL: Dorsey Press.

Ivie, R. L. (2007). Shadows of democracy in presidential rhetoric: An introduction to the special issue. *Presidential Studies Quarterly, 37*(4), 577-579.

Iyengar, S. & Kinder, D. R. (1987). *News that matters: Television and American opinion*. Chicago, IL: University of Chicago Press.

Iyengar, S., Peters, M. D., & Kinder, D. R. (1982). Experimental demonstrations of the "not-so-minimal" consequences of television news programs. *American Political Science Review, 76*, 848-858.

Iyengar S. & Simon A. (1993). News coverage of the Gulf crisis and public opinions: A study of agenda setting, priming, and framing. *Communication Research, 20*, 365-383.

Jacobson, G. C. (2015). How do campaigns matter? *Annual Review of Political Science, 18*(1), 31-47.

Jagers, J. & Walgrave, S. (2007). Populism as political communication style: An empirical study of political parties' discourse in Belgium. *European Journal of Political Research, 46*, 319-345.

Jamieson, K. H. (1984). *Packaging the presidency: A history and criticism of presidential campaign advertising*. New York: Oxford Univeristy Press.

Jamieson, K. H. (1986). The evolution of political advertising in America. In L. L. Kaid, D., Nimmo, & K. R. Sanders (Eds.). *New perspectives on political advertising* (pp. 1-20). Carbondale, IL: Southern Illinois University Press.

Jamieson, K. H. (1988). *Eloquence in an electronic age: The transformation of political speechmaking*. New York: Oxford University Press.

Jamieson, K. H. & Birdsell, D. S. (1988). *Presidential debates: The challenge of creating an informed electorate*. New York: Oxford University Press.

Jeansonne, G. (2016). *Herbert Hoover: A Life*. New York: Penguin.

Jeffres, L. W., Neuendorf, K., Bracken, C. C., & Atkin, D. (2008). Integrating Theoretical Traditions in Media Effects: Using Third-Person Effects to Link Agenda-Setting and Cultivation. *Mass Communication and Society, 11*(4), 470-491.

Jenkins, H., Thorburn, D., & Seawell, B. (Eds.). (2004). *Democracy and new media*. Cambridge, MASS: MIT Press.

Jenssen, A. T. (2012). Widening or closing the knowledge gap? The role of TV and newspapers in changing the distribution of political knowledge. *Nordicom Review, 33*(1), 19-36.

Jerit, J., Barabas, J., & Bolsen, T. (2006). Citizens, knowledge, and the information environment. *American Journal of Political Science, 50*(2), 266-282.

Jiang, Y. (2014). 'Reversed agenda-setting effects' in China Case studies of Weibo trending topics and the effects on state-owned media in China. *Journal of International Communication, 20*(2), 168-183.

Johnson, B. E. & Youm, K. H. (2008-2009). Commercial speech and free expression: The United States and Europe compared. *Journal of International Media & Entertainment Law, 2*, 159-198.

Johnson-Cartee, K. S. & Copeland, G. A. (2003). *Strategic political communication: Rethinking social influence, persuasion, and propaganda*. Lanham, MD: Rowman & Littlefield Publishers.

Johnson-Cartee, K. S. & Copeland, G. (2013). *Negative political advertising: Coming of age*. New York: Routledge.

Jones, A. S. (2009). An argument why journalists should not abandon objectivity. *Nieman Reports*, [On-Line] Retrieved on 10/5/15 from http://niemanreports.org/articles/an-argument-why-journalists-should-not-abandon-objectivity/

Jones, C. A. (2004). Regulating political advertising in the EU and USA: A human rights perspective. *Journal of Public Affairs, 4*(3), 244-255.

Joslyn, R. (1986). Political advertising and the meaning of elections. In L. L. Kaid, D., Nimmo, & K. R. Sanders (Eds.). *New perspectives on political advertising* (pp.

139-183). Carbondale, IL: Southern Illinois University Press.

Jotzo, F., Depledge, J., & Winkler, H. (2018). US and international climate policy under President Trump. *Journal Climate Policy, 18*(7), 813-817.

Jowett, G. S. & O'Donnell, V. (1986). *Propaganda and persuasion*. Newbury Park, CA: Sage.

Jungherr, A. (2016). Twitter use in election campaigns: A systematic literature review. *Journal of Information Technology & Politics, 13*(1), 72-91.

Just, M. R., Crigler, A. N., Alger, D. E., Cook, T. E., Kern, M., & West, D. M. (1996). *Crosstalk: Citizens, candidates, and the media in a presidential campaign*. Chicago, IL: University of Chicago Press.

Kahn, K. F. (1994). The distorted mirror: Press coverage of women candidates for statewide office. *The Journal of Politics, 56*(1), 154-173.

Kaid, L. L. (Ed.). (2004). *Handbook of political communication research*. Mahwah, NJ: Erlbaum.

Kaid, L. L. & Holtz-Bacha, C. (2006). *The SAGE handbook of political advertising*. Thousand Oaks, CA: Sage Publications.

Kaid, L. L. & Postelnicu, M. (2005). Political advertising in the 2004 election: Comparison of traditional television and Internet messages. *American Behavioral Scientist, 49*(2), 265-278.

Kalsnes, B., Krumsvik, A. H., & Storsul, T. (2014). Social media as a political backchannel: Twitter use during televised election debates in Norway. *Aslib Journal of Information Management, 66*(3), 313-328.

Kaplan, R. L. (2002). *Politics and the American press: The rise of objectivity, 1865-1920*. Cambridge, UK: Cambridge University Press.

Karlova, N. A. & Fisher, K. E. (2013). A social diffusion model of misinformation and disinformation for understanding human information behaviour. *Information Research, 18*(1), 1-17.

Karp, J. A. & Banducci, S. A. (2007). Party mobilization and political participation in new and old democracies. *Party Politics, 13*(2), 217-234.

Katz, E. (1959). Mass communication research and the study of popular culture: An editorial note on a possible future for this journal. *Studies in Public Communication, 2*, 1~6.

Katz, E. (1996). And deliver us from segmentation. *The Annals of the American Academy of Political and Social Science, 546*(1), 22-33.

Katz, E., Haas, H., & Gurevitch, M. (1973). On the use of the mass media for important things. *American Sociological Review, 38*, 164~181.

Katz, E. & Liebes, T. (1990). Interacting with "Dallas": Cross cutlrual readings of American TV. *Canadian Journal of communication, 15*(1), 45-66.

Kearns, D. (1976). *Lyndon Johnson & the American dream*. New York: Harper & Row.

Kecskemeti, P. (1956). The Soviet approach to international political communication. *The Public Opinion Quarterly, 20*(1), 299-308.

Kenski, K. & Stroud, N. J. (2006). Connections between internet use and political efficacy, knowledge, and participation. *Journal of Broadcasting & Electronic Media, 50*(2), 173-192.

Kern, M., Levering, P. W., & Levering, R. B. (1984). *The Kennedy crises: The press, the presidency, and foreign policy*. Chapel Hill, NC: UNC Press Books.

Kern, M. & Wicks, R. H. (1994). Television news and the advertising-driven new mass media election: A more significant local role in 1992? In. R. E. Denton Jr. (Ed.). *The 1992 presidential campaign: A communication perspective* (pp. 189-206). Westport, CT: Praeger.

Kernell, S. (1997). *Going public: New strategies of presidential leadership* (3rd ed.). Washington, DC: CQ Press.

Kiewe, A. (Ed.). (1994). *The modern presidency and crisis rhetoric*. New York: Praeger Publishers.

Kim, S. (2008). Testing the knowledge gap hypothesis in South Korea: Traditional news media, the Internet, and political learning. *International Journal of Public Opinion Research, 20*(2), 193-210.

Kim, S., Scheufele, D. A., & Shanahan, J. (2002). Think about it this way: Attribute agenda-setting function of the press and the public's evaluation of a local issue. *Journalism and Mass Communication Quarterly, 79* (April). 7-25.

Kinder, T. (2002). Vote early, vote often? Tele-democracy in European cities. *Public Administration, 80*(3), 557-582.

Kiousis, S., Bantimarodius, P., & Ban, H. (1999). Candidate image attributes: Experiments on the substantive dimension of second level agenda setting. *Communication Research, 26*(4), 414-428

Klapper, J. T. (1960). *The effects of mass communication*. New York: Free Press.

Klein, W. (2008). *All the presidents' spokesmen: Spinning the news, White House press secretaries from Franklin D. Roosevelt to George W. Bush*. Westport, CT: Greenwood Publishing Group.

Knupfer, G. (1947). Portrait of the Underdog. *Public Opinion Quarterly, 11*(1), 103-114.

Kollman, K. (1998). *Outside lobbying: Public opinion and interest group strategies*. Princeton, NJ: Princeton University Press.

Kolko, J. (2010). How broadband changes online and offline behaviors. *Information Economics and Policy, 22*(2), 144-152.

Konieczna, M. (2014). Do old norms have a place in new media? A case study of the nonprofit MinnPost. *Journalism Practice, 8*(1), 49-64.

Kosicki, G. M. (1993). Problems and opportunities in agenda-setting research. *Journal of Communication, 43*(2),100-127.

Kovach, B. & Rosenstiel, T. (2001). *The elements of journalism: What people should know and the public should expect*. New York: Crown Publishers.

Koziak, B. (2007). Political emotions: Aristotle and the symphony of reason and emotion. *Perspectives on Politics, 5*(3), 620-621.

Kozol, J. (2011). *Illiterate America*. New York:

Doubleday.

Kraus, S. (2013). *Televised presidential debates and public policy* (2nd ed.). New York: Routledge.

Kreis, R. (2017). The "tweet politics" of President Trump. *Journal of Language and Politics, 16*(4), 607-618.

Kriesi, H., Lavenex, S., Esser, F., Matthes, J., Bühlmann, M., & Bochsler, D. (2013). *Democracy in the Age of Globalization and Mediatization*. London, UK: Palgrave Macmillan.

Krueger, B. S. (2002). Assessing the potential of Internet political participation in the United States: A resource approach. *American Politics Research, 30*(5), 476-498.

Ksiazek, T. B., Malthouse, E. C., & Webster, J. G. (2010). News-seekers and avoiders: Exploring patterns of total news consumption across media and the relationship to civic participation. *Journal of Broadcasting & Electronic Media, 54*(4), 551-568.

Ku, G., Kaid, L. L., & Pfau, M. (2003). The impact of web site campaigning on traditional news media and public information processing. *Journalism & Mass Communication Quarterly, 80*(3), 528-547.

Kumar, M. J. (2003). The contemporary presidency: Communications operations in the White House of President George W. Bush: Making news on his terms. *Presidential Studies Quarterly, 33*(2), 366-393.

Kurtz, H. (1996). *Hot air: All talk, all the time*. New York: Times Books.

Kuypers, J. A. (1997). *Presidential crisis rhetoric and the press in the post-Cold War world*. Westport. CT: Greenwood Publishing Group.

Lago, I., Guinjoan, M., & Bermúdez, S. (2015). Regulating disinformation: Poll embargo and electoral coordination. *Public Opinion Quarterly, 79*(4), 932-951.

Laitner, S. (2015. 5. 7). 5 election coverage tips from the Financial Times. *Financial Times*. [On-Line] Retrieved on 3/12/20 from https://www.poynter.org/reporting-editing/2015/5-election-coverage-tips-from-the-financial-times/

Lang, G. E. & Lang, K. (1981). Watergate: An exploration of the agenda-building process. In G. C. Wilhoit & H. de Bock (Eds.). *Mass communication review yearbook* (Vol. 2, pp. 447-468). Beverly Hills, CA: Sage.

Lariscy, R. A. W. & Tinkham, S. F. (1999). The sleeper effect and negative political advertising. *Journal of Advertising, 28*(4), 13-30.

Larsson, A. O. (2015). Pandering, protesting, engaging. Norwegian party leaders on Facebook during the 2013 'Short campaign'. *Information, Communication & Society, 18*(4), 459-473.

Lasorsa, D. L. (1989). Real and perceived effects of "Amerika." *Journalism Quarterly, 66*, 373-378.

Lasorsa, D. L. (1994). Policymakers and the third-person effect. In Kennamer, J. D. (Ed.). *Public opinion, the press, and public policy* (pp. 163-175). Westport, CT: Praeger.

Lasswell, H. D. (1927). *Propaganda technique in the world war*. New York: Knopf.

Lasswell, H. D. (1936/1990). *Politics: Who gets what, when, how*. Gloucester, MA: Peter Smith Pub. Inc.

Lasswell, H. D. (1937). Propaganda. In E. R. A. Seligman & A. Johnson (Eds.). *Encyclopedia of the social sciences, 12* (pp. 521- 528). New York: Macmillan.

Lasswell, H. D. (1948). The structure and function of communication in society. In W. Schramm (Ed.). (1960). *Mass Communications* (pp. 117~130). Urbana, IL: University of Illinois Press.

Lau, R. R., Sigelman, L., & Rovner, I. B. (2007). The effects of negative political campaigns: a meta-analytic reassessment. *Journal of Politics, 69*(4), 1176-1209.

Lavine, H. (2001). The electoral consequences of ambivalence toward presidential candidates. *American Journal of Political Science, 45*(4), 915-929.

Lazarsfeld, P. & Merton, R. (1948/1960). Mass communication, popular taste and organized social action. In L. Bryson (Ed.). (1948). *The communication of ideas* (pp. 95~118). New York: Institute for Religious and Social Studies, Harper. Reprinted in W. Schramm (Ed.). *Mass communications* (pp. 492~512). Urbana, IL: University of Illinois Press.

Lee, A. M. & Lee, E. B. (1939). *The fine art of propaganda: A study of Father Coughlin's speeches*. New York: Hartcourt, Brace and Company.

Lee, A. & Lee, E. B. (1939). *The fine art of propaganda: A study of Father Coughlin's speeches*. New York: Harcourt, Brace and Co.

Lee, B. X. (2019). *The dangerous case of Donald Trump: 37 psychiatrists and mental health experts assess a president-updated and expanded with new essays*. New York: Thomas Dunne Books.

Lee, G. (2010). Who let priming out? Analysis of first- and second-level agenda setting effects on priming. *International Communication Gazette, 72*(8), 759-776.

Lee, G. (2017). Verb objectivity and source qualification: Comparison of quotation attributions in offline and online newspapers. *Journalism, 18*(7), 890-906.

Lee, G. & Ko, H. (2010). Who controls newspapers' political perspectives? Source transparency and affiliations in Korean news articles about US beef imports. *Asian Journal of Communication, 20*(4), 404-422.

Lee, G. & Kwak, Y. H. (2012). An open government maturity model for social media-based public engagement. *Government Information Quarterly, 29*(4), 492-503.

Lee, H. S. & Lee, J. M. (2015). Televised presidential debates and learning in the 2012 Korean presidential election: Does political knowledge condition information acquisition? *International Journal of Communication, 9*, 2693-2712.

Lee, J. K., Choi, J., Kim, C., & Kim, Y. (2014). Social media, network heterogeneity, and opinion polarization. *Journal of Communication, 64*(4), 702-722.

Lee, N. (2016). Two different motivations on

agenda setting: Need for orientation and motivated reasoning. *International Journal of Public Opinion Research, 28*(4), 484-510.

Lehman-Wilzig, S. & Cohen-Avigdor, N. (2004). The natural life cycle of new media evolution: Inter-media struggle for survival in the internet age. *New Media & Society, 6*(6), 707-730.

Levy. M. R. & Windhal, S. (1984). Audience activity and gratifications: A conceptual clarification and exploration. *Communication Research, 11*(1), 51-78.

Lewis, W. F. (1987). Telling America's story: Narrative form and the Reagan presidency. *Quarterly Journal of Speech, 73*(3), 280-302.

Li, X. (2008). Third-person effect, optimistic bias, and sufficiency resource in internet use. *Journal of Communication, 58*, 568-587.

Li, X. (2018). Impact of average rating on social media endorsement: The moderating role of rating dispersion and discount threshold. *Information Systems Research, 29*(3), 739-754.

Lichter, S. R. & Noyes, R. (1996). *Good intentions make bad news: Why Americans hate campaign journalism*. Lanham, MD: Rowman & Littlefield.

Lin, Y. & Kaid, L. L. (2000). Fragmentation of intellectual structure of political communication study: Some empirical evidence. *Scientometrics, 47*(1), 143-164.

Lindlof, T. R. (1995). *Qualitative communication research methods*. Thousand Oaks, CA: Sage.

Ling, R. S. (2004). *The mobile connection: The cell phone's impact on society*. New York: Morgan Kaufman.

Lippmann, W. (1925). *The phantom public*. New York: Harcourt, Brace.

Lippmann, W. (1922/1965). *Public opinion*. New York: The Free Press.

Lister, M., Dovey, J., Giddings, S., Grant, I., & Kelly, K. (2009). *New media: A critical introduction* (2nd ed.). New York: Routledge.

Littlewood, T. B. (1998). *Calling elections: The history of horse-race journalism*. Notre Dame, IN: University of Notre Dame Press.

Liu, X. & Fahmy, S. (2011). Exploring the spiral of silence in the virtual world: Individuals' willingness to express personal opinions in online versus offline settings. *Journal of Media and Communication Studies, 3*(2), 45-57.

Livingstone, S. M. & Lunt, P. K. (1992). Expert and lay participation in television debates: An analysis of audience discussion programmes. *European Journal of Communication, 7*(1), 9-35.

Llewellyn, N. (2005). Audience participation in political discourse: A study of public meetings. *Sociology, 39*(4), 697-716.

Loader, B. D., Vromen, A., & Xenos, M. A. (2014). The networked young citizen: social media, political participation and civic engagement. *Information, Communication & Society, 17*(2), 143-150.

Looby, C. (1996). *Voicing America: Language, literary form, and the origins of the United States*. Chicago, IL:University of Chicago Press.

Lowi, T. J. (1985). *The personal president: Power invested, promise unfulfilled*. Ithaca, NY: Cornell University Press.

Luginbühl, M. (2007). Conversational violence in political TV debates: Forms and functions. *Journal of Pragmatics, 39*(8), 1371-1387.

Luhmann, N. (1994). Politicians, honesty and the higher amorality of politics. *Theory, Culture & Society, 11*(2), 25-36.

Lusinchi, D. (2015). Straw poll journalism and quantitative data: The case of The Literary Digest. *Journalism Studies, 16*(3), 417-432.

MacNair, J. (1993). Awareness Overdose. *U. Magazine: The National College Magazine*, October, 12.

Maher, T. M. (2001). Framing: An emerging paradigm or a phase of agenda setting? In S. D. Reese, O. H. Gandy, & A. Grant (Eds.). *Framing public life: Perspectives on media and our understanding of the social world* (pp. 83-94). Mahwah, NJ: Lawrence Erlbaum Associates.

Maier, S. (2010). All the news fit to post? Comparing news content on the web to newspapers, television, and radio. *Journalism & Mass Communication Quarterly, 87*(3-4), 548-562.

Makse, T. & Sokhey, A. E. (2010). Revisiting the divisive primary hypothesis: 2008 and the Clinton-Obama nomination battle. *American Politics Research, 38*(2), 233-265.

Maltese, J. A. (2000). *Spin control: The White House Office of Communications and the management of presidential news*. Chapel Hill, NC: University of North Carolina Press.

Mancini ,P. & Swanson, D. (1996). Politics, media, and modern democracy: Introduction. In P. Mancini & D. Swanson (Eds.). *Politics, media, and modern democracy: An international study of innovations in electoral campaigning and their consequences* (pp. 1-26). Westport. CT: Praeger.

Mann, R. (2011). *Daisy petals and mushroom clouds: LBJ, Barry Goldwater, and the ad that changed American politics*. Baton Rouge, LA: Louisiana State University Press.

Mann, T. E. & Ornstein, N. J. (1994). *Congress, the press, and the public*. Washington, DC: American Enterprise Institute and Brookings Institution.

Manovich, L. (2001). *The language of new media*. Cambridge, MA: MIT Press.

Marcuse, H. (1964). *One-dimensional man: Studies in the ideology of advanced industrial society*. Boston, MA: Beacon.

Marsh, C. (1985). Back on the bandwagon: The effect of opinion polls on public opinion. *British Journal of Political Science, 15*(1), 51-74.

Mason, L. (1995). Newspaper as repeater: An experiment of defamation and the third-person effect. *Journalism & Mass Communication Quarterly, 72*, 610-620.

Mathews, C. (1996). *Kennedy & Nixon: The rivalry that shaped postwar America*. New York: Simon & Schuster.

Mattelart, A. (1994). *Mapping world communication: War, progress, culture*. Minneapolis, MN: University of Minnesota Press.

Matthes, J. (2008). Need for orientation as a

predictor of agenda-setting effects: Causal evidence from a two-wave panel study. *International Journal of Public Opinion Research, 20*, 440-453.

McAllister, I. & Studlar, D. T. (1991). Bandwagon, underdog, or projection? Opinion polls and electoral choice in Britain, 1979-1987. *The Journal of Politics, 53*(3), 720-741.

McChesney, R. W. (2000). *Rich media, poor democracy: Communication politics in dubious times*. New York: The New Press.

McCombs, M. E. (2004). *Setting the agenda: The mass media and public opinion*. Cambridge, UK: Polity Press.

McCombs, M. E. & Estrada, G. (1997). The news media and the pictures in our heads. In S. Iyengar & R. Reeves (Eds.). *Do the media govern? Politicians, voters, and reporters in America* (pp. 237-247). Thousand Oaks, CA: Sage.

McCombs, M. E. & Ghanem, S. I. (2001). The convergence of agenda setting and framing. In S. D. Reese, O. H. Gandy, & A. Grant (Eds.). *Framing public life: Perspectives on media and our understanding of the social world* (pp. 67-81). Mahwah, NJ: Lawrence Erlbaum Associates.

McCombs, M. E., Lopez-Escobar, E., & Llamas, J. P. (2000). Setting the agenda of attributes in the 1996 Spanish general election. *Journal of Communication, 50*, 77-92.

McCombs, M. E. & Shaw, D. L. (1972). The agenda-setting function of mass media. *Public Opinion Quarterly, 36*(2), 176-187.

McCombs, M. E. & Weaver, D. H. (1973). Voters' need for orientation and use of mass communication. Paper presented at the annual conference of the International Communication Association. Montreal, Canada.

McCroskey, J. C., Hamilton, P. R., & Weiner, A. N. (1974). The effect of interaction behavior on source credibility, homophily, and interpersonal attraction. *Human Communication Research, 1*(1), 42-52.

McDonald, D. G., Glynn, C. J., Kim, S.-H., & Ostman, R. E. (2001). The Spiral of Silence in the 1948 Presidential Election. *Communication Research, 28*(2), 139-155.

McEwen, W. J. (1978). Bridging the information gap. *Journal of Consumer Research, 4*(4), 247-251.

McGinnis, J. (1969). *The selling of the president 1968*. New York: Trident Press.

McLeod, D. M., Eveland Jr., W. P., & Nathanson, A. I. (1997). Support for censorship of violent and misogynic rap lyrics: An analysis of the third-person effect. *Communication Research, 24*(2), 153-174.

McLeod, J. M., Becker, L. B., & Byrnes, J. E. (1974). Another look at the agenda-setting function of the press. *Communication Research, 1*, 131-166.

McLeod, J. M. & Sotirovic. M. (2001). Values, communication behavior, and political participation. *Political Communication, 18*(3), 273-300.

McLuhan, M. (1994). *Understanding media: The extensions of man*. Cambridge, MA: MIT press.

McManus, J. H. (1992). What kind of commodity is news. *Communication Research, 19*(6), 787-805.

McNair, B. (2000). *Journalism and democracy: An evaluation of the political public sphere.* New York: Routledge.

McQuail, D. (2000). *McQuail's mass communication theory*, (4th ed.). London, UK: Sage Publication.

McQuail, D., Blumler, J. G., & Brown, J. R. (1972). The television audience: A revised perspective. In D. McQuail (Ed.). *Sociology of mass communications* (pp. 135-165). Middlesex, UK: Penguin.

Meirick, P. C. (2004). Topic-relevant reference groups and dimensions of distance: Political advertising and first-and third-person effects. *Communication Research. 31*(2), 234-255.

Meirick, P. C. (2005). Rethinking the target corollary: The effects of social distance, perceived exposure, and perceived predispositions on first-person and third-person perceptions. *Communication Research, 32*(6), 822-843.

Melican, D. B. & Dixon, T. L. (2008). News on the net: Credibility, selective exposure, and racial prejudice. *Communication Research, 35*(2), 151-168.

Meltzer, K. (2007). Newspaper editorial boards and the practice of endorsing candidates for political office in the United States. *Journalism, 8*(1), 83-103.

Mencher, M. (1991). *News reporting and writing* (5th ed.). Dubuque, IA: Wm. C. Brown Publishers.

Mendes, A., Lopez-Valeiras, E., & Lunkes, R. J. (2017). Pluralistic ignorance: Conceptual framework, antecedents and consequences. *Intangible Capital, 13*(4), 781-804.

Meraz, S. (2011). Using time series analysis to measure intermedia agenda-setting influence in traditional media and political blog networks. *Journalism & Mass Communication Quarterly, 88*(1), 176-194.

Merrill, J. C. (1977). *Existential journalism*. New York.: Hasting House Publishers.

Merrill, J. C. (1990). *The imperative of freedom: A philosophy of journalistic autonomy*. New York.: Freedom House.

Merritt, S. (1984). Negative political advertising: Some empirical findings. *Journal of Advertising, 13*(3), 27-38.

Merskin, D. (2004). The construction of Arabs as enemies: Post-September 11 discourse of George W. Bush. *Mass Communication & Society, 7*(2), 157-175.

Meyer, P, (1988). Defining and measuring credibility of newspapers: Developing an index. *Journalism Quarterly, 65*, 567-574.

Middleton, R. (1962). National TV debates and presidential voting decisions. *Public Opinion Quarterly, 26*(3), 426-429.

Milbrath, L. W. & Goel, M. L. (1972). *Political participation: How and why do people get involved in politics* (2nd ed.). Washington, DC: University Press of America.

Milkis, S. M., Rhodes, J. H., & Charnock, E. J. (2012). What happened to post-partisanship? Barack Obama and the new American party system. *Perspectives on Politics, 10*(1), 57-

76.

Miller, A. H. & MacKuen, M. (1979). Learning about the candidates: The 1976 presidential debates. *Public Opinion Quarterly, 43*(3), 326-346.

Miller, J. M. & Krosnick, J. A. (1997). Anatomy of news media priming. In S. Iyengar & R. Reeves (Eds.). *Do the media govern? Politicians, voters, and reporters in America* (pp. 258-275). Thousand Oaks, CA: Sage.

Miller, M. (2018). *Lyndon: An oral biography*. New York: Rosetta Books.

Miller, M. M., Andsager, J. L., & Riechert, B. P. (1998). Framing the candidates in presidential primaries: Issues and images in press releases and news coverage. *Journalism & Mass Communication Quarterly, 75*(2), 312-324.

Mills, T. (2016). *The BBC: Myth of a public service*. London, UK: Verso Books.

Milner, H. (2002). *Civic literacy: How informed citizens make democracy work*. Hanover, NH: University Press of New England.

Mishra, A. A. & Mishra, A. (2014). National vs. local celebrity endorsement and politics. *International Journal of Politics, Culture, and Society, 27*(4), 409-425.

Montgomery, K. (1986). The political struggle for prime time. In S. Ball-Rokeach & M. Cantor (Eds.). *Media, Audience & Social Structure* (pp. 189~199). Beverly Hills, CA: Sage.

Morello, J. T. (2005). Questioning the questions: An examination of the "unpredictable" 2004 Bush-Kerry town hall debate. *Argumentation and Advocacy, 41*(4), 211-224.

Morgan, M. & Shanahan, J. (2010). The state of cultivation. *Journal of Broadcasting & Electronic Media, 54*(2), 337-355.

Morgan, M., Shanahan, J., & Signorielli, N. (2014). Cultivation theory in the twenty-first century. In R. S. Fortner & P. M. Fackler (Eds.). *The handbook of media and mass communication theory* (pp. 480-497). Walden, MA: John Wiley & Sons.

Morley, D. (1992). *Television, audiences, and cultural studies*. London, UK: Routledge.

Morley, D. (1997). The geography of television: Ethnography, communications and community. In J. Hay, L. Grossberg & E. Wartella (Eds.). *The Audience and its Landscape* (pp. 317~342). Boulder, CO: Westview Press.

Moy, P., Domke, D., & Stamm, K. (2001). The spiral of silence and public opinion on affirmative action. *Journalism & Mass Communication Quarterly, 78*(1), 7-25.

Mumbry, D. K. (1997). The problem of hegemony: Rereading Gramsci for organizational communication studies. *Western Journal of Communication, 61*, 343-375.

Munck, G. L. (2001). Game theory and comparative politics: New perspectives and old concerns. *World Politics, 53*(2), 173-204.

Muñoz-Torres, J. R. (2012). Truth and objectivity in journalism. *Journalism Studies, 13*(4), 566-582.

Murphree, V. (2012). Daisy petals and mushroom clouds: LBJ, Barry Goldwater, and the ad that changed American politics. *Journalism History, 38*(1), 58.

Mutz, D. C. (1989). The influence of perceptions

of media influence: Third-person effects and the public expression of opinions. *Journal of Public Opinion Research, 1*, 3-23.

Nadeau, R., Cloutier, E., & Guay, J. H. (1993). New evidence about the existence of a bandwagon effect in the opinion formation process. *International Political Science Review, 14*(2), 203-213.

Negt, O. (1978). Mass media: Tools of domination or instruments of liberation? Aspects of the Frankfurt School's communication analysis. *New German Critique, 14*, 61-80.

Nekmat, E. & Gonzenbach, W. J. (2013). Multiple opinion climates in online forums: Role of website reference and within-forum opinion congruency. *Journalism & Mass Communication Quarterly, 90*(4), 736-756.

Newman, B. I. (1999). *The mass marketing of politics: Democracy in an age of manufactured images*. Thousand Oaks, CA: Sage Publications.

Niblock, S. (2012). Envisioning journalism practice as research. *Journalism Practice, 6*(4), 497-512.

Niblock, S. & Machin, D. (2014). *News production: Theory and practice*. London, UK: Routledge.

Nimmo, D. (1976). *The political persuaders: The techniques of modern election campaigns* (2nd ed.). Englewood Cliffs, NJ: Prentice-Hall.

Noelle-Neumann, E. (1974). The spiral of silence: A theory of public opinion. *Journal of Communication, 24*(2), 43-51.

Norrander, B. (2015). *Super Tuesday: Regional politics and presidential primaries*. Lexington, KY: The University Press of Kentucky.

Norris, P. (1999). Who surfs? New technology, old voters, and virtual democracy. In E. C., Kamarck & J. S. Nye Jr. (Eds.). *Democracy. com? Governance in a networked world* (pp. 71-94). Hollis, NH: Hollis Publishing Company.

Norris, P. (2000a). *A virtuous circle: Political communication in postindustrial societies*. Cambridge, UK: Cambridge University Press.

Norris, P. (2000b). *Democratic divide. The impact of the internet on parliaments worldwide*. Cambridge, MA: Harvard University.

Norris, P. (2001). *Digital divide: Civic engagement, information poverty, and the Internet worldwide*. New York: Cambridge University Press.

Norris, P. (2006). Did the media matter? Agenda-setting, persuasion and mobilization effects in the British general election campaign. *British Politics, 1*(2), 195-221.

Novak, J. D. (1993). Human constructivism: A unification of psychological and epistemological phenomena in meaning making. *International Journal of Personal Construct Psychology, 6*(2), 167-193.

O'Brien, S. & Szeman, I. (2004). *Popular culture*. Scarborough, Ontario: Nelson.

O'Cass, A. (2002). Political advertising believability and information source value during elections. *Journal of Advertising, 31*(1), 63-74.

O'Connor, A. (1989). The problem of American

cultural studies. *Critical Studies in Mass Communication, 6*, 405-413.

O'Gorman, H. & Garry, S. L. (1976). Pluralistic ignorance - A replication and extension. *Public Opinion Quarterly, 40*, 449-58.

Oizerman, T. I. (1981). I. Kant's doctrine of the 'Things in Themselves' and Noumena. *Philosophy and Phenomenological Research 41*(3), 333-350.

Oliver, M. B. & Bartsch, A. (2010). Appreciation as audience response: Exploring entertainment gratifications beyond hedonism. *Human Communication Research, 36*(1), 53-81.

O'Reilly, T. (2005). What is Web 2.0: Design patterns and business Models for the next generation of software. *O'Reilly*. [On-Line] Retrieved on 6/14/20 from https://www.oreilly.com/pub/a/web2/archive/what-is-web-20.html.

Orr, C. J. (1980). Reporters confront the president: Sustaining a counterpoised situation. *Quarterly Journal of speech, 66*(1), 17-32.

Orren, G. R. (1986). Thinking about the press and government. In M. Linsky, (Ed.). *Impact: How the press affects federal policymaking* (pp. 1-20). New York: W. W. Norton.

Orren, G. R. & Polsby, N. W. (1987). *Media and momentum: The New Hampshire primary and nomication politics*. Chatham, NJ: Chatham House.

Osgood, C. E. (Ed.). (1954). *Psycholinguistics: A survey of theory and research problems*. Baltimore, MD: Waverly Press.

Ott, B. L. & Dickinson, G. (2019). *The Twitter presidency: Donald J. Trump and the politics of White rage*. New York: Routledge.

Owen, D. & Davis, R. (2008). Presidential communication in the Internet era. *Presidential Studies Quarterly, 38*(4), 658-673.

Paletz, D. L. & Guthrie, K. K. (1987). The three faces of Ronald Reagan. *Journal of Communication, 37*(4), 7-23.

Palmgreen, P. & Rayburn, J. D. (1985). A comparison of gratification models of media satisfaction. *Communication Monographs, 52*, 334-346.

Palmgreen, P., Wenner, L. A., & Rayburn, J. D. (1980). Relations between gratifications sought and obtained: A study of television news. *Communication Research, 7*(6), 161-192.

Palmgreen, P., Wenner, L. A., & Rosengren, K. E. (1985). Uses and gratifications research: The Past Ten Years. In K. E. Rosengren, L. A. Wenner, & P. Palmgren (Eds.). *Media gratifications research current perspective* (pp. 11-37). Thousand Oaks, CA: Sage.

Papacharissi, Z. (2002). The virtual sphere: The internet as a public sphere. *New Media & Society, 4*(1), 9-27.

Papacharissi, Z. & Rubin, A. M. (2000). Predictors of internet use. *Journal of Broadcasting & Electronic Media, 44*(2), 175-196.

Papathanassopoulos, S. (2000). Election campaigning in the television age: the case of contemporary Greece. *Political Communication, 17*(1), 47-60.

Parenti, M. (1993). *Inventing reality: The politics of news media*. New York: St. Martin's Press.

Park, C. S. (2013). Does Twitter motivate involvement in politics? Tweeting, opinion leadership, and political engagement. *Computers in Human Behavior, 29*(4), 1641-1648.

Park, C. Y. (2006). Decomposing Korean news media credibility in the internet age. *International Journal of Public Opinion Research, 18*(2), 238-245.

Park, R. E. (1923). The natural history of the newspaper. *American Journal of Sociology, 29*(3), 273-289.

Park, S., Kim, E. M., & Na, E. Y. (2015). Online activities, digital media literacy, and networked individualism of Korean youth. *Youth & Society, 47*(6), 829-849.

Pasley, J. L. (2002). *The tyranny of printers: Newspaper politics in the early American republic*. Charlottesville, VA: University of Virginia Press.

Pateman, C. (1970). *Participation and democratic theory*. Cambridge, UK: Cambridge University Press.

Patterson, T. E. (1993). *Out of order*. New York: Alfred Knopf.

Pauen, M. (2012). The second-person perspective. *Inquiry 55*(1), 33-49.

Paul, B., Salwen, M. B., & Dupagne, M. (2000). The third-person effect: A meta-analysis of the perceptual hypothesis. *Mass Communication and Society, 3*(1), 57-85.

Paulussen, S. & Harder, R. A. (2014). Social media references in newspapers: Facebook, Twitter and YouTube as sources in newspaper journalism. *Journalism Practice, 8*(5), 542-551.

Pennington, N., Winfrey, K. L., Warner, B. R., & Kearney, M. W. (2015). Liking Obama and Romney (on Facebook): An experimental evaluation of political engagement and efficacy during the 2012 general election. *Computers in Human Behavior, 44*, 279-283.

Penty, A. J. (1917). *Old worlds for new: A study of the post-industrial state*. London, UK: G. Allen & Unwin Limited.

Perloff, R. M. (1989). Ego-involvement and the third-person effect of televised news coverage. *Communication Research, 16*, 236~262.

Perloff, R. M. (1993). Third-person effect research 1983-1992: A review and synthesis. *International Journal of Public Opinion Research, 5*(2), 167-184.

Perloff, R. M. (1998). *Political communication: Politics, press, and public in America*. Mahwah, NJ: Lawrence Erlbaum Associates.

Perloff, R. M. (1999). The third-person effect: A critical review and synthesis. *Media Psychology, 1*(4), 353-378.

Perloff, R. M. (2002). The third-person effect. In J. Bryant & D. Zillmann (Eds.). *Media effects: Advances in theory and research* (pp. 489~506). Mahwah, NJ: LEA.

Peters, B. (2009). And lead us not into thinking the new is new: a bibliographic case for new media history. *New Media & Society, 11*(1-2), 13-30.

Peters, B. G. & Pierre, J. (1998). Governance without government? Rethinking public administration. *Journal of Public Admin-*

istration Research and Theory, 8(2), 223-243.

Petrocik, J. R. (1996). *Issue ownership in presidential elections, with a 1980 case study. American Journal of Political Science, 40*(3), 825-850.

Pfau, M. (2002). The subtle nature of presidential debate influence. *Argumentation and Advocacy, 38*(4), 251-261.

Pfau, M. & Kang, J. G. (1991). The impact of relational messages on candidate influence in televised political debates. *Communication Studies, 42*(2), 114-128.

Pfau, M., Park, D., Holbert, R. L., & Cho, J. (2001). The effects of party-and PAC-sponsored issue advertising and the potential of inoculation to combat its impact on the democratic process. *American Behavioral Scientist, 44*(12), 2379-2397.

Phillips, A. (2020. 2. 19). What is super Tuesday and why is it important? *The Washington Post*. [On-Line]. Retrieved on 2/24/20 from https://www.washingtonpost.com/politics/2020/02/19/what-is-super-tuesday/?arc404=true.

Pinkleton, B. (1997). The effects of negative comparative political advertising on candidate evaluations and advertising evaluations: An exploration. *Journal of Advertising, 26*(1), 19-29.

Polsby, N. W., Wildavsky, A. B., Schier, S. E., & Hopkins, D. A. (2012). *Presidential elections: Strategies and structures of American politics* (13th ed.). Lanham, MD: Rowman & Littlefield.

Pooley, J. (2005). Review of canonic texts in media research. *Journal of Communication, 55*(1), 199-203.

Pooley, J. (2007). Daniel Czitrom, James W. Carey, and the Chicago School. *Critical Studies in Media Communication 24*(5), 469-472.

Porten-Cheé, P. & Eilders, C. (2015). Spiral of silence online: How online communication affects opinion climate perception and opinion expression regarding the climate change debate. *Studies in Communication Sciences, 15*, 143-150.

Potter, W. J. (1996). *An analysis of thinking and research about qualitative methods*. Mahwah, NJ: Erlbaum.

Potter, W. J. (2014). A critical analysis of cultivation theory. *Journal of Communication, 64*. 1015-1036.

Power, P., Kubey, R., & Kiousis, S. (2002). Audience activity and passivity: An historical taxonomy. *Communication Yearbook, 26*, 1-45.

Price, V. & Tewksbury, D. (1997). News values and public opinion: A theoretical account of media priming and framing. In G. A. Barett & F. J. Boster (Eds.). *Progress in communication sciences: Advances in persuasion*, Vol. 3, (pp. 173-212). Greenwich, CT: Ablex.

Prior, M. (2007). *Post-broadcast democracy: How media choice increases inequality in political involvement and polarizes elections*. New York: Cambridge University Press.

Prosser, C. & Mellon, J. (2018). The twilight of the polls? A review of trends in polling accuracy and the causes of polling misses. *Government and Opposition, 53*(4), 757-790.

Rafaeli, S. (1988). Interactivity: From new media to communication. In C. Latchem, J. Williamson & L. H. Lancett (Eds.). *Interactive multimedia: Practice and purpose* (pp. 135-150). London, UK: Kogan Page.

Ragas, M. W. & Roberts, M. S. (2009). Agenda setting and agenda melding in an age of horizontal and vertical media: A new theoretical lens for virtual brand communities. *Journalism & Mass Communication Quarterly, 86*(1), 45-64.

Ragas, M. W. & Tran, H. (2013). Beyond cognitions: A longitudinal study of online search salience and media coverage of the president. *Journalism & Mass Communication Quarterly, 90*(3), 478-499.

Ragas, M. W., Tran, H. L., & Martin, J. A. (2014). Media-induced or search-driven? A study of online agenda-setting effects during the BP oil disaster. *Journalism Studies, 15*(1), 48-63.

Reason, P. (Ed.). (1994). *Participation in human inquiry*. Thousand Oaks, CA: Sage Publications, Inc.

Reese, S. D. (2001/1999). Prologue-framing public life: A bridging model for media research. In S. D. Reese, O. H. Gandy, & A. E. Grant (Eds.). *Framing public life: Perspectives on media and our understanding of the social world* (pp. 7-32). Mahwah, NJ: Lawrence Erlbaum Associates.

Reese, S. D. & Danielian, L. (1989). Intermedia influence and the drug issue: Converging on cocaine. In P. Shoemaker, (Ed.). *Communication campaigns about drug issues* (pp. 29-46). Hillsdale, NJ: Lawrence Erlbaum Associates.

Reinemann, C. (2014). *Political Communication*. Berlin/Boston: Walter de Gruyter GmbH.

Rheingold, H. (2000). *The virtual community: Homesteading on the electronic frontier* (2nd ed.). Cambridge, Mass.: MIT Press.

Rhodes, R. A. W. (1996). The new governance: Governing without government. *Political Studies, 44*(4), 652-667.

Rich, C. (2003). *Writing and reporting news: A coaching method* (4th ed.). Belmont, CA: Thomson Wadsworth.

Ridout, T. N., Shah, D. V., Goldstein, K. M., & Franz, M. M. (2004). Evaluating measures of campaign advertising exposure on political learning. *Political Behavior, 26*(3), 201-225.

Roberts, C. (2005). Gatekeeping theory: An evolution. Paper presented to the Communication Theory and Methodology Division at the Association for Education in Journalism and Mass Communication in San Antonio, Texas.

Roberts, M. & McCombs, M. (1994). Agenda setting and political advertising: Origins of the news agenda. *Political Communication, 11*(3), 249-262.

Robinson, C. (2010). Political advertising and the demonstration of market orientation. *European Journal of Marketing, 44*(3-4), 451-460.

Robinson, M. J. (1976). Public affairs television and the growth of political malaise: The case of "The Selling of the Pentagon". *American Political Science Review, 70*(2), 409-432.

Robinson, M. J. & Sheehan, M. A. (1983). *Over the wire and on TV: CBS and UPI in campaign '80*. New York: Russel Sage Foundation.

Roche, S. P., Pickett, J. T., & Gertz, M. (2016). The Scary World of Online News? Internet News Exposure and Public Attitudes Toward Crime and Justice. *Journal of Quantitative Criminology, 32*(2), 215-236.

Rodee, C. C., Anderson, T. J., Christol, C. Q., & Greene, T. H. (1983). *Introduction to political science* (4th ed.). New York: McGraw Hill.

Roddy, B. L. & Garramone, G. M. (1988). Appeals and strategies of negative political advertising. *Journal of Broadcasting & Electronic Media, 32*(4), 415-427.

Rodgers, D. T. (1998). *Contested truths: Keywords in American politics since independence*. Cambridge, MA: Harvard University Press.

Roe, K. (1983). *Mass media and adolescent schooling: Conflict or co-existence?* Stockholm, Sweden: Almqvist & Wiksell International.

Rogers, P. M. (1988). *Aspects of western civilization: Problems and sources in history*. Englewood Cliffs, NJ: Prentice-Hall.

Rojas, H., Shah, D. V., & Faber, R. J. (1996). For the good of others: Censorship and the third-person effect. *International Journal of Public Opinion Research, 8*(2), 163-186.

Romer, D., Jamieson, P., Bleakley, A., & Jamieson, K. H. (2014). Cultivation theory: Its history, current status, and future directions. In R. S. Fortner & P. M. Fackler (Eds.). *The handbook of media and mass communication theory* (pp. 115-136). Malden, MA: John Wiley & Sons.

Rosengren, K. E. & Windahl, S. (1977). Mass media Use: Causes and effects. *Communications, 3*(3), 336-352.

Rosenstiel, T. (1993). *Strange bedfellows: How television and the presidential candidates changed American politics, 1992*. New York: Hyperion.

Rosenstiel, T. (1994). *The beat goes on: President Clinton's first year with the media*. New York: Twentieth Century Fund Press.

Roskos-Ewoldsen, D., Roskos-Ewoldsen, B., & Carpentier, F. R. (1994). Media priming: A synthesis. In J. Bryant & D. Zillman (Eds.). *Media effects: Advances in theory and research* (pp. 97-120). Hillsdale, NJ: Erlbaum.

Rosenau, J. N., Czempiel, E. O., & Smith, S. (Eds.). (1992). *Governance without government: Order and change in world politics*. Cambridge, UK: Cambridge University Press.

Rozell, M. J. (1995). Presidential image-makers on the limits of spin control. *Presidential Studies Quarterly, 25*(1), 67-90.

Rubin, A. M. (1981). An examination of television viewing motivations. *Communication Research, 8*, 141-165.

Rubin, A. M. (1993). Audience activity and media use. *Communication Monographs, 60*, 98-105.

Rubin, A. M. & Perse, E. M. (1987). Audience activity and soap opera involvement: A uses and effects investigation. *Human Communication Research, 14*, 246-268.

Rubin, R. B., Perse, E. M., & Barbato, C. A. (1988). Conceptualization and measurement of interpersonal communication motives. *Human Communication Research, 14*, 602-628.

Rubin, A. M. & Rubin, R. B. (1982). Contextual age and television use. *Human Communication Research, 8*, 228-244.

Rubin, A. M. & Rubin, R. B. (1985). Interface of personal and mediated communication: A research agenda. *Critical Studies in Mass Communication, 2*, 36-53.

Rubin, R. B., Rubin, A. M., Graham, E., Perse, E. M., & Seibold, D. (2009). *Communication research measures II: A sourcebook*. New York: Routledge.

Rucinski, D. & Salmon, C. T. (1990). The "other" as the vulnerable voter: A study of the third-person effect in the 1988 U.S. presidential campaign. *International Journal of Public Opinion Research, 2*(4), 345-368.

Ruddock, A. (2000). *Understanding audiences: Theory and method*. London, UK: Sage.

Ruggiero, T. E. (2000). Uses and gratifications theory in the 21st century. *Mass Communication & Society, 3*(1), 3-37.

Rusi, A. (1988). Image research and image politics in international relations-transformation of power politics in the television age. *Cooperation and Conflict, 23*(1), 29-42.

Ryan, M, (2001). Journalistic ethics, objectivity, existential journalism, standpoint epistemology, and public journalism. *Journal of Mass Media Ethics, 16*(1), 3-22.

Sabato, L. J. (1991). *Feeding frenzy: How attack journalism has transformed American politics*. New York: Free Press.

Salmon, C. T. & Moh, C. Y. (1994). The spiral of silence: Linking individual and society through communication. In J. D. Kennamer (Ed.). *Public opinion, the press, and public policy* (pp.145-161). Westport, CT: Praeger.

Samek, D. R. & Rueter, M. A. (2011). Considerations of elder sibling closeness in predicting younger sibling substance use: Social learning versus social bonding explanations. *Journal of Family Psychology, Vol 25*(6), 931-941.

Sampedro, V. (2000). Media and social movements: An agenda-building perspective. In D. Fleming (Ed.). *Formations: A 21st Century Media Studies Textbook* (pp. 331~346). Manchester, UK: Manchester University Press.

Sampedro, V. & Seoane Pérez, F. (2008). The 2008 Spanish general elections: "Antagonistic bipolarization" geared by presidential debates, partisanship, and media interests. *The International Journal of Press/Politics, 13*(3), 336-344.

Savigny, H. (2002). Public opinion, political communication and the internet. *Politics, 22*(1), 1-8.

Scacco, J. M. & Coe, K. (2016). The ubiquitous presidency: Toward a new paradigm for studying presidential communication. *International Journal of Communication, 10*, 2014-2037.

Scammell, M. (2016). *Designer politics: How elections are won*. London, UK: Springer.

Scammell, M. & Langer, A. I. (2006). Political advertising: why is it so boring?. *Media, Culture & Society, 28*(5), 763-784.

Schanck, R. L. (1938). Test-tube for public opinion: A rural community. *Public Opinion Quarterly, 2*, 90-95.

Scheufele, D. A. (1999). Framing as a theory of media effects. *Journal of Communication, 49*(1), 103-122.

Scheufele, D. A. (2000). Agenda-setting, priming and framing revisited: Another look at cognitive effects of political communication. Mass Communication & Society, 3 (2&3), 297-316.

Scheufele, B. (2006). Frames, schemata, and news reporting. Communications, 31(1), 65-83.

Scheufele, D. A. & Eveland Jr., W. P. (2001). Perception of 'public opinion' and 'public opinion expression'. International Journal of Public Opinion Research, 13(1), 25-44.

Scheufele, D. A. & Moy, P. (2000). Twenty-five years of the spiral of silence: A conceptual review and empirical outlook. *International Journal of Public Opinion Research*, 12(1), 3-28.

Scheufele, D. A. & Nisbet, M. C. (2002). Being a citizen online: new opportunities and dead ends. Harvard International Journal of Press/Politics, 7(3), 55-75.

Schiller, H. I. (2000). Living in the number one country: Reflections from a critic of American empire. New York: Seven Stories Press.

Schramm, W. (1954). How communication works. In W. Schramm (Ed.). *The process and effects of mass communication* (pp. 3-26). Urbana, IL: University of Illinois Press.

Schroeder, A. (2008). *Presidential debates: fifty years of high-risk TV*. New York: Columbia University Press.

Schudson, M. (1981). *Discovering the news: A social history of American newspapers*. New York: Basic Books.

Schudson, M. (1995). *The power of news*. Cambridge, MA: Harvard University Press.

Schudson, M. (2001). The objectivity norm in American journalism. *Journalism, 2*(2), 149-170.

Schultz, J. (1998). *Reviving the fourth estate. Cambridge*, UK: Cambridge University Press.

Schulz, W. (2015). *Political Communication*. Hoboken, NJ: John Wiley & Sons, Ltd.

Schumann, J. H., von Wangenheim, F., & Groene, N. (2014). Targeted online advertising: Using reciprocity appeals to increase acceptance among users of free web services. *Journal of Marketing, 78*(1), 59-75.

Schwabe, R. (2015). Super Tuesday: Campaign finance and the dynamics of sequential elections. *Social Choice and Welfare, 44*, 927-951.

Scolari, C. A. (2013). Media evolution: Emergence, dominance, survival and extinction in the media ecology. *International Journal of Communication, 7,* 1418-1441.

Semetko, H., Blumler, J., Gurevitch, M., & Weaver, D. (1991). *The Formation of Campaign Agendas: A comparative analysis of party and media roles in recent American and British elections*. Hillsdale, NJ: Lawrence Erlbaum Associates.

Semetko, H. A. & Schoenbach, K. (2003). News and elections: German Bundestag campaigns in the Bild, 1990-2002. *Harvard International Journal of Press/Politics, 8*(3), 54-69.

Semetko, H. A. & Valkenburg, P. M. (1998). The impact of attentiveness on political efficacy: Evidence from a three-year German panel study. *International Journal of Public Opinion Research, 10*(3), 195-210.

Severin, W. J. & Tankard Jr., J. W. (2001). *Communication theories: Origins, methods, and uses in the mass media*. New York: Longman.

Shafer, B. E (1988). *Bifurcated politics: Evolution and reform in the national party convention*. Cambridge, MA: Harvard University Press.

Shah, D. V., Cho, J., Eveland Jr., W. P., & Kwak, N. (2005). Information and expression in a digital age: Modeling internet effects on civic participation. *Communication Research, 32*, 531-565.

Shanahan, J., Scheufele, D. A., Yang, F., & Hizi, S. (2004). Cultivation and spiral of silence effects: The case of smoking. *Mass Communication & Society, 7*(4), 413-428.

Shannon, C. & Weaver, W. (1949). *The mathematical theory of communication*. Urbana, IL: University of Illinois Press.

Shavelson, R. J., Baxter, G. P., & Pine, J. (1992). Research news and comment: Performance assessments: Political rhetoric and measurement reality. *Educational Researcher, 21*(4), 22-27.

Shaw, D. R. (2008). *The race to 270: The electoral college and the campaign strategies of 2000 and 2004*. Chicago, IL: University of Chicago Press.

Shaw, D. L. & McCombs, M. (1977). *The emergence of American political issues*. St. Paul, MN: West.

Shaw, D. L., McCombs, M. E., Weaver, D. H., & Hamm, B. J. (1999). Individuals, groups, and agenda melding: A theory of social dissonance. *International Journal of Public Opinion Research, 11*, 2-24.

Sheppard, S. (2007). *The partisan press: A history of media bias in the United States*. Jefferson, NC: McFarland.

Shoemaker, P. J. (1991). A new gatekeeping model. In D. Berkowitz (Ed.). *Social meanings of news* (pp. 57-62). Thousands Oaks, CA: Sage.

Shoemaker, P. J., Eichholtz, M., Kim, E., & Brenda, W. (2002). Individual and routine forces in gatekeeping. *Journalism and Mass Communication Quarterly, 78*(2), 233-246

Shoemaker, P. J. & Reese, S. D. (1996). *Mediating the message: The theories of influences on mass media content* (2nd ed.). New York: Longman.

Shyles, L. (1984). Defining "images" of presidential candidates from televised political spot advertisements. *Political Behavior, 6*(2), 171-181.

Siapera, E. (2017). *Understanding new media* (2nd ed.). Los Angeles, CA: Sage.

Siebert, F., Peterson, T., & Schramm, W. (1956).

Four theories of the press. Urbana, IL: University of Illinois Press.

Sigal, L. V. (1973). *Reporters and officials: The organization and politics of newsmaking*. Lexington. MA: Lexington Books.

Silverstein, M. (2010). Society, polity, and language community: An enlightenment trinity in anthropological perspective. *Journal of Language and Politics, 9*(3), 339-363.

Simone, M. A. (2010). Deliberative democracy online: Bridging networks with digital technologies. *The Communication Review, 13*(2), 120-139.

Singer, J. B. (2005). The political j-blogger: 'Normalizing'a new media form to fit old norms and practices. *Journalism, 6*(2), 173-198.

Skinner, R. M. (2008). George W. Bush and the partisan presidency. *Political Science Quarterly, 123*(4), 605-622.

Smith, B. G. & Gallicano, T. D. (2015). Terms of engagement: Analyzing public engagement with organizations through social media. *Computers in Human Behavior, 53*, 82-90.

Smith, C. A. & Smith, K. B. (Eds.). (1985). *The President and the public, rhetoric and national leadership*. Lanham, MD: University Press of America.

Smith, C. D. (1990). *Presidential press conferences: A critical approach*. New York: Praeger.

Smith, K. B. (2011). *Governing states and localities*. Washington, DC: CQ Press.

Smith, L. D. & Nimmo, D. D. (1991). *Cordial concurrence: Orchestrating national party conventions in the telepolitical age*. Westport, CT: Praeger Publishers.

Smoller, F. T. (1990). *The six o'clock presidency: A theory of presidential press relations in the age of television*. New York: Praeger.

Sonck, N. & Loosveldt, G. (2008). Research note: Making news based on public opinion polls: The Flemish Case. *European Journal of Communication, 23*(4), 490-500.

Song, I., Larose, R., Eastin, M. S., & Lin, C. A. (2004). Internet gratifications and internet addiction: On the uses and abuses of new media. *Cyberpsychology and Behavior, 7*(4), 384-394.

Soon, C. & Kluver, R. (2014). Uniting political bloggers in diversity: Collective identity and web activism. *Journal of Computer-Mediated Communication, 19*(3), 500-515.

Soroka, S. N. (2002). *Agenda-setting dynamics in Canada*. Vancouver/Toronto, Canada: UBCPress.

Sorokin, P. A. & Merton, R. K. (1937). Social time: A methodological and functional analysis. *American Journal of Sociology, 42*(5), 615-629.

Southwell, B. G. & Thorson, E. A. (2015). The prevalence, consequence, and remedy of misinformation in mass media systems. *Journal of Communication, 65*(4), 589-595.

Sparkman Jr., R. M. & Locander, W. B. (1980). Attribution theory and advertising effectiveness. *Journal of Consumer Research, 7*(3), 219-224.

Spigel, L. (2004). Entertainment wars: Television culture after 9/11. *American Quarterly,*

56(2), 235-270.

Stafford, T. F., Stafford, M. R., & Schkade, L. L. (2004). Determining uses and gratifications for the internet. *Decision Sciences, 35*(2), 259-288.

Stahl, B. C. (2006). On the difference or equality of information, misinformation, and disinformation: A critical research perspective. *Informing Science, 9*, 83-96.

Stanton, W. J. (1984). *Fundamentals of marketing*. New York: McGraw-Hill.

Steele, C. A. & Barnhurst, K. G. (1996). The journalism of opinion: Network news coverage of US presidential campaigns, 1968-1988. *Critical Studies in Media Communication, 13*(3), 187-209.

Steele, R. W. (1985). *Propaganda in an open society: The Roosevelt administration and the media, 1933-1941*. Westport, CT: Greenwood.

Stephens, M. (1997). *A history of news*. Forth Worth, TX: Harcourt Brace College Publishers.

Stone, G. C. & McCombs, M. E. (1981). Tracing the time lag in agenda setting. *Journalism Quarterly, 58*, 51-55.

Strauss, L. & Cropsey, J. (1987). *History of political philosophy* (3rd ed.). Chicago, IL: University of Chicago Press.

Strömbäck, J. & Dimitrova, D. V. (2006). Political and media systems matter: A comparison of election news coverage in Sweden and the United States. *Harvard International Journal of Press/Politics, 11*(4), 131-147.

Strömbäck, J. & Kaid, L. L. (2009). *The handbook of election news coverage around the world*. New York: Routledge.

Strömbäck, J. & Kiousis, S. (2014). Strategic political communication in election campaigns. In C. Reinemann (Ed.). *Political communication* (pp. 109-128). Berlin, Germany: Mouton de Gruyter.

Stroud, N. J. (2010). Polarization and partisan selective exposure. *Journal of Communication, 60*(3), 556-576.

Sumpter, R. & Tankard Jr., J. W. (1994). The spin doctor: An alternative model of public relations. *Public Relations Review, 20*(1), 19-27.

Surlin, S. H. & Gordon, T. F. (1977). How values affect attitudes toward direct reference political advertising. *Journalism Quarterly, 54*(1), 89-98.

Swanson, D. L. (1977). The uses and misuses of uses and gratifications. *Human Communication Research, 3*, 214-228.

Tambini, D. (1999). New media and democracy: The civic networking movement. *New Media & Society, 1*(3), 305-329.

Tan, K. P. (2012). Singapore in 2011: A "new normal" in politics? *Asian Survey, 52*(1), 220-226.

Tankard Jr., J. W., Hendrickson, L., Silberman, J., Bliss, K., & Ghanem, S. (1991). *Media Frame: Approaches to conceptualization and measurement*. Paper presented at the 1991 Association for Education in Journalism and Mass Communication Convention, Boston, Massachusetts, USA.

Tarr, D. & Benenson, B. (2012). *Elections A to Z*

(4th ed.). Los Angles, CA: Sage.

Taylor, D. G. (1982). Pluralistic ignorance and the spiral of silence: A formal analysis. *Public Opinion Quarterly, 46*(3), 311-335.

Tebbel, J. W., Watts, S. M., & Bolam, S. M. (1985). *The Press and the Presidency: From George Washington to Ronald Reagan*. New York: Oxford University Press.

Tedesco, J. C. (2005). Issue and strategy agenda setting in the 2004 presidential election: Exploring the candidate-journalist relationship. *Journalism Studies, 6*(2), 187-201.

Terhanian, G. (2017). What survey researchers can learn from the 2016 US pre-election polls: How to fine-tune survey methods and restore credibility. *Journal of Advertising Research, 57*(2), 182-189.

Teorell, J., Torcal, M., & Montero, J. R. (2007). Political participation: Mapping the terrain. In J. W. van Deth, J. R. Montero, A. Westholm (Eds.). *Citizenship and involvement in European democracies: A comparative analysis* (pp. 334-357). London & New York: Routledge.

Thorson, E. (2016). Belief echoes: The persistent effects of corrected misinformation. *Political Communication, 33*(3), 460-480.

Tichenor, P. A., Donohue, G. A., & Olien, C. N. (1970). Mass media flow and differential growth in knowledge. *Public Opinion Quarterly. 34*(2), 159–170.

Tichenor, P. A., Donohue, G. A., & Olien, C. N. (1980). *Community conflict and the press*. Beverly Hills, CA: Sage.

Tiedge, J. T., Silverbaltt, A., Havice, M. J., & Rosenfeld, R. (1991). Discrepancy between perceived first person and perceived third-person mass media effects. *Journalism Quarterly, 68*(1/2), 141-154.

Timmerman, D. M. & Smith, L. D. (1992). The 1992 presidential nominating conventions: Cordial concurrence revisited. In. R. E. Denton Jr. (Ed.). *The 1992 presidential campaign: A communication perspective* (pp. 65-87). Westport, CT: Prager.

Tolbert, C. J. & McNeal, R. S. (2003). Unraveling the effects of the internet on political participation? *Political Research Quarterly, 56*(2), 175–185.

Torres, I. M., Hyman, M. R., & Hamilton, J. (2012). Candidate-sponsored TV ads for the 2004 US presidential election: A content analysis. *Journal of Political Marketing, 11*(3), 189-207.

Trent, J. S. (1994). The early campaign. In. R. E. Denton Jr. (Ed.). *The 1992 presidential campaign: A communication perspective* (pp. 43-64). Westport, CT: Prager.

Trent, J. S. & Friedenberg, R. V. (2008). *Political campaign communication: Principles and practices* (6th ed.). New York: Rowman and Littlefield Publishers.

Trottier, D. & Fuchs, C. (Eds.). (2014). *Social media, politics and the state: protests, revolutions, riots, crime and policing in the age of Facebook, Twitter and YouTube*. New York: Routledge.

Troy, G. (1996). *See how they ran: The changing role of the presidential candidate.*

Cambridge, MA: Harvard University Press.

Trumbo, C. (1996). Constructing climate change: claims and frames in US news coverage of an environmental issue. *Public Understanding of Science, 5*(3), 269-284.

Tsao, J. & Sibley, S. D. (2004). Readership of free community papers as a source of advertising information: A uses and gratifications perspective. *Journalism and Mass Communication Quarterly, 81*(4), 766-787.

Tsfati, Y. (2003). Media skepticism and climate of opinion perception. *International Journal of Public Opinion Research, 15*(1), 65-82.

Tulis, J. K. (2007). The rhetorical presidency in retrospect. *Critical Review, 19*(2-3), 481-500.

Tyler, T. R. & Cook, F. L. (1984). The mass media and judgments of risk: Distinguishing impact on personal and societal level judgments. *Journal of Personality and Social Psychology, 47*, 693-708.

Valentino, N. A., Hutchings, V. L., Banks, A. J., & Davis, A. K. (2008). Is a worried citizen a good citizen? Emotions, political information seeking, and learning via the internet. *Political Psychology, 29*(2), 247-273.

Valentino, N. A., Neuner, F. G., & Vandenbroek, L. M. (2018). The changing norms of racial political rhetoric and the end of racial priming. *The Journal of Politics, 80*(3), 757-771.

Valenzuela, S. (2014). Value resonance and the origins of issue salience. In T. J. Johnson (Ed.). *Agenda setting in a 2.0 world: New agenda in communication* (pp.53-64). New York: Routledge.

Van Aelst, P. & Walgrave, S. (2002). New media, new movements? The role of the internet in shaping the 'anti-globalization' movement. *Information, Communication & Society, 5*(4), 465-493.

Van den Bulck, J. (2003). Is the mainstreaming effect of cultivation an artifact of regression to the mean? *Journal of Broadcasting & Electronic Media, 47*(2), 289-295.

van Deth, J. W. (2016). Political participation. In G. Mazzoleni, K. G. Barnhurst, K. I. Ikeda, H. Wessler & R. C. Maia (Eds.). *The international encyclopedia of political communication* (pp. 1-12). Hoboken, NJ: John Wiley & Sons. Retrieved on 7/9/20 from https://onlinelibrary.wiley.com/doi/abs/10.1002/9781118541555.wbiepc171.

Van Dijck, J. (2013). *The culture of connectivity: A critical history of social media*. Oxford, UK: Oxford University Press.

Van Kempen, H. (2007). Media-party parallelism and its effects: A cross-national comparative study. *Political Communication, 24*(3), 303-320.

Van Laer, J. & Van Aelst, P. (2010). Internet and social movement action repertoires: Opportunities and limitations. *Information, Communication & Society, 13*(8), 1146-1171.

Verba, S. & Nie, N. (1987). *Participation in America: Political democracy and social equality*. New York: Harper and Row.

Vergeer, M. & Franses, P. H. (2016). Live audience responses to live televised election debates: Time series analysis of issue salience and party salience on audience behavior. *Information, Communication & Society, 19*(10), 1390-1410.

Vesnic-Alujevic, L. & Van Bauwel, S. (2014). YouTube: A political advertising tool? A case study of the use of YouTube in the campaign for the European Parliament elections. *Journal of Political Marketing, 13*(3), 195-212.

Wanta, W. (1997a). *The public and national agenda*, Hillsdale, NJ: Erlbaum Associates.

Wanta, W. (1997b). The messenger and message: Difference across news media. In M. McCombs, D. Shaw, & D. Weaver (Eds.). *Communication and Democracy* (pp. 137-151). Mahwah, NJ: Lawrence Erlbaum.

Warren, T. (2020. 5. 30). *Microsoft lays off journalists to replace them with AI: Microsoft News and MSN is increasingly being run by robots*. The Verge. [On-Line] Retrieved on 6/9/20 from https://www.theverge.com/2020/5/30/21275524/microsoft-news-msn-layoffs-artificial-intelligence-ai-replacements.

Wattenberg, M. P. & Brians, C. L. (1999). Negative campaign advertising: Demobilizer or mobilizer? *American Political Science Review, 93*(4), 891-899.

Wayne, S. J. (1996). *The road to the White House 1996: The politics of presidential elections*. New York: St. Martin's Press.

Weaver, D. H. (1977). Political issues and voter need for orientation. In D. L. Shaw & M. E. McCombs (Eds.). *The emergence of american political issues: The agenda-setting function of the press* (pp. 107-119). St. Paul, MN: West.

Weaver, D. H. (1980). Audience need for orientation and media effects. *Communication Research, 7*(3), 361-376.

Weaver, D. H. & Wilhoit, G. C. (1996). *The American journalist in the 1990s: US news people at the end of an era*. London, UK: Psychology Press.

Weaver, I. S., Williams, H., Cioroianu, I., Williams, M., Coan, T., & Banducci, S. (2018). Dynamic social media affiliations among UK politicians. *Social Networks, 54*, 132-144.

Weaver, J. B. III. (2003). Individual differences in television viewing motives. *Personality and Individual Differences, 35*(6), 2003, 1427-1437.

Weaver, P. H. (1972). Is television news biased? *The Public Interest, 26*, 57-74.

Webster, C. (1999). Promises, pledges and propaganda: Labour's 99. *British Journal of Healthcare Management, 5*(12), 516-519.

Weeks, B. E., Ardèvol-Abreu, A., & Gil de Zúñiga, H. (2017). Online influence? Social media use, opinion leadership, and political persuasion. *International Journal of Public Opinion Research, 29*(2), 214-239.

Wei, R., Chia, S. C., & Lo, V. H. (2011). Third-person effect and hostile media perception influences on voter attitudes toward polls in the 2008 US presidential election. *International Journal of Public Opinion Research, 23*(2), 169-190.

Weidmann, N. B. (2016). A closer look at reporting bias in conflict event data.

American Journal of Political Science, 60(1), 206-218.

Weiner, B., Graham, S., Peter, O., & Zmuidinas, M. (1991). Public confession and forgiveness. *Journal of Personality, 59*(2), 281-312.

Welch, R. L. (2003). Was Reagan really a great communicator? The influence of televised addresses on public opinion. *Presidential Studies Quarterly, 33*(4), 853-876.

Welch, S., Gruhl, J., Steinman, M., & Comer, J. (1990). *American government* (3rd ed.). St. Paul, MN: West Publishing Company.

Wessler, H. (2019). *Habermas and the Media*. Hoboken, NJ: John Wiley & Sons.

White, D. M. (1950). The Gatekeeper: A case study in the selection of news. In D. Berkowitz (Ed.). *Social meanings of news* (pp. 63-71). Thousands Oaks, CA: Sage.

Whiting, A. & Williams, D. (2013). Why people use social media: A uses and gratifications approach. *Qualitative Market Research, 16*(4), 362-369.

Whitney, D. C. & Becker, L. B. (1982). 'Keeping the Gates' for gatekeepers: The effects of wire news. *Journalism Quarterly, 59*, 60-65.

Whyte, K. (2017). *Hoover: An extraordinary life in extraordinary times*. New York: Knopf.

Wicker, T. (1991). *One of us: Richard Nixon and the American dream*. New York: Random House.

Wilentz, S. (2007). *Andrew Jackson: The American Presidents Series: The 7th President, 1829-1837*. New York: Macmillan.

Williams, R. (1977). *Marxism and literature*. New York: Oxford University Press.

Williams, D. (2006). Virtual cultivation: Online worlds, offline perceptions. *Journal of Communication, 56*, 69-87.

Williams, D. C., Weber, S. J., Haaland, G. A., Mueller, R. H., & Craig, R. E. (1976). Voter decisionmaking in a primary election: An evaluation of three models of choice. *American Journal of Political Science, 20*(1), 37-49.

Wills, G. (1992). *Lincoln at Gettysburg: The words that remade America*. New York: Simon and Schuster.

Windt, T. & Ingold, B. (1987). *Essays in presidential rhetoric* (2nd ed.). Dubuque, IA: Kendall/Hunt.

Winebrenner, H. (1987). *The Iowa precinct caucuses: The making of media event*. Ames, IA: Iowa State University Press.

Winfield, B. H. (1994). *FDR and the news media*. New York: Columbia University Press.

Winter, J. P. & Eyal, C. H. (1981). Agenda setting for the civil rights issue, *Public Opinion Quarterly, 45*, 376-383.

Wojcieszak, M. E. & Mutz, D. C. (2009). Online groups and political discourse: Do online discussion spaces facilitate exposure to political disagreement? *Journal of Communication, 59*(1), 40-56.

Wolfson, L. W. (1985). *The untapped power of the press: Explaining government to the people*. New York: Praeger.

Woodward, B. (1996). *The choice*. New York: Simon & Schuster.

Wright, C. (1959). *Mass Communication*. New York: Random House.

Wright, C. (1960). Functional analysis and mass communication. *The Public Opinion Quarterly, 24*(4), 605-620.

Wring, D. & Deacon, D. (2010). Patterns of press partisanship in the 2010 General Election. *British Politics, 5*(4), 436-454.

Wring, D. & Ward, S. (2010). The media and the 2010 campaign: The television election? *Parliamentary Affairs, 63*(4), 802-817.

Xenos, M. & Moy, P. (2007). Direct and differential effects of the internet on political and civic engagement. *Journal of Communication, 57*(4), 704-718.

Xu, Z. & Bengston, D. N. (1997). Trends in national forest values among forestry professionals, environmentalists, and the news media, 1982-1993. *Society & Natural Resources, 10*, 43-59

Yagade, A. & Dozier, D. M. (1990). The media agenda settting-effect on concrete versus abstract issues. *Journalism Quarterly, 67*, 3-10.

Yang, L. & Lan, G. Z. (2010). Internet's impact on expert-citizen interactions in public policymaking: A meta analysis. *Government information quarterly, 27*(4), 431-441.

Yiend, J. (2010). The effects of emotion on attention: A review of attentional processing of emotional information. *Cognition and Emotion, 24*(1), 3-47.

Young, G. & Perkins, W. B. (2005). Presidential rhetoric, the public agenda, and the end of presidential television's "golden age". *The Journal of Politics, 67*(4), 1190-1205.

Yioutas, J. & Segvic, I. (2003). Revisiting the Clinton/Lewinsky scandal: The convergence of agenda setting and framing. *Journalism & Mass Communication Quarterly, 80*(3), 567-582

Yun, G. W. & Park, S.-Y. (2011). Selective Posting: Willingness to post a message online. *Journal of Computer-Mediated Communication, 16*(2), 201-227.

Zarefsky, D. (2004). Presidential rhetoric and the power of definition. *Presidential Studies Quarterly, 34*(3), 607-619.

Zelizer, B. (2010). *About to die: How news images move the public*. London, UK: Oxford University Press.

Zernicke, P. H. (1994). *Pitching the presidency: How presidents depict the office*. Westport, CT: Praeger

Zillmann, D. & Bryant, J. (1985). Affect, mood, and emotion as determinant of selective exposure. In D. Zillmann & J. Bryant (Eds.). *Selective exposure to communication* (pp. 157-190). Hillsdale, NJ: Lawrence Erlbaum.

Zucker, H. G. (1978). The variable nature of news media influence. In Ruben, B. D. (Ed.). *Communication Yearbook, 2* (pp. 225-240). New Brunswick, NJ: Transaction.

Zygmunt, B. (2000). *Liquid modernity*. Cambridge, New York: Polity Press.

찾아보기

[ㄱ]

[ㄹ]

[ㅁ]

[ㅂ]

미디어와 정치

정치 엘리트, 매체, 공중

펴낸날 1판 1쇄 2021년 1월 5일
지은이 이건호
펴낸이 이승아
펴낸곳 이화여자대학교출판문화원
주소 서울특별시 서대문구 이화여대길 52 (우03760)
등록 1954년 7월 6일 제9-61호
전화 02) 3277-2965 (편집), 362-6076 (마케팅)
팩스 02) 312-4312
전자우편 press@ewha.ac.kr
홈페이지 www.ewhapress.com
책임편집 이지예
디자인 정혜진
찍은곳 (주)현문자현

ISBN 979-11-5890-396-1 93300
값 35,000원

이 도서의 국립중앙도서관 출판예정도서목록(CIP)은 서지정보유통지원시스템 홈페이지 (http://seoji.nl.go.kr)와 국가자료종합목록시스템(http://www.nl.go.kr/kolisnet)에서 이용하실 수 있습니다. (CIP제어번호 : CIP2020047906)